Het Ingewikkelde Universum

Boek Vier

Dolores Cannon

Vertaald door:
Cornelius Leonardus

PO Box 754
Huntsville, AR 72740
479-738-2348 or 800-935-0045
Fax 479-738-2448
www.ozarkmt.com

©2012 door Dolores Cannon
Nederlandse vertaling: 2025

Alle rechten voorbehouden. Geen deel van dit boek, gedeeltelijk of volledig, mag worden gereproduceerd, overgedragen of gebruikt op enigerlei welke wijze, elektronisch, fotografisch of mechanisch, foto-kopie, opname, of bij enigerlei informatieopslag en terughaal-systeem zonder schriftelijke toestemming van Ozark Mountain Publishing Inc. Uitgezonderd zijn korte quotes in de vorm van een literair artikel en recensies. Voor toestemming, serievorming, inkorting, adaptatie, of voor het verkrijgen van onze catalogus van andere publicaties, schrijf naar Ozark Mountain Publishing, Inc., P.O. Box 754, Huntsville, AR 72740, ATTN: Permissions Department.

Library of Congress Cataloging-in-Publication Data
Cannon, Dolores, 1931 -
Het Ingewikkelde Universum – Boek Vier, door Dolores Cannon

De voortdurende reeks blijft onbekende metafysische theorieën en concepten verkennen.

1. Evolutie van bewustzijn 2. Het begin van de Aarde 3. De schepping van mensen 4. Het veranderen en de kleur van DNA 5. Leven na de dood 6. Metafysica
Cannon, Dolores, 1931- II. Nieuw Bewustzijn III. Metafysica
IV. Titel

ISBN: 978-1-962858-88-5

Illustratie en vormgeving: Victoria Cooper Art
Lettertype: Times New Roman
Vertaald door: Cornelius Leonardus
Boekontwerp: Nicklaus Pund

Uitgegeven door:
PO Box 754
Huntsville, AR 72740
479-738-2348; 800-935-0045; fax 479-738-2448
www.ozarkmt.com

Het belangrijkste is om niet te stoppen met vragen stellen. Nieuwsgierigheid heeft haar eigen reden van bestaan. Men kan niet anders dan ontzag voelen wanneer hij de mysteries van de eeuwigheid, van het leven, van de wonderbaarlijke structuur van de werkelijkheid overpeinst. Het is voldoende als men slechts probeert elke dag een beetje van dit mysterie te begrijpen. Verlies nooit een heilige nieuwsgierigheid.

Albert Einstein, 1879-1955

De auteur van dit boek verstrekt geen medisch advies of schrijft het gebruik van enige techniek voor als een vorm van behandeling voor fysieke of medische problemen. De medische informatie die in dit boek is opgenomen, is afkomstig van de individuele consulten en sessies van Dolores Cannon met haar cliënten. Het is niet bedoeld voor medische diagnose van welke aard dan ook, of ter vervanging van medisch advies of behandeling door uw arts. Daarom nemen de auteur en de uitgever geen verantwoordelijkheid voor de interpretatie of het gebruik van de informatie door individuen.

Er is alles aan gedaan om de identiteit en privacy van de betrokken cliënten bij deze sessies te waarborgen. De locatie waar sessies plaatsvonden klopt, maar alleen de voornamen zijn gebruikt, en die zijn gewijzigd.

INHOUDSOPGAVE

Voorwoord i

Deel Een – Voorbij de sluier 1

Hoofdstuk 1 Mijn eigen vorige levens 3
Hoofdstuk 2 De evolutie van bewustzijn 17
Hoofdstuk 3 De zielen-zijde 34
Hoofdstuk 4 Leven als andere wezens 39
Hoofdstuk 5 Vele keuzes 76
Hoofdstuk 6 De planningsfase 87
Hoofdstuk 7 Een kort leven 107
Hoofdstuk 8 Een lastige taak 125
Hoofdstuk 9 Balans in het leven 138
Hoofdstuk 10 Reizen 146
Hoofdstuk 11 Verzamelaar van informatie 162
Hoofdstuk 12 Het dragen van schuld 171
Hoofdstuk 13 Het verleden veranderen 178

Sectie - Moord en zelfmoord 191
Hoofdstuk 14 Moord en de rustplaats 193
Hoofdstuk 15 Angst wordt overgedragen 202
Hoofdstuk 16 Moord en zelfmoord 215
Hoofdstuk 17 Een zelfmoord 226
Hoofdstuk 18 Zelfmoord met een gebroken hart 233
Hoofdstuk 19 Een zelfmoord lost karma af 247

Deel Twee – Het Ingewikkelde Universum blijft zich uitbreiden 261

Sectie– Het begin van de Aarde 263
Hoofdstuk 20 Terug naar het begin 265
Hoofdstuk 21 "Bijstellen" 280
Hoofdstuk 22 De schepping van mensen 298
Hoofdstuk 23 Afscheiden van de Bron 314
Hoofdstuk 24 Te veel te snel 337

Sectie – Energie	**351**
Hoofdstuk 25 De roze energie van de kristallen planeet	353
Hoofdstuk 26 Energie creëren	369
Hoofdstuk 27 Een energie-wezen	387
Hoofdstuk 28 Onbekende energie	394
Hoofdstuk 29 De zon	399
Hoofdstuk 30 Activatie van de nieuwe licht energie	405
Sectie – Tijd en dimensies	**419**
Hoofdstuk 31 Het station	421
Hoofdstuk 32 Het dorpje buiten de tijd	434
Hoofdstuk 33 De belichaming van een aspect	453
Hoofdstuk 34 DNA veranderen	459
Hoofdstuk 35 De kleur van DNA	474
Hoofdstuk 36 Werken met de systemen van de Aarde	491
Hoofdstuk 37 De heling van Ann	508
Hoofdstuk 38 De achtergrondmensen	535
Hoofdstuk 39 De fragmenten herenigen	549
Hoofdstuk 40 De foto's	560
Hoofdstuk 41 Slot	572
Over de aute	**581**

VOORWOORD

Welkom iedereen! Welkom, nieuwe lezers van deze reeks, en welkom terug, alle anderen die mijn avonturen in hypnose hebben gevolgd door de afgelopen jaren. Toen ik begon aan de reeks Het Ingewikkelde Universum, dacht ik ten onrechte dat het slechts één boek zou zijn. Ik werkte aan de informatie die The Custodians werd, mijn vijfentwintig jaar onderzoek naar ufo's en ontvoeringen. Ik had een hoop informatie verzameld en dacht dat ik alles had behandeld wat iemand maar zou willen weten over het fenomeen. Toen begon de informatie een onverwachte wending te nemen. Het begon af te buigen van informatie over buitenaardse wezens, en bewoog naar metafysische concepten en theorieën die ik nog nooit eerder had gehoord. Toen wist ik dat ik dat boek moest afmaken en aan een ander moest beginnen. Ik wist niet hoe het zou worden ontvangen omdat het afweek van mijn normale werk over hypnose en de zoektocht naar verloren kennis. Hoewel dit ook als "verloren" kennis wordt beschouwd, ging het een andere richting op. Ik noemde het eerste boek "een boek dat bedoeld was om je geest te buigen als een krakeling." Ik dacht dat het misschien degenen die mijn boeken de afgelopen dertig jaar hebben gevolgd en gelezen zou aanspreken, en dat ze mijn ontwikkeling op dit gebied zouden kunnen zien. Toch was ik aangenaam verrast toen ik erachter kwam dat het eerste boek van deze serie werd gelezen door lezers die voor het eerst kennismaakten met mijn werk. Ik wist niet of mensen het zouden begrijpen als ze meteen in het diepe gedeelte van het zwembad zouden springen. Ik heb altijd voorgesteld om met mijn eerste boeken te beginnen en zo geleidelijk aan naar dit werk toe te werken. Maar ik begon post te krijgen die suggereerde dat de lezers meer klaar waren dan ik ooit had kunnen bedenken. Sommigen schreven: "Misschien begrijp ik het niet, maar het zet me echt aan het denken." En dat was mijn bedoeling. In de boeken zeg ik om deze boeken te behandelen als "mind candy". Nieuwe concepten en theorieën om van te genieten en over na te denken, en vervolgens aan de kant leggen zodat de lezer z'n eigen leven voort kan zetten. Slechts een interessante nevenactiviteit of omweg van de norm.

Toen ik Het Ingewikkelde Universum klaarmaakte voor publicatie, besloot ik plotseling om 'Boek Een' aan de titel toe te voegen. Op dat moment wist ik helemaal niet of er ooit nog een ander boek in die serie zou komen. Ik dacht dat ik alles wat mogelijk was al in het eerste boek had gestopt. Maar iets deed me besluiten om het 'Boek Een' te noemen. Ik zou ondertussen moeten weten dat "zij" erachter zaten. "Zij" wisten dat ik slechts de oppervlakte had aangeraakt, en nu ik aan deze nieuwe reis was begonnen, zou er een grote hoeveelheid nieuwe informatie naar voren worden gebracht. En zo geschiedde. Elk boek in de serie heeft steeds vreemdere concepten geïntroduceerd waar mensen over kunnen nadenken en zich over kunnen verwonderen. Aan het einde van Het Ingewikkelde Universum, Boek Drie, dacht ik oprecht dat ze me alles hadden gegeven wat mogelijk was. Dat er niets meer te leren was of om aan te worden blootgesteld. Ze hadden me alles verteld. Maar terwijl ik het boek samenstelde, had ik nog één laatste sessie in Montreal die weer een ander geestverruimend concept naar voren bracht. Aan het einde van dat hoofdstuk zei ik: 'Nu weet ik zeker dat er niets meer te ontdekken valt.' En zij zeiden, met hun oneindige wijsheid: 'Nee hoor! Er is meer! Er is meer!' En met dat in gedachten kon ik eindelijk het 700 pagina's tellende boek afmaken en het laten uitgeven. Toen lieten ze me een paar maanden rusten terwijl het boek in productie ging. Al mijn hypnose-sessies waren 'normaal', gewoon de gebruikelijke therapie om mensen te helpen met hun fysieke en persoonlijke problemen. Toen begon de informatie weer binnen te komen, en wist ik dat er inderdaad een vierde boek zou komen. Toen ik het eerste boek 'Boek Een' noemde, moest ik lachen omdat ik dacht dat er hoogstens nog één ander boek zou zijn. Nu heb ik geen idee hoeveel het er zullen zijn. Ik blijf gewoon schrijven, en zij blijven me blootstellen aan nieuwe informatie. Terwijl ik dit boek samenstel, merk ik dat ik genoeg materiaal heb voor drie secties over verschillende onderwerpen. De reis gaat door.

Voor degenen die zich nu bij ons voegen, welkom bij het avontuur en de reis. Voor degene die de hele reis hebben meegemaakt, welkom terug en ik hoop dat je meer interessante concepten vindt terwijl we het avontuur voortzetten. Lees dus met een open geest en wees voorbereid om je geest nog wat meer te laten buigen. Krakelingen hebben immers een interessante vorm. Ze hebben veel weg van het symbool voor oneindigheid, vind je niet?

Het Ingewikkelde Universum Boek Vier

DEEL EEN
VOORBIJ DE SLUIER

Het Ingewikkelde Universum Boek Vier

Hoofdstuk 1
Mijn eigen vorige levens

Telkens als ik een lezing geef, krijg ik steevast dezelfde vraag: 'Weet u iets over uw eigen vorige levens?' Ik denk dat het onmogelijk zou zijn geweest om meer dan veertig jaar in dit vakgebied te werken en niet te proberen iets over jezelf te weten te komen. In de beginjaren onderging ik regressies naar vorige levens bij verschillende hypnotiseurs. Ik was net zo nieuwsgierig als ieder ander. Zo ontdekte ik wat ik niet wilde dat mijn eigen cliënten zouden ervaren. Er waren vele aspecten aan hun verscheidene technieken die mij een ongemakkelijk, onrustig, ontdaan en verstoord gevoel gaven. Het was niet altijd een prettige ervaring. Ik verkreeg wel informatie, maar de sessie verliep niet altijd op een professionele manier. Ik besefte dat ze alleen deden wat ze geleerd hadden, en zich nooit hadden afgevraagd waarom ze het op die specifieke manier deden. Maar ik stelde wel vragen. Als ik me tijdens of na de sessie ongemakkelijk voelde, probeerde ik te begrijpen waarom. Toen ik vervolgens in de loop der jaren mijn eigen techniek ontwikkelde, bouwde ik beschermingsmaatregelen in zodat geen van mijn eigen cliënten ooit dezelfde onaangename gevoelens hoefde te ervaren. Dit is nog een reden waarom ik altijd aanbeveel dat mijn studenten een regressie naar hun eigen vorige levens ervaren, zodat ze weten hoe ze met hun cliënten moeten omgaan. Hoe kunnen we iets in de praktijk brengen als we het nooit hebben ervaren?

Tijdens de beginjaren leerde ik over ongeveer acht van mijn vorige levens. Dat was belangrijk omdat ik ontdekte welke relaties ik had met mijn familieleden, en waarom we weer samen terug moesten komen. En ik kwam erachter waarom ik het werk doe dat ik doe. Dat was op zichzelf al heel belangrijk. Nu hoef ik niet langer op zoek te gaan naar vorige levens omdat ik denk alles ontdekt te hebben wat ik moet weten. Het is een waardevol hulpmiddel, maar dat is alles wat het is, een hulpmiddel.

Wanneer je jezelf begint te ontwikkelen en leert kennen, hoef je niet meer telkens terug te gaan naar het verleden. Voor sommige mensen wordt het meer gedaan voor entertainment dan voor therapie. Dan dient het geen goed doel. Ze kunnen veranderen in 'vorige-leven junkies,' op zoek naar de volgende 'kick' uit nieuwsgierigheid. Dat ondermijnt het hele doel van vorige-levenstherapie, namelijk dat de persoon zich comfortabel voelt in dit leven. De herinneringen aan het verleden zijn goede en waardevolle informatie, maar ze moeten nuttig worden gebruikt in het huidige lichaam, vooral in familierelaties. We hebben het allemaal samen te weven op dezelfde manier waarop we de herinneringen aan onze eigen kindertijd en andere ervaringen hebben geweven. Goed of slecht, ze zijn het verhaal van ons leven en moeten worden aangekeken en verwerkt. De andere levens zijn slechts uitgestrekte herinneringen en moeten ook worden opgenomen in ons huidige leven. Dit helpt om het individu tot een evenwichtige en gezonde persoonlijkheid te maken.

Om terug te komen op het verhaal, ik ontdekte mijn doel (de eeuwige vraag) in dit leven. Op het moment dat het gebeurde, wist ik niet eens dat de rest van mijn leven gewijd zou zijn aan het helpen van mensen door het verkennen van hun verleden. Ik genoot van het werk en was net begonnen met het schrijven van mijn eerste boek (Jezus en de Essenen), maar ik kon op geen enkele manier voorzien hoe omvangrijk mijn werk zou worden. Toen ik de regressie had in het huis van een vriend, had ik geen idee wat eruit zou komen. Ik ging terug naar de dagen van de enorme bibliotheek van Alexandrië in Egypte. Mijn hele leven lang ben ik gefascineerd geweest door boeken. Ik kon lezen voordat ik naar school ging, en grammatica was makkelijk en als tweede natuur voor me. Ik was een kind tijdens de Depressie, dus geld was erg schaars. Mijn zus en ik hadden geen enkele luxeproducten. Er waren veel tweedehands spullen en kleren uit kringloopwinkels. In die tijd moest je het doen met wat je had. Kost het geld, vergeet het maar, dan kreeg je het niet (behalve met Kerstmis, dan was er een beetje speelgoed).

Daarom werd ik zo enthousiast in groep drie toen er iemand naar onze klas kwam en sprak over de enorme bibliotheek die niet ver van onze school in St. Louis was.

Ze moedigden ons aan om een bibliotheekpas te krijgen en gaven ons een formulier mee naar huis om er een aan te vragen. Ik had alle boeken in onze klas al verslonden, en mijn honger was op zijn hoogst toen ik hoorde dat we naar een bibliotheek konden gaan waar honderden boeken beschikbaar waren. En het allerbeste: het was GRATIS. Ik kon mijn oren niet geloven. Gratis. Ik rende de hele weg naar huis met het formulier in mijn hand om het aan mijn moeder te laten zien. Mijn enthousiasme moet aanstekelijk zijn geweest toen ik haar het formulier liet zien en maar doorging over hoe ik een pasje kon krijgen om elk boek te lezen dat ik wilde en dat het gratis was. Om een lang verhaal kort te maken, mijn moeder haalde de kaart op, en bracht me om de paar dagen naar de gigantische bibliotheek een paar straten verderop, waar ik boeken kon bekijken. Ik herinner me dat ik door de gangpaden tussen de schappen door liep, en dat ik in de zevende hemel was toen ik me realiseerde dat er geen limiet was aan wat ik kon lezen. Later, toen ik in m'n eentje kon gaan, bracht ik er uren door en droeg ik altijd armenvol boeken mee naar huis. Ik was nooit zonder een boek, en vele uren vluchtte ik naar de wonderlijke wereld van verbeelding die boeken boden. Op de middelbare school, als ik niet in een les zat, zat ik in de schoolbibliotheek te bladeren door de encyclopedieën. Rond diezelfde tijd ontwikkelde ik een vrij vreemde dwangneurose. In mijn vrije tijd tijdens de studie-uren, hield ik mezelf bezig door alle woorden in het woordenboek over te schrijven. Elke keer markeerde ik waar ik was gebleven en de volgende dag ging ik verder, gewoon woord voor woord kopiërend in mijn notitieboek. Ik had kunnen zeggen dat dit voortkwam uit mijn liefde voor boeken, maar ik ontdekte later door mijn regressies naar vorige levens dat ik een vorig leven had als monnik in een klooster, waar het mijn taak was om manuscripten en teksten met de hand te kopiëren. Maar het was een positieve dwangmatigheid omdat het het gebruik van woorden en taal in mijn psyche verankerde.

Het Ingewikkelde Universum Boek Vier

Ik las alles wat ik in m'n handen krijgen kon, en deze liefde voor boeken en het verlangen om te leren zette mijn hele leven door. Zelfs vandaag de dag, wanneer ik een van mijn boeken schrijf, onderzoek ik het 'tot ik erbij neerval'. Nadat ik de sessies heb afgerond en het echte werk van het schrijven van het boek begint, breng ik uren (en soms de hele dag) door in een bibliotheek om mijn feiten te verzamelen. Voor mij is dat hemels om urenlang te zoeken en eindelijk de schat te vinden van het ontdekken van één ongrijpbaar feit. Toen ik mijn drie boeken over Nostradamus schreef: Nostradamus spreekt opnieuw, las ik elk boek dat ooit over de grote meester was geschreven. Sommige daarvan werden niet meer gedrukt en het enige exemplaar verkrijgbaar was dan bij de Library of Congress, waar ik toegang tot verkreeg via de bibliotheek-uitleenservice van de Universiteit van Arkansas. Toen ik mijn boeken over Jezus schreef: Jezus en de Essenen en Aan de Zijde van Jezus, las ik elk boek dat ooit over de Dode Zeerollen was geschreven. Toen ik mijn boek schreef over de oorsprong van de Amerikaanse Indianen: Legend of Starcrash, spendeerde ik drie jaar aan het onderzoeken van alle oude Indiaanse legendes en geschiedenis die ik maar kon vinden. Al dit onderzoek heeft zijn vruchten afgeworpen, want wanneer ik lezingen geef heb ik al deze informatie in m'n hoofd en ben ik zeker van waar ik het over heb. Mijn vroegere tijdschriftenuitgever zei ooit: 'Onderzoek is erg belangrijk. Het is overduidelijk dat je je huiswerk hebt gedaan. En het zou net zo duidelijk zijn als je het niet had gedaan.' Ik vind het zonde dat jongeren nu niet meer weten hoe ze daadwerkelijk onderzoek moeten doen. Ze vertoeven een korte tijd op het internet om een paar feiten te verzamelen, zonder de zaligheid en verwondering te ervaren van het doorkammen van stapels stoffige boeken in een bibliotheek, en het vinden van een of andere vergeten of verloren tekst. Daarom noem ik mezelf: 'de verslaggever, de verkenner, de onderzoeker van verloren kennis.' Dus eigenlijk had het niet als een al te grote verrassing moeten komen toen ik terugkeerde naar een vorig leven in de grootse en imposante bibliotheek van Alexandrië, voor de verwoesting ervan in de vijfde eeuw. In dat leven was ik een man die in de bibliotheek werkte. Ik kon de kostbare rollen in de schappen niet lezen, maar ik wist welke de oudste en belangrijkste waren. Veel geleerden kwamen naar de bibliotheek, en ik pakte de rollen die ze wilden bekijken. Ik keek jaloers toe terwijl ze aan tafels zaten en de rollen openden en lazen. Ik wist dat de belangrijkste rollen hoog op de bovenste planken werden bewaard. Er was één man in het bijzonder, gekleed in een zwarte mantel, die regelmatig binnenkwam. Ik wist altijd van tevoren welke rollen hij wilde zien. Ik genoot van dit werk, ook al kon ik niet lezen. Ik was als een verzorger van de boeken.

Toen kwam de noodlottige dag van de vernietiging van de grote bibliotheek. Ik was daar te midden van alle boeken toen een grote bende aan mannen de bibliotheek instormde en overal waar ze kwamen vernietiging aanrichtte. Vol afschuw keek ik toe terwijl ze rollen van de planken gristen en ze op een hoop in het midden van de ruimte stapelden. Ik schreeuwde van verschrikking toen ik zag hoe ze naar de rollen reikten die op de bovenste planken lagen. Tranen liepen over mijn gezicht terwijl ze eraan trokken zonder respect voor de kennis die ze bevatten, en ze op de groeiende stapel wierpen. Ik wist dat ik ze niet kon stoppen, dus ik pakte de rollen die ik kon en rende het gebouw uit, net toen ze de stapels in brand staken. Met mijn armen vol rollen, en mijn ogen vol tranen, zwalkte ik de straat op zonder echt te kunnen zien waar ik heen ging. Net op tijd om overreden te worden door een passerende koets. Terwijl ik uit mijn lichaam opsteeg, keek ik terug en zag het daar op de straat in puin liggen tussen mijn armen vol rollen. Het vuur van de bibliotheek verspreidde zich en slokte het gebouw op.

Ik zag dat dit leven mijn liefde voor boeken verklaarde, waarom ik er niet tegen kan om te zien dat een boek slecht behandeld wordt, en mijn verlangen om de verloren kennis terug te krijgen. Toen ik dit verhaal vertelde tijdens een conferentiepanel toen mij werd gevraagd naar mijn vorige levens, grapte een van de anderen op het panel: 'Ja, maar moest je echt de complete bibliotheek herschrijven?' Het publiek barstte in lachen uit omdat we wisten dat ze verwees naar mijn vele boeken. Ja, dit was waarschijnlijk de verklaring, en het stelde mijn geest gerust. Maar dat was niet het einde van het verhaal.

Er kwam meer aan het licht in de jaren negentig. Ik werd uitgenodigd om naar Bulgarije te gaan omdat mijn boeken over Nostradamus waren geaccepteerd voor vertaling door Zar Publishers, Ltd., een uitgever in Sofia. Drago had mijn boeken ontdekt en afspraken gemaakt met de uitgevers om ze in hun taal te vertalen, en ze wilden dat ik een lezing kwam geven. Ik reisde de hele wereld rond, maar was op dat moment nog nooit in Bulgarije of een van de Sovjetlanden geweest. De oorlog in Joegoslavië was net uitgebroken. Mijn zoon was bezorgd: 'Mam, je kunt daar niet naartoe gaan. Kijk naar de kaart! Sofia ligt vlak bij de grens met Joegoslavië.' Ik heb me nooit ergens in gevaar gevoeld overal waar ik ben geweest. Het voelde als een eer om gevraagd te zijn om te komen spreken. Op een of andere manier wist ik dat alles goed zou komen. En ik had gelijk, het werd een van de meest wonderbaarlijke ervaringen van m'n leven.

 Vanaf het moment dat ik uit het vliegtuig stapte werd ik behandeld als een soort rockster of beroemdheid. Er stond een gigantische groep verslaggevers te wachten toen we de aankomsthal inkwamen. Ik was totaal overrompeld. Ik had nergens anders in de wereld ooit zo'n ontvangst meegemaakt. Ik herinner me dat een verslaggever een microfoon onder m'n neus duwde en in gebroken Engels vroeg: 'Hoe vind je Bulgarije?' Daar kon ik niet echt antwoord op geven want ik was pas net aangekomen. Mijn boeken over Nostradamus hadden een sensatie gecreëerd waar ik totaal niet op was voorbereid. Er was zelfs een persconferentie die vergelijkbaar moet zijn geweest met een van de president zelf. Ik werd onderworpen aan een bevraging van een uur, over en weer via mijn tolk Drago. Daarna woonde ik een bijeenkomst bij waar ik twee uur lang ondervraagd werd door doctoren en wetenschappers. Ze wilden allemaal weten over hoe hypnose gebruikt werd voor regressie naar vorige levens en als therapie. Ze hadden er nog nooit van gehoord. Ze zeiden dat toen ze onder het Russische bewind vielen niets geleerd mocht worden dat niet zijn oorsprong vond in de universiteiten. Dat was tegen de wet. Ik vroeg of ik in de problemen zou komen door het er over te hebben. Ze zeiden van niet, omdat ik een buitenlander was. Maar hun interesse was oprecht, en het voelde voor mij alsof ik de doos van Pandora had geopend.

Gedurende de hele week dat ik daar verbleef werd ik beziggehouden met vele verschijningen, interviews en lezingen. Als ik een lezing gaf was het auditorium volledig gevuld, and de menigte was zo groot dat ik een keer tegen de muur werd gedrukt. Hun enthousiasme was zo groots dat het me beangstigde. Drago sleepte me naar een lift toe en bracht me naar een andere verdieping om te wachten tot de menigte was gekalmeerd. Hij zei: 'Ik ben vergeten om je te waarschuwen. De Bulgaren zijn een zeer gepassioneerd volk.' Toen hij voelde dat het veilig was gingen we naar beneden voor de lezing. Na afloop toen ik probeerde te gaan, werd ik benaderd door huilende mensen die wezen naar anderen om hen heen. Toen zag ik een man in een rolstoel, en een andere vrouw die duidelijk chemotherapie onderging voor kanker. Ze staken respectvol hun handen naar me uit met tranen in hun ogen. Ik vroeg Drago wat er gebeurde. Hij zei dat deze mensen het ziekenhuis uit waren gehaald om mij te zien. Ze hoopten op een heling of remedie. Ik wilde weten waarom ze dat dachten. Was dit wat in de krant stond na de interviews? Hadden ze totaal verkeerd begrepen wat ik deed? Hij zei dat het er niet toe deed, ze waren wanhopig op zoek naar hulp, en dachten dat ik een soort genezer was. Alles wat ik kon doen, was hen met mededogen aankijken en proberen uit te leggen dat ik hen niet kon helpen. (Het was ongeveer vijf jaar later dat ik ontdekte hoe ik mijn techniek kon gebruiken om te genezen.)

Mijn tijd daar zat vol met dit soort gebeurtenissen. Tegen het einde van ons verblijf kwam Drago naar ons hotel en zei dat een Russische filmmaker een documentaire over mij en mijn werk wilde maken. Zij wilde me filmen terwijl ik een regressie naar vorige levens deed. Het maakte niet uit dat ze geen Engels begreep, de vertaling zou later worden nagesynchroniseerd. Ik vertelde hem dat ik het zou proberen, maar wie zou de proefpersoon zijn die ik zou gebruiken voor de demonstratie? Hij zei dat hij zich vrijwillig aanbood om het te doen. Hij dacht dat het goed zou verlopen omdat hij Engels begreep en we elkaar kenden, dus we ons op ons gemak zouden voelen. Ik stemde ermee in, ook al vroeg ik me af wat er zou gebeuren. Wat als het niet zou lukken en hij niet een vorig leven in zou gaan? Dit waren beslist ongebruikelijke omstandigheden, en er zijn geen garanties dat er ook maar iets zou gebeuren. Zelfs als waren we succesvol, negentig procent van de regressies zijn eentonig en saai, eenvoudige alledaagse levens. Dus ik wist niet of we iets zouden krijgen dat bruikbaar zou zijn voor hen. Toch zag ik geen andere optie dan het te proberen. Drago nam mij en m'n dochter Nancy mee naar het hotel waar de opnames en het interview zouden plaatsvinden. Toen we de kamer binnenliepen, waren de technici druk bezig met het opstellen van lampen en apparatuur rondom het bed dat ze wilden dat ik zou gebruiken. Toen kwam de Russische vrouw binnen met een jonge, knappe, blonde dame gekleed in een sexy bloesje and rokje, en vermeldde dat zij degene zou zijn waarmee ik de regressie zou doen voor de show. Ik vertelde haar dat het iemand moest zijn die Engels sprak, en het meisje antwoordde met een hoog, naïef stemmetje: 'Mij spreekt Engels!' en glimlachte schattig. Ik wist dat dit nooit zou werken, maar ik wist ook dat de vrouw dacht dat het goede televisie zou opleveren om een jonge sexy dame, liggend op een bed te laten zien. Toen kondigde ik aan dat we besloten hadden om Drago te gebruiken omdat hij zich op zijn gemak voelde bij mij en Engels sprak. Drago was een knappe man met donker haar en een baard, maar zeker niet sexy. Ze had geen andere keuze dan ons besluit te accepteren. Omdat ik geen idee had wat er zou gaan gebeuren, wilde ik zoveel mogelijk dingen in mijn voordeel hebben. Later, na de sessie, dacht ik dat ze misschien hadden gedacht dat we alles hadden verzonnen en van tevoren hadden gepland. Maar we hadden geen idee wat er uit zou gaan komen, als er al iets zou gebeuren. We hadden beslist geen tijd gehad om te oefenen of iets te verzinnen. Drago nam zijn positie in op het bed met alle camera's, microfoons en apparatuur om ons heen verzameld.

Als hij nerveus was, liet hij daar niets van merken terwijl hij ontspande en ik de sessie begon. Mijn dochter, Nancy, zat achter mij buiten het zicht van de camera. Toen gebeurde het onverwachte en kon ik alleen maar luisteren en vol verbazing de sessie leiden. Hij ging terug naar een leven waarin hij een geleerde en onderwijzer was die zich richtte op astrologie en numerologie. Hij was voortdurend aan het studeren en bracht enorm veel tijd door in - (Ben je er klaar voor??) – de bibliotheek van Alexandrië. Ik kon het niet geloven en stelde hem veel vragen over de bibliotheek om te zien of het klonk als dezelfde plek. Dat was inderdaad het geval. Hij beschreef dezelfde taferelen die ik had gezien. Terwijl ik druk bezig was met vragen te stellen om het te verifiëren, wierp ik snel een blik naar achteren op Nancy. Ik wist dat ze mijn verhaal had gehoord, en aan de uitdrukking op haar gezicht zag ik dat ze begreep wat er gebeurde en het belang ervan. Als onderwijzer droeg hij een zwarte mantel en vroeg hij meestal of hij de meest belangrijke rollen kon inzien, en ging dan aan een tafel zitten om ze te bestuderen. Toen kwamen we aan op de gedenkwaardige dag waarop de bibliotheek werd aangevallen en afbrandde. Hij was ook binnen in de bibliotheek toen de bende binnenviel en begonnen de rollen te vernietigen door ze in brand te steken. Hij zei later dat hij overweldigd werd door emotie en wilde huilen, maar het tegenhield omdat hij wist dat er anderen in de kamer waren en de camera's toekeken. Anders zou hij in tranen zijn uitgebarsten. In al zijn wanhoop greep hij zoveel mogelijk rollen en probeerde hij ze veilig te stellen door ze uit het gebouw te dragen. Maar de bibliotheek stond ondertussen in brand, en terwijl hij naar de ingang rende, begon een deel van het dak in te storten en werd hij getroffen door een vallende balk op zijn schouders. Zo stierf ook hij terwijl hij de kostbare rollen vasthield.

Toen we klaar waren, zei ik niets. Ik wachtte tot we terugliepen naar het hotel. Toen zei ik: 'Sjonge, heb ik jou een verhaal te vertellen!' De volgende ochtend, toen hij naar ons hotel kwam, onthulde hij: 'Ik wilde niets zeggen tot ik er zeker van was. Maar mijn hele leven lang had ik altijd pijn aan m'n schouders. Ik wist nooit wat het veroorzaakte. Het verdween onmiddellijk na de sessie.' Toen vertelde ik hem over mijn ervaring in de bibliotheek. We veronderstelden dat we er op hetzelfde moment waren, maar dat we elkaar waarschijnlijk niet kenden, gezien hij een geleerde was en ik slechts de beheerder van de rollen. We konden alleen maar speculeren over de gelijkenissen. De rest van mijn verblijf in Bulgarije was net zo opmerkelijk, maar daar zal ik hier niet verder op ingaan. Behalve dat voordat ik vertrok, de organisatie (Association of Phenomena) die mij daarheen had gebracht, mij in een televisieprogramma de Orpheus Award uitreikte. Het werd toegekend voor de grootste vooruitgang in het onderzoek naar paranormale verschijnselen. Tot die dag was deze prijs alleen nog maar aan Bulgaren toegekend. Ik was de eerste buitenlander en de eerste Amerikaan ooit die deze prijs ontving: een groot en zwaar metalen standbeeld in de vorm van een gestileerde vlam. Toen Drago me naar de luchthaven bracht, zei ik tegen hem: 'Is het niet fascinerend dat we de halve wereld over moesten om elkaar na vijftienhonderd jaar weer te ontmoeten?' Hij glimlachte en zei dat we allebei probeerden de verloren kennis terug te brengen. Ik door mijn regressiewerk en schrijven, en hij door mensen binnen te halen om te spreken en hun boeken in zijn land te laten uitgeven.

Nadat de documentaire was uitgezonden belde Drago en vertelde hij dat het zo'n commotie had gecreëerd dat de zender overspoeld werd door bellers die meer te weten wilden komen over regressie naar vorige levens en reïncarnatie. Een aantal jaar later vertelde hij me dat regressietherapie naar vorige levens nu werd gebruikt en onderwezen in Bulgarije. Ik ga er vanuit dat ze de techniek gebruikten die in de film te zien was. Een opmerkelijk verhaal over de hereniging van twee zielen over tijd en ruimte heen. En ik vraag me af of ik verantwoordelijk was voor het introduceren van een geheel nieuwe manier van denken in een land aan de andere kant van de wereld. Zo lopen de wonderlijke wegen van het lot.

Een ander vorig leven van mij werd ook bevestigd, hoewel niet op zo'n dramatische manier. Dat vorige leven vond plaats in Athene bij het Parthenon. Hoewel ik tijdens de regressie niet zeker wist waar het was, behalve dat het zich Grieks aandeed. Ik was een vrouw die in een groot huis woonde met een patio in het midden, echtgenoot en kinderen, en genoeg geld om bedienden te hebben. Ik heb sindsdien foto's gezien van oude woonvertrekken in Griekenland die precies waren zoals ik me herinnerde. Het voelde zo vertrouwd om naar die foto's te kijken.

Maar dat was niet het belangrijkste punt van de regressie. Ik ging naar een gebeurtenis waar ik 's nachts door de straten rende met een overweldigend gevoel van totale paniek. Terwijl ik rende, bleef ik achteromkijken omdat ik wist dat iemand me achtervolgde. Ik rende een heuvel op naar een grote tempel. Daar stopte ik even om op adem te komen, en terwijl ik dat deed, zag ik daar een panoramisch uitzicht voor me. Ik zag ver onder me een baai en op het water schepen met zeilen. Het was erg donker en de maan reflecteerde op het donkere water. Toen draaide ik me om richting de tempel. Ik rende de trap op die naar binnen leidde, en zag dat er geen deuren waren, alleen enorme pilaren. Terwijl ik daar tussendoor rende, voelde het gebouw heel open aan, alsof er veel ruimte was. Daar op een verhoging stond een enorm standbeeld van een zittende vrouw. Ze had één arm uitgestrekt en hield een enorme lantaarn vast die het gebouw verlichtte. Ik wierp mezelf op de treden voor het standbeeld en lag daar met mijn gezicht naar beneden. Ik huilde hysterisch terwijl ik haar smeekte en pleitte voor bescherming. Toen hoorde ik een geluid en draaide me net op tijd om om een soldaat boven me te zien staan. De dood kwam onmiddellijk toen hij een zwaard in me stak. Kleine beetjes informatie kwamen langzaam na de sessie. Ik wist dat mijn echtgenoot in dat leven een trotse, overheersende man was die mij beschouwde als zijn bezit. Blijkbaar had ik naar zijn smaak te veel mijn mening geuit en mijn standpunten ingenomen, en hij gaf de opdracht mij te vermoorden. Ook heb ik een ongenoegen in verhouding tot religie in dit leven. Ik denk dat dit komt door dat leven, omdat ik blijkbaar een volgeling was van de godin van die tempel. En toch, toen ik haar het meest nodig had, hielp ze me niet. Ik voelde me door haar in de steek had gelaten. Dit ontstemde me meer dan de manier waarop ik stierf.

Het was gewoon een interessante regressie, en af en toe zei ik dat ik wist dat ik tijdens die oude tijden in Griekenland had geleefd. Maar het betekende niet meer dan dat ... totdat ... ik in de jaren '90 tijdens mijn constante reizen over de hele wereld werd uitgenodigd om naar Athene in Griekenland te gaan. Mijn boeken werden in zoveel talen vertaald dat het voelde als een vereiste om te gaan waar de boeken waren. Ik had altijd

Griekenland al willen zien, dus ik stemde toe om wat lezingen te geven en boek-signeersessies te doen. Ik verbleef bij een geweldige dame die alles regelde. Eleni woonde aan de rand van Athene in een oude villa met drie verdiepingen, in haar eentje samen met haar hond "Droopy". Ze wilde me Athene en het omliggende platteland laten zien. Dus gingen we op een dag met de trein naar het centrale deel van Athene en nam ze ons mee naar de Akropolis, het Parthenon. Dit was het hoogtepunt van de reis omdat ik het altijd al had willen zien. We klommen een onverharde weg op die naar de ruïnes leidde. Ze werden gerenoveerd en herbouwd, dus stonden er steigers en stapels stenen blokken rondom het gebouw. Maar toen ik de treden naar binnen opliep, voelde alles zo vertrouwd. Ik heb mensen horen praten over déjà vu, het gevoel dat je al eerder op een plek bent geweest, maar ik had het nog nooit ervaren. Nu dus wel. De verhoging was er, maar er stond geen standbeeld. In het museum dat zich onder het Parthenon bevind werd uitgelegd dat veel van het gebouw en de beelden in de loop der jaren waren vernietigd. Dit was de tempel van Athena, de beschermheilige van Athene, en haar standbeeld stond in de tempel in die oude tijden. Er waren geen afbeeldingen over, slechts mondelinge en geschreven overdrachten.

 Het zou naar verluidt een enorm standbeeld zijn geweest dat bijna het dak van het gebouw raakte. Ze zeiden dat het standbeeld rechtop stond en in de ene hand een kleinere godin vasthield, en in de andere een schild. Dit kwam niet overeen met de levendige herinnering die ik had aan het standbeeld, maar ik denk niet dat dat een tegenstrijdigheid of een fout is. Omdat niemand precies weet hoe het standbeeld eruitzag. Ik zag het zittend met een uitgestrekte arm en een hand die een enorme lantaarn vasthield. Toch klopte voor de rest alles. Toen ik aan de voorkant de tempel uitliep, keek ik vanaf het hoge uitkijkpunt om me heen. Ik zei tegen Eleni: 'Als dit de juiste plek is, dan zou ik vanaf hier een soort baai moeten kunnen zien.' Ze knikte en wees. Onder ons waren veel huizen en straten die een deel van het uitzicht blokkeerden, maar er was een deel van de Middellandse Zee zichtbaar, en er waren boten te zien op het water. Ik was zo opgewonden. Ik beschreef hoe ik de straat op was gerend en mezelf voor het standbeeld wierp. Het leek niet uit te maken dat ik op die plek gewelddadig was gestorven. Ik was opgetogen over mijn ontdekking dat mijn herinneringen echt waren en werden geverifieerd.

Dus in het begin bestond mijn werk voornamelijk uit het onderzoeken van geschiedenis door middel van de informatie die ik ontdekte op het diepst mogelijke niveau van trance, het somnambule niveau. Ik schreef verschillende boeken in de jaren '80 en begin jaren '90 voordat er iets onverwachts begon te gebeuren. Er kwam een ander element bij (in eerste instantie langzaam) dat meer kennis had en in staat was om genezing te bewerkstelligen. In het begin was dit onverwacht, maar het leek zoveel kracht en kennis te hebben dat ik het toestond om te helpen. Als ik terugkijk op mijn vroege boeken, zie ik nu dat het er altijd al was, ik herkende het gewoon niet. Ik begon het 't Onderbewuste te noemen omdat ik niet wist hoe ik het anders moest noemen. Maar het is niet hetzelfde onderbewuste waar psychiaters naar verwijzen. Ik kwam erachter dat dat een kinderlijk gedeelte van de geest is, het gedeelte dat gebruikt kan worden in lichtere levels van trance om te helpen met gewoontes. Ik zag dat dit deel nog veel krachtiger was. Ik noemde het het Onderbewuste, en "zij" zeiden dat het ze niet uitmaakte hoe ik het noemde, omdat het toch eigenlijk geen naam had. Het zou erop reageren en met me samenwerken. Voor het doel van dit boek zal ik het simpelweg het OB noemen. Ik weet nu dat het de grootste kracht is die er is. Het bevat alle kennis van alles wat ooit is geweest, en alles wat ooit zal zijn. Dus het kan alle vragen van de cliënt beantwoorden en geweldig advies geven. Advies dat ik zelf nooit zou kunnen bedenken. Ik kwam erachter dat het alles weet over iedereen. Er zijn geen geheimen, dus natuurlijk kan het helpen omdat het het grotere geheel ziet. Toen begon ik het prachtige en ontzagwekkende vermogen te zien om onmiddellijk te genezen. Dit is nu de belangrijkste focus van mijn werk geworden en hetgeen ik over de hele wereld onderwijs. "Zij" zeiden eerst dat dit de therapie van de toekomst was. Nu zeggen ze dat het de therapie is van Nu. Ik heb ontdekt dat het OB de antwoorden heeft op alles. Het is zo enorm en zo groot, en het is totale liefde. Waarom zou je daar niet mee willen samenwerken? Het neemt alle lasten weg van mij, de therapeut. Ik hoef alleen maar de juiste vragen te stellen en dan achterover te leunen om toe te kijken naar de magie. En ik zie inderdaad elke dag wonderen gebeuren in mijn praktijk. Mijn studenten over de hele wereld melden ook soortgelijke wonderen. Dus volgens mij hebben we iets van groot belang gevonden. Dit is ook waar de informatie vandaan komt waarover ik schrijf in deze boeken. Onthoud, ik ben slechts de verslaggever, de verkenner, de onderzoeker van "verloren" kennis. Ik moet alle stukjes samenbrengen om het grotere geheel te vormen. Dat is geen gemakkelijke taak, maar wel een waar ik van houd. Dus laten we de reis naar het onbekende voortzetten, en ontdekken welke nieuwe verrassingen het OB voor ons in petto heeft!

Hoofdstuk 2
DE EVOLUTIE VAN BEWUSTZIJN

Gedurende alle jaren van mijn meer dan 40-jarige loopbaan in dit vakgebied van hypnose, ben ik uitgedaagd door nieuwe theorieën, concepten en informatie. Mijn belangrijkste eigenschap is altijd nieuwsgierigheid geweest. Dit heeft me aangespoord om te reizen naar verborgen gangenstelsels. Ik wil altijd meer weten. De "waarom's en waarvoor's" ontdekken van alles waaraan ik word blootgesteld. In het begin dacht ik dat ik alles had uitgevogeld. Ik dacht dat ik de complexiteiten van reïncarnatie had ontdekt. Maar al snel ontdekte ik dat ik me schromelijk vergiste. "Zij" begonnen me nieuwe theorieën en concepten te geven die mijn geloofssystemen ernstig uitdaagden. De eerste was de imprint theorie, die me dwong al mijn ideeën over dit werk te heroverwegen. Ik wilde niet dat iets mijn geloofssystemen zou opschudden, nu ik alles had uitgevogeld. Maar toen realiseerde ik me, dat als ik de nieuwe theorie niet op zijn minst zou bekijken en onderzoeken, ik geen haar beter was dan het religieuze systeem dat zegt: 'Doe wat wij zeggen en stel geen vragen!' Dat was mijn eerste uitdaging, en terwijl ik het onderzocht, begon ik meer informatie te ontvangen. Ze waren erg wijs in de manier waarop ze het deden. Ze weten dat ze je niet in één keer met alles kunnen overspoelen, dat zou te overweldigend zijn. Dus in al hun wijsheid geven ze je eerst een klein lepeltje. Als je dat hebt verteert, geven ze je nog een klein beetje. Ik weet dat als ik de informatie die ik nu ontvang, dertig jaar geleden had gekregen, het te overweldigend zou zijn geweest. Ik zou het volledig hebben afgewezen, tegen de muur hebben gegooid, gezegd hebben 'Ik begrijp het niet! Het slaat nergens op!' en mijn avontuur en zoektocht naar kennis zou zijn gestopt. Ik zou nooit tot de positie zijn gekomen waar ik nu ben. Via een van mijn cliënten zeiden ze: 'Je geeft een baby geen biefstuk. Je geeft een baby melk, muesli en gepureerde groenten. Je geeft het geen drie-gangen-menu.' Dus moest ik mijn eerste baby-stapjes zetten in dit magische domein van kennis. Ik moest mijn lepeltjes verteren die me werden gevoerd. Aan het einde van Het Ingewikkelde Universum, Boek Drie zei ik: 'Ik denk dat u me alles hebt verteld wat er te weten valt. Ik denk niet dat er nog meer dan dit mogelijk is.' En zij antwoordden: 'Nee hoor! Er is meer! Er is veel meer!' En zoals ze trouw hadden beloofd, gaven ze meer. Genoeg voor meerdere nieuwe boeken. Drie golven was de meest recente hiervan. Mensen vragen om mijn boeken te lezen in de volgorde waarin ik ze heb geschreven, om te zien hoe ik me ontwikkeld heb. Sommigen zeiden tegen me: 'Maar je zei dit in het ene boek, en dit in een ander boek.' Dat weerspiegelt mijn denken op het moment van schrijven van dat specifieke boek. Daarna, toen ik groeide en meer informatie in me opnam, veranderde mijn manier van denken. En het verandert nog steeds. Naarmate de Nieuwe Aarde nadert, wordt onze manier van denken steeds meer uitgedaagd. De Sluier wordt opgetild en steeds dunner naarmate ons bewustzijn zich uitbreidt. Dit is een vereiste voor het betreden van de nieuwe dimensie met het verhogen van onze vibraties en frequenties. De oude paradigma's en verouderde geloofssystemen moeten wijken om plaats te maken voor het nieuwe. Wat logisch en waardevol was in de Oude Aarde is niet langer van toepassing nu ons bewustzijn verandert en we vooruitgaan. In de afgelopen paar maanden, terwijl ik dit boek aan het voorbereiden was, begon ik nieuwe informatie te ontdekken die ik van groot belang acht. Het veroorzaakte een grote verschuiving in mijn geloofssysteem en bewustzijn, en ik denk dat het van groot belang is voor de wereld tijdens deze opmerkelijke en fantastische tijd. Mijn grootste uitdaging zal zijn of ik het effectief kan overbrengen aan anderen. Het enige wat ik kan doen is het te proberen, en met "hun" hulp zullen anderen het misschien begrijpen. Natuurlijk hangt alles altijd af van de evolutie en ontwikkeling van de lezer. Daar gaan we dan!

In elk van mijn 16 boeken zijn stukjes en beetjes van deze ideeën gepresenteerd. Nu is het tijd om ze, zo goed als ik kan, te structureren. Deze concepten zijn herhaald door talloze cliënten, dus ik weet dat ze validiteit hebben. We zijn allemaal begonnen bij God (of de Bron) en werden eropuit gestuurd om te leren en ervaringen op te doen. Dit zou geen korte reis worden, want uiteindelijk hebben we ons ingeschreven om de zeer moeilijke Aardeschool te ervaren. Zodra we ons eenmaal hadden ingeschreven voor deze opleiding, was er geen weg terug totdat we zijn afgestudeerd. Veel andere planeten hebben eenvoudigere leertrajecten, maar de Aarde is het moeilijkst. Het is wel eens de meest uitdagende planeet in ons universum genoemd, en alleen de moedigste zielen schrijven zich in voor deze opdracht. De zielen die de Aardeschool kiezen, worden uitermate bewonderd omdat degenen aan de zielen-zijde (en onze helpers) weten dat deze zielen de moeilijkste lessen hebben gekozen. Omdat het een school is, moeten we een hele reeks klassen doorlopen, elk met zijn eigen reeks lessen, die geleidelijk toenemen in moeilijkheid en complexiteit. Je kunt niet doorgaan naar het volgende "niveau" totdat je het huidige hebt voltooid. Als je de klas of het niveau niet haalt en de les niet leert, moet je dat niveau herhalen. Zo simpel is het. Je kunt niet van kleuterschool naar universiteit gaan. Het maakt het universum niet uit hoe lang het jou (als individuele ziel) kost om een les af te ronden. Je hebt de eeuwigheid om het uit te vogelen. Maar waarom zou je zo lang over je ontwikkeling willen doen, om één les te leren? Ik zou denken dat je zo snel als mogelijk is zou willen afstuderen om terug te keren naar God. Waarom vast komen zitten in de plakkerige lijm van de Aarde en op hetzelfde niveau blijven terwijl anderen om je heen snel vooruitgaan?

Ik zal dit op een rechtlijnige manier voorleggen, ook al weet ik nu dat er niet zoiets als tijd bestaat en alles tegelijkertijd plaatsvindt. Maar omwille van de eenvoud en om het gemakkelijker te maken voor onze menselijke geest om te begrijpen, zal ik het opeenvolgend uitleggen. Om de Aardeschool te kunnen voltooien, moet we alles ervaren! We moeten weten hoe het is om alles te zijn! Hoe kunnen we het leven begrijpen als we niet weten hoe het is om andere gedaantes te zijn? Dit is voor sommigen misschien schokkend, maar we beginnen niet als mensen. Dat komt veel later in deze school.

Het Ingewikkelde Universum Boek Vier

Eerst, ervaar je het leven als de meest eenvoudige vormen denkbaar: lucht, gassen, water, zelfs eenvoudige cellen, aarde, stenen. Alles heeft bewustzijn! Alles leeft! Alles is energie! In mijn werk heb ik veel mensen gehad die deze primaire levensvormen hebben ervaren, en er waren waardevolle lessen uit te leren. Lessen die worden verzameld en begrepen en kunnen worden toegepast op de complexe mens. Net zoals we in een bepaalde langzame opeenvolging moeten leren om letters te maken, te schrijven en te lezen om de basisbeginselen te krijgen van educatie. Je moet altijd bij het begin beginnen in welke vorm van school dan ook. Vervolgens ervaar je het planten- en dierenrijk. Er zijn waardevolle lessen te leren door het zijn van een bloem of een maiskolf, of door te rennen als een wolf of te vliegen als een adelaar. Ik heb veel van dit soort levens verkend in mijn andere boeken. Ik denk dat dit waardevolle lessen zijn om te leren, omdat we kunnen begrijpen dat we beter voor onze natuurlijke omgeving en ecologie moeten zorgen. We kunnen dit begrijpen omdat we allemaal Een zijn, en we allemaal deze levensvormen zijn geweest in onze eerste klassen op de Aardeschool. Er zijn ook de Natuurwezens: feeën, kabouters, leprechauns, dryaden, enz. Zij hebben de functie (of opdracht) om voor de natuur te zorgen. Deze wezens zijn allemaal zeer echt, en we hebben allemaal levens gehad in deze vormen van bestaan. Ik geloof dat we de natuur beter zouden behandelen als we ons realiseerden dat we allemaal deel uitmaken van het Ene bewustzijn. Natuur is een ander soort wezen omdat het wordt beschouwd als een "groepsgeest". Dit kun je heel gemakkelijk waarnemen wanneer je een zwerm vogels, een kudde vee, een groep bijen of een mierenkolonie bekijkt. Ze lijken te werken en te denken als een groepsmentaliteit. Dus om vooruitgang te boeken naar het menselijke gedeelte van de school (vergelijk het met het doorlopen van de kleuterschool, lagere school, middelbare school, hogeschool, enz.), moet je de ziel scheiden van de groep. Dit wordt gedaan door middel van liefde.

 Er is mij vele, vele malen verteld dat liefde het enige is dat echt is; het is het allerbelangrijkste van alles. Als je een dier in huis neemt, of het liefde en aandacht geeft, geef je het een individualiteit en persoonlijkheid, en help je het om zich los te maken van de groepsziel zodat het kan beginnen met ontwikkelen door het menselijke deel van de school.

Dan begin je het menselijke stadium en ook dit kost veel tijd. Niets waardevols wordt ooit onmiddellijk geleerd. Het moet een geleidelijk proces zijn. Wanneer je mens wordt, moet je ook alles zijn. Ontwikkelend vanaf de meest primitieve menselijke vorm tot aan de meest intelligente, moet je weten hoe het is om alles te zijn. Je moet vele malen man en vrouw zijn. Als ik dat zeg tijdens mijn lezingen worden sommige mannen defensief. Eén schreeuwde: 'Wat bedoel je? Ik ben altijd een man geweest!' Denk er eens over na! Wat zou je leren als je door de eeuwigheid heen slechts één geslacht was geweest? Je zou niet zo veel leren. Je moet in balans zijn, en dat kan alleen worden bereikt door beide te ervaren. Dit is een van de verklaringen die ik heb gevonden voor homoseksualiteit. De persoon was door vele levens heen één geslacht en er werd besloten (door de machten die er zijn) dat ze nu leerden hoe het is om het andere geslacht te zijn. De eerste keer dat ze het proberen, voelen ze zich misschien niet comfortabel in het lichaam. Sommige van mijn cliënten zeiden dat ze zich voelen als een vrouw gevangen in het lichaam van een man. Er is niets onnatuurlijks aan als je het op deze manier begrijpt. Ze moeten balans leren en zich aanpassen aan de nieuwe en andere emoties en gevoelens. Alles is anders de eerste keer dat je het probeert. Sommigen passen zich makkelijker aan dan anderen, net als bij het leren fietsen of skiën of skaten. Sommigen hebben er van nature aanleg voor en anderen moeten er echt aan werken.

Dan, naarmate je vordert door de menselijke lessen, moet je alles ervaren voordat je kunt afstuderen. Je moet rijk en arm zijn. Onthoud, soms kan rijk zijn eerder een vloek zijn dan een zegen. Het hangt allemaal af van wat de bijbehorende les is. Je moet op elk continent ter wereld wonen, elk ras en elke religie zijn voordat je de school hebt afgerond. Je moet beide kanten van elke mogelijke situatie ervaren. Je moet al deze manieren van leven, bestaan en denken begrijpen. Het belangrijkste concept achter reïncarnatie is om te leren niet te oordelen of vooroordelen te hebben. We zijn hier allemaal op dezelfde school in verschillende stadia van ontwikkeling. We richten ons allemaal op hetzelfde doel: onze lessen leren, school afronden en afstuderen zodat we kunnen terugkeren naar God. Als je vooroordelen ten opzichte van een bepaalde religie of ras met je meedraagt: wat denk je? Als het niet is opgelost tegen de tijd dat je dit leven verlaat, zul je terug moeten komen als het exacte ding waar je vooroordelen tegen had! Dit is de manier waarop de wet van karma werkt. Wat erin gaat, komt er ook weer uit! Ik heb keer op keer opnieuw gezien in mijn therapiewerk. Als ik deze uitspraken doe bij mijn lezingen, zie ik meestal een paar mensen somber kijken. 'Je bedoelt dat ik dat allemaal moet doen?' Geen zorgen! Ik ben tot de conclusie gekomen dat wanneer mensen vragen beginnen te stellen ze al door het merendeel van deze lessen heen zijn gegaan en op weg zijn naar hun afstuderen. Onthoud dat veel van deze lessen in één leven kunnen worden uitgewerkt. Daar ben ik in mijn werk achtergekomen. Toch zijn er anderen die in een sleur zitten, in een patroon, dezelfde fouten herhalen met dezelfde mensen opnieuw en opnieuw, en niet vooruitkomen. Op die snelheid zal het een tijdje duren voor ze afstuderen: een langzame leerling! Toen, zoals uitgelegd staat in m'n laatste boek en gedeeltelijk in dit boek, was het nodig om vrijwiligers te vragen om de Aarde te komen helpen omdat de zielen die hier al voor lange tijd waren, vast waren komen te zitten op het wiel van karma. Zij zouden nooit in staat zijn om te helpen de nodige veranderingen te creëren voor deze dramatische tijd in de geschiedenis. Dus werden de Drie Golven hierheen gebracht, en zij waren in staat om de reguliere Aardeschool te omzeilen omdat ze nooit karma hadden opgebouwd en niet vast waren komen te zitten. Ze hadden ook niet de intentie om vast te komen zitten. Het is een beetje zoals wanneer een school een gastdocent of een persoon met een specialisatie op een bepaald gebied binnenhaalt om de studenten die het zwaar hebben te helpen. Die persoon hoeft niet te blijven en deel te nemen aan de voortzetting van lessen en educatie van de groep. Ze doen hun werk en kunnen er dan uitstappen en teruggaan naar hun echte thuis. Dus ze zijn alleen hier op speciale toewijzing. Een groot aantal ervan vinden het hier niet leuk en verlangen ernaar om terug naar huis te gaan.

Maar, ook al zijn ze beschermd tegen het verzamelen van "normaal" karma, als ze weggaan voordat hun taak vervuld is, kunnen ze vast komen zitten op het "wiel" en zullen ze terug moeten komen. Ik heb een hoop informatie ontvangen en verzameld over deze vrijwilligers en hun missies, maar ik was erg verrast tijdens een recente sessie om nog een andere moedige groep te ontdekken. Het lijkt erop dat er nog veel meer typen zijn die hier zijn gekomen met speciale opdrachten die ook niet worden herkend door de algemene bevolking. Zij hebben grote bijdragen geleverd aan de Aarde. Onthoud, alles lijkt te gaan over het verhogen van het bewustzijn van de mensen op Aarde. We gaan een hele nieuwe wereld in en onze vibraties en frequenties moeten verhoogd worden om daar te kunnen bestaan. De oude manieren van geweld, haat en angst zijn niet langer nuttig in deze nieuwe wereld. Dus moest het worden aangepakt. Het is een traag proces geweest waarvan ik nu weet dat het al vele jaren (wellicht eeuwen) in gang is. Er moest iets gebeuren om de manier van denken van de mensheid te veranderen. Vanwege het geschenk van de vrije wil en het niet mogen ingrijpen, kunnen "zij" niet zomaar binnentreden en het overnemen (hoewel ik zeker weet dat ze dat graag zouden willen). We moeten de veranderingen in onze manier van denken zelf maken. En omdat we zo zitten ingegraven in negativiteit, vooroordelen, en veroordeling, moesten ons voorbeelden worden gegeven.

Dit waren speciale zielen die al hun lessen in de Aardeschool hadden afgerond, maar ervoor kozen terug te komen om degen die het moeilijk hadden te helpen. Sommige zielen komen, niet om te leren, maar om te onderwijzen. Uiteraard denken we meteen aan de meeste van de grote denkers: Jezus, Boeddha, Mohammed. Ze kwamen op momenten waarop de mensheid echt vastzat op het wiel. Hun opdrachten waren om nieuwe denkwijzen te presenteren zodat we vooruit konden gaan. Natuurlijk is het antwoord altijd liefde geweest, en dat was wat ze voornamelijk onderwezen. Maar omdat hun ideeën radicaal waren, werden ze vaak geconfronteerd met geweld. Het is een traag proces om het denken van de mensheid te veranderen, en vaak is geweld en tragedie de enige manier om hun aandacht te krijgen. Je moet 'mikken op de halsslagader' om opgemerkt te worden. Hetzelfde is waar gebleken voor elke grootse denker die radicale of revolutionaire ideeën heeft gepresenteerd. Elke keer als de wereld klaar was voor een grote stap voorwaarts in het verhogen van het bewustzijn, hebben veel moedige zielen zich ingezet voor moeilijke opdrachten en zijn ze het spel genaamd "Aarde" ingestapt. Ik heb opgemerkt dat dit zielen zijn die de gemakkelijke fasen van de school al hebben voltooid en bedreven zijn geworden in het omgaan met enkele van de moeilijke fasen. Ze hebben genoeg ervaring opgedaan waardoor ze nu de moeilijke opdrachten willen krijgen. Net zoals bepaalde studenten die verveeld zijn een speciale opdracht kunnen krijgen omdat ze hebben bewezen dat ze er klaar voor zijn. Dus zijn ze door de tijd heen in grote getale gekomen om te proberen het bewustzijn te verhogen en mensen te helpen hun denken te veranderen. Om te proberen het concept te benadrukken dat er geen vooroordelen zouden moeten zijn omdat we allemaal Eén zijn. De 'Civil War' vestigde de aandacht op de onrechtvaardigheid van slavernij. De Tweede Wereldoorlog vestigde de aandacht op wat er gebeurd wanneer vooroordelen zo ver gaan dat geprobeerd wordt een heel ras uit te roeien. De 'Women's Liberation Movement' vestigde de aandacht op de benarde situatie van vrouwen. De 'Civil Rights Movement' deed hetzelfde voor de zwarte bevolking. In elk van deze gevallen was er vaak geweld, gezien vrijwilligers hun rol speelden als aanvallers, verdedigers en martelaren. Onthoud dat ze instemden met deze dingen voordat ze dit leven ingingen. De afspraak was om de aandacht te vestigen op de verschillende kwesties, en als dat betekende dat hun leven vroegtijdig zou eindigen, dan was dat onderdeel van de afspraak. Ze moesten de denkwijze van de mensen veranderen, en dat moet vaak langzaam gebeuren.

    Als we terugkijken in de geschiedenis, kunnen we zien zien dat dit in veel gevallen heeft gewerkt. Veel van de discriminatie tegen vrouwen, zwarten, Joden, enzovoort is verminderd. De meeste jonge mensen die vandaag leven, weten niet hoe anders het was voor deze groepen slechts een paar decennia geleden.

Het Ingewikkelde Universum Boek Vier

DE ROL VAN HIV/AIDS IN HET VERHOGEN VAN HET BEWUSTZIJN

Naast vooroordelen tegen rassen en religies, zijn er ook vooroordelen geweest tegen mensen met bepaalde soorten ziektes, aandoeningen of handicaps. Ook hier hebben veel van deze mensen zich vrijwillig aangemeld om deze rollen op zich te nemen met als doel te onderwijzen. In mijn werk is mij verteld dat er meer zielen in de rij staan voor gehandicapte lichamen dan voor normale. Wanneer je er echt naar kijkt, is het logisch. Er werd gezegd dat de ziel in één leven met een handicap net zoveel karma kan terugbetalen als normaal gesproken tien levens zou kosten. Kijk eens naar wat ze leren door in zo'n lichaam te zijn. Kijk eens naar wat ze hun ouders of verzorgers leren. Kijk eens naar wat ze iedereen leren die hen ziet of met hen in contact komt. Hoe reageer je als je iemand in een rolstoel ziet of een verstandelijk gehandicapt kind? Iedereen leert iets van hen. De diepte van de les hangt af van de groei en ontwikkeling van de ziel. Wanneer ik zo iemand zie, denk ik: 'Je hebt deze keer echt een moeilijke taak op je genomen, hè?' Er zijn door de geschiedenis heen vele ziektes geweest die een enorme hoeveelheid angst en stigma hebben veroorzaakt. In veel gevallen zijn de slachtoffers behandeld als verstotelingen en gemeden door de samenleving. De ziekte lepra, zoals beschreven in de Bijbel, is hiervan een perfect voorbeeld. Zelfs tot in moderne tijden werden mensen met deze ziekte geïsoleerd van anderen uit angst voor besmetting. Dit gold ook voor TBC (tuberculose) in de vroege dagen voordat moderne medicijnen werden ontdekt om het te onder controle te houden. Deze slachtoffers werden weggestopt in sanatoria voor de rest van hun leven om hen te isoleren van anderen. Bij al deze ziektes was angst de belangrijkste drijfveer. En dan hebben we in onze moderne tijd ook nog te maken met het stigma van hiv en aids. Toen de ziekte voor het eerst uitbrak in de jaren 80, werd het gehuld in angst. Dit is grotendeels te herleiden naar de angst voor het onbekende. Angst is een uiterst krachtige emotie die iemands redenering en oordeel kan verlammen. Met moderne medicijnen is het stigma niet zo erg meer als het ooit was, toen de persoon werd gemeden en buitengesloten (vooral door de kerk). In mijn werk zie ik veel mensen die aan deze ziektes lijden, en mijn taak is om hen zo goed mogelijk te helpen. Wanneer je de wetten van reïncarnatie begrijpt, weet je dat je niet kunt oordelen of bevooroordeeld kunt zijn. Was het maar zo dat de kerk dit onderwees, dan zouden we niet zoveel problemen hebben. Natuurlijk waren er door de geschiedenis heen geldige redenen voor isolatie en uitsluiting vanwege de zeer reële angst voor besmettelijke ziektes die vele duizenden mensen hebben gedood. Maar de omstandigheden zijn in de moderne tijd niet hetzelfde als in het verleden.

Dit brengt me bij de sessie die deze nieuwe manier van denken en een andere kijk op deze ziektes teweegbracht. Michael was de jonge man die zich aanbood om me te helpen toen ik in juli 2011 een les gaf in Palm Springs, CA. Hij was erg behulpzaam geweest door ons rond te rijden en ervoor te zorgen dat we alles hadden wat we nodig hadden terwijl we daar waren. Hij vertelde ons dat hij de diagnose HIV had gekregen en zware medicatie gebruikte. De medicatie hield het nauwelijks onder controle, en zonder die medicatie zou hij kunnen sterven. Michael zei dat zijn aantal T-cellen erg laag was, en bloedonderzoek was de manier waarop de artsen zijn vooruitgang deden monitoren. Ik wist van AIDS af, maar ik wist niets over T-cellen. Na de sessie dacht ik dat ik wat onderzoek moest doen om het te verduidelijken voor de lezers. Ik hoop dat de artsen mij zullen vergeven als ik het niet helemaal correct heb. T-cellen worden geproduceerd door de thymusklier en zijn een belangrijk onderdeel van ons immuunsysteem en in de bestrijding van infecties. In een gezond persoon is het aantal T-cellen tussen de 500-1300. In een met HIV geïnfecteerd persoon

Wordt de thymus aangevallen en verminderd de productie van T-cellen. Als het aantal zakt tot onder de 200, hebben ze vrijwel geen immuniteit en zijn ze vatbaar voor elke infectieziekte. Ze hebben niks over om het te bestrijden. Dit is het moment waarop het zich ontwikkelt tot AIDS omdat ziekte het lichaam kan overweldigen. Het heeft geen effectief afweersysteem meer. Ik vind het interessant dat de thymusklier zich in het onderste gedeelte van je nek bevindt. In mijn werk betekent elk symptoom dat zich voordoet in de mond, tanden, kaak of keel (vooral de schildklier) dat de persoon zijn waarheid niet spreekt. Ze houden zich om de een of andere reden in en kunnen hun gevoelens niet echt uiten. Toen het moment daar was om iemand te kiezen voor de demonstratie op de laatste dag van de les, vroeg ik Michael of hij het zou willen doen. Hij wilde graag een sessie en wist dat er geen tijd was voor een privé sessie. Dit zou de enige manier zijn waarop hij er een kon krijgen, maar hij twijfelde. Hij is een zachtaardige, vriendelijke jonge man, maar ook erg op zichzelf. Hij maakte zich zorgen over het spreken voor de klas en het vertellen van zijn verhaal. Dit is altijd een probleem bij een demonstratie. Ik zeg dat het is als in een gouden vissenkom zitten, met al die onbekenden die naar je kijken. Hij maakte zich vooral zorgen over kritiek en oordeel als hij zou vertellen dat hij homo is en HIV heeft. Ik zei hem dat ik niet dacht dat het een probleem zou zijn, omdat er niet meer zoveel stigma aan de ziekte verbonden is als vroeger. Bovendien had ieder persoon in de klas zo z'n eigen "dingetjes." Hij stemde uiteindelijk toe omdat hij echt graag een sessie wilde hebben. Hij had zich geen zorgen hoeven maken, want toen hij begon te vertellen over zijn leven en problemen, was de klas zeer open en vriendelijk naar hem toe. Ze waren erg meelevend en wilden echt dat hij geholpen werd.

Hoewel hij nerveus was, raakte hij meteen in een zeer diepe trance toen de sessie begon. Eerst ging hij een kleine vijver van water in en zag hij zichzelf als slechts een bewustzijn dat deel uitmaakte van het water. Er waren geen wezens, en het water was stil en rustig. Hij hoefde niets anders te doen dan gewoon te zijn. Toen ik hem vroeg waarom hij ervoor koos om gewoon deel uit te maken van het water, zei hij: 'Voor de 'alleenheid'. Voor de afzondering. Voor de stilte. Gewoon om weg te zijn van alles. Ik koos ervoor om het te doen.' Toen ik hem vroeg of er iets was gebeurd dat ervoor had gezorgd dat hij alleen wilde zijn, zei hij dat het was om weg te zijn van alle chaos van de wereld waar wij hij was geweest. Er was te veel onrust. Hij vond de afzondering fijn, maar begon zich te vervelen. 'Het is stil. Er is niks te doen, dus je kan het niet allebei hebben.'

D: *Denk je dat je iets anders wilt ervaren?*
M: Ik ben er waarschijnlijk klaar voor.
D: *Denk je dat je alles hebt geleerd wat er te leren valt van het afgezonderd zijn?*
M: Niet alles, maar genoeg.

Toen ik vaststelde dat hij er klaar voor was, liet ik hem uit het water vertrekken en door tijd en ruimte bewegen naar iets dat toepasselijk was voor hem om te zien. Hij bevond zich in een hut midden in een veld. Het voelde aan als het Wilde Westen. Hij was een jonge vrouw gekleed in een oude jurk en hij wist dat ze wanhopig arm was. Er waren nauwelijks materiële bezittingen in de hut, en het was ook erg heet. (Michael had gezegd dat hij in zijn huidige leven niet van de hitte houdt.) Hij zei met een depressieve stem: 'Je doet wat je kan. Het is een zwaar leven. Zweten, lijden, woede ... Ik voel me zwanger.'

D: *Waarom ben je hier gekomen?*
M: Straf is het woord. Ik denk het te veel verwachting was.
D: *Hoe bedoel je?*
M: Het is gebruikelijk om soms niet veel te hebben, dus je accepteert wat je hebt. Steeds meer acceptatie.

Ze woonde daar met haar man, die ook ongelukkig was omdat hij veldwerk deed, en er was geen werk te vinden. Hij wist niets anders. Hij kon het land niet bewerken. 'Te droog. Te veel hitte... te veel zonneschijn... niet genoeg regen of water."

D: *Kun je niet vertrekken en ergens anders heengaan?*
M: Er is geen manier om er te komen.
D: *Je hebt geen vervoer. Hoe kom je aan voorraden?*
M: Lopen. Het is twee uur tot het dorp.
D: *Hoe krijg je voorraden? Heb je geld?*
M: Nee, geen geld.—Ik verhandel mezelf.—Dat alles wat ik heb.

De echtgenoot wist niet dat ze dit deed. Tijdens de sessie bleef ik denken aan de echtgenoot. Vroeg hij zich niet af waar het voedsel vandaan kwam als ze geen geld hadden? Blijkbaar had hij besloten om een oogje dicht te knijpen zolang ze iets te eten hadden. Toen kondigde ze aan: 'Het kind is niet van hem.' Ze schaamde zich voor wat ze deed, maar het was de enige manier waarop ze konden overleven. Toen kwam ze op het punt dat ze niet meer in staat was om zo ver naar de stad te lopen om zichzelf te verhandelen in ruil voor voedsel, en ze waren aan het verhongeren.

Ik bracht haar vooruit naar een belangrijke dag om weg te komen van de verontrustende scène, maar we vonden er een die nog verontrustender was. Toen we daar aankwamen, begon Michael te snikken, maar hij koos er wijselijk voor om de scène alleen te observeren in plaats van eraan deel te nemen. Onder deze omstandigheden was dit de beste manier om het te beschrijven. Geëmotioneerd vertelde hij wat er gebeurde: 'Ik kijk toe. Hij is er achter gekomen. Hij slaat haar in elkaar. Hij is erachter! Hij weet dat het niet van hem is. Hij is er achter. Hij bleef haar maar slaan, en slaan, en slaan. Het was allemaal zijn 'zelfmedelijden'.'

D: Hoe kwam hij erachter dat de baby niet van hem was?
M: Ze vertelden het hem. De mannen met wie ze was, vertelden het hem. Ze kon niet langer met hen zijn. Ze kwam op een punt waarop ze moest stoppen. De andere mannen reageerden hun woede op haar af. — De baby is niet van hem en hij slaat haar ... hij probeert de baby uit haar te slaan. Te veel bloedverlies. — Zij sterft en de baby sterft. Ze sterven allebei.

D: Wat deed de echtgenoot toen hij erachter kwam dat hij haar had gedood?
M: Er was eerst veel emotie. Hij sleepte haar het huis uit. Hij nam niet de moeite om het lichaam te begraven. Hij liet het daar gewoon liggen om te verrotten.

D: Wat gebeurde er met hem?
M: Er is niks over ... niks over voor hem. Hij deed niks. Hij heeft honger. Zij zorgde voor hem. Ze kon niet meer voor hem

zorgen. Hij leeft niet veel langer meer. Hij overleed kort daarna.
D: *Hoe voelt ze zich over dit alles, nadat ze gestorven is en het lichaam heeft verlaten?*
M: Ze deed wat ze kon. Ze nam al die boosheid en schuld met zich mee. Ze voelt niks voor haar echtgenoot. Ze was al dood voor hij haar doodde ... vanbinnen. Hij vernietigde haar emoties en op een gegeven moment gaf ze op.
D: *Ze deed alles wat ze kon in de omstandigheden. Ze moest overleven. Er was een reden voor alles wat ze deed.*

Ik liet hem toen wegzweven van het verschrikkelijke tafereel en de vrouw verlaten om haar eigen reis te vinden naar de andere zijde, en hopelijk rust te vinden. Omdat dit een klassikale demonstratie was was er geen tijd om te onderzoeken wat er aan de zielen-zijde gebeurde. Ik riep het OB naar voren zodat we wat antwoorden konden vinden. Michael z'n bewuste 'mind' probeerde tussen beide te komen en te voorkomen dat het zou gebeuren omdat, vermoed ik, hij zich zogen maakte over wat de antwoorden zouden zijn. Echter ben ik standvastig en kon ik het bewuste brein aan de kant schuiven. We hadden een enorm stuk van de puzzel gevonden, nu wilden we de rest. Toen het OB uiteindelijk doorkwam, vroeg ik waarom het dat leven had gekozen om aan Michael te laten zien?

M: Acceptatie ... acceptatie. Geen schaamte ... geen schaamte ... acceptatie. Geen schaamte en acceptatie voor wat hij had te doen in dat leven.
D: *Dat is een grote les. Hoe verhoudt dat zich tot zijn leven nu?*
M: Terwijl ze aan het sterven was, bleef de echtgenoot schreeuwen en haar een hoer noemen. Geen schaamte meer... niet om te schamen. Hij draagt het mee. Het behoort daar.

Ik praatte veel met het OB over alles in het verleden laten omdat het niet nodig was in het huidige leven. Dat Michael een goed persoon was en niks daarvan hoefde over te dragen naar zijn leven nu. Dit had rugproblemen veroorzaakt dat had geleid tot een operatie, maar niet de pijn had verlicht. Dit was deel van de last die hij droeg van dat leven, en identificeerde het als schaamte in zijn huidige leven. Het OB loste het op. Toen was het tijd om het onderwerp aan te halen over waarom hij HIV had gecreëerd in zijn leven. 'Waarom gebeurde dat?'

M: Het was deel van de afspraak ... neemt deel aan. De afspraak is deel van de acceptatie. Ervaring ... ieders ervaring. Degene die er mee hebben ingestemd.
D: Welke ervaring?
M: Van de ziekte.
D: Je bedoelt dat hij een afspraak heeft gemaakt om het te ervaren?
M: Ja. Ook het bewustzijn verplaatsen... erbuiten.
D: Hoe verplaats je het bewustzijn door het hebben van AIDS?
M: Door het bewustzijn van de mensen om hem heen. Accepteer het voordat het gebeurd. Zo'n groter concept. Hij stemde toe.
D: Kun je ons helpen te begrijpen wat dit grotere concept is?
M: Ja ... nog drie dagen.
D: Wat bedoel je
M: Het concept ... het begrijpen ... het zou drie dagen duren om het concept uit te leggen. Er zitten zoveel aspecten aan. Deel van de afspraak. Hij heeft het al geaccepteerd. Hij moet vertrouwen. Vertrouwen dat dat er deel van uitmaakt.

Dit was lastig te begrijpen, maar ik kreeg het OB zover om in te stemmen de HIV te behandelen. De doktoren hielden het aantal T-cellen in zijn lichaam bij. Dat was hun meting van de bevordering van de ziekte. Dat van Michael had een ontzettend laag aantal bereikt en hij kon doodgaan. De medicatie was bedoeld om het aantal te laten toenemen. Het OB zei dat hij zijn les geleerd had, dus waren ze in staat om te werken aan het verhogen van het aantal T-cellen. Hij kon nog steeds deel uitmaken van dit experiment of deze afspraak, maar ze zeiden dat zijn lijden voorbij was. 'Geen schaamte meer. Geen lijden meer. Hij heeft een andere weg te volgen.' De heling zou geleidelijk zijn omdat de T-cellen verhoogd moesten worden, maar het zou absoluut gebeuren. Ik wilde weten of er iemand in dat leven was die hij nu kende in zijn huidige leven. Het OB z'n antwoord was onverwacht. De echtgenoot die 'm gedood had was zijn vader in dit leven. Michael z'n vader had hem en zijn moeder meteen nadat hij geboren werd verlaten. Hij was recentelijk terug in zijn leven gekomen, maar er was geen hechtheid. Ik vond dat een rare afspraak omdat de vader niet gebleven was om hem op te voeden

M: Nee. Het was zijn taak om hem opnieuw leven te geven.

Dat was volkomen logisch. Hij had hem gedood, dus moest hij het karma terugbetalen door hem leven te geven, hem te helpen opnieuw de wereld binnen te treden. Daarna was zijn taak voorbij. Het was heel belangrijk dat Michael dit wist. 'Zeer goed. Acceptatie.' "Ik had nog één vraag. Ik wilde weten waar dat aan het begin van de sessie allemaal over ging toen hij onder water was als bewustzijn. Het OB verraste me opnieuw. 'Hij was een rots.' Hij had de afzondering gewild, en ik denk zo dat een rots inderdaad rustig is. Er gebeurde iets interessants toen ik Michael terugbracht en hij z'n ogen opende. Hij de klas rond en zei: 'Waar komen al die mensen vandaan?' Hij leek in de war en ik dacht dat hij de studenten zittend op hun stoelen bedoelde. Maar hij zei later dat toen hij bij bewustzijn aan het komen was, hij veel mensen zag, wezens, helemaal rondom het bed. Ze stonden in de open plek tussen het bed en de klas. Hij wist dat het beslist geen deelnemers van de klas waren. Ik ga ervan uit dat 'spirits' en gidsen van de aanwezigen zich verzameld hadden om te kijken, en hij in staat was om ze te zien voordat hij volledig bij bewustzijn kwam.

Toen we de sessie na afloop bespraken, waren de studenten heel vriendelijk tegen Michael. Zij waren degenen die tot de conclusie kwamen betreffende het doel van dit experiment. Hetgeen waarvan het OB zei dat het drie dagen zou duren om uit te leggen. Het had te maken met veroordeling. De mensen die zich vrijwillig hadden aangemeld om terug te komen en AIDS te ervaren (en mogelijk daaraan te overlijden), hadden ermee ingestemd om als groep te komen onderwijzen over oordeel. De klas was verbijsterd door de openbaring. Je voelde de energie door de groep stromen terwijl de hele kamer veranderde. Natuurlijk! Deze mensen die deze ziekte opliepen, waren geen slachtoffers. Het waren enkele van de gevorderde zielen die de meeste andere levenslessen hadden ervaren en zich vrijwillig hadden aangemeld om massaal te komen om tolerantie en gebrek aan vooroordelen en oordeel in deze tijd in onze wereld te onderwijzen. Het was een absoluut fenomenale openbaring, en ik dacht eraan hoe geweldig het zou zijn als mensen hun offer zouden begrijpen. Misschien zal dit ons leren om ook naar andere groepen te kijken die veranderingen creëren, en te zien wat ze ons nog meer te leren hebben.

Ongeveer een maand later ontving ik een e-mail van Michael. 'Ik kreeg mijn bloedonderzoek terug van de dokter (ik wachtte ongeveer 3 weken na de sessie om het te laten afnemen). Mijn T-cellen gingen van 293 naar 429 in de vier maanden sinds mijn laatste test. Het interessante is dat wanneer iemands T-cellen kelderde zoals de mijne drie jaar geleden deden, een sprong van 100 punten per jaar als een goede vooruitgang wordt beschouwd. Ik maakte een sprong van bijna 140 punten in vier maanden tijd.' Het leek er dus op dat de reden voor de les was geleerd, en Michael was nu op weg naar genezing.

Hoofdstuk 3
DE ZIELEN-ZIJDE

Ik ontvang al informatie over de zielen-zijde (waar we naar toe gaan wanneer we sterven) sinds 1968 toen ik voor het eerst tegen reïncarnatie aanliep. In die dagen was alles nieuw en verbazingwekkend, en het veranderde absoluut mijn geloofssysteem. Tegen 1980 had ik genoeg informatie ontvangen van honderden cliënten dat ik het boek Between Death and Life schreef. Het fascinerende eraan is dat niks is tegengesproken. Ik krijg nog steeds informatie en het blijft mijn kennis en visie op dit fascinerende onderwerp verbreden. Het maakt niet uit waar in de wereld ik kom, ik ontvang dezelfde informatie van mijn cliënten en dezelfde patronen komen naar voren. Ik zal proberen het hier kort samen te vatten voor degene die dat boek niet hebben gelezen.

Wanneer een persoon sterft (of het lichaam verlaat), gaat het zo gemakkelijk. Ze zeggen dat het is zoals opstaan van de ene stoel en in een andere te gaan zitten. Het gevoel van ontlading is zinderend. Ze kijken terug naar het lichaam en zeggen dingen als: 'Ik ben zo blij om er uit te zijn. Ik ben niet meer gevangen. Nu ben ik vrij om te gaan waar ik ook maar wil.' Normaal gesproken is er altijd iemand die komt om de persoon mee te nemen naar waar ze naartoe horen te gaan. Ik noem deze persoon de "groeter". Het kan een overleden familielid of vriend zijn. Of het kan hun gids of beschermengel zijn. Het is belangrijk om te weten dat je nooit alleen bent wanneer je overgaat. Er is altijd iemand om je te laten zien waar naartoe te gaan. Je bent ook nooit alleen tijdens je leven, maar mensen begrijpen dat niet. Wanneer je geboren wordt is er altijd een gids (of beschermengel) aan je toegewezen. Ze zijn je hele leven bij je en zullen er zijn op het eind. Er zijn verschillende plekken waar je naartoe kan nadat je doodgaat. Deze staan beschreven in Between Death and Life, en zullen voorkomen in de regressies in deze sectie. Je kunt alleen maar naar het level gaan waar jouw vibraties en frequenties verenigbaar mee zijn. Hopelijk is het een hoger leven, en ben je niet afgegleden naar een lager level. Het hangt allemaal af van wat je geleerd hebt tijdens die les in de Aardeschool.

Soms wordt de ziel meteen naar de "rustplaats" gebracht, vooral als de dood traumatisch is geweest. Dit is een plek in volledige stilte zonder kleuren of geluiden. Je verblijft daar zo langs als nodig voordat je weer toetreedt tot het wiel van karma. Uiteindelijk verschijnt elke ziel voor het bestuur (of de raad) van ouderen en meesters om hun leven dat ze zojuist verlaten hebben geëvalueerd te krijgen. Dit heet een 'levensoverzicht'. Zij gaan alle dingen na die je hebt gedaan en gedacht tijdens dat leven, en je wordt beoordeeld op wat er is bereikt en wat nog meer aandacht nodig heeft. Er is geen God op een troon die zit te wachten om je te beoordelen en straffen. Jij beoordeelt jezelf. En er is geen strengere rechter dan jijzelf. Jij bepaalt welke fouten je hebt gemaakt en wat er gedaan moet worden om ze te herstellen. Het moet worden onthouden dat er geen pijn is verbonden aan de dood. Er is alleen het gevoel van berouw. 'Dat had ik niet moeten doen! Ik had meer met mijn leven moeten doen!'

Dan begint de voorbereiding om terug te keren. Hoe mooi het daar ook is, hoe graag je er ook zou willen blijven, dat gaat niet zolang er onbetaalde schulden of karma is. Je hebt overleg met de zielen waarmee je tijdens het laatste leven verbonden was en maakt je plan. 'We hebben het de laatste keer niet zo goed gedaan. Laten we teruggaan en het opnieuw proberen. Ben jij dit keer de echtgenoot, dan ben ik de vrouw. Of, ben jij de moeder, dan ben ik het kind.' Je kunt de rollen verdelen op elke manier je wilt. Onthoud dat het leven slechts een spel is, een illusie. Wanneer we erin betrokken zijn lijkt het zo echt, maar we dragen slechts een kostuum, een kledingstuk, om die bepaalde rol te spelen. Jij bent de producent, regisseur, acteur en scenarioschrijver van je eigen drama. En omdat het script wordt geschreven terwijl het spel vordert, kan het op ieder moment herschreven en veranderd worden. Je hebt volledige controle over wat er in je leven gebeurt, zodra je dit beseft.

Dus je maakt je plan van wat je hoopt te bereiken wanneer je terugkeert naar de Aardeschool. Je maakt afspraken met andere mensen over welke rollen ze zullen spelen, zodat je eventuele overgebleven karma kunt opruimen. Het lijkt zo gemakkelijk wanneer je aan de zielen-zijde bent en overlegt met de meesters, maar wanneer je weer terugkeert op het wiel van karma omdat dit een planeet van "vrije wil" is, heeft iedereen zijn eigen plan en agenda, en vaak zullen deze botsen. En om het dubbel zo moeilijk te maken, wanneer je terugkomt, valt de sluier naar beneden en vergeet je het. Je vergeet je plan. Je vergeet je contracten. Je vergeet dat het slechts een school is. Je vergeet dat het slechts een spel is. Omdat het geen test zou zijn als je de antwoorden al wist. Je moet al struikelend je eigen weg terug vinden. Je moet alle kennis en informatie die je bent vergeten opnieuw verwerven voordat je kunt afstuderen van deze school. Je kunt niet van de kleuterschool naar de hogeschool springen. Je moet het stap voor stap doen, klas na moeilijke klas, totdat je klaar bent en terugkeert naar God (of de Bron) en al je ervaringen en lessen downloadt in de gigantische computer van Zijn informatie. Er is veel, veel meer over dit alles te vinden in de andere boeken van Het Ingewikkelde Universum. Ik ben het alleen aan het samenvatten en parafraseren, zodat de lezer een leidraad heeft om de sessies in dit gedeelte te begrijpen. Het zal echter worden opgemerkt dat er geen tegenspraak is, alleen meer informatie toegevoegd aan wat ik al heb ontdekt.

ZOGENAAMDE "SLECHTE" LEVENS

In mijn werk heb ik horrorverhalen gehoord over hoe mensen zijn opgevoed (zoals ongetwijfeld veel andere therapeuten). Hun jeugd was zo slecht dat ik me afvroeg hoe die persoon erin geslaagd was een functionerende volwassene te worden. Het verdient alle eer dat het ze is gelukt. Het benadrukt de onmenselijkheid waartoe de mens in staat is jegens zijn medemens. Natuurlijk weet ik dat de persoon die de dader is een flinke dosis karma opbouwt die een lange tijd kost om af te lossen. Maar de cliënt vraagt altijd, 'Waarom overkwam mij dit?' Ze vragen zich af of ze iets verschrikkelijks hebben gedaan in een vorig leven dat verantwoord dat ze zo werden behandeld. Ik leg in mijn werk uit dat ze ermee hebben ingestemd voordat ze een leven inkwamen. Dit wordt altijd met ongeloof ontvangen. 'Dat slaat nergens op! Waarom zou ik akkoord willen gaan om zo'n leven te leiden?' Onthoud dat alles een les is. Het is erop ingericht om te zien wat we zullen leren van de situatie. Als we het examen niet halen, de les niet leren, is er altijd de volgende keer. Het maakt niet uit hoe lang het duurt om die klas, die les, af te ronden. Je hebt alle tijd van de wereld. Maar zou je het niet liever sneller leren dan er een eeuwigheid over doen? Wanneer je leert wat je moet leren, ga je verder naar de volgende les, die wel of niet makkelijker is. Het kan moeilijker zijn, maar het zal in ieder geval anders zijn.

Dit brengt ons terug bij de oorspronkelijke vraag: 'Waarom hebben we besloten zo'n vreselijke ervaring te kiezen?' Ik had twee voorvallen vlak bij elkaar waarin de persoon een vreselijke jeugd had. In één geval deden de ouders aan satanische rituelen waar de kinderen bij werden betrokken. De cliënt verliet uiteindelijk zo snel mogelijk het huis en wilde nooit meer iets met haar moeder te maken hebben. De andere kinderen in het gezin hadden minder geluk. De meisjes raakten verslaafd aan drugs en werden prostituees, en de jongen begon te criminaliseren en belandde in de gevangenis. Mijn cliënt zei dat ze op jonge leeftijd al wist dat ze niet betrokken wilde zijn bij dit alles. Voor een jong kind had ze opmerkelijk veel verstand en instinctief wist ze hoe ze moest omgaan met wat er gebeurde. Ze bouwde psychisch een muur om zichzelf heen zodat ze gescheiden zou zijn van de waanzin die om haar heen raasde. Ze vertrok en bouwde een leven voor zichzelf op zonder hulp van haar familie, en ze wilde geen enkel contact met hen. Tijdens de sessie vroeg ik waarom ze zo'n jeugd had gehad, en het OB zei dat ze ervoor had gekozen (wat ik al wist). En ze leerde een grote les, namelijk hoe ze kon overleven en slagen zonder hulp van wie dan ook. Dus hoewel ze eenzaam was en zich verlaten voelde, had ze die les gekozen, en ze was met vlag en wimpel geslaagd, dus nu was het tijd om verder te gaan.

Het Ingewikkelde Universum Boek Vier

Een andere vrouw groeide op in een vreselijk gewelddadig gezin waar haar stiefmoeder haar elke dag sloeg. Vanzelfsprekend proberen mensen in zulke situaties zo snel mogelijk het huis te ontvluchten. Het OB zei dat dit nodig was om haar te leren hoe ze moest overleven, groeien en op zichzelf te zijn. Het had een groot doel gediend, ook al begreep ze dat niet toen ze opgroeide. Als kind wist ze alleen dat ze niet gelukkig was. Een andere vrouw had hetzelfde patroon van misbruik en we wilden weten of er karma was met deze mensen dat werd afgelost. Ik was verrast toen het zei van niet. Er waren ook geen vorige levens met de belangrijkste personages. Het OB zei dat het vooraf was overeengekomen dat bepaalde mensen in het leven zouden worden geplaatst om haar te testen. Sommigen van hen zouden hun dierbaarste vrienden kunnen zijn geweest aan de zielen-zijde, en in andere levens. Maar ze hadden ingestemd om de rol van schurk te spelen in dit toneelstuk. En we moeten het er over eens zijn dat ze soms hun rollen heel erg goed spelen. Ik vraag altijd aan mensen die slechte ervaringen hebben gehad (en iedereen maakt wel eens negatieve dingen mee in het leven. Dat is waar het leven nu eenmaal om draait), wat hebben ze ervan geleerd? Meestal zullen ze iets vinden als ze er echt naar kijken en het effect ervan zien op hun leven. Als ze zeggen dat ze niets hebben geleerd van de ervaring, dat het gewoon niet eerlijk was. Dan zullen ze het opnieuw moeten doorstaan (de klas over doen) en de volgende keer kan het zelfs lastiger zijn, totdat ze begrijpen wat de les was die ze kozen om te ervaren. Natuurlijk moet dit alles worden bekeken zonder emoties, als een toeschouwer.

Hoofdstuk 4
LEVEN ALS ANDERE WEZENS
HET ZEEWEZEN

Dit idee van het leiden van een vorig leven als een ander soort wezen dan mens kan vreemd of onwaarschijnlijk lijken voor degenen die mijn werk niet hebben gevolgd. Maar ik heb talrijke voorbeelden hiervan gevonden. Deze worden beschreven in mijn andere Ingewikkelde Universum boeken. Voordat we de Aardeschool voltooien, moeten we weten hoe het is om alles te zijn. Dit betekent dat we het leven in elke mogelijke vorm moeten ervaren. Mensen komen later in het lesprogramma als we in een lineaire progressie denken. Deze sessie werd gehouden als een demonstratie voor de klas in San Diego in 2010. Het was erg verwarrend omdat Carrie vanaf het begin geen idee had wat ze was of waar ze was. Het kostte ons behoorlijk wat tijd om vast te stellen dat ze een of ander zeewezen was dat in de oceaan leefde. Een ding dat haar in verwarring bracht, was dat ze vanaf het begin een zwaar gevoel had, alsof ze vol met water zat. Dit zorgde ervoor dat ze erop stond om naar het toilet te gaan. We waren nauwelijks begonnen dus ik wilde niet dat dit de sessie zo vroeg al verstoorde, maar mijn suggesties dat ze zich prima voelde hadden geen effect op haar. Dus liet ik enkele deelnemers van de klas haar naar het toilet begeleiden met haar ogen dicht. Bij haar terugkeer zei ze dat ze zich nog steeds zwaar voelde, alsof ze vol water zat; ze voelde zich als een bubbel. Toen ik haar vroeg om een lichaam te onderscheiden, raakte ze meer in de war. Ze voelde zich licht en kon grijze, wazige kleuren zien. 'Het is koel... Ik kan voelen, maar ik zie geen lichaam. Ik zie geen voeten. Ik heb geen armen. Ik heb er geen! Ik zie geen lichaam.' Gezien dit soms voorkomt wanneer iemand een 'spirit' is probeerde ik die manier van denken te volgen. 'Ben je je bewust van anderen om je heen?'

C: Nee ... nee ... Ik ben hier in m'n eentje ... alleen ik. In dit ... Ik weet geen vorm, maar ik weet dat het in iets anders is, maar ik weet niet wat het is. Het is als ... een bubbel. Ik heb het idee dat ik in een bubbel zit. Het voelt alsof ik in iets ben. Waar ... waar? Wat ben ik aan het doen? Ik ben gewoon ... Ik weet niet eens wat ik ben. Ik ben gewoon hier.

D: *Is dat waarom je niet naar buiten kunt kijken?* (Ja) *Je kunt niet door de bubbel heenkijken?*

C: Nee. Het is wazig. Het is grijsachtig ... Ik ben me niet eens bewust van een einde of iets dat me ergens naar buiten zou kunnen brengen.

Ze was zo in de war dat ik wist dat ze het niet kon begrijpen vanuit dit perspectief. Dus liet ik haar buiten de bubbel bewegen en ernaar kijken zodat ze beter kon begrijpen wat haar insloot. Toen riep ze plotseling uit: 'Ik zit in een ei. Ik zit in een ei!!' Ze was erg verbaasd door deze openbaring. 'Het is die kleur. Het is dat grijze. Wanneer je aan de binnenkant bent kun je niet zien, maar wanneer ik aan de buitenkant ben kan ik zien dat ik in een ei zit!'

D: *Dus dat is waarom je geen lichaam hebt?*
C: Ja.—Het ziet eruit als een vogelei.
D: *Laten we kijken waar het ei is. We kunnen ons zicht verbreden. Waar ligt het ei?*
C: Oh ... zoiets als een grot. Het is niet zoals een vogelnest of zoiets, maar het is een ei ... Ik zit in een ei in een grot. (Verbijsterd.) Ik weet niet wat ik aan het doen ben.
D: *Oké. We kunnen onze perceptie verbreden en op die manier meer zien. Wil je zien wat het ei heeft gelegd?* (Ja) *Waar komt het ei vandaan?*
C: Het is een vogel. Ik weet niet wat voor een vogel, maar ik zie blauw.
D: *Probeer het te omschrijven.*
C: Geen veren. Ze zijn meer gladjes ... geen veren ... het is als met zwemvliezen bedekte vleugels.

D: *Bedoel je meer zoals huid dan als vleugels?* (Ja) *Kun je inschatten hoe groot het is?*
C: Groot. Want het is een groot ei.—De vogel is zwart in z'n gezicht maar een heel mooie blauw. Een beetje een puntig gezicht.

Na de sessie pas kwam er een idee in me op. Het was een zeewezen, dus wellicht een manta? Toen ik onderzoek deed, zag ik dat ze zwart van kleur zijn en absoluut lijken op een soort vogel met grote vleugels.

D: *Je bent in ieder geval op een veilige plek. Niets kan het ei schaden als je in een grot bent.* (Ze begon rare geluiden te maken.) *Wat?*
C: (Fluisterend) Zwaar ... zwaar.
D: *Oké. Laten we bewegen totdat het tijd is om uit het ei te komen. Hoe kom je uit het ei? Zie het jezelf doen.*
C: (Ze maakte bewegingen.) Ik moet erdoorheen naar buiten komen ... naar buiten. (Ze maakte stotende bewegingen met haar hoofd.) Eruit komen... kost veel tijd. Ik wil eruit. Ik wil er nu uit!

Ik verkortte de tijd tot het moment dat ze eindelijk uit de schaal was gekomen. Ik zei: 'Het was lastig om eruit te komen. Het liet je werken. Hoe ziet je lichaam eruit nu je uit de schaal bent?'

C: Niet veel. Hmmm ... zie er niet uit als de andere vogels! Ik ben niet blauw. Ik ben een soort grijs.—Ik heb veel werk te doen. Ik voel me alsof ik iets moet doen. Ik lig hier gewoon. Ik ga niet niks doen!—Ik heb honger!

Ze zei dat ze zich weer zwaar voelde, en alsof ze vol zat met water. Ik wilde niet dat dit haar zou afleiden, dus ik probeerde haar op andere gedachten te brengen. 'Hoe kom je aan eten?'

C: Mijn moeder ... mijn moeder brengt het naar me, maar ik weet niet wat het is ... (Ik lachte.) Ik weet niet wat het is. Ieuw ... soppig. (De studenten lachten.)

Ze raakte van streek toen ze besefte dat ze weer naar de wc moest. Ze voelde zich weer vol met water zei ze. Ik probeerde suggesties, maar de enige oplossing was om toe te staan dat de anderen haar weer in trance meenamen naar de wc. Elke keer dat dit gebeurde, gebaarde ik naar de studenten om stil te zijn en haar tussen hen door te laten. Daarna werd ze met haar ogen dicht terug naar het bed geleid en gingen we verder. Dit was ongebruikelijk dat ze zo vaak moest gaan, maar het had misschien te maken met het pasgeboren wezen dat ze ervaarde. 'Oké. Laten we verder gaan naar het punt waar je niet langer dat kleine wezen bent dat voedsel van de mama nodig heeft. We gaan naar het punt waar het gegroeid is. Als je groter bent, blijf je toch niet in die grot, of wel?'

C: Nee. Water ... water ... Ik zie water. Ik ben in water. Ik ben een vogel onder water. Er zijn anderen! Er zijn anderen nu hier.
D: *Zien ze er uit zoals jij?*
C: Sommigen wel. Sommigen niet, maar er zijn andere wezens. Sommigen hebben vele armen. Sommigen zijn echt heel groot. We zijn allemaal kinderen. We zijn aan het spelen. We zijn in het water. Daarom voel ik zoveel water.
D: *Was de grot ook in water?*
C: Ja. Het was diep onder iets.
D: *Maar je speelt met de anderen?* (Ja) *Ook al ziet iedereen er anders uit.*
C: Dat is oké.
D: *Vind je het leuk daar?* (Ja)

Ik bracht haar vooruit naar een belangrijke dag, ook al kon ik me niet voorstellen wat een belangrijke dag zou zijn voor zo'n eigenaardig wezen. Toen ze aankom op de belangrijke dag begon ze te huilen. 'Mijn vriendin ... mijn vriendin. Ze is opgegeten. Ze is heengegaan. Iets heeft haar opgegeten. Iets nam haar mee. Ze is niet hier. Ze huilen allemaal.'

D: *Dus dat is waarom je verdrietig bent. Was je vriendin een wezen zoals jij?*
C: Nee. Ze is wat je een "vis" noemt. Ze was heel erg knap.

Ik stelde haar gerust en leefde met haar mee. Toen bracht ik haar vooruit naar een andere belangrijke dag Ze lachte nu in plaats van te huilen. 'We zijn aan het leren om naar de oppervlakte te gaan. Velen van ons doen dit. Velen zoals ik. We zijn met veel.'

D: *Ben je nu groter?*
C: Ja. Ik kan uit het water gaan en er weer terug in. Je kunt nu buiten bovenop zien. Het is prachtig boven water. Er is de lucht, zon. We hebben dit nooit gezien. Dit is allemaal nieuw voor ons. We hebben nooit de lucht gezien. Het is prachtig, en we blijven duiken. We gaan er terug in. We blijven er in en uit gaan. Jup, sommigen van ons hebben het te pakken. Sommigen van ons niet.
D: *Sommigen kunnen het niet uitvogelen?* (Lach)
C: Nope, maar we moeten elkaar helpen. Dat is waarom we het samen doen. We moeten elkaar helpen. Dat is heel belangrijk. We laten niemand achter. En het is prachtig hierboven.
D: *Dar is heel goed. Je bent lessen aan het leren.* (Ja)

Ik liet haar die scène verlaten en weer vooruit bewegen naar een andere belangrijke dag. 'Wat gebeurd er nu of wat zie je?'

C: Iets op het water. Iet niet goeds. Iedereen onder het water is erg ontdaan ... heel erg ontdaan omdat iets daarboven niet goed is. Ze proberen er van weg te bewegen.
D: *Hoe ziet het er uit?* (Pauze) *Doe je best om het te omschrijven.*
C: Ze proberen de wezens onder water te vangen, maar zij zijn niet onder het water. Zij zijn op het water. Ze vangen, maar

niet zoals ik ... Ik voldoe niet. Ze willen het eten. Ze zoeken naar eten, en ze doen de wezens pijn. Ze gooien sommigen terug, doen ze pijn. Ik probeer ze te helpen weg te komen van de vangst.

D: Hoe help je ze?
C: Gewoon scheppen ... scheppen met mijn grote ... Ik weet niet of het een vleugel is ... mijn arm ... mijn vleugel ... Ik weet het niet. Ik ben gewoon aan het scheppen, en weg aan het sturen van gevaar. Ik kan niet iedereen te pakken krijgen! Maar iedereen hier probeert te helpen ... iedereen. Oh, ga weg! Dit is niet jullie thuis! Dit is mijn thuis. Dit is ons thuis. Er zijn dieren hier.

Ik kon deze scène niet voortzetten omdat ik wist dat ik de tijd in de gaten moest houden. Wanneer ik een demonstratie voor een klas doe heb ik niet zoveel tijd als in een normale sessie. Dus liet ik het haar verlaten en voortbewegen naar de laatste dag van haar leven om erachter te komen met er met haar gebeurde. 'Ik ben oud. Ik ben gewoon oud. Ik ben niet meer blauw. (De studenten lachten.) Niet blauw ... ongeveer de kleur die ik had toen ik geboren werd. Soort van grijs."

D: Ben je nog steeds in het water of er bovenop?
C: Ik ben nog steeds onderwater. Ik ben oud. Ik beweeg niet meer zoals ik deed, maar ik heb heel veel vrienden. Ze zijn allemaal hier.
D: Jullie waren allemaal samen, en hebben elkaar altijd geholpen of niet?
C: Ja, dat deden we... tijd voor mij om te gaan. Ik ben oud.
D: Je hebt een goed leven gehad of niet?
C: Ja, dat deden we. Zij kwamen. We hadden een goed leven.

Ik bracht haar toen naar het moment dat het allemaal voorbij was en ze uit het lichaam was en aan de andere kant ervan. Ze slaakte een diepe zucht van opluchting. Je kon merken dat ze blij was om vrij te zijn van dat lichaam. Ik vroeg haar wat ze had geleerd van dat leven omdat elk leven een les heeft.

C: Om te helpen. Om elkaar te helpen. Om er te zijn. Dat was heel belangrijk. Ja, ik heb geleerd. Ik heb geholpen.

Ik wist dat ze nu zou overgaan naar de zielen-zijde in haar geestelijke lichaam. Ik wilde dat niet verder onderzoeken voor de klas. Ik wist dat ik ze moest laten zien hoe ze de therapie moeten doen. Dus ik leidde haar ervan weg en riep het OB naar voren. Ik vroeg waarom het dat vreemde leven had gekozen om aan Carrie te laten zien.

C: Ze moet dit herinneren. Ze moet zich herinneren om te helpen.
D: *Ze helpt wel mensen in dit leven nu, of niet soms?*
C: Ja, ze heeft veel werk gedaan, maar soms vergeet ze dat niet iedereen is waar zij is. En ze moet hen helpen waar zij zijn. Niet waar ze zelf is, maar waar zij zijn. Soms vergeet ze dat ze niet zijn waar zij is. Dat is waarom we doen wat we doen. Ze moet zich in hen inleven op hun level. Dit is belangrijk. Ze moet zich aanpassen aan waar zij zijn.
D: *Dat was nogal een vreemd leven. Wat voor soort wezen was ze in dat leven?*
C: Zeewezens ... haar les was om te leren daar te helpen.
D: *Het was best een rare. Dat had ik niet verwacht.*
C: Ik denk zij ook niet. (We lachte allebei.) Ze weet dat ze vele dingen is geweest. Die wist ze niet.—Ze zag dat niet iedereen er wellicht hetzelfde uitziet, maar iedereen hulp nodig heeft ongeacht waar ze zijn. En dat is wat we te doen hebben, helpen.

Het OB vervolgde met te vertellen over haar doel en wat ze te doen had met haar leven. Ze moest alweer naar de wc, en dit keer strafte het OB haar er ook voor. Het zei dat het probeerde haar comfortabel te houden, maar ze was nerveus, dus er was geen andere keuze dan haar opnieuw te laten opstaan en naar het toilet te begeleiden. Ik dacht tenminste krijgt de klas te zien hoe ze het moeten doen als dit zich voordoet in een van hun sessies. 'Oh ja, we praten tegen haar. Ze doet zichzelf dit aan. Dit is wat ze doet. Ze wordt nerveus en zoals jullie zien plast ze.' De studenten lachten.

D: *En jullie zullen hier zijn als ze terugkomt, zodat we verder kunnen gaan?*
C: Wij gaan nergens heen. We zijn altijd hier.
D: *Het is een gedoe, maar het is slechts het fysieke lichaam.*
C: Ja, het is een gedoe.

Nadat ze terugkeerde en weer ging liggen, zeiden ze: 'We hebben gewacht omdat we veel te vertellen hebben. (Lach) We zeiden het tegen haar! Daarom dronk ze vanochtend haar koffie niet, omdat ze wist dat dit is wat ze doet. Als ze zenuwachtig wordt, moet ze plassen. Nu voelt ze zich goed. Geen afleidingen meer.' Ze gingen verder en beantwoordden haar vragen en gaven advies over Carrie's echtgenoot en zijn problemen. Daarna gingen ze over op de fysieke klachten. Voor de sessie had Carrie een nogal vreemd verzoek. Het was er een die ik nog nooit had gehoord en zeker een die niet in me zou zijn opgekomen om het OB te vragen, maar ik dacht: 'Hoe kan ik nou weten waartoe het OB in staat is, als ik het niet vraag?' Ik heb het wonderbaarlijke dingen zien doen, dus wie ben ik om te oordelen? Ik heb ontdekt dat deze techniek een groeiend, evoluerend iets is dat een eigen leven leidt. Dus ik leer voortdurend nieuwe dingen die het OB kan doen. Het ziet ernaar uit dat er geen beperkingen zijn.

Carrie zei dat ze borstkanker had gehad en dat de artsen een borstamputatie wilden doen. Ze wilde niet zoiets radicaals doen, dus vond ze een arts die bereid was om een borstsparende operatie uit te voeren (het verwijderen van alleen de tumor zonder de hele borst te verwijderen). Het werkte en ze werd als genezen beschouwd. Echter, dit liet haar achter met één borst die kleiner was dan de andere, en dit vond ze gênant. Ze droeg losse, wijde kleding om het te verbergen. Ze had al veel "soul searching" gedaan en was erachter gekomen wat de reden was dat ze kanker had ontwikkeld, dus ze voelde dat dat was opgelost. Dus haar verzoek ging niet over heling, maar om te kijken of het OB op de een of andere manier haar kleine borst kon vergroten om het gelijk te krijgen met de andere. Ik beschouwde het als een ongebruikelijk verzoek, maar dacht dat het geen kwaad zou kunnen om het te proberen. Tijdens het interview-gedeelte vóór de sessie werd dit allemaal uitgelegd aan de klas, dus iedereen was nieuwsgierig om te ontdekken wat er zou gebeuren, als er al iets zou gebeuren. Als het OB dacht dat het niet zou kunnen, dan wist ik dat het me dat zou vertellen. Nu bracht ik het onderwerp van borstkanker ter sprake en vroeg ik of ze gelijk had in wat ze dacht dat de oorzaak ervan was. 'Ja, ze werd erg gekwetst door verschillende mensen toen ze klein was, maar ze werd ook erg geliefd. En soms dacht ze aan degenen die niet van haar hielden, en manifesteerde ze de tumor in haar borst.' Dit komt overeen met wat ik heb ontdekt, dat de borst staat voor verzorgen. En de linkerzijde van het lichaam betekent dat het gerelateerd was aan iets uit haar verleden. 'Ze dacht dat ze niet geliefd was, terwijl ze in feite heel erg geliefd was.'

D: Dus uiteindelijk had ze een operatie?
C: Ja. We hebben haar naar die dokter geleid. Ze had andere adviezen. Ze wilden haar lichaam binnendringen. Uiteraard, zoals je weet, houden we niet van het binnendringen van het lichaam. Die dokter werd gekozen omdat hij het minst ingrijpend zou zijn. Ze deed wat ze deed vanuit de angst. Het gaat nu goed met haar. Het grote gedoe ligt achter haar. Nu moeten we haar gewoon op het hoofd bonken. Moeten we haar tenen stoten. Moeten we haar vinger prikken of iets dergelijks. Wanneer we dat doen, is het om te zorgen dat ze oplet.
D: Maar ze heeft nog steeds problemen in dat linkerborst gebied.
C: Ze weet dat het beter is. Ze weet dat het is geheeld.—Het ziet er goed uit. Het lijkt goed. Er is nog pijn maar het is geheeld. Ze heeft de pijnmedicatie niet meer nodig. We denken dat ze het neemt omdat het een gewoonte is. Ze kan er makkelijk vanaf komen. Wij zullen ervoor zorgen dat ze dat doet. Ze weet dat ze oké zal zijn.

D: Goed zo. Nou, ze had nog een vraag. Je vindt het wellicht een beetje vreemd, maar ze wil het je toch vragen. Toen ze de operatie deden verkleinde het de omvang van de linkerborst, of niet? (Ja) *Ze wilde weten, is er een of andere manier waarop jullie het terug in balans kunnen brengen met de andere kant? Is het mogelijk voor jullie om dat te doen?*

C: (Pauze) Hmmm. Dat kunnen we. Waar ze de operatie had, daar is wat ruimte. We kunnen iets in die ruimte plaatsen ... weefsel in die ruimte plaatsen.

D: Om het op te bouwen? (Ja) *Oké, waar gaan jullie weefsel vandaan halen?*

C: Ze heeft genoeg in haar lichaam. (De studenten moesten allemaal lachen. Carrie heeft een beetje overgewicht.) Dat is geen probleem. (Iedereen vond dit amusant.)

D: Dus je verplaatst het weefsel gewoon?

C: Dat zullen we doen.

D: Jullie doen wonderlijke dingen ... dingen die doktoren niet kunnen.

C: Ja. Ze heeft nagedacht over reconstructieve chirurgie en zei, nee. Wij kunnen dit voor haar doen omdat we heel blij dat ze dat niet gedaan heeft.

Toen ging het OB verder met werken aan de borst. 'Ik ben dat gebied aan het bekijken. Ze heeft genoeg ruimte daar. We kunnen er iets in plaatsen. Dat is niet zo'n punt voor haar.'

D: Je weet hoe mensen zijn. (Ja) *Ze maakt zich zorgen over de uitstraling van haar lichaam.* (Ja) *En jullie nemen weefsel van andere plekken in het lichaam en plaatsen het in die ruimte?* (Ja) *En dan is het weer gelijk met de andere kant?* (Ja) *Zal dit lang duren?*

C: Nee, dat zal het niet.

D: Zal ze het opmerken?

C: Ja ... ja, dat zal ze. Ze zal lachen. Ze zal het opmerken ... ze zal het opmerken. (Iedereen was aan het lachen.)

Ik besloot dat dit een goed moment was om een andere vraag te stellen die me bezig had gehouden. Ik wist dat het OB tegen me kon praten en vragen kon beantwoorden terwijl het z'n werk voortzette. Ik verwees naar een andere sessie die ook een demonstratie was voor een klas in Chicago. De vrouw stond op het punt om een knie-vervangende-operatie te ondergaan aan beide knieën omdat het kraakbeen volledig was weggesleten en ze in extreme pijn verkeerde. "Zij" vervingen kraakbeen waar er geen was en haar knieën waren in orde. Iedereen in de klas dacht dat ze mij een wonder hadden zien verrichten, maar ik wist dat ik er niks mee te maken had. Ik ben slechts degene die het faciliteerde. Het OB is degene die het werk doet. Na die klas begon ik die tape te gebruiken als voorbeeld in m'n andere klassen. Er is veel gespard over waar het OB het kraakbeen vandaan haalde. Aangezien er kraakbeen in het lichaam aanwezig is, heeft het dan van een andere plek in het lichaam kraakbeen overgebracht? Dit zou te vergelijken zijn met wat er met Carrie gebeurde in deze sessie. Het OB herinnerde zich de sessie waar ik naar verwees. 'Waar haalde je het nieuwe kraakbeen vandaan?'

C: We kunnen dingen terugplaatsen vanuit weefsel dat er al is. We kunnen gebruikmaken van weefsel dat al in het gebied aanwezig is om datgene te vervangen wat gebroken is. Echter is het nooit gemakkelijk om iets te vervangen dat er niet langer is.

D: *Maar het kan gedaan worden?* (Ja ... ja.) *Ik denk dat het belangrijk is voor de studenten om dit te weten, of niet?* (Ja ... Ja.) *Maar er is geloof, vertrouwen en overtuiging voor nodig.* (Ja)

Omdat we niet zoveel tijd hadden als normaal om aan Carrie te werken, zei het OB dat het 's nachts zou doorgaan terwijl ze sliep. Het zei dat de borsten in balans zouden worden gebracht en dat alles goed zou komen.

Afscheidsboodschap: Blijf in de staat van verbinding met ons en we zijn altijd hier. We horen je luid en we horen je duidelijk. We zijn altijd hier voor jou, en dit weet je. Twijfel nooit. Twijfel nooit. Er zijn momenten waarop je dat doet en dat is niet nodig. We zijn altijd hier ... altijd. We houden van je.

D: En je zult altijd iedereen helpen die hulp nodig heeft?
C: Ja, dat is alles wat we willen doen is helpen.—En jij, Dolores. We houden ervan om met je te praten. Je verricht goed werk.

Vanzelfsprekend, toen Carrie ontwaakte en opstond waren alle ogen gericht op haar borsten, en er was veel gelach onder de studenten. Carrie leek zich te schamen, maar toen ze naar beneden keek moest ze toegeven dat er iets was veranderd; ze leken weer meer in balans te zijn. Dus het was ook een les voor mij. Onderschat nooit waar het OB toe in staat is.

HET LEVEN ALS MIER

Toen John net in de scène terechtkwam, kon hij niet uitvogelen waar hij was. Hij was aardig in de war, en zijn beschrijvingen verwarde ook mij. Alles dat hij kon zien was dichte bruine vloeistof. 'Het is overal. Het is alsof je onder de oceaan bent ... een oceaan van bruin.' Ik vroeg me af of hij in de oceaan was. Dit is eerder gebeurd, maar het werd niet beschreven als dicht en bruin. 'Het is als vloeibare chocolade. Aarde kwam in me op ... stenen. Het is erg groot ... zeer uitgestrekt. Het is alles wat ik kan zien.' Wanneer er zoiets als dit gebeurd is alles wat ik kan doen vragen blijven stellen tot we erachter komen wat er gaande is. 'Nu is het alsof ik in een luchtbubbel zit. Als een luchtbel in een zakje. Ik ben er door omringd. Dat is hoe het eruit ziet. Deze bruine vloeistof beweegt om me heen, en ik zit in een luchtzak.'

Ik vroeg hoe hij zichzelf waarnam, zijn lichaam. Hij was verbaasd toen hij zag dat hij een soort insect was. 'Vreemd ... als een beestje ... zoals een sprinkhaan ... een beestje. Ik heb lange voeten, wellicht vier en twee boven- voeten of armen die zoals een bal zijn.' Dit stoorde me niet, omdat ik veel cliënten heb gehad die teruggingen naar vorige levens waar ze insecten, planten, dieren en zelfs rotsen waren. Dit wordt uitgediept in m'n andere boeken. Het maakt niet omdat alles bewustzijn heeft en een stukje bevat van de goddelijke vonk van leven. Ik verken het altijd op dezelfde manier waarop ik zogenaamde "normale" vorige levens verken omdat het OB het heeft gekozen om een reden. Er moet daar informatie zijn die de cliënt moet weten om zich te verhouden tot het huidige leven. Ik probeer nooit te oordelen over wat "zij' doen. Zij kunnen het grotere plaatje zien en leveren altijd scènes aan om een reden.

D: Als ledematen?
J: Ja. Ik zou zeggen dat ik bruin of zwart ben. Misschien een mier ... mier, dat voelt juist.—Misschien is het bruin water.—Ja, nu zit ik op een steen en het gaat over me heen. Misschien is er een blad boven me, en het water gaat boven het blad.
D: Dus het voelt niet alsof je in het water bent?
J: Nee. Geen verdrinking ... nee. Ik ben aan het wachten tot het voorbij is, om vervolgens verder te gaan. Ik denk dat ik op weg ben naar huis. En dat ik werd overvallen door de regen.
D: Het kwam onverwachts?
J: Ik denk het. Dat gebeurd gewoon.

Ik versnelde de tijd totdat hij bij zijn thuis was aangekomen en vroeg hem om het te beschrijven. "Het is een nest ... misschien in een oude boom. Mijn vrienden, familie of wie dan ook zijn blij om te zien dat ik terug ben."

D: Wonen jullie allemaal samen in dit nest?
J: Ja. We werken samen.
D: Zoals een kolonie? (Ja) *Is het een groot nest?*
J: Nee, het is vrij klein. Het is in een boomstam die plat op de grond ligt, en het in het midden helemaal rot. En je kunt er gewoon binnen lopen. Het was een goede plek voor een nest. We vonden het en bouwden het. We gebruikte houtvezels van de stam, en alles dat we konden buiten konden vinden in het bos; bomen, bladeren.
D: Heb je een gedeelte dat alleen van jou is, of leven jullie allemaal samen?

J: Ik denk dat we delen. Er is niet een plek voor ieder van ons. Het is van ons allen samen.
D: *Een tijdje terug zei je "familie". Hebben jullie families?*
J: Het voelt alsof ik één ben en geen familie heb. Ik ben een individu. Ik voel me mannelijk.
D: *Maar jullie werken allemaal samen en dat is goed, of niet?*
(Ja)

Ik wilde weten wat zijn taak was, wat hij met het merendeel van zijn tijd deed. 'Zoeken, verzamelen, zoeken, verzamelen, voedsel.'

D: *Doe je dat alleen of met anderen?*
J: Ik zie op dit moment alleen mezelf.
D: *Waar ben je aan het zoeken naar voedsel?*
J: Onder bladeren, in het donker, soms hoog in de bomen.
D: *Wat eet je?*
J: Gewoon groentes, planten. Ik zie geen dieren of andere insecten. Misschien bladeren.
D: *Breng je dat terug naar het nest?*
J: Ja, en deel het met anderen.
D: *Vind je het leuk daar?*
J: Het voelt alsof ik erbij hoor, en dat ik bijdraag en iets doe wat nodig is. Dus, ja, ik voel me daar goed over.

Toen bracht ik hem voorwaarts naar een belangrijke dag. Het zou interessant zijn om te zien wat belangrijk is voor een mier. 'Het lijkt erop dat de boomstam is weggespoeld, en ik ben helemaal alleen. Ik denk dat het water omhoogkwam, en het nam het nest en alles mee. Het dreef weg.—En ik ben helemaal alleen. Ik sta een paar meter van waar de boomstam eerst lag... het thuis. Ik weet dat het is weggespoeld. En ik ben me gewoon aan het afvragen, wat ga ik nu doen?'

D: *Misschien waren de anderen allemaal in de boomstam, in het nest?*

J: Ja. Misschien zijn ze wel oké.—Ik weet niet wat ik moet doen.—Ik kan proberen om ze te zoeken. Ik weet gewoon niet wat ik moet doen. Ik kan opnieuw beginnen.

D: *Is dit de eerste keer dat je alleen bent?* (Ja) *Je hebt altijd deel uit gemaakt van een groep?*

J: Ja, en dat voelde goed.—Ik denk dat ik ga proberen om ze te vinden.

D: *In plaats van opnieuw beginnen?*

J: Ja. Ik ga naar ze op zoek. Ik ga in de richting waar de boomstam naartoe is gespoeld.—Ik ga over bladeren en modder, en ik denk dat ik de boomstam zie. Daar lijkt het op. Hmm, ik zie niemand daar.

D: *Is het nog steeds in het water of wat?*

J: Nee, het ligt op de grond ... het is droog. Het is aangespoeld ... en het bleef liggen.—Er is er een daarginds en ik herken hem niet. Misschien was de groep groter dan ik dacht. Ik ken hem gewoon niet. Andere zijn op pad om voedsel te verzamelen. Ik weet niet of ze verdwaald zijn of niet.

D: *Misschien zijn sommigen doodgegaan toen het in het water lag?*

J: Het ziet er droog uit vanbinnen. Ik denk dat de anderen er wellicht uit waren toen de boomstam wegspoelde. Dus ze hebben geen thuis waarnaar ze kunnen terugkeren.—Dus ik ga terug naar waar ik vandaan kwam. Kijken of ik de anderen kan vinden.

D: *Zodat jij ze kan leiden?*

J: Ja. Ik ga terug naar waar ik was. Ze beginnen zich te verzamelen, en ik breng ze terug naar waar de boomstam was en laat ze zien waar het naartoe is. Ik was opgelucht dat ik ze vond. Ze vroegen zich af wat er gebeurd was met hun thuis en waarom. Ze kwamen uit het bos en er was geen thuis om naar terug te keren.

D: *Ja, net zoals jij je voelde.*

J: En nu zijn ze dus opgelucht om hun thuis te kunnen vinden, maar het ligt op een andere plek. Dit is al eerder gebeurd.— En we zijn blij om thuis te komen, en ik voel me belangrijk omdat ik in staat was om iedereen te helpen hun weg naar huis te vinden.

Het Ingewikkelde Universum Boek Vier

D: Dus je had een belangrijke rol te vervullen. (Ja)

Toen ik hem weer voorwaarts bracht naar een andere belangrijke dag, kon hij alleen maar duisternis zien. He kon zijn verhaal niet voortzetten. 'Je bent niet meer in het nest?'

J: Nee, ik denk het niet. Ik voel me afgezonderd van de rest.

Wanneer dit gebeurd weet ik dat de persoon is doodgegaan, en er niks meer is om te zien. Dit is altijd mijn antwoord naar de skeptici die denken dat de personen deze levens verzinnen. Als ze het aan het verzinnen waren, hij had toch een goed verhaal, waarom liet hij het niet verdergaan? Het antwoord is dat ze dat nooit doen. Als het leven klaar is, is er niets meer te zien. Ik heb dit vele keren zien gebeuren. Ze kunnen niet fantaseregn. Wanneer dit gebeurd breng ik ze altijd terug naar de laatste scène die stabiel was. In dit geval was dat toen ze het nest in de boomstam opnieuw hadden gevonden. Nadat dat was vastgesteld, bracht ik hem vooruit naar de laatste dag van zijn leven, zodat we konden ontdekken wat er met hem gebeurde. 'Wat zie je?'

J: Ik ben op zoek naar eten en ik heb gewoon ... geen energie ... niet veel om te geven.
D: Is je iets overkomen?
J: Nee. Gewoon soort van gestopt te werken.
D: Als je stopt met werken, wat gebeurd er dan?
J: Het is alsof ik ga slapen. Ga gewoon liggen.—Ik zal m'n vrienden missen, maar ze zullen doorgaan zonder mij.
D: Dus wat gebeurd nadat je gaat liggen?
J: Het ziet eruit als een donkere waterval of zoiets. Ik moet omhoog gaan.
D: Ben je uit het lichaam nu?
J: Dat moet wel, ja. Het lichaam is ... niet nodig.
D: Kun je je lichaam zien?
J: Ja. Het ziet eruit als een mier.
D: Het ligt daar gewoon? (Ja) *Dus nu zie je zoiets als een verticale waterval?*

J: Ja ... een waterval of ... lijnen van iets ... vallend naar beneden. Ik moet omhoog gaan in die richting. Ik hoef niet de waterval omhoog, maar ik kan ernaast gaan in de lucht.

D: *Voelt dat goed om uit het lichaam te zijn?*

J: Het maakt niet uit. Het maakt echt geen enkel verschil.— Nu zie ik een wolk. En sommigen van de anderen staan voor me, en we zijn blij om elkaar te zien. Zie er nog steeds uit als een mier. Ze zien er allemaal uit als mieren.

D: *Maar je bent blij dat je daar boven bent gekomen?* (Ja, ja, ja.) *Is er een plek waar je nu naar toe moet?*

J: Ik denk dat we wachten tot we worden opgeroepen. We wachten daar samen. Dan gaan we nog hoger omhoog. Het is een soort stop plek ... een wacht plek.—Iemand roept. We weten wanneer te gaan.

D: *Wat gebeurt er dan?*

J: Het is als een beoordeling of evaluatie ... een levensevaluatie of zoiets.

Ik heb genoeg van deze regressies gedaan om te weten dat wanneer een persoon sterft, ze voor een raad of commissie moeten verschijnen voor een levensevaluatie. Het maakt blijkbaar niets uit welke vorm dat leven aannam. Maar dit vond ik vermakelijk. Hoe zou de levensevaluatie van een mier eraan toegaan?

D: *Is daar iemand die je vragen stelt?*

J: Meer een soort gids. Iemand die er is om vragen te beantwoorden of je te helpen.

D: *Hoe ziet 'ie eruit?*

J: Ik zie menselijk. Grijs haar, grijze bebaarde man. We moeten bespreken wat ik heb geleerd. Hoe heb je het gedaan? Wat heb je gedaan?—Ik zeg dat ik niet weet wat ik geleerd zou moeten hebben. Hmm, familie, saamhorigheid, deel zijn van iets groters, opoffering. Hij zegt dat ik het goed gedaan heb.

D: *Dat zijn goede dingen. Die lessen heb je geleerd?* (Ja) *Wat gaat er nu gebeuren?*

J: Ik ga een tijdje rust nemen, misschien spelen. Ja, ik heb wat tijd vrij. Rusten, spelen. Hmm ... om te ontdekken. Erop uitgaan in de ruimte en gewoon een soort van rond te vliegen. Je bent vrij tot je wordt opgeroepen. Het ziet ernaar uit dat ik in de ruimte ben nu. Het is voornamelijk donker. Wat sterren ... wat planeten.—Ik vraag me af waar ik hierna naartoe ga. Als ik er niet voor kies om iets te doen, ga ik verveeld raken. Ik ben aan het kijken of ik daar iemand zie waar ik lol mee kan hebben.—Ik zie iemand. Ik denk dat het iemand is die ik al eerder heb gekend.

D: *Dus je gaat daar gewoon rondzweven samen en dingen verkennen?*

J: Dat klinkt saai.—Ik denk dat we gaan bijpraten over waar hij mee bezig is geweest en waar ik mee bezig ben geweest. En ik vertel hem waar ik mee bezig ben geweest en hij luistert. Hij is de planeten aan het verkennen geweest.—Ik denk dat we terug gaan keren in een leven samen. Ja, laten we iets samen doen in dit leven.—Ze zijn nog niet klaar voor ons.

D: *Maar je maakt plannen.*

J: Ja. Laten we samenkomen in dit leven.

D: *Denk je dat de mensen die jou oproepen daar mee akkoord zullen gaan?* (Ja) *Dus jij hebt iets te zeggen over waar je heen gaat en wat je gaat doen?* (Ja) *En met wie je het gaat doen?* (Ja) *Oké. Laten we vooruit bewegen naar het moment dat ze je oproepen.*—Hebben ze je opgeroepen?

J: Ja. Ik zie een baby. Ik denk dat ik geboren word.

D: *En daarvoor, waar ging je heen toen ze je opriepen?*

J: Er was een groep of raad, en we spraken over samenzijn in dit leven. En ze zeiden oké, en bespraken waar we aan gaan werken.

D: *Zeiden ze dat het oké was om nu mens te zijn?* (Ja) *Je kunt van de ene soort naar de andere overspringen?*

J: Ik had iets te leren in dat laatste, dus dat is waarom ik dat moest doen.

D: *Dus dat maakt geen verschil? Er is geen volgorde waarin je moet gaan?*

J: Niet als er een les te leren is.

D: *Hebben ze je enig advies gegeven? Is er iets dat je hoort te doen of naar moet zoeken in het volgende leven?*

J: Ik hoor voor hem te zorgen ... op hem letten. Ik hoor iets van hem te leren ... liefde, vrijheid krijgen. Ik moet geduld leren.
D: *Helpen ze jou met je plan?*
J: Ik voel dat we weten waar de ander aan moet werken, en daarom komen we overeen om elkaar later in het leven te ontmoeten.

Ik besloot het te verlaten en het OB aan te roepen. 'Waarom koos je dat leven waar hij het insect was, de mier, om aan John te laten zien?'

J: Het gevoel een deel van een groep te zijn en belangrijke bijdragen te leveren. Dat is wat hij nodig heeft deze keer. Voelen dat hij belangrijke bijdragen levert en deel uitmaakt van een familie. Dat mist hij. Hij zal een groep of interesse moeten vinden en zich daarmee bezighouden, of het nu tuinieren of meditatie is. Het gevoel van saamhorigheid. Hij zal zien dat hij meer een familie is.

John had last van depressie en gebruikte medicatie. Het OB vond dit niet goed. 'Het is niet goed voor het lichaam of de geest, beide niet. Het werd veroorzaakt door een gebrek aan vertrouwen in zichzelf in de meest lastige situaties. Heeft zich er niet helemaal doorheen geslagen ... er was niet veel wat we konden doen.

D: *Jullie konden hem niet helpen vanuit de andere kant?*
J: Nee, hij wilde de hulp niet aannemen ... te eigenwijs.
D: *We willen hem uit zijn depressie krijgen, nietwaar?*
J: Hij hoeft alleen maar te vragen.
D: *Vraag het hem maar en kijk of hij jouw toestemming heeft om hem te helpen.*
J: Ja, dat zou fijn zijn. Ja, hij geeft toestemming.
D: *Wat gaan jullie doen om hem te helpen?*
J: Het zal een proces zijn. Hij zal om hulp moeten vragen wanneer hij het nodig heeft en een proces voor hem om eruit te komen.

D: *Ik weet dat jullie soms directe heling kunnen brengen, maar dit is anders?*
J: Het proces zou beter voor hem zijn. Het leerproces dat hij later kan gebruiken. Hij zal zich lichter voelen, meer lachen, makkelijker in de omgang, ontspannen. Hij zal veranderingen zien in de loop van de tijd als hij naar zichzelf kijkt .
D: *Wat denk je van de medicatie? Helpt het of niet?*
J: Het zou een steun kunnen zijn ... een steun. In de loop van de tijd zal hij het niet meer nodig hebben, maar hij heeft de steun nu nodig om zich zelfverzekerd te voelen. Het proces zal zelfvertrouwen opbouwen. Hij moet het proces doorwerken. Als hij nou weer eens zou beginnen met mediteren.
D: *Hoe heeft hij zichzelf in eerste instantie in die depressie laten raken?*
J: Geïsoleerd ... niemand om zijn gedachten mee te balanceren ... niemand om zijn negatieve denken te stoppen, dus het bleef zichzelf voeden.
D: *Hij had niemand met wie hij vertrouwelijk kon praten?*
J: Nee ... wilde het niet.

Er waren een aantal persoonlijke vragen. De volgende is de eeuwige vraag: Levensdoel.

J: Helpen. Om anderen te helpen en niet te oordelen, en mensen accepteren voor wie ze zijn. Als hij iemand ziet die hulp nodig heeft, vraag het en dat is alles. Zie een behoefte ... vul het op.
D: *En dit zal helpen met de depressie.*
J: En het zelfvertrouwen, ja.

Het OB controleerde vervolgens het lichaam op fysieke problemen. Er was enige schade aan de longen doordat hij rookte. Hij wilde echter niet stoppen, dus konden we daar niets aan doen omdat we niet tegen iemands vrije wil kunnen ingaan. 'Zij' stemden wel in met het werken aan enkele moedervlekken die John op zijn borst had en die in een voorstadium van kanker konden zijn. John was bang dat zijn leven spoedig tot een eind zou komen. (Maar een deel hiervan was te wijten aan de depressie.) Het OB zei dat het zou kunnen. Het was mogelijk. Maar ik wist dat als hij eruit zou gaan voordat hij zijn missie had vervuld, hij weer helemaal opnieuw zou moeten beginnen. Het OB zei: 'Dat is niet ideaal.'

Afscheidsboodschap: Begin met mediteren. Heel belangrijk ... begin er opnieuw mee. Dan kunnen we communiceren, en hij zal zich ontwikkelen, en ja, het verhoogt vibraties. En lichaamsbeweging. Dit zal zijn hart versterken en humeur verbeteren.

DE GROTE VOGEL

Ik had een andere cliënt (Rachel) naar een vorig leven gaan als een grote vogel. Het leven was alledaags en de vogel beleefde verschillende avonturen, waaronder een waarin hij door een andere vogel werd aangevallen omdat hij zijn territorium was binnengedrongen. Toen het stierf terwijl het op de bosgrond lag en naar de lucht keek, zag het een grote lichtgevende witte vogel die kwam om het naar de zielen zijde te begeleiden. Dus het lijkt erop dat de 'groeter' vele vormen aan kan nemen, afhankelijk van het ervaren leven. Het zal iets zijn waarmee de vertrekkende ziel zich kan identificeren en zich comfortabel bij zal voelen. Toen ze omkeek om haar lichaam te zien, zag ze een donkere vogel op de grond liggen. Nu ze uit het lichaam was wist ik dat ze het hele leven vanuit een ander perspectief kon bekijken. 'Elk leven heeft een doel. Elk leven heeft een les. Wat denk je dat je van dat leven hebt geleerd?'

R: Het is oké om te genieten van alleen zijn en dingen te doen met de natuur. Het was een vredig leven.
D: *Wat denk je dat het doel van dat leven was?*
R: Niet bang te zijn om alleen te zijn. Het was fijn om anderen te helpen die hulp nodig hadden. Dat liefde er altijd is waar je ook bent. En het leven is niet pijnlijk, of je nu gewond

raakt of sterft; er is geen pijn. Liefde is er altijd want op een of andere manier is die vogel een vorm van liefde. Het is alsof hij zowaar door tijd en ruimte en de lucht heen gluurt, en hij is geboren uit het licht.
D: *Wat ga je doen nu je uit het lichaam bent?*
R: Ik denk dat ik gewoon uitrust.

Ik liet haar toen van de vogel wegzweven en riep het OB op. De eerste vraag die ik altijd stel, is waarom het haar dat specifieke leven heeft getoond.

R: Ze moet haar vleugels spreiden. (Dat was een hele goede metafoor om dat te illustreren.) Ben jezelf en wees niet bang om te zijn wie ze is. Ze is een kind van God en ze is hier om Hem te vertegenwoordigen op haar eigen unieke manier, in haar eigen kleine vonk die ze draagt. En alleen zij kan dat doen. En als ze niet haar vleugels spreid en zichzelf is, geeft ze geen uitdrukking aan God. En Hij heeft haar hier gebracht voor haar doel.

Dit bracht, uiteraard, de eeuwige vraag naar voren: 'Wat is haar levensdoel?'

R: Liefde. Ze geeft iedereen liefde en heeft iedereen lief. Ze heeft heel veel liefde, en ontvangt een hoop liefde. Maar ze vertrouwd zichzelf niet. Ze staat een soort van 'op pauze'. Ze houdt zichzelf tegen. Dat is niet goed voor haar gezondheid. Ze moet in staat zijn om zich te verwoorden. Ze moet zich uitdrukken.—Ze heeft dingen geprobeerd en gefaald en ze heeft die angst om te falen. Ze moet het "nog een keer" proberen. Ze is aan het wachten tot er iets gebeurd, maar ze moet zich realiseren dat zij het moet laten gebeuren.

Het uitstelgedrag had haar gezondheid beïnvloed. Ik focuste daarop. Ze had een gezwel op haar wervelkolom en, natuurlijk, wilden de artsen opereren. Haar problemen met haar rug en nek waren omdat ze het gevoel had meer te dragen dan haar eigen gewicht. Het OB verwijderde het onmiddellijk. 'De tijd ervoor is voorbij. Het is niet meer nodig.' Ze had ook borstkanker gehad en een operatie ondergaan. Het OB vertelde ons de oorzaak: 'Ze miste haar kinderen. Ze zijn allemaal verhuisd en weg. Ze had niets om voor te zorgen. Ze had nooit kinderen willen hebben, maar toen ze ze had, hield ze gewoon zoveel van ze.' Het is zonde dat Rachel dit niet te weten had kunnen komen voor het hebben van de operatie, maar, uiteraard, weten we nooit wat ons lichaam probeert te vertellen. Er zouden nu geen problemen meer zijn met kanker.

Haar volgende fysieke vraag ging over sex. Ze had pijn en ongemak in dat deel van haar lichaam tijdens geslachtsgemeenschap. Het OB gaf een ongebruikelijk antwoord. Het werd veroorzaakt door de buitensporige behandelingen die de artsen Rachel hadden gegeven na de borstoperatie. Ze had chemotherapie gekregen, wat een vroege overgang veroorzaakte, iets waar haar lichaam zich moeilijk aan kon aanpassen. Ze slikte nog steeds enkele pillen ervan. Ook gaven ze haar regelmatig MRI-scans die niet nodig waren. Hun overmatige voorzorgsmaatregelen hadden schade aan dat deel van haar lichaam veroorzaakt. Het OB zei: 'Ze ondergaat nog steeds enkele behandelingen. Het is geen chemotherapie, maar het is een chemische stof voor haar botten. Ze heeft het niet nodig. Ze was bang dat het terug zou komen als ze de artsen deze dingen niet liet doen.'

D: *Daar is de angst weer.* (Ja) *Dat is wat de problemen veroorzaakt.*
R: Ze kan daarmee stoppen, zodat haar lichaam zichzelf kan doorspoelen en herstellen, en niet hoeft te vechten tegen de pillen en injecties die ze heeft gekregen. Ze zou al deze medicijnen moeten stoppen. De kanker zal nooit terugkomen. Er was nooit iets om bang voor te zijn.

Er werd aangeraden dat ze een baan zou nemen waarbij ze met kinderen zou werken, zodat ze haar eigen kinderen niet zoveel zou missen.

Afscheidsboodschap: Wees vriendelijk voor jezelf ... niet zo streng en oordelend naar jezelf. Wees geduldig. Begin eraan. Ik zal hier altijd zijn om haar te helpen. Haar angst is verdwenen, en geniet gewoon van het leven.

EEN ELEMENTAIR WEZEN

Ik was in Santa Fe om mijn les te geven op 'The College of Northwest New Mexico'. Voordat de lessen begonnen, verbleef ik bij Paula in haar gasthuis in de heuvels buiten Santa Fe, waar ik cliënten ontving. Zeer afgelegen en stil. Bobbie had veel fysieke problemen, maar leed vooral aan depressie. Ze had geen energie, leek moe en ongelukkig, en wilde echt dood. Ze was nog maar in de 40, maar ze leek en gedroeg zich veel ouder. Ze was volledig uitgeput. Ik gebruik meestal een methode waarbij ik mijn cliënt van een wolk laat afdalen naar een vorig leven.

Toen Bobbie van de wolk afkwam, was ze in een landelijk gebied en zag ze mannen in metalen harnassen, maliënkolder, en ze droegen speren. Ze zag een bataljon te paard op weg naar de oorlog, helmen en adelaars-insignes op hun uniformen. Ze bevond zich op een open plek in het bos, tussen de bomen, en keek toe hoe het leger voorbij trok. Dit ging van het gebruikelijke naar het vreemde toen ik haar vroeg naar haar lichaam. 'Ik glinster, als een feeën-wezen. Ik besta uit gouden licht. Ik ben giechelig en lief. Er zijn vonkjes van licht op mijn nek en polsen. Ik maak geen deel uit van de mensenwereld. Ik heb geen verbinding met de legermensen. Het doet mij allemaal een beetje grappig aan. Zij zien mij niet. Ze zijn heel gefocust. Ze hebben ergens naartoe te gaan.—Ik ben heel blij hier in het bos, en ik verbind me met de 'spirits'. Ik leef in de 'spirit'-wereld in het bos, maar dat is slechts een deel van mij. Er is een ander deel van mij dat daarboven in de wolken hoort. Er zijn veel onzichtbare 'spirit'-wezens die komen en gaan. Ik voel ze overal. Mensen zien ze als vuurvliegjes, maar dat zijn ze niet. Het zijn 'spirit'-wezens met een uiterst geordende leefwijze. Ik ben zichtbaarder dan dat zij zijn. Je kunt mij zien als een soort fonkelend mens.'

D: Is dit je gebruikelijke manier van verschijnen?
B: Nee, het is slechts een vermomming.
D: Waarom heb je deze keer deze vorm aangenomen?
B: Omdat ze mij gestuurd hebben.
D: Wie hebben jou gestuurd?
B: De plek voorbij de wolken. Er is een witte wereld daar en ze hebben mij gevraagd om te gaan.
D: Is dat je thuis?
B: Ik denk dat ik op een missie gestuurd ben en niet terug mag gaan, dus ik weet niet zeker waar thuis is. Het voelt alsof thuis verder omhoog is, maar dat kan ik nu niet voelen omdat ik hier beneden ben en ik iets moet doen.
D: Wie waren degene die je gestuurd hebben?
B: Ze zien eruit als vuurwezens die uit de wolken ontspringen. Er is een soort raad of drie-eenheid. Zo nu en dan verschijnen er gezichten uit het vuur.
D: Dus dan is het niet fysiek. Waarom hebben ze je gestuurd? Je zei dat het een soort missie was.
B: Het beeld dat ik krijg is alsof een van die 'spirit'-wezens me in een mand heeft gelegd als baby. Ze is een vriendelijke, liefdevolle persoon, die me niet daar kon houden. De dame van de witte plaats moest een nageslacht creëren dat connectie kon maken met de Aarde. Ik ben een deel van die vrouw en ik ben op verkenning. Ik verbind me met deze feeën-wezens als een manier om onzichtbaar te zijn en me in deze mensenwereld te verplaatsen. Ik voel me beter als ik slechts deels mens ben, zodat ik half licht en half mens kan zijn—maar meer licht, zodat ik verbonden blijf met de lichte plaats."
D: Je zei dat je niet terug mocht keren?
B: Niet nu. Ik moet iets doen. Ik ben net begonnen. Het is nog een soort van nieuw. Ik ben aan het spelen. Ik heb net het bos ontdekt, vol met schattige dieren die goed overweg kunnen met de 'spirits', en we hebben plezier. Het is ook een manier om dichter bij de mensen te komen
D: Het is prima om te spelen en te experimenteren. We mogen dat doen voordat we solide worden. Of wil je solide worden?

B: Ik denk het niet.
D: *Waar gaat je missie over?*
B: Ik weet dat ik verder het dorp in moet, waar de mensen zijn.
D: *Maar je weet niet wat het werk is?*
B: Wil je dat ik het vraag?
D: *Als je wilt. Misschien vertellen ze je het, voordat je te ver van hen verwijderd raakt.*
B: Er is veel ellende gaande—oorlog. De plek waar ik vandaan kom begrijpt oorlog niet, en ik behoor hier een tijdje te blijven om te helpen de energie op te krikken. De mensen in de dorpen zijn echt moedeloos en ze hebben geen hoop meer. Waar ik ook ga, volgt het gouden licht me, en ik behoor het te verspreiden zodat de depressieve mensen zich weer kunnen herinneren hoe ze er contact mee kunnen maken. Het zal hun gedachten aanwakkeren, zodat ze zich samen kunnen voegen en manieren bedenken om hun problemen op te lossen. Op dit moment voelen ze zich verslagen en lossen ze niets op. Ik ben een soort brenger van hoop.
D: *Zullen ze jou kunnen zien?*
B: Nee. Ze zullen het verschil voelen. Het is alsof ze omringd zijn door feeën-stof. Het verhoogt hun frequentie, en dan kan de witte groep hun steun verlenen. Het is simpel. Ik hoef alleen maar mezelf te zijn. Ik blijf speels. Dat is mijn werk. Gewoon mezelf zijn en energie verspreiden.
D: *Heb je dit eerder gedaan?*
B: Het ziet er nogal nieuw uit, omdat iedereen er onervaren in lijkt. Het ziet eruit als een eerste poging.
D: *Ben je ooit fysiek geweest?*
B: Ik leefde in Egypte als een vrouw, maar ik was niet alleen maar mens. Ik was deels sterrenwezen en deels mens. Ik was toen zeker meer mens dan in dit fee-achtige leven. Ik bevond me in een soort priesteres wereld. Ik was zeker een volledig menselijk wezen, maar mijn energie voelt niet vlezig aan. Het voelt heel groots. Die missie was veel serieuzer. Dat was een heel belangrijke tijd. De sterrenenergie was al langere tijd neergedaald en vermengd met mensen voorafgaand aan dat leven. Het was hoe dingen waren. Ik maakte deel uit van vele wezens die zo waren.

Het Ingewikkelde Universum Boek Vier

D: *Ze waren aan het ontwikkelen, experimenteren en spelen.*
B: Nee, zo voelde het niet. Het voelde alsof de Aarde en de Sterrenstelsels met serieuze zaken bezig waren. Het was een belangrijk leven. Het lot van de wereld stond op het punt te veranderen. Er waren veel donkere wolken, veel grote beslissingen, veel hogere bewustzijnsniveaus. Het was echt belangrijk om het juiste te zeggen en te doen, want de gevolgen konden enorm zijn.
D: *Het was belangrijk voor jou om daar te zijn op dat moment.*
B: Ja, maar niet omdat ik zo bijzonder was; omdat het belangrijk was voor iedereen.
D: *Heb je toen je werk gedaan?*
B: Ik zie er niet erg gelukkig uit. Ik denk dat ik echt gestresst was omdat de gevolgen zo enorm waren. Degenen onder ons die deel uitmaakten van de sterrenwezens—niet iedereen was een deel sterrenwezen geworden—hadden de verantwoordelijkheid om te bepalen hoe we de anderen zouden leiden.
D: *Het klinkt heel serieus.*
B: Het voelde ook niet alsof er veel liefde aanwezig was. Het voelde niet slecht, maar het had zeker meer de indruk van een mentale samenleving.
D: *Als je je nu dat leven herinnert, denk je dat je bereikt hebt wat de bedoeling was?*
B: Het zegt dat we zijn vervaagd. Het ging niet verder, maar het was niet pijnlijk. Het was veel hard werk, het hield lang stand, en vereiste veel toewijding, maar het ging niet verder. We vervaagden op een goede manier. Maar nu leef ik een ondeugend leven. Ik ben in het bos en ruik de grote gigantische bloemen. Ik heb zoveel plezier. Ik ben gefascineerd en kijk in de bloem. Alles praat. Het is gevuld met gouden licht dat eruit straalt. Alles doet zo grappig aan voor mij.
D: *Je zei dat je in je missie met de mensen moest gaan praten of zoiets.*
B: Oh, ik denk dat ik geen haast heb om te gaan. Wil je graag dat ik ga?

Ze had zoveel plezier dat ze aarzelde om door te gaan met haar missie. Maar toen ging ze toch het dorp in en deed ze verslag van wat ze zag.

B: Een heel gewoon leven met veel gewone mensen. Veel ratten. Ik beweeg me 's nachts door de straten, eruitziend als een geest, ook al ben ik dat niet. Er is de hele dag veel angst in de lucht, dat wordt gecreëerd door de negatieve gedachten van mensen. Het vormt zich in donkere zones, die ik 's nachts opklaar zodat mensen de volgende dag helderder kunnen denken.

D: *En ze zullen de angst niet zo sterk voelen de volgende dag.*

B: Precies. Het zal er niet eens meer zijn omdat ik het heb weggehaald. De dood om hen heen veroorzaakt veel angst. Ik ben een elementair wezen en ik heb deze taak.

D: *Laten we vooruit bewegen en kijken of er iets belangrijks gebeurd.*

B: Er is een bloederig slagveld op het platteland, dicht bij het bos waar ik voor het eerst tevoorschijn kwam. Hetgeen dat zo nieuw is voor mij is het zien van bloed, omdat ik dat eigenlijk niet begrijp. Ik heb het nog nooit eerder gezien. Eerst denk ik dat ik mooie rode bloemen zie, maar dan besef ik dat het de buiken van mensen zijn die opengaan. Van een afstand stoort het me niet, maar als ik dichterbij kom, is het allemaal behoorlijk lelijk.

D: *Moet je iets doen daar tijdens de strijd?*

B: Niet echt. Ik ben meer een toeschouwer. Ik mag naar huis gaan nu. Ik voel me misselijk en ik wil niet blijven rondhangen. Dat hoef ik ook niet.

D: *Is thuis de witte wereld?* (Ja) *Hoe is het daar?*

B: De vrouw brengt me terug. Het is als een zeer geordende samenleving. Er zijn veel gangen. Het is heel stil. Mensen praten met hun gedachten. Het lijkt alsof iedereen moeiteloos werkt en zich voortbeweegt. Sommigen werken in kantoorhokjes, anderen aan tafels. Iedereen is heel vrij en klokt in en uit wanneer ze willen. Er zitten een aantal buitenaardsen aan een tafel te werken. We zijn allemaal een soort onderzoekers.

Het Ingewikkelde Universum Boek Vier

D: *Wat is jouw taak?*
B: Ik ben verbonden met degenen die deel uitmaken van de raad, maar ik ben een van de jongere mensen. Ik maak geen deel uit van de grote beslissingen.

Ik bevind me een beetje aan de zijlijn. Maar toch mag ik in de raadszalen komen. Ik heb meer vrijheid dan degenen die aan een tafel werken. Het lijkt alsof ik een soort kind ben in de ogen van de raadsleden. Ik ben nog aan het leren, maar ik begrijp de energie van alles. Ik voel me erg op mijn gemak. Alles is vertrouwd—het is absoluut thuis. Niets vereist uitleg. Ik weet waar alles is. Ik ben geen oudere, maar ik ben wel heel intelligent.

D: *Glinster je nog steeds?*
B: Nee. Ik ben nu een van de lichtmensen. Ik heb veel vrije tijd, en ik besteed veel tijd aan het praten met de sterren. Dit is een soort sterrenstelsel, denk ik zo. Terwijl iedereen druk bezig is en ik mijn volledige opdracht nog niet heb gekregen, zit ik op verschillende plekken en vraag ik me af wat er nog meer is. Ik weet niet of ik wel wil vertrekken. Wat we doen is heel ordelijk—niet dat ik daar een probleem mee heb. Maar ik ben me ervan bewust dat er iets anders is, en ik vraag aan de hemelen of ik aan iets anders zou moeten deelnemen. Het is bijna alsof je in je normale wereld kunt zijn, op een nacht gaat slapen en dan ergens anders wakker wordt. Zo is het een beetje—veranderende realiteiten.

D: *Heb je het over op twee plaatsen tegelijkertijd zijn?*
B: Ik hou niet van dit gevoel van ergens tussenin te zitten. Ik voel me vreemd en gespleten. Ik weet niet of het juist voor mij was om buiten mijn groep te denken, want ze zijn zo goed en ze zijn zo liefdevol, en we hebben allemaal jarenlang getraind en we doen goed werk. Ik weet niet of het verkeerd is om iets anders te willen.

D: *Ik denk dat het gewoon nieuwsgierigheid is.*
B: Maar ik weet niet of nieuwsgierigheid verkeerd is.
D: *Wat zeggen zij?*

B: Ze weten er niet echt van af. Het gebeurt gewoon tussen mij en de hemelen.

D: *Dus het wordt je niet verteld door de raad?*

B: Nee. Dit is gewoon wat ik in mijn vrije tijd doe. Ik heb gedachten over wat er verder gebeurt in andere realiteiten.

D: *Ben je je bewust van een fysiek lichaam dat je in de toekomst zult hebben, genaamd "Bobbie"?*

B: Diezelfde persoon is verbonden met de witte wereld.

D: *Het is zo mooi daar – waarom zou je willen vertrekken?*

B: Het leek meer alsof ik 's nachts wakker was en nadacht, en toen alsof het nadenken me in slaap deed vallen en ergens anders wakker liet worden. Alsof je door ergens over na te denken, het begint te leven. Maar er is een deel van mij dat geen problemen wil krijgen, dat geen complicaties wil, dat geen dingen wil doen buiten de intelligentie van onze samenleving. — Dus ik weet niet hoe het is gebeurd.

D: *Is er niet iemand aan wie je erover kunt vragen? Zij weten alles toch? Ze weten waarschijnlijk wat je aan het doen bent, zelfs als je het niet aan hen vertelt.*

B: Dat is waar. Daar had ik nooit aan gedacht. Ik ga naar de vrouw die een soort oudere is. — Zij zegt dat in onze samenleving iedereen vrije wil heeft, maar bij vrije wil komt veel verantwoordelijkheid. Ik zou niet in termen van goed of fout moeten denken, omdat dat niet werkt. En zij zegt dat een deel van mij op een jongere leeftijd dan wat passend zou zijn geweest, zich al bewust was van verantwoordelijkheid. Dat heeft een verlangen gecreëerd, omdat het is alsof ik klaar was voor verantwoordelijkheid voordat het moment daar was in mijn samenleving om het op me te nemen. Zij zegt dat ik de ervaring nodig had om de plek in mij te vervullen die zich bewust werd van verantwoordelijkheid.

D: *Dus op die manier is het oké om een fysiek lichaam in te gaan?*

B: Nou, ik heb het nog niet zo bekeken. Er is een deel van mij dat niet weet waar ik in verzeild raak. Ik vraag nog steeds om toestemming, maar zij zegt dat het niet om toestemming gaat. Het gaat om wat we creëren, en dat ik dit al gecreëerd heb en dus is het gewoon wat is.

Het Ingewikkelde Universum Boek Vier

D: *Dus zodra je het creëert en besluit het te doen, moet je het ook doorzetten?*
B: Ja, en je moet je creatie vervullen.
D: *Ben je het fysieke lichaam, bekend als Bobbie, binnengekomen als baby?*
B: Het lijkt erop dat ik andere menselijke levens heb gehad ervoor.
D: *Ik denk niet dat daar iets mis mee is. Je bent altijd nieuwsgierig en bereid om te leren. Wat vind je ervan om in het lichaam van Bobbie te zijn?*
B: Ik mag haar graag. Ze voelt alsof ze verbonden is gebleven met de doelen hier – met de ouderen, met het licht en het werk. En ze is nog steeds geordend. Dus dat is makkelijk.
D: *Maar waarom had Bobbie zoveel problemen als jong kind in haar fysieke lichaam? Heeft dat iets te maken met jullie?*
B: Nou, in zekere zin denk ik dat het verbonden is met een deel van de angst die ik aanvankelijk voelde over het in twijfel trekken of ik het juiste had gedaan door me open te stellen voor onbekende werelden. Ik denk dat ik die angst heb meegenomen. De vrouw stelde me gerust dat het niet verkeerd was, maar om de een of andere reden was er een angstig en misselijk gevoel over het onbekende.
D: *Over ongehoorzaam zijn.*
B: Nee, het gaat niet om ongehoorzaam zijn. Het was gewoon angst voor wat er kan gebeuren of wat er mis kan gaan in het onbekende, en of je veilig terug naar huis kunt gaan en of je verliest wat je had. Want die samenleving is niet gebaseerd op goed en fout, dus het is niet ongehoorzaam.
D: *Maar zodra je dit hebt gecreëerd en je het fysieke lichaam bent ingegaan, ben je min of meer toegewezen of verplicht, nietwaar?*
B: Nou, ik denk dat ik het halfslachtig heb gecreëerd. Het was meer alsof de wens uit mij opkwam, maar het is niet dat mijn hele hart erin zat. Er was veel nieuwsgierigheid.
D: *Maar je had niet veel ervaring om te weten wat er zou kunnen gebeuren.*
B: Dat is het. Ik was nog vrij onschuldig. Ik had bijvoorbeeld nog met niemand van de raadsleden een band gevormd. En

er is daar eigenlijk geen familie, dus je bent een beetje op jezelf. In die samenleving is het prima om op jezelf op te groeien, maar je wordt pas echt volwassen zodra je rollen op je begon te nemen in de raden.

D: *Zover was je niet gekomen.*

B: Dat is het. Ik kende de energie ervan omdat mijn ouders daar waren en ik de volgende was die het zou overnemen.

D: *Maar je besloot dat opzij te zetten.*

B: Nou ja, ik denk het. Het is meer alsof het gebeurde. Het was niet een opstandigheid. Het was alsof de opening er was. Dus het is een vreemd geval.

D: *Maar nu je in het lichaam van Bobbie bent, ga je het doorstaan. Waarom was er al die angst en al die fysieke problemen toen ze jong was?*

B: Het lijkt verbonden te zijn met de incarnaties daarvoor. Ze begonnen goed, maar daarna werden ze moeilijker, en tegen de tijd dat we bij Bobbie kwamen, werd het echt zwaar. Het is alsof de fut eruit was. Het deel van mij dat die kleine aarzeling of angst aan het begin had, haalde me in. Ik had zo'n drieënhalf echt goede, solide levens als mens, omdat ik volledig de energie droeg van de witte plek. Deze is de echte slechte, maar de vorige was half slecht. Het begon goed en ging daarna slecht aan het eind. Dus deze had geen kans. Ik weet niet waarom ik niet terugging. Ik weet niet waarom ik zo lang ben gebleven.

D: *Nou, je leert evengoed iets.*

B: Maar er is vrije wil op de andere plek. Je mag komen en gaan.

D: *Was dat waarom ze al die nachtmerries had de hele tijd? Is dat nog steeds jouw onzekerheid?*

B: Het is verbonden met het leven ervoor. Het begon allemaal slecht te gaan toen mijn energie opraakte. Ik stopte met het zijn van een lichtwezen, en toen was het alsof ik geen huid meer had. Ik had niet wat ervoor nodig was om een mens te zijn. Ik was al halverwege dat leven. Maar ik blijf me afvragen waarom ik niet terugging.

D: *Misschien kunnen we erachter komen. Maar heeft de onvoorspelbaarheid en onzekerheid fysieke problemen veroorzaakt in het lichaam van Bobbie?*

B: Het is allemaal verbonden met het vorige leven. Het kreeg in dit leven geen enkele kans omdat het allemaal in het andere gebeurde.

Ik moedigde haar aan om het een en ander over het andere leven uit te leggen.

B: Het hangt samen met wat ik zag op dat slagveld: bloed en ingewanden in de buik. Om de een of andere reden komt dat beeld naar boven.
D: Is het een voortzetting?
B: Iets soortgelijks. Ja, het is een voortzetting, de les gaat gewoon door. Ik kan het alleen beschrijven als een voorstelling van licht, wat gelijkstaat aan gezondheid, veiligheid en heelheid. En toen doofde het licht gewoon uit. Zodra het licht vervaagde, was er alleen nog maar bloed en ingewanden zonder huid. Het veranderde allemaal in een ziekte, opgegeten door ongedierte. Het ziet eruit als een weerzinwekkend dood stuk vlees.

Ik gaf suggesties over dat ze dat beeld niet langer zou meedragen. Ze zeiden dat dat alles nog steeds aanwezig was bij Bobbie als kind. Ik dacht dat ze misschien te snel terug was gekomen in het lichaam, omdat ik weet dat de 'spirit' vaak naar een rustplaats wordt gestuurd om zulke dingen uit te wissen, zodat ze het volgende leven niet zouden beïnvloeden. Blijkbaar kwam ze te snel terug, voordat de herinneringen gewist waren.

B: Misschien omdat er geen licht meer was om mee binnen te komen.
D: Je had terug moeten gaan om weer op te laden.
B: Ik weet het. Ik weet het! Waarom heb ik dat niet gedaan?

Ze had haar huidige familie gekozen omdat ze verbonden waren met dat andere leven. Ik gaf suggesties over het loslaten van dit alles.

B: Zullen we het veranderen? Kunnen we nu wat licht brengen in het lichaam van Bobbie? Wil je dat ik ga praten met de gemeenschap?

D: *Ga maar met ze praten en vertel ze dat je onderweg wat fouten hebt gemaakt en vraag ze hoe je dingen kunt herstellen. Zolang je in het lichaam van Bobbie leeft, willen we dat dit lichaam gelukkig is, zonder problemen.*

B: Nou, de vrouw is heel blij om me te zien. Ze zegt: 'Waarom heeft het je zo lang gekost?' Ik was verstrikt geraakt in avonturen. Ze is als een moeder voor me. Ze wist dat het slecht ging en vroeg zich af waarom ik niet eerder terugkwam. Ze zijn allemaal zo liefdevol. Nu is de raad uit hun kamers en zijn ze allemaal hier om met me te praten. De vrouw biedt me veel steun. Ze merkt dat ik uitgeput ben. Ze houdt me vast en laad me op.

Ze heeft een geweldige energie. Ik was niet zó ver weg dat ik vergeten was hoe het voelde om weer normaal te zijn. – Het is alsof al mijn cellen alles loslaten wat niet werkt. Het voelt zo normaal. Het begint bij de voeten. Bobbie voelde dat ze echt opnieuw oplaadde en hoe het haar lichaam beïnvloedde.

B: Het is vooral emotioneel. Ik werd zo bang, als een kind dat verdwaalt raakt in het winkelcentrum. Ze stopt me in zichzelf, en terwijl ik opnieuw word opgeladen, is de raad aan het praten. Ze zijn zo geweldig. Ik hou zoveel van hen. Ze zijn zo wijs. Ze zijn gegroeid sinds ik vertrok. Ik had deel van hen moeten uitmaken. Ze zeggen dat ik nooit ben weggegaan of gestopt ben deel van hen te zijn. Ze zien het niet alsof er een afscheiding is geweest. Ze waren met 15 toen ik vertrok, nu zijn het er ongeveer 45. – Ik heb een lange tentakel gecreëerd. Ze zeggen dat toen ik vertrok, het was alsof ik mijn eigen navelstreng moest creëren. Ze zeggen dat, nu ze weten wat er gaande is, ze mij via de navelstreng kunnen voeden. Ze kunnen licht erdoorheen sturen, omdat het eruit begon te zien als een gescheurd oud ding.

D: *Waar bevestigen ze de navelstreng?*

B: Het is bevestigd aan de voorkant van mijn wezen, als een zuignap. Ze zeggen dat ze erg blij zijn met wat ik heb gedaan. Er zijn geen fouten. Het biedt hen de kans om iets nieuws te proberen. Ze steunen me. Dus ik spring weer in de navelstreng, als in een grote glijbaan. Wat ze nu zeggen, is dat de raad bij de deur staat in constante communicatie. Ze kunnen licht sturen, want voorheen konden ze dat niet vanwege het feit dat het allemaal in de nacht gebeurde.

D: Dat is waarom er zoveel verwarring was in Bobbie's leven. Geen plan.

B: Nee. Gewoon een beetje dwalen in het donker. Nu ben ik van licht, zoals zij. Ik herinner me ook iets uit dat andere leven, namelijk dat ik nu zowel deel licht als deel vlinder ben. Wanneer het in de witte plek is, is het gewoon wit licht. Maar elke keer als het naar de aarde komt—zoals de keer dat ik op de missie ging—ik begon als een vlinder om daarna het volgende te worden. Nu zeggen ze dat ik de vlinder vorm heb, terwijl ik die niet had toen ik voor het eerst binnenkwam, omdat ik zonder hun volledige steun was gegaan. Deze vleugels zijn blijkbaar het hele ontbrekende puzzelstuk—wat betekent dat er iets is met hoe de vleugels bewegen, wat het licht verspreidt. Het houdt alles in werking. Voorheen raakte het licht op omdat het niet werd verspreid. Terwijl in dat andere leven alles goed was en ik terug kon gaan omdat ik met de vleugels binnenkwam. Sterker nog, ik behield ze, want ik vloog destijds vaak 's nachts door het dorp. Het zegt nu dat waar er volledig licht is, dat alles is wat er is. Zolang ik de vleugels maar begrijp. De vleugels vertegenwoordigen de vreugde. Er is lange tijd geen vreugde geweest. Ze zeggen dat dat het grootste ontbrekende ingrediënt was. Het is alsof de vleugels zich bevestigen aan de onderkant van mijn rug. Dus er lijkt zich veel te willen versterken op die plek. Het lichaam is al gevuld met licht. Het licht is gewoon—heel. De vleugels geven energie.

Ik bleef proberen de genezing te bereiken, maar het wezen bleef zichzelf tegenspreken met zijn eigen logica. 'Het is moeilijk voor mij om de vragen over het lichaam te beantwoorden omdat ik me in een vlinder van licht bevind, niet echt in een lichaam. Dus nu is de eerste keer dat ik probeer verbinding te maken met dit lichaam hier. — Ze zeggen dat, omdat ik mezelf een tijdje als afgescheiden heb ervaren, ik tijd moet nemen om me weer veilig en verbonden te voelen, en om me te herinneren hoe dat voelt. Het geheugen moet nog steeds binnenkomen. Er zijn nog steeds rillingen door het afgescheiden zijn.—Op dit moment doet de onderrug pijn, dus er is vel gaande. Het is alsof je de tank weer moet bijvullen. Dus ook al is het licht allemaal hier, is er een proces voor nodig om het lichaam volledig te vullen met dat licht. Het gaat niet alleen om het lichaam, maar om het hele leven. Om het licht te hebben stromen door mijn huis, mijn huwelijk, mijn bed 's nachts. Om weer volledig heel te worden. Ik moet dat punt opnieuw bereiken. Ik moet zoveel bijvullen, want het is heel belangrijk om verbonden te zijn met hun wijsheid, en om heel te zijn, en goed te functioneren. Het gaat niet echt om lichamen. Het gaat om mijn hele innerlijke werking. Want dat is hoe het daar werkt—het draait om innerlijke werking.—Tijd bestaat hier niet. Ze zal het weten omdat ze dan weer dat verlangen zal gaan voelen. Het zal dat verlangen zijn van "wat nu?". Ze heeft geen plan, want dat is niet hoe het licht werkt. Het licht heeft z'n eigen intelligentie. Het beweegt altijd naar de juiste plek op het juiste moment en doet het juiste. Het is allemaal in balans. Het regelt alles. Het is niet belangrijk om de details te kennen. Hetgeen wat echt nodig is is het hart—om de ouderen te herinneren in m'n hart, want dat is waar de angst begon. De angst begon toen ik het gevoel had dat ik hen had verlaten, ook al hadden zij daar geen probleem mee. Ik voelde angst bij het weggaan. Daar is iedereen onafhankelijk, maar iedereen leeft als een groep. Dus het is het groepsgevoel dat de volledige kracht geeft. Het enige dat ziekte veroorzaakt is angst. Het is het enige dat het licht kan belemmeren. Zolang het licht er is, is er geen probleem. Een deel van mijn licht was met de tijd verdwenen omdat angst vanaf het begin was binnengeslopen. Die angst heeft me uiteindelijk ingehaald.—Zij kijken er niet naar als lichamen. Het zijn organismen en het opnieuw verbonden worden.

Het Ingewikkelde Universum Boek Vier

Afscheidsboodschap: Het belangrijkste is dat de zwaartekracht hier op aarde echt samenhangt met tijd, en dat is niet mijn manier. Het heeft geen zin om mezelf te zien door ervaringen in tijd, want het is slechts iets wat ik heb overgenomen om de reis te kunnen maken. Ze zeggen dat ik niet moet aannemen dat ik uit tijd besta, want dan begin ik me te verbinden met angst. En in deze andere vibratie is er geen angst, want er is geen tijd. Niets slechts kan gebeuren wanneer er geen tijd is.

Hoofdstuk 5
VELE KEUZES

Patti was net gestorven na twee eenvoudige, alledaagse levens en bevond zich aan de zielen-zijde. Eén van de levens was gemakkelijk en de andere was moeilijk. Toen ik haar vroeg wat ze van die levens had geleerd, antwoordde ze: 'Het gemakkelijke leven was als een levenslange vakantie, een kans om uit te rusten van andere, meer uitdagende levens die ik had geleefd. Het zware leven was gewoon een opeenstapeling van moeilijkheden, de één na de ander. Veel confrontatie en wrijving. Ik leerde dat er een betere manier moet zijn. Ik moest er nog steeds doorheen, maar terwijl ik er doorheen ging, wist ik dat er een betere manier moest zijn. Maar er waren zoveel verschillende mensen bij betrokken. Ze werkten niet echt samen, maar ik zat er middenin en ik kon er niet uit komen.

D: *Omdat je met hen moest omgaan. Maar daarna ging je naar een gemakkelijk leven. Een levenslange vakantie, zei je.*
P: Ja, het was geweldig.
D: *Wat ga je doen nu je uit het lichaam bent?*
P: Het voelt haast alsof ik teveel keuzes moet maken. Het is overweldigend.
D: *Moet je ergens naartoe om de keuzes te maken?*
P: Nee, maar ik kan ergens naartoe om advies te krijgen over welke weg ik zou moeten gaan. Ik wil al het advies dat ik kan krijgen. Mijn wereld werkt niet zo goed helemaal alleen.
D: *Laten we kijken waar je heengaat om het advies te krijgen. Hoe ziet het eruit?*
P: (Pauze) Het is een oud gebouw. Het voelt oud. Ik weet niet of dat komt door de individuen hier. Zij zijn heel oud. Niet oud oud, maar wijsheid oud.
D: *Wat zijn ze aan het doen?*

P: Ze wachten op mij. Ze kennen mij. Ik ga door een deur, en laat de persoon daar weten waarom ik er ben en wie ik wil zien. En zij wacht op mij. En dus zonder vertraging neemt ze me mee naar deze kamer waar ik kan praten met deze mensen.
D: *Maar je zei dat je vele keuzes had?*
P: Ja, er is veel te doen. Dus wat is de volgende stap? Niet dat de ene beslissing beter is dan de andere, maar elke keer dat je een pad bewandeld, als je daar aan komt kun je het jezelf heel moeilijk maken of juist een goed leven hebben.
D: *Het is dus aan jou wat je kiest.*
P: Klopt. Dus ik wil een weloverwogen beslissing nemen over waar ik heen ga.
D: *Laten ze jou de mogelijkheden zien?*
P: Ja, dat doen ze. Ik wil gewoon zeker weten dat welk pad ik ook kies, het de geschikte ervaring biedt. Ook al is het misschien een ruw pad, dat ik alle tools en ervaringen heb die nodig zijn om er doorheen te komen. En te leren wat ik behoor te leren.
D: *Maar je zei dat sommige zwaarder zullen zijn dan andere.* (Klopt) Wat zijn een aantal alternatieven die ze je laten zien?
P: (Pauze) Eentje zou in het leger zijn.
D: *Welke andere zijn beschikbaar?*
P: (Pauze) De academische weg.
D: *Maar dat heb je gedaan.* (Het vorige leven.)
P: Ja, heb ik gedaan. Maar het is meer een school... geen trainingsprogramma, maar meer een levenslang programma, maar dan om het te onderwijzen.
D: *Langer dan degene waar je net uitkwam.* (Klopt) *Zijn er nog andere die mogelijk zijn?*
P: (Pauze) Een bepaald soort werk ... best zware arbeid. Een beetje afgelegen.—Er zijn veel mogelijkheden, en ik weet dat ik ze uiteindelijk allemaal zal moeten doen. Ik ben nog niet klaar voor het militaire pad, dus ik ga voor de arbeid. Ik heb niet het gevoel dat ik klaar ben voor het academische pad. Dat klinkt echt saai.
D: *Het lesgeven?*

P: Nou, het gaat niet zozeer om het lesgeven, maar om het zelf op school zijn. In het begin zou het heel interessant zijn omdat je zoveel leert, maar er is geen einde. Ik krijg geen kans om het toe te passen. Het gaat maar door en door zonder einde in zicht, en het is echt vermoeiend.
D: Is dat een goed idee?
P: Het was niet mijn idee. Ze geven me advies en het is goed om te weten dat ik ze uiteindelijk toch allemaal zal moeten doen. Ik wil het gewoon in de beste volgorde doen.
D: Ze geven je in elk geval een keuze.
P: Ja, daar ben ik dankbaar voor.
D: Dus beslis je wanneer je terugkomt en waar en alles?
P: Klopt, en wat het is dat ik zal gaan doen. Ik ben me bewust van de omstandigheden. Wat mijn taak is, en de mensen die erbij betrokken zijn.
D: Dus sluit je contracten met deze mensen?
P: Niet zozeer een contract, maar een 'bewust zijn van'. Het bewustzijn is meer dat ze moeten doen wat ze moeten doen, en ik weet niet wat hun doel is. In zekere zin is dat een opluchting. Iedereen heeft zijn eigen pad. Het is hun keuze. Ze kunnen me om inbreng vragen, en ik geef het graag, maar ik moet ze loslaten. Uiteindelijk is het hun beslissing, en dat moet ik respecteren.

Ik riep toen het OB naar voren, en vroeg waarom het ervoor koos om haar dit redelijk eenvoudige leven te laten zien.

P: Om haar te laten zien dat het echt mogelijk is om een leven te leiden met eigenlijk minimale ... niet uitdagingen, maar misschien moeilijke momenten. En dat ze het niet groter hoeft te maken dan het is en energie hoeft te geven aan die conflicten. Door dat te doen, zal haar bewustzijn verschuiven en zal ze de focus houden op de dingen die ze wil en verlangt.
D: Denk je dat ze het soms groter maakt dan het hoeft te zijn?
P: Ze doet het niet met opzet. Ze is er een stuk beter in. Ze doet dat met de inbreng van goede mensen die willen helpen,

door haar ideeën langs die van hen te leggen en te zorgen dat haar perspectief is zoals het hoort. Ze is goed op weg.

D: Het andere leven klonk best wel vergelijkbaar met het leven dat ze nu leeft.

P: Eigenlijk is het een combinatie van de twee. Eén leven was moeilijk en het andere was precies hoe ze wilde dat het zou zijn. Dus ze moet begrijpen dat ze kan kiezen hoe ze wil gaan. Ze kan óf die conflicten energie geven, óf zich richten op wat ze wil, en de rest zal voor zichzelf zorgen. Haar leven nu is heel vergelijkbaar, behalve dat het groter is, en dingen gebeuren veel sneller in dit leven. Resultaten zijn heel duidelijk.

D: Wat zou het nut zijn van het herhalen van bepaalde omstandigheden?

P: Het hele makkelijke leven was specifiek zo ingericht. Er waren geen moeilijke mensen in haar leven geplaatst, zoals ze dat nu heeft, of in dat vorige moeilijke leven. Het is een soort combinatie van de twee. Dus, hoe ga je om met die tegenslagen en die moeilijke mensen, en heb je aan het eind van de dag toch wat dat eerste ... makkelijke leven bood? Een combinatie, zodat ze weet hoe ze door tegenslagen heen kan werken, maar er niet te veel deel van is. In het moeilijke leven had ze werk dat ze moest doen , en ook al was het noodzakelijk en belangrijk werk, ze kreeg veel wrijving van de mensen om haar heen. Ze kon haar werk afmaken, maar alles was een strijd ... heel veel wrijving en niet fysiek vechten, maar wel vechten. Ze was compleet uitgeput en kon niet wachten om daar weg te komen. Het makkelijke leven was om haar te laten zien dat het mogelijk was. Het hoefde geen strijd te zijn. Daarom was het zo ingericht dat ze niet dezelfde wrijving had als daarvoor. En dus nu, hoe leid je dat leven door meer moeilijke situaties door te werken? Zodat we toch nog dat plezier hebben, het ontspannen leven, het vermogen om dingen te laten waar ze horen, wat niet altijd bij haar is. Om betrokken te zijn maar niet zo nauw verbonden met het proces en de uitkomst, omdat de uitkomst zichzelf wel zal regelen.

Er werd veel advies gegeven over het bedrijf waar ze werkte en haar betrokkenheid met de autoriteitsfiguren daar. Ze wist dat de topmensen corrupt waren en ze voelde dat ze hen ter verantwoording moest roepen. Maar het OB zei dat het allemaal snel opgelost zou worden en dat ze het niet zelf hoefde te initiëren. Maar niet bang te zijn om haar mond open te doen wanneer het moment daar was. Het volgende meest belangrijke punt dat besproken werd, waren haar fysieke problemen, voornamelijk de artritis in haar handen. Ik vroeg wat dit veroorzaakte.

P: Het komt voort uit de angst en het nemen van de beslissing. Ze vertrouwde haar instincten niet. Ze vertrouwde haar intuïtie niet, dus dat gebrek aan beweging is wat haar gewrichten ziek maakte. Het krijgen van die beweging, het verwerken ervan, vooruitgaan en vertrouwen hebben. Ze wist wat ze te doen had, maar de angst hield haar tegen.

D: *Misschien zal dit helpen als ze weet dat alles goed komt.*

P: Dat is heel belangrijk. Sommige mensen kunnen door hun angst heen werken en hebben een enorm vertrouwen, maar zij heeft het soort vertrouwen dat gerechtvaardigd moet worden. Het is vertrouwen gebaseerd op eerdere ervaringen, niet zomaar blind geloof. Dus besef gewoon dat er niets is om bang voor te zijn.

D: *Kunnen we van de artritis afkomen?*

P: Ja. Het heeft haar doel al gediend. En alleen al het hebben van deze informatie maakt er echt een einde aan. Ga gewoon door en doe het werk dat ze volledig bereid is om te doen.

D: *Maar ze gebruikt pijnmedicatie.* (Zelfs via een infuus.)

P: Dat heeft ze niet meer nodig. Ze kan daar nu mee stoppen. Sterker nog, ze heeft een afspraak op dinsdag. Ze kan gewoon opbellen en het afzeggen als ze terug in de stad is.

Ik vroeg me af hoe het de artritis ging genezen. Ik ben altijd nieuwsgierig en ik vind het leuk als het OB het proces aan mij uitlegt. 'Ik heb deze hele toffe nieuwe tool die een wit licht uitstraalt, maar het is niet zichtbaar. Ze kan de energie voelen. Alles is licht en energie. Dus ik ga alle gewrichten in en overspoel gewoon het volledige gewricht met dit witte licht, en het vernietigd de pathogenen die daar aanwezig zijn en de gifstoffen en het zieke weefsel. En wat terug groeit is gloednieuw, perfect weefsel. Het functioneert perfect zonder dat het haar moeite kost. Ze heeft een verantwoordelijkheid om voor haar lichaam te zorgen, maar verder zorgt het voor zichzelf. Het lichaam is fantastisch.—En het herstelt het DNA terwijl ik dit doe. Ze heeft deze aandoening al een tijdje nu ... al lange tijd. Dus het zit ingebed in haar DNA en maakte haar vatbaar voor de pathogenen en de gifstoffen. Dus het DNA wordt beïnvloed door deze tool die het licht uitstraalt, en op basis daarvan wordt het hersteld naar een perfecte vibratie. Het herstelt alle verloren en inactieve DNA-strengen, dus overal waar gaten zaten in de DNA-strengen die ontbraken, zijn die aan het regenereren.'

D: Goed. Dat gaat voor bijna een heel nieuw lichaam zorgen, nietwaar?
P: Ja. Dat zal het inderdaad. Ze zal het verschil merken en ze hoeft het alleen maar te accepteren. Het is al opgelost. Ben er dankbaar voor en accepteer het en houd niet vast aan het deel waarin ze in het verleden dingen heeft gedaan. Ze verwachtte dat het pijn zou doen en uiteraard ... deed het pijn.
D: Omdat ze dat verwachtte?
P: Precies. Dat was haar verleden, dus ze hoeft alleen maar deze activiteiten te doen en te ervaren dat het geweldig is om pijnvrij te zijn. Ze moet zich focussen op wat ze wil. — Deze lichamen, hoe wonderbaarlijk ze ook zijn, er zijn situaties waarbij het niet meer terug te draaien is.
D: Ik dacht altijd dat jullie alles konden fixen.
P: Ja, maar soms betekent het beginnen met een nieuw lichaam. Alles heeft een levenscyclus. — De rest van haar lichaam is in vrij goede staat. Ze heeft het goed gedaan. Haar dieet zou beter kunnen, maar het is slechter voor haar om te stressen over haar dieet. Het is beter voor haar om gewoon door te gaan en de stress los te laten. De stress is schadelijker dan een slecht dieet. Ze hoeft zichzelf niet iets te ontzeggen zo nu en dan. Een donut is oké. Het is alleen geen voedselgroep.

Ze had een vraag over haar partner: Jean. Had ze een contract of vorig levens met haar.

P: Haar eerdere ervaring met haar was in het tussenleven voor dit leven. Het was toen ze de omstandigheden voor dit leven aan het beslissen en opzetten was, en ze zich erg overweldigd voelde. Ze dacht zoiets als: 'Oh, ik kan het niet doorstaan.' En wij zeiden tegen haar: 'Je kunt het.' En dus boden we de optie aan om Jean daar te hebben om er voor haar te zijn, om haar te leren anders naar dingen te kijken. En Jean zal het begrijpen en haar helpen om er doorheen te komen, erover na te denken en erdoorheen te werken. En ze zullen elkaar helpen. Jean heeft ook door veel problemen heengewerkt, waar Patti niets van af weet. Het is niet aan haar om het te weten.

Het was heel belangrijk dat Patti zoveel informatie had gekregen over haar toekomst en de betrokkenheid en implicaties van wat er zou gebeuren met het bedrijf waar ze voor werkte.

P: Dat zal een grote opluchting voor haar zijn. Dat gaat haar de kracht geven, omdat ze er nog niet doorheen is. En het wordt een veel makkelijkere wandeling, wetende dat de gidsen vooruit verkennen, maar ze is volledig beschermd. — We vertellen mensen liever niet de toekomst, maar soms geeft het hen de geruststelling dat ze beschermd zijn en dat dit precies de manier is waarop het zou moeten verlopen, en dat ze veilig zijn. Het helpt hen enorm, dus het is dat gevoel van gemak en comfort dat hen evenwicht geeft. Geeft hen een diep gevoel dat het niet om henzelf draait. Dat ze daar zijn voor een reden, en dat het aan de uiteindelijk beter zal zijn dan ooit. Dat is hoe ze hun kracht vinden. Ze hebben dat gevoel van bescherming en veiligheid.

Het OB geeft de cliënt altijd een afscheidsboodschap: Je bent precies waar je moet zijn. Je bent op de juiste weg. Je bent aan het doen precies wat je hoort te doen. Dus ben gewoon wie je bent en weet dat je niet verantwoordelijk bent voor iemand anders. Je bent alleen verantwoordelijk voor jou. Zorg voor jouw mensen. Heb plezier.

HET HELENDE WERK

Hoezeer ik ook verlang om elke cliënt die bij mij komt te helpen, er zijn momenten waarop het gewoon simpelweg niet werkt. Ze kunnen het diepe level van trance bereiken, en de oorzaak van hun problemen (meestal fysiek) wordt ontdekt, en het OB werkt met veel liefde om hen te genezen en geeft hen uitstekend advies. Toch zullen ze achteraf volhouden dat er niets is gebeurd, dat ze niet geholpen zijn. Sterker nog, sommigen zeggen dat ze slechter af zijn dan voor hun komst. Soms (en dit zijn zeldzame gevallen) werkt het even en komt het dan terug. Het kan maanden later zijn voordat ik er iets over hoor, en natuurlijk geven ze mij de schuld. Dat is veel makkelijker dan toe te geven dat zij zelf de oorzaak zijn van hun problemen, inclusief de fysieke. Het is altijd gemakkelijker om de schuld buiten zichzelf te leggen, in plaats van te erkennen dat zij hun eigen werkelijkheid hebben gecreëerd. En hoewel hun werkelijkheid niet aangenaam is, het is wat zij hebben gemanifesteerd. Dit is de kracht van de menselijke geest. Dit is waarom deze kracht gebruikt moet worden om te helen in plaats van destructief te zijn. Ze komen naar mij toe met zulke buitenproportionele verwachtingen. Ze zijn op zoek naar iemand anders om hen te genezen. Ik probeer het duidelijk te maken dat ik de genezing niet doe, zij doen dat. Ik ben alleen de facilitator om het OB door te laten komen en het werk te doen. Ik leg dit uit in mijn lessen: zodra de student denkt dat hij het werk doet, dan is het hun eigen ego. Dit zal het hele proces belemmeren. Ik ben slechts een bereidwillige dienaar om het proces te ondersteunen.

Deze gevallen zijn zeldzaam, maar ze komen wel voor. We hebben allemaal vrije wil, en niemand kan die buiten spel zetten. Het OB kan zeggen dat de persoon genezen is en in staat zou moeten zijn om een normaal leven te leiden, maar als de cliënten zelf dat niet accepteren, erin geloven of erop vertrouwen, kan niemand iets doen. De vrije wil staat voorop. Na een sessie zei een cliënt: "Ik voel me beter. De pijn is weg. Maar ik weet dat het te mooi is om waar te zijn. Het zal terugkeren.' Een ander zei na afloop, 'Ik kan niet genezen worden! Ik ben mijn hele leven al ziek. Ik zal nooit gezond zijn.' Allemaal zelfvervullende voorspellingen. Als de cliënt wenst om in die realiteit door te gaan (ook al zeggen ze koppig dat ze het niet willen), is er niets dat ik eraan kan doen. Er is ook nog de mogelijkheid van zelfbestraffing vanwege een vermeend schuldgevoel. Mensen zijn complexe wezens. Daar ben ik achtergekomen na meer dan veertig jaar met ze te hebben gewerkt. Soms is hetgeen waar ze zichzelf voor straffen allang vergeten en diep in het onderbewustzijn begraven. Toch hebben ze zichzelf tot slachtoffer gemaakt.

Ik had zojuist een telefoongesprek met een cliënt die ik een paar maanden geleden had gezien, en ze heeft bijna een uur tegen me staan schreeuwen. 'Ik kwam naar jou toe omdat je zei dat je me kon genezen. En ik ben niet genezen! Ik ben slechter af dan voordat ik kwam.' Ten eerste zou ik nooit, maar dan ook nooit zeggen dat ik iemand kan genezen, omdat ik weet dat dat niet mogelijk is. Ik heb dat soort kracht niet. Ten tweede ligt het uiteindelijke resultaat bij hen en hun overtuigingen. Er zat zoveel woede in haar stem. Ik kon voelen waarom ze de ziekte niet wilde loslaten (of waarom ze dacht dat ze dat niet kon). Woede over wat zij zag als de oorzaak van haar situatie, woede op haar ouders vanwege de manier waarop ze haar behandeld hadden, woede op de artsen die haar niet hadden kunnen helpen, en woede op mij omdat ik het niet allemaal had kunnen wegnemen. De oorzaak van hun probleem moet altijd iets buiten henzelf zijn. Het doet te veel pijn, het vraagt te veel verantwoordelijkheid om toe te geven dat de oorzaak misschien bij henzelf ligt. Het is gemakkelijker om de slachtofferrol te spelen, 'Ach, arme ik! Jij begrijpt niet hoe vreselijk ik behandeld ben! Etc. Etc.' We weten in de metafysica en vooral in mijn vakgebied dat we een plan hebben opgesteld en contracten hebben afgesloten voordat we in dit leven komen. We stemden in met de soort situatie waarin we zouden leven, ook al zijn we soms gewaarschuwd door onze gidsen dat onze keuzes moeilijk zouden worden. Toch blijven we erbij en hopen op het beste. Omdat we ons plan vergeten zodra we het fysieke lichaam binnengaan, vergeten we dat wij de dingen die ons overkomen hebben geregeld om ervan te leren. Als we niet leren, dan moeten we de les opnieuw doen. Dit is de wet van karma, en de manier waarop deze Aardeschool wordt gerund. Je moet terugkomen en alles opnieuw doen met dezelfde mensen en dezelfde omstandigheden, totdat je dat niveau in de school hebt gehaald. Het is ingewikkeld, maar ik bepaal de regels niet. Ik probeer mensen alleen te helpen begrijpen wat ze zichzelf aandoen.

Er zijn andere mensen die echt niet willen genezen, omdat ze stiekem genieten van wat de ziekte voor hen doet. Ze zouden dit nooit bewust toegeven, maar we kennen allemaal mensen die altijd ziek zijn en klagen over het nieuwste ongemak, symptoom, of medicijn dat de dokter hen heeft voorgeschreven. Ze genieten stiekem van de aandacht die het hen geeft. Meestal hebben dit soort mensen niets anders in hun leven, en ze genieten van de aandacht. Als je hen zou genezen, het zou wegnemen, zou je eigenlijk hun identiteit wegnemen. En ze zouden zich voelen alsof ze niets meer hebben. Het is het enige dat hen speciaal en anders laat voelen. Als de persoon voordeel haalt uit de ziekte, zullen ze zeer terughoudend zijn om het los te laten. In mijn werk over het leven van Jezus (Jezus en de Essenen, en Aan de Zijde van Jezus) ontdekte ik dat zelfs Jezus niet iedereen kon genezen, ongeacht wat de Kerk je wil doen geloven. Hij kon naar een persoon kijken en zien waarom ze de ziekte hadden. En als het door karma kwam, dan kon Hij het niet wegnemen. Hij kon pijn verlichten, maar Hij mocht niet ingrijpen in hun pad, hun plan. Dus als Hij het niet kon doen, waarom zou ik dan denken dat ik de macht heb om de vrije wil van iemand te overstijgen?

Na een moeilijke dag waarop ik vier of vijf uur met een cliënt had doorgebracht, verliet ik mijn kantoor depressief en vroeg me af of ik werkelijk iemand hielp. Ik ben er zeker van dat elke therapeut, genezer, dokter of psychiater zich af en toe hetzelfde heeft gevoeld. Toen ik in mijn auto stapte, hoorde ik het glashelder in mijn hoofd: 'Jouw verantwoordelijkheid eindigt wanneer de cliënt de deur uitloopt. Als je echt gelooft dat je alles hebt gedaan wat je kon, naar het beste van je kunnen, dan ligt de rest bij hen.' Dat maakte het hele verschil, en nam een last van mijn schouders. Hoe graag ik echt iedereen wil helpen, uiteindelijk is het niet mijn verantwoordelijkheid! Ze moeten er klaar voor zijn om het te accepteren, willen, erin geloven en toestaan om het te laten gebeuren. Niemand anders kan dat voor hen doen. Ik hou ervan om te werken met het OB, maar uiteindelijk kan het slechts zoveel doen. Het is verboden om de vrije wil te overschrijden.

Dus voor de cliënt met wie ik net sprak en die zo overstuur was, ik kan haar alleen maar liefde sturen en hopen dat ze zich bewust wordt van de kracht die ze in zich heeft, en zichzelf toestaat om te genezen. Misschien is dat haar les in dit alles, om te leren zichzelf te vertrouwen en niet afhankelijk te zijn van anderen om te doen wat ze zelf kan. Dat zou een prachtige en belangrijke les zijn. Ook tegen al mijn duizenden studenten die mijn cursussen hebben gevolgd, zeg ik: 'Doe je best. Heb compassie voor de cliënt en probeer al je vaardigheden in te zetten om hen te helpen. Daarna is het hun verantwoordelijkheid.'

Hoofdstuk 6
DE PLANNINGSFASE

Amber kwam van de wolk rechtstreeks in een scène terecht. Vanaf de eerste woorden was ze emotioneel, dus ik wist dat ze in iets belangrijks was beland.

A: Ik sta tegen de rotsen en ik zie de mannen. Ze komen niet uit ons dorp. Het zijn de Spanjaarden en ze ondervragen ons. Ze zijn op zoek naar iets. Ik ben een jongetje. Ik sta tegen de rotsen ... we staan allemaal tegen de rotsen.
D: *Er zijn anderen bij je?*
A: Ja, uit ons dorp en ze proberen iets van ons te krijgen. Ik weet niet wat ze willen, maar de man die boos lijkt heeft een puntige baard. (Lachend) En dit is zo dom. Ze dragen gewaden—geen wonder dat ze zo boos zijn. Ze moeten wel ellendig zijn in die dingen.—(Weer serieus.) Ik weet niet wat ze willen. Ze zoeken naar iets. Ik weet niet wat ik hen moet geven.
D: *Kun je ze verstaan?*
A: Nee, nee, ik weet niet wat ze willen. Ik blijf naar beneden kijken, en ze blijven mij omhoog laten kijken. Ze denken dat ik iets weet.
D: *Heb je enig idee wat het is waar ze naar zoeken?*
A: Het goud? (Lach) Ik weet het goud niet. Iets over wat goudachtigs ... iets wat blinkt? Ik weet niet wat dat is. Ik weet niet waarom ze denken dat ik het weet.
D: *En de anderen die bij je zijn?*
A: Ze zijn bang. Ze verstoppen zich. Ze proberen om achter de rotsen te komen. Ik denk dat ze sommige van onze mensen vermoord hebben. Ze zijn zo standvastig. Ze proberen ons bang te maken, maar ik weet niet wat het is waarnaar ze zoeken. Ik weet niet wat dat is.
D: *Hebben jullie een leider van jullie dorp?*

A: Ze zijn er niet. Ze zijn weg. Het zijn vooral oudere mannen en de vrouwen en de kinderen. Sommige van ons jongetjes waren aan het spelen in een gebied dat een soort inham van een kloof in de rotsen is. Mijn vrienden en ik zagen ze en we waarschuwden het dorp. En niemand wist wat te doen, en ze kwamen. En ze vonden ons en brachten ons allemaal bijeen.

D: *Heb je dit soort mensen eerder gezien?*

A: Ik heb over ze gehoord. Ik had ze niet gezien. We hoopten dat ze niet zouden komen. Maar ze kwamen.—Ik denk dat ik ze moet gaan meenemen. Ik denk dat het de enige manier is. Ik weet niet waar ik ze mee naartoe moet nemen, maar ik moet ze ergens naartoe brengen weg van mijn volk. Misschien kan ik ze misleiden. Misschien kan ik wegkomen, maar ik moet ze wegbrengen voor ze meer mensen doden. Ik moet wel. Het is de enige kans ... de enige kans.

D: *Dus wat besluit je om te doen?*

A: Ik besluit om te doen alsof ik weet waar het is, waar ze heen willen, en waar ze naar op zoek zijn. Er zijn verscheidene mannen en ze zitten op paarden.

D: *En wat betreft je vrienden? Willen ze met jou mee?*

A: Nee, nee, ze willen niet met mij mee. Ze zijn heel bang. De moeders roepen naar hen en ze zijn bang.

D: *Is jouw moeder daar ergens?*

A: Ja, maar ik kan in haar ogen zien dat ze me de kracht geeft om te gaan. Ze weet wat ik ga doen.

D: *Ik denk dat je heel moedig bent dat je dit doet.*

A: Onze mensen lijden. Er is niet veel voedsel, en de mannen zijn al lange tijd weg om te jagen. Onze mensen zijn stervende.

D: *Denk je dat ze je gaan geloven?*

A: Ja omdat ze het zo graag willen geloven. (Lach)

D: *Ze denken niet dat ze je zou misleiden, denk ik zo.*

A: Nee, ik ben slechts een jongetje.

Ik versnelde de tijd en bracht hem voorwaarts om te zien wat er gebeurde.

A: Ik leid ze een ingesloten kloof in, maar ik laat ze een lange weg afleggen ... een heel lange weg. Het is een dag lopen vanaf mijn dorp, en ik zorg ervoor dat ik verschillende plekken in en uit ga. Ga terug en herhaal mijn stappen en probeer ze in de war te brengen over waar we zouden kunnen zijn, zodat ze niet terug kunnen gaan. En in de tussentijd hoop ik dat mijn dorp zal ontsnappen. We hebben een schuilplaats bovenop waar ze veilig kunnen zijn. Ik probeer ze tijd te geven. Misschien komt de jagersgroep terug.

D: *Deze mensen zullen niet weten hoe ze terug moeten komen?*

A: Nee, maar ze beginnen wantrouwig tegenover me te worden. Ik heb ze de ingesloten kloof in geleid, omdat ik een uitweg ken, als ik er op tijd kan komen.

D: *Ben je te voet, of zit je ook op een paard?*

A: Nee, ik loop. Ik loop. Ze volgen mij. (Lach) Hun paarden zijn zo langzaam. Ze vragen om water voor hun paarden. Ik neem ze mee zodat ze hun paarden water kunnen laten drinken, en daarna is het tijd om ze terug de kloof in te brengen. Ik ben daar lang niet geweest. Ik hoop dat ik het nog weet. Er is een grot. Ik ga ze zeggen dat het in de grot is, en dan ben ik van plan om te ontsnappen. Er is een pad soort van tussen de stenen waar ik langs kan klimmen om wat bescherming te vinden tussen wat uitstekende struiken, als ik kan ontsnappen.

D: *Dan gaan zij de grot in en kun jij ontsnappen.*

A: Dat is wat ik dacht, maar dat is niet wat er gebeurde. Ik had niet gedacht dat ze zouden willen dat ik mee de grot in zou gaan met hen. Ik dacht dat ze te enthousiast zouden zijn en me zouden vergeten, maar ze dwingen me mee te gaan. We gaan de grot in en natuurlijk, er is daar niets. Er zijn wat tekeningen op de muur waar ze naar kijken, maar ze zijn kwaad op mij. En ze besluiten dat ze me gaan vermoorden. Ze zijn moe. We zijn de hele dag weggeweest en hebben er niets mee bereikt. Ik probeer wanhopig een andere richting aan te wijzen, maar de grot ... we gaan niet heel ver en er is geen manier voor mij om te ontsnappen. Er is geen uitweg, en ze zijn moe en geïrriteerd. Ik had niet de grot in moeten gaan.

D: Maar je had geen keus. Dat wat gebeurd er nu?
A: Ze doden me. Een mes langs m'n keel.
D: Ben je uit het lichaam nu?
A: Ja, ik kijk toe. Ik zie ze in beweging komen, en ze laten het jongetje z'n lichaam—mijn lichaam—achter in de modder in de grot. Mijn familie zal me willen vinden.
D: Ze zullen niet weten waar te zoeken, of wel? (Nee) *Hoe voel je je over dit alles?*
A: Teleurgesteld. Ik was zo stom dat ik dacht dat ik ze te slim af kon zijn.
D: Ik denk dat je heel moedig was om het überhaupt te proberen.
A: Ik heb misschien wel niets voor mijn familie kunnen doen. Na dit alles, zullen ze misschien teruggaan. Ze zullen misschien iedereen doden. Ik ben zo teleurgesteld. Ik was zo overtuigd.
D: Maar je was eigenlijk nog maar een kind. Je deed meer dan sommige mannen zouden hebben gedaan. Heb je enige manier om te zien wat er met je familie is gebeurd, of met iemand van de andere mensen?
A: Sommigen waren in staat om het halen, maar het is een lange reis langs de rotswanden omhoog. En de ouderen waren niet in staat om het te halen... niet in staat om te ontsnappen. (Ze klonk aangedaan.) De mannen gingen terug, namen hun wraak en doodden hen.
D: Maar ik denk dat je je best gedaan hebt.
A: Ik wist niet wat ik anders moest doen, maar sommigen van m'n familie konden ontsnappen. Mijn moeder is ontsnapt.
D: Wat ga je nu doen?
A: Ik probeer te helpen ook al ben ik niet meer daar. Ik probeer ze te helpen zoveel als ik kan.
D: Hoe doe je dat?
A: Door ze signalen te geven. Hen zeggen dat ze niet in een bepaalde richting moeten gaan, maar het voelt zo hopeloos. En het kan ze helpen voor een tijdje, maar ik weet niet of ik het allemaal kan voorkomen.
D: Misschien is dat ook niet te bedoeling. Misschien is het teveel voor een persoon.
A: Ik weet het niet.

D: Maar je blijft daar een tijdje en probeert ze te helpen?
A: Ja, maar nu zie ik dat het steeds verder en verder weggaat. Ik zweef daar vandaan.—Nu word ik omhooggetild. Ik zweef steeds verder en verder weg. Ik ben daar nu voorbij. Ik ben alleen. Ik zweef in de duisternis, en nu maak ik me niet meer zo veel zorgen om mijn familie. Nu zie ik een heel fel licht. Het lijkt van nergens en overal te komen. Oh mijn god, het is zo fijn en warm. Ik drijf er gewoon in.

D: Het is een fijn gevoel. Voelt heel fijn, comfortabel en veilig. (Ja) Wat ben je van plan om te doen? Ga je daar blijven?
A: Er is een andere plek waar ik naartoe moet, maar ik behoor nu gewoon in dit licht te blijven.

D: Is er iemand in de buurt die je vertelt wat je moet doen?
A: Hmm ... Ik zie niemand. Ik ga gewoon op in het licht.— Nu zie ik dat er iemand is die op me wacht. Precies wat ik nu nodig heb. Ziet er heel wijs uit ... vaderlijk of grootvaderlijk, met wit haar. Hij groet me en slaat z'n armen om me heen en vertelt me dat ik het beste heb gedaan wat ik kon, en dat hij trots op me is.—Hij trok me naar een plek toe die gevuld is met licht.

D: Vind je het erg om de andere plek te verlaten?
A: Nee. Deze plek is zelfs beter. Het is geweldig! Alles lijkt gevuld te zijn met licht. Er zijn gebouwen ... oh, hij zegt 'tempels,' sorry. Het zijn lichtgebouwen. Het zijn tempels. Het zijn plekken om te leren, maar ik weet niet zeker wat ik hier doe. Hij zegt dat ik me geen zorgen hoef te maken; hij zal het uitleggen.—Nu ben ik in het gebouw. Het heeft een heel hoog, gewelfd dak. Alles is wit, maar er komt licht naar binnen, hoewel het moeilijk te zien is of er ramen zijn. Het is alsof het doorschijnend is en het licht van buiten komt, en het verlicht het gebouw. Het komt er helemaal doorheen als iets dat van buitenaf verlicht kan worden ... prachtig. En lange tafels, maar ik zie daar niemand. Alleen deze lange tafels. Hij loopt met me mee. Er is een gang om doorheen te gaan, maar het voelt fijn hier. Ik weet niet waarom de tafels daar staan. Er zijn geen stoelen, alleen deze tafels.

D: Geen mensen?

A: Nee. Ik heb het gevoel dat ze in andere kamers aan de zijkant zijn. Hij gaat me naar een van die kamers brengen. — Ik ben hier eerder geweest.
D: *Het voelt vertrouwd?*
A: Ja, en er zijn boeken ... heel veel boeken. Hij glimlacht naar me en zegt, 'Elk boek dat ooit bestaan heeft is hier.' Oh, mijn god! Ik ben hier eerder geweest, ja. Ik weet niet wanneer, maar ik ben er geweest. Ik zie het, de planken met alle boeken. En er zijn daar mensen die kijken, boeken pakken, ze weer terugzetten. Maar toch praat niemand. — Ik ben zo blij om hier terug te zijn met de boeken! (Blij) Oh! Oh! Elk boek dat ooit heeft bestaan, is hier ... elk boek. Oh, mijn god! Het is alsof je je handen over een piano laat rollen terwijl je die akkoorden speelt. Terwijl je die boeken bespeelt, is het alsof je elk boek aanraakt, en je dat boek kent. Hij zegt dat ik niet zo gek moet doen en zoveel moet spelen, maar het is zo'n geweldig gevoel.
D: *Dus, als je het aanraakt, hoef je het dan niet te lezen?* (Nee) *Je weet gewoon wat erin staat?*
A: Het is alsof het de Reader's Digest-versie is. Het is de samenvatting ervan terwijl je het aanraakt. Begrijp je dat? Je wilt het nog steeds oppakken en alles absorberen, maar je kunt je vingers eroverheen laten gaan en de noten opvangen en het spelen ... elk boek voelen ... het voelen. Oh! Oh, wat geweldig! (Ze was in extase.) Hij moet om me lachen en vertelt me dat daar later tijd voor is. (Lach) Alles wat ik moest weten zou daarin staan. Hij moet om me lachen en zegt: 'Dat is waar, maar er zijn verschillende secties, en het kost tijd om naar de verschillende secties te gaan.'

Het was duidelijk dat ze naar de Bibliotheek aan de zielenzijde was gebracht. Dit is mijn favoriete plek. Ik houd sowieso van bibliotheken en kan er een hele dag in doorbrengen wanneer ik mijn onderzoek doe. Maar deze is heel speciaal, omdat het alles bevat wat ooit bekend is geweest en alles wat ooit bekend zal worden. Een schatkamer voor iemand zoals ik die dol is op onderzoek. Het bevat ook wat wel de Akasha Kronieken worden genoemd, die op veel verschillende manieren zijn beschreven.

Het Ingewikkelde Universum Boek Vier

Elke keer dat ik een cliënt daarheen bracht, had ik toegang tot alle informatie. Veel hiervan is gebruikt in mijn boeken.

A: Hij neemt me verder mee naar binnen, naar het centrum. Hij zei dat daar een speciale kamer voor me zal zijn met mijn boeken.
D: *Dus dit is een soort bibliotheek.*
A: Ja. Mensen komen hier om onderzoek te doen en hun levens te plannen en om kennis te verzamelen over bepaalde dingen, maar er zijn ook vele kamers. Ik kan niet eens tellen hoeveel kamers er zijn. Maar hij brengt me naar een kamer die van mij zal zijn met mijn boeken. Het zal mijn leven bevatten, en de levens van degenen die dicht bij me stonden.
D: *Dus is het is speciaal voor jou?* (Ja) *Dus als mensen daarheen gaan, gaan ze naar hun eigen ruimte?*
A: Ja. Andere mensen doen het op hun eigen manier, maar hij weet dat dit is hoe ik het graag wil doen. Hij weet dat ik van boeken houd. Deze kamer is alleen van mij.
D: *Hoe ziet die kamer eruit?*
A: Mooi ... er is één wand die gewoon een volledig raam is met licht, en er zijn planken en rijen boeken. Er staat een tafel in het midden en hij neemt me naar deze tafel. Er staat een stoel voor me waar ik in ga zitten. En hij kijkt naar me en zegt: 'Je weet wat je nu moet doen.' En ik zeg: 'Nou, ik weet het niet zeker!' Hij zei, 'Dat weet je wel ... roep nu het boek naar je toe.'
D: *Roep het naar me toe?*
A: Roep het naar jou toe. Je staat niet op om het te pakken. Je kunt het naar je toe roepen, en dan ligt het daar voor je. Wat voor boek je ook nodig hebt, maar het boek dat hij nu wil voor mij, waar ik naar moet kijken, is het boek van mijn leven waarin ik zojuist was.
D: *Het leven waar je net uit komt?*
A: Ja, maar hij weet hoe erg ik verlang om verder te gaan, dus hij laat me nog een paar boeken opstapelen en opzij leggen. Maar hij plaagt me en zegt dat ik er nog niet naar mag kijken.
— Wanneer ik het boek open, is het alsof ik door een telescoop kijk, alleen is het meer alsof het boek een

vergrootglas wordt. En ik kan het bewegen zodat ik kan zien waar ik heb gewoond. Ik zie de vlakke bergtop. Ik zie de rotsen. Ik zie mezelf toen ik klein was spelen met mijn vrienden, mijn vader, mijn moeder.

D: Uiteraard, je hebt niet heel lang geleefd in dat leven.

A: Nee, maar dat was oké. Ik leerde bepaalde dingen, en ik leerde dat mijn vader gelijk had. Hij zei toen ik klein was dat de vrienden die ik had er misschien niet altijd zouden zijn om me te helpen. En het belangrijk was om vrienden te hebben die je zouden helpen, en dat je ook je vrienden moest helpen.

D: Wat heb je nog meer geleerd van dat leven denk je?

A: Dat familie belangrijk was ... heel belangrijk. Maar ik kon ze niet helpen. Ik kon ze niet redden, maar ik deed wel het beste wat ik kon. En als ik niet was gegaan, was iedereen afgeslacht.

D: Dus je hebt er toch een aantal gered?

A: Dat heb ik. Dat heb ik.

D: Dus dat was het doel van dat leven?

A: Ja. Mijn moeder moest blijven leven. Ik leerde ook dat ik een beetje dom was geweest, omdat de jagersgroep weg was en wij jongens degenen waren die het dorp zouden moeten bewaken. Bewaken en opletten, en we waren druk geweest met spelen en we sloegen niet luid genoeg alarm.

D: Toen de andere mannen kwamen? (Ja) *Iedereen heeft het recht om fouten te maken, nietwaar?*

A: Ja, maar nalatigheid kost mensenlevens. We deden het niet met opzet, maar we begrijpen waarom het zo belangrijk was voor ons om te doen wat ons wat opgedragen.

D: Verteld deze man je deze dingen?

A: Nee, toen ik door het boek heen ging zie ik het. Ik weet het gewoon. Hij zit erg geruststellend naast me.. Hij veroordeeld me niet. Hij is heel warm en lief.

D: Is er iets dat je behoort mee te nemen wanneer je dat leven achter je laat?

A: Je kunt niet iedereen redden. Je kunt slim zijn. Je kunt misleidend zijn. En proberen alle dingen te doen om de mensen van wie je houd te beschermen, maar uiteindelijk ...

kun je niet iedereen redden ... niet altijd, maar je kunt je best doen.

D: *Omdat iedereen z'n eigen leven had. Ze hebben allemaal hun eigen lessen te leren, nietwaar?* (Ja) *Denk je dat je alles uit dat boek hebt gehaald wat je kunt gebruiken?*

A: Nee, er zullen meer sessies zijn waarin ik terug kan komen en ernaar kan kijken. Maar ik heb het belangrijkste gedeelte begrepen, en hij was trots op me dat ik het belangrijkste gedeelte had begrepen. En we zullen teruggaan en er opnieuw naar kijken. Maar hij zegt ook dat ik moet rusten, en hij zal naar ons terugkomen.

D: *Hij wil nog niet dat je naar die andere boeken op tafel kijkt?*

A: Hij verleidt me ermee, maar hij laat me ze nog niet hebben. (Grappend) Omdat ik nog niet klaar ben met dit boek. Ik moet eerst afmaken waaraan ik ben begonnen voordat ik verder ga. En hij weet dat dat mijn zwakte is. Hij weet dat dat is waar ik aan moet werken, dingen afmaken. Maar hij maakt het een verleiding voor me, omdat hij weet hoe erg ik ernaar verlang om met het volgende verder te gaan. Ik weet dat ze daar zijn en ze zien er geweldig uit, dus ik moet hiermee doorgaan. Maar hij wil dat ik eerst rust neem.—Hij brengt me naar een andere plek en het is open. Er zijn vogels die zingen. Er is een fontein, en ik kan gewoon ontspannen en daar wachten. Ik hoor iemand zingen.

D: *Ben je alleen?*

A: Ja. Ik kan mensen horen. Ik hoor vrouwenstemmen die iets zingen, maar ik zie niemand. Het lijkt op een buitenplek met banken in een halve cirkel. Ze zijn uitgehouwen en van wit steen, en in het midden staat een witte fontein. En er zijn bomen in het bos op de achtergrond. En ik kan de vogels horen zingen, maar ik ben daar alleen. Hij heeft me daar achtergelaten voor nu.

D: *Het klinkt als een prachtige plek!* (Ja) *Maar hij ging niet door andere levens heen die je hebt geleefd?*

A: Nee. De anderen zitten in de boeken en ik kan teruggaan en er naar kijken wanneer ik het nodig heb, want soms moeten we onszelf herinneren zodat we die dingen niet vergeten die we hebben geleerd in die andere levens,. — Soms ben ik te gretig. — Hij komt later voor me terug, maar op dit moment moet ik gewoon ontspannen. Gewoon wachten en luisteren ... en de natuur zien. Het natuurgedeelte is een herinnering, om alles nu in me op te nemen, en om daarmee verbinding te maken. Om de wind te voelen en de richting waarin hij waait. En luisteren naar de vogels en niet altijd zo gretig te zijn om met het volgende verder te gaan. Gewoon zijn nu, hier zijn. Er zal later tijd zijn voor de anderen. Er zal tijd zijn.

Dit zou wel even kunnen duren, gezien hij waarschijnlijk behoorlijk wat tijd zou doorbrengen met gewoon ontspannen op deze prachtige plek om zich te herstellen van de manier waarop hij stierf in dat leven. En om na te denken over de betekenis van dat leven. Dus ik besloot hem vooruit te brengen naar het moment waarop de man terugkwam om hem te halen, toen hij vond dat hij genoeg had uitgerust. Ik veronderstelde dat hij teruggebracht zou worden naar de bibliotheek, waar de waardevolle boeken op hem wachtten.

A: Hij brengt me niet terug naar de bibliotheek. (Lacht) Hij neemt me mee naar m'n groep. Hij weet dat dat was waar ik op wachtte, maar hij liet me wachten. (Lacht en giechelt) Hij liet me wachten.

D: (Lach) *Ik dacht dat je de boeken leuk vond?*

A: Oh, dat vond ik ook (Lach), maar het waren de mensen waarop ik wachtte. Oh, mijn god! Het is mijn groep ... degene waarmee we samen hebben gewerkt. Het is onze groep. We komen in meerdere levens samen terug, en we zijn niet in het lichaam. Ook wanneer we niet in het lichaam zijn of wanneer we wel in het lichaam zijn, er is een deel van ons dat er nog steeds is. Dat is interessant. Het is niet helemaal hetzelfde, maar we zijn allemaal hier.

Ik vond dit een hele belangrijke uitspraak, dat zelfs wanneer we op Aarde zijn in een lichaam, een deel van ons (een aspect) nooit de zielen-zijde verlaat.

D: *Vind je het fijn om samen te zijn?*
A: Oh, ja! We werken goed samen.
D: *Dus wanneer jullie terug in levens gaan, komen jullie soms samen?* (Ja) *Op die manier ben je nooit alleen.* (Nee) *Wat gebeurt er met de groep?*
A: Ze vragen mij: 'Waarom liet je zo lang op je wachten?' Ze wisten dat ik buiten moest wachten. Ik kan niet geloven dat ik ze vergeten was. We liepen naar de boeken en naar buiten om te rusten, en ik vergat dat dat is wat erna stond te gebeuren. Hoe kon ik ze nou vergeten? Oh, mijn god! Ze zijn geweldig. Het voelt gewoon zo fijn om weer samen met ze te zijn ... zo fijn.—Ze zitten aan een tafel en waren aan het praten. De tafel is interessant want het is een interactieve tafel. Het ziet eruit als een doorzichtige kaart, maar wanneer je het aanraakt, zoomt het in op een specifieke plek. Raak je het nogmaals aan dan zie je de mensen op die plek. Het is net als Google Earth, maar wanneer je het aanraakt, kun je naar die plek toegaan.—Ze zijn druk aan het plannen. Oh, deze groep kan het nooit eens worden. Iedereen wilt altijd ergens anders zijn. Ze zijn aan het plannen. Ze wachten op mij. Ze denken dat deze plek het meest belangrijk is, dat we moeten zijn waar we het meeste werk kunnen doen. En de anderen hier aan deze zijde .... Iemand zei zojuist: (in een grappig stemmetje) 'Oh, we kunnen overal tegelijkertijd zijn. Wat maak het uit?' Maar we vinden elkaar zo leuk dat we op dezelfde plek willen zijn. We willen op dezelfde plek beginnen.
D: *Dus ze kijken naar de kaart, en proberen het uit te vogelen?*
A: Proberen uit te zoeken waar als volgende naartoe te gaan. Ze zijn even serieus. Ik weet niet of we klaar zijn voor de volgende stap
D: *Maar jullie willen samen gaan. Je wilt niet alleen gaan?*
A: Nee, we zullen gaan.—Er zijn er verscheidene die er sterk van overtuigd zijn dat we in het Midden-Oosten moeten zijn. Onze groep moet gaan waar wij moeten gaan, en doen wat we geroepen worden te doen. We weten dat, en soms kan het betekenen dat onze levens samen heel kort zullen zijn.
D: *Is daar een reden voor?*

A: Het hoort er allemaal bij en we krijgen sommige stukjes ervan te zien, en op sommige dingen moeten we gewoon vertrouwen. Ik ben zo blij om ze te zien, en ik ben zo blij om terug te kunnen gaan met mijn vrienden, mijn groep. Maar ik ben een beetje verdrietig als ik bedenk dat we zo'n moeilijk leven kiezen als volgende.

D: *Maar in je laatste leven, leefde je niet zo lang.*

A: Nee, maar de volgende zal lastiger zijn. Het zal kort zijn voor ons allemaal. In het laatste leven waren er veel die lang leefden. En ook al werd ik gedood, we hadden een goed leven samen. In deze volgende zullen sommigen van ons best wel zware rollen moeten gaan spelen.

D: *Er word je getoond wat het scenario zal zijn?*

A: Wanneer we de kaart aanraken en het vooruitgaat zien we de mogelijke scenario's. Ik zie Joden. Ik zie Palestina. En ik zie heel veel bloed en ik zie dat we aan tegengestelde kanten zullen staan.

D: *Is daar een reden voor?*

A: Het is omdat we in staat moeten zijn om samen te komen. Er zullen kansen zijn voor ons om samen te komen, maar er zullen evenveel kansen zijn om elkaar te vernietigen in dat leven. Ik krijg weer de kans om mijn familie te helpen.

D: *Ik begrijp het. Ik vroeg me af wat het doel zou zijn. Want wanneer er conflict is, denk je, wat is het doel? Wat heeft het voor zin?*

A: Het lijkt niet heel zinvol, maar we moeten proberen om de verbinding te maken om te laten zien dat mensen meer op elkaar lijken dan verschillend zijn. Onze groep heeft al besloten om te gaan. Het was gewoon nog wie welke rol ging spelen, en ze waren aan het wachten op mij. En het is overduidelijk wat mijn rol is. Ik weet alleen niet aan welke kant van het hek ik ga staan. (Lach)

D: *Ben je in staat om naar andere levens te kijken waar je in zal gaan? Laten ze je zo ver vooruit kijken?*

Ik dacht, uiteraard, aan haar huidige leven als Amber.

A: Ze laten me zo ver kijken, maar opnieuw, beginnen ze me te plagen met heen en weer springen en andere dingen doen. En dus moet ik blijven bij een ding tegelijk. En ik weet dat na dit volgende korte leven in het Midden-Oosten er een volledig ander leven zal volgen. Maar ik mag me nu niet laten afleiden, anders zal ik niet de moed hebben om de dingen te doen die ik moet doen.

D: *Ze kunnen je niet te veel in één keer laten weten?* (Nee, nee.) *Dat klinkt logisch. Maar iedere keer kom je terug naar deze plek?*

A: Ja, en ik mag mijn groep zien en we kunnen praten en we kunnen samen zijn met elkaars energieën. En we zitten allemaal met deze energieën en ik herken sommige van hen. Sommige van hen, die een beetje aan de uiteinden zitten, zie ik niet. Mijn vader is er. Mijn vriend, Rob, is er. En er zijn anderen, maar ik weet niet zeker wie ze zijn in mijn leven nu. (Haar huidige leven.)

D: *Dus je moet eerst dat korte leven leven voordat je in het lichaam van Amber komt?* (Ja) *Dat is belangrijk om dat eerst te doen.* (Ja)

Ik wilde niet de tijd nemen om door dat leven heen te gaan, dus liet ik haar naar de plek bewegen waar het afgerond was en ze had gedaan wat ze moest doen, en de groep weer bij elkaar was gekomen aan de zielen-zijde. Ik wilde haar naar het moment brengen waarop ze zou beslissen om het lichaam van Amber binnen te gaan. 'Jullie komen samen terug op dezelfde plek. Hoe zit het met het leven in het Midden-Oosten? Heb je het goed gedaan?'

A: Ik denk het wel. In dat leven in het Midden-Oosten hebben we muziek gedeeld. En hij zag dat ik niet slecht was, en ik zag dat hij niet slecht was, en dat hebben we met ons meegebracht.

D: *Wat is er gebeurd als het een kort leven was?*

A: Er was een explosie, geweerschoten, en ik ben dood. (Gewoon feitelijk.)

D: *Maar je hebt dingen geleerd, nietwaar?*

A: Ja, omdat een deel van mij wist dat ik tijdens dat korte leven in de ogen van de anderen moest blijven kijken en te zien wat er achter schuilging. En niet iedereen was slecht. Het waren gewoon mensen.

D: *Die allemaal hun eigen leven leefden.—Maar nu ben je teruggekomen naar deze plek. Verzamelt de groep zich altijd samen, of gaan sommige op andere opdrachten?*

A: Nou, het is interessant, want terwijl ze zich rond de tafel verzamelen, zijn degenen die het dichtst aan de tafel zitten degenen die momenteel niet in een lichaam zijn. Maar naar de buitenste gedeelten toe zit de rest van de mensen van de groep, maar zij stralen een doffer licht uit. En dat laat ons weten dat zij geïncarneerd zijn. Dus een deel van hen is in die kamer om deel te nemen, maar niet op dezelfde manier als ze zouden doen als ze niet belichaamd waren. Begrijpt je wat ik bedoel?

D: *Ja, dat snap ik. Ik begrijp het. Ze zijn daar zodat ze evengoed kunnen plannen.*

A: Ja, en ze kunnen nog steeds deelnemen omdat ze misschien al geïncarneerd zijn en wij hen wellicht op een gegeven moment kunnen gaan vergezellen. Dus een aspect van hen doet nog steeds mee. Ze zijn gewoon een doffer licht in de kamer.

Misschien vindt dit plaats wanneer de persoon slaapt en zijn ze zich er daarom niet van bewust. Dit zou verklaren hoe plannen en overeenkomsten kunnen worden gemaakt met die zielen die al geïncarneerd zijn, en de rollen zouden spelen van moeders of vaders, grootouders, enz.. Ik was er vanuit gegaan dat deze contracten werden gemaakt voordat deze zielen zouden incarneren, terwijl ze allemaal in de "spirit world" waren. Echter hebben we blijkbaar nog steeds contact, zelfs terwijl we ons huidige leven leiden. En de plannen en voorbereidingen gaan door. Het toont ook hoe het plan veranderd kan worden.

D: *Zijn ze het leven aan het bespreken waar je in terecht komt als Amber?*

A: Ja. Ze vertellen me dat ik terug mag gaan naar New Mexico. (Lach)
D: *Was je daar al eerder?*
A: Ja, als een jongetje ... het Indiaanse jongetje.
D: *Dus dat is waar het was.* (Ja) *Was er goud daar?* (Nee) (Lach) *Dus is het belangrijk om terug te gaan door wat er gebeurd is?*
A: We werken nog steeds aan mijn probleem van de wereld proberen te redden. (Lach) Dus ze denken dat, als ik terug ga naar dezelfde plek, ik me misschien kan herinneren dat ik de wereld niet kan redden. Maar ik kan mijn eigen kleine stukje redden, wat ikzelf ben. En ze vertelden me dat het een heel ander leven zal zijn dan ik voorheen had, en dat ik er een beetje humoristisch mee om moet gaan. Ze herinnerden me aan toen ik probeerde te slim af te zijn en in en uit de ingesloten kloof ging, en hoe ik een spoor aan het opzetten was. Dat is een beetje wat ze in dit leven aan het doen zijn. Ik heb veel momenten waarop ik zal moeten vallen. En er kunnen verkeerde richtingen genomen worden om terug te komen, maar ik moet mijn weg vinden. Dus ze lachen.
D: *Zij vinden het grappig vanwege al deze opties en mogelijkheden?*
A: Ja, en ze weten dat we dichterbij komen, en naarmate we dichterbij komen, wordt het ingewikkelder.
D: *Wat bedoel je met dichterbij?*
A: We zijn dichter bij het afronden van deze fase en we komen richting het einde. En daardoor wordt het een zeer ingewikkelde, complexe overeenkomst. Er zijn meer keuzes, meer elementen waar vrije wil in kan worden uitgeoefend. Meer kansen, en je moet er doorheen gaan door te laten zien dat je bepaalde verleidingen kunt weerstaan die misschien makkelijker zijn. En je moet dingen overwinnen die afleidend kunnen zijn. Het is erg ingewikkeld.
D: *Wat bedoelen ze met de laatste fase?*
A: Ik weet niet waar we hierna naartoe gaan, maar we zullen niet terugkomen naar deze kamer. We zullen naar een ander gebouw gaan. We studeren, denk ik, af aan deze plek en gaan naar de volgende.

D: *Betekent dat dat je niet zult terug zal keren naar de Aarde, of wat?*
A: We keren op een andere manier terug, en alleen als we willen. Dat is waarom we het juist moeten doen.
D: *Er zullen niet meer kansen komen om terug te keren en het op te lossen?*
A: Die zullen er wel zijn, maar ik wil bij mijn groep blijven.
D: *Want mensen maken fouten.*
A: Ja, dat doen ze. En het gaat niet om perfectie. Het gaat om het weten dat leren belangrijk is. Dat je open staat en bereid bent om te leren.
D: *Kunnen ze je laten zien wat er gaat gebeuren in dit leven als Amber?*
A: Heel lastig.
D: *Maar sommige van deze mensen komen met jou terug om hun eigen rol te spelen?*
A: Ja. En door daar te zijn, zijn ze hun eigen herinnering aan waar we moeten zijn en dat we samen zijn, en we elkaar kunnen helpen.
D: *Maar wanneer je in het lichaam komt, herinner je je dat niet, ofwel?*
A: Nee, maar er is dit soort synchroon-weten en we weten het allemaal. Maar we zijn hier om elkaar aan te moedigen. Niet om de gemakkelijke uitweg te nemen. Niet om de korte weg te nemen.
D: *Wat zou de korte weg zijn?*
A: De korte weg is om uitdagingen te vermijden.
D: *Dat is de makkelijker weg, maar zo leer je niet veel, of wel?*
A: Nee. Je zou niet naar de volgende stap kunnen gaan, en ze zijn allemaal enthousiast om naar de volgende stap te gaan. Daarom hebben we afgesproken elkaar te helpen. Zodat we niet vast komen te zitten of achterblijven. We zullen allemaal samen ontwikkelen.
D: *Wat is de volgende stap? Kunnen ze je daar iets over vertellen?*
A: Er is een groep waar we voor zullen verschijnen, en zij zullen met ons praten. Maar het is op een andere locatie. Het is

boven in de punt van de koepel. Zwevend in de top als goud licht.

D: *Daar ben je nog nooit geweest?*
A: Nee. Mijn groep wil daar echt heel graag naartoe. We weten waar het is. We weten dat we daar nog niet zijn geweest dat dat is waar we als volgende naartoe gaan.
D: *Als afstuderen zei je.* (Ja) *Eerst moet je door de uitdagingen van dit leven heen.* (Ja) *En de meeste mensen die je ontmoet in het leven van Amber zullen mensen zijn uit de groep?*
A: Niet de meeste. Slechts een select aantal, en zij zullen daar zijn als herinneringen dat ik op de juiste plek ben, de juiste dingen doe en de juiste richting op ga.
D: *Ga je kinderen krijgen in dit leven? Kun je dat zien?*

Dit was een van Amber's vragen.

A: Ja. Dat heb ik gekozen en ze lachen om de dingen die ik kies. Ik kies alles. Ik wil niet op de korte weg zitten. Ik zet alles op mijn lijst. En ze lachen om me omdat ze zeggen dat er geen mogelijke manier is waarop ik al deze dingen aan kan. Maar ik ben zo vastberaden dat we deze volgende stap, de volgende fase, gaan halen, dat ik zoveel mogelijk op mijn bordje neem.
D: *Dat kan uitdagend zijn.*
A: Het is alsof we een knikker uit een doos pakken en die in een kom leggen. En elke knikker staat voor een uitdaging. En meestal kiest iemand één of twee knikkers. De mensen uit de groep kiezen één of twee knikkers en leggen die in de kom. Ik vul de kom helemaal tot de rand. Ze zijn niet echt blij met me. (Vermakelijk.)
D: *Weet je echt zeker dat je dat wil doen?*
A: Het ziet er makkelijk uit, weet je.
D: *Oh, het ziet er altijd makkelijk uit vanuit daar.*
A: Ik weet dat als we dit doen, we zullen afstuderen. We zullen verder gaan. Ze kijken naar me. Ze zeggen: 'Je beseft dat wanneer je de knikker in de kom legt, het jouw knikker is. Anderen zijn er wel, en zij zullen het misschien een beetje

als bijzaak aanpakken, maar het is jouw knikker.' En ik zeg: 'Ik weet het. Ik weet het.'

D: Oké. Maar weet je iets over de kinderen die je misschien zult krijgen?
A: Ik zie een klein meisje. Ze is geweldig en ze heeft me zoveel te leren, als ik haar toelaat. Het zal moeilijk zijn. Ze zal anders zijn dan ik en de mensen om me heen. Ze maakt geen deel uit van deze groep, maar ik heb ingestemd om haar mee te nemen omdat ze zoveel te geven heeft. Maar het is een speciale situatie. Ze kan me dingen leren als ik haar toelaat, maar ze is ook een knikker in mijn kom. Ze heeft een andere vibratie. Ze heeft moeite met op de Aarde te blijven. Haar lichaam is heel licht en ze moet manieren leren om zichzelf te aarden. Het is heel belangrijk om haar dat te leren. Haar te leren spelen. Haar te leren hoe ze op de aarde kan zijn en rond kan lopen op de aarde. Hoe meer tijd ze buiten kan doorbrengen, dichtbij de aarde, hoe meer geaard ze zal worden. Natuur. Ze zal opbloeien. Er zal veel van de angst zijn omdat het een vreemde omgeving is. Ze is het niet gewend om in een lichaam te zijn. En het lichaam zal niet altijd met haar meewerken.

Deze beschrijving kwam overeen met Amber's dochter Adriana. Het leek altijd alsof ze hier niet thuishoorde en heeft speciale aandacht en liefde nodig.

D: Kun je zien wie je maatje zal zijn in dit leven?
A: Hmm. Je zei 'maatje,' en zij zeiden, 'Meer knikkers.'

Ze zei dat de maatjes ook niet uit de groep zouden komen. Ze zouden andere lessen hebben voor Amber om te leren. Ik wilde het plezier dat ze had met haar groep en hun planning niet verpesten, maar ik vond dat het tijd was om naar haar vragen te gaan. Ik vroeg of ik toestemming had om vragen te stellen, en ze stemden in: 'Je mag vragen.' Ze wisten wat we aan het doen waren en het was toegestaan.

Het Ingewikkelde Universum Boek Vier

D: *Ik wil het plezier dat ze hebben niet verpesten of dingen vragen die ze niet hoort te weten.*
A: Nee, we zullen het je laten weten.
D: *Ze weten dat je in het lichaam bent nu, en hier bent om informatie te verkrijgen*
A: Ja, uiteraard. Dat is wat ze zou doen. Ze heeft al veel geleerd van wat haar verteld is.

Een van haar vragen had te maken met haar huidige baan. Ze was er niet blij mee, en had het gevoel op een kruispunt te staan, waarbij ze probeerde te beslissen of ze van carrière wilde veranderen.

A: Het zijn die knikkers. (Lach) Ze weet wat ze te doen heeft. Ze moet veranderen en ze zal een juist moment vinden, en ze zal begrijpen dat puur omdat ze de knikkers in de kom heeft gelegd, dit niet betekent dat ze allemaal iets moeten vertegenwoordigen dat een last is. Een uitdaging is niet altijd een last.—Ze moet inzien dat er in een menselijk lichaam slechts zoveel is dat één persoon kan doen, en er beperkingen zijn. Anders zou ze niet in een menselijk lichaam zijn. En ze moet leren om met haar menselijke lichaam te kunnen werken, zodat ze de dingen kan doen die ze moet doen. Wanneer ze hiertegen ingaat, zal haar lichaam uitvallen, en dat heeft het al bewezen.
D: *Het zal in opstand komen zodat ze rust en tijd voor zichzelf moet nemen?*
A: Ja. Ze kan geen andere mensen helen tot ze zichzelf heelt.

Ze had een interessante connectie met haar man door vele, vele levens heen. Ze kwamen niet uit dezelfde groep, maar hadden wel dezelfde vibratie. Ze hadden afgesproken elkaar te helpen, en in de meeste levens waren ze behulpzame vrienden. Haar vader was deel van de groep. 'Hij stemde ermee in om hier als eerste te zijn voor haar, zodat ze zou weten waar het pad was. (Zodat ze niet zou verdwalen.) Hij heeft zijn taak uitgevoerd en meer, en hij heeft geweldig werk verricht in het helpen van mensen. Hij heeft vele gelegenheden gehad waarop hij had

kunnen vertrekken, en telkens koos hij ervoor om te blijven en te helpen, en we danken hem voor zijn werk.'
Afscheidsboodschap: Ze zal weten dat ze altijd toegang tot me heeft wanneer ze het nodig heeft. Ze hoeft alleen maar rustig te worden en te luisteren, en ze weet de plekken waar ze heen kan gaan om beter te horen en de mensen met wie ze kan zijn, zodat ze beter kan luisteren, maar we zullen er altijd voor haar zijn. We zullen er voor haar blijven zijn. En denk gewoon aan de knikkers. (We lachten.)

Hoofdstuk 7
EEN KORT LEVEN

Kim was een gepensioneerde stewardess in haar zestiger jaren. Ze ging gemakkelijk in trance, maar kwam terecht in een leven dat leek alsof het haar leven was net vóór haar huidige. Het leek zich af te spelen in een klein stadje bij de zee. Ze was een vijftienjarig meisje dat in een gebouw van drie verdiepingen woonde, met een voederwinkel op de begane grond. Ze woonde daar met haar moeder, vader en drie broers. De beschrijving van de keuken deed denken aan de late jaren 1880 of vroege 1900: een waterpomp en een potkachel. De voederwinkel was het familiebedrijf en ze hielpen allemaal mee wanneer ze niet op school waren. Haar taak was het opschrijven van de bestellingen. Het leek een eenvoudig, rustig leven te zijn, totdat ik haar vooruit bracht naar een belangrijke dag. Ze liep de trap af die van hun woonruimte boven naar de achterkant van de winkel leidde, toen ze struikelde en van de trap viel. Ze was ernstig gewond, maar kon niet roepen. Ze kon mensen in de winkel horen, maar kon niet om hulp roepen. Ze bleef daar liggen tot iemand haar vond en terug naar boven droeg. Toen de dokter arriveerde, kwam hij erachter dat ze haar nek had gebroken. 'Hij legt een deken over mijn hoofd. Ik denk niet dat ik het heb gered. Mijn vader is bij me. Ik kijk vanuit de andere kant van de kamer toe. Ik wou dat ik niet was gevallen, maar ik kan er niets aan doen.' Ze stierf dus tragisch en plotseling op zestienjarige leeftijd. Ik wilde natuurlijk weten wat er daarna gebeurde, nu ze uit haar lichaam was. 'Er is een licht. Ik ga er naartoe."

D: Vertel me wat er gebeurd terwijl je omhoog gaat naar het licht.
K: Het gebeurde zo snel! Maar ik wou dat het niet was gebeurd.

Het Ingewikkelde Universum Boek Vier

D: Maar je kunt nu niet meer terug, of wel? (Nee) Dus wat gebeurt er? Wat ervaar je?
K: Gewoon een soort kalmte. Het voelt goed.
D: Ben je in je eentje of zijn er andere mensen bij je?
K: Ik zie geen mensen. Er is een aanwezigheid... 'Kan ik terug gaan?'
D: Is dat wat jij vraagt? (Ja) Wat zegt het?
K: 'Nee. Je lichaam is stuk.' Waarom moest dat gebeuren? 'Het is wat je wilde.' Waarom zou ik dat willen? Ze zeggen, 'Je moest ... het was jouw tijd. Je was klaar.'
D: Maar het was niet een heel lang leven.
K: Ja, en ik vind dat niet eerlijk. Ze zeggen, 'Het is wat je wilde.'
D: Vraag hen om het uit te leggen omdat je het bent vergeten.
K: 'Het is wat je ziel zich had voorgenomen. Om daar een tijdje te zijn. Om te leren.'
D: Om wat te leren?
K: Gewoon lessen. En wat heb ik geleerd? Ik heb geleerd wat ik heb geleerd. Over jong zijn ... over het beste gedeelte van je lichaam. Je lichaam word nooit oud, maar je ziel ontwikkelt zich niet. Als je lichaam breekt wanneer je jong bent, kan je ziel zich niet ontwikkelen. Het kon de ziel niet behouden.
D: Het had verlamd kunnen zijn. (Ja) Dan kon je misschien niet doen wat je behoorde te doen?
K: Het was niet de bedoeling dat ik iets anders deed, gok ik. Alleen om te leren hoe het is om jong te zijn. Zodat je dan terug gaat en oud wordt. En dan wil je oud zijn en je ziel laten groeien. Want nu weet je dat je ziel niet kan groeien als je lichaam breek wanneer je jong bent. Dan waardeer je het ouder worden. En zorg dragen voor het lichaam, en voorzichter zijn. Val niet als je het kan voorkomen.
D: Nadat ze met je praten, ga je ergens anders naartoe?
K: Er is een soort van uitbarsting... warmte... alsof je in een cocon zit of zoiets.
D: Heeft iemand je gezegd om dat te doen?
K: Ja. Ik moet verder gaan en een deel zijn van dat universum daar. Een deel daarvan zijn voor een tijdje.—In die uitbarsting van licht ... gewoon om daar over na te denken.
D: Om na te denken over het leven dat je zojuist hebt verlaten?

K: Om me opnieuw klaar te maken voor een ander.
D: *Moet je er nog een doen?* (Ja) *Hoe voel je je daarbij?*
K: (Blij) Ik denk dat dat oké is. Ik wil langer leven, en ik wil niet de trap op gaan. (Harde lach.)
D: *Je wilt geen risico lopen dat dat weer gebeurt.* (Lach) *Praat je met iemand over je plannen?*
K: Ja. We praten erover. Over als je terug komt, zijn wat je zou willen zijn, hoe lang je zou leven en al dat soort dingen.
D: *Een plan maken?*
K: Ja. Dus daar moet ik over nadenken en het duurt best lang om dat uit te zoeken. Ze praten over de verschillende mogelijkheden. Ze vragen, 'Nou, wil je in de sneeuw leven?' Nee, nee ... Ik vind sneeuw leuk, en soms zal ik in de sneeuw te vinden zijn, maar ik zou daar niet willen leven.—Maar ik denk dat ik het leven gepland heb waar ik nu in zit.
D: *Is dat wat ze je laten zien?* (Ja) *Hoe maak je de plannen?*
K: Ik heb gewoon een groot stuk papier, een potlood en een pen. En we zijn het allemaal aan het uitzoeken. En zij zeggen, 'Nou, je had niet veel meer te leren, maar je moest leren om voor je lichaam te zorgen. Je hebt veel geleerd.'
D: *Maak je plannen met andere mensen of wat?*
K: Ja. Je weet wel ... waar je besluit te leven ... familie ... en al dat soort dingen. Ik denk dat ik heb besloten over dit leven hier nu, en ik probeerde mezelf van de trap af te houden. Dat was ernstig. (We lachen allebei.)
D: *Je praat over het leven als Kim?* (Ja) *Was er iemand in dat leven die Kim nu kent?*
K: David (haar huidige man) ... Ik denk dat hij de dokter was.
D: *Waarom heb je een afspraak gemaakt om met hem terug te komen?*
K: Omdat ik was vertrokken, en ik geen kans kreeg om hem te leren kennen. En hij leek heel aardig en zorgzaam. Hij huilde.
D: *Dus hij stemde in om terug te komen in het leven van Kim om te helpen?* (Ja, ja.)

Het Ingewikkelde Universum Boek Vier

Kim vroeg naar haar geadopteerde dochter, Robin. 'Zij was mijn moeder in dat leven. Ze was erg van streek omdat ik vertrok.'

D: *Ze wilde weer met jou zijn?* (Ja) *Maar ze kon niet komen als Kim's biologische kind?* (Nee) *Wist ze van tevoren dat ze geadopteerd zou worden?*
K: Ja, dat was deel van haar plan.—Ik deed het bijna. Ik brak bijna het lichaam. (Kim had een auto ongeluk gehad.) Maar ze moest naar mij toe komen.
D: *En ze koos jou boven de biologische ouders?* (Ja) *Was daar een reden voor?*
K: Oh! Ze waren zestien! Toen zij mijn moeder was was ik zestien en brak ik mijn lichaam. Daarna moest zij haar biologische ouders verlaten omdat ze zestien waren en te jong om haar te houden. En kwam ze weer bij mij zijn.
D: *Dit was dus de afspraak van tevoren, dat ze haar zouden afstaan. Ze wist al dat Kim haar biologische moeder zou worden.* (Ja.) *Dat is interessant want het laat zien dat alles samenvalt.*
K: Ja. Ik hoop dat die ouders oké zijn.
D: *Daar kunnen we achterkomen. Je doet het beantwoorden van de vragen fantastisch, maar ik denk dat we iemand anders inschakelen die meer antwoorden heeft. Is dat oké?* (Ja)

Ik bracht toen het OB naar voren. Ik stel het altijd dezelfde eerste vraag, 'Waarom heb je dat leven gekozen om aan Kim te laten zien?'

K: Zodat ze zou zien dat ze zorg moest dragen voor haar lichaam.
D: *Ze heeft wel wat ongelukken gehad, nietwaar?* (Ja) *Ze heeft het lichaam aardig verpest, nietwaar?* (Ja) *Het onderbewuste kon dat niet voorkomen?*
K: Nee, dat deden we niet. We vonden dat ze herinnerd moest worden. Ze begon het te vergeten.
D: *Ze vertelde ons hoe haar dochter de beslissing had genomen om te komen en geadopteerd te worden. Hoe zit het met*

Robin's biologische ouders? Ze waren heel jong toen ze Robin kregen. Kun je zien of het goed met hen gaat?

Dit was een vraag waar Kim achter wilde komen.

K: De biologische moeder was haar broer in dat leven. Haar moeder was erg druk met de winkel, en zij moest zorgen voor haar kleine broertje.

D: *Dus er werden afspraken gemaakt met iedereen?* (Ja) *Nou, Kim uitte haar bezorgdheid. Die ouders die Robin kregen waren erg jong, zestien. Zij vroeg zich af wat er met hen gebeurd was in dit huidige leven. Ik weet dat je deze dingen kunt zien als het gepast is. Wat gebeurde met hen nadat Robin was geboren?*

K: Ze ging naar school en heeft andere kinderen.

D: *Dat zal Kim beter laten voelen als ze dat weet. Dus het is allemaal goed gekomen.*

Een van Kim's lichamelijke problemen was bezorgdheid over haar keel. (Schildklier) Ik vroeg wat haar probleem veroorzaakte. 'Ze wilde om hulp roepen. Toen ze van de trap viel en haar nek brak, lag ze daar lange tijd en probeerde te roepen, maar dat kon ze niet.'

D: *Waarom beïnvloedt het haar keel nu?*

K: Ze probeert nog steeds om hulp te roepen. Dit begon toen haar moeder ziek werd. Zolang haar moeder er was, ging het goed met haar. Maar toen haar moeder ziek begon te worden en stierf, wilde ze het weer uitschreeuwen.

Ik ging vervolgens verder met de therapie om de keelklachten in het verleden te laten bij het andere meisje, en om Kim gerust te stellen dat ze toch niets had kunnen doen om haar moeder te helpen toen ze stervende was. Ze was zichzelf simpelweg aan het straffen. Aangezien het slechts een herinnering was dat was overgebleven uit een ander leven, stemde het OB ermee in om haar keel te genezen en alles terug te sturen naar het verleden. Het heelde het door energie naar de klieren in haar nek te sturen en ze te ontspannen. Het OB zei: 'Je hoeft het niet uit te schreeuwen. Je hoeft alleen te ontspannen.'Nadat dat was afgerond, ging ik verder met haar volgende vragen. Ze maakte zich zorgen over gerinkel in haar oren. Het wisselde van de ene kant naar de andere. In andere gevallen werd mij verteld dat dit te maken had met het veranderen van frequenties. Ik vermoedde dat het antwoord in dit geval hetzelfde zou zijn. 'Wat veroorzaakt dat?'

K: De Aarde. De vibraties veranderen en het zal gewoon gebeuren. Ze zal zich moeten aanpassen aan de frequenties. We kunnen helpen door haar vibraties te verhogen.

De ongelukken hadden ernstige problemen in haar lichaam veroorzaakt en een operatie was vereist. Het OB had meer moeite om haar lichaam aan te passen aan de vibraties, omdat: 'Er zitten nogal wat draden in! Daarom is het zo moeilijk om zich aan te passen aan de de frequentie. Laten we eens kijken wat we kunnen doen.'

D: *Dat gebeurde toen ze het lichaam opnieuw brak..* (Ja) *Kun je helpen met de vibratie frequentie zodat ze er geen last van heeft?*
K: Gewoon proberen het af te stemmen.
D: *Vormen al die draden een aardend effect of zo?*
K: Het verhoogt frequenties ... verstoring. Het verstoort het natuurlijke proces. Ze doet het best goed met alles wat er gaande is. Als je nagaat.—We zeiden haar dat ze moest zorgen voor dat lichaam. (Lach)

Wilma ging door een simpel, alledaags, primitief leven toen ik haar vroeg om vooruit te bewegen naar een belangrijk dag waarop iets belangrijks gebeurde. Toen ze dat deed, was het duidelijk dat ze was overgesprongen naar een ander leven.

W: (In paniek) Er is water. Ik kan niet ademen.
D: *Wat bedoel je?*
W: Ik zit in het water. Ik kan niet ademen.

Ik nam alle ongemakkelijke fysieke sensaties weg, zodat ze in staat zou zijn om objectief met me te praten, indien nodig.

D: *Hoe ben je in het water terechtgekomen? Je kunt teruggaan en ontdekken wat er is gebeurd. Je kunt het zien. Het zal je helemaal niet storen om ernaar te kijken.*
W: Er is een auto en hij reed van de brug af.

Dit was een verassing. Nu was het duidelijk dat ze een sprong had gemaakt. Ik had geen keus dan het te volgen.

D: *Zat jij in de auto?*

Haar stem trilde van angst toen ze antwoordde: 'Ja.'

D: *Het is oké. Je kunt het bekijken. Was jij aan het rijden of wat?*
W: Nee ... Ik zat voorin.
D: *Wie bestuurde de auto?*
W: Mijn moeder.
D: *Wie zit er nog meer in de auto?*
W: Mijn zus.
D: *Hoe oud ben je?*
W: Zeven.
D: *Gingen jullie ergens heen?*
W: Ik denk het.
D: *Woonde je daar ergens in de buurt?*
W: Uh-huh ... niet heel dichtbij, maar in de buurt.
D: *Waar is je vader?*
W: Ik weet het niet.
D: *Wat gebeurde er? Je kunt het bekijken. Je hoeft het niet te ervaren.*
W: Ze raakte iets of... We zijn op de brug. De voorkant van de auto ging gewoon over de rand van de brug, sloeg om en raakte het water, en water begon binnen te komen via de ramen, en ik kan niet ademen.

Het Ingewikkelde Universum Boek Vier

Ik nam weer alle onaangename fysieke sensaties weg. 'Weet je of je moeder en je zus ergens in de buurt zijn?

W: Nee. Niemand van ons kon eruit. We zijn allemaal gestorven.
D: *Jullie zijn allemaal in de auto?*
W: Ja.—Ik ga kopje onder.
D: *Je zult het niet voelen. Je zult geen enkel ongemak voelen.—Het was een schok, of niet?*
W: Ja, ik zag het niet aankomen.
D: *Je moeder ook niet, of wel?* (Nee) *Ze wist niet wat er ging gebeuren.*

Ik bracht haar vooruit naar het moment waarop het voorbij was en ze zich aan de andere kant ervan bevond. Het is makkelijker om informatie te krijgen nadat de persoon het lichaam heeft verlaten. Ze hoeven niet de daadwerkelijke dood door te maken. Ik vroeg Wilma (het kind) of ze de auto kon zien.

W: Het is onder water. Het zonk met iedereen erin.
D: *Wist iemand dat jullie het water in gingen?*
W: Nee, er was niemand in de buurt.
D: *Wat ga je nu doen?*
W: Nou, ik ben daar gestorven, dus ik denk dat ik een soort van wegdrijf.
D: *Zijn je moeder en je zus in de buurt?*
W: Ze zijn in het water. Ze stierven ook, maar ik zie ze niet meer.—Ik wil eigenlijk niet gaan.
D: *Waarom niet?*
W: Omdat ik niet wil sterven.
D: *Je was jong.* (Ja) *Maar het was een ongeluk.* (Ja) *Had je een goed leven?*
W: Ik wou dat het langer duurde.
D: *Het was een verrassing. Het was niet de bedoeling dat het zo snel zou eindigen.* (Nee) *Zie je iemand?*
W: ja, er zijn wat mensen hierboven aan het wachten. Ze weten dat ik kom.
D: *Ga je met ze praten?*
W: Uh-huh, daar is m'n vader nu.

D: *Je kunt hem vragen waarom het gebeurde. Waarom stierf je zo jong?*
W: Hij zei gewoon dat ik niet langer daar beneden hoefde te zijn. — Ik wilde blijven. — Ik zal heel snel vergeten hoe het is om daar beneden te zijn, en dan zal ik begrijpen waarom het beter is om hier boven te zijn.
D: *Maar je was maar kort daar beneden.*
W: Hij zei dat dat alles was wat ik nodig had. Hij zei dat ik leerde wat ik nodig had.
D: *Hoe voel je je erover?*
W: Nou, zoals ik zei, ik had het leuk gevonden om daar te blijven, maar misschien is het beter hierboven. Het is niet zo benauwend.—Er zijn wat andere mensen hier. Daar is mijn tante. Ze was mijn tante.
D: *Dus er zijn mensen die je kent. Waar moet je nu heen? Heeft iemand dat verteld?*
W: Nee, we staan hier gewoon een beetje ... zweven hier, moet ik zeggen. Ze zeggen dat we omhoog moeten, maar er is geen haast. Hij zei dat het niet zo is als het daar beneden is. Ik kan het op mijn eigen tempo doen.
D: *Wat wil je nu doen?*
W: Ik ben klaar om omhoog te gaan, denk ik.—Ik kan niet terug.
D: *Kunt net zo goed naar boven gaan en kijken wat daar is.*
W: Ja. Hij vind het leuk hier. Hij nam net m'n hand, en we gaan omhoog. Mijn tante komt eraan.—Ik zie niet zo veel op dit moment. Het is gewoon een beetje wolkachtig. Er zit iets in de lucht.

Ik bracht haar sneller vooruit naar het moment waarop ze zou aankomen op de plek waar ze naartoe moest.

W: Ik weet niet waar dit is. Ik kan nog steeds niet veel zien. Er staat iets in de weg. — Oké. Er is iemand daarboven. Ik weet wel dat ik die persoon zou moeten kennen, maar ik weet niet wie het is. Hij is een beetje 'wazig', maar ik weet gewoon dat het iemand is met wie ik eerder contact heb gehad hier boven.
D: *Dus het voelt alsof je hier eerder bent geweest?*

W: Ja, heel vaak.
D: *Dus het is vertrouwd voor je nu je hier bent?*
W: Ja, ik denk het. (Fluisterend) Ik wou dat ik wist wie die man is. Ik weet niet wat hij doet op dit moment. Ik kan het niet beschrijven. Hij verwelkomt me een soort van nu ik hier terugkom.—Mijn vader vertrekt. Hij moet ergens anders heen.
D: *Heeft hij een taak te vervullen?*
W: Ik denk dat hij dat zojuist deed ... om zeker te weten dat ik hier zou komen.—Dus nu sta ik hier gewoon een beetje met deze persoon.
D: *Gaat hij je ergens naartoe brengen?*
W: We gaan voorlopig hierheen, dus dat is wat we deden. — Er is zoveel mist. Ik kan niets zien. — (Lach) Oh, ik wou dat ik dat kon doen!
D: *Wat?*
W: Hij veranderde gewoon van uiterlijk... zo ineens. Hij verandert zichzelf zo snel. — Oh, hij doet het gewoon voor de lol. Hij doet het niet altijd.
D: *Laten we kijken waar hij je naartoe brengt. Het zal helderder worden.*
W: Ik ga naar school.—Ik zie witgekleurde stenen en wat trappen en pilaren, en het is best groot... als in de trappen lopen ver door. Er zijn waarschijnlijk maar zes treden, maar ze strekken zich over een lange afstand uit.—Dus we gaan naar school. En ik stond buiten, nu ben ik binnen en ik kreeg niet eens de deur te zien. Hoe vind je die?
D: *Hoe is de school?*
W: Er gebeurt hier binnen van alles, maar dit is waar ik uitzoek wat ik hierna ga doen.
D: *Wat gaan ze je leren op deze school?*
W: Gewoon hoe je dingen op Aarde moet aanpakken... het is zo'n gedoe om daar beneden te zijn.
D: *Bedoel je hoe je dingen moet aanpakken wanneer je weer in het lichaam bent?*
W: Ja, want hier boven, kunnen we zien hoe we dingen moet aanpakken daar benden. Het is makkelijker te zien vanaf hier boven. Maar daar beneden, kun je niks zien. Het is gewoon

belachelijk. Dat is waarom we alles hierboven op een rijtje moeten krijgen.

D: *Als je daar beneden bent, gaat het niet altijd goed, toch?*

W: Nee, omdat we ons niet herinneren wat we aan het doen zijn. We zijn armzalig.

D: *Zeggen ze waarom je het niet kunt herinneren?*

W: Nou, laten we eens kijken. Hij zegt gewoon dat het te verwarrend zou zijn. Ik denk dat het makkelijker zou zijn als ik me het kon herinneren, maar hij zegt dat dat niet het geval zou zijn.—Ik wil het herinneren, maar hij zegt dat dat gewoon niet zo is.

D: *Hij denkt dat het verwarrender zou zijn als je het wist?*

W: Ja, dat is wat hij zei. Hij zei dat we gewoon geprogrammeerd zijn om op koers te blijven en op de een of andere manier intern geprogrammeerd. Hij zei dat we hier boven alles met je kunnen doen. En omdat we dat hebben gedaan, zul je het weten wanneer je daar beneden bent, ook al herinner je het je niet echt. Want hij zegt dat alles hier boven wordt bijgehouden, zodat je je er geen zorgen over hoeft te maken. Wanneer mensen hier boven zijn, nemen we het plan met hen door. Dus zelfs als mensen terug naar de Aarde gaan, weten ze wat het plan is, ook al 'herinneren' ze het zogezegd niet echt. Ze weten het. Ze weten alleen niet dat ze het weten.

D: *Maar vaak, wanneer ze hier beneden komen, gaat niet alles volgens de plannen, toch?*

W: Nee, maar daar hebben we ook oplossingen voor.

D: *Hoe bedoel je?*

W: Nou, je weet wel, we proberen het een beetje te beïnvloeden als dat nodig is, gewoon om mensen op koers te houden, of om mensen weer op koers te krijgen, of wat we ook maar kunnen regelen vanaf waar wij zijn, zonder regels te overtreden.

D: *Hoe doen jullie dat? Wanneer ze op Aarde zijn, kunnen mensen jullie niet zien daarboven.*

W: Nee, ze kunnen me niet zien, wat goed is. Want als ze me wel zouden kunnen zien, zou ik misschien niet in staat zijn om de dingen te doen die ik doe.—Soms moet je mensen een

beetje aansporen om een richting in te gaan die ze niet in gedachten hebben of willen inslaan.
D: *Dat is niet ingrijpen?*
W: Nee, we doen het binnen de regels. We kennen de regels en we breken de regels nooit.
D: *Wat zijn de regels?*
W: Alleen dat je niet mag ingrijpen, en je kunt niet naar beneden gaan en iemand bij de hand nemen en hen rondleiden. Maar soms kun je wegversperringen opzetten; een bepaalde weg blokkeren die dingen voor veel mensen zou veranderen. We proberen niet meer te doen dan nodig is.
D: *Ze hebben vrije wil wanneer ze terug in een lichaam gaan, toch?*
W: Ja, ja. Ze kunnen veel dingen doen als ze willen.
D: *Ga je een plan maken?*
W: Nou, ik ga met haar aan de slag, en we gaan uitzoeken wat ze hierna moet doen. Maar ik denk dat ze naar school gaat voor een tijdje.
D: *Het kleine meisje?* (Ja) *Ze moet naar school om getraind te worden?*
W: Nou, we noemen het niet echt trainen, maar er zijn gewoon dingen die ze moet weten voor de volgende keer. Dus dat zal ze doen terwijl wij aan het plan werken.
D: *Heeft ze iets te zeggen over het plan?*
W: Ja, natuurlijk. Als ze het niet wilde doen, zouden we een ander plan bedenken. We willen niet dat iemand iets doet wat ze niet willen doen. Dat is niet leuk.
D: *Ze moeten er mee instemmen dan?* (Natuurlijk, ja, ja.) *Maar dan kan het plan veranderd worden als ze terug op Aarde komen?*
W: Dat hangt er vanaf. Er zijn momenten geweest waarop de plannen zijn veranderd, maar we proberen dat niet te doen. Ik bedoel, we proberen ervoor te zorgen dat het plan goed is voordat we iemand naar beneden sturen.
D: *Omdat je al die andere mensen hebt met hun plannen.*
W: Precies, en zoals je weet, ze zijn allemaal met elkaar verweven.
D: *Soms verlopen ze niet zoals de persoon het wilde*

W: Nou, nee, en ze hebben vrije wil. Dus er gebeuren dingen, het is niet alsof ze dat gekozen hebben.
D: *Het zijn ook alle andere invloeden.*
W: Precies. Ze zal in een soort algemene klassen zitten totdat we het plan hebben. En zodra we het plan hebben, weten we beter wat ze moet doen voor de volgende ronde. We nemen het plan eerst met haar door, en als ze het goed vindt, sturen we haar naar verschillende gebieden waar ze dingen kan leren, maar we zullen behulpzaam zijn in dat leven.
D: *Waarom stierf ze zo jong bij het auto-ongeluk?*
W: We hadden haar daar gewoon niet meer nodig. Ze stemde in met een korte periode die keer.
D: *Ze leerde alles wat ze moest leren?*
W: Ja, en ze hielp ook wat andere mensen, geloof ik, als ik het me goed herinner.
D: *Toen ze stierf, wilde ze niet meteen gaan.*
W: Nee, de meeste mensen niet, normaal gesproken. Niet altijd. Sommige mensen zijn bereid, maar... ze zijn nog steeds gehecht aan het lichaam. En ze weten niet waar ze naartoe gaan. Ze herinneren zich niet dat ze eerder hierboven zijn geweest. Ze denken dat ze naar een plek gaan die ze niet kennen, dus zijn ze bang. En zij was klein, dus was ze wellicht banger dan een volwassene, misschien, het hangt er gewoon van af. — We wilden haar weer hierboven. We hadden wat dingen gaande die ze leuk vindt.

Ik bracht haar vooruit om te kijken wat het plan was, wat ze hoorde te doen.

W: Het is nog niet in steen gebeiteld, maar we denken aan een man. Ik zie een zakenpak en... ik weet niet of ze dit wel wil gaan doen.
D: *Je bedoelt terugkomen als man?*
W: Nou, dat niet. Haar leven gaat heel ingewikkeld zijn. Ik weet niet of ze zoiets gecompliceerd nodig heeft op dit moment.—(Pratend tegen iemand anders.) Oh! Ja, we moeten ... ik denk niet dat dit juist is voor haar. Was het van

iemand anders? Ik denk dat ze de plannen door elkaar haalden. (Lacht en fluistert.) Oké, ga jij het maar halen.
D: *Dat gebeurt soms? Ze halen ze door elkaar?*
W: Nou, dat is niet de bedoeling.—(Lacht) We willen er zeker van zijn dat iedereen het juiste plan krijgt. Ja, dat haalden we een beetje door elkaar ... sorry.
D: *Hebben jullie veel mensen daar waar jullie voor zorgen?*
W: Ja, en dat specifieke plan was van de persoon vóór haar.
D: *Oké. Laat die persoon de moeilijke maar krijgen. (Lach)— Oké, wat zie je voor haar plan? Wat ziet er juist uit?*

Ik wist vanaf het begin dat we het over Wilma hadden in haar huidige leven, want als het andere meisje in een auto-ongeluk was overleden, zou dat niet al te lang geleden kunnen zijn. Wilma werd geboren in 1963, dus het was waarschijnlijk het leven net voor haar huidige leven.

W: Ik heb hier wat dingen uit gehaald, en het lijkt erop dat ze moeder zal worden de volgende keer. Dat is alles wat ik kan zien.
D: *Lijkt dat een goed plan?*
W: Nou, ik zou het niet willen doen, maar... nu schudt ze haar hoofd. Dat wil ze niet doen. Ze wil geen moeder zijn. (Lach)

In dit leven, is Wilma nooit getrouwd en heeft ze geen kinderen.

D: *Zij mag het uiteindelijk zeggen, toch?*
W: Ja. We dwingen nooit iemand om iets te doen wat ze niet willen.—Meestal komen mensen er zelf wel achter als ze denken dat ze het niet willen doen. Meestal, als ze er lang genoeg over nadenken, zien ze wel hoe ze op die manier verder komen, dus doen ze het.
D: *Ik was aan het denken dat het sommige mensen gewoon niet toevertrouwd kan worden om hun eigen beslissingen te nemen.*
W: Nou, die heb je, maar daar doe ik niks mee. Iemand anders regelt dat.

D: *Hebben jullie haar een ander plan laten zien?*
W: We zullen er eentje moeten uitwerken. Het zal wat tijd kosten om het te bestuderen en er zeker van te zijn dat alles goed op zijn plaats komt.—Ik wil haar een goede geven ... niet zo traumatisch als de laatste.
D: *Zal het langer duren dan de laatste?*
W: Ik denk het, ja. Ja, het zal soepeler verlopen. Ze zal iets willen dat niet zo vervelend is.
D: *Is soms een kort leven zoals dat een les voor andere mensen?*
W: Soms wel, en er waren wat lessen voor andere die bij de situatie betrokken waren.

Ik bracht haar naar het moment waarop het plan rond was en vroeg of ze er mee akkoord ging.

W: Ze gaat een carrière of een baan hebben. Dat vindt ze leuk. Ze leeft langer dan zeven jaar, dus dat vindt ze echt leuk. Het is goed als je daar zo lang wilt zijn. Ik zou dat niet willen, maar zij vindt dat een geweldig idee.
D: *Wat voor soort carrière?*
W: Ik weet het niet. Ze vond het leuk, wat het ook was. Ze vond het een leuk idee.
D: *Gaat ze er ermee akkoord?*
W: Ik denk het. Ze moet de rest nog zien, maar ik denk dat ze het leuk vindt. Het gaat een tijdje duren.
D: *Ze gaat niet meteen?*
W: Oh, nee. Nu ze dit leuk vindt, zijn er bepaalde dingen waar we haar aan moeten laten wennen.

Hoewel de entiteit waarmee ik sprak geen begrip van tijd had, moest ik het vertellen dat we hier met tijd werkten. Ik vroeg of het zich ervan bewust was dat het via een fysiek lichaam sprak. Het zei dat het zich daar zeker van bewust was.

D: *Dit is het fysieke lichaam dat we Wilma noemen.* (Ja) *Is dit het lichaam, het leven waar het kleine meisje ingaat, of zat er nog een leven tussen?*
W: Ik denk dat dit het volgende is.

D: *Hetgeen waar ze een plan voor maakten?*
W: Ik denk het, ja. Ze wilde die andere niet, waar ze moeder zou worden, dus die hebben we weggedaan.
D: *Ze wilde de verantwoordelijkheid niet?*
W: Ze heeft het gewoon niet nodig. Ik weet niet of ze het ooit eerder heeft gedaan, maar ze hoeft het niet te doen. Ze is op een verkenningsmissie dit keer.

Ik moest haar vragen stellen, en ik wilde zeker weten dat de entiteit waarmee we spraken in staat zou zijn om ze te beantwoorden, of dat we het OB naar voren moesten roepen. Het zei: 'Ik kan niet alles zien, maar ik kan een hoop zien.' Er was altijd de eeuwige vraag: 'Wat is haar doel? Wat wordt er verwacht dat ze doet met dit leven?' Ze heeft een carrière, maar ze was niet tevreden. Ze zeiden dat ze dat ging veranderen. Ze gaven haar veel informatie over de nieuwe carrière die ze het volgend jaar zou hebben. Ik herinnerde het eraan dat we geld nodig hebben in deze wereld om te kunnen leven. 'Ik weet het. Daarom ben ik blij dat ik daar niet meer terug hoef te komen.' Ik vroeg het OB waarom het wilde dat Wilma af wist van het korte leven van het kind. Wat probeerde het haar te vertellen?

W: Dat is waarom ze zich niet goed voelt.
D: *Is dat wat haar fysieke klachten veroorzaakt?*
W: Ja, ze lag op de bodem van de rivier voor een tijdje.

Wilma had een probleem met haar longen: vochtophoping, het gevoel dat ze verdronk in haar eigen vet en vocht.

W: Ze is niet meer aan het verdrinken. Ze is daar gestorven. Het kleine meisje is nu dood, dus Wilma heeft die fysieke gevoelens niet nodig.
D: *Maar het lijkt erop dat ze die heeft meegenomen naar het lichaam van Wilma.*
W: Oh echt? God, dat willen we niet. Dat is niet wat we willen.
D: *Ze zei dat ze dit gevoel al haar hele leven heeft, en dat ze dus verdrinkt in vocht, alsof ze vochtophoping heeft in haar lichaam.*

Het Ingewikkelde Universum Boek Vier

W: Nou, ze was een lange tijd daar beneden. Ik zie geen enkele reden waarom ze dat naar dit lichaam zou moeten meenemen. Dat was het laatste leven van dat kleine meisje. Het hoort nergens anders. Het hoort geen deel van haar huidige leven te zijn.

Ik gaf de suggestie dat het achtergelaten werd in het verleden, waar het hoorde, zodat het Wilma niet meer lastig zou vallen in dit leven.

W: Ik heb het nog nooit gezien, maar er zijn een hoop dingen die ik nog niet heb gezien. Ik zou waarschijnlijk rond kunnen vragen en iemand zal er vast vanaf weten of over gehoord hebben.
D: *In mijn werk merk ik dat mensen dingen met zich meebrengen die verbonden zijn met de manier waarop ze zijn overleden. En dat vinden we niet prettig, omdat het problemen veroorzaakt.*

Ik volgde de stappen om het weg te halen. Ze zeiden dat er verder niets mis was met het lichaam, alleen de nasleep van het verdrinkingsincident.

W: Wilma zou dat probleem hier nooit opgelost hebben gekregen; dat was makkelijker vanuit hierboven. Wij laten het gewoon oplossen. We richten ons op hoe het lichaam zou moeten zijn en hoe het zou moeten functioneren. En dan scheiden we die dingen en brengen het terug naar het juiste gebied wat betreft het andere leven. Het hoort hier niet.— We hebben het er uit gekregen dus we visualiseren nu gewoon hoe het lichaam zou moeten zijn in de gezonde staat waarin het verkeert, en een veel comfortabelere staat van zijn voor haar, en beschouwen het als klaar! We zijn helemaal klaar. (Ze hebben ook haar stofwisseling gestabiliseerd. Haar haarverlies werd ook veroorzaakt door de trage stofwisseling.) Het gebeurde alleen omdat ze levens door elkaar haalde.—Ik ben geen expert op dat gebied, maar soms kan dat gebeuren, en hoe voorzichtig we ook proberen te zijn, soms sluipen er dingen langs ons heen.

Afscheidsboodschap: Ik wil haar gewoon vertellen om de fakkel te dragen en ze weet waarvoor ze die draagt. Gewoon dat ze moet onthouden dat ze hier is om een reden, en redenen zijn niet altijd duidelijk. Maar ieder van jullie moet de fakkel dragen en we willen gewoon dat ze zich herinnert om de fakkel te dragen.

D: *Wat bedoel je met de fakkel dragen?*
W: Taken vervullen en dat kan je. Gewoon haar oog op de bal houden; niet uit het oog verliezen wat ze wil doen.

Het Ingewikkelde Universum Boek Vier

Hoofdstuk 8
EEN LASTIGE TAAK

Mary kwam van de wolk af in een prachtig landelijke omgeving met bomen en velden, en veel dieren die tussen de bomen speelden. Ze was een klein meisje van zes dat genoot van het alleen buiten zijn. Ze hield er niet van om in het huis te zijn waar ze woonde, maar bleef liever in de natuur. Ze zei dat er veel stress in het huis was, omdat iedereen bang was. Ze waren bang om hun vader boos te maken, dus het was gespannen binnen het gezin. Ik vroeg wie er nog meer bij het gezin hoorde. Ze antwoordde met een kinderlijke stem: 'Ik zie tomatenrupsen als mijn familie—maar mijn broer en mijn zussen, en ik heb een oudoom en een opa. En mijn moeder. Ze is vaak moe. Ze werkt heel hard. Het is een grote boerderij. Er komen andere mensen om te helpen met de gewassen en zij kookt voor iedereen. Papa is niet gelukkig. Hij wil daar niet zijn.—Er zitten schildpadden in de vijvers en de tomatenrupsen zijn groot en groen en dik. Ze voelen goed aan. Ze zijn beter dan familie.' Ze woonden in aparte huizen, maar allemaal op de grote boerderij. 'Ik blijf meestal op mezelf, maar we hebben katten met kittens. Ik hou van de planten en de dieren. Ik klim in bomen om de babyvogeltjes in de nestjes te zien.

D: *Wat wil je doen als je groot bent? Heb je daar ooit over nagedacht?*
M: Ik weet niet of ik het zo lang volhoud. Het lijkt te ver weg. Ik denk niet dat volwassenen gelukkig zijn, en ik wil niet zo zijn.—Ik zou graag langer willen zijn.
D: *(Lach) Dat zul je worden. Geloof me ... dat zal je worden. Je zult groeien.* Iedereen groeit.
M: Ik wil gewoon op de boerderij blijven. De dieren, de planten ... we hebben een grote tuin ... schildpadden vangen in de vijver. De modder tussen m'n tenen voelen.

Het was duidelijk door wat Mary me had verteld tijdens ons gesprek dat ze naar een periode in haar huidige leven was gegaan. Ze herleefde haar ongelukkige jeugd op een boerderij met liefdeloze ouders. Ik bewoog haar achteruit naar toen ze een klein baby'tje was. Op deze manier zou ik haar uit dit leven kunnen bewegen en naar het verleden kunnen brengen. Ze zag zichzelf als een baby in een wieg. Al haar broers en zussen stonden om haar heen naar haar te staren. Ze leken zoveel groter dan zij.

D: *Wat vind je ervan om in deze familie te zijn nu je in het lichaam zit van een baby?*
M: Ik weet het niet. Ik ben hier niet zeker van. (Pauze) Lijkt niet echt gelukkig. Lijkt niet alsof ze weten dat ik een van hen ben. Ik ben zoveel kleiner en ze zijn nieuwsgierig naar me.
D: *Dat komt omdat je de nieuweling bent in de familie. Het komt wel goed.*

Ik bewoog Mary toen verder terug naar het moment waarop ze voor het eerst het besluit nam om weer een baby te zijn, en vroeg haar wat ze zag.

M: Het is een tafel met grafieken erop, of kaarten of rollen. Ik zit aan één kant van de tafel. De tafel heeft een ovale vorm, maar met vreemde hoeken. Het zou van marmer kunnen zijn... iets kouds wanneer je het aanraakt. Het lijkt alsof de tafel een licht vanbinnen heeft, maar ik zie niet hoe dat mogelijk is. Er liggen kaarten en papieren. Iets ligt uitgespreid en het lijkt van onderaf te gloeien.
D: *Zit er nog iemand anders aan de tafel of ben je in je eentje?*
M: Het voelt alsof er een aantal mensen zijn die ouder zijn. (Ze begon plotseling te huilen en zei met een verschrikkelijke klank in haar stem:) Ik wil niet gaan!—Ze zeggen dat ik terugmoet. (Huilt) Ik wil niet teruggaan. (Huilt)
D: *Is dat wat ze besluiten?*
M: Ze zeiden dat ik terug moet gaan.
D: *Waarom moet je teruggaan?*

M: Ik denk dat er nog meer te leren is.—Maar ik vind het fijn waar ik nu ben. Het heeft grote schoonheid en helder water... prachtige groene hagen, landschappen en fonteinen. Rustig en vredig.—Ik wil niet gaan. Ze zeiden dat het op de lange termijn beter zou zijn.

D: *Weet je wat je te leren hebt?*

M: Relaties zijn één ding. Gedachteprocessen en vrij blijven van negativiteit.—Iedereen moet door de lessen heen. Ik denk dat ik het de vorige keer niet voor elkaar kreeg.

D: *Wat gebeurd er als je het niet voor elkaar krijgt?*

M: Er zijn veel verschillende opties, maar ze vertellen me dat dit degene is die ik moet nemen.

D: *Hebben ze je wat van de andere opties laten zien?*

M: Nee want ze zeiden dat dit degene is die ik moet nemen.— Het doel is perfectie.

D: *Maar je denkt dat je het niet voor elkaar kreeg de vorige keer?*

M: Ik denk het niet. Ik vond niet dat ik het zo slecht had gedaan. (Teneergeslagen) Ze zeiden dat het anders zou zijn dit keer. Andere personages ... andere rolverdeling ... andere rollen. (Gefrustreerd) Je kunt daar beneden niet vliegen.

D: *Lieten ze je iets zien van hoe het zou zijn?*

M: Ze zeiden dat het helend zou zijn voor de familie.

D: *Voor jouw familie waar je in terechtkomt?*

M: Waar we allemaal mee instemden.

D: *De anderen in je familie stemden er ook mee in om samen te komen?*

M: Ja. Sommigen van ons zijn al eerder samengekomen, maar niet iedereen ... om te proberen om het dit keer voor elkaar te krijgen. Ik weet dat sommige van die mensen het eerder geprobeerd hebben, maar ik gok dat ze het niet voor elkaar kregen. En er zijn nieuwe mensen. Iedereen heeft verschillende rollen ... ze zijn niet hetzelfde.

D: *Verschillende personages worden er bij gehaald voor het toneelstuk. Is dat wat je bedoelt?*

M: (Teleurgesteld.) Ja ... Ik denk 't. Ze zeiden dat voor mijn heling en voor de heling van ons allemaal, ik dit moest gaan doen.

Het Ingewikkelde Universum Boek Vier

D: *Hebben ze je verteld hoe je dat zou moeten doen?*
M: Er zijn gewoon veel verschillende opties.—Geen kwaad doen.
D: *Dat is belangrijk, nietwaar?*
M: Ik denk dat als ze me terug willen sturen om 'het te doen', dat wel zo is. (Geïrriteerd) Ik denk dat er andere manieren zijn waarop ik het zou kunnen doen.—Ze zeiden iets over een tijdschema waarmee we het het snelst zouden kunnen doen.
D: *Het moet op een bepaald tijdstip gebeuren?*
M: Ik weet niet of ik het binnen een bepaald tijdsbestek moet doen of alles wat ik moet doen. Dit is sneller dan sommige andere manieren om het te regelen.
D: *Dus alle mensen die deel van jouw familie gaan zijn, hebben allemaal ingestemd om samen te komen?*
M: Ja, ik denk 't. Anderen zullen erbij komen zodra ze nodig zijn.
D: *Ik heb gehoord dat je contracten maakt. Is dat waar?*
M: Nou, we hebben allemaal onze taken, als dat is wat je bedoelt. Mijn taak is om te gaan, en geen kwaad te doen. (Nadrukkelijk.)
D: *En het doel is perfectie, wat lastig is, of niet?* (Ja) *Maar het ziet er uiteraard anders uit wanneer je daarboven bent. Wat denk je? Ga je in staat zijn om de taak te vervullen?*
M: (Een diepe zucht.) Ik denk gewoon dat er een andere manier moet zijn om het te doen. Maar ze zeiden dat op deze manier zaken sneller worden geregeld.
D: *Wat gebeurt er als je het niet voor elkaar krijgt?*
M: Lijkt niet alsof ik een keuze heb dit keer, om een of andere reden.
D: *Dus je moet het voor elkaar krijgen?*
M: Dat is wat er wordt verwacht.
D: *Ik ben gewoon nieuwsgierig. Wat gebeurd er als je het niet voor elkaar krijgt?*
M: Moet ik weer terugkomen.—Maar het kan op verschillende plekken zijn.
D: *Andere omgevingen, andere landen, en andere situaties?*
M: Andere planeten.

Het Ingewikkelde Universum Boek Vier

D: Oh, dus dat kun je ook doen. Heb je veel verschillende levens en verschillende ervaringen gehad?
M: Ik heb er een aantal gehad.
D: Ik vroeg me gewoon af of je dit al langere tijd doet.
M: (Geërgerd) Zo voelt het absoluut.—Het lijkt erop dat er niveaus zijn, en ze veranderen van niveau, en dit zal uiteindelijk eindigen op een hoger niveau. (Ze klonk erg ontdaan.)
D: Dus je gaat naar verschillende niveaus. Je moet dingen leren en dat niveau afronden voordat je verdergaat naar het volgende niveau?
M: Ja, ik denk van wel.—Ik vind het maar dom ... gewoon dom! Want op de plek waar ze me naartoe willen sturen, herinner je je niets meer nadat je er aankomt. Het is gewoon dom! Het is alsof je je inschrijft voor een bepaald studiejaar op de universiteit; en wanneer je daar dan aankomt, zijn er geen boeken en geen kleren. Je weet niet waar je klas is. Je weet niet wie je docenten zijn, en het is gewoon stom! Het is de enige plek waar ze het zo doen. De Aarde! (Ontevreden) Andere plekken ... andere energiesystemen ... andere melkwegstelsels. Daar weten ze wat er gaande is.
D: Je gaat er niet volledig blind in. Dus, de Aarde is anders.
M: Ja. Krijg het voor elkaar! Het ding is, ga erheen en krijg het voor elkaar. Het is zo frustrerend.
D: Maar jij hebt de regels niet gemaakt.
M: Nee, maar ik moet volgens hun regels spelen.
D: Heb je ze verteld dat je het geen goed idee vond?
M: Oh, ik denk dat ik mezelf duidelijk heb gemaakt.—Ze zien grote gebeurtenissen, maar niet alleen voor mij. We zijn allemaal met elkaar verbonden, dus het is als een quantum sprong vooruit, zeggen ze. Er komen een hoop van ons op het zelfde moment, met ongeveer dezelfde missie. Oriëntatie naar nieuwe manieren van dingen doen die er nog niet zijn ... nou ja, het is de manier waarop dingen altijd hadden moeten zijn, maar het is helemaal verkeerd gegaan daar beneden. Dus het is een heroriëntatie naar de manier waarop dingen altijd hadden moeten zijn, maar het wordt weer teruggedraaid. Het menselijke brein, niet alles ervan is

verbonden, dus het staat eigenlijk nog in de kinderschoenen. Dus het weet nog niet alles wat het kan doen, maar het brein kan nog veel meer. Dus het is of er een hele vloot of groep van ons terug moet gaan en mensen moeten heroriënteren.

D: *Ben je al eerder op Aarde geweest?* (Ja) *Dus je weet hoe het daar beneden is.*

M: Ja, maar het is altijd een verrassing.

D: *Hebben ze je verteld hoe je jouw taak kunt herinneren wanneer je daar beneden aankomt?*

M: Ze zeiden, maak je er geen zorgen over. Het zal maar een minimaal verloop hebben, maar dat is niet mijn ervaring.

D: *Is er enige manier waarop ze je kunnen helpen zodra je daar bent, als je problemen tegenkomt?*

M: Ja. We zijn nooit echt uit verbinding, maar het voelt wel zo. Iedereen zit een beetje in hetzelfde schuitje, dus ze moeten elkaar helpen. Mij werd gezegd dat ik helpers zou krijgen naarmate ik verder ging.

D: *Je zou ze waarschijnlijk niet eens herkennen, denk ik zo?*

M: Ze zullen waarschijnlijk mij niet eens herkennen. (Nadrukkelijk)—Ik wil gewoon niet gaan. Het is zo mooi hier ... watervallen en helder water.

D: *Hebben ze enig idee hoe lang het duurt voordat je daar terug kunt komen?*

M: Ze zeggen, wanneer ik klaar ben. Ik weet hoe dan ook, het gaat voelen als een eeuwigheid want zo voelt het altijd daar beneden. (Heel kinderlijk)

D: *Je kunt niet met ze in discussie gaan, of wel?*

M: Heb ik gedaan, maar het brengt me nergens.

D: *En je zult uiteindelijk terugkomen. Ik heb gehoord dat het is alsof je in een flits terug bent. Je zult niet eens doorhebben hoe lang je weg bent geweest.*

M: Ja, dat is het lied dat ze bleven zingen.—Maar ik ben er geweest. Het is zwaar en je hebt geen vleugels. Ik vind het fijn om te vliegen. (Dromerig.) Ik hou van de vrijheid.—Op het punt waar ik er inga, moet ik het hele geboorte gedoe en kindertijd gedoe en hun scholen doen.

D: *Van begin af aan.*

M: We moeten het gewoon aanleren en het hoeft niet zo te zijn.—Het gaat anders zijn in de toekomst. Zodra we iedereen terugkrijgen naar de manier waarop het altijd is geweest, kun je het opnieuw creëren. Je hoeft niet vast te zitten in zwaartekracht en 3- D.—Is dat het juiste woord ... 3-D ... dimensies?—Het zal niet op die manier zijn. Het zal anders zijn. Ze zijn het vergeten. Ze zullen anders zijn wanneer de energieën worden veranderd. We gaan allemaal helpen de energie te veranderen, en het brein zal volledig verbonden zijn, zodat je daarvoor kunt zorgen. En op één plek kunt zijn en je concentreren en denken en op een andere plek bent. Dat kunnen ze nu al. Ze zijn het gewoon vergeten.

D: *Bedoel je dat in de toekomst, ze niet hoeven te beginnen als baby en niet door het hele kindertijd gedoe heen hoeven?*

M: Precies, want het hele ding is aan het veranderen, en het gaat niet de beperkingen hebben—nee, geen beperkingen—restricties.

D: *Je bedoelt dat ze gewoon een volwassen lichaam zullen hebben en dat behouden?*

M: Ja, of niet eens een lichaam hebben. Je hoeft geen lichaam te hebben. Het zijn gewoon al deze verschillende stappen, en ze sjouwen rond in deze grote fysieke pakken en dat hoeven ze niet te doen. Er zijn een heleboel van ons die hen gaan helpen herinneren. Maar om daar te kunnen komen, moeten we vergeten. Zie je wat ik bedoel? Het is gewoon stom.

D: *Maar in de toekomst, als ze een fysiek lichaam hebben, kunnen ze het dan gewoon houden of wat?*

M: Ja. De energie is het enige dat verandert, en het wordt lichter en mensen kunnen uit verschillende dimensies komen en hier verschijnen. Ze hoeven niet te beginnen als baby's. Er zullen energiebegeleiders zijn aan het begin om te helpen.

D: *Dus in de toekomst zullen er geen baby's of kleine kinderen zijn?*

M: Die zullen er wel zijn als je op die manier wilt komen, maar het zal gewoon een optie zijn die je kunt kiezen.

D: *Ik heb gehoord dat er wezens zijn die alleen maar energie zijn..* (Ja) *Ze hebben helemaal geen lichaam.*

M: Soort van bewustzijn dat nooit sterft . Het is gewoon een bewustzijn dat blijft.

D: *Gaat iedereen op Aarde overstappen op deze manier van doen?*

M: De mensen die in het fysieke blijven zullen "shiften", maar er zullen veel mensen zijn die niet blijven. Dat was dit keer niet hun ding, dus er zullen mensen zijn die vertrekken. Maar de mensen die blijven zullen zich kunnen herinneren hoe ze de hersenen moeten gebruiken. Alles zal op de juiste manier verbonden zijn.

D: *Maar zal iedereen die op dit moment op Aarde leeft in staat zijn om dit te doen?*

M: Alle mensen die blijven wel. Sommigen sneller dan andere, maar je zult eigenlijk wel moeten omdat het hele raamwerk zal veranderen. Het is alsof de computer de software niet meer herkent als je blijft. Snap je wat ik bedoel? Het ondersteunen van de oude programma's. Je zult moeten upgraden, anders werkt het gewoon niet meer.

D: *Ik dacht aan de mensen die zo verstrikt zijn in karma en negativiteit.*

M: Ze zullen uiteindelijk "shiften". Oh, God, ze zijn negatief! Ze zijn zo negatief. Dit is oordeel ... zwart, wit ... goed, slecht ... ja, nee. Er zijn veel andere manieren van zijn.

D: *Je zei eerder dat je negativiteit zou moeten veranderen, nietwaar?*

M: Ja, we zouden allemaal moeten samenwerken om te verlichten. De manier veranderen waarop de vibraties op de planeet zijn, om de volledige integratie van het menselijke mechanisme te bewerkstelligen naar hoe het zou moeten zijn. Hoe het eerst was. Ik vermoed hoe het overal is, behalve op die planeet.

D: *Maar het klinkt alsof sommigen van hen in verschillende snelheden zullen gaan bewegen, verschillende vibraties. Ze zullen het niet allemaal op hetzelfde moment doen?*

M: Ja, ze zullen niet allemaal de realisatie krijgen of wat dan ook.

D: *Ik vind het interessant dat je daar hoort te zijn, maar dat je niet echt blij bent om te gaan.* (Lach) *Klinkt alsof je een grote taak hebt te vervullen.*
M: Ja. Het is een grote taak, hoor.
D: *Ze zouden jou niet vragen om het te doen als ze dachten dat je het niet kon.*
M: (Zacht) Ja, ik ga ....
D: *Ze vertrouwen in jou dat je in staat bent om het te doen. Stomme regels, maar ik denk dat je in staat bent om het te doen en dat je het hartstikke goed gaat doen.*

Ik liet haar wegdrijven van de scène and riep het OB naar voren. Eerst was er weerstand van Mary haar bewuste 'mind', die probeerde de controle te nemen. Het OB zei dat ze vocht tegen het toelaten ervan vanwege angst. Ik begreep niet wat ze zou kunnen vrezen, gezien alles wat we al hadden ontdekt en besproken. Dus Mary ontspande uiteindelijk en liet haar poging om de sessie te controleren los, en toen kon het OB binnenkomen.

D: *We dachten dat we naar vorige levens ging, in plaats daarvan was ze een klein meisje in dit leven. Was er een reden waarom je haar daar naartoe bracht?*
M: Ze is klaar met het verleden.
D: *Je hebt me vele keren verteld dat we niet meer hoeven te focussen op het verleden.*
M: Niet langer.
D: *Dingen zijn aan het veranderen, maar Mary klonk alsof ze naar beneden kwam om een hele belangrijke missie te doen. En dingen hebben niet zo uitgepakt als ze dacht, of wel?*
M: Het is nog niet gedaan.
D: *Dat is waar. Ze zei dat ze zich eraan moest aanpassen, en de negativiteit verhelpen?*
M: Dat is waar. Dat is wat zei en iedereen behoort te doen.

Er was een heel gesprek over Mary's persoonlijke vragen en omstandigheden, vooral met haar familie. Zij hadden haar jarenlang negatief beïnvloed, en ze had nog steeds moeite om de banden die zij hadden met haar los te laten. We hebben gewerkt aan dit alles. Toen kwamen we aan bij haar fysieke problemen (waarvan er heel veel waren, vooral veroorzaakt door haar werkomgeving [chemicaliën]).

D: *Ze heeft veel schade opgelopen toen ze daar werkte, nietwaar?*
M: Ja, ze kwam heel dichtbij het overgaan.
D: *Oh, was het zo erg? (Oh, ja.) Waarom moest het zich zover ontwikkelen?*
M: Ze volgde de signalen niet en was gewend aan het hebben van zo'n overvloed aan energie, van zonsopgang tot zonsondergang. Ze nam het voor lief en begon toen zoveel tijd in die omgeving door te brengen; het was niet zomaar een zes- of achturige dienst. Het waren veel, veel overuren en ze was doordrenkt met deze chemicaliën, en het was ook een uitstappunt dat ze had kunnen kiezen. Het was een open deur voor haar. Ze had kunnen vertrekken, en koos ervoor om dat niet te doen. Sindsdien heeft ze zich gerealiseerd dat het een open deur was en ze wenst dat ze er doorheen was gevlucht, en dus is het een bron van depressie voor haar geworden.

"Zij" gingen verder met het werken aan haar zeer complexe fysieke symptomen. Een daarvan was interessant en had te maken met haar brein. 'Ze weet dat het wat herbedrading heeft ontvangen, en een deel hiervan komt door de veranderingen op de planeet. Ze wist dat als ze zou kiezen voor de westerse geneeskunde, ze in meer problemen zou verkeren. En ze wist intuïtief dat als ze maar gewoon weg kon komen van wat het veroorzaakte, haar lichaam zichzelf uiteindelijk weer op de rails zou krijgen.'

D: *Je zei dat het brein al opnieuw bedraad was?*

Vaak zal het OB het brein opnieuw bedraden als het dat nodig acht.

M: Ja. Het moest doorgaan. Als iemand de juiste scan zou doen, zouden ze het zien. En ze weet dat als iemand de juiste foto's zou maken, ze in staat zouden zijn om het af te lezen en te zien. En daar heeft ze gelijk in.

D: *Je bedoelt dat je na de beschadiging* (chemicaliën), *naar binnen bent gegaan en het opnieuw hebt bedraad?*

M: Dat klopt precies. De manier waarop het nu werkt is niet hetzelfde.

D: *Maar ze denkt dat ze een aantal van haar capaciteiten is kwijtgeraakt.*

M: Nou, ze is anders dan ze was. Ze was voorheen behoorlijk afgestemd. Ze deed haar meditatie en haar oefeningen. Ze is heel scherp en merkt kleine onregelmatigheden op, en ze heeft gelijk. Ze is niet zoals ze was, maar we zouden haar onze hulp aanbieden en zouden zeggen dat door het volgen van de wegen van heling en kunst, de hersenen toch veranderd zouden zijn ... op andere manieren. Dus ze zegt: 'Ik ben niet zoals ik was voordat ik in de fabriek ging werken.' Onze reactie op haar zou zijn: 'Je zou sowieso niet hetzelfde zijn, wat je ook gedaan had, en je functioneren komt steeds dichter bij 100%, ook al is het enigszins anders dan het was.' Ze moet eraan wennen en het niet als iets negatiefs zien.

Haar maag- en afvoersysteem had ook een zware klap gekregen van de chemicaliën en ze droeg veel zware metalen in haar systeem. 'We wilden ook zeggen dat ze een beginreiniging met kruiden had gestart. De laatste paar dagen ging ze daar de mist mee in. En we willen haar vertellen dat we onze hulp blijven aanbieden, intuïtief, door te weten welke kruiden ze in de toekomst moet gebruiken om alles weer in recht te zetten. Ze draagt dit gevoel met zich mee, 'Niemand heeft me geholpen. Ik zal er zelf iets aan moeten doen.'"

D: *Ze heeft niet om je hulp gevraagd, of wel?* (Lach)

M: Maar ze heeft een sprong in het diepe genomen door hier naartoe te komen om jou te zien.

D: *Ben je in staat om al deze gifstoffen uit haar lichaam te spoelen?*
M: Ja, ze zou "niet prettige" dingen in de wc kunnen vinden de komende tijd, maar het is allemaal om een goede reden en kan geen kwaad. We zullen dat allemaal opruimen. Ze gaat haar vochtinname willen verhogen en er zeker van zijn dat het alleen maar bronwater is. En ze weet dat ze meer fruit en groenten zou moeten eten. Ze heeft opgemerkt dat ze niet meer zoveel vlees nodig heeft als ze ooit deed. En dit is een zeer positief iets naarmate ze blijft genezen. Ze heeft ook dat gebed uitgesproken dat ze het punt wil bereiken waarop ze helemaal geen voedsel meer hoeft te eten. En wij willen gewoon zeggen: 'Eén stap tegelijk.' Ze is er nog niet, en misschien is ze er over zes maanden nog niet. Maar dat is haar doel en we zouden zeggen dat het een haalbaar doel is.
D: *Je zei dat ze dingen zou opmerken in het toilet. Bedoel je zoiets als diarree?*
M: Ze kan donkerdere ontlasting zien en de kleur van haar urine kan veranderen, maar dat is onderdeel van het opruimen van dit alles.

Notitie: De gehele tijd dat Mary in mijn kantoor was, had ze niets gedronken, hoewel ik haar steeds water bleef aanbieden. Na de sessie, voordat we iets over de sessie hadden gezegd, ging ze naar de wc. Toen ze terugkwam, zei ze: 'Ik denk dat ik je aanbod over water toch maar aanneem. Mijn urine heeft een vreemde kleur.' Dus de effecten waren al meteen merkbaar.

M: We willen haar vragen om vlees te vermijden; waarschijnlijk zou twee keer per jaar voldoende zijn.—Ze zal weer teruggaan naar 100%. Het zal wat tijd kosten om haar dieet opnieuw in balans te brengen en uit te zoeken wat ze nu nodig heeft om op te leven, en dat zal anders zijn dan het in het verleden was.

Boodschap van het OB: Kalmeer wat betreft geld. We horen haar en begrijpen haar zorgen. Ze zal niet doodgaan van de honger en sterven, hoewel ze het "sterf"-gedeelte wel zou willen.—Ze beseft gewoon niet hoe groot de vooruitgangen zijn die ze al heeft geboekt. En ze denkt dat het veel ingewikkelder is. Ze is bang dat ze de nieuwe Aarde niet zal bereiken, maar in zekere zin, heeft ze dat al.

D: *Ja, het is er al. Het is al aan het gebeuren.*
M: Haar verbinding met jou is zeer positief. (Ze had een van mijn cursussen gevolgd.) Ze kan het werk doen dat je onderwijst. Wij zullen haar ondersteunen op gebieden van zelfvertrouwen en haar cliënten brengen waarmee ze positieve resultaten behaalt om haar zelfverzekerdheid op te bouwen. Zo kan ze oefenen, en zal ze een "gigantische" bijdrage zijn voor mensen omdat ze zo'n hobbelige weg heeft gehad. Ze voelt zich alleen, maar ze is nooit alleen ... niemand is ooit alleen.

Hoofdstuk 9
BALANS IN HET LEVEN

Chelsea had in eerste instantie enige verwarring toen ze van de wolk afkwam. Ze bevond zich in een vreemde, onaardse omgeving. Ze zag een oranje lucht, oranje grond en een bos met paarse bomen zonder bladeren. In plaats van schors hadden ze een leerachtige textuur, glad maar met afdrukken erin, zoals cellen van de huid. De diepe, donkere oranje atmosfeer was dicht, een bijna gasachtige omgeving. Terwijl ze door het bos van vreemde bomen bewoog, voelde ze dat ze geen lichaam had. Dat stoorde haar niet, maar de levenloze stilte van het tafereel wel. 'Ik voel me vooral teleurgesteld omdat er verder niet veel is. Het is een beetje leeg.' Na een tijdje rondgedwaald te hebben, besloot ze dat ze iets anders wilde vinden.

Dus vroeg ik haar om zich van de scène terug te trekken en naar een andere geschikte tijd en plaats te bewegen. Toen ze dit keer stopte, bevond ze zich in een groene omgeving met gewone bomen en bossen. Een normaal, Aarde-achtig tafereel. Ze zag dat ze een klein Indiaans jongetje was dat konijnen aan het jagen was om te helpen zijn familie te voeden. Hij beschreef zijn leven met zijn familie in een grote nederzetting van tipi's. Toen we zijn leven vooruit bewogen, groeide hij op tot de leeftijd waarop hij zich bij de andere mannen mocht voegen die te paard op jacht gingen. Naast het jagen op herten voor het dorp, kondigde hij aan dat ze ook mensen gingen doden. 'Het zijn kolonisten die in ons gebied zijn. Ze zijn waar ze niet horen, en we ruimen ze uit de weg. Ze hebben daar een constructie gebouwd. Dit is de eerste keer dat ik wist dat ze er waren. Ik denk dat de anderen het al wisten. Ik ben verrast dat we ze gaan doden. Ik voel me een beetje verward. Er zijn daar ook vrouwen en kinderen. Maar de mannen zeggen dat weg moeten. We moeten ze uit de weg ruimen want anders zullen er meer komen, dus we moeten ze allemaal doden.'

Het Ingewikkelde Universum Boek Vier

Toen het doden begon, wilde hij er echt geen deel van uitmaken, maar hij zou als een lafaard worden beschouwd als hij niet zou helpen. Dus vermoordden ze een familie, en hij deed mee, ook al voelde hij zich er niet goed bij. De mannen besloten de anderen in het dorp niets te vertellen over de indringers. Ze waren bang dat ze zich zorgen zouden maken en in paniek zouden raken. Dus besloten ze het geheim te houden en vertelden niemand wat er was gebeurd toen ze terugkwamen in het dorp. Maar het had niets opgeleverd. Toen ik hem vooruit bewoog naar een andere belangrijke dag, zei hij dat er meer vreemdelingen waren gekomen. De mannen vonden dat ze geen andere keus hadden dan hen te doden, zoveel als ze konden. 'Welke andere opties heb je? Ga je vertrekken? Waarom zou je je huis moeten verlaten?' Het was nu niet meer geheim te houden. Het hele dorp was betrokken. Dus ik bracht haar weer vooruit en hij kondigde aan dat hij was neergeschoten en stervende was (een jonge man in de twintig). De familie die ze hadden aangevallen had dit keer geweren, en hij werd in z'n borst geschoten. 'De andere vechten. Ik ben dood tegen de tijd dat ze realiseren dat ik dood ben.'

Nu hij vrij was van het lichaam, voelde hij zich gewichtloos terwijl hij omhoog zweefde tussen de sterren in de ruimte. Het was een zeer vredig gevoel. Ik vroeg hem naar het leven dat hij zojuist had verlaten. 'Het was verdrietig dat ik iets moest doen wat ik niet wilde doen. Ik denk dat we allemaal hadden kunnen leren om samen te leven, maar er was totaal geen vertrouwen.— Kinderen doden is nooit iets goeds!—Soms moet je dingen doen die je niet wilt voor het belang van de mensen om je heen, ook al vind je het niet leuk. Het is een les, maar ik weet niet zeker of het de juiste les is. Het leek geen optie te zijn om niet te doen wat er werd verwacht ... niet als je deel wil uitmaken van die groep.Toen versnelde ik de tijd totdat hij ergens aankwam, in plaats van alleen maar zweven. 'Het is een wit, wit gebied, alleen maar wit licht. Er is een energie, een aanwezigheid, maar het als vele energie cellen die nu één zijn. Het is een deel van één groot geheel.—Nu moet je hele leven bekijken. Het is als een terugblik. Je gaat er helemaal doorheen.'

Het Ingewikkelde Universum Boek Vier

D: *Wat denk je nu ze het aan je laten zien?*
C: Oh, ik was een goed persoon. Ik leefde niet heel lang, maar ik was een goed persoon, zo lang ik daar was. Het 'doden'-gedeelte was niet zo'n heel goed deel. Ook al wilde ik het niet doen, deed ik het toch.
D: *Maar je was deel van de cultuur. Soms kun je niet ontsnappen aan situaties.*
C: Nee, maar ik had een invloed kunnen zijn. Als hij zich had uitgesproken had hij misschien de uitkomst kunnen veranderen. In plaats van te doen wat iedereen verwachtte, deel zijn van een groepsmentaliteit.
D: *Volgen wat de rest allemaal denkt?*
C: Precies, en verantwoordelijkheid nemen om die reden.
D: *Nadat je de terugblik op het leven afrond, wat gebeurt er dan?*
C: Nou, ik moet terug naar beneden. Ik denk dat ik een situatie inga waar ik mijn oordeel gebruik voor een andere uitkomst. Een situatie die tegen een groepsmentaliteit ingaat.
D: *Moet je een afspraak met andere mensen, of is dat deel van je terugblik?*
C: Ik voel gewoon dat er iemand is die ik heb gedood. Dat ik diegene misschien niet had moeten doden. Ook al dacht ik dat het juist was op dat moment, dat was het echt niet.—Ik denk dat ik een afspraak heb gemaakt met de persoon die ik heb gedood . Het was een kind ... was een meisje dat ik heb gedood. Ik moet terugkomen en iets positiefs doen om het negatieve te vervangen. Ik moet het goedmaken tegenover deze andere persoon op een of andere manier.—Er wordt besproken wat we zullen doen. Ze zoeken uit waar ik naartoe zal gaan. Ik ben hier onderdeel van. Ik moet in situaties terechtkomen waarin ik de keuze heb om iets verkeerds te doen, of om anders te zijn dan iedereen en het juiste te doen. (Chelsea jammerde.) Ik word een soldaat. Ik denk niet dat het mijn keuze is. Ik zal terug gaan als soldaat omdat ik misschien in dezelfde situatie misschien iets anders kan doen.
D: *Soldaten doden ook, nietwaar?*

C: Ja, dat klopt. Het was geen goede keuze, maar dat is wat ik deed.
D: *Vertel me daarover. Je kunt het in een ingekorte vorm zien. Wat gebeurde er in dat leven?*
C: Ze zeggen dat het de Duitse Tweede Wereldoorlog is. Of is het de Eerste Wereldoorlog?—Ik heb een mooi uniform. Ik ben een jonge man.
D: *Wilde je het leger in?* (Ja) *Wilde je vechten?*
C: Ik ben er trots op. Want het maakt me belangrijk voor m'n familie.
D: *Was je daarvoor niet belangrijk?*
C: Ik denk dat het gewoon een richting is nu. Ik ben volwassen. Dat ik iets heb gekozen om te doen.
D: *En de oorlog is gaande?*
C: Ik zit er niet middenin. Ik ben slechts in uniform.

Ik liet hem het inkorten om erachter te komen wat er was gebeurd. Hij kwam in de gevechten terecht, het oorlogsgedeelte, maar hij raakte gewond voordat hij de kans kreeg mensen te doden. 'De strijd begon net. Ik wist niet wat ik aan het doen was. Ik raakte gewond en werd naar huis gestuurd.' Hij werd in zijn borst en arm geschoten, en het raakte geïnfecteerd, dus hij hoefde niet terug te keren naar het front. In plaats van blij te zijn, voelde hij zich een mislukkeling. 'Omdat ik zo goed als niets heb kunnen doen voordat ik moest vertrekken.' Hij ging naar huis en zijn moeder zorgde voor hem. 'Mijn moeder is er oké mee. Ik ben echter niet gelukkig. Het zou iets anders zijn geweest als ik verder was gekomen dan ik deed.'

D: *Het zou geen probleem voor je zijn om mensen te doden?*
C: Dat is waarvoor ik het leger in ging.

Toen we hem verder vooruit brachten in zijn leven deed zijn borst hem nog steeds pijn. Er zaten kleine stukjes granaatscherven in. Hij kreeg een baan in een fabriek. 'Ik heb geen keuze. Dat is wat ik Moet doen nu. Het is niet wat ik leuk vind om te doen maar ik zal het toch moeten doen. Om te leven.' Hij had nu een familie dus hij moest iets hebben. Ik bracht hem toen vooruit naar de laatste dag van zijn leven en hij zag dat hij een hartaanval kreeg. 'Ik ben oud.'

D: *Je hebt lang geleefd?*
C: Relatief gezien. Ik zou zeggen dat ik in de zestig ben. Mijn gezondheid ging snel achteruit en ik kon niet meer werken. Ik was gewoon uitgeput van het ademhalen en het roken ... steken in mijn borst. Het deed gewoon pijn en er waren te veel stukjes granaatscherven om eruit te halen.— Ik lig in bed, het is moeilijk om te ademen en ik heb steken in mijn borst. Ik krijg een hartaanval.—Mijn vrouw is er.

Ik bracht hem naar het moment waarop de dood voorbij was en hij uit z'n lichaam was. Ik vroeg hem of hij iets had geleerd van dat leven. 'Ik liet mezelf volledig depressief worden. En ik had gewoon oogkleppen op. Ik koos ervoor om medelijden te hebben met mezelf na de oorlog ... nadat ik gewond raakte. En ik liet dat de rest van m'n leven verpestten. Ik maakte de keuze om er boos over te zijn en vond niks echt leuk. Dat zat allemaal in mijn hoofd. Ik had het veel beter kunnen doen. Ik had een veel beter leven kunnen hebben.'

D: *Maar je liet het je naar beneden halen?*
C: Ja, en dat kun je niet doen. Ik heb dat leven weggegooid. En dat moet je niet doen.
D: *Je kunt niet echt zien wat je doet als je er middenin zit.*
C: Nee ... tot het te laat is.
D: *Als je de kans had om het opnieuw te doen, wat denk je dat je zou doen?*
C: Ik denk dat ik een andere houding zou hebben gehad. Misschien was ik om te beginnen niet eens in de dienst gegaan. En zelfs als ik dat wel had gedaan en ik had moeten vertrekken, zou ik er gewoon het beste van maken en iets anders gaan doen. Je gaat niet zitten treuren over wat verkeerd is gegaan. Je kunt niet blijven hangen in het verleden. Je haalt ook iedereen om je heen naar beneden. Je mag je niet laten ontmoedigen. Je kunt veel ervan onder controle houden met je eigen hoofd.

Ik liet haar toen weg bewegen van de doodsscène en riep het OB naar voren. De eerste vraag die ik altijd stel, is waarom deze levens werden getoond. 'Jullie hebben drie verschillende levens gekozen om aan haar te laten zien. Ik zie de samenhang in twee ervan. Laten we teruggaan naar het begin. Het eerste wat je koos was de plek met paarse bomen en de oranje omgeving. Waarom koos je dat om aan haar te laten zien?

C: Er is leven in andere vormen dan alleen wat je zou verwachten. Ze moest weten dat het niet alleen over het menselijke leven gaat. Er zijn allerlei soorten van leven. Het draait niet altijd om een menselijk wezen.

D: *Een mens is slechts één onderdeel van evolutie, of niet?* (Ja) *Daarna liet je haar het leven zien als een Indiaan die moest doden.*

C: Omdat je soms dingen moet doen die niet populair zijn als 't het in stand houden van de hele gemeenschap betekent.

D: *Soms is het de enige manier waarop je kan voortbestaan in die gemeenschappen?*

C: Dat klopt. Dus soms moet je je eigen persoonlijke gevoelens opzij zetten voor het grotere goed. Soms beseft ze dat niet altijd. Het gaat niet alleen om wat zij wil doen. Het gaat erom wat verstandig is voor het grotere goed.

D: *Ik zie hoe die verbonden is met het volgende leven, waarin ze een soldaat was. In haar leven als Indiaan doodde ze mensen terwijl ze dat niet wilde, maar in het leven als soldaat raakte ze gewond voordat ze de kans kreeg om te doden.*

C: Ze had niet moeten toelaten dat de omstandigheid de ervaring van de rest van haar leven verpestte. Ze had dat achter zich moeten laten. Het had moeten draaien om het beste maken van wat er nog over was van het leven, en omgaan met welke omstandigheden dan ook.

D: *In plaats daarvan liet ze het haar naar beneden halen.*

C: Precies. Ze heeft het hele leven verspild. De les is om nadelige situaties niet de rest van je leven te laten bepalen, maar het om te draaien naar iets anders. Je kunt ervoor kiezen om een slachtoffer te zijn en iets wat je niet wilt laten gebeuren, laten gebeuren zonder er iets aan te doen, of je kunt het aanpakken, overwinnen en iets anders doen dat positief is.

Chelsea kampte met veel serieuze fysieke problemen en slikte medicijnen tegen depressie. Ze vond haar baan als accountant niet leuk en voelde zich overwerkt. Haar man dronk, en ze voelde zich verwaarloosd. Dus ze had een vergelijkbare situatie gecreëerd waarin ze het negatief benaderde in plaats van zich te richten op de positieve kant. Het OB gaf aan dat de hoofdoorzaak van haar problemen was dat ze wilde ontsnappen aan het leven. Elke avond wanneer ze thuiskwam van haar werk, sloot ze zichzelf op in haar kamer en bracht ze al haar tijd door achter de computer, vooral op eBay, waar ze constant aan het kopen en verkopen was. Ze zei dat het slechts een onschuldige hobby was, maar het OB zei dat het uit de hand was gelopen en dat ze zich afsloot voor alles wat belangrijk was in haar leven— een herhaling van het vorige leven. Het OB stelde voor om de computer helemaal weg te doen, zodat ze weer deel kon gaan nemen aan het leven. Maar ik denk dat dat heel moeilijk voor haar zal zijn om te doen. Er werd haar verteld dat als ze meer tijd met haar man doorbracht, hun huwelijk beter zou worden en hij niet de behoefte zou voelen om te drinken. Chelsea had absoluut veel werk te doen. Het OB zal goede en zinnige suggesties bieden, maar het is altijd aan het individu of ze deze wel of niet accepteren. Omdat we vrije wil hebben, kunnen ze nooit ingrijpen. Maar als we slim zijn, zullen we naar hen luisteren, omdat zij het grotere geheel kunnen zien.

C: Je moet een balans hebben in alles. Ze kan vrijwilligerswerk doen. Ze kan minder dwangmatige activiteiten doen. Meer er als vrouw zijn voor haar man. Ze kan hem helpen met zijn situatie. Hij heeft voorgesteld meer te wandelen en dingen te doen die hem helpen met zijn gezondheid. En als zij niet zo vastgeplakt zat aan de computer elke avond, zou ze misschien tijd daaraan besteden en ook hem helpen.

Afscheidsboodschap: Je moet alles in perspectief plaatsen en in balans brengen. Het werk is oké, maar je bent niet verantwoordelijk voor het resultaat. En je moet minderen met alle hobby's. Het is een te grote afleiding geworden om het echte leven te ontvluchten. Je kunt je man helpen. Ze moet gewoon alles in balans brengen.

Hoofdstuk 10
REIZEN

Linda werd uitgekozen om de demonstratie te zijn in mijn klas in Londen in 2008. Tijdens het voorgesprek huilde Linda terwijl ze de gebeurtenissen in haar leven beschreef. Elk verschrikkelijk ding dat mogelijk is voor een mens om een ander aan te doen was haar overkomen. Het zegt wat over haar dat ze in staat was om het te overleven. Het zou een zwakkere ziel absoluut hebben vernietigd. Een verschrikkelijke jeugd, een net zo verschrikkelijk huwelijk, en daarna werden haar kinderen van haar afgenomen door de man waarvan ze wist dat hij zich schuldig maakte aan incest met z'n dochters. Ze verloor uiteindelijk alles, en had het gevoel dat ze niets meer had om voor te leven. Ze was serieus zelfmoord aan het overwegen. Ze zei dat iedere keer wanneer ze na haar werk naar huis reed, ze een hekel had aan de reis omdat ze wist dat er niets voor haar was in haar huis. Ik was niet verrast toen ze zei dat ze was gediagnosticeerd met een kwaadaardige gezwel in de vrouwelijke organen. Het was duidelijk dat ze grote woede onderdrukte. Het was zeer ontroerend voor de klas om haar verhaal te horen, en velen van hen hadden moeite om ernaar te luisteren. Maar ze moesten leren dat dit is waar therapie over gaat: luisteren zonder mening of vooroordeel, zodat je de cliënt kunt helpen. Ik wist niets over haar leven voordat ik haar koos voor de demonstratie in de klas, maar het was duidelijk dat ze dringend hulp nodig had.

Toen Linda van de wolk afkwam, bevond ze zich in een landschap van bruinachtig zand. Niets anders was zichtbaar. Het was heet, en tot haar verbazing zag ze dat ze een oude man was op blote voeten. Zijn benen waren bloot en harig, oud en bruin, en hij was gekleed in een soort stof die gewoon over hem heen hing. 'Mijn armen zijn oud en mijn lichaam voelt sterk, maar oud en versleten, moe. Mijn haar is een mix van zwart en grijs, en komt tot aan m'n schouders. Haar overal, mijn gezicht is harig en ruw. Zelfs m'n armen, harig en zwart en grijs ... (Verbijsterd.) Ik ben oud!' He hield iets in zijn hand. 'Ik hou het stevig vast. Het is een steen.'

D: *Waarom houd je het zo stevig vast?*
L: Het is mijn levenslijn. Het houd me in verbinding om me te herinneren wie ik ben. Houd me in verbinding met de anderen. Zodat ik altijd zal weten dat ik een deel ben van de anderen.
D: *Hoe ziet de steen eruit?*
L: Het is grijs en heeft een symbool erop. Erin gegraveerd.
D: *Wat is het symbool?*
L: Het heeft drie punten, maar ... het krult zo en het heeft drie punten. (Gebarend. Het was lastig te omschrijven.)
D: *Zoals een pyramide?*
L: Nee. Het krult bovenaan. Het is als een vloeiende beweging. Het is drie. Het binnenste is vast en de puntjes krullen.
D: *Waar staat het symbool voor?*
L: Mijn doel. Mijn verbintenis. Mijn geheugensteun. Ik houd het bij me. Ik kijk naar het symbool. Omdat ik weg ben van de anderen en het houd me met ze verbonden. Ik kan herinneren en communiceren. Het is mijn levenslijn, en ik heb het in mijn handen. Soms draag ik het binnen op mijn borst. Het is als een radar ... een manier om m'n weg te vinden.
D: *Waar heb je de steen gekregen?*
L: Van de anderen.
D: *Vertel me over de anderen. Ik ben geïnteresseerd. Je kunt me vertrouwen. Het is oké, toch?*
L: Ja. De anderen zeggen, ja. De anderen zijn mijn bron ... mijn groep ... Ik ben een van de anderen.
D: *Waar zijn de anderen?*
L: Ze zijn overal verspreid als zaadjes, en we zijn op veel verschillende plekken, en we zijn verbonden. En het symbool is om me te herinneren aan mijn verbintenis. Ik ga naar plekken toe, en soms is er de kans dat ik vergeet dat ik niet de plek ben. Ik ben met hen, maar niet van hen.
D: *En je bent al lange tijd op Aarde?*

Het Ingewikkelde Universum Boek Vier

L: Ja, ik kom en ik ga. Ik ben een onderdeel geweest van het creëren van de duisternis op aarde, en ik ben een onderdeel van het opheffen van de duisternis.

D: *Is dat je nu aan het doen bent op deze plek met het zand?*

L: Ik ben in het zand omdat dat is waar ik de anderen vind, in de 'alleenheid' van het zand.

D: *Bedoel je dat je weg moet zijn van de andere mensen?*

L: Ja, en de andere verbinden met mij en ik heb mijn symbool in m'n hand omdat ik contact zoek met de anderen. En wanneer ik onder mijn mensen ben, draag ik het binnen m'n borst. Ja, tegen m'n hart, daar hoort het.

D: *Dus dat is gedeeltelijk de reden voor de steen, zodat je niet vergeet waar je vandaan komt? Heb je onthouden waarom je kwam?*

L: De steen is om de kanalen voor mij te openen zodat ik mijn gebeurtenissen terug naar de anderen kan zenden ... wat er in mijn leven gebeurt.

D: *Je zei dat je gestuurd bent om de duisternis uit te wissen?*

L: Ja, om het te verlichten, ja. Om de weg te laten zien uit de zware dichtheid, ja. Ik loop met hen en leid hen eruit, dus ik ben van hen, maar ik ben niet hen. Ik zie de uitweg, dus ik ga erin en ik voel en heb het leven (Vraagt zich af of dat de juiste verwoording is.) Ik heb het leven dat zij hebben, en dan laat ik hen de uitweg zien.

D: *Hoe laat je hen de uitweg zien?*

L: Door te weten hoe zij zich voelen, hoe ze denken. Hoe ze reageren en daardoor de andere manier van zijn laten zien.

D: *Dat is lastig, of niet?* (Ja) *Hoe voorkom je dat je er zelf in vast komt te zitten?*

L: Met grote moeite, maar dan heb ik mijn symbool, want het verfrist mijn gemoed en voedt mij met impulsen van de anderen. En de anderen tillen mij boven de gebeurtenissen uit, zodat, hoewel mijn lichaam erin is, mijn essentie erboven is.

D: *Het is soms lastig om gescheiden te blijven, nietwaar?* (Ja) *Dat is waarom je dat moet hebben zodat je het niet vergeet en verstrikt raakt. Is dat een goed woord?*

L: Ja want soms gebeurd dat. Het vergt ontzettend veel liefde.

D: *En de anderen doen hetzelfde?*
L: Ja, en op andere manieren, maar allemaal hetzelfde doel.
D: *Jullie mengen je allemaal met de mensen?*
L: Ja. In de realiteit leven van de mensen.
D: *En ze komen allemaal in fysieke lichamen?*
L: Nee. Sommigen blijven in 'spirit'-vorm omdat zij steun en verlichting bieden aan degenen van ons die zich wagen aan het betreden van het fysieke. Zonder hen zou het onmogelijk zijn, omdat we verdwaald zouden raken. Dat is waarom we het symbool moeten vasthouden.
D: *Je zei dat je de mensen helpt door gewoon in hun midden te zijn en in hun ervaring te delen?*
L: Ja, als één manier. Eerst verzamel je de gevoelens die zij hebben door hun ervaringen te hebben, om die gevoelens en die manier van zijn te creëren. En dan door middel van dat deel van de anderen, laten we hen de uitweg zien, dus het is heel doelbewust wat betreft het onderdompelen in de duisternis. Eerst onderdompelen in de duisternis en hen daarna laten zien hoe ze het van zich af kunnen schudden.
D: *Doe je dit door met hen te praten?*
L: Nee. Soms is taal belangrijk, maar het is meer een vibratie. Gewoon door bij ze te zijn, en de impuls te voelen van wat te doen, en wanneer te doen.
D: *Gewoon je aanwezigheid is dus genoeg?*
L: Ja, omdat door de aanwezigheid de andere dingen gebeuren zoals nodig is, door de openheid van het zijn met de aanwezigheid. Dus bij sommigen kan het taal of spraak zijn. Bij anderen kan het een blik zijn. Bij anderen kan het gewoon de liefde in hen zijn, maar bij allemaal voelen ze de vibratie en het brengt tot rust.
D: *Ga je voor lange tijd op de Aarde blijven om dit te doen?*
L: Wat er ook maar nodig is.
D: *Zul je weten wanneer het tijd is om te vertrekken?*
L: Ja want we worden teruggeroepen.
D: *Weet je waar je naartoe moet gaan?*
L: Gewoon van plaats naar plaats reizen, zoals nodig is. We worden geleid naar waar we heen moeten. Welke plaats of tijd dan ook.

Het Ingewikkelde Universum Boek Vier

D: Hoe kom je aan je voedsel en dingen die je nodig hebt?
L: Er wordt altijd voor ons gezorgd. Alles wordt voorzien en dit is wat we anderen leren, te vertrouwen dat we verbonden zijn en alles zal komen zoals nodig is, en dus is er nooit zorgen over voorzieningen. En soms ontbreken de voorzieningen, omdat dat een gebeurtenis is op de planeet die we moeten ervaren om te voelen hoe anderen zich voelen bij het gebrek.
D: Heb je dit altijd gedaan, of heb je normale levens geleefd?
L: Altijd dit gedaan.
D: Je hebt nooit een leven geleefd zoals de anderen die je helpt?
L: Heb ze geleefd maar met het doel om te helpen. Het is het leren. Het begrijpen, het aangaan van de Aarde vibratie. Omdat we leven hebben gevormd binnen de planeet, en we voeden en begeleiden het leven en leven het leven en bewegen het.
D: Bouw je geen karma op?
L: Ja, en dat is noodzakelijk zodat we volledig begrip hebben, en soms worden we gestuurd om een van onze eigen te redden. En soms moeten we hen toestaan zich te bewegen zoals zij zich geleid voelen.
D: Ik dacht dat je misschien werd afgehouden van karma zodat je niet betrokken raakt.
L: Zonder karma begrijpen we niet volledig waar de Aarde om draait. Karma is doelbewust met de planeet.
D: Maar je wilt er niet aan vasthouden. (Nee) Maar soms wordt je gestuurd om één van je eigen groep te redden? (Ja) Waarom zou dat gebeuren?
L: Omdat we soms vergeten waarom we hier zijn, en dieper in het duister vallen, en daarom is mijn steen m'n visuele geheugensteun.
D: Wat gebeurt er als iemand het wel vergeet en je bang bent dat ze zullen verdwalen?
L: In het universum is er geen verdwaald zijn, dus als ze er langer over doen, dan is dat zo. Want binnenin ieder van ons wordt informatie altijd teruggestuurd, dus ook al is iemand hier vele, vele, vele keren in vele vormen, wordt die informatie altijd teruggekoppeld.

D: Je zei dat je soms komt om iemand van je eigen mensen te helpen.
L: In veel gevallen zullen we hen schudden om hen wakker te maken. Soms worden degenen van ons binnen het fysieke rijk op pad gestuurd om het herinneren van iemand anders te activeren, en soms zijn we succesvol en soms niet. Het is erg lastig wanneer je de dichtheid ervaart om je soms de verbinding te herinneren.

Het was duidelijk dat de oude man zijn leven hieraan had gewijd, dus ik dacht niet dat het zinvol zou zijn om hem naar een belangrijke dag te verplaatsen. Daarnaast was dit een klassikale demonstratie, dus ik wist dat ik er niet zoveel tijd aan kon besteden als ik zou doen in een privé-sessie. Dus bracht ik hem vooruit naar de laatste dag van zijn leven en vroeg wat er gebeurde. Hij zag zichzelf liggen op een steen, een gedenksteen, omringd door veel mensen die op hem neerkeken. Het lichaam was stervende omdat het heel oud was. 'Mijn baard is erg grijs nu en wit. Alles is wit.'

D: Heb je gewoon besloten dat het tijd is om te vertrekken?
L: Ik word teruggeroepen.
D: Hoe voel je je daarbij?
L: Vreugde ... Ik ben blij. Ik kijk uit naar de vrijheid.— De anderen komen voor mij. Het voelt alsof ze me vasthouden ... mij optillen en ik stijg gewoon op uit m'n lichaam ... een vredige dood. Het is een goed vertrek. Het is vrijheid. Ik ben niet langer gebonden aan de beperkende grenzen van het lichaam.. Ik voel me lichter. Ik keer terug.

Haar stem was gevuld met volledige vreugde. Ze was verheugd om het fysieke te verlaten en terug naar huis te keren. 'Ze begroeten me. Ik voel de liefde.'

D: Laten we vooruitgaan naar het moment waarop het tijd is om terug te keren. Helpt iemand je bij de beslissing?

L: Ja. Er worden verschillende lichamen aan me getoond en ik kies een man, en ze zeggen tegen mij nee ... nee, nee, nee ... een vrouw.
D: *Ze willen dat je een vrouw bent de volgende keer? (Ja) Laten ze je zien hoe het leven gaat zijn?*
L: Ik lach omdat ik denk dat het makkelijk is. (Nonchalant) Na het zijn van een man, is een vrouw zijn makkelijk. Ze lachen om mij. Ze zeggen: 'We zullen zien!'
D: *Vertellen ze je iets over hoe het gaat zijn?*
L: Ja. Ze klinken een beetje arrogant.
D: *Hoe bedoel je?*
L: Ik ben vol van mijn capaciteiten. Ik ben zelfverzekerd.—Ze zeggen tegen me dat, vanwege mijn arrogantie en zelfvertrouwen, als ik een mannelijk lichaam kies binnen dit tijdsbestek, ik een harde rand zal hebben en te eigenzinnig zal zijn. Dus zeggen ze, nee, een vrouw, want als vrouw zal ik meer innerlijke bekrachtiging... innerlijke kracht capaciteiten, innerlijke vermogens hebben om verbonden te blijven met hen.
D: *Ze willen niet dat je verdwaalt raakt, of wel?*
L: Nee want dan zou ik het doel voorbijschieten.
D: *Ben je je ervan bewust dat je door een menselijk lichaam spreekt en met mij praat?* (Ja) *Is dit het lichaam dat je koos, dat we Linda noemen?*
L: Ja, maar er is een ontkoppeling met het lichaam. Er is een splitsing binnen het lichaam. Er is het lichaam—de fysieke Linda—en er is de essentie van de anderen gedurende het hele Linda leven, dus er is niet een volledig fysieke geweest. Er is een in- en uit het lichaam gaan geweest, maar dat was van tevoren gepland om het lichaam in staat te stellen het bestaan te overleven. Als ik alleen het fysieke lichaam had mogen zijn, had ik het niet heelhuids kunnen overleven.

Er staan soortgelijke gevallen beschreven in de andere Ingewikkelde Universum boeken. Soms neemt de 'spirit' te veel op zich en zijn de omstandigheden in het leven meer dan de persoon aankan. In dergelijke gevallen mag een ander aspect binnenkomen en de verantwoordelijkheden overnemen (vooral de karmische verbindingen met anderen). Soms wisselen het oorspronkelijke aspect en het nieuwe elkaar constant af tijdens de traumatische episodes van het leven. (Zie de andere boeken Ingewikkelde Universum boeken voor uitleg over de splinters en facetten van de oorspronkelijke ziel.)

D: *Is het oké als jij vragen beantwoord, of is het nodig om het onderbewuste aan te roepen? Wat denk jij? Kun je doorgaan met mij te vertellen wat er gaande is?*
L: Ja, dat kan ik doen.
D: *Dat dacht ik al. Maar ze koos voor dit leven, nietwaar?*
L: Absoluut.
D: *Hoorde het zo lastig te zijn?*
L: Ja, en het kon zich erger hebben ontwikkeld.
D: *Dat kon?* (Ja) *Het klonk nogal slecht uit de dingen die ze me vertelde.*
L: Ja. Ze besloot om het allemaal te ervaren zodat ze niet steeds hoefde te blijven terugkeren.

Het klonk voor mij alsof ze haar bord echt vol had geladen, en de zware last zou een normaal mens hebben gebroken. Maar Linda was verre van normaal. Ze was een uitzonderlijk mens om alles aan te kunnen wat haar was overkomen. We bespraken enkele van haar familiebanden, en er werd haar verteld over veel van de karmische situaties die ze had uitgewerkt. 'In elk leven op de planeet zijn de doelen hetzelfde. Dat is waarom ze dit heeft overleefd, en dat is hoe ze het heeft overleefd waar anderen dat niet zou zijn gelukt. Het is nu tijd om het schuldgevoel los te laten van wat ze naar het Aardse niveau bracht in de beginfase, want dat was voorbestemd. Dat was een deel van het plan. En we moedigen haar vastberadenheid aan bij het opbouwen van de middelen voor het werk dat voor haar ligt, zodat alles niet verloren is gegaan.'

D: *Wat is haar doel? Wat willen jullie dat ze hierna doet?*
L: Haar doel is om de planeet bij te staan in het verlichten van de zware last die ze draagt. Haar doel is om de vibraties te 'shiften' binnen anderen en binnen de planeet. En haar doel

is om te begrijpen waarom ze deze ervaringen heeft gehad, omdat haar lichaam, zoals je weet, hetzelfde is als de Aarde. Haar lichaam is als een transformator, dus ze neemt negativiteit op, om die term te gebruiken, en zet die om in puurheid. Ze moet de Aarde op zich nemen om de Aarde te kunnen 'shiften'. Nu kan ze dit doen zonder te denken. Ze moet accepteren dat ze moet stoppen met het dragen van het 'boetekleed'.

Dat is een Bijbelse referentie. Het was een kledingstuk van ruwe stof, gemaakt van geitenhaar. Het was zeer oncomfortabel en werd gedragen als een vorm van boetedoening of zelfkastijding.

D: *Wat willen jullie dat ze doet om mensen te helpen?*
L: Ademen ... de adem toestaan om te stromen want, zoals je weet—en we weten dat jij dit weet—de adem is de connectie met de Bron. En dus moet ze stoppen met het inhouden van haar adem en anderen helpen, want zoals je weet, is het inhouden van de adem het vastzetten van angst. En dus hoort ze te helpen bij het loslaten van trauma, angst en pijn. Ze is hier om de planeet te helpen ademen. En omdat mensen denken met bewustzijn, moet ze een verbinding met hen aangaan via bewustzijn en dat 'shiften'. Begrijp je?
D: *Is er iets specifieks waar je wilt dat ze zich op focust?*
L: We willen dat ze zich op zichzelf focust. We willen dat ze zich focust op wie ze van binnen is. Ze besteedt te veel tijd aan het naar buiten kijken. Ze ziet zichzelf als niet van belang, en daardoor richt ze zich op het belang buiten zichzelf. En we willen haar vertellen dat het begint van binnen. En van binnenuit hoeft er niets te worden gedaan, want zoals van binnen, zo ook van buiten. Dus ze hoeft niet actief te zoeken, want wanneer ze in deze actieve manier van denken terechtkomt, komt ze vast te zitten in het bewuste, en dan valt ze terug in het lichaam.
D: *Ze raakt verstrikt in het karma, de familie en dat alles.*
L: En dus, wanneer ze opstaat uit dit bed, zal ze de behoefte om iets te doen achter zich hebben gelaten. Ze hoeft alleen maar

te zijn. En ze heeft deze expansie in zichzelf opgemerkt en deze stijgende warmte, en ze probeert het binnen te houden. En het staat te springen om naar buiten te komen. Ze is zwanger van het nieuwe, de kans, en ze moet dat geboren laten worden. Anders zal ze merken dat die plek daar begint uit te barsten, omdat ze daar de tumor heeft. (Het kankergezwel dat de artsen hadden ontdekt.) Begrijp je?

D: *Ja. Het wil die energie eruit laten. Het wil eruit en creëren. Dat klinkt volkomen logisch.*

L: En ze moet haar kinderen en haar ex-man zegenen, omdat zij een deel zijn geweest van het creëren van haar toekomstige doel.

D: *Ook al was het pijnlijk.*

L: Een illusie. Het is een spel, toch?

D: *We leven in een illusie. We zitten gevangen in een illusie, en het lijkt heel, heel echt.*

L: Wanneer iemand in het fysieke lichaam komt, vergeten ze. En in het leven waar ze dit symbool had (de steen), was dat bedoeld om haar visueel en op een diepe laag te herinneren aan het doel. Het is heel makkelijk, wanneer je in deze dichte energie terechtkomt, om te vergeten.

D: *Nu kan ze zich realiseren dat alle pijn waaronder ze heeft geleden een doel had, en ze hoeft er niet meer aan vast te houden.* (Precies) *Ze kan deze ervaringen gebruiken om andere mensen te helpen. Is dat een goed idee?*

L: Absoluut! Hoe anders zou ze hebben geleerd waarom mensen zijn zoals ze zijn? En we zeggen je dat velen op de planeet misbruik hebben doorstaan en hierdoor gevormd zijn. Je zult erachter komen dat in deze tijd en op deze plek, de meeste van de degenen die een doel hebben voor de planeet, ervoor kiezen om uit disfunctionele achtergronden te komen, omdat zij vormgeven wat ze moeten ervaren. En zodra ze de uitweg vinden of de uitweg zien, is het heel eenvoudig om anderen omhoog te tillen. En dit is waarom ze toen ze op de bergtop was en anderen probeerde te trekken zei: 'Je kunt anderen niet omhoog brengen. Je accepteert ze gewoon en bent met ze, en de vibratie van het onuitgesprokene is wat hen verheft en geeft, en creëert voor hen een veilige omgeving om werkelijk in beweging te komen.' En doordat zij gewoon in die plek van zijn is, werken we daardoorheen om anderen te bereiken.

D: *Denk je dat ze haar doel was vergeten toen ze binnenkwam?*

L: Ja en nee. Ze heeft gedurende haar leven innerlijke lessen en herinneringen gekregen, maar binnen het fysieke heeft ze veel te verwerken gehad, en dat weet ze. Maar de enige momenten waarop ze echt fysiek in haar lichaam is, zijn wanneer ze fysieke activiteit of fysieke pijn ervaart, dus haar pijn werd versterkt om haar in haar lichaam te houden. Want wanneer ze de pijn voelt, dan is ze zich fysiek bewust.

D: *Een van de dingen die je wilt dat ze doet, is deze mensen in haar leven loslaten. (Ja) Ze kan niets doen aan haar man en haar kinderen. Dat is niet meer haar taak, toch?*

L: (Vrolijk) En zij communiceert dagelijks met hen aan de andere zijde.

D: *Dus ze is hen niet kwijtgeraakt. Ze communiceren alleen op een andere manier.*

L: We gaan wat werk verrichten wat betreft het opnieuw bedraden van het brein om dat af te stellen voor haar. Het anders bedraden en wat dingen opnieuw verbinden die om een reden waren ontkoppeld.

D: *Zal ze een verschil merken?*

L: Oh! Jij zal een verschil merken. (Lach) Je zult het in haar ogen zien en voelen wanneer ze opstaat.

D: *Het belangrijkste, en ik weet dat je het met me eens zult zijn ... geen enkele schade voor de persoon ... altijd met liefde.*

L: Dat is de eed die ze zei geschreven te hebben, om in de fysieke herinnering te brengen: nooit enige schade. Kijk, met de omstandigheden van haar leven had ze schade kunnen toebrengen, maar ze wist ... geen schade. Ze nam het gewoon allemaal in zich op, maar transformeerde het naar de juiste plekken.

D: *Kun je ons vertellen hoe jullie het brein opnieuw bedraden? Ik ben altijd nieuwsgierig.*

L: Als je denkt aan wegen waar blokkades zijn geplaatst, bijvoorbeeld op sommige straten. Ze sluiten het af en maken het éénrichtingsverkeer. We heffen die blokkades op om twee richtingen te maken. En we herstellen ook stukken die gescheurd zijn. We repareren. En we heffen alle éénrichtingsverkeer op en openen het voor volledige capaciteit. En we werken vooral in de achterkant van de nek. De pijn die ze voelt in de achterkant van de nek en de schouderbladen. Ze denkt dat het te maken heeft met flexibiliteit, maar wij zouden zeggen dat het afgesloten was om de ervaringen te laten plaatsvinden. En dus is het als een ophoping van energie, en daarom openen we die paden. En binnen de aansluiting aan de achterkant van de nek, bedraden we naar het midden om de kruin opnieuw te openen en haar voorhoofd opnieuw te openen.

D: *Het derde oog?*

L: Ja, en zo hoeft ze niet langer aan zichzelf te twijfelen en naar buiten te kijken, maar zal ze vrij zijn om overal te kijken.— We rekken uit tussen de schouderbladen, aangezien alles samengedrukt is. En hier vindt ze verstoring in de rug, omdat alles samengedrukt is en alles wat zich naar buiten toe zou moeten uitten, is naar binnen toe geblokkeerd.

D: *Wat betreft de tumor onder haar borst?*

L: Dat is een ophoping van energie, die zegt: 'Let op!' Kijk, ze is ontkoppeld geraakt van haar lichaam. Ze heeft haar lichaam verloochend, en daarom zijn we haar lichaam opnieuw veilig aan het maken. Een veilige plek om te zijn.

Het OB beschreef toen hoe ze het gezwel zouden verwijderen. 'We gaan het smelten. En het toestaan om weer terug te keren naar gezonde toestand, en de energie die ze heeft opgebouwd wordt losgelaten.' Ze hebben me vele keren verteld, wanneer ze aan soortgelijke gevallen werken, dat ze tumoren of gezwellen oplossen of absorberen, en ze veilig uit het lichaam laten afvoeren. Ze bevestigden dat dit was wat ze aan het doen waren. 'Terwijl het smelt, beweegt het terug naar de plaats waar het vandaan kwam. En 'absorberen' is een goed woord.—We stellen voor dat ze gaat vasten om de ontgifting van de breuk te laten stromen.

Het Ingewikkelde Universum Boek Vier

D: *Met vasten, bedoel je dat je wil dat ze niets eet voor een tijdje?*
L: Nee. Fruitsappen ... fruit ... veel water.
D: *Voor hoe lang?*
L: Vijf dagen.
D: *Een vijfdaagse fruit-vast, zou je het noemen denk ik.*
L: Ja. Het zal eruit halen wat we hebben opgebroken, en een deel van het zweten dat ze voelt is hitte door elke porie, omdat het lichaam probeert los te laten. Er is een weerstand geweest tussen haar en haar lichaam. Ze zal meteen een verschil merken.
D: *Wat betreft het buikgebied? Ze had daar een zwelling.*
L: Ja. Ze gebruikt het woord "zwanger." (Ze zei dat het voelde en eruitzag zoals toen ze zwanger was.) Je zou kunnen zeggen dat ze zwanger was van de energie. En dat is haar lichaam dat wordt gebruikt om haar aandacht te trekken om naar buiten te geven in plaats van te denken dat ze niet bekwaam is.—Ze heeft vastgezeten in een strijd met haar kinderen en zichzelf. En ze zal zien dat wanneer ze daadwerkelijk loslaat, ze haar kinderen zal bevrijden, zodat ze naar haar toe kunnen komen. Want binnen elke gebeurtenis is er een geschenk dat er voor wordt teruggegeven. We werken nooit met iemand om te zeggen: 'Oké, je moet lijden omwille van het lijden.' Nee. Het is zoals de diamant die wordt gevormd door vuur. Er zit een geschenk in, dus ze heeft het proces eigenlijk vertraagd door de energie te creëren voor hen om weg te blijven. Nu zijn ze vrij om terug te keren, en zij is vrij om los te komen.— Deze wieg van de baarmoeder heeft ze gedragen en diep gevoeld, maar dit is voorafgaand aan dit leven. Dit is eonen en eonen van het dragen van schuld. We willen dat dit wezen zich realiseert dat, door een deel te zijn van de vorming van de planeet en alles te zien wat er ook maar heeft plaatsgevonden, dat het voorbestemd is. Er is geen schuld die ze hoeft te dragen voor iets wat ze heeft gedaan, want, zoals je weet, het is een spel.
D: *Dat is wat ik mensen vertel, het is een spel.—Ik heb met mensen gesproken die zeiden dat ze er waren toen de Aarde*

werd gevormd. Is zij ook een van hen? (Ja) *Ze is hier al lange tijd.*

L: Ja. Ze komt van de wezens met de Cycloop ... één oog.

D: *In het prille begin van de Aarde?* (Ja) *Dus zij waren echt, en niet een legende?*

L: Ja. Ze waren heel echt, en ze draagt die lijn van schuld met zich mee, die toeneemt wanneer ze in het fysieke lichaam is.

D: *Waarom was er schuld verbonden aan de Cyclopen?*

L: Kijk naar de planeet. Kijk naar de ziekte. Kijk naar de pijn van Moeder. Ja, maar het is doelbewust.—En dus zit ze gevangen in deze dualiteit van het voelen van haar grootsheid en het voelen van haar nederigheid

D: *We hebben altijd gedacht dat de Cyclopen een sprookje waren.*

L: Ja?

D: *Maar er is me verteld dat in elke legende een kern van waarheid zit.*

L: Het lichaam voelt de hitte en de hitte was om haar aandacht te krijgen ... om aandacht te schenken aan het lichaam waar we tegen praten ... luister, luister, luister.

D: *Nou, ze had één andere vraag. Zal ze een partner vinden?*

L: Ja. Ze moet eerst een partnerschap met zichzelf aangaan. De balans krijgen tussen rechts en links. (Lach) Want nu voelt ze dat ze iemand anders zoekt om dat voor haar te doen. Anders zal ze terug vast komen te zitten in ... Je zult het zelf moeten zien ... verenigen. (Heel krachtig.) Kijk naar binnen! Begrijp je?—We zeggen tegen haar dat ze naar binnen moet kijken ... verweef dat DNA ... versmelt recht en links met elkaar. Vind jouw heelheid in jezelf. Daarna trek je de persoon aan omdat je dan iemand zal aantrekken die je niet meer hoeft te fixen.— Het is tijd. We hebben werk voor haar. En hoe langer ze zichzelf verstopte ... kon er geen werk worden gedaan. Ze gaat zichzelf zien shiften in grote sprongen. Je begrijpt de grote sprongen, dus dat zal de vrijheid van bewegen zijn die ze heeft ingehouden. We bedanken jou met veel vreugde en wensen je het beste.

D: *Dus jullie hebben het werken aan het lichaam afgerond?*

L: Ja, en we zullen de komende dagen doorgaan in de slaaptoestand. We hebben eerst het brein gedaan zodat ze niet haar eigen doel zou tegenwerken met haar bewustzijn. We hebben het bewustzijn 'ge-shift'.

D: *En jullie willen dat ze het fruit-vasten doet om dit allemaal uit haar systeem te spoelen?*

L: Absoluut. En weet je, ze wist dat er iets aan zat te komen, dus gisteravond at ze veel dingen die ze niet mocht eten. (De klas lachte hier hard om.)

D: *Maar jullie zullen voor haar lichaam zorgen vanaf nu?*

L: Absoluut. Dit is een lichaam waar we van houden; we werken er doorheen. Ze heeft het werk tegengehouden.

Ik legde uit dat ik door de stem herkende dat ik met het deel sprak waar ik bekend mee was. Ik legde ook uit dat ik probeerde om anderen te laten zien hoe ze contact moesten leggen met 'hen'.

L: Zij komen naar jou, maar wij zeggen tegen hen: 'Je hebt al in je wat Dolores heeft. Het gaat erom dat je dat accepteert. En degenen die zich druk maken over de gevorderde cursus. Hmmm. (De klas lachte.) We zullen jullie vooruithelpen! We zullen hen helpen!'

Afscheidsboodschap: De liefde die je zoekt zit in je, en we overspoelen je constant met liefde. Open je hart om het te voelen. Denk niet dat de liefde door wezens en kleine dingen komt. Ware liefde komt van de Bron, en ware liefde stroomt door jou heen. Zoek niet verder. Voel in jezelf en weet dat we altijd bij je zijn. Nooit ben je alleen ... nooit. We buigen voor jullie grootsheid. We buigen voor jullie toewijding. We tillen jullie op, dus neem geen enkel verdriet met je mee. Zoiets bestaat er niet. (Heel liefdevol) We houden van je.

D: *Is dat alles wat je wilt zeggen?*

L: Oh? Hebben we meer tijd? (Lach) We zullen zeggen dat we van alles houden en dat alles binnen deze ruimte en tijd is voorbestemd ... ja ... jullie worden allemaal opgeroepen op dit moment want alles is ook voor jullie. Dus loop weg in de wetenschap dat wanneer je opstaat van je stoel, je achter hebt gelaten waarmee je ging zitten, en probeer het niet eens uit te vogelen. Accepteer gewoon dat het zo is en we zullen jullie zien in je slaap.

Linda's leven veranderde drastisch zodra de sessie voorbij was. Zelfs onderweg naar huis voelde ze zich gelukkig. Voorheen zag ze ertegenop om naar een leeg huis te gaan. Toen bedacht ze: 'Oh ja, mijn brein is opnieuw bedraad!'

Hoofdstuk 11
VERZAMELAAR VAN INFORMATIE

Cathy kwam in de scène terecht en probeerde een vreemde omgeving te beschrijven. 'Ik zie gladde patronen op te grond. Ze lijken bijna op rotsen, maar het zijn geen rotsen. Ik weet niet hoe ik ze moet noemen. Ik heb er geen naam voor. Het lijkt op een grote, ronde rots. Ik kan voelen dat het glad of glanzend is. Het is niet scherp of ruw. Het is heel glad en heeft veel lagen, en het bestaat niet uit één stuk. Het bestaat uit veel stukken. Ze zijn samengevoegd.—Ik ben nog niet verder gegaan om de rest van de plek te bekijken. Ik voel dat er nog veel meer is dan wat ik nu zie.' Toen zag ze een gebouw, een stad in de verte. 'Het heeft scherpe daken, zoals ijsblokken, maar ze wijzen omhoog en gaan ook in alle richtingen. Sommige ervan zijn plat en ze lijken op ijs.'

D: Die kleur?
C: Nee, het is doorzichtig. Ze lijken grijs en wit, maar ze zien er van een afstand uit als ijs. Het is een grote groep van hoge gebouwen. Ze zijn vreemd, omdat ze zich zijwaarts uitstrekken en dan halverwege ook omhoog gaan. Wijzen omhoog en wijzen opzij, onregelmatig. Vreemde gebouwen. Van een afstand is het vreemd, omdat ze in een verlaten gebied staan, in deze lege ruimte, en er is verder niets. Het lijkt alsof het tegen een heuvel leunt, aan de zijkant van een grotere, grotere heuvel. Het hele ding met deze gebouwen is dat er geen patroon is. Het is zo onregelmatig. Alsof er een trede hier of daar kan zijn. Toen iemand het bouwde, was dat de manier waarop ze de gebouwen bouwden. Het is niet geordend. Misschien is dat hoe ze ordenen. Ik weet het niet. Je weet niet wat je kunt verwachten als je naar de ene kant

van het gebouw kijkt want het zal niet iets zijn wat je verwacht van een gebouw. Ze wist niet zeker of ze in die stad woonde of niet. Het was heel vreemd en onbekend. Toch stemde ze ermee in om er heen te gaan en het te onderzoeken. 'Ik moet eerst door de ingang naar de hele stad gaan omdat er een bepaalde toegangsweg is waar je doorheen moet om binnen te komen. Wanneer je naar binnen gaat, is het een stad, maar het is leeg. Het heeft straten en ze zijn gemaakt van hetzelfde soort ijsmateriaal.—Ik voel dat ik een toren moet ingaan. Ik noem het een toren omdat er een ronde wenteltrap is, en je gaat de trap omhoog en omhoog Ik denk dat iedereen z'n eigen toren heeft waar ze naartoe gaan.—De top is open, en ik kan heel, heel ver weg kijken. In de top van de toren, het is geen kamer. Het is open. Het is een observatieplek waarvan het doel is om plaatsen ver weg te observeren.

D: *Dus het is geen plek om te wonen? Het is een plek om te observeren?* (Ja) *Wat zie je als je kijkt?*

C: Ik zie nog niks. Ik weet het doel van dit uitkijk platform, omdat je kunt zien wat je maar wilt zien. Er is een ander ding dat je kunt bedienen of opdracht geven zodat je kunt zien. Het is niet als een plek waar je willekeurig iets ziet. Je moet het afstemmen om iets te zien.

D: *Wordt het gedaan met machines?*

C: Ik zie geen mechanische dingen. Ik denk dat ze het met andere technologie of 'mind' gedaan hebben of iets dat ik niet kan beschrijven, of ze hebben het niet hierbinnen. Wanneer ik zeg machines, ik heb geen woord om het te omschrijven. In onze wereld zullen mensen het een machine noemen, maar het is in werkelijkheid niet een machine. Het is een soort methode of technologie die je kunt gebruiken.

D: *Met de 'mind'?*

C: Ja. Je besluit gewoon. Je denkt er gewoon aan. Maar om een of andere reden moet je daar zijn om dingen te bekijken. Je gaat niet fysiek, maar je kunt alles zien, en je weet alles wat er gaande is. Het stuurt een gedeelte van jou ... je 'mind' gaat daarnaartoe. Of je hele bewustzijn is daar en je kunt alles daar voelen. Dan kun je terugkomen. (Zoiets als een portaal of waarschijnlijk een venster)—Je verzamelt informatie en je slaat het op. Alles wordt bijgehouden. Alles wordt opgeslagen in de toren waar ze informatie verzamelen. Ze slaan het op waar ze het als eerst ontvangen. En ik denk dat ze het wellicht ergens anders neerleggen nadat ze alle torens en andere informatie hebben verzameld. Dan leggen ze alles samen op een andere locatie. Alles wordt opgeslagen.

D: *Doen alle mensen in de stad dit?*

C: Weet ik nog niet. Even kijken.—Er zijn andere mensen die het ook doen.—Ik ga weg van deze plek. Ik blijf niet de hele tijd. Ik ben al lange, lange tijd niet in deze stad geweest, dus ik herinner me er niet veel van.

D: *Heb je het nodig om te eten? Om voedsel te consumeren?*

C: Nee, ik consumeer geen voedsel.

D: *Wat doe je om jezelf in leven te houden?*

C: Ik doe niks. Het is de lucht. Het zit allemaal in de lucht. Ik word daar ondersteund. Ik denk niet eens aan eten.

D: *Dus het is een makkelijk bestaan, of niet?* (Ja) *Wat doe je met het grootste deel van je tijd?*

C: Ik ga graag naar de toren om te observeren. Dat is een van m'n favoriete dingen om te doen, en wanneer ik dat niet doe, ga ik naar andere plekken toe om te spelen. Ik kan overal naartoe. Ik kan naar andere planeten ver weg.

D: *Hoe reis je naar de andere planeten?*

C: Ik ga gewoon. Ik denk gewoon aan dat ik ergens heen wil en ik ben er.

D: *Je hoeft niet ergens in zoals een schip?* (Nee, nee.) *Maar je lichaam is fysiek, nietwaar?*

C: Nee, wanneer ik dat doe ben ik niet fysiek. Wanneer ik reis heb ik niet dit lichaam

D: *Hoe zie je eruit wanneer je reist?*

C: Het ziet eruit als energie, maar ik kan het niet uitleggen. Het is als een stroom. Alsof je elektriciteit in het water hebt, en je voelt de elektriciteit maar je ziet het niet. Dus dat is hoe het reist. Ik ga gewoon.

D: *Wat gebeurt er dan wanneer je op de plek aankomt waar je heen wilt? Heb je een fysiek lichaam nodig op die plekken?*

C: Als ik wil. Als ik wil blijven. Het hangt af van wat ik wil doen. Als ik gewoon wil blijven en kijken hoef ik geen lichaam te hebben. Als ik besluit te blijven dan kan ik een lichaam hebben als ik wil.

D: *Als je wil blijven voor een tijdje en wil deelnemen?*

C: Ja, als ik ervoor kies.

D: *Hoe krijg je dan een lichaam als je ervoor kiest er een te hebben? Hoe verander je van de ene vorm naar de andere?*

C: Het duurt lang om op één plek te blijven om een lichaam te hebben, omdat je door vele, vele levensvormen heen moet. Dan ga je door vele, vele lichamen heen. Je kiest een lichaam, maar dat is niet het enige lichaam dat je hebt. Wat ik bedoel is, als je ervoor kiest om op één plek te blijven, is het een lange, lange, lange tijd dat je op die plek blijft. Je zou daar duizenden jaren kunnen zijn.

D: *Dus je gaat er niet gewoon in, en komt er dan weer uit?*

C: Dat kun je doen, maar zodra je de beslissing maakt om te blijven, blijf je een lange tijd. Of je kunt ervoor kiezen om niet te blijven, en je kunt gewoon meteen uitzoomen en naar een andere plek gaan.

D: *Dat is gewoon observeren, of niet?* (Ja, ja.) *Maar als je besluit te blijven, ben je verplicht. Dan moet je langer blijven?* (Ja) *Is er iemand die je vertelt dat je daar langer moet blijven?*

C: Ik zie niemand die me iets vertelt.

D: *Of die je instructies geeft?*

C: Instructies? Ik probeer uit te zoeken of er iemand is die me instructief geeft.—Nou, de beslissing is als ik besluit, is het mijn keuze. Als ik het besluit moet ik de wetten of regels van die plek volgen, ik moet het volgens de regels doen. En zodra je het volgens de regels doet moet je blijven tot de hele cyclus is afgerond.

D: *Anders ga je gewoon graag kijken?*

C: Ja, maar ik heb het gevoel dat ik dat niet doe. Of ik blijf, of ik ga. Omdat het voor mij of heel interessant zal zijn, of niet interessant, en dan ga ik weer naar een andere plek.

D: *Is dat wat er gebeurde toen je naar die stad gemaakt van ijs keek?*

C: Nee, de stad van ijs is mijn thuisbasis.
D: Dan wanneer je besluit om te gaan, verander je in dit elektrische stroom lichaam. (Ja) En als je dan besluit om ergens te blijven, ben je weg van je thuisbasis voor een lange tijd?
C: Ja, dat vind ik fijn. Het is een andere manier van informatie verzamelen. Wanneer ik dan terugkeer, stop ik het in een soort opslagapparaat, en alles wordt opgeslagen. En iemand anders komt dan om alle apparaten te verzamelen, en ze brengen het naar een andere plek om er iets mee te doen.
D: Dus informatie verzamelen is heel belangrijk, of niet? (Ja, ja.) Je weet nooit wat iemand ermee gaat doen.
C: Je weet het niet.
D: Nou, weet je dat je door een fysiek lichaam spreekt?
C: Nu?
D: Ja. Dat is hoe je communiceert. Heb je zojuist besloten om hier op Aarde te komen wonen?
C: Ik ben hier om iets te doen. Er zitten meer gevaren aan observeren. Het heeft een soort doel. Ik ga de Aarde observeren en ik ga het ook zelf ervaren, in plaats van het te bekijken. Dat is een van de taken. Het is voor mijn eigen doel zodat ik weet hoe het voelt om alle ervaringen te hebben.
D: Zodra je een keuze maakt om te gaan, moet je een lange tijd blijven? (Ja) Dus je bent al door andere levensvormen heengegaan?
C: Ja. Om een of andere reden kwamen de rotsen in me op. Ik weet niet waarom. De levensvorm van een rots. Het is alsof ik daar lange tijd ben gebleven. Bleef een rots zijn ... maar ik ben daar doorheen gegaan. Dat heb ik gedaan.
D: Wat heb je geleerd door een rots te zijn?
C: Dat het fijn is om stabiel te zijn, op één plek te blijven. Toen kwam vlinder in me op.
D: Hoe was dat om een vlinder te zijn?
C: Ik zie het als iets heel moois, bijna het tegenovergestelde van de rots. Dus ik moest naar het tegenovergestelde gaan. Ik ga van het ene uiterste naar het andere uiterste en leer ervan. Tegenovergesteld ... alles is tegenovergesteld, maar als ik me

altijd verplaats ... rotsen bewegen niet ... en een vlinder is mooier. Een rots heeft maar één kleur. En ook verandert een vlinder van rups naar vlinder. En de les gaat over transformatie, omdat je denkt dat het één ding is, maar dan verander je in een ander ding. Rotsen blijven de hele tijd hetzelfde.

D: *Dus alles heeft een les.* (Ja) *Maar je moest door vele vormen heen voordat je mens werd?*

C: Ja. Dat is wat ik dacht, maar ik wist het niet zeker. Ik wilde het niet zeggen want het klinkt zo vreemd.

D: (Ik lachte.) *Niks klinkt vreemd voor mij.—Maar je moest een ontwikkeling doormaken voordat je besloot om de mens te zijn?*

C: Ja, ja. Het is noodzakelijk. Het is een soort natuurlijke cyclus. Wanneer je gaat leren, moet je dat doorlopen.

D: *Om alles te zijn?*

C: Ja, en dat is waarom de Aarde zo belangrijk is omdat het je de kans geeft om door zoveel levensvormen heen te gaan. Andere plekken zijn donker, en ze hebben maar een paar kleuren. Niet zo kleurrijk, en niet deze soort weer atmosfeer.

D: *Ze hebben niet zoveel levensvormen?*

C: Ja, ik kan het voelen. Ze zijn donkerder en kouder. Het is anders.

D: *Maar elke plek heeft iets om van te leren?* (Ja) *Maar dan ben je ook door andere menselijke lichamen gegaan?*

C: Ja, ik ben door menselijke lichamen gegaan. Ik denk dat ik niet door veel andere lichamen ben gegaan, maar een aantal belangrijke om me te helpen lessen te leren. Over een hele lange tijdspanne.

D: *Dan besloot je uiteindelijk het lichaam van Cathy in te gaan, degene door wie je nu spreekt.* (Ja) *Waarom heb je voor dit lichaam gekozen?*

C: (Een diepe ademhaling) Ik koos dit lichaam omdat dit lichaam sterk is. Dit lichaam is altijd sterk en gezond geweest. Ik heb geen probleem gehad met dit lichaam in m'n jeugd. De genen zijn goed. De genen zijn sterk in het lichaam.

Het Ingewikkelde Universum Boek Vier

D: *Vertelt iemand je wat je moet doen in deze ontwikkeling van vorm tot vorm?*
C: Ik denk dat er wat sturing is. Iemand geeft wijs advies.
D: *Is er een reden om in dit lichaam te komen?*
C: De reden van dit lichaam is om te zien hoe het vrouwelijke lichaam zich ontwikkelt in een cultuur die niet veel vrijheid heeft. En het erdoorheen bewegen en weer terug naar normaal, en in staat zijn om het van een afstand te zien. (Cathy werd geboren in China en kwam later naar Amerika.) De hele reden van het lichaam is ... elk systeem dat ik zie openbreken. Ik ga ergens in en moet het dan uit elkaar halen ... het hele ding ontleden. Door het hele ding heen kijken en er dan uitkomen en het echte plaatje zien. Het is om niet mee te doen aan alles, en kijken of ik het heelhuids kan doorstaan. Ik zou de ouders moeten doorbreken, de cultuur, wat iedereen van me verwacht, wat ik van mezelf verwacht. Ik verwachtte van mezelf dat ik een pianiste zou worden, en alles wat ik verwachtte viel uit elkaar. Alles wat mijn ouders verwachtten viel uit elkaar. Alles wat ik verwachtte ... mijn huwelijk... zelfs mijn zoon soms en mijn dochter. Het is alsof ik tegen een stroom in ga mijn hele leven, en ik obstakels tegenkom. Dat is het verhaal van haar leven.
D: *Wat leert ze van tegen de stroom ingaan?*
C: Ik leer dat veel geloofssystemen schadelijk zijn voor mensen.
D: *Ze is geïnteresseerd in het werken met kristallen in haar leven nu.*
C: Ja, ze vertrouwt de kristallen omdat de kristallen haar altijd zullen helpen.
D: *Heeft ze ervaring met het werken met kristallen in andere menselijke lichamen?*
C: Ik hoor dat ik eerder met ze heb gewerkt, maar dat hoor ik niet te weten want ze willen het me niet zeggen. Er was een hoop gaande in andere levens, en ik ken de technologie. Ik weet hoe het werkt en ik was er goed in, en ik kan het doen, maar het is niet de bedoeling dat ik het op die manier doe. (Verwarring.) Ik hoef alleen te weten dat ik het niet op die manier kan doen. Daar moet ik vrede mee hebben.— Wanneer ze de droom droomt ... dat is wanneer ze reist. Dat

is wanneer ze naar de raad gaat. Ze nemen alle beslissingen samen en soms neemt zij ook beslissingen. Haar belangrijkste taak is altijd geweest om te reizen en informatie verzamelen en mensen te observeren. En ze zal helpen waar nodig. Ze zal haar inbreng geven, ook als ze in het lichaam is. Ze doet al wat ze behoort te doen. Ik denk niet dat ze zich daar echt zorgen over hoeft te maken.

Het lijkt erop dat wanneer het deel van de ziel besluit om een leven op een specifieke planeet aan te gaan, ze daar vele, vele levens moeten zijn om de cyclus af te ronden, the opeenvolging van ontwikkeling. Dit betekent dat ze elke vorm van leven moeten ervaren, van de eenvoudigste tot de complexere. En zoals Cathy zei, zodra je dat bent aangegaan, zit je vast aan de regels die zijn opgesteld op die planeet of dat systeem. Dit is waarom de wet van karma geldt op Aarde. Je moet volgens de regels spelen van de plek die je hebt gekozen om te ervaren. Maar door het vereiste geheugenverlies maak je fouten en kun je niet verder komen totdat het karma dat je hebt opgebouwd is afgelost. Dit is het probleem van de Aarde, te veel zielen zitten vast in het wiel van karma en boeken geen vooruitgang, maar draaien alleen maar rond en rond.

Dit is een geldige reden waarom een ziel ervoor zou kiezen om een waarnemer te zijn, om te helpen zonder verstrikt te raken in de cyclus. Ze komen om te kijken en te helpen, en gaan dan door naar iets anders. Er is mij verteld dat deze pure, zachtaardige zielen in dit leven komen met een omhulsel of bedekking om hen heen om de opbouw van karma te voorkomen. Dit is om te voorkomen dat ze hier vast komen te zitten. Want zodra de cyclus van karma is begonnen, zullen ze steeds terug moeten keren om het af te lossen. Ze willen niet vast komen te zitten, maar gewoon hun taak volbrengen en weer vertrekken. Veel van deze zachtaardige zielen besloten, aangezien ze toch hierheen kwamen, waarom niet alles ervaren wat mogelijk is over de menselijke staat? Dit was een grote vergissing, maar in hun onschuld beseffen ze dat niet. In mijn boeken zijn enkele gevallen beschreven waarin de ziel in feite zei, 'Kom maar op! Gooi maar alles over me heen! Ik wil het allemaal ervaren!' En ze hebben een verschrikkelijk leven geleid waarin ze elke vreselijke ervaring hebben moeten doorstaan die mensen elkaar kunnen aandoen. Het had niets met karma te maken, ze vroegen gewoon om het te ervaren, om te weten hoe het zou zijn zodat ze die informatie konden teruggeven. Een ander type koos niet voor de verschrikkelijke fysieke ervaringen, maar voor de emotionele. Ze wilden elk type emotie in zijn extreme staat ervaren, zodat ze wisten hoe het voelde. Veel van deze zachtaardige zielen nemen veel meer op zich dan ze aankunnen, en de kennis die wordt verkregen tijdens deze sessies, kan hen helpen een uitweg te vinden uit de chaos die ze in hun leven hebben gecreëerd.

Dus de meerderheid van de zielen op Aarde zitten gevangen in de cyclus tot ze deze afronden. De vrijwilligers, of waarnemers, zitten niet gevangen (tenzij ze een verkeerde richting inslaan en karma opbouwen). Zij zijn hier op een eenmalige missie en zijn vrij om naar andere plekken te gaan om te observeren wanneer hun taak hier is voltooid. Er is meer gedetailleerde informatie over hen te vinden in mijn boek Drie golven vrijwilligers en de Nieuwe Aarde.

Hoofdstuk 12
HET DRAGEN VAN SCHULD

Amanda vertelde over haar leven met een dominante, veeleisende moeder. Ze ging op jonge leeftijd het huis uit en was gelukkig getrouwd. Ze kwam aan op mijn kantoor in een rolstoel, hoewel ze met enige ondersteuning wel kon lopen. Ik wist dat we een aantal dingen te behandelen hadden in de sessie.

***

Amanda was net als een klein jongetje gestorven aan een besmettelijke ziekte die door het dorp raasde.

D: *Wat voel je dat je gaat doen nu je uit het lichaam bent?*
A: Ik zie dat ik door deze tunnel schiet, en ik ga terug naar de school die ik hiervoor verliet.
D: *Voordat je in het lichaam van dat kleine jongetje terechtkwam?*
A: Ja, ik ga terug naar school.
D: *Hoe is het op die school?*
A: Ik ken iedereen die daar is, en ook mensen die ik nog van andere scholen ken. Sommigen van hen sluiten zich bij mij aan op deze school, wat ik verwelkom. En dan zijn er mensen die ik niet ken die ik ontmoet. De school breidt zich uit, wat voor mij een verrassing was. Het is groter geworden dan eerst, wat natuurlijk iets heel fijns is. Het is altijd heel fijn om weer naar school te gaan.
D: *Wat leren ze je op die school?*
A: Een hoop verschillende dingen. Ken je dat, wanneer er iets op je afkomt en slaat het weg? Je hoeft het niet weg te slaan omdat jij degene bent die het heeft meegebracht, en je leert dat jij het hebt veroorzaakt, en je hoeft niet bang te zijn of iets, en je hoeft je er ook niet tegen te verzetten. Je hoeft niet

op dezelfde wijze terug te reageren. En dat was een grote les voor mij. En je hoeft jezelf niet te verdedigen, en als iemand van plan is om je schade toe te brengen, kun je het gewoon door je lichaam heen laten gaan en het zal je niet raken. Je hoeft je niet te verzetten. Als er agressie naar je toe komt, kun je het hen gewoon laten doen. Het zal door je heen gaan als energie door een muur die er niet is, en dus hoef je het niet weg te slaan. Je hoeft niet te reageren omdat het jou echt niet raakt omdat je op een hoger level van begrip vibreert.

D: *Wat leren ze je nog meer?*
A: Het volgen van de klanken van muziek en de stroom, en drijven op de geluidsgolven, en het laten binnenkomen. Het breken van de geluidsgolven in jezelf, en je wordt de geluidsgolf. En er zijn geen grenzen en geen barrières, behalve de barrières die jij hebt gemaakt. Ik leer dat er geen barrière is omdat ik die gemaakt heb, en dus kies ik ervoor om die barrière niet te hebben. Het is er niet en het was er eigenlijk nooit. Het was slechts dat ik dacht dat het er was.

D: *Dus geluidsgolven zijn belangrijk?*
A: Oh, ja, klanken en licht, en de lichtgolven, uiteraard.

D: *Zijn dat dingen die je zou tegenkomen op Aarde?*
A: Oh, ja ... overal.

D: *Ik ben nieuwsgierig naar wat ze bedoelen met de geluidsgolven en de lichtgolven.*
A: Het is alles, in feite. Het is de alomvattendheid. Het is alles. Het is de stroom.

D: *Dus je zult ze kunnen herkennen wanneer je in een fysiek lichaam bent?* (Ja) *Wat doe je met de geluidsgolven en de lichtstromen wanneer je je ervan bewust wordt in een fysiek lichaam?*
A: Je geniet. Je surft mee op de geluidsgolven en geniet van de geluidsgolven. Je geniet van het licht. Je leert van de geluidsgolven. Je leert alles door de geluidsgolven en de vibratie-snelheid. Je leert en je wordt verzorgd. Je kunt zelfs leven van het licht en het kan je voedsel zijn. Je voedingsstoffen zodat je niks hoeft te eten, behalve de geluidsgolven en lichtstraal. Je hoeft niets anders te eten mits je ervoor kiest.

D: *Dat is indrukwekkend.*
A: Het hoeft echt niet.
D: *Daar kun je op leven?*
A: Ja want dat is de volledige werkelijke voeding. Dat is het. Dat is de alomvattendheid.
D: *En wanneer ze jou onderwijzen op de school, hoe weet je wanneer het tijd is om terug te gaan naar het fysieke?*
A: Je krijgt het gevoel dat je teruggetrokken wordt door terug te zweven.
D: *Je kunt daar zoveel leren, waarom blijf je niet gewoon daar?*
A: Als je wordt gevraagd om leraar te worden, dan blijf je daar. Als je de lering kunt overbrengen en het is nodig dat je blijft, dan blijf je omdat je niet weg zou gaan waar je nodig bent. Maar ik val vaak terug omdat ik meer moest leren.
D: *Dus, wanneer je klaar bent keer je terug naar een fysiek lichaam?*
A: Ja, en dat heb ik gedaan.
D: *Je zei dat je het gevoel hebt dat je wordt teruggetrokken?*
A: Het is niet echt trekken. Je voelt een soort aantrekkingskracht. Het is als het ruiken van een roos. Je kent de geur, en je volgt het gewoon. Je hebt de drang om die geur te volgen. Je weet dat je ervoor kunt kiezen om dat niet te doen, en te blijven waar je bent, maar je weet gewoon dat het iets goeds is dat je moet doen. Niemand trekt je ergens naartoe. Je wordt nooit geforceerd. Het is, 'Zou je dit nu willen?' Zo gaat het ongeveer. Ik denk dat je wordt uitgenodigd. Boodschappers komen en nodigen je uit als je wilt komen, of je blijft als je ervoor kiest om het niet te doen.
D: *Denk je dat je sneller leert door naar de school te gaan, of door naar het fysieke te gaan?*
A: Ik denk dat dit leven waar ik heenging, dat ik daarvoor heb gekozen omdat ik wist dat ik meer zou leren als ik ging. En ik leerde ook meer, en toen ik terugkwam, toen ik thuiskwam, zag ik dat ik meer begreep. Mijn bewustzijn had zich uitgebreid. Ik ondernam meer en leerde meer mensen kennen toen ik hier weer naar school ging.

D: Dus je kunt op beide plekken leren. Je mocht op verschillende momenten het fysieke betreden. (Ja)—*Ben je je bewust dat je door een fysiek lichaam spreekt op dit moment?*
A: Een deel van mij spreekt door het fysieke lichaam.
D: Weet je waarom je ervoor koos om in dit fysieke lichaam te komen, dat Amanda wordt genoemd?
A: Oh, ja, ja. Ze gaat vooral weer aan spiritualiteit werken. Er is een verwevenheid zoals in een wandtapijt, die Amanda nu begrijpt en waar ze enthousiast over is. En dat is een van de grote boodschappen die ze in dit leven naar mensen zal brengen: hoe merk je die verwevenheid op? En ze zal het bespreken op manieren die mensen misschien zullen begrijpen. Maar er is een hoop wat mensen niet zullen begrijpen. Ze begrijpt maar een klein gedeelte van wat die verwevenheid werkelijk is. Het is vibrerende energie en het leeft, en het weet alles, uiteraard, en het is zich heel bewust van alles. Wij zijn het tapijt. Er is geen afgescheidenheid. Het is alleen dat wij denken dat we afgescheiden zijn. Dus dat is echt het grote besef, om eerst te begrijpen dat er een verwevenheid is, en ten tweede dat je niet gescheiden bent van die verwevenheid, van het tapijt. En dan het derde is om volledig bewust te worden van de verwevenheid, van het tapijt. Wees je ervan bewust. Het is het al-bewustzijn. Het is het al-zijn.

Er staat een hoop informatie over de tapijt-kamer in Voorbij de Dood. Dit wordt vermeld als een enorm wandtapijt dat zich bevindt in het Tempel van Wijsheid-complex aan de zielenzijde. Binnen deze tempel bevinden zich de grote bibliotheek, de genezingskamer en vele andere plekken om te leren. Het tapijt staat symbool voor al het leven. Elk levend mens wordt vertegenwoordigd door een weefseldraad in dit wandtapijt, en het is vaak beschreven als ademend en golvend. Omdat alle draden met elkaar zijn verweven, laat het zien dat, ook al zijn we één, we ook deel uitmaken van het geheel, het Al. Er is geen afscheiding.

D: *Waarom heeft ze ervoor gekozen om in dit leven te komen? Heeft ze een plan gemaakt?*
A: Ja. In feite moest ze wat fouten afhandelen, wat karma, en daar heeft ze aan gewerkt, en daar is ze zo goed als doorheen gekomen.

Ze lichtten het karma tussen Amanda en haar moeder toe en hoe dat was afgehandeld.

D: *Waarom heeft haar fysieke lichaam klachten gehad?*
A: Schuld. Ze voelde schuld. Haar zus die ziek is. Ze voelde zich slecht doordat ze zichzelf toeliet om vrij te zijn en haar zus de last accepteerde van wat haar moeder wilde. En toen haar zus ziek werd, woonde Amanda niet in de familie. Ze had een geweldig leven en toen voelde ze zich verschrikkelijk. Schuldig over het feit dat zij was weggekomen en haar zus niet.

Haar zus ontwikkelde MS (Multiple Sclerose). Toen Amanda voor het eerst last kreeg van haar benen en hand, vermoedden de artsen MS, maar de testen wezen dat niet uit. Dus Amanda bootste, door een schuldgevoel, de ziekte van haar zus veel te levensecht na.

A: Het was echt niet haar fout—maar de schuld is niet echt. Schuld is helemaal niet echt.
D: *Want haar zus maakte haar eigen plan ... haar eigen keuzes.*
A: Precies ... precies. Dus dat zou ze los moeten laten, omdat het überhaupt niet echt is. In het vorige leven werd haar getoond dat de jongen twijfelde aan zijn vermogen. Hij is degene die zichzelf tegenhield. En dat is het probleem in dit leven, dat ze zichzelf weer tegenhoudt door het schuldgevoel over haar zus. Ze nam empathie op zich in dit leven, en daardoor voelt ze de empathie van andere mensen en neemt ze dat over, en zo voelt ze dat ook met haar zus. Ze voelde het schuldgevoel van. 'Waarom heb ik zoveel geluk terwijl zij dat niet heeft?' En dus nam ze dat op zich. Ze moet dat gewoon allemaal

achter zich laten. Niet dat empathische doen. Ik bedoel, je kunt empatisch zijn, maar je hoeft je niet schuldig te voelen.

Ik wilde toen dat het OB werkte aan Amanda's benen. Het OB zei dat ze moest stoppen met de medicijnen die ze gebruikte. Het zei dat ze ze de meeste tijd toch al vergat in te nemen. ''Zij'' hielpen haar te vergeten om ze in te nemen. Ze zou weer kunnen gaan lopen.

D: Wat betreft het laten staan van de rolstoel?
A: We werken met haar, en maak je geen zorgen. Ze zal het weten, en net als een kind dat begint te lopen, en het ineens weer gaat zitten en denkt dat 'ie het niet nog eens kan? Maar dan zegt ze opeens, 'Ik kan dit!' We hebben het aan haar laten zien. Ze reed auto zonder problemen, maar stopte toen helemaal. We hebben haar verrast, en nu heeft ze er geen problemen meer mee. Ze kan rijden. Tegen Kerst zal ze de wandelstok gebruiken en de rolstoel helemaal niet meer gebruiken. Dit zal gebeuren als ze het schuldgevoel loslaat.
D: Ze zeggen dat haar netvlies loslaat in haar linkeroog. Kun je dat verhelpen?
A: Ik denk het wel. We zijn best goed in alles. (Lach) Ze wilde niet zien wat er gebeurde in haar leven. Op dit moment zit het vast omdat ze denkt dat het vastzit.
D: Ik heb jullie wonderen zien verrichtten. Kunnen jullie het netvlies repareren?
A: Ik geloof dat ik er nu aan zal werken. We gaan de lichtstralen aantrekken en we zullen naaien. Laten we beginnen met het naaien.—Dat is eigenlijk het enige waar we mee werken: lichtenergie en geluid.—Ze was vroeger heel gezond. Dat zal weer gebeuren. Ze heeft ook zoveel schuldgevoel, weet je, omdat ze in andere levens wat slechte dingen heeft gedaan ... dat doen we allemaal. En ze wil dat karma echt niet meer. En we vinden het fijn dat ze nu heel voorzichtig is, omdat ze zich sommige van haar oude incarnaties nu echt herinnert.

Het Ingewikkelde Universum Boek Vier

Boodschap: Er komt een groot moment aan voor het einde van het jaar, en ben niet bang als je een grote drang krijgt om uit je lichaam te gaan. Ga erin mee want we gaan je naar een grote plek brengen en je gaat er heel erg van genieten. Gewoon gaan. In feite is het niet een 'gaan'. Het is een 'komen'. Niemand gaat ooit ergens heen, weet je nog? Ze komen alleen maar terug.

Hoofdstuk 13
HET VERLEDEN VERANDEREN

Monica zag dat ze een oudere man was (rond de 50) die in het zand stond in een kaal landschap, en simpele, onopvallende kleren droeg met bruin ongekamd haar en een baard. Hij droeg een knapzak op z'n rug waar voedsel inzat, en hij zei dat hij gewoon aan het lopen was, op een pelgrimstocht. Hij verklaarde droevig: 'En ik verwacht het niet te overleven.' Hij begon te huilen, 'Ik voel me gefaald. Het voelt alsof ik iedereen heb teleurgesteld. Het voelt als een zelfopgelegde verbanning. Dat ik mezelf eruit haalde omdat ik niet goed genoeg was. Ik faalde dus ging ik weg.—Ik ga op een pelgrimstocht om mijn zonden kwijt te schelden.'

D: Vonden andere mensen dat je hebt gefaald?
M: Dat maakt niet uit. Ik weet dat ik gefaald heb.—Ik kan niet met mezelf leven.
D: We maken allemaal fouten, nietwaar?
M: Ja, maar ik zou dat niet mogen doen. Ik ben degene waar mensen naartoe komen voor wijsheid, en ik heb gefaald.
D: Woonde je ergens daar in de buurt?
M: Ik kwam er niet vandaan. Ik kwam daar. Ik werd daar naartoe gestuurd.
D: Was het een stad of wat?
M: Het was geen stad. Het was een plek waar mensen komen die niet te ver van de stad was. Er waren een paar anderen die me hielpen.
D: Wat voor soort wijsheid gaf je aan mensen?
M: Hoe je gewassen plant, hoe je een beter leven hebt, hoe je met elkaar omgaat, hoe je dingen anders kunt zien, en hoe ze meer in hun hart kunnen zijn. Het was simpel.
D: Dat zijn allemaal goede dingen. Heeft iemand je opgeleid om die dingen te doen?

M: Ja. Ik werd gestuurd van ver weg. Ik wil zeggen "van boven."—Ik probeer te zien waar ik vandaan kom en ik ... het voelt gewoon alsof ik daar naartoe ben gestuurd, maar ik heb geen helder beeld van wie me heeft opgeleid.

Uiteraard ging mijn nieuwsgierigheid dat niet toestaan als enige antwoord. Ik liet hem achteruit bewegen om de plek te zien waar hij vandaan kwam met de wijsheid.

M: Witte tempels en blauw water. (Hij werd emotioneel.)
D: *Vertel me over de plek. Het klinkt prachtig. Heeft iemand je daar opgeleid?*
M: Dat is alles wat ze doen, opleiden. Ze leiden je op voor wat je ook maar moet doen. En dus werd ik hiervoor opgeleid. Het was als een universiteit.
D: *Ben je daar een lange tijd geweest?*
M: Het voelt als een hele goede plek om te zijn, en ik weet niet hoe lang ik hier al ben.
D: *En wanneer je opgeleid was en alles had geleerd wat je moest weten ....*
M: Dan zetten ze me gewoon af op de locatie.
D: *Hoe zetten ze je af?*
M: In een ruimteschip, een merkabah of voertuig. Er was een piloot, en hij vervoerde me naar deze plek. Het was als een gouden bol, een klein schip. Net groot genoeg voor de piloot en mij. Hij bracht me naar deze plek op deze planeet, en het leek alsof ze me daar verwachtten en niemand bang voor me is. Ik liep naar deze plek. Het was bijna alsof ik de vervanger was. Alsof er eerder iemand anders was geweest, en ik nu in die ander zijn schoenen moest stappen.

De mensen wisten dat hij zou komen, dus verwelkomden ze hem.'Ze zoeken naar begeleiding.—Ik deed ook heling."

D: *Hoe deed je dat?*
M: Door ze vast te houden. Hield ze gewoon vast en de energieën heelden hen.
D: *Het lijkt alsof je vol liefde was voor deze mensen.* (Ja)

Hij vond het echt leuk om de mensen te helpen en was gelukkig daar. Maar toen gebeurde er iets wat alles veranderde. Ik liet hem vooruit bewegen zodat hij er opnieuw naar kon kijken en mij erover kon vertellen. 'Een man kwam ... een grote, boze man."

D: *Waar was hij boos over?*
M: Weet ik niet. Alles wat ik zie is dit zwarte. Het is bijna alsof er een zwarte energie het verblijf binnenkwam waar ik was. En ik kon het niet verminderen of controleren.—Hij wilde me doden.
D: *Waarom zou hij je willen doden? Je deed goede dingen.*
M: Dat haatte hij.
D: *Hoe wist hij van je af?*
M: Iedereen wist het. Het was geen geheim.
D: *Dus hij besloot dat hij je wilde doden?* (Ja) *Wat gebeurde er toen?*
M: Ik vertelde hem dat hij dat niet kon.
D: *Je wist dat hij daar niet toe in staat was?* (Ja) *Omdat je bescherming hebt, nietwaar?*
M: Ja, maar mijn mensen hadden geen bescherming en hij doodde hen. Ze wisten niet dat ik geen bescherming nodig had en ze offerden zichzelf op om mij te redden. Vele, vele mensen.
D: *Heb je geprobeerd om het aan hen te vertellen?*
M: Het gebeurde te snel. Het was al een tornado die langskwam. Hij had een wapen en ze gingen voor mij staan om hem te stoppen, en ze werden allemaal gedood.
D: *Wat gebeurde er toen?*
M: Ik doodde hem! Ik stuurde gewoon de energie en stopte zijn levenskracht.

Hij maakte handbewegingen alsof hij energie vanboven haalde met de ene hand en het richtte met de andere.

M: Ik stuurde de energie door mij heen en gebruikte het om te doden in plaats van om te helen.—Dat was waarom ik vertrok.—Mijn mensen waren al dood. Er was geen reden om deze man te doden, en toch deed ik het omdat ik boos was. Het is tegen het protocol. Ik mocht geen ander mens schaden, of elk ander soort wezen. Het is tegen het protocol. (Snikken) Het is tegen het protocol.

D: *Maar het was een emotie.*

M: Ik heb geen emoties. Het is niet toegestaan ... niet toegestaan. Ik ben liefde. Ik ben niet emotie.

D: *Dat is de enige emotie die je behoorde te hebben, liefde?* (Ja) *Je had nog nooit eerder zo'n emotie ervaren?* (Nee) *Dat zou het totaal tegenovergestelde zijn van liefde. Maar je weet dat liefde een krachtige emotie is, en die andere emotie zou even sterk zijn.*

M: Ja, en dat is waarom ik het deed.

D: *Kon je het niet in bedwang houden?*

M: Dat kon ik wel. Ik deed het opzettelijk. Ik doodde die persoon met opzet. Het was een emotie, maar ook weer niet. Ik kon mezelf niet tegenhouden.—Ik mag geen enkele emotie zijn. Ik ben liefde. Ik moet boeten. Ik moet m'n schuld inlossen. Ik weet niet of dit mogelijk is. Het hoort niet te gebeuren. Het gaat in tegen mijn opleiding en tegen alles waar ik voor sta.

D: *Toen je in dat lichaam ging, was je zoals een mens?* (Ja) *Dus nam je wat van de menselijke eigenschappen aan.*

M: Dat zou ik moeten uitzoeken. Ik weet niet of ik dat deed of niet

D: *Ik dacht dat als je enkele van de menselijke eigenschappen zou aannemen, die primaire menselijke emoties aanwezig zouden zijn.*

M: Het was de bedoeling dat ik dat zou overwinnen. Dat was mijn taak—Ik kon niet met mezelf leven. Ik ging tegen het protocol in. Ik ging tegen mijn hele opleiding in. Ik faalde. Dus ik besloot om te vertrekken om mijn schulden in te lossen.

D: *Probeerde iemand je vertrek tegen te houden?*

M: Nee, iedereen was in shock en in rouw. Het gebeurde te snel.—Ik denk dat ik een lange tijd heb gelopen en in de

woestijn terechtkwam. Dus ik loop door de woestijn heen en ik voel dat ik niet veel langer zal overleven.
D: *Dus je straft jezelf?*
M: Ja, dat doe ik. Dat doe ik. Ik weet niet wat ik anders moet doen.
D: *Is er niemand waar je advies van kunt krijgen?*
M: Met die daad verbrak ik mijn connectie. De kracht ... het is verbroken. Ik ben niks. Ik ben vuil.
D: *Dus ze kunnen niet komen en je op een of andere manier helpen?*
M: Nee, het was verbroken. Het was verbroken.
D: *Dus er is geen manier voor jou om terug te gaan naar de plek waar je vandaan kwam.*
M: Totdat ik m'n schuld kan inlossen en mezelf opnieuw kan verbinden met de Bron... met de kracht. Ik kon het werk niet doen zoals ik voorheen deed door deze verbreking van de kracht. Ik kan niet teruggaan tot ik m'n schuld heb ingelost.
D: *Hoe denk je dat je je schuld kan inlossen?*
M: Ik heb geen idee ... door mezelf te straffen, door te lijden.
D: *Dat is nogal drastisch, nietwaar?*
M: Ik ging tegen het protocol in. Ik deed het ondenkbare, het onomkeerbare. Verbrak m'n verbinding met de kracht.
D: *Maar iedereen maakt fouten.*
M: Ik mag geen fouten maken.

Ik besloot om hem vooruit te bewegen in de tijd. Hij zei dat hij door de woestijn struinde. 'Wat gebeurde uiteindelijk?'

M: Ik vond een oase en ging daar bidden. Ik begon te bidden voor aflossing. Vergiffenis.—Het kwam niet.—Ik liep niet weg van de oase. Ik bleef daar gewoon. Er was genoeg water en voedsel om te bestaan. Ik heb het gevoel dat het lichaam oud werd en stierf.

Ik bracht naar het moment waarop het allemaal voorbij was en hij aan de andere kant stond. 'Wat denk je dat het doel was van dat leven?'

M: Het voelt alsof ik alle woede van de man die kwam overnam ... die man z'n woede, en het is nog steeds bij me terwijl ik naar dat leven kijk. Vanbinnen voel ik deze woede die niet van mij is en ik niet aan mezelf kan koppelen. ... Even kijken ... Ik merkte zojuist op dat er deze woede-energie bij me is ook al ben ik in "spirit" vorm ... woede waar ik aan vast heb gehouden en heb omarmd om mezelf te straffen.

D: Wat behoor je nu te doen?

M: Ik wil aan de woede vragen, 'Wat is jouw doel? Wie ben je en wat is je doel?"—Ik ben de dood en je deed wat ik van je vroeg.—'Hoor jij bij de man die ik doodde?" Ja, het was zijn tijd.

D: Jij was alleen maar het instrument dan?

M: Ja. En ik vraag om de man en de man z'n raad om te komen en uit te leggen of dit waar is.—En man en z'n raad zijn er, en ze zeggen, 'We zijn jou dankbaar.' En ik vraag: 'Waarvoor?' En zij zeggen, 'Voor hem te voorzien van een tijdige dood." En ik zeg, 'Het was tegen mijn protocol, tegen mijn opleiding in, tegen alles waar ik in geloof.' Ze zeggen, 'Het kwam vanuit liefde.' (Hij werd emotioneel.) En ik vraag, 'Hoe kan dat ... hoe kan dat?' Ik begrijp het niet. Ik voel dat ik een inschattingsfout heb gemaakt wat betreft het protocol.

D: Vraag hen om aan je uit te leggen wat ze bedoelen. Dit is heel belangrijk voor jou om te begrijpen.

M: Ze zeggen dat ik hem bevrijdde van de energie die er was ... Ik bevrijdde hem van zichzelf. Hij, op een onbewuste laag, wilde niet doorgaan met het pijn doen van mensen en wilde niet doorgaan met het opbouwen van karma. Dus het is alsof hij kwam en wilde dat ik hem zou doden en stoppen, maar het was niet bewust. Het was wat zijn ziel wilde. En mijn ziel zag dat in en ik gaf hem niet de schuld van de de dood van mijn mensen. Ik wees hem niet terecht noch raakte ik hem aan. Ik doodde hem simpelweg, en ik veronderstelde dat het vanuit woede kwam. Ik deed wat ik moest doen, ook al was het tegen het protocol. En ik begrijp niet hoe dat kon gebeuren. (Treurig.)

D: *Ik weet dat je zei dat je was opgeleid en dat dit niet had moeten gebeuren. Maar wanneer je het menselijke lichaam ingaat, raak je verstrikt in menselijke emoties omdat emoties ervoor zorgen dat mensen reageren in onvoorspelbare manieren waar je niet op voorbereid had kunnen worden. En je werd beïnvloed door deze emoties ook al was je opgeleid om dat niet te doen. Dus je kunt het jezelf niet verwijten.*

M: Ja, ze zeggen dat dit een ingebouwde mogelijkheid was, dus ze wisten dat het kon gebeuren. (Alsof het een onverwachte openbaring was.) Daar heb ik nooit aan gedacht! Waarom is me dat niet uitgelegd toen ik werd opgeleid? Ik dacht dat Why wasn't it explained to me while I was in my training? Ik dacht dat ik op alles was voorbereid. 'Je hoefde niet alles te weten. Het zou je leerproces hebben beïnvloed, je missie. Bovendien was het slechts een geringe mogelijkheid, een maas in de wet, die in het programma was ingebouwd, maar niet verwacht werd te worden gebruikt. Je hoorde van de ervaring te leren. Niet het tot het uiterste te drijven door jezelf door vele levens heen te straffen. Dat dient geen doel en houdt je alleen maar tegen in je vooruitgang.'

Monica had me tijdens het voorgesprek verteld dat ze regressies had ondergaan bij andere hypnotiseurs, en dat het altijd levens van lijden en zelfbestraffing waren. Natuurlijk wisten de andere hypnotiseurs niet hoe ze hierin verder moesten gaan en de reden voor dit patroon konden vinden. Dus ze vroegen niet door om te ontdekken waarom ze deze moest meemaken. Ze had het zelfs meegenomen naar haar huidige leven en ervoer nog steeds veel lijden dat onverklaarbaar leek. Dit was de reden waarom ze wanhopig op zoek was naar een antwoord.

D: *Soms zijn er hogere krachten die het overnemen.*
M: Ja, er zijn hogere krachten.
D: *En je werd gebruikt als een instrument.* (Ja) *Ze veroordelen je niet, toch?*
M: Nee, ik veroordeel mezelf.
D: *Dus ga je een tijdje daar blijven of wat?*

M: Dat is niet nodig nu. Ik kan mezelf nu opnieuw verbinden. Ik kon niet met de pijn leven wat ik had gedaan.
D: *Het is niet nodig om boosheid of enig schuldgevoel met je mee te dragen, of wel?*
M: Nu niet, en ik begrijp het. En de aflossing is niet nodig. Niemand anders strafte mij ... ik strafte alleen mezelf.
D: *En de man vergaf je blijkbaar.*
M: De man was dankbaar. Hij begreep het.—Nu kan ik verdergaan met wat ik moet doen. Anders zou ik meer levens hebben doorgebracht met mezelf te straffen.
D: Dat heeft geen zin.
M: Het was tegen het protocol. Het was tegen alles waar ik voor leefde. Nu hoef ik niet al die levens van pijn en lijden te doorleven. Ik kan een andere richting op.
D: *We kunnen het nu in het verleden laten. Nu je dat beseft, is er geen reden om dat patroon te herhalen, of wel?* (Nee) *Een heel nieuw leven kan zich nu gaan ontvouwen, nietwaar?* (Ja)

Ik beschouwde dit als een gigantische doorbraak en ik had uitstekende antwoorden ontvangen, maar ik voelde nog steeds de behoefte om het OB aan te roepen. Het was waarschijnlijk een deel van waar ik sowieso al mee in gesprek was. Het kwam onmiddellijk door: 'Wij zijn bereid.' Vervolgens vroeg ik waarom het dat leven had gekozen om aan Monica te laten zien.

M: Het ging rechtstreeks naar de kern van de zaak. Ze straft zichzelf.
D: *Dat zag ik in, maar ik wilde het jullie horen zeggen. Het is totaal onnodig voor haar om zichzelf te straffen, nietwaar?* (Ja) *Ze is een goed persoon. Ze heeft vele talenten. Ze kan veel mensen helpen, of niet?*
M: Als ze zichzelf toestaat.
D: *Ze heeft zich vastgehouden aan die herinnering.*
M: En anderen. De man strafte zichzelf door vele levens van bestraffing door te maken. Het zelf-opofferen is klaar. Het is afgerond. Ze moest zelfopoffering volledig omarmen, en dat

heeft ze met succes gedaan. En nu is het tijd om verder te gaan.

Het OB legde uit dat dit was waarom ze in dit leven zo'n slechte jeugd had gekozen en waarom ze een slecht huwelijk instapte. Het was meer zelfbestraffing. Nu had ze dit afgemaakt, en het was belangrijk dat ze niet opgesloten bleef in haar huis, afgescheiden van mensen. Het was tijd voor haar om haar doel te vervullen door mensen te helpen. Ze moest nu vreugde brengen aan anderen, evenals aan zichzelf. Ze moest lesgeven. 'Geef les over het in verbinding staan met het goddelijke, en gewoon de vreugde van het zijn. Ze moet het gewoon laten komen, laten stromen.'

D: *Jullie zullen haar de woorden geven, nietwaar?*
M: Dat is wat zij wist, dat wij haar altijd zullen voorzien van de volgende stap, zodat zij die kan aanbieden aan haar cliënten, en zo gaat het.
D: *Jullie zijn er altijd geweest, maar ze hoorde jullie gewoon niet echt, of wel?*
M: Dat deed ze wel ... ze heeft alle stappen gevolgd ... alle hindernisbanen die we hebben opgezet. Ze heeft het goed gedaan. Het moest geen gemakkelijk leven zijn. Het moest een doorslaggevend leven zijn, en de energie moest van een bepaalde omvang zijn waardoor ze zich door het andere leven waar ze nu in terechtkomt heen kon slaan. Ze moest eerst het andere begrijpen. Ze kan niet lesgeven als ze dat niet begrijpt, want de mensen die zij onderwijst moeten weten dat zij hen begrijpt.
D: *Ze zegt dat ze zich niet op haar gemak voelt in grote groepen.*
M: Elke persoon die naar haar keek herinnerde haar eraan dat ze had gefaald. Dit zal op den duur veranderen. Ze zal meer naar buiten gaan ... niet meteen.—Ze houdt ervan om te werken met de dieren. Ze zijn prachtig. Ze weerspiegelen haar, en ze moet weten dat hun schoonheid haar schoonheid is. Als een spiegel die ze weigerde te zien. Er was te veel pijn. Toen ik het OB vroeg om in Monica's lichaam te kijken voor heling zei het: 'Lichaam zal overleven. Het gaat tijd

kosten om te helen.' Maar ik wist dat het sneller kon helen dan dat. 'Ze verwacht dat niet.' Ik wist dat "zij" alleen zouden doen wat gepast was, maar ik vroeg hen om door het lichaam heen te gaan en te kijken wat het meest belangrijke ding was om op te focussen. 'Een hoop donkere energie boven bij het hoofd die weg moet.'

D: *Is dat iets wat nog vasthoudt vanuit het andere leven?*
M: Vele levens ... vele levens.
D: *Ze hoeft niet in een schaduw te leven. We willen dat ze in de zon leeft ... het heldere licht. We kunnen dat in het verleden laten. Kunnen jullie dat wegnemen?*
M: Dat hebben we gedaan. Gewoon poef, weg!
D: *Waar wil je nog meer op focussen in het lichaam?*
M: Er zijn veel verschillende vormen van pijn die haar verstikken. Pijnen die haar proberen te doden. Dat was wat ze wilde.—Maar nu niet meer, dus we zullen ze één voor één verwijderen. Haar hele lichaam is gevuld met pijn. Het is vooral zelf toegebrachte pijn. Ze heeft andermans pijn goed weten te verlichten, en haar eigen pijn verborgen gehouden. We verwijderen de zelfbestraffing en de zelfhaat. Dus nu verwijderen we de rest. Ze is compleet met dat stuk. We geloven dat ze genoeg heeft geleden voor haar lessen. We geloven dat ze dit nu achter zich kan laten. We zouden haar graag zien lachen.

Ze gingen door haar lichaam terwijl ze het heelden en verklaarden bij elk probleem wat de oorzaak ervan was. Ze had last gehad van overmatig menstruatiebloedverlies, en ze zeiden, 'Ze dacht dat als ze meer pijn veroorzaakte, ze haar schuld kon inlossen. Ze moest door die levens heen gaan zonder het te begrijpen om dit leven te bereiken. Ze moet begrijpen dat ze daar allemaal doorheen moest. Het diende een doel. Het zal haar helpen om nu de vreugde naar voren te brengen. Ze moet zichzelf omarmen. Het is tijd om opnieuw te verbinden en haar heelheid te omarmen. Ze is klaar met die les.' Ze zou nu ook in staat zijn om te stoppen met de medicatie die ze gebruikte. Haar hele lichaam was op de een of andere manier aangetast. Ze had geen enkel deel overgeslagen in haar verlangen om zichzelf te straffen. Nu was het tijd om te stoppen, en dit was het belangrijkste dat ze anderen moest leren, hun lichaam niet te straffen.

Afscheidsboodschap: Wij hebben lang op deze tijd gewacht en we zijn blij. We beseffen ons dat dit een uitdagende reeks levens is geweest, en we zijn dankbaar dat je bereid bent om het te voltooien. Je begreep het doel niet, en het was ook niet de tijd voor jou om het doel te begrijpen. Weet gewoon dat het voltooid is en het nu tijd is om verder te gaan, en we zijn jou dankbaar. We houden van je, we omarmen je, en we kijken ernaar uit om onze weg samen voort te zetten met steeds meer en meer verbindingen in liefde en leven.

Er waren een aantal dingen in deze regressie die me in een andere richting hebben laten denken. Anderen hebben gevraagd of het mogelijk is om een vorig leven in te gaan en omstandigheden in dat leven te veranderen. Dat zou absoluut van invloed zijn op de persoon z'n huidige leven. Ik dacht altijd dat het niet mogelijk zou zijn, en was het aan te raden? De persoon in het andere leven maakte de gebeurtenissen mee en leerde ervan. Dus ik wist niet of het mogelijk was om gebeurtenissen te veranderen. Uiteraard, in dit geval veranderden we geen gebeurtenissen tijdens het leven. We waren niet in staat om het doden te stoppen. We waren in staat om de man z'n perspectief te veranderen na de dood. Is dat hetzelfde? Monica had vele, vele levens van verschrikkelijk lijden gehad, en dat had zich voortgezet in haar huidige leven. Het was allemaal veroorzaakt doordat de man zijn opleiding verkeerd had begrepen. Hij voelde dat hij had gefaald, hij tegen zijn missie was ingegaan, dus dat de enige oplossing zou zijn om vele levens van bestraffing te ondergaan, wetende dat hij nooit verlossing zou vinden omdat zijn misdaad zo verschrikkelijk was geweest. Hij was niet bereid om naar de andere zijde te gaan voor advies, omdat hij te bang was voor veroordeling. Maar toen we ontdekten dat de moord een doel had, een dat hij onmogelijk kon weten, en dat hij niet had gefaald, besefte hij dat hij al die hopeloze levens niet hoefde te ervaren. Toen was hij vrij om een andere richting op te gaan.

In mijn werk hebben we het altijd over tijdlijnen en eindeloze mogelijkheden en waarschijnlijkheden. Betekent dit dat die levens nu ophouden te bestaan? Hoe zit het met de andere personages in die levens? Hoe zit het met het karma dat in die levens is opgelopen? Door achter de oorzaak te komen en het perspectief van de man te veranderen, begin je dan met een schone lei, wordt dan alles uitgewist? Er wordt gezegd dat het sowieso allemaal afhangt van onze focus, om onze eigen realiteit te ontdekken. Hoe dan ook, ongeacht hoe dit kan worden betwist, het heeft in ieder geval een diepgaand effect gehad op Monica's huidige leven. Ze hoeft niet langer de last van lijden, zelfbestraffing en zelfhaat met zich mee te dragen. Als diegenen aan de andere zijde niet veroordelen, waarom voelen wij dan dat we onszelf moeten beoordelen en straffen? Het leven draait om lessen en ervaringen, en wat we ervan leren. Dit geeft veel om over na te denken.

Het Ingewikkelde Universum Boek Vier

Het Ingewikkelde Universum Boek Vier

Moord en zelfmoord

Hoofdstuk 14
MOORD EN DE RUSTPLAATS

Toen Carol van de wolk afkwam bevond ze zich in een typisch Oude Westen dorp: houten gebouwen, trottoir van planken en stoffige straten. Zij was een vrouw die was gekleed in de typische stijl van die tijd. Ze stond voor een algemene winkel, en toen ze naar binnen ging, werd haar aandacht meteen getrokken door de stapels stoffen en naai-benodigdheden. Ze was naaister, maar was teleurgesteld door de kleurloze selectie. Ze was niet gelukkig in de stad en voelde zich alsof ze er vastzat. Ze wilde er eigenlijk niet zijn, maar er was nergens anders om heen te gaan. Steden waren ver weg. Ze woonde alleen met haar kleine dochter. Haar man was omgekomen bij een explosie tijdens het bouwen aan een spoorweg om verder naar het westen te gaan. Ze kon niet weggaan, dus ze begon te naaien om in haar levensonderhoud te voorzien voor zichzelf en haar dochtertje. Haar huis was eenvoudig maar voldeed aan hun behoeften. Ze hield van haar dochter, maar het was moeilijk om de enige andere persoon die ze liefhad, haar man, te verliezen. Toen ik haar naar een belangrijke dagen liet bewegen kwam ik erachter dat ze was overgesprongen. Met andere woorden, ze kwam terecht in een ander leven. Ze begon een totaal andere omgeving te beschrijven. Wanneer dit gebeurt betekent dat meestal dat er niet veel belangrijks gebeurde in het andere leven. In de meeste levens is de ene dag net zoals de andere. Wanneer dit gebeurt moet ik een beslissing nemen: ga ik verder met het verkennen van het nieuwe, of teruggaan naar degene die we verlieten om erachter te komen wat er met haar is gebeurd? Ik besloot het leven waarin ze was terechtgekomen verder te verkennen, omdat ik wist dat het OB een reden had om dit aan haar te laten zien.

Dit keer zag ze zichzelf in een stad met klinkerstraten en straatlantaarns. Het was een regenachtige, druilerige avond en ze ging een kroeg in. Ze wist dat het Engeland of Ierland was.

Het Ingewikkelde Universum Boek Vier

Ze was een jong meisje in de twintig met rood haar, gekleed in een jurk van katoenfluweel die je aan de voorkant dichtbond en met een blouse aan de bovenkant. Heel anders dan de simpele vrouw in het Westerse stadje. Daarom wist ik dat we waren overgesprongen. Er was muziek in de kroeg en mensen waren aan het drinken, lachen, grappen aan het vertellen, en hadden het gewoon simpelweg naar hun zin. 'Het is alsof iedereen lekker achterover leunt na een zware werkdag. En iedereen heeft gewoon plezier, lacht, en het is luidruchtig daarbinnen.' Ze beschreef de kroeg tot in de kleinste details, en het klonk als misschien wel de jaren 1880. Ik vroeg of ze een baan had, aangezien ze het had over een zware werkdag. 'Ik 'socialize'. Dat is wat ik doe. Ik doe gunsten voor mannen, en ze vinden me leuk. Ze vinden me heel leuk. Ik hang meestal rond op die plek. Ik ben gewoon wat ik ben.' Ze was daar gelukkig, zonder verantwoordelijkheden en zorgen. Ze woonde dichtbij, 'Boven. Ik heb mijn plek. Ik moet naar boven en het is niet zo groot. Het heeft een slaapkamer en een stoel. Ik breng daar niet veel tijd door, omdat ik voornamelijk beneden ben. Dansen met de mannen en ... Er is daar veel muziek ... veel grappen ... veel loltrappen en iedereen kent elkaar. Er is een bar daarbeneden en er is eten dat wordt geserveerd, en je hebt al dat 'socializen', eten en drinken ... het gebeurt allemaal daarbeneden. Ik ben op mezelf. Ik kan voor mezelf zorgen. Mannen vinden me leuk en ik vind hen leuk. En ze doen me gunsten en ik doe hen gunsten. Ze geven me geld. Ze zorgen ervoor dat het goed met me gaat. Ze geven veel om me, niet alleen omdat ik een speeltje ben, maar ze geven echt om me.—Het is niet alsof ik gewoon losbandig ben. Dat ben ik wel, maar het is niet alsof je schunnig bent. Je dient een doel en ze respecteren dat, en ze zijn goed voor me omdat ik goed voor hen ben. Ik heb een hoop vrienden en ze verwachten niet veel. Ik ben gewoon gelukkig zoals ik ben.'

Toen ik haar naar een belangrijke dag bracht, ging ze naar de dag van haar dood. 'Ik werd gedood. Ik was niet heel oud.' Ik zei tegen haar dat ze het als een toeschouwer kon zien als ze dat wilde, zodat ze kon uitleggen wat er gebeurd was. Het vond plaats in dat bovenkamertje waar ze sliep. Een man wurgde haar. 'Hij was jaloers op iemand die met mij was gezien en hij doodde me. We waren al eerder samen geweest en hij wist wat ik was en wie ik was. Maar hij heeft me vermoord omdat hij niet kon verdragen wat ik deed voor m'n werk. Hij was heel boos. Hij wilde me weghalen van dat alles. Ik wilde me niet settelen en met één persoon zijn. Ik had een goed leven. Ik was gelukkig. Ik wilde mijn leven niet achterlaten, en ik wilde mijn andere vrienden daar ook niet achterlaten.' Ik liet haar naar het moment bewegen waarop het allemaal voorbij was en ze uit haar lichaam was. Ze bekeek het tafereel. 'Hij schaamt zich ontzettend. Hij heeft spijt, maar het is te laat. Hij heeft me al gedood. Het is gedaan. Hij kan me niet terugbrengen. Dat kan niemand. Ik lig daar gewoon op de grond. ik zie hem over me heen gebogen, huilend en snikkend. Hij heeft zoveel spijt. Hij heeft gewoon een fout gemaakt.' Ik liet haar toen het hele leven bekijken en me vertellen wat ze dacht dat ze had geleerd van dat leven. 'Om verantwoordelijker om te gaan met mijn genegenheid. Ik had het naar m'n zin, maar kijk waar het toe heeft geleid. Mensen die jaloers zijn, woede die oplaaide ... boos, en het resulteert in m'n dood. And Ik was jong en mooi en vol leven, en nu ben ik dood. Ik schaamde me niet voor wat ik deed. Het was gewoon wie ik was.'

D: Wat ga je nu doen? Ga je ergens naartoe?
C: Ik wil gewoon wat rust en stilte. Ik wil gewoon uitrusten. Ik wil weg zijn van alles en iedereen voor een tijdje. I just want to heal.
D: Ga je ergens naartoe waar je kunt helen?
C: Ik ga naar een rustige plek. Het is blauw ... en het is als een cocon. Het is alsof ik wordt vastgehouden in een cocon. En ik word verzorgd. Het is niet alsof ik slaap en wakker word. Zo is het niet. Ik ben gewoon daar en ik ben aan het helen en er zijn mensen die mij verzorgen. Ze zorgen voor me. Ze zorgen voor alles. Ik hoef me nergens zorgen over te maken. Ik hoef me geen zorgen te maken over het verdienen van mijn brood. Ik hang gewoon in deze fijne, warme cocon. Ik krijg mijn kracht terug. En ik kan daar blijven zolang ik wil totdat ik weer heel ben. Er is niets dan liefde.

Ik wist dat ze op de rustplaats was aan de zielen-zijde. Ze zou daar een lange tijd kunnen doorbrengen als ze herstellen de was van de gewelddadige manier waarop ze was stierf, dus ik moest de tijd versnellen tot het moment waarop ze klaar was om die rustplaats te verlaten. 'Wat gebeurt er als je besluit dat het tijd is om te gaan?'

C: Ik ga een soort van rechtop zitten en ik open dat omhulselding en dan begint er licht binnen te komen. Het doet geen pijn aan m'n ogen of zo. En ik kan eruit gaan en alles doen wat ik wil. Ik zie licht overal om me heen. Er zijn pilaren van licht. Er is magnifiek licht. Er is schittering overal om me heen. Het is alsof ik in een diepe, donkere, gepolijste fluwelen plek van comfort zat. Het was eigenlijk alsof ik in een kamer was. En dan open ik dat kamer-ding waarin ik zit en ik loop naar buiten, en daar is dat schitterende licht. Prachtige, prachtige villa's en nog meer villa's van kristallen licht. Allerlei bouwwerken en ze gaan eindeloos door. En het licht weerkaatst van al deze gebouwen. Alle kleuren van het spectrum en het schittert zo helder, maar het doet helemaal geen pijn aan m'n ogen. Ik kan het allemaal zien.

D: Is er nog iemand anders daar?

C: Er zijn daar een heleboel mensen. Een heleboel mensen mensen daar en ze zijn boeken aan het bekijken. Ze hebben video's die ze afspelen, maar het zijn geen mensen. Het zijn geen mensen, maar ze zijn daar en ze doen al deze dingen en ze zijn zo vriendelijk. En ze proberen me er doorheen te begeleiden en zeggen, 'Dit is deze kamer, en dit is die kamer. En je kunt dit doen en je kunt dat doen, en je kunt koken. Je kunt eten. Je kunt alles doen. En ze kunnen het me niet snel genoeg laten zien.

Ik moest lachen door het enthousiasme in haar stem.

D: Als ze er niet uitzien als mensen, hoe zien ze er dan uit?

C: Ze veranderen. Sommige zijn blauwe lichten, roze lichten, witte lichten, gele lichten. Soms zijn het bollen van licht en dan soms komen er armen en benen tevoorschijn en nemen

ze de vorm aan van hoe een persoon eruitziet. En toch kun je door ze heen kijken.
D: *Dat klinkt als een prachtige plek.*
C: Oh, het is fijn. En het gaat eindeloos door. Deze enorm grote, lange gangen, en hoe groot het ook is, het voelt niet als een instituut. Ik kan niet geloven hoeveel gegevens en dingen ze daar hebben. Als je iets wilt opzoeken, is elk antwoord daar. Ik moet er alleen mijn weg doorheen zien te vinden. Ik weet niet waar ik moet beginnen. Ik weet niet eens waar ik heen moet. Ik wil leren. Ik wil weten waar het allemaal om draait. Ik wil alles weten.
D: *Zou het moeilijk zijn om alles te leren?*
C: Dat zou je denken. Er is zoveel om te weten. Er is zoveel om te leren. Ik wil erachter komen of alle mensen dood zijn die ik ken. Ik probeer naar alles te luisteren. Ze proberen me te vertellen over alle verschillende aspecten van deze wonderlijke plek, en alle gegevens en alle media en alle gadgets ... alle gadgets van informatie! En toch, terwijl ik al deze dingen probeer te leren, probeer ik contact te leggen met de mensen die ik ken.
D: *Bedoel je in andere levens of wat?*
C: Ik weet het niet. Het is gewoon alsof ik iedereen ken. Het is niet alsof het vreemden zijn, omdat ze zo aardig zijn. En ik voel me hier heel welkom, en het is alsof je lange tijd weg bent geweest. Het voelt als thuiskomen.
D: *Is er één hoofdpersoon die met je kan praten ... iemand die de leiding heeft?*
C: Ik heb één persoon die een soort "maatje" van me is, die me vindt. Zij helpen me om uit die speciale plek van heling te komen. En zij gaan me helpen om de gang van zaken te begrijpen, zodat ik kan beginnen met erin te duiken en dingen uit te vogelen. Het is als mijn opdracht "maatje", of de persoon aan wie ik verslag doe. De persoon die de verantwoordelijkheid heeft gekregen om me weer op de been te helpen, omdat ik erg gebroken was. Ik was erg gewond ... erg gewond. Ik was zo gelukkig in dat leven en om het van me afgenomen te krijgen ... Ik wil niet weer vermoord worden.—Ze willen dat ik acclimatiseer. Gewend

raak aan alles wat daar is. M'n tijd nemen. Niks haasten. Rondkijken. Alles zien wat er te zien valt.

Dit had heel lang kunnen duren, aangezien ze geen haast hadden om haar naar haar volgende opdracht te sturen. Dus liet ik haar de tijd verkorten en vooruit bewegen totdat ze die dingen had gedaan, en kijken wat ze daarna moest doen. 'Ik moet een verslag geven.'

D: *Zoals op school?* (Ja) *Wat voor soort verslag?*
C: Ik moet me melden en hen vertellen of het goed met me gaat. Vertellen of ik aan het herstellen ben en of ik klaar ben om alles te bekijken wat ik heb gedaan, en me helpen het uit te vogelen. Waarom ik werd gedood en wat ik met mijn leven heb gedaan.
D: *Waar ben je achtergekomen?*
C: Nou, ze vinden niet dat ik slecht was. Ze zagen dat ik veel plezier had met wat ik deed, maar het werkte in mijn nadeel om zo met de emoties van mensen te spelen. Hoewel alles een oppervlakkige aard had, soms ging het voor mensen veel dieper dan dat. En ik realiseerde me niet hoe ik iemand wellicht pijn aan het doen was door hun gevoelens niet te erkennen. Zoals die man die me doodde. Het deed hem pijn —Daar moet ik aan werken.
D: *Maar is geen oordeel, of wel?*
C: Nee, ze vinden niet dat ik slecht ben, maar als ik wil verbeteren, moet ik daar naar kijken. Ik kan niet doorgaan en dat blijven doen. Ik bedel, je moet je bewust zijn van wat je doet. Je kunt niet gewoon door het leven gaan en plezier hebben en niet aan andere mensen denken. Je moet aan andere mensen denken en hoe het hun beïnvloed. Want dat is een verantwoordelijkheid die je hebt.
D: *Dus hebben ze jou wat advies gegeven?*
C: Denk minder aan mezelf en meer aan anderen, en dat zal me helpen om hen niet pijn te doen.
D: *Moet je ergens naartoe gaan om dit te doen, of wat zeggen ze?*

C: Ik moet daar een tijdje blijven en studeren. Er is zoveel. Er zijn grote. Er zijn grote bundels van dingen die ik moet doornemen. Ik kan kijken naar wat ik heb gedaan, en op elk moment kan ik teruggaan. Ik kan vooruitgaan. Ik kan alles bekijken. Ik kan met andere mensen praten. Het is een plek waar ik hoor te leren.

D: Hebben ze je verteld wat er gaat gebeuren zodra je denkt dat je het hebt geleerd?

C: Dan kan ik het opnieuw proberen.

D: Wil je dat?

C: Oh, ja. Het is heel fijn om dat te doen. Maar ik wil niet weer gedood worden.—Ik ben strategisch aan het nadenken over waar ik heen wil gaan. Ik denk dat ik de volgende keer misschien zal settelen en proberen een gezin te stichten.

D: Dus je maakt plannen?

C: Dat probeer ik zeker.

Dit zou het leven in het Oude Westen verklaren. Als we in lineaire tijd denken, zou het klaarblijkelijk na het leven zijn waarin ze werd vermoord. Ze had een gezin, maar één van haar geliefden (haar man) was gedood. Ze moest absoluut nadenken over anderen en zichzelf op de tweede plaats zetten in dat leven. Het was saai en simpel, maar het diende het doel. Toen vond ik het tijd om het OB naar voren te brengen en wat antwoorden te vinden. Ik vraag altijd waarom de persoon de levens te zien kreeg die het OB koos voor hen om te zien.

D: De eerste waar ze is het westelijke stadje was en haar man werd gedood tijdens het werken aan de spoorweg. Waarom kozen jullie dat leven om aan Carol te laten zien?

C: Vanwege mijn kleine meid. Ze betekende alles voor mij.

D: Waroom liet het OB het kleine meisje aan Carol zien? Hoe houdt dat verband met Carol in het huidige leven?

C: Ik ken dat kleine meisje.

Ik gaf Carol de instructie om het OB de vragen te laten beantwoorden en niet te proberen om ertussen te komen. 'Ik moest onvoorwaardelijke liefde tonen.' Carol is een lesbienne in haar huidige leven, en het OB legde uit over de mensen in haar leven nu. Ze was momenteel met een partner, maar er was een nieuwe (het kleine meisje in het Westerse leven) was in haar leven gekomen. Het veroorzaakte een probleem. Ze gaven aan dat ze te lang bij Michelle (haar huidige partner) was geweest, en het tijd was om verder te gaan en een nieuw iemand in haar leven toe te laten. Ik vroeg of Carol vorige levens met Michelle had gehad. 'Ze waren in Europa. Carol was een jonge mannelijke student, prachtige violist ... zeer begaafd, zeer getalenteerd. Michelle was leraar. Er waren problemen. Michelle, als leraar, was heel, heel streng voor Carol. En toch vertelde Michelle de andere instructeurs hoe getalenteerd Carol was. Ze zei dat nooit tegen Carol. Ze pushte harder en bekritiseerde meer en meer en meer, en het sneed in Carol's zelfvertrouwen. Het was bijna alsof Michelle het met opzet deed, omdat ze jaloers was op het talent dat Carol had.'

D: *Waarom kozen ze er dan voor om samen te komen in dit leven?*
C: Carol moet haar zelfvertrouwen herwinnen. Er was karma tussen de leraar en de leerling. Michelle was Carol iets verschuldigd. Het contract is nu voorbij. Ze zijn al lange tijd samen, maar het is nu tijd om uit elkaar te gaan. Het gaat moeilijk zijn, maar het moet gebeuren. Ze moet gaan. Deb (het kleine meisje) zal nu vrij zijn om Carol's leven binnen te komen. Er is grootse liefde daar (vanwege het vorige leven als moeder en kind)
D: *Misschien zal dit helpen als ze deze dingen weet en ze ze kan begrijpen.* (Ja) *Daarna lieten jullie haar het leven zien toen ze in de kroeg was en ze werd vermoord. Waarom kozen jullie dat leven om aan haar te laten zien?*
C: Om te laten zien hoe je mensen pijn kunt doen met je acties.

Er was niemand in dat leven die ze nu kende in haar huidige leven. Ik was verbaasd omdat ik had gedacht dat de man die haar vermoordde een huidig personage zou zijn. Ze had gevraagd over haar korte huwelijk, en hoewel het verband hield met een ander vorig leven, weigerde het OB details te geven. Het was beter als Carol het niet wist.

D: Wat leerde ze van dat korte huwelijk?
C: Om te leren onvoorwaardelijk lief te hebben ... om eerlijk te zijn en wanneer je echt, echt lief hebt, houdt niks achter. Het was een kort contract, maar heel betekenisvol, heel sterk. Om volledig jezelf te zijn tegenover de persoon waar je van houdt. Om in staat te zijn over van alles en nog wat te kunnen praten, maar wel eerlijk en open te zijn omdat dat de enige manier is waarop ware liefde kan standhouden.—Ze had niet deze zelfde gevoelens bij Michelle. Dat was een andere relatie. Ze heeft alles geprobeerd om een liefdevolle, aardige vriendschap met Michelle te onderhouden, maar het ligt nu bij Michelle om dat te accepteren. Carol heeft dat niet in de hand. Carol kan haar hoofd niet leegmaken wanneer ze bij Michelle is. Ze kan niet creëren als ze verstrikt zit in een net. Michelle verlangt te veel van haar.

Nog een vraag waarvan ik het antwoord al wist, maar ik wilde dat het OB het haar zou vertellen. 'Ze wil weten waar ze vandaan kwam?'

C: Ze komt van de Bron. Al het is... alles wat is. Wij zijn van de Bron en we keren altijd terug naar de Bron, omdat we allemaal één zijn.

Boodschap: Verlies nooit vertrouwen. We zijn er altijd om je te helpen. Je bent nooit alleen.

Hoofdstuk 15
ANGST WORDT OVERGEDRAGEN

Dionne betrad de scène, en ze stond op bruine aarde, heet en droog als een woestijn. Ze werd zich bewust van een eeuwenoude Perzisch ogende boogvormige poort, iets verderop aan de zijkant. Alleen al het zien ervan vulde haar met een onverklaarbare angst. De angst was zo sterk dat ze wilde huilen. Ik wist dat elke keer als dit gebeurde, we op het punt stonden iets belangrijks en betekenisvols voor de cliënt te ontdekken. Je kunt emoties niet 'faken', ze komen voort uit de kern van het probleem, zelfs als ze op dat moment niet logisch lijken. Ik dacht dat als ik haar gedachten ervan af kon leiden, we verder zouden kunnen gaan, dus vroeg ik haar zich te focussen op haar lichaam. Ze was een oudere, bebaarde man, eenvoudig gekleed in een los gewaad en een tulband. Zijn lichaam voelde moe en uitgeput. 'Ik tob over iets aan de andere kant van de boogvormige poort ... iets dat daarbinnen gebeurt. Ik ben bang voor wat er gaande is aan de andere kant van de muur. Er zijn veel mensen, luide stemmen. Ik heb het gevoel dat iemand die ik ken daarbinnen is, en ik me zorgen over hen maak.' Ik vroeg of hij naar binnen wilde gaan door de boog om te kijken wat er aan de hand was, maar hij voelde extreme angst. 'Ik ben bang om naar binnen te gaan, en ik ben ook bang voor wat daarbinnen gebeurt. Ik denk dat ik naar binnen moet, maar ik voel me er angstig over.'

D: *Wie denk je dat daarbinnen is waar je je zorgen om maakt?*
DI: Ik heb het gevoel dat het misschien mijn dochter is. Het is bijna alsof ze wordt beschuldigd van het zijn van een tovenares of iets dergelijks, en de menigte schreeuwt om haar vernietiging.

D: *Denk jij dat ze een tovenares is?* (Nee) *Waarom denk je dat de mensen dat zouden denken?*
DI: Omdat ze onwetend zijn. Ze heeft een gave die de meeste mensen niet hebben, en ze begrijpen het niet. Ze vertrouwde het iemand toe, maar die begreep het niet en was bang, en zette de rest van de mensen aan tot angst. En vol vertrouwen gaf ze dit deel van zichzelf aan deze jonge man, en hij gebruikte het tegen haar.
D: *Je zei dat ze een gave had die zij niet begrepen. Wat voor soort gave was dat?*
DI: De gave van voorspellen. Ze vertelde de jonge man haar gave en gaf hem een voorspelling die uit kwam. En hij keerde zich tegen haar en beschuldigde haar ervan dat ze hem had behekst, en de situatie had gecreëerd in plaats van het slechts te zien. Hij geloofde dat zij het had gecreëerd.

Na lang uitstellen besloot hij zijn extreme angst te overwinnen en naar binnen te gaan. 'Ze gaan haar vermoorden als ik het niet doe, en wanneer ik naar binnen ga, zullen ze mij waarschijnlijk ook vermoorden, dus ik weet niet hoe ik het moet doen, want als ik zomaar binnen kom vallen en probeer haar mee te nemen, weet ik dat ze me gewoon zullen overmeesteren. Dus ik weet niet of ik naar binnen moet gaan en me moet voordoen als een van hen, en op de een of andere manier moet uitvogelen hoe ik haar kan bevrijden. Ik weet gewoon niet wat ik moet doen, want als ik zomaar naar binnen storm, werkt dat ook niet.' Hij besloot naar binnen te gaan. 'Ze zit achterin een wagen, en ze schreeuwen dat ze geëxecuteerd moet worden. De jonge man zegt dat ze een heks is en dat hij dat heeft bewezen door wat er is gebeurd. En de menigte is gewoon een kudde koeien die massaal wordt gegrepen door de koorts.—Ik wil haar niet verliezen, en ik wil niet gedood worden en dat ze dan alleen is.' Om dit te versnellen, kortte ik de tijd in en liet hem vooruit bewegen om te zien wat hij besloot te doen.

DI: Uiteindelijk doden ze ons allebei. De menigte. Ze knopen ons op, en hangen ons allebei op. Ze gooien touwen om iets heen en hangen ons op. Ze beschouwen mij als schuldig vanwege verbondenheid. Ik ging naar binnen en probeerde met ze te praten, maar ze waren onredelijk omdat ze waren gegrepen door de koorts.

Ik probeerde haar te bevrijden, haar vast te grijpen en haar weg te trekken, maar ik werd tegengehouden, en door verbondenheid werd ik, net als zij, veroordeeld.

D: *Er waren gewoon teveel mensen. (Ja.) Nou, hoe voel je je over de mensen die dit hebben gedaan?*
DI: Ik haat ze! Ik ben boos op de menigte vanwege hun onwetendheid. De jonge man was een van hen. Ik denk niet dat ik ooit nog vertrouwen in mensen heb gehad sindsdien. Het was onnodig, want er veranderde niets. Ze was geen heks. Ze had niets gedaan. Er veranderde niets. Ze voelden gewoon opluchting. Ze dachten dat ze veilig waren nu zij weg was.

Dit is nooit een goed idee om boosheid mee te dragen tegenover mensen die je dood veroorzaken. Het zal sowieso karma creëren dat meegenomen wordt naar andere opvolgende levens.

D: *Ze werden geregeerd door angst. (Ja) Ik denk dat je erg dapper was om te proberen haar te redden. Maar het loste niets op, of wel?*
DI: Het werkt niet ... nee.
D: *Nu is het voorbij en je bent uit het lichaam, dus kun je erop terugkijken en alles vanuit een ander perspectief zien. Kun je je lichaam zien?*
DI: Ja, het zijn gewoon twee levenloze lichamen. Trouwens, ik heb het gevoel dat ze ons ook in de maag hebben gestoken. Maar hoe dan ook, het zijn gewoon twee lichamen die liggen opgestapeld op de grond. De menigte juicht en nu lossen ze langzaam op. Er is niks veranderd. Ze geloven dat ze veilig zijn, maar er is echt niets veranderd.

Zijn dochter was bij hem 'in spirit' terwijl ze beide terugkeken op het gruwelijke tafereel. Ik legde uit dat elk leven een les heeft. 'Wat denk je dat je geleerd hebt van zo'n leven?'

DI: Ik hield van mijn dochter, en ik heb geleerd om tolerant te zijn omdat zij anders was. Ik moest wel leren tolerant te zijn, want anders had ik haar moeten wegduwen. En ik moest ook leren tolerant te zijn tegenover de verschillen tussen mensen. Ik begreep het niet, maar het was niet slecht, want zij was niet slecht. Dus ik leerde tolerantie, maar ik nam ook intolerantie met me mee voor wat de mensen deden.

Ik vroeg wat hij van plan was om te gaan doen nu hij uit het lichaam was. Of er een plek was waar hij voelde naartoe te moeten gaan, of iets dat hij moest doen. Na een pauze zei hij: 'Ik denk dat we wel de vrouw kunnen gaan zoeken die ik had, die gestorven is.' Zijn vrouw was eerder gestorven, daarom waren zij maar met z'n tweeën om voor elkaar te zorgen.

D: *Hoe zou je dat doen?*
DI: Waarschijnlijk me omdraaien en in de tegengestelde richting gaan van waar ik naar kijk.
D: *Wat bevindt zich in de tegengestelde richting?*
DI: Ik wil 'Zon' zeggen, maar de omgeving beneden is zojuist een kleinere speldenknop geworden.
D: *Het is niet iets dat je überhaupt wil bekijken.*
DI: Nee. Ik kan daar niet terug gaan ... kan niet terug. Ik voel nog steeds het gewicht van wat ik net heb ervaren. Het is niet weg. Het is niet verdwenen. Ik voel nog steeds de angst.
D: *Zeker. Het was een traumatische situatie.—Welke richting wil je op?*
DI: Er is slechts één verlichte plek. Er is eigenlijk maar één plek om heen te gaan. Het is gewoon wegdraaien van dat tafereel en me richten op het andere. Het lijkt gewoon fel en een beetje onzeker. Ik weet niet waar ik naartoe ga. Lijkt alsof ik het zou moeten herkennen. Ik ben er al miljoenen keren geweest.—Ik voel dat ik nog steeds die persoon ben.—Ik zweef gewoon een soot van richting het licht.

Ik versnelde de tijd en bracht hem vooruit naar toen hij op de plek kwam waar hij moest stoppen. 'Je zult weten wanneer we daar zijn, en we kunnen stoppen.

DI: Ik heb een vaag gevoel dat er andere mensen daar zijn. Het is alsof ik uit een traumatische ervaring kom en iedereen wil horen wat er zojuist is gebeurd, en ik ben het verhaal aan het vertellen. Het leek alsof mijn vrouw daar was, en ze is waarschijnlijk mijn man in dit leven. Ik heb het gevoel dat mijn moeder en mijn vader daar zijn. De gezichten zijn een soort van onherkenbaar, naarmate de kring van mensen ver van me afgaat. De gezichten zijn niet echt duidelijk.

D: *Soms is het sowieso meer een geval, dan dat het een herkenning is.*

DI: Het is een soort van opluchting om daar te zijn. Het is als een trauma dat nog steeds dicht bij mijn hart zit op een bepaalde manier. Ik ben nog steeds van streek door wat er is gebeurd, maar ik ben opgelucht dat ik oké ben. Toch voel ik me er nog steeds verdrietig over.—Ik moet waarschijnlijk gewoon een tijdje gaan slapen..

D: *Verteld iemand je dat?*

DI: Ik denk dat ik me gewoon bewust ben dat ik door een periode moet gaan waarin—ik weet niet wat het woord is—gewoon druk loslaten.

D: *Gewoon uit te rusten. Dat klinkt als een goed idee. Wat betreft je dochter?*

DI: We zijn samen. Ik denk dat we nu gewoon een dutje gaan doen naast elkaar.

D: *Hoe ziet die rustplaats eruit?*

DI: Het is een beetje als een wolk, op een bepaalde manier. Ik voel me gewoon onrustig. Ik heb het gevoel dat mij iets is overkomen dat niet had moeten gebeuren, het was zinloos, en het is moeilijk om het los te laten.

D: *Dus je gaat daar een tijdje blijven en nergens aan denken.* (Ja.)

Het Ingewikkelde Universum Boek Vier

Wanneer mensen naar de rustplaats gaan, kunnen ze daar een aanzienlijke tijd blijven. Het hangt gewoon af van hoe lang het duurt voordat ze zich in staat voelen om weer op het rad van het leven verder te gaan. Het kan een korte tijd zijn, of voor sommigen kan het wel honderden jaren zijn. Dus ik versnelde de tijd weer, naar het moment waarop hij zijn uitrusten had afgerond, en het tijd was om die plek te verlaten en iets anders te doen.

D: Voel je je beter nu je hebt kunnen rusten?
DI: Ik heb een soort angst die mijn hele wezen doordringt.
D: Zelfs nadat je door de rustfase bent gegaan, heb je nog steeds de angst? (Ja.) *Waar heb je een angst voor?*
DI: Ik denk dat het gewoon een angst is om vernietigd te worden.
D: Nou, ze hebben het lichaam vernietigd.
DI: Weet ik. Weet ik.
D: Maar ze konden jou niet vernietigen, of wel?
DI: Nee. Ik voel gewoon de zwaarte ervan en de angst. Ik weet niet hoe ik er vanaf moet komen.
D: Is er daar iemand aan wie je vragen kunt stellen en antwoorden van kunt krijgen?
DI: Er is misschien iemand ergens rechts. Hij ziet eruit als een van die Opgestegen Meesters. Hij is Aziatisch.
D: Wil je hem vragen stellen?
DI: Dat zou ik kunnen doen als jij dat wilt.
D: We zouden wat antwoorden kunnen krijgen. Zeg hem dat je deze angst wilt begrijpen. Angst is een sterke emotie. Zeg hem dat je wilt begrijpen waar het vandaan komt.
DI: Hij zegt dat het het tegenovergestelde is van de God Bron.
D: Vraag hem waarom je nog steeds vasthoudt aan die angst?
DI: Omdat het een steun is geworden.
D: Want de angst had samen met het lichaam achtergelaten moeten worden zodra het was gedood, toch?
DI: Blijkbaar leef ik al lange tijd met de angst en gebruik ik het als een steun.
D: Niet alleen dat leven, maar ook andere levens? (Ja) *Dus het ging niet weg op de rustplaats?* (Nee) *Wat bedoelt hij, het is een steun geworden?*

DI: Een manier om mezelf te beschermen, in bepaald opzicht. Het zou me weerhouden om situaties in te stappen die schadelijk zouden zijn.
D: *Vanuit dat oogpunt is het goed, nietwaar?*
DI: Ja, maar wanneer ik situaties herken zoals wat er gebeurde met de menigte, dan slaat mijn angst toe en zit ik in een constante vecht- of vluchtmodus. Ik neem het de hele tijd om me heen waar, dus ik wil constant wegrennen van iets, maar ik moet mezelf dwingen kalm te blijven en niet te rennen.
D: *Dat is geen fijne modus om in te zitten, of wel?*
DI: Nee want het is stressvol. En om altijd wantrouwig te zijn naar mensen, Om altijd te vermoeden dat ze op elk moment kunnen omslaan.
D: *Dat is geen goede manier om te leven, of wel?* (Nee) *Wat stelt hij voor? Het klinkt alsof hij misschien wel heel wijs is. Misschien heeft hij advies.*
DI: Aarde is een goede plek om heen te gaan. Hij zegt dat het grootste ding wat we op Aarde moeten doen, is angst overwinnen. En als ik dat niet doe, dan zal ik terug moeten komen. Als ik het wel overwin, dan hoef ik dat niet. Als ik het onder controle krijg of overwin, dan hoef ik niet terug te komen, tenzij ik dat wil.—Echter, wil ik daar niet weer naartoe. Ik begrijp niet waarom alles op de Aarde zo afschuwelijk moet zijn.
D: *Dat hoeft niet zo te zijn, of wel soms?*
DI: Het lijkt wel zo. (Ontdaan) Gewoon wreedheid. Dat is gewoon 'hoe het is'. De aarde is zo. Mensen zijn zo.
D: *Misschien zijn ze dat niet. Misschien hebben ze hulp nodig. Vraag hem, als je besluit om terug te komen naar Aarde, kun je dan een verschil maken om dingen te veranderen?*
DI: Om andere mensen te helpen of om mezelf te helpen?
D: *In beide gevallen. Wat zegt hij? Heb je een keuze?* (Dionne werd emotioneel.) *Het is oké om emotioneel te zijn. Dat is goed. Maar heb je een keuze of je gaat of blijft?*
DI: Soort van, maar niet echt. Ik hoef niet te gaan, maar ik weet dat als ik niet ga, dat niet afmaak wat ik zou moeten doen. En daarom moet ik.—Ik wil gewoon niet gaan! Ik zou

gewoon willen dat ik niks meer hoefde op te lossen. Ik zou willen dat ik gewoon hier kon blijven.

D: Wat zegt hij? Zijn hier regels en voorschriften over?

DI: Hij zei dat er nog veel te doen is.

D: Wat heb je afgesproken om te doen?

DI: Door alles heen te gaan tot het klaar is. Gewoon om door wat het ook ging zijn heen te gaan, totdat het klaar is. Ik ging er niet vanuit dat het zo erg zou zijn. Ik heb het gevoel dat als ik terug ga, het gewoon weer een ander afschuwelijk iets gaat zijn.

D: Misschien zou het niet zo erg zijn als wat je net hebt doorgemaakt. Weet hij of het net zo erg zal zijn, of juist makkelijker?

DI: Het kan alles zijn wat ik er van maak.

D: Dan heb jij de controle, nietwaar? (Ja) *Je bent krachtiger dan je denkt dat je bent, nietwaar?*

DI: Ik voel me op een bepaalde manier een soort slachtoffer.

D: Ik denk dat het tijd is om dat te gaan veranderen. Is dat het moment waarop je de beslissing maakt om terug te komen naar Aarde?

DI: Ik weet dat ik dat moet doen om mijn afspraak na te komen en af te maken, anders zou ik het alleen maar uitstellen. Uiteindelijk zal ik het toch moeten doen.

D: En de afspraak was om alles te ervaren?

DI: Om het door te maken, ja. Om door de fysieke realiteit heen te gaan.

D: Al het goede én het slechte?

DI: Ja, maar ik had geen idee hoe erg het slechte ging zijn. Het is een beetje zoals iemand die op de evenaar leeft en je probeert uit te leggen wat sneeuw is. En ze hebben een beeld, maar ze weten niet echt wat het is totdat ze er aankomen.

D: Je weet het nooit echt tot je het zelf ervaart.

DI: Ik had niet gedacht dat ik het zo sterk zou voelen als ik heb gedaan, denk ik zo.

Ik dacht dat we op dit punt alles hadden geleerd wat we konden. We wisten dat hij de beslissing had genomen om terug te komen, omdat uitstel alleen maar het onvermijdelijke zou vertragen. Dus vroeg ik of het goed was om iemand anders te aan te roepen die in staat zou zijn om meer antwoorden te geven. De andere entiteit was bereid dat te doen. Dus ik bedankte het en riep vervolgens het OB naar voren. Uiteraard was de eerste vraag waarom het dat leven had gekozen om aan Dionne te laten zien.

DI: Het was het moment waarop het verdriet de overhand kreeg. Het bouwde zich op tot dat punt, maar het was die ene keer waarop het verdriet de overhand kreeg.
D: *Dus ze had andere negatieve levens ervaren, maar dit was de laatste druppel?* (Ja) *Waarom wilde je dat ze daar van afwist?*
DI: Ze is een empaat in dit leven en ze moest het weten.
D: *Een empaat neemt alle gevoelens van anderen over, nietwaar?*
DI: Ja. Ze moest weten dat ze, om een empaat te zijn, alle emoties moest ervaren die er zijn.
D: *Dat is groots.*
DI: Ja. Om een empaat te zijn, moet je alle emoties hebben ervaren om te weten welke emotie je ervaart. Met andere woorden, je moet angst ervaren om te weten dat het angst is. En zij kan mensen lezen en voelen wat ze voelen zelfs voordat ze het uitspreken.
D: *Dat is goed, maar wat wil je dat ze doet met dat talent van een empaat? Hoe wil je dat ze het benut?*
DI: Het is altijd geweest om anderen te helpen. Het geeft haar veel medeleven.
D: *Maar ze heeft de neiging om uit de buurt van mensen te blijven, toch?*
DI: Ja, ze heeft een wantrouwen ontwikkeld tegenover mensen.
D: *Komt dat van dat leven?*
DI: Ja, en anderen.
D: *Mensen toonden hun gewelddadige kant.* (Ja) *Maar in dit leven, gaat niemand haar op die manier behandelen, toch?*
DI: Oh, dat doen ze wel. Sommige van diezelfde mensen uit de menigte zijn in haar leven vandaag.
D: *Mensen waarmee ze karma ontwikkelde?*

DI: Ja, er is karma. De mensen uit de menigte waren vreemden voor haar, en ze duiken zo nu en dan op in dit leven. En ze zetten hetzelfde gedrag voort, alleen is het aangepast aan wat haar leven nu is. Dus er zijn mensen in haar leven die onbewust haar willen vernietigen. Haar naaste familie, haar rechtstreekse familie, wil haar beschermen. De anderen die kwamen en weer vertrokken, waren slechts kennissen. Ze kwamen en gingen. Gewoon om hetzelfde patroon te blijven uitspelen dat ze al lange tijd spelen. Er zijn mensen in haar leven die haar onbewust herkennen van die andere tijd. En ze reageren onbewust op haar op dezelfde manier als dat ze die andere keer reageerden. De planning is niet om haar te vernietigen in dit leven, maar ze herkennen haar onmiddellijk en reageren onmiddellijk negatief op haar. Er is een ziels-herkenning en dat uit zich bij hen als een hekel aan haar. En ze beseffen het niet en begrijpen hun negatieve reactie op haar niet.

D: *Dus wat is het doel daarvan? Wat leert ze daarvan?*

DI: Ze moet leren afstandelijkheid te ontwikkelen. Ze raakt er te persoonlijk bij betrokken.

D: *Dan zou ze moeten leren om het niet persoonlijk te nemen.*

DI: Ja. Ze voelde zich bedrogen en onbegrepen, en in haar huidige leven heeft ze ervaringen gehad die, voor haar, bevestigden dat ze het waard is om bedrogen te worden. Niemand in dit leven heeft geprobeerd om haar te bedriegen, maar ze ervaart het op die manier.

D: *Was iemand in haar familie nu, bij haar in dat leven?*

DI: Haar man nu was haar vrouw, en haar dochter nu was haar dochter. Haar moeder nu, was deel van de menigte maar niet iemand van de menigte. Ze was een machteloze bijstaander in de menigte. Ze was deel van de menigte, maar ze vond het niet leuk wat de menigte aan het doen was. Maar er was niks dat ze kon doen.

D: *Dus er is daar geen karma.*

DI: Er is iets gaande bij haar moeder. Haar moeder voelt zich berouwvol.

D: *Maar haar moeder maakte er niet actief deel van uit.*

DI: Haar moeder reageert soms op haar op de manier dat andere mensen op haar reageren op zielsniveau. Dus ze heeft een angst voor haar dochter, zoals de menigte een angst had voor het jonge meisje. Maar ze voelt ook verdriet voor haar, zoals ze dat voelde als deel van de menigte ... verdriet om wat er gebeurde met deze twee mensen. Omdat ze machteloos was, was ze in dit leven kritisch op haar dochter, omdat ze aspecten van haar dochter zag die zij zelf ook bezat, en ze wilde dat haar dochter sterk zou zijn zoals zij was. En dus gebruikte ze kritiek om haar te proberen te versterken, maar in plaats daarvan verzwakte het haar dochter. Haar dochter zag dit als bevestiging dat iedereen slecht en negatief was, en niet te vertrouwen.

D: Maar hoe kunnen van deze angst afkomen die Dionne nog steeds meedraagt? Nu we weten waar het vandaan komt. Ze heeft het niet nodig in dit leven, of wel?

DI: Niet echt. Het is een soort van ingesleten patroon in haar. Het heeft door de eeuwen heen aan kracht gewonnen. Het is behoorlijk ingesleten.

Ik vroeg het OB om suggesties over hoe de angst te verlichten en het makkelijker te maken voor Dionne om ermee om te gaan. We wilden dat ze het nu kwijtraakte, zodat ze het niet verder mee hoefde te dragen. Het OB zei dat één factor was dat ze zich in een negatieve situatie bevond waar ze werkt. Het creëerde angst waar ze in mee ging. 'De mensen zijn niet op haar niveau. Ze moet met mensen zijn die zijn zoals zij. Er zijn zulke mensen, maar ze zijn zeldzaam en lastig te vinden.'

D: Wat wordt er van haar verwacht dat ze doet?

DI: Ze zou bezig moeten zijn met creëren. Ze beschikt over veel informatie, kennis en wijsheid, maar het ligt verspreid. Ze moet het bij elkaar krijgen, zodat ze het met andere mensen kan delen. Ze zou met mensen kunnen praten of erover kunnen schrijven.

D: Je moet voorzichtig zijn met wie je praat, want veel mensen begrijpen het niet.

DI: Nee, de wereld zit in het linkerbrein. (Lach)

Dionne was begonnen aan het schrijven van een aantal romans, en het OB moedigde haar aan om ze af te maken. 'Ze moet alles dat ze heeft meegemaakt laten klikken in haar hoofd, zodat ze het kan begrijpen. Ze zit al te lang in haar linkerhersenhelft, en de linkerhersenhelft houdt mensen vast in een cyclus die nergens toe leidt. En ze wordt geforceerd door omstandigheden en ook door haar natuur om veel in de linkerhersenhelft te zijn.—Ze zit in een dilemma omdat ze bepaalde dingen moet afbetalen, maar zolang ze dat werk blijft doen, zal ze nooit creëren. Ze heeft bepaalde talenten die niet iedereen heeft die ze zou kunnen benutten om geld te verdienen.' Vooral haar gevoel voor humor, dat ze op een unieke manier zou kunnen inzetten in haar schrijven en door middel van acteren. Het grootste ding dat haar tegenhield was haar angst: de angst voor de onzekerheid ervan, de angst om te falen, de angst dat ze er niet goed genoeg in zou zijn. Het was haar angst die het geld op afstand hield.

DI: Er is een patroon op celniveau van iets dat grenst aan wantrouwen; een angst dat, als ze zich uitspreekt, ze zal worden afgeschoten. Daarom is ze in het verleden enigszins teruggetrokken geraakt, doordat ze weet wat andere mensen haar zullen aandoen. Ze zullen altijd op haar reageren. Het gaat erom of het haar wel of niet verplettert wanneer ze dat doen. Ze heeft een kleine groep mensen die om haar geven. Haar man geeft heel veel om haar en hun dochter.

Ze werd aangemoedigd om weer te beginnen met schrijven, omdat dat enorm belangrijk was. En ze moest haar baan opzeggen, omdat de omstandigheden daar haar tegenhielden. Ze zieden dat er een andere, betere baan zou komen met alle ideale omstandigheden die ze nodig had. Haar fysieke klachten van vermoeidheid en depressie waren gemakkelijk te verklaren, omdat ze niet deed wat ze eigenlijk zou moeten doen.

DI: Ze doet niet wat ze hoort te doen en dat weet ze. Ze voelt dat aan, en haar lichaam wordt niet opgewekt door wat ze doet. Wanneer ze begint te doen wat ik haar zeg, zal ze de depressie niet meer hebben. Ze zal vol energie zijn en enthousiast over het leven.

Het OB ging daarna door het lichaam heen en maakte correcties en verbeteringen. Het zei dat, nu ze begreep waar de angst vandaan kwam, ze ermee om zou kunnen gaan, hoewel het werk van haar kant zou vergen.

Afscheidsboodschap: Ik hou heel veel van haar, en ze is met opzet anders gemaakt dan andere mensen. Ze is anders omdat ze niet zoals de andere mensen hoort te zijn. Ze is bijzonder. Alle mensen zijn dat, maar zij is gemaakt om speciaal te zijn, en ze is gemaakt zodat haar licht helder kan schijnen en anderen het kunnen zien. En ze heeft gaven die ze moet ontwikkelen, gebruiken en teruggeven aan de wereld. Het is oké dat mensen haar herkennen en meteen een negatieve reactie hebben. Het is oké, omdat het meer gaat over wie zij zijn dan over wie zij is. Als ze naar die kleine intuïtieve stem luistert en er elke keer naar handelt, dan zal ze geluk en vervulling vinden.

Hoofdstuk 16
MOORD EN ZELFMOORD

Een van Julie's voornaamste klachten had te maken met haar lever. Ze stond ingepland om een operatie te ondergaan die zeer gevaarlijk was en haar mogelijk kon doden. Het had te maken met littekenvorming in de achterste galbuis, wat ervoor zorgde dat er gal in haar darmen terechtkwam. Als de operatie niet zou werken, stond ze op de lijst voor een levertransplantatie. Julie had een lange historie van grote ingrepen, en veel fysieke klachten, vooral haar rug. Ze gebruikte veel verschillende soorten medicatie omdat ze in zoveel pijn verkeerde. Ze werd ook behandeld voor depressie door haar psychiater and nam daar nog meer medicatie voor.

Julie kwam van de wolk af op een strand aan de oceaan. Ze was een veertienjarige jongen van inheemse afkomst, met zwart haar en chocoladebruine huid, die over het strand liep terwijl hij de hand vasthield van een klein jongetje waarvan hij wist dat het zijn broer was. Toen ik vroeg waar hij woonde, zei hij dat het er niet meer was. Er was een dorp op de klif geweest, maar dat was verwoest door een zware storm met veel wind en water. Hij en zijn broer waren er niet toen het gebeurde, omdat ze bessen aan het verzamelen waren in het bos. Toen de storm losbrak, verstopten ze zich onder een gevallen boom en een rots, en hij probeerde zijn kleine broertje te beschermen. 'Ik stootte mijn hoofd tegen een grote, grote tak van de boom. Ik wachtte tot alles zou stoppen ... at onze bessen.' Ze zagen niet wat er was gebeurd totdat ze terugkwamen in het dorp. 'Ik kan niemand vinden.—Waar is iedereen heen? Mijn moeder ... mama.—Alles was gewoon plat en omver geblazen. De storm was erg, maar niet zo erg om dit te kunnen doen!' Hij was heel emotioneel en ontdaan, en bleef telkens 'Mama' fluisteren. 'Ik weet niet wat ik moet doen, of waar ik naartoe moet gaan. Ik weet niet waar de anderen zijn.' Hij werd heel emotioneel en huilde, dus ik besloot om de tijd te verkorten en vooruit te bewegen om te kijken wat er gebeurde. 'De witte mannen kregen ons te pakken.—Ik wist dat er witte mannen waren daar maar ze brengen hun God. De God van de witte man wordt in het dorp onderwezen, maar andere witte mannen kwamen om ons mee te nemen.—Ik weet niet waar mijn moeder is.'

D: *Waarom zouden ze jou en je broer willen meenemen?*
J: Weet ik niet. (Verbijsterd) Ik ben gefrustreerd. Niemand wil het me vertellen.
D: *Nemen ze je ergens mee naartoe?*
J: Ja ... (Sarcastisch) ... veel van ons. Ik heb m'n vader gevonden. Mijn broer is niet meer hier. Ze hebben hem meegenomen. Ze hebben mijn vader geslagen, en mijn vader schaamt zich.
D: *Waarom schaamt hij zich?*
J: Ze hebben mijn moeder gedood ... niet de storm ... niet de storm. Ze heeft gevochten. M'n vader schaamt zich dat hij niet heeft kunnen beschermen. Hij wil niet naar me kijken.

Ze werden gevangen gehouden met veel mensen op een plek in een dorp, bewaakt door "witte mannen bewakers." Hij beschreef dat de mannen riemen met zwaarden en leren laarzen droegen. Ze maakten hem misselijk, 'Ze stinken.' Toen ik hem vooruit bewoog om te zien wat er was gebeurd, was zijn stem gevuld met haat en woede, 'Ze hongeren ons uit ... en ze slaan ons ... en dan willen ze dat we knielen voor hun God.' Ik vroeg hoe hun God werd afgebeeld. 'Deze man, ik hoor ze, dat zijn naam Padre is. Hij maakt me misselijk. We moeten voor hem en hun houten kruis buigen.' Zei hij, alsof het een vieze smaak in zijn mond was, 'Ze zeggen dat de weg naar verlossing via de man aan het kruis is, en dat wij niets meer zijn dan dieren.' Hij had een onderscheidend accent tijdens het emotionele navertellen hiervan. 'Ze denken dat wij dieren zijn. Ze slaan ons als dieren. Ze verzamelen ons als dieren. Ze doden ons als dieren.' Hij was extreem ontdaan en huilde toen hij zei: 'Ik eet de wortel! Ik ga mezelf doden. Zij zullen dat niet!' Hij zei dat er een boot aankwam om hen ergens naartoe te brengen. Het idee maakte hem bang: 'Ik hoor verhalen. Ze dwingen ons om te gaan

... en dan sterven we. En ze zeggen dat ze ons bezitten, en dat ze ons land bezitten. Je kunt land niet bezitten. Het is van God. Wij zijn Gods volk.' Hij was zo bang dat hij dacht dat het beter was om zichzelf te doden door de wortel te eten waarvan hij wist dat het vergif was. 'En mijn maag doet pijn' Ik haalde enige fysieke sensaties weg zodat hij kon uitleggen wat er gebeurde. 'Ik heb de Padre gedood met de wortel. Ik heb hem misleid om de wortel te eten. Hij mag mij. Hij raakt me aan. (Huilend) Ik zei tegen hem 'goed, lekker.' Hij is als een jakhals. Hij is sterk en stinkt, maar ik kan hem doden.' Hij was trots dat hij de priester misleid had om de wortel te eten.

D: Je vond deze man niet leuk, of wel?
J: Nee ... hij heeft me pijn gedaan.—Hij deed tegen mij wat man niet doet tegen man! (Heel zwaar accent.) Hij was niet een man van God ... niet mijn God!

Zijn stem was vervuld van zoveel walging en haat, het vergde niet veel voorstellingsvermogen om te weten waar hij het over had. Daarom zal ik niet in details treden voor de lezers.

J: Ik was sluw als de leeuwin. Ik zei tegen hem: "goed om te eten" en ik at het als eerst. Ik gaf hem het slechtste gedeelte van de wortel. En hij at het.

De maag van de jongen deed pijn en het duurde niet lang voordat hij stierf. Hij was uit zijn lichaam en keek naar zichzelf. 'Ik ben verspild door de witte man ... en de witte man z'n God.' Hij zag dat ze probeerden de Padre te helpen, maar hij wist dat ze niets konden doen, en dat hij zou sterven. Hij glimlachte, 'Ik heb mijn moeder eer aangedaan.' Ik vroeg wat hij nu ging doen, nu hij uit het lichaam was. 'Ik zal dansen. Ik dans voor degenen die huilen en wenen, en ik zal dansen tot ze thuiskomen ... mijn familie. Ik wil dat deze mannen vertrekken, maar ik zal dansen tot ze thuiskomen. Ze namen hen allemaal mee, en lieten mij achter bij de Padre omdat hij mij leuk vond.—Maar nu kan ik overal heen gaan. Ik ben vrij. Ik ben vrij!'

D: *Je bent vrij daarvan, en hoewel je jezelf hebt gedood en hem hebt gedood, voel je dat het voor een goede reden was?*
J: . Ja. Ik moest hem stoppen met het pijn doen van andere mensen en ons dwingen om voor zijn kruis te knielen. Hij was krachtig. Hij was een God in zijn eigen gedachten, en degenen om hem heen onderwierpen zich alleen aan zijn woorden, zijn woorden. En nu hebben ze hun misselijkmakende God niet meer.

Ik liet Julie toen wegzweven van de scène, en de jongen daarlaten om zijn eigen reis voort te zetten. Ik riep toen het OB naar voren en vroeg het waarom het dat leven had gekozen om aan haar te laten zien.

J: Uit liefde voor gemeenschap. Offers worden vaak gemaakt wanneer ze het minst worden verwacht, zelfs van de jongeren.
D: *Want het was nogal een gewelddadig leven, nietwaar?*
J: Alleen dat gedeelte. De rest was goed. Er valt veel te zeggen over offers en gemeenschap en liefde. Ze heeft altijd een diepe liefde gehad. Liefde is die ultieme liefde waar ze het over heeft.
D: *Maar ook al heeft ze in dat leven gedood. Je denkt dat het door liefde kwam?*
J: Nee. Hij dacht dat als hij hem doodde, het zou voorkomen dat anderen uit andere dorpen werden verzameld, zodra deze krachtige man weg was.
D: *Omdat deze van man van God er niet langer zou zijn?*
J: Ja, maar het stopte niet. Teveel mensen. Ze vervingen gewoon degene die ze verloren.
D: *Hij deed wat hij dacht dat het juiste was om te doen.* (Ja) *Hij heeft wellicht wat mensen geholpen door dat te doen.* (Ja) *Wat heeft dat te maken met Julie's leven nu?*
J: Soms denkt ze dat ze altijd dingen opoffert om anderen te helpen, and dat doet ze ook. Iedereen die haar aandacht nodig heeft en opoffering nodig heeft, zij geeft het. Het is niet gezond voor haar. Ze moet tijd voor zichzelf nemen en

haar pijn helen ... haar zelf toegebrachte pijn. Precies zoals het innemen van de wortel.

D: *Heeft de wijze waarop ze zichzelf doodde enige betekenis in haar leven nu?*

J: Alleen in dat het vergif is om te gebruiken en in te nemen wat zij gebruikt en inneemt. Artsen denken dat ze haar helpen. Ze proberen. Ze helpen Julie niet.

D: *Dus jullie denken dat de dingen die ze haar geven niet goed voor haar zijn?*

J: Ja, en door te denken dat ze het juiste doet is ze zichzelf aan het doden.

D: *Alweer, bedoel je?* (Ja) *Dat willen we niet want in dit leven is dat niet de les die geleerd moet worden, toch?* (Nee) *Die les heeft ze al geleerd.* (Ja) *In dit leven heeft ze werk te doen. Ze zal vele mensen helpen.*

J: Velen.

D: *Dus we willen niet dat ze zichzelf opnieuw vergiftigd.*

J: Nee. Ze hielp er slechts een paar in dat leven, maar nu kan ze velen helpen. Als ze gewoon niet het vergif neemt.

D: *Wat zijn de dingen die je niet wilt dat ze neemt?*

J: De neuro-pijnmedicatie die ze haar geven, en de reguliere pijnmedicatie en de Tylenol ... slecht... en de voorgeschreven medicijnen met Tylenol. (Luid) De Tylenol is dit lichaam aan het doden! Het tast haar lever en nieren aan. De Tylenol doodt haar! Ze moet stoppen! Zelfs wanneer ze hoofdpijn heeft, gebruik Reiki, en het kan haar hoofdpijn laten verdwijnen.

D: *Kun je de medicijnen die ze al genomen heeft uit haar lichaam spoelen?*

J: Ja, dat kan ik.

D: *Is er nog een ander medicijn dat ze neemt waarvan je niet wilt dat ze het neemt?*

J: Ja. Wat haar psychiater haar geeft is niet nodig.

D: *De antidepressiva?*

J: Ja. Ik wil dat ze het afbouwt; helemaal stoppen ... niet gebruiken.

D: *Met afbouwen, wil je dat ze het geleidelijk doet?*

J: Nee, stop!

D: *Zal dit een effect op het lichaam hebben als ze er gewoon mee stopt? We willen het lichaam niet nog meer schade toebrengen.*
J: Ze kan extreme stemmingswisselingen ervaren als ze helemaal stopt. Ze kan beide opties kiezen. De beste optie zou zijn om helemaal te stoppen, maar dat kan emotioneel te zwaar zijn om helemaal te stoppen, echter duurt het maar ongeveer een week.

Ik vond dat niet heel lang om alles uit haar systeem te krijgen.

D: *Dus ze kan stemmingswisselingen opmerken in die periode, maar ze zal weten waar het vandaan komt.*
J: Ja, en ze zal in balans komen.
D: *We willen graag dat ze in balans is. Is er nog iets anders waar jullie willen dat ze mee stopt?*
J: Haar medicatie voor aandachtsstoornissen. Er is niets mis met haar geest. Ze is zich heel, heel bewust van zichzelf.

Ik heb gemerkt dat vaak wanneer cliënten meerdere soorten medicatie gebruiken, dat ze elkaar beïnvloeden en vaak ongewenste effecten veroorzaakt. Ik benoemde dat de artsen het hadden over een operatie aan haar lever. Dit maakt het OB altijd van streek, omdat het niet van operaties houdt. Het zei dat de lever zou herstellen als ze zou stoppen met de Tylenol en andere pijnstillers. 'Geen operatie ... geen operaties nodig!' Ik vroeg het OB om het lichaam in te gaan, naar het levergebied, en wat reparaties uit te voeren. Julie had een MRI gepland staan wanneer ze weer thuis kwam. Ik dacht dat als de artsen hun tests zouden doen en dan zouden zien dat er niets mis was, ze niet zouden willen opereren. 'Nee, dat zullen ze niet.

D: *Je weet hoe artsen zijn met hun machines.*
J: Ja, ze zijn onmiskenbaar bewijs voor hen.

Het OB zei dat het al aan de lever aan het werken was, en ik vroeg wat het aan het doen was. Ik ben altijd benieuwd om te weten hoe het wordt gedaan. Wanneer het OB werkt wordt het stil, dus ik vind het fijn om het aan het praten te houden zodat ik de vooruitgang kan weten. Het heeft me in het verleden verteld dat ik ertegen kan praten terwijl het werkt.

J: De druk aan de binnenkant van de lever neemt toe en duwt. Ik draai rond het gebied heen met energie die geneest. Haar lichaam heeft de energie opgebouwd terwijl we praten, zodat ik dit kan doen.

D: *Wanneer ze teruggaat naar de dokter en hij de foto's neemt, zullen ze opmerken dat er iets anders is?*

J: Oh, ja.

D: *Uiteraard zullen ze het niet begrijpen of wel?* (Lach)

J: Nee, maar ze zal een heel scherpe, grappige manier hebben om het hen te laten weten.—Haar lichaam is erg heet door de hoeveelheid energie. Ik moest het laten opbouwen zodat we dit kunnen doen. Het blijft ons altijd verbazen.

D: *Dus het herstelt de schade die de Tylenol heeft aangericht?* (Ja) *Ze hadden het zelfs over het verwijderen van de lever en het plaatsen van een andere ... een transplantatie.*

J: En zij zei dat het haar hele lever liet beven. (Ik lachte.)

Dit toonde aan dat de lever een eigen gewaar-zijn en bewustzijn heeft. Het reageerde op het idee om uit het lichaam verwijderd te worden.

D: *Het vond dat idee niet prettig. Dat is de enige oplossing die ze hebben, gewoon opereren.*

J: Ja. Om het lichaam te verminken. Dit lichaam heeft al zoveel doorgemaakt. Het is al genoeg verminkt.

D: *We willen niet dat zij het nog meer verminken, toch?*

J: Nee, ze heeft dat niet nodig.—Ze is een eigenwijze.

Ik vroeg of het naar andere delen van haar lichaam kon kijken waar ze problemen mee had, in het bijzonder de onderrug. Het zei: 'Natuurlijk, dat kan ik.' Ik vroeg naar de oorzaak van dat probleem.

J: Eerlijk? (Ja) Haar verleden ... maar helaas, ze is zowel in het leven als mentaal ten val gekomen.

Terwijl het aan het lichaam werkte vroeg ik of er iemand in dat leven was die ze nu kende in haar huidige leven. Het zei dat het kleine broertje James was, een goede vriend in dit leven. Uiteraard vroeg ik me af of de Padre iemand was die ze kende. Het bevestigde wat ik dacht, dat de Padre haar opa was in dit leven. Tijdens ons voorgesprek vertrouwde Julie me toe dat haar opa haar als kind had misbruikt. Blijkbaar hadden ze een contract afgesloten om weer samen te zijn (in verschillende rollen) zodat hij kon goedmaken wat hij het jongetje had aangedaan. Maar het lijk erop dat hij nog steeds die les niet had geleerd en hij het seksuele probleem meenam. In plaats van het goed te maken, had hij nog meer schuld opgebouwd. Ik vroeg het OB naar karma.

J: Ze het het hare afgerond in het verleden. Deze man heeft een hoop karma. En hij heeft zichzelf opnieuw herhaald. Het is zijn probleem, niet het hare.
D: *Julie hoeft daar geen deel meer van te hebben. Je zei dat ze haar deel heeft afgewerkt.*
J: Ja, zeker. Ze hield van hem.
D: *Dus in zo'n geval, moord en zelfmoord wordt niet als negatief beschouwd?*
J: Niet in zo'n geval. Het leek de enige oplossing voor een jong veertienjarig jongetje.—Dingen waren ook bepalend voor haar op haar veertiende.
D: *Was het met elkaar verbonden op een bepaalde manier?*
J: In zekere zin vond ze liefde in plaats van haat ... genade in plaats van woede.
D: *Ze had een borstamputatie op haar veertiende.*
J: Ja, dat klopt.
D: *Is er een connectie daar?*
J: Niet met dat leven in het bijzonder. Behalve pijn en lijden en verminking van zichzelf. Hoe noodzakelijk je ook denkt dat het is, het is niet altijd noodzakelijk. Maar dit had ook te maken met haar moeder. Ze wilde het beste voor haar

dochter. Ze wilde haar helpen. Ook al wist ze dat de tumor goedaardig was, drong ze erop aan. En dit arme meisje verloor haar borst, maar ze is totaal niet aan dit lichaam gehecht. De asymmetrische misvorming zorgde ervoor dat ze de borst moesten herbouwen. Haar moeder vertelde haar dat de tumor kwaadaardig was, en dat was niet zo. Julie kende het verschil niet. Ze heeft nooit kanker gehad. Haar moeder verzocht om de borst te herbouwen na de verwijdering van de tumor. En de borst zelf kreeg daarna een stafylokokken infectie die verschrikkelijk was ... het heeft haar bijna gedood. Ze heeft daar geen herinnering aan. Ze herinnert zich alleen dat ze heel ziek was en vaak in het ziekenhuis lag.

Ik vond het interessant dat dit plaatsvond op dezelfde leeftijd waarop het jongetje z'n trauma had ervaren in het vorige leven. Maar nu ze dit alles begreep, zou ze geen verdere fysieke problemen hoeven hebben. Het OB stond erop dat ze genoeg fysieke problemen had gehad. Vervolgens stelde ik de onvermijdelijke vraag: 'Wat was haar doel?' Ze zou moeten schrijven, ook al was dit iets dat ze moeilijk vond. Ze was geïnteresseerd in heling, maar het OB dacht niet dat dat een goed idee was voor Julie. 'Ik denk dat het soms werkt voor mensen, maar ze moet verbonden zijn op een diep level om het te laten werken. Ze is te empathisch. Ze neemt als een magneet mensen hun ziektes en energie over.' Er was een moment van verbazing toen ik naar haar man vroeg. Ze hadden wat problemen, en hij overwoog ofwel met pensioen te gaan of naar een andere militaire basis in Washington te gaan. 'Ik denk dat pensioen nog ver weg is. Te vroeg.'

D: *Kun je zien wat er met hem gaat gebeuren?*
J: Ja. Hij hertrouwt. (Dit was een verrassing.)
D: *Bedoel je dat ze niet bij elkaar zullen blijven?*
J: Nee. Uiteindelijk, ook al denkt ze dat dit is wat ze wil, het maakt haar evengoed heel verdrietig wanneer het tot uiting komt. Hij zal de baan in Washington aannemen, en zij zal in Virginia blijven.

D: Hoe zal Julie zichzelf kunnen onderhouden?
J: Ze zal beginnen met terug naar school te gaan en een paar lessen te volgen; niets uitgebreids. Onderwijs ... niet aan een universiteit. Het zal een deur voor haar openen om nieuwe mensen te ontmoeten ... connectie. Ze zal een man ontmoeten die ouder is, die haar zal helpen om het zelfvertrouwen te verkrijgen om te schrijven.

Ik had niet veel tijd meer, maar ze had nog een vraag. Vaak wanneer ze sliep, sprak ze in andere talen. Haar man had dit zelfs op band opgenomen. Ze wilde weten wat er gebeurde wanneer dit voorkwam.

J: Ze "channelt" andere levens. Herinneringen... cellulaire herinneringen. Ze spreekt de taal.
D: Ik dacht dat toen ze dat vergif nam, dat misschien hetgeen was wat haar beïnvloedde in dit leven. Het veroorzaakte pijn in haar buik in dat leven.
J: Nee. Er is een contrast tussen iets nemen waarvan je denkt dat het je zal helpen en de dood. Hij dacht dat het hem uiteindelijk zou helpen, maar in dit leven doodt het je alleen maar.

De laatste boodschap voor het vertrek: 'Stop met het nemen van de medicatie. Weet dat fysiek openstaat voor ons. We sturen je altijd de liefdevolle informatie waarover je zult schrijven.' Ik hoor niet vaak terug van m'n cliënten na de sessies, maar in Julie's geval stuurde ze een e-mail om me te vertellen wat er daarna gebeurde: Allereerst, op weg naar huis die nacht (na de sessie), toen we de stad uitreden terug naar Virginia, viel ik in slaap terwijl mijn beste vriend reed. Hij maakte me een tijdje later wakker omdat hij wilde weten of ik oké was omdat ik nat was, nee, doorweekt was van het zweet. Het was alsof mijn fysieke lichaam uitschakelde en probeerde zich van alle medicatie te ontgiften die de doctoren me gaven. Ik heb nog nooit eerder zo gezweet, en ik denk ook niet dat ik dat ooit nog zal doen. Ik kon mijn jurk uitwringen. Letterlijk!

In mei had ik een galbuis van 14 mm groot die was opengescheurd door een litteken, wat ervoor zorgde dat er gal in m'n darmen lekte. Preventieve chirurgie was nodig en vervolgens kwam ik op de lijst voor een levertransplantatie voor een nieuwe lever met galbuizen van een gezonde grootte. (Onze sessie vond plaats in juni.) De afgelopen maand (september) heb ik eindelijk de tweede MRI laten maken en de artsen waren verbijsterd over de resultaten. Zozeer zelfs, dat ze zeggen dat het is alsof je naar de lever en het galbuis systeem van twee verschillende mensen kijkt.. Ik had een 14 mm grote opening in m'n galbuis die niet kon sluiten door de littekens. Nu heb ik een 9 mm grote galbuis zonder ergens tekenen van sclerose of littekenweefsel. Het spreekt voor zich dat een levertransplantatie niet langer nodig is. Ik ben niet langer terminaal ziek. Het enige andere wat veranderd is, is dat ik ben gestopt met alle medicijnen en Tylenol voor pijn. Precies zoals mijn hogere zelf nadrukkelijk had verzocht om te doen. GEEN TYLENOL! Het was vergif.

Op hetzelfde moment dat we deze sessie hadden, waren er meldingen op CNN en in de kranten die mensen waarschuwden voor het gebruik van deze medicijnen die acetaminophen bevatten. Tylenol en andere pijnmedicatie bevatten allemaal ditzelfde schadelijke ingrediënt dat de lever beschadigt. Sinds deze sessie heb ik geprobeerd mensen te waarschuwen voor de gevaren van deze medicijnen. Ik heb ook andere cliënten gehad die ontgifting-reacties ervaarden na sessies zoals deze. Sommigen ervaren braken, diarree of zweten. Elke cliënt heeft andere symptomen. Het fascinerende is dat de cliënt zelden bezorgd is. Ze realiseren zich dat de gifstoffen uit het lichaam worden afgevoerd, en de symptomen duren niet heel lang. Het is een zuivering.

Hoofdstuk 17
EEN ZELFMOORD

Nadat Evelyn van de wolk afkwam, bevond ze zich op een berg en keek ze uit over een grote vallei onder haar. Er waren veel bomen en de vallei was heel diep, zo ver naar beneden dat de zon de bodem niet kon bereiken. Het was een prachtige, ongerepte plek. Ze stond naast een gebouw in Chinese stijl met gebogen daken, dat ze ervaarde als een soort klooster. Binnen waren houten vloeren en de indruk van veel glanzende voorwerpen, evenals een Boeddha. Dit was één grote ruimte, met andere kamers die eromheen lagen. Licht kwam van boven binnen, alsof het een opening had naar de lucht toe. Er lagen bamboe matten op de vloer, en een klein miniatuur tuintje in het midden met een bonsaiboom.

Er was verwarring toen ze voor het eerst naar haar lichaam keek. Ze wist niet zeker of ze mannelijk of vrouwelijk was, maar zag dat ze een lang gewaad droeg met een ingewikkeld paars en goud borduurpatroon, zoals Chinees brokaat. Ze was begin twintig en had steil, grof zwart haar. Haar huid was bleek geelachtig, niet olijfkleurig, maar ook niet wit. Haar mouwen waren heel breed en ze kon zien dat ze een armband van jade als een cirkel om haar linkerhand droeg. Ze was ook verrast toen ze zag dat ze lange vingernagels had. De plek had het gevoel van een klooster, omdat er geen gezinnen waren. Ze hadden elk hun eigen, zeer eenvoudige, slaapruimte. Maar wanneer ze aten, waren er grote tafels waar mensen op de grond zaten. Ze zag hen kommen met soep eten.

Ik vroeg haar om te kijken of er iets in het bijzonder was dat ze deed met haar tijd. Ze zag zichzelf liedjes en manuscripten schrijven op lang, rechthoekig wit papier. 'Het ziet eruit als een schilderplaat, maar ik gebruik geen kwast. Het is een pen. Ik schrijf niet horizontaal. Ik ga van boven naar beneden. Ik schrijf verlichte manuscripten.' Ik vroeg wat ze bedoelde met "verlicht". 'Met de plaatjes in de hoek. Het is zo mooi. Het gaat vooral om woorden, maar er zijn randen die mooi zijn, of letters die mooi zijn. Ik denk dat ik het allemaal heb gemaakt, zowel de tekeningen als het schrijven. De tekeningen zijn het leukste deel. Ik weet niet of het religieus is of dat we studenten zijn. Nu is iedereen samen op die eetplek, en ze lijken allemaal dezelfde leeftijd. Ik ben misschien wel een student, maar ik wil deze plek niet verlaten.' Toen werd ze emotioneel. Ik kon niet begrijpen waarom. Ze begon te huilen. 'Ik wil het niet verlaten. Ik ben zo bang. Ik ben zo blij hier.' Ze woonde daar al een aantal jaar. Ik bewoog haar toen vooruit naar een belangrijke dag. 'We gaan allemaal deze ontmoetingshal binnen. Ik denk dat ze ons iets gaan vertellen.—Er is een man die het woord voert. Ik denk dat hij een krijger is. Hij heeft een zwaard bij zich. Ik denk dat het een militaire overname is. Het gaat niet zijn wat het was.' Ze sprak plotseling luid alsof ze bezorgd was of bang. 'Ik vind deze man niet leuk! Ik kan alleen hem zien nu. Maar het is een leger.' Toen werd ze zich, voor het eerst, bewust van welke sekse ze was. 'We zijn allemaal meiden, de mensen die hier wonen. Ik dacht dat het een klooster was omdat we hier wonen, maar we zijn allemaal van dezelfde leeftijd en we zijn allemaal van hetzelfde gender.'

D: *Maar nu is dit leger hier, de soldaten?*
E: Hun baas is hier en hij verteld hen de macht over te nemen ... probeert ons te vertellen dat alles oké zal zijn, maar het gaat niet oké zijn. Want hij is een leugenaar Je kunt het aan z'n gezicht zien. We zijn niet dom.
D: *Omdat jullie geïsoleerd zijn denken ze dat jullie het niet anders weten.*
E: Juist. Het is een school en een prachtige plek op de top van een bergpas. Het is lastig om er te komen, en je ziet niet veel mensen, maar dat betekent niet dat we de boodschap niet begrijpen. Het is te zien.

We zijn niet dom.—Ik voel dat dit een slechte zaak is. Ik denk dat hij van plan is om zijn luitenants binnen te halen, en dat zij gaan verblijven waar wij zijn. En hun mensen, de

belangrijkste mensen, het leger, zal buiten voor de deur staan.—
Ik weet dat ze zichzelf aan ons zullen opdringen. Waarom zouden ze hier anders komen? We hebben alles wat ze ooit nodig zouden kunnen hebben, en dan zijn er ook nog al deze vrouwen. Dit is niet hun eindbestemming. Ze zijn gewoon ergens naar onderweg.—Maar nu denk ik dat ik mezelf ga doden!
Ik voelde de spanning in haar opbouwen. Ze had moeite met erover te praten. Ik moest haar aanmoedigen door haar te zeggen dat ze me alles kon vertellen omdat ik het zou begrijpen.

E: Ik denk dat ze ons gaan verkrachten, en het gaat niet erg prettig zijn. Het zijn beesten. Ze kleden zich misschien goed en netjes, maar ze zijn niet aangenaam. Het is leuk voor ze.—(Ze was dit overduidelijk aan het bekijken.) Hoe lang gaat dit blijven duren? Wat gaat er gebeuren? Misschien moet ik maar gewoon naar de rand gaan en eraf springen!— Ik denk dat ik dat ga doen.—Het is afschuwelijk. Het gaat niet beter worden. Ik denk dat ik gewon heel snel naar buiten ga. Er is een stuk aan de rand daar dat heel scherp is en uitsteekt. Dat is waarom het zo ver naar beneden gaat. Het is donker.— Ik denk dat ik gewoon snel op het stuk af ga rennen. Ik zal geen tijd hebben om erover na te denken en dan zal de vaart me meenemen en dan ... het zal een lange val zijn. Daarna zal ik oké zijn.

D: *Is dat een oplossing?*

E: Dat is wat ik ga doen. Ik denk dat ik het ga doen.—Oké, het is voorbij!

D: *Dus wat heb je gedaan?*

E: (Nuchter) Ik sprong er vanaf! Ik wilde zo niet leven.

D: *Hoe was het om zo te vallen?*

E: Ik denk dat het beangstigend was. De lucht moet wel heel snel omhoog suizen, nietwaar? En m'n benen fladderen me alle kanten op, maar ik wist dat wanneer ik de bodem zou bereiken ik dood zou zijn omdat het een lange val was.—Ik lig verpletterd op de grond daar beneden. Ik zie daar een lichaam. Het is stil en ik ben er alleen. Er is niets om iets te verstoren. Het doet geen pijn nu. Het is oké.

D: *Nu je uit het lichaam bent, kun je naar dat hele leven kijken vanuit een ander perspectief. Wat denk je dat je hebt geleerd van dat leven?*
E: Voor het grootste deel was het prachtig.—Maar misschien heb ik geleerd om me niet tegen dingen te verzetten. Ik bedoel, als je je tegen dingen verzet, worden ze alleen maar lastiger.
D: *Maar het voelde als de enige uitweg uit de situatie, of niet?*
E: Ik had kunnen blijven leven en ik had andere kunnen helpen, en ik had een leven kunnen opbouwen nadat ze vertrokken. Maar je weet het nooit. Misschien was ik niet meer in leven geweest nadat ze vertrokken waren, omdat ze misschien wel iedereen hadden gedood. Maar dat wist ik niet. Ik zou niet weten wat er er gebeurde.—Tja, het zijn ook slechts mannen en deze lichamen zijn slechts dingen.
D: *Ik vroeg me af of je boos op ze was.*
E: Ik was boos op ze. Ik was verbijsterd, maar nadat ik stierf bleek dat ik dat niet was. Het is gewoon iets wat gebeurde. Ik denk niet dat ze iets anders hadden kunnen doen. Ik bedoel, ze waren een resultaat van hun omgeving. (Ze begon te lachen.) Ik vraag me af of ik van dat hele ding een zooitje heb gemaakt. Ik was best wel dramatisch.
D: *Ja, maar ga je naartoe nu? Weet je dat?*
E: Ik kan me omdraaien en er is iets achter me ... soort licht ding ... pluizig ding, aanbiddend. Er is een gevoel dat ik deze plek binnen kan gaan met mensen die ik al ken. Mensen die ik kende voor ik daar heen ging.—Het is als teruggaan naar moeder. Ik weet niet hoe ik het moet zeggen. Ik ken hen. Het is als een school. Het is alsof je zo bent van, 'Wat denk je hiervan?' Dan denk je, 'Nou, heb je gedaan wat je wilde doen?"
D: *Je bedoelt, jullie bespreken wat je zojuist hebt ervaren?* (Ja) *Wat zeggen ze over wat je hebt ervaren?*
E: Ze oordelen niet. Ze laten jou praten. Het helpt wel om te weten dat niks goed of slecht is. Het was prachtig, maar er was ook een soort intense lelijkheid.—Ik weet niet wat we gaan doen nu. Ik denk dat dit een plek is om te wachten en te laten rusten. Ik denk dat ik nog een leven ga hebben. (Ze

begon te huilen.) En ik weet nog niet wat het is.—Ik ken deze mensen en ik ging met ze mee, en ze zeiden: 'Dus, hey, hoe is dat gegaan?' Ze wisten er allemaal van. Ik denk dat er een plek is waar je naartoe gaat om deze dingen te bespreken.

D: *Hoe is die plek?*

E: De mensen dragen deze witte gewaad-achtige dingen. Er is geen onderscheid, geen status tussen anderen. Je kunt voelen dat iemand volwassener is door je gevoel dat je over hen hebt, niet aan de manier waarop ze gekleed zijn.

D: *En evalueer je wat je hebt gedaan?*

E: Ik wist toen ik daar voor het eerst naar binnenstapte dat dat was wat we gingen doen, maar dat was met vreugde. Het was iets vreemds om te zeggen na zo'n ervaring.—Oh, het is goed om terug te zijn. Het voelt als thuis. Het is een goede plek. De andere plek was een ervaring. De mensen in het wit ... dat is thuis.

D: *Je zei dat je gaat bespreken wat je hierna gaat doen?*

E: Ik weet het niet. Ik had net een flits dat ik een ander leven ga hebben. Ik zie het naderen. Het is als een cirkel die naar me toe komt.

D: *Gaat er iemand van hen met je mee?*

E: Ik denk sommigen misschien, maar ik wil nu nog niet gaan. Ik denk dat het mijn keuze is waar het allemaal om draait. Ik denk dat ze je advies geven.

D: *Wat vertellen ze jou?*

E: Ik hoor het woord "beperkingen," als in dat we onze beperkingen moeten kennen.

D: *Wat betekent dat?*

E: Nou, ik doodde mezelf. (Lach) De bespreking ging over het leven dat eindigde. Dat was één optie. Ik denk dat het niet wordt beschouwd als optimaal, maar als je lastige ervaringen gaat kiezen, moet je er zeker van zijn dat je ze aankunt. Het ging over het kennen van je beperkingen. Want als je in een situatie terechtkomt die erg intens is en je het niet aankunt, wanneer je bevriest dan is dat je limiet. Dat betekent dat je verder bent gegaan dan je aankunt. Je kunt de situatie doorstaan en er met een andere houding uitkomen. Ik had door kunnen gaan, of misschien was ik op een andere plek terechtgekomen. Ik wilde dat het voorbij was. Ik wilde daar weg zijn.

D: Dus wat betreft je volgende leven. Vertellen ze je wat dat gaat zijn?

E: Het gaat totaal anders zijn. Ik weet het niet zeker. Het zou datgene kunnen zijn waarin ik nu ben. Ik denk het. Ik zie slecht flarden. Ik ken niet het hele verhaal. Ik zie het leven waarin ik me nu bevind.

D: Wat willen ze dat je leert in het volgende leven waar je ingaat?

E: Sommige dingen zijn overduidelijk. Om niet zo hard van stapel te lopen over dingen ... om in dingen mee te gaan en me niet tegen dingen te verzetten.

Evelyn kreeg wat antwoorden, en identificeerde zelfs een aantal mensen in haar leven nu die in dat leven waren. Maar ik dacht dat we meer antwoorden konden krijgen door het OB erbij te halen. Ik vroeg waarom ze dat leven te zien kreeg. 'Zodat ze zou zien dat de leegte die haar ertoe bracht zichzelf te doden niet echt is, en de leegte die ze nu voelt is ook niet echt.'

D: Waarom voelt ze leegte nu? (Evelyn werd emotioneel en begon te huilen.)

E: Omdat alle mensen waarmee ze kwam weg zijn. We spraken af dat ze samen zouden komen.

D: In dat leven pleegde Evelyn zelfmoord. Dat was omdat ze voelde dat ze in een situatie zat waar ze niet uit kon komen. (Ja) *Ik weet dat jullie niemand veroordelen ... er is nooit een goed of fout. Maar ik probeer altijd het zelfmoord-stuk te begrijpen. Ik weet dat zelfmoord vaak wordt veroordeelt omdat het wordt beschouwd als het breken van contracten.*

E: In dit geval was het een optie. Het was niet iets slechts. Het voelde wellicht zo, maar dat was niet zo. Mijn gevoel is dat het misschien niet het slimste was om te doen, maar ze deed het en dus ....

D: Hoe heeft dat betrekking op haar huidige leven? Wat moest ze ervan leren?

E: Uithoudingsvermogen. Niet opgeven. Ze heeft in dit leven vaak opgegeven. Ze moet daarmee stoppen. Het heeft geen zin op deze prachtige plek genaamd "Aarde". Het leven is zo mooi. Ze moet blij zijn ... gewoon blij zijn met alles, elke dag.—Je kiest ervoor om hier te komen. Er zijn meer dimensies dan je weet, en je kunt vreugde voelen. Het is niet voorbij. Je kunt vreugde voelen.

Fysiek: Astma al haar hele leven.

E: Ze wil niet ademen. Ze verzet zich tegen dingen nu. Ze hield haar adem in, helemaal tot beneden, toen ze sprong. Ze hoeft dat niet meer te doen.—Soms denk ik dat ze zich slecht voelt wanneer ze beperkingen niet aankan. We kunnen het wegnemen. Het is er niet echt. Er is niets mis met de longen. Ze creëert dit probleem in het lichaam.

Ze is er aan gewend, maar ze heeft het niet nodig. Ze maakt zich constant zorgen dat dingen haar pijn zullen doen. Ze denkt dat het haar pijn zal doen, maar niets zal haar pijn doen. Het is angst. Ze wacht totdat het gebeurt. Je hoeft geen angst te voelen. Ze moet begrijpen dat er niets is om bang voor te zijn.

Overgewicht: 'Ze wilde het. Ze wilde het zelf! (Lach) Omdat ze zich veilig voelde. Ze vond het fijn. Ze zou dat zichzelf niet moeten aandoen. Het zal gewoon weggaan. Ze wat dat we heel licht zijn van binnen en dat we van de grond kunnen komen als we willen.—Ik denk dat haar probleem is dat ze niet dacht dat haar leven zo lang zou duren, en dat ze een beetje opgegeven heeft. En ze heeft nog een hele tijd te gaan. Ze telt haar successen niet.

Hoofdstuk 18
ZELFMOORD MET EEN GEBROKEN HART

Toen Helen van de wolk afkwam kon ik aan haar gezichtsuitdrukking zien dat er iets was dat haar dwarszat. Ze fluisterde dat ze helemaal alleen tussen vele grafstenen stond, 's nachts op een begraafplaats. Er trok mist op en ze had het koud. 'Ik vind het gewoon niet prettig hier. Het zorgt ervoor dat ik wel kan janken.' Ze klonk heel verdrietig en eenzaam. 'Ik ben rond aan het kijken, maar ik kan niet vinden wat ik zoek.—Ik wil gewoon verdrietig zijn ... alsof iemand is overleden. Iemand is overleden.— Ik probeer iets te vinden.' Toen werd ze zich ervan bewust dat ze een jonge vrouw in de twintig was, gekleed in zwarte laarzen en een lange jurk die bedekt was met een mantel. Haar stem kreeg toen een Engels accent: 'Ik ben van streek. Het is alsof ik naar iemand op zoek ben en ik diegene niet kan vinden.—Het is een kind ... ik denk dat ik naar mijn baby zoek.' Toen begon ze te huilen. 'Een jongetje. Ik denk dat ik de baby verloren ben. Ik ben de baby verloren!' Ook al huilde ze hevig, ik moedigde haar aan om er met me over te praten. 'Hij was ziek, maar ik was ook ziek. Koorts. Ik werd wakker en hij was weg. Ik probeer hem te vinden op de begraafplaats. Hij was jonger dan vijf. Heel verdrietig ... heel verdrietig. – Ik denk dat ik ook een baby verloren ben.'

Ze had twee kinderen tegelijkertijd verloren door de ziekte. Er was maar een kleine hoeveelheid medicijnen, dus er kon niets gedaan worden. Haar man werd niet ziek, alleen zij en de kinderen. 'Het ging heel snel.' Ze zei dat ze in een klein dorpje woonden, het klonk als Siking (?) in Engeland. 'Een klein dorpje ... heel nat en koud en donker.' Toen kreeg ze een flits van herkenning dat haar man Rob in haar huidige leven haar man toen was. 'Ik zie alleen die begraafplaats en ik kijk rond ... heel verdwaald zonder mijn baby's. Ze hebben ze meegenomen.' Ik was er niet (ze was niet bij bewustzijn). Ik was ziek. Ik heb het niet gezien. Ze liggen in de graven ... in de graven.'

D: *Dus het gebeurde terwijl je ziek was? Dat is waarom je niet wist waar ze hen begraven hebben?* (Ja) *Weet je man het?*
H: Hij komt naar me toe. Hij laat het me zien.—Ik ben helemaal van de kaart ... gewoon van de kaart. (Huilend) Ik kan het niet ... ik kan het gewoon niet aan
D: *Het is een grote schok.* (Ja) *Dus je werd beter en ze vertelden het aan je?*
H: Ik wist het gewoon ... Ik wist het gewoon. Ja.—Oh! Ik denk dat ik een baby in me had. Het lijkt erop dat het een baby was die in mij gestorven was.
D: *Is dit degene die ze hebben begraven, of is dit een andere?*
H: Het was een foetus en een jongetje ... een jongetje met blond haar.
D: *Dus de koorts doodde de baby die je in je droeg.*
H: Ja, dat is waarom ik ziek was.
D: *Ze hebben hen meegenomen en ze begraven, en nu laten ze je zien waar ze begraven zijn?*
H: Het is een hoop aarde. En een grafsteen ... een klein kruis.
D: *Staat er iets op de grafsteen?*
H: Misschien wel ... Thomas ... er staat Thomas C. En een datum: 1873.
D: *Maar er was niks dat je kon doen, of wel?*
H: Ik voel me gewoon heel slecht. Ik heb hem teleurgesteld. Het is plicht. Het is plicht om kinderen te hebben. Het is alsof ik mijn man teleurgesteld heb.'

Ik troostte haar een tijdje en vertelde haar dat het niet haar fout was en er niets was dat ze eraan kon doen. Dit is belangrijk omdat dergelijke situaties soms worden overgedragen naar het huidige leven en de oorzaak kunnen zijn van allerlei problemen (fysiek en andere).

D: *Wat doet dit met je man?*

H: Hij is verdrietig en teleurgesteld, maar hij houdt nog steeds van me. Hij voelt zich schuldig omdat hij denkt dat hij nog iets meer had kunnen doen.
D: *Er zijn momenten waarop niemand iets kan doen. Je zei dat er heel weinig medicijnen waren.* (Klopt)—*Je weet in ieder geval waar ze zijn. Je hebt ze gevonden, toch?*
H: Ja ... in de Hemel.
D: *Wat doet je man in dat dorp?*
H: Geestelijke. Hij zorgt voor de kerk. Een soort geestelijke. Ik zie zwarte en witte kleren.
D: *Is hij een soort priester?*
H: Ja, hij houdt de Bijbel vast en zo'n Katholiek kruis ... ja... zeer vrome man. Vroom, vroom .... Hij wordt erg gerespecteerd en mensen kijken tegen hem op.—Ik voel me alsof ik niks ben.
D: *Is dat hoe hij je behandelt?*
H: Nee. Hij behandelt me gewoon als een vrouw. Hij behandelt me gewoon als een dienaar.
D: *Is dat hoe vrouwen worden behandeld op die plek?*
H: Ja ... en ik faalde. Omdat ik hem geen kind gaf.
D: *Maar je gaf hem wel kinderen.*
H: Weet ik, maar ik ben het gewoon ... dat is wat er gebeurt ... kinderen sterven. Het is te koud hier ... te nat. (Pauze)—Ik denk dat ik gewoon gek word. (Verdrietig) Ik wil daar niet meer blijven.—Ik wil gewoon niet meer leven na daarna.
D: *Denk je niet dat je meer kinderen kunt hebben?*
H: Nee. Hij negeert me gewoon. Hij laat me gewoon alleen. Hij is gewoon afgesloten.
D: *Maar hij hoort er te zijn en mensen te helpen in het dorp.*
H: (Nuchter.) Oh, dat doet hij. Het is gewoon schijn ... gewoon z'n werk.—Tussen ons ... is er geen contact.
D: *Dus het was echt geen huwelijk uit liefde.* (Nee) *Gewoon om kinderen te hebben en voor hem te zorgen?* (Ja) *Dus er was niks om voor te blijven, is dat wat je bedoelt?*
H: Nee, en ik sterf gewoon in mijn bed.

Ik bracht haar vooruit naar die dag zodat we konden zien wat er gebeurde. Ik instrueer de persoon altijd dat ze als een toeschouwer kunnen kijken als ze dat willen. Ze hoeven niets fysiek te ervaren. 'Wat is er met je gebeurd?'

H: Gewoon woede ... (Pauze) Ik ... Ik doodde mezelf (Ze raakte van streek.)
D: *Je kunt het als toeschouwer bekijken. Je hoeft niet deel te nemen.*
H: Ik zie alleen dat ik mezelf neersteek.
D: *Je zei dat er een hoop woede was?*
H: Ja. Alsof ik niet geschikt was om die persoon te zijn ... en met hem, ik wist gewoon dat ik daar niet meer wilde zijn. Ik was zo boos op mezelf.—Ik zie mezelf in mijn buik en mijn hart steken. Ik schreeuwde.—Er was niemand, maar Robert kwam binnen en zag me daar zo dood liggen, direct erna.—Ik zie hem zijn ogen bedekken en verdrietig zijn, maar zonder emotie ... geen emotie. Ik denk dat hij beter af is omdat ik weg ben. Ik was nutteloos voor hem.
D: *Als je geen kinderen kon hebben, was je van geen enkele waarde.*
H: Ja. Ik was niet geschikt voor dat leven. Nadat ik de baby verloor, wilde ik daar gewoon niet meer zijn. Ik weet niet hoe ik daarin terechtkwam. Ik begreep het leven niet.
D: *Dus je bent uit het lichaam nu?*
H: Ja. Ik zie een lichaam ... maar ik ben een stuk gelukkig nu ik uit dat lichaam ben. Ik was nog maar rond de twintig.

Ze keek toe terwijl ze het lichaam naar dezelfde begraafplaats brachten, een graf groeven, haar erin legden en het met aarde bedekten.. Er was een witgrijze steen. "Becca. Rebecca."

D: *Is er een achternaam?*
H: Begint met een C.—Het is slechts een lichaam. Godzijdank ben ik eruit.—Toen ik dat leven inging wilde ik licht brengen in de duisternis. Die plek was zo donker.—Het was veel te moeilijk ... te moeilijk om te doen.
D: *Dus je was van plan om het ene te doen, en het is niet op die manier gegaan. Is dat wat je bedoelt?*

Het Ingewikkelde Universum Boek Vier

H: Ja. Dat gebeurt vaak. Het is gewoon niet veilig. Mijn hart wordt elke keer opnieuw bezeerd als ik naar deze Aarde kom. (Ze was van streek.) Ik hoor gewoon te ... liefde ... helpen.

D: *Dat zijn goede dingen. Heb je in andere levens ook slechte ervaringen gehad?* (Oh, ja!) *Vertel me wat je kunt zien of wat je je kunt herinneren.*

H: Uh ... zoveel. Veel oorlogen. We zijn zo dom.

D: *Heb je te maken gehad met oorlogen?*

H: Ja ... maar oneervolle dood.

D: *Maar toen je in die levens kwam, was het je bedoeling om in oorlogen betrokken te zijn?* (Oh, ja.) *Je maakte plannen om dat te doen?*

H: Ja. Ik bleef denken dat ik het kon overwinnen. Dat ik een verschil kon maken.

D: *Zelf in zo'n situatie, zelfs in een oorlog?*

H: Ja.—Ik voelde me gewoon zo alleen en die keren kon ik niet verbinden met de mensen met wie ik wilde.

D: *Dus je maakte plannen die niet zo verliepen als je wilde?*

H: Ja. Niet zoals ik het wilde. ... Ik zie slechts veel bloed ... veel sterven.—Dat gebeurde niet elke keer dat ik naar Aarde kwam. Ik had een aantal goede levens. Dat is waarom ik dacht dat ik kon doen wat ik probeerde te doen. Omdat ik wist dat het licht goed was en het nodig was.

D: *Je had goede intenties.*

H: Altijd.

D: *Maar dat is wat er gebeurt wanneer je hier beneden in het lichaam komt?*

H: Het is als modder ... het is zo zwaar en mensen begrijpen me gewoon niet.

D: *Wanneer je in het lichaam komt vergeet je je plan, nietwaar?*

H: Ja, en ga ik me gewoon verstoppen. Ik verstop me.—Ik zag Rob zojuist (haar huidige man). Hij was de man! Hij was die man!

Ik bracht haar vooruit tot ze haar plannen maakte om in het lichaam te komen als Helen. 'Kun je naar dat gedeelte kijken, wanneer je je plannen maakt?'

Het Ingewikkelde Universum Boek Vier

H: Wat wil je weten?
D: *Wat was je plan toen je het lichaam inging als Helen? Dat is het lichaam waar je doorheen spreekt, nietwaar?* (Ja) *Laten we eens kijken wat jouw plan was, wat je wilde bereiken. We willen niet dezelfde fouten maken, alweer.*
H: Oh, dat deed ze evengoed weer.—Ze is heel gevoelig. Ze draagt een energie in zich die heel sterk is. Het is alsof het niet uitmaakt wat ze precies doet. Ze heeft nog steeds de energie in zich voor deze ruimte ... voor deze nieuwe tijd ...
D: *Wat voor soort energie?*
H: Het is voor de Aarde.
D: *De Aarde gedurende de tijd dat Helen leeft?*
H: Ja—Het plan was heel simpel. Het enige wat ze hoeft te doen is zichzelf zijn. Alleen maar te genieten van het leven. Dat is het enige wat ze hoeft te doen.
D: *Dat klinkt simpel.*
H: Ze maakt het zo gecompliceerd.
D: *Dus het is de bedoeling dat ze deze keer gewoon komt en zichzelf vermaakt?*
H: Ja ... ja ... ja ja.
D: *Draagt ze deze energie waar je het over hebt?* (Ja) *Is het de bedoeling dat ze iets doet met die energie?*
H: Ze zegt dat ze een baken van licht is en dat is wat ze is.
D: *Hoe kan ze dit baken van licht delen? Wat was het oorspronkelijke plan?*
H: Het is voor het gebied waar ze woont. De matrix ... dichtbij het raster nu.
D: *Dus toen ze het plan maakte om hiernaartoe te komen, wist ze dat ze in dat gebied zou wonen*
H: Ze wist het van tevoren, ja maar niet bewust.
D: *Hoe moet ze het licht verspreiden als ze gewoon zichzelf aan het vermaken is?*
H: Ze houdt ervan om mensen te helpen.
D: *Weet ze dat ze beperkt is hier op Aarde?*
H: Daar worstelt ze mee. Met weten waar ze vandaan kwam en weten wat ze hier moet doen.

D: *Waar komt ze vandaan? Misschien zou dat goed voor haar zijn om te begrijpen.*
H: Vele plekken. Sirius is haar favoriet. Ze is een reiziger. Ze gaat overal naartoe. Ze heeft het vermogen om gewoon te wonen waar ze nodig is.
D: *En ze hoeft niks te doen ... er gewoon te zijn ... een baken van licht te zijn?*
H: Het is belangrijk dat ze het doet.—Het is lastig om alles met haar te delen omdat we willen dat ze blijft zoals ze is. We weten dat ze gefrustreerd is. Dat is gewoon hoe het moet zijn. Haar persoonlijkheid is zo sterk dat we het ego in toom moeten houden.—En ze is goed beschermd. Ze zou zich geen zorgen moeten maken.

Helen kwam over als iemand van de Tweede Golf die zijn gekomen om hun energie te verspreiden en mensen te helpen. Ze hoeven normaal gesproken niet iets te doen. Ze hoeven alleen maar te zijn. En voor veel mensen is dat lastig te begrijpen, hoe ze mensen kunnen beïnvloeden door gewoon te zijn.

D: *Ze wil ook dingen bereiken in dit leven.*
H: Dat maakt niet uit want het is allemaal in beweging Ze zou gewoon moeten genieten van haar leven. Dat is haar doel ... om ervan te genieten. Ze heeft vele levens gehad niet om van te genieten waren.
D: *Hetgeen je ons liet zien was niet om van te genieten, of wel?*
H: Nee ... dat veroorzaakt haar pijn nu. Het zit vast in haar lichaam. Dat is waarom we al aan haar werken.

Ze refereerden aan het hart (borstgebied) en de buikstreek, de plekken waar ze zichzelf stak.

D: *(Ik refereerde aan een van haar fysieke vragen.) Ze zei dat er een vleesboom in haar baarmoeder zit. Kun je die zien?*
H: Dit is niet mijn gebied.
D: *Dat was waar ze zichzelf stak, of niet?*
H: Ja. Erg spijtig. (Diepe zucht.)

D: *Mensen maken vergissingen wanneer ze denken dat ze het niet meer aankunnen. Worden de fysieke problemen veroorzaakt door het trauma van het steken?*
H: Gedeeltelijk.
D: (Ik refereerde aan een van haar fysieke vragen.) *Ze zei dat er een gezwel aan de rechterkant zit. Wat is dat? Kun je het zien?*
H: Dit is niet mijn gebied. Het is niet mijn gebied.
D: *Wat is jouw gebied?*
H: Weet ik niet. (Kort lachje.) Het is in ieder geval niet dat. Ik voel het gewoon voor haar—Ik ben niet het onderbewuste.

Ik dacht niet dat het dat was, maar het gaf ons wat antwoorden, dus liet ik het praten. Voordat ik het echte onderbewustzijn aanriep, wilde ik benadrukken wat dit deel ons al had verteld. 'Je wilt dat ze plezier heeft? Dat is wat het plan was ... om zich te vermaken?'

H: De manier waarop zij vreugde weet te verspreiden, is heel goed. En dat is wat we willen dat zij creëert. Het is op dit moment zeer nodig.

Ik probeerde de antwoorden te krijgen op een paar van Helens wat specifiekere vragen, maar ze zeiden opnieuw dat dat niet hun gebied was en dat ze niet konden antwoorden. 'Is het dan oké als we het onderbewustzijn aanroepen en het meer vragen laten beantwoorden?'

H: Doe alsjeblieft wat je moet doen.
D: *Ik waardeer de informatie die je haar hebt gegeven ontzettend. Ik denk dat ze ernaar gaat luisteren, en misschien maakt het een verschil.*
H: Ze werken aan haar.
D: *Wie werkt er aan haar?*
H: Haar gidsen.

Toen ik voor het eerst probeerde het onderbewustzijn aan te roepen, zeiden ze dat Helen zich verzette. 'Er ligt angst op de loer. Het is lastig voor haar om los te laten. Haar verwachtingen zijn erg hoog.' Ik legde uit dat ze het beantwoorden van de meeste vragen al had toegelaten en dat er nog maar een paar over waren. 'Haar brein stopt niet met denken.' Ik legde uit dat het al meer dan een uur gestopt was, en ze het zelf niet eens wist. Dus het enige wat ze hoefde te doen was aan de zijkant te gaan staan en het ons af laten maken. Ze kon toekijken als ze wilde. De logica was overtuigend en blijkbaar besefte ze dat er al veel was gedaan zonder haar weten. Dus het stemde ermee in om ons verder te laten gaan. De eerste vraag die ik stelde was waarom ze voor dat leven hadden gekozen om aan Helen te laten zien. 'Die waarin de kinderen stierven en zij zelfmoord pleegde."

H: Om het te helen … om te helen ... (luider) om te helen!
D: *Draagt ze dat nog steeds met zich mee?*
H: Ja. Het was een bevrijding om het te herleven. Het liet haar die herinnering ophalen.
D: *Ze wist niet eens dat ze het met zich meedroeg, of wel?*
H: Nee. Ze had wel een vermoeden.
D: *Was er iemand in dat leven die ze nu kent?*
H: Ja, haar man ... haar man nu.
D: *Waarom kwamen ze samen terug in dit leven?*
H: Om liefde te hebben. Om het af te maken ... om het zo te hebben als ze zich voorstelde ... met liefde.
D: *Want hij was erg onverschillig in dat leven, of niet?* (Ja) *Dus het was om hem terug te laten komen en zijn karma uit te werken?*
H: Het hare! We vinden het niet prettig wanneer mensen hun leven nemen. Het was echt een verspilling en toen... hoe ze voelde dat ze een verspilling was in dat leven.
D: *Uiteraard maakte ze veel mee. Ze had het gevoel dat ze niet nog meer aankon.*
H: We begrijpen het.
D: *Dus ze moest terugkomen in dit leven met dezelfde man?*
H: Ja. Hij is een goede man. Het gaat een stuk beter ... ze maakt zich nog steeds te veel zorgen.
D: *Waar maakt ze zich zorgen om?*
H: Onderhouden worden.

D: Ja, dat was een van haar vragen. Ze maakt zich zorgen om geld.
H: Dat doet iedereen. Het is een menselijk iets. Het gaat niet de zorgen opleveren die ze denkt.

Ze gingen daarna verder met het beantwoorden van de vragen die ze had over haar werk en het ontwikkelen van een centrum. Ze wilden dat ze ontspande en stopte met zich zorgen maken, omdat alles op het punt stond te gebeuren en haar leven zou gaan opbloeien.

H: We begrijpen dat ze in een uitdagende situatie zit. Daar moet ze zijn voor nu. Ze is aan het leren om zichzelf te vertrouwen en onder goddelijke leiding te zijn ... het ware weten vereist deze tests. Ze moet zichzelf vertrouwen. (Ze begon te huilen.) We laten slechts energie voor haar los. Ze zit gewoon zo vol met energie. Ze reisde door Amerika en ze heeft zoveel energie. Ze plaatst het gewoon over de hele Aarde. De Aarde heeft het zo erg nodig. Het is iets heel goeds. We willen altijd zacht met haar omgaan. We willen dat ze op deze Aarde blijft. Ze heeft veel werk te doen.

Toen wilde ik meer weten over de vleesboom waarvan ze zei dat die in haar baarmoeder zat. Dit was de gezondheidsvraag die de anderen niet konden beantwoorden. In mijn werk kwam ik een fascinerende en onverwachte verklaring voor vleesbomen tegen, die me zeer verbaasde toen het door mijn cliënten heen begon te komen. Vleesbomen zijn ongeboren baby's! Ik heb meerdere gevallen gehad waarbij vrouwen abortussen hadden ondergaan. In sommige gevallen vonden ze dat het gerechtvaardigd was: te veel kinderen, en ze konden niet voor nog meer zorgen, of ongewenste zwangerschappen. Ze zeiden dat ze er geen last van hadden, maar hun lichamen zeiden wat anders. Ze probeerden de baby te vervangen die ze hadden verloren. Andere gevallen waren vrouwen die wanhopig kinderen wilden en voelden dat hun biologische klok begon te tikken. Ze werden ouder en wisten dat ze niet veel kansen meer hadden. Ook zij ontwikkelden vleesbomen. Hun lichaam probeerde een baby te produceren. Er is mij verteld dat er vaak, wanneer een vleesboom wordt opengesneden, door de dokter tanden en haar in worden aangetroffen! Is het niet uitzonderlijk wat het menselijk lichaam kan doen? In een van mijn recente lessen werd mij informatie gegeven die door een Chinese kruidendokter was ontdekt. Hij zei dat sinds China de "slechts één kind"-wet had ingevoerd, het aantal vleesbomen bij Chinese vrouwen verdrievoudigd was. Dit toonde aan dat ze probeerden baby's te produceren.

Het grote deel van dit soort gevallen die ik heb gezien houden verband met gebeurtenissen in hun huidige leven. Helen's geval leek echter een overblijfsel te zijn uit het vorige leven dat we hadden onderzocht. Ze verloor haar kinderen in dat leven, en ze probeerde nu symbolisch om hen terug te brengen. In dit geval hoorde het probleem thuis in het verleden, bij de andere vrouw, en hoorde het niet in dit leven, dus zouden we het in het verleden kunnen laten. Ik wilde alsnog bevestiging van het OB. Ik vroeg: 'Wat veroorzaakte de tumor?'

H: Veel dingen. Dat ene leven was slechts één leven waar ze problemen had. Ze was bereid om pijnlijke dingen te ervaren voor liefde. (Ook in andere levens.) Sommige dingen bleven vastzitten.—Ik kan het absorberen en laten oplossen.
D: *Dat is wat ik jullie eerder heb zien doen ... het oplossen en absorberen en dan kan het veilig uit het lichaam worden afgevoerd.*
H: Het is zoals een kleine bom.
D: *Gaan jullie het langzaam laten oplossen of hoe gaan jullie het doen?*
H: Nee, NU!
D: *Het is tijd om het los te laten. En zij is er ook klaar voor.* (Ja) *Dus jullie nemen het weg?*
H: Het grootste gedeelte. Het is echt een zooitje. (Ze kreunde van de pijn.)
D: *Maar het kan veilig uit het lichaam worden afgevoerd?*
H: Jazeker ... jazeker.
D: *Is dat het belangrijkste punt om aan te werken in haar lichaam?*

H: Haar hele zenuwstelsel en haar hart (Ze vertrok haar gezicht.)
D: *Wat is er mis met haar hart?*
H: Niets. Het moest slechts geactiveerd worden, als het ware.
D: *Omdat dat is waar ze zichzelf stak. Het heeft een traumatische indruk achter, als het ware?*
H: Niet zozeer daar. Dat is gewoon wat ze zich herinnerde.—We begonnen al lang geleden aan haar te werken.
D: *Toen we voor het eerst met de sessie begonnen?*
H: Daarvoor.
D: *Dat is geweldig! Ik ben blij dat jullie dat voor haar doen.*
H: Ik ben slechts één persoon, één entiteit, niet één energie. Ze draagt vele, vele energieën.

Ze zeiden dat ze de komende dagen aan haar zouden blijven werken, vooral wanneer ze sliep, zodat het op een rustige manier kon gebeuren.

H: Het is verschrikkelijk en vreselijk.—Ze leert tegelijkertijd, dus ik heb het nodig dat ze slaapt. Ze is soms zo sterk.

Ze beantwoordden nog een paar van haar vragen, maar die zijn niet relevant voor dit verhaal, dus ik zal ze hier niet herhalen.

Afscheidsboodschap: Ze moet volhouden. Doorgaan. Ze is enorm ... enorm geliefd, meer dan ze zelf kan dragen. Ze kan niet eens dragen hoeveel liefde ze in zich heeft. En wij zijn bij haar, en dat zullen we altijd zijn.—Ik dank je voor deze tijd, en ze is klaar om haar sessie te beëindigen. De kwestie betreffende zelfmoord is altijd een betwistbare geweest in mijn werk. In mijn boek Voorbij de Dood werd gezegd dat zelfmoord nooit gerechtvaardigd is. Dat het nooit een positief effect heeft, en dat de persoon altijd moet terugkomen en dezelfde omstandigheden met dezelfde mensen moet herleven. De sessies in dit gedeelte en in sommige van mijn andere boeken zorgden ervoor dat ik me ging afvragen of dat waar was. Is zelfmoord ooit gerechtvaardigd? Brengt het altijd negatieve karma met zich mee? Of zijn er verzachtende omstandigheden? Ik ben veel gevallen tegengekomen waarin de persoon in het andere leven in een ondraaglijke situatie werd geplaatst, waar er geen uitweg was. Waar zelfmoord de enige manier was om het lijden te beëindigen. Is het in die omstandigheden gerechtvaardigd? In deze gevallen zeiden ze dat het een optie was die was ingebouwd in het voorziene plan voor het leven.

In mijn onderzoek lijkt het erop dat het vooral als ongunstig wordt gezien wanneer contracten worden verbroken. Wanneer we onze 'vorige levens'-evaluatie doen aan de zielen-zijde, en (met onze raadgevers) bespreken wat er nodig is om in het volgende leven uit te werken, maken we contracten met deelnemende zielen. Zij stemmen ermee in om terug te komen en ons te helpen om fouten uit het verleden recht te zetten. Deze verplichtingen en contracten worden zeer serieus genomen en maken deel uit van ons plan. Er zijn veel soorten contracten. Sommige hiervan zijn langdurig, zoals huwelijken, geboorte en het opvoeden van kinderen. Sommigen zijn van korte duur, vrienden en kennissen die er voor een bepaalde periode zijn om ons te helpen. Eén voorbeeld van een kort contract zou een eenmalige seksuele ontmoeting kunnen zijn die resulteert in de geboorte van een kind. De vader heeft ermee ingestemd er alleen te zijn om het kind een mogelijkheid te bieden om de wereld binnen te komen, en daarna is het contract voorbij. Dus we maken verschillende soorten contracten van wisselende gradaties. Deze contracten worden serieus genomen omdat de andere zielen ermee hebben ingestemd tijd vrij te maken van hun eigen ontwikkeling om jou vooruit te helpen. Natuurlijk kan het ook zo zijn dat zij ermee hebben ingestemd om samen met jou vooruitgang te boeken.

Wanneer iemand in z'n leven tegen iets aanloopt, wat ze als onoverkomelijke obstakels ervaren, (en onthoud, dit zijn slechts obstakels die ze zelf hebben afgesproken te plaatsen om van te leren), en ze plegen zelfmoord als een manier om te ontsnappen, dan verbreken ze contracten. Dit verstoort de plannen van al die andere mensen. De persoon die zelfmoord pleegt, moet alsnog terugkeren en dezelfde les of klas herkansen. Ze hebben het examen niet gehaald. Ze zijn niet "ontsnapt". Ze moeten de rol opnieuw spelen, met dezelfde omstandigheden en dezelfde personages. Alleen zal het de volgende keer nog moeilijker zijn. Maar gezien die persoon al deze verplichtingen en contracten heeft verbroken; zijn de betrokken zielen wel bereid om weer te helpen? Misschien niet. Ze zeggen: 'Ik heb mijn eigen ontwikkeling op pauze gezet om jou te helpen met je lessen, en je hebt me in de steek gelaten. Je bent afgehaakt. Waarom zou ik het nog eens voor je doen? Je zult nu gewoon moeten wachten, terwijl ik verder ga met mijn eigen evolutie.' Ik gaf je een kans, en nu weet ik niet of ik je opnieuw kan vertrouwen om jouw verplichtingen na te komen.' In dat geval wordt de groei van degene die zelfmoord pleegde enorm belemmerd. Wat in één leven had moeten worden opgelost, zal nu vele levens duren.

Hoofdstuk 19
EEN ZELFMOORD LOST KARMA AF

Toen Joan in de scène terechtkwam stond ze, maar niet op de grond. Ze had het idee dat ze op een bubbel stond. Ik vroeg haar om het te beschrijven.

J: Soort van ondoorzichtig. Het is niet helemaal helder. Het houdt me moeiteloos vast, maar het voelt als een opgeblazen oppervlak, waardoor er spanning op staat. Ziet er gewoon uit als wat uitgerekt materiaal.—Ik heb het gevoel dat ik ergens in de ruimte zweef. Ik zie eigenlijk niet echt iets, alleen de lucht en de wolken. Maar ik denk dat het me ergens naartoe brengt.—Nu ben ik er op de een of andere manier in gegleden en zweef ik gewoon zachtjes naar beneden, er binnenin.—Het voelt alsof ik door een schacht ga. Ik zie niets. Gewoon zachtjes ergens naar beneden aan het dalen.

D: Word je bewust van jezelf. Hoe ziet je lichaam eruit?

J: (Pauze) Het is doorzichtig. Bijna alsof het een grijs-witte kleur van een wolk aanneemt. Het heeft niet veel substantie. Ik voel me echt een toeschouwer die gewoon rondkijkt. — Ik heb het gevoel dat ik echt wacht tot er iets gebeurd ... dat het zichzelf moet laten zien.—Een ander wezen kwam ineens tevoorschijn. Ik denk dat je zou kunnen zeggen, dat het gewoon voor me verscheen. Alsof het me ergens naartoe gaat brengen. Ook weer gewoon meer een vorm. Grijs en heel wit. Ik heb het gevoel dat de onderkant van de bubbel opening. Het is meer een leegte, maar ik denk dat het zoals een glijbaan is. Een ander deel, van het universum denk ik zo. Het is geopend nu, en het is alsof ik in de lucht zit. Aan het zweven.

D: *Dus je bent nu uit de bubbel?* (Ja) *Misschien was het gewoon een manier om te komen waar je naartoe moest?*
J: Dat was het gevoel wat ik kreeg, alsof het een doortocht was.
D: *En nu brengt dat andere vormloze wezen je ergens naartoe?* (Ja.) *Wat zie je tijdens de reis?*
J: Alleen blauwe lucht en wolken.
D: *Laat het je brengen waar je naartoe hoort te gaan. Kun je ermee communiceren?*
J: (Lange pauze) Wil je dat ik ermee communiceer?
D: *Als je kunt.*
J: Ik heb gewoon het gevoel dat het is gekomen om me ergens naartoe te begeleiden. De boodschap die ik krijg is dat het me iets wilt laten zien.
D: *Oké. Wil je met 'm meegaan?* (Ja.) *Dan laat het je meenemen en je laten zien wat het is. En we kunnen dit ook vrij snel doen.— Wat wil het je laten zien?*
J: Heel veel engelen.
D: *Waar zijn ze?*
J: Als een stad in de lucht. Een samenkomst van al deze wezens.
D: *Hoe ziet hun stad eruit?*
J: Ik heb het niet gezien. Ik heb het gevoel dat het er is. Het is alsof ik glijd, zweef. En ik word steeds zichtbaarder naarmate ik hierin terechtkom.
D: *Hoe voelt dat?*
J: Heel liefdevol en goed. Heel fijn.—Hij leidt me langs de groepen, denk ik dat je zou zeggen. Ik beweeg er nu gewoon doorheen. (Pauze) Ik zie een beeld van een groot boek dat openligt. (Ze werd plotseling emotioneel en begon te huilen. Ze kon niet begrijpen waarom.) Ik voel me erg emotioneel.
D: *Dat is oké. Emotie is goed. Dat betekent dat het iets belangrijks is.*
J: (Huilt) Hij laat me iets zien in het boek. Ik weet niet wat het is.
D: *Vraag hem om je te vertellen wat het is.* (Pauze) *Wat wil hij dat je weet uit het boek?*
J: (Pauze, nog steeds emotioneel) Dit is slechts iets wat ik voel, maar hij laat me dit leven zien, en de gebeurtenissen, de

pijnlijke dingen die ik heb doorgemaakt. Een stapje terug zetten en het opnieuw bekijken.

D: *Wat vind je van je leven als je het op die manier bekijkt?*

J: Alsof ik vergeten ben hoe pijnlijk het was, en het opnieuw bekijken brengt dat weer omhoog.

D: *Is het belangrijk om dat weer omhoog te brengen?*

J: Ja. Want het is nu voorbij.

D: *Vraag hem waarom je dat weer moest zien*

J: Om te erkennen hoe ver ik ben gekomen. Het was een overgang, een afronding van alles wat ervoor kwam.

D: *Dus het was iets waar je doorheen moest om het af te ronden.* (Ja) *Vraag hem, alle pijn en alles, had dat te maken met karma?*

J: De pijn was om de balans te vinden. De balans was er niet. De pijn was er omdat ik niet in balans was. En het was daardoor, dat ik de balans bleef zoeken. Hij blijft zeggen dat dat is waar het hele Aarde leven om draait, die balans krijgen, en ik heb het nu.

D: (Lachje) *Het was moeilijk, nietwaar?* (Ja) *Maar speelde karma een rol terwijl je je balans vond?* (Ja) *Kan hij je vertellen waar het vandaan kwam, zodat je het kunt begrijpen?* (Lange pauze) *Misschien kan hij het aan je laten zien.*

J: Ja, hij laat het me zien. Hij laat mij zien. Het is meer als een innerlijk visioen van momenten waarop ik verschrikkelijk en afschuwelijk was en ik vreselijke beslissingen maakte.

D: *In andere levens?* (Ja.) *Wat was het dat je deed?*

J: Ik krijg een gevoel dat ik echt slecht, gemeen en boos was.

D: (Pauze) *Dus in andere levens heb je andere mensen pijn gedaan?*

J: Ja. Het is haast een blauwdruk van wie ik was. Het is vreemd. Ik zie een soort platte blauwdruk. Het is als een schilderij, zou je kunnen zeggen, maar het is als een schets en het afgrijselijke is ... Het heeft niet veel detail. Het is als een pizzapuntje, de manier waarop het bij me binnenkomt. Het is bijna als een overlapping. De kracht en energie die ik vasthield en gewoon het gevoel van de horror die het veroorzaakte. Ik heb geen details ... alleen het gevoel van de horror die het veroorzaakte.

D: *Misschien is dat beter, om sowieso niet in details te treden.* (Ja) *De details zijn niet noodzakelijk, maar je hebt veel dingen gedaan die negatief waren?* (Ja) *Was er iemand betrokken bij dat leven waarmee je terug moest komen in dit leven, om karma af te lossen? Of kunnen ze dat zien?*

J: Het wordt belichaamd door mijn vader in dit leven. Hij zorgde voor veel situaties die mij persoonlijke pijn of leed bezorgden, zodat ik gevoelig zou worden voor hoe andere mensen zich voelen.

D: *Dus dat was zijn doel?*

J: Ja, maar hij was zelf zo donker, en dat begreep ik nooit. De uitdaging was dat hij in die negativiteit bleef, zodat ik zelf gevoeligheid ontwikkelde, en er bovenuit moest stijgen zonder erin meegezogen te worden, wat me wel is gelukt. Er was geen vreugde in hem.

D: *Maar het was zijn taak om dit te doen, zodat jij kon groeien.*

J: Ja, alsof een deel van het pizzapuntje werd belichaamd, als ik het zo mag zeggen. (Ze huiverde.) Ik heb onder andere gemarteld ... en in een leven waar ik werd gemarteld. Kon ik het niet verdragen.

D: *Je bedoelt dat jij ook hebt gemarteld?*

J: Ja, en dat is waarom ik werd gemarteld in een ander leven.

D: *Het komt altijd terug, nietwaar?* (Ja) *Maar hoe verhoudt zich dat tot je leven nu? Zou het niet de andere levens hebben terugbetaald waarin jij ook werd gemarteld?*

J: Dat is waar dit over ging. Het ging over terugbetaling en ik kon het niet verdragen. Dat was de keer dat ik zelfmoord pleegde. Ik kon de marteling die mij werd aangedaan niet verdragen.

D: *Wie was degene die martelde? Was het iemand die Joan kent in dit leven?*

J: Ja. Het was het wezen dat Richard was in dit leven.

Richard was dertig jaar lang haar man voordat ze van hem scheidde.

D: *Betekent dat dat zij hem martelde in een ander leven?*
J: Dat weet ik niet. Het was zoiets als het pizzapuntje dat stond voor alles wat ik ooit heb gedaan dat negatief of slecht was. Het is als kleine dingetjes die daaruit opborrelen en in andere levens incarneren, zodat ik de ervaring kreeg van wat ik heb gedaan. Ik weet niet hoe ver terug de verbinding gaat, maar dat hoef ik ook niet te weten. Het is een soort patroon, een "voortbeweging".
D: *Je bedoelt dat Joan in andere levens zoveel marteling heeft verricht, en omdat ze zeer negatief was, ze in een ander leven gemarteld en wreed behandeld moest worden om het terug te betalen?*
J: Om te weten hoe het was, wat ik had gedaan.
D: *En het was te moeilijk voor haar en ze pleegde zelfmoord?* (Ja) *Hoe doodde ze zichzelf in dat leven?*
J: Ik heb het gevoel dat het een vuur was. Ik heb een soort vuur aangestoken. Het is alsof het een schuur is, of een soort gebouw, en ik ga erin. Verbrand.
D: *Dan lijkt het me dat ze alles terugbetaald zou hebben. Waarom zou ze dan weer met dezelfde entiteit, Richard, terug moeten komen?*
J: Omdat ze zichzelf doodde.
D: *Maar er speelde veel dat erg moeilijk was voor haar om te verdragen.*
J: Maar ik bracht het karma niet in balans.
D: *Had ze het kunnen overwinnen als ze het langer had volgehouden? Is dat wat je bedoelt?* (Ja) *Het was een leven om alles in balans te brengen?* (Ja) *Maar in plaats daarvan pleegde ze zelfmoord. Leg haar uit wat er dan gebeurt, want het is alsof ze hetzelfde heeft herhaald.*
J: Ze had het niet getransformeerd tot een inzicht waar het echt om ging; evolueren. Daarom pleegde ze zelfmoord, omdat ze steeds niet het hogere doel van alles kon begrijpen, het terug evolueren naar de Bron.
D: *Ze begreep niet dat ze geen zelfmoord hoorde te plegen. Is dat wat je bedoelt? Dat was niet het contract?*
J: Dat klopt. Het was de bedoeling dat ze verlichting bereikte door de ervaring.

D: *Dus toen ze terugkwam in dit leven, moest ze weer door hetzelfde heengaan?*
J: Op die manier gaf het me een mogelijkheid om voorbij mezelf te gaan, gezien ik op dat level was ... ten opzichte van het leven?
D: *En met dezelfde persoon ... dezelfde entiteit?*
J: Ja. (Fluisterde.) En ik kreeg een vader die een zeer vergelijkbaar energieveld had als Richard. Het weerspiegelde dat echt, maar het was de dominante, controlerende vader waarvan ik in staat was te ontsnappen door op te groeien en uit huis te gaan. Maar ik had nog niet volledig het begrip en de kracht gekregen die voortkomt uit het volledig doormaken van iets, helemaal tot het einde. Richard hielp me om meer begrip te krijgen voor anderen die door moeilijkheden gaan. Ik zou dat deel ervan achter me hebben gelaten. In de gevoelige toestand waarin ik verkeerde door mijn eigen jeugd, zou ik door iets anders heen zijn gegaan en het daardoor nooit voelen, omdat ik wist dat ik een missie had.
D: *Maar je wist dat je dit allemaal eerst achter je moest laten.*
J: Ja, maar het was ook cruciaal voor mijn eigen groei en kracht, voor het grotere doel om anderen sneller te kunnen begeleiden, omdat ik het uiteindelijk begreep. En om hen inzicht te geven en te helpen er nog sneller doorheen te gaan dan ik kon, omdat zij niet zoveel tijd hadden als ik om eraan te werken.
D: *Dus Joan moest terugkomen in dit leven om met dezelfde entiteit dezelfde situatie te herhalen.* (Ja) *Nu is het haar taak om mensen te gaan helpen.*
J: Zij hebben niet zoveel tijd als ik had. Alles is aan het versnellen. Er zijn kansen waar ze zich snel voor moeten klaarmaken.
D: *We kunnen niet langer de tijd nemen om aan al deze dingen te werken?*
J: Dat klopt. Niet op Aarde.
D: *We moeten snel karma afbetalen om het achter ons te laten?* (Precies. Ja.) *Wat normaal gesproken vele levens zou kosten?*

J: Ja. Er is een kans. Ze begrijpt het nu. Ze kan vele deuren open voor mensen doordat ze begrijpt waar ze zich in bevinden, wat ze doormaken, en dat had ze anders niet had kunnen doen.

D: *Tenzij je het zelf ervaart, kun je niet begrijpen wat andere mensen doormaken.*

J: Ja, en het is niet eens dezelfde ervaring. Het is een fijngevoeligheid waardoor ze hun angst kan voelen, hoewel het verschillenden oorzaken kan hebben. Hun angst voelen en weten dat je eruit kunt komen.

D: *Ja. Er zijn zoveel mensen die zich gevangen voelen, nietwaar?* (Ja) *Ze voelen zich alsof ze ergens niet uit kunnen komen.—Is dit waarom je ervoor koos haar dat te laten zien in plaats van haar naar vorige levens te brengen?*

J: Ja, het is een blauwdruk. Ik denk dat het daarom als een pizzapuntje is. Het is als een pizza, als dat enigszins logisch klinkt, en het is niet helemaal bedekt met al die gemengde vieze kleuren als je erover nadenkt. Maar het is als druppels, dus het pizzapuntje vertegenwoordigt de essentie en daar zit een hoop helderheid in. Er is meer helderheid dan iets anders. Deze druppels zijn als pizza-smurrie en die vertegenwoordigen de negatieve levens waarin er een soort van onbalans was. En dit is als het opruimen van de laatste restjes, de laatste restjes van dit leven.

D: *Omdat er geen tijd meer over is om deze dingen steeds weer opnieuw te behandelen?*

J: Dat klopt, ja, en door dit te doen, ruimt het dat laatste beetje op voor mij, maar ook de manier waarop ik het besluit te doen, in plaats van er slechts doorheen te komen. Het gaat erom dat ik begrijp wat anderen doormaken. Het helpt hen om er doorheen te snellen, zodat ze niet in angst hoeven te verkeren. Als ze toch konden begrijpen hoe gemakkelijk het is om eruit te stappen. Ik kan ze er snel doorheen begeleiden.

D: *Begon ze in een cyclus van negatieve levens, en kwam ze er gewoon in vast te zitten?*

J: Nee, het zit een soort van in de hele mix van alle levens. Ze is als een groot stuk pizza en het is echt helder en wit, en er zijn een soort vlekken zoals op pizza, met al die vieze kleuren. En je denkt pizza? Met het rood en bruin, en oranje er overal doorheen gespetterd, en dit specifieke leven kwam daaruit voort. Door de dingen die ik gedaan had, was het mijn beurt om te voelen wat het is om gemarteld te worden, omdat ik het zelf had gedaan. En ik kon het niet verdragen.

D: *Ze zat in een leven waarin ze andere mensen pijn deed, dus het moest allemaal bij haar terugkomen.*

J: Ik moest het ervaren om te weten hoe het voelt, en het te weten en te beseffen.

D: *Dat is waarom Joan zoveel jaar in die situatie verbleef, totdat ze zeker wist dat het genoeg was. Is dat wat je bedoelt?*

Joan had in haar jeugd veel misbruik ervaren, en trouwde daarna met een man die haar net zo misbruikte. Na 25 jaar huwelijk ontdekte ze eindelijk de metafysica en vond ze de moed om van hem te scheiden.

J: Ja ... Dat ze het zelf kon doorstaan. Dat was het belangrijkste. Dat ze het in zich had om door alles heen te breken.

D: *Het moest haar eigen beslissing zijn?*

J: Ja. Niet iemand anders de schuld geven, niet afhankelijk zijn, gewoon diep graven en de innerlijke kracht en het innerlijke begrip vinden.

D: *Want door te beschuldigen creëer je alleen maar meer karma, nietwaar?*

J: Ja, zoals opnieuw geboren worden.

D: *Nu heeft ze een punt bereikt waarop ze daarmee klaar is. Het is voorbij. Het is verleden tijd. We hoeven dat niet opnieuw door te maken.—Wat betreft Richard? Draagt hij nog steeds karma voor wat hij Joan heeft aangedaan? Hij is uit haar leven nu.*

J: Dat was slechts een deel van hem, zoals dat pizza-ding. Hij heeft zijn eigen dingen. Dat pizza-ding was zo van: Duw me door of geef me een kans om er doorheen te komen, wat er ook gebeurt, maar hij heeft zijn eigen dingen.

D: *Betekent dat dat Richard geen karma zal dragen voor wat hij deed?*

J: Nee, dat zal hij niet.

D: Omdat hij het deed met een reden?
J: Ja, maar jammer genoeg heeft hij andere problemen die hij nog niet heeft afgehandeld. Hij kon het hebben afgehandeld maar hij was er gewoon nog niet klaar voor. Hij is erin vast komen te zitten en kon ze niet loslaten.
D: Denk je dat het te laat voor hem is om te veranderen in dit leven?
J: Ja, vanwege de gewoontes en houdingen. Hij heeft teveel deuren gesloten in plaats van er doorheen te lopen.
D: Dus hij gaat z'n eigen pad moeten lopen, maar het heeft niks met Joan te maken.
J: Dat klopt.
D: Hij zal z'n eigen weg gaan.

Ik besefte dat ik tegen Joan's Onderbewuste sprak. Het was ergens gaandeweg binnengekomen. Het is altijd overduidelijk wanneer het het gesprek binnenkomt. Ik vroeg of ik ermee sprak, en het bevestigde dat. Dus ik wist dat ik het niet hoefde op te roepen, omdat het er al was. Toen wist ik dat ik verder kon gaan en haar vragen kon stellen.

D: We denken altijd dat we vorige levens ingaan wanneer we dit doen, maar jullie brachten haar niet naar een vorig leven toe. Jullie brachten haar naar het Boek van Verslagen. Waarom kozen jullie daarvoor in plaats van haar naar een vorig leven te brengen?
J: Omdat het meer is dan slechts één leven. Het is de essentie van alles dat zij is. Ze wist dat het meeste van haar levens heel goede levens waren, en dat is waarom haar dit werd getoond ... de kleuren, zoals vlekken in het wit.

Het hoofddoel was om haar te laten zien dat ze uit balans was geweest, en dat het doorstaan van de negatieve ervaringen in dit leven haar weer in balans had gebracht. En Richard zou geen deel meer uitmaken van haar leven, omdat dat allemaal opgelost was (in ieder geval vanuit haar kant). Hij had zijn rol gespeeld en had gedaan wat hij moest doen. En nu was het tijd voor haar om door te gaan. Uiteraard ging de belangrijkste vraag die ze wilde stellen over haar levensdoel. Ze had veel plannen en wilde over haar toekomst weten. Wat wilde het OB dat ze nu deed, nu ze vrij was?

J: Om zoveel mogelijk mensen naar de nieuwe Aarde te helpen. Ze moet hen bereiken en raken waar zij zijn, en hen vooruit helpen met het inzicht dat ze heeft verkregen. Zoveel mensen struikelen nog steeds in het duister, maar ze staan op het punt er doorheen te breken. Ze hebben mensen zoals Joan nodig om hen te helpen. Dat is haar rol nu.

D: *Hoe willen jullie dat ze andere mensen helpt?*

J: Door iemand te zijn die ze kunnen vertrouwen en het onbekende in te stappen. En vertrouwen te hebben in het licht dat ze uitstraalt en die sprong in het diepe te maken, erop vertrouwend dat ze een integriteit heeft die mensen respecteren en waar ze vertrouwen in hebben. En nu, doordat ze de moed hebben om door hetgeen hen vasthoudt heen te breken, hebben ze de kans om de vrede te voelen die wacht, en de schoonheid die hen in staat stelt los te laten en verder te gaan dan waar ze waren. Het is als een stukje van de nieuwe Aarde dat er voor hen is om te kunnen ervaren en te zeggen: 'Dit is wat ik wil.' Alles wat ze heeft gevisualiseerd zal gebeuren, en zelfs nog meer. Ze zal in staat zijn alles te manifesteren wat ze wil. Ze begint te begrijpen hoe ze het moet doen.

D: *Ze dacht dat ze de meeste van haar contracten heeft afgerond.* (Ja) *Ze dacht dat ze een nieuw contract zou krijgen. Is dat waar?*

J: Ja, zeker. Dat is wat ze nu aan het doen is, mensen optrekken, omdat de intentie zo puur is, onbesmet door haar eigen problemen. Ze is over al die dingen heen.

D: *Ik weet dat we contracten maken wanneer we een leven in komen.* (Ja) *Ik wist niet dat je gaandeweg nieuwe contracten kon maken of creëren.*

J: Dat wist zij ook niet.

D: *Dus als je alles hebt gedaan dat je hoorde te doen, en de contracten zijn afgerond, dan kun je een nieuwe maken?*

J: Jazeker. En er blijven nieuwe inzichten omhoogkomen. Ze dacht dat het zo beperkend was, maar ze begint zich juist het tegenovergestelde te beseffen.

D: *Helpen jullie* (de mensen aan die zijde) *bij het opzetten van de nieuwe contracten?* (Ja) *Want jullie kunnen zien wat de persoon hoort te doen.* (Ja) *Het belangrijkste is om eerst van de oude contracten af te komen, van de oude zaken. Dan kun je verdergaan.* (Ja)

Ik richtte me op haar fysieke vragen. De belangrijkste daarvan had te maken met problemen met haar wervelkolom. Ik vroeg het OB om in dat gebied te kijken. 'Het is in haar andere levens vele keren verbrijzeld. Ach, jeetje, de prijs die ze heeft betaald. En het is weer terug in elkaar gezet, maar het heeft zijn tol geëist. Nu ze het begrijpt, kunnen ze allemaal genezen en recht worden.—Ik duw. De stukken staan niet goed uitgelijnd. Ik stel ze weer op de juiste manier af. Ze hebben niet genoeg kracht van zichzelf om stabiel te blijven. Ze was niet in volledige afstemming met alles, en daardoor draaide en verdraaide ze het in de loop van de tijd.' Ik liet het werken aan de wervelkolom en vroeg daarna of het klaar was. 'Bijna... ik heb nog wat meer tijd nodig.' Ik was stil terwijl het z'n werk afmaakte en toen zei dat de uitlijning klaar was. Ik gaf suggesties dat het in stabiele toestand zou blijven. Ik wist dat zodra de persoon de oorzaak had gevonden, het werk dat ze moesten doen, dat de aandoening dan zou verdwijnen, en de genezing zou standhouden zolang de persoon op het pad bleef waarop ze moesten zijn.

J: Dit is de laatste uitlijning die ze wilde. Het zal nu alles vergemakkelijken, deze uitlijning van het levensdoel.—Dit is een van de dingen die deel uitmaken van de doorbraak; deel van de uitdagingen, het verraad, het verwoesten van haar eigen eerbied, maar door haar afspraak om gevoelig te worden, was dat de enige manier. Zo was het opgezet, zodat het in dit leven zou gebeuren.

Afscheidsboodschap: Word heel sterk in het vertrouwen en in de wetenschap dat de missie die je beloofd hebt te vervullen een onderdeel is van het hele universum, en je hebt velen die met je samenwerken in alle sferen.

Het onderwerp moord is ook een interessant concept wanneer het wordt bekeken zonder emoties. In mijn boek Voorbij de Dood bespraken we verschillende manieren manieren om een moord te vereffenen. Het is nooit: 'Jij hebt mij vermoord, dus ik zal jou vermoorden!' Dat houdt het wiel van karma gewoon in beweging. Er is een manier die de "zachte manier" wordt genoemd. Bijvoorbeeld: het zou kunnen dat je voor jouw slachtoffer moet zorgen in een volgend leven. Je moet je hele leven aan hen wijden en kunt je niet richten op je eigen of op wat je verlangens zijn. Die moeten opzij worden gezet, terwijl alles om de andere persoon draait. Dit kan een kind zijn, iemand met een handicap, een ouder die verzorging nodig heeft, misschien zelfs een veeleisende baas. Als je in zo'n situatie zit, kan dit wellicht een andere manier zijn om ernaar te kijken. Het lijkt in het huidige leven nooit logisch, maar wanneer je het vorige leven bestudeerd, wordt alles duidelijk en gerechtvaardigd. Het volgende is een fragment uit een sessie met een vrouw die in dit leven een zeer bekwame heler is, maar iemand die ook veel moeilijkheden heeft gehad in relaties en in haar jeugd te maken heeft gehad met misbruik door haar ouders. Monique ging door twee vorige levens heen. In het eerste werd ze als pre-puber meisje vermoord door een binnenvallend leger. Ze werd in haar buik gestoken met een zwaard. In het tweede leven was ze een Romeinse soldaat die zelf doodde. Hij stierf als een strijder met opnieuw een zwaard door z'n buik. Dit verklaarde de huidige aanhoudende maagproblemen van Monique. Hij kwam in dat leven terecht als een soldaat om de andere kant te ervaren. 'Het maakte deel uit van het leerproces om te herinneren hoe hij eerder was gestorven, en hoe het deze keer voelde om degene te zijn die doodde.' Hij geen leven vol geweld lijden, maar dat is wat ze deden in die tijd. Hij leerde de les, dat het verkeerd is zo te moorden, en de mensen die vermoord werden leerden ook een les. Ze wisten dat ze dat gingen ervaren voordat ze kwamen. 'Meer dan een les. Om te ervaren wat de andere persoon voelde, en je zo dus realiseert dat je dat niet wilt.' Hij bouwde karma op door wat hij deed als soldaat. 'Hij luisterde niet naar zijn innerlijke stem die zei dat hij het niet zou moeten doen. Hij had zijn trots opzij kunnen zetten en het niet hebben gedaan. Hij had ergens anders naartoe kunnen gaan, maar weet je, in die tijd dachten de ouders dat het een eer was.' Nu zou hij het karma moeten aflossen. Ik vroeg: 'Met de mensen die hij doodde?'

M: Nee, niet per sé mensen die hij doodde, maar met de mensen die op die wijze zijn gedood. Dus wellicht kan hij een doctor zijn, of heler, om mensen te genezen die zo afschuwelijk verwond zijn geraakt, of een been of oog hebben verloren. Dus hij kan hen op die manier helpen en zien hoe deze persoon heeft geleden.
D: *Dus het hoeft niet dezelfde persoon te zijn als hij heeft gedood.*
M: Nee, gewoon iemand.
D: *Zodra je een les geleerd hebt, kun deze gebruiken als voordeel en een andere richting inslaan. Klinkt dat logisch?*
M: Jazeker. Het is een lange weg vanaf de impact van de oorlog waar hij uitkomt.
D: *Wat besluit hij te doen wanneer hij terugkomt? Gaat hij iemand zijn die helpt?*
M: Hij gaat iemand zijn die helpt, maar hij gaat ook iemand zijn die dierbaren heeft die pijn leiden en gedood worden.
D: *Wat is het doel van het hebben van dierbaren die pijn leiden?*
M: Omdat hij zal ervaren wat de dierbaren ervoeren van degenen die hij doodde.
D: *Je moet altijd beide kanten van alles bekijken, of niet?* (Ja)

Dit was een interessant concept dat vanzelfsprekend zou plaatsvinden in oorlogstijd wanneer vele, vele mensen worden gedood. Het zou lastig zijn en een enorm lange tijd kosten om het doden terug te betalen Het zou lastig zijn en een extreem lange tijd duren om de dood terug te betalen aan elk afzonderlijk slachtoffer. Dus in plaats daarvan moeten de omstandigheden worden herhaald, en het terugbetalen zou gebeuren door middel van het helpen van anderen die in dezelfde situaties verkeren als de slachtoffers. Ook de ommekeer waarbij dierbaren gewond raken of worden gedood. Dit lijkt altijd zo onrechtvaardig wanneer het alleen vanuit het perspectief van dit huidige leven wordt bekeken. 'Waarom was God zo oneerlijk? Waarom werd die persoon, die zo'n goed mens was, gewond of gedood?' Misschien kunnen we er nu naar kijken vanuit het perspectief van de andere mensen die in het scenario betrokken zijn. Het maakt niet uit of we ons de levens herinneren waar deze gebeurtenissen in plaatsvonden. Alles komt naar je terug! Uiteraard ben ik er in mijn werk achtergekomen dat je van overgebleven karma af kunt komen door anderen te vergeven voor hun wandaden tegen jou. Maar het is nog belangrijker dat je jezelf vergeeft. Er zijn er altijd twee nodig. Er zijn altijd twee kanten aan elk verhaal. Geen van deze dingen is makkelijk om te doen, maar als je het wiel van karma wilt stoppen, zal het moeten gebeuren.

DEEL TWEE
HET INGEWIKKELDE UNIVERSUM BLIJFT ZICH UITBREIDEN

Het Ingewikkelde Universum Boek Vier

Het Ingewikkelde Universum Boek Vier

Het Begin van de Aarde

Het Ingewikkelde Universum Boek Vier

Hoofdstuk 20
TERUG NAAR HET BEGIN

Naomi bevond zich in een vreemde, buitenaardse omgeving toen ze in de scène terechtkwam. De grond was zwart als houtskool of obsidiaan, en ze stond op het bovenste plateau van een rotsformatie die leek op de Grand Canyon, en ze keek naar richels van rotsen die naar beneden liepen in een kloof. Toen ze boven de diepe afgrond keek was er geen begroeiing, slechts grijze lucht als grijze wolken. Ik vroeg haar of ze naar beneden wilde gaan. 'Nee, ik moet gewoon tegen de rots aanstaan en voor me uitkijken. De grond is geen aarde, het is als heel fijngemalen lavaglas, maar ik kijk uit over de grijze wolken ... het lijkt op een grijze mist." Toen ik haar vroeg om zichzelf te beschrijven zei ze dat ze geen lichaam had. Dit is zo vaak gebeurd dat het me niet stoort. 'Ik denk dat ik meer zoals de wolk ben. Ik sta tegen de berg. Ik sta op het lavaglas. Ik voel me alsof ik deel ben van de mist. Het voelt alsof ik dingen koel houd. Ik houd dingen koel.'

D: *Is dat jouw taak?*
N: Yes. Ik houd het koel. Verder weg van mij is er hitte, dus ik houd het koel.
D: *Waar komt de hitte vandaan?*
N: Komt van het midden van waar deze plek is. Het voelt als een vulkaanachtige hitte. Daar ben ik geen deel van. Ik ben simpelweg deel van de mist.

Degenen die bekend zijn met mijn boeken zullen begrijpen dat er niets buitengewoons is aan het feit dat ze geen lichaam heeft en in een klaarblijkelijke gasachtige vorm verkeert. Ik heb ontdekt dat dit deel van de cyclus van reïncarnatie is waar we doorheen moeten gaan voordat we een menselijk lichaam ingaan. Deze gevallen staan in veel van mijn andere boeken beschreven. Om het op een lineaire manier uit te leggen (ook al leren we nu dat dat niet accuraat is omdat alles in werkelijkheid gelijktijdig plaatsvindt), we zijn eerst in gasachtige vorm, dan deel van de grond en stenen, dan planten, dieren en natuurgeesten voordat we klaar zijn om de ietwat gecompliceerdere menselijk vorm aan te gaan. Uiteraard ontdekken we nu dat de drie golven van vrijwilligers deze vereisten omzeilen, maar zij zijn een speciale groep die niet gebonden is aan de verplichting tot reïncarnatie op Aarde.

D: Je bent deel van de mist die de grond, de lucht verkoelt of zo?
N: Het koelt het hele gebied. Ik behoor het allemaal koel te houden. Het is een hele grote taak, maar het is makkelijk.
D: Ik dacht dat dat moeilijk zou zijn.
N: Nee. Er is iets aan dit alles dat me verdrietig maakt. Het koel houden wanneer er teveel hitte is. Als er teveel hitte is, verwoest het.
D: Dus dat zou gevaarlijk kunnen zijn als de hitte teveel oploopt?
N: Ja. Dit is mijn taak ... gewoonweg de mist. Want als ik het niet koel houd, dan blaast de planeet op. D: Zijn er nog anderen die jou hierbij helpen? N: Ja, het zijn alle mist mensen. Het is een groep.
D: Dus jullie noemen jezelf de "Mist Mensen," en jullie houden het koel zodat de planeet niet opblaast.
N: Ja want de planeet is nieuw. Het is pas net gevormd. De kern van de planeet is heet, en het is onze taak om de mist in stand te houden. En het koelt af zodat er andere levensvormen op kunnen komen.
D: Die kunnen niet komen als het te heet is?
N: Dat klopt.
D: Dus het is jouw taak om het koel te houden zodat er uiteindelijk leven zal ontstaan?
N: Ja, dat klopt.
D: Vind je het leuk om te doen?
N: Het is wat ik heb gekozen om te doen. We houden het gezamenlijk in stand omdat het onze gekozen weg is.
D: Je bedoelt dat je iets anders had kunnen kiezen?

Het Ingewikkelde Universum Boek Vier

N: Ja, maar dit is de juiste. Deze is lastiger om te doen. De mist mensen kunnen dit. Het enige is dat het vermoeiend is om de hitte te blijven vasthouden.
D: *Maar dit is een nieuwe planeet?*
N: Ja, het is zich net aan het vormen.
D: *Het heeft geen planten of enig leven?*
N: Nee. Het bevat enkel de hitte die wordt gekoeld en het donkere lavaglas dat gekoeld is door de mist.
D: *Was jij aanwezig toen het werd gevormd?*
N: Ja, ik stemde in om deel te zijn van het oorspronkelijke team.
D: *Bekeek je de planeet terwijl het werd gevormd?* (Ja) Kun je me vertellen hoe dat was?
N: De bal van licht komt en wordt dan warmer, en dan het warmere wordt warmer. Het wordt vuur. Rondom het vuur vormen zich moleculen van materie die samengaan en het zwarte lavaglas vormen. Zwart lavaglas vormt zich rondom het vuur. Het vuurt blijft binnenin en gaat door met het bouwen van de planeet, maar het heeft de mist nodig om de materie te verkoelen zodat de materie vaste materie vormt.
D: *Als het maar heter en heter zou worden zou het uit elkaar barsten?*
N: Ja, dan zou het zich niet vormen. Het licht zou niet komen tot het vormen van de hete hitte. De hitte zou niet de moleculen vormen om de materie te vormen. Het zou simpelweg licht zijn geweest.
D: *Waar kwam de bal van licht oorspronkelijk vandaan?*
N: Bron. Bron stuurt de bal van licht uit.
D: *En de bal van licht genereert dan de hitte en de moleculen uit zichzelf?*
N: Ja, en de verschillen mensen kiezen—het zijn geen mensen in jullie terminologie—de verschillende met de verschillende energieën komen en vormen zich rond wat nodig is.
D: *Ieder heeft z'n eigen speciale taak?*
N: Ja, dat klopt.
D: *Wat kiezen sommige van de anderen om te doen?*
N: Sommigen van hen kozen ervoor om te komen om het oorspronkelijke punt van licht te zijn. Om de punten van

hitte te zijn rond het licht, waarbij ze een steeds grotere vibrerende intensiteit vormden om te proberen uit te breiden tot in de hitte. In het vuur, uit de materie, de materie vormend. De energiewezens die gekomen zijn om deel uit te maken van de materie. En de mensen, de energiewezens, die gekomen zijn om deel uit te maken van de vastheid, van de zwarte vastheid. En de wezens die gekomen zijn om deel uit te maken van de mist. En er zijn andere wezens die wachten om deel uit te maken van de andere formaties die zullen plaatsvinden.

D: *Degene die zullen komen nadat het is afgekoeld?*
N: Correct.
D: *Nadat de planeet gevormd en afgekoeld is, vertrekken de andere wezens dan?*
N: Sommigen wel. Sommigen niet. Sommigen blijven binnenin. Sommigen worden andere levensvormen. Ieder heeft keuzes over wat hij kan worden. Sommigen moeten plantaardig materiaal worden. Sommigen worden andere aspecten van de lucht, andere aspecten van water, anderen aspecten van mineralen, andere aspecten van onbekende dingen die deze planeet niet heeft.
D: *Dus sommigen vertrekken niet meteen. Ze blijven om te helpen met de ontwikkeling?*
N: Ja, dat klopt.
D: *En jij blijft daar totdat het genoeg is afgekoeld?*
N: Ja, totdat water zich kan vormen op de planeet. Dan ben ik vrij om een andere keus te maken met m'n inzet.
D: *Ze moeten water hebben. Is dat waar?*
N: Sommige planeten wel. Sommige planeten niet. Deze planeet kiest ervoor om water te hebben.
D: *Dus water is niet altijd noodzakelijk voor het ontstaan van leven?* (Nee) *Sommige plekken leven van andere dingen?*
N: Ja, dat klopt. Vele mogelijkheden.
D: *Maar jij hebt niks te maken met het vormen van water?*
N: Nee, ook niet met de vorming van waar het water naartoe zal gaan. Ik ben in staat te kiezen om deel uit te maken van het water dat blijft dat andere vormen van leven vormt, als ik daarvoor kies op dat moment.

D: *Dus je moet wachten tot dat moment voordat je het besluit.*
N: Ja, dat klopt.
D: *Heb je altijd dit soort werk gedaan?*
N: Nee. Ik ben hitte geweest. Ik ben licht geweest. Ik ben vanuit Bron gekomen op vele momenten in veel verschillende gebieden, in vele verschillende vormen.
D: *Wanneer je het werk afrondt, ga je terug naar Bron?*
N: Soms, ja. Soms ga ik meteen naar andere plekken.
D: *Gewoon blijven ontwikkelen?* (Juist.) *Dit zou allemaal zeer lange tijd in beslag nemen.* (Ja) *Hoewel mij verteld is dat tijd eigenlijk niet bestaat.*
N: Het is gewoon wat men doet. Zonder te meten.

Het was duidelijk dat dit een onvoorstelbaar lange tijd had kunnen duren, aeonen zelfs, dus liet ik haar vooruitgaan naar het moment waarop ze haar taak had voltooid: onderdeel zijn van de mist en het afkoelen van de planeet. 'Wat doe je nu?'

N: Nu word ik onderdeel van een waterpoel die zich bevindt in een klein, beschaduwd stuk rots. Het is het begin van de vorming van de waterpoel. Die andere wezens kunnen met me meekomen en ook deel worden van deze poel. Deze poel zal groeien. Het collectief begint als een druppel. Ik was niet de druppel van waaruit het begon. Ik was onderdeel van de vorming van het water.
D: *Ik vroeg me af waar het water vandaan komt.*
N: Het komt vanuit de mist die zich omzet in druppels. Dan vormt het zich tot plas. Het komt voort uit de mist die zich tot druppels vormt. Daarna vormt het zich tot een poel.
D: *Het begint eerst als kleine poelen?*
N: Dat klopt.
D: *Denk je dat het groter zal worden?*
N: Ja, en mist-wezens komen om grotere waterlichamen te vormen. Ze brengen andere wezens met zich mee die onderdeel worden van de waterkringloop die plant- en dierenleven op deze planeet tot stand zal brengen.

Het Ingewikkelde Universum Boek Vier

D: *Dus het water moet er als eerst zijn, zodat planten en dieren zich kunnen ontwikkelen?* (Ja) *Vind je het leuk om deel uit te maken van het water?*
N: Ja, ik houd van hoe het water voelt. Het is eigenlijk niet anders dan de mist. Alles ís gewoon, maar het voelt prettig.
D: *Het een is niet belangrijker dan het ander omdat ze allemaal een rol te vervullen hebben.*
N: Dat klopt.
D: *Zegt iemand je wat je moet doen?*
N: Nee. Je weet het. Je hebt een imprint gekregen wanneer je komt.
D: *Je imprint vertelt je wat je taak zal zijn?*
N: Ja. Toen ik de mist werd, maakte ik aan het einde van die mistperiode de keuze om een druppel te worden. De druppel viel in de poel. Nu heb ik de keuze om een dierlijke vorm, een plantaardige vorm, of een verdampende vorm van lucht te worden.
D: *Laten we vooruit bewegen. Wat besluit je hierna te doen?*
N: Ik besluit om de lucht te worden, de verdampende lucht. Ik wil om de planeet heen zijn.
D: *Eerst creëerde je het water; nu verdamp je het.* (Ja) *Wat is het doel van verdampen?*
N: Om een atmosfeer rondom de planeet te vormen
D: *Dus het moet zowel een atmosfeer als water hebben.*
N: Deze planeet wel, ja. Niet alle planeten. Er zijn vele verschillende variaties. Elk is geschikt voor die plek.
D: *Wat doe je wanneer je onderdeel wordt van de verdamping?*
N: Ik vorm een schild rond deze planeet dat zich naar buiten toe uitbreidt voor de groei van de planeet. Zodat het dient als een barrière tegen andere luchtwezens die zouden kunnen binnenkomen en de lucht op deze planeet zouden kunnen beïnvloeden. Andere luchtwezens... andere... andere... je zou zeggen gassen... andere gassen.
D: *Ik begrijp wat je bedoelt. Dit zouden gassen zijn die niet bevorderlijk zouden zijn voor wat jullie hier proberen te creëren?*
N: Dat klopt. Wat deze planeet nodig heeft om optimaal te functioneren. Het moet de juiste combinatie zijn van de

verdampende stoffen die van de planeet zelf komen, en sommige komen van buiten de planeet. Zo ontstaat het mengsel dat de atmosfeer van de planeet vormt.

D: *En jullie zijn degenen die voorkomen dat het verkeerde type gas binnendringt?*

N: Ja, dat klopt. Op de buitenste barrière tussen deze en andere luchtsoorten. Om de buitenste barrière veilig te houden. 'Afgeschermd' is de meer geschikte term, binnen de beschikbare taal.

D: *Taal is altijd lastig.* (Ja) *Het klinkt alsof je in het vroege begin al heel belangrijke taken had.*

N: Ze zijn niet anders dan anderen.

D: *Wat doe je nadat de atmosfeer gevormd is en jouw aandeel daarin is afgerond?*

N: Deze specifieke opdracht is afgerond, dus nu ga ik terug naar een rustplaats.

D: *Je hoeft niet verder te gaan in andere vormen?*

N: Dat zou ik kunnen ... Dat zou ik kunnen ... Ik heb ervoor gekozen om naar een rustplaats te gaan. De rustplaats is waar het Licht is.

D: *Kun je me iets vertellen over het Licht?*

N: Het Licht is gewoon een licht waarin niets hoeft te gebeuren. We zijn simpelweg het Licht. Er is niets anders dat je moet doen, niets dat je moet zijn, geen afdruk die je moet achterlaten, niets dat je uit het Zelf hoeft te laten voorkomen. Je bent simpelweg gewoon één met het Al, dus is er een gevoel van voltooiing.

D: *Rust je lang uit?* (Ja) *Oké. Laten we vooruit bewegen naar het moment dat je besluit om de rustplaats te verlaten. Wat is je volgende opdracht?*

N: Ik bevind me op de stromingen die dingen van de ene naar de andere plek dragen. Ik ben een stroming. Het is vergelijkbaar met een luchtstroom, maar het is geen lucht. Jullie hebben geen woord, maar ik zou zeggen dat het lijkt op een stroom die een combinatie is van elektriciteit en licht en lucht en gedachte. Het is een combinatie.

D: *Ik dacht aan stromingen zoals de wind.*

N: Ja, het werkt op een soortgelijke manier, maar is anders. Het is helpen bij het bewegen van bewustzijn, van gewaarzijn. Het is een stroom van evolutie, in jullie termen. Het is om een sterrenstelsel bij te staan in evolutie, dus moet de stroom het sterrenstelsel binnenstromen en rondom alles wat het sterrenstelsel omvat.

D: *Ik dacht dat je het had over de wind op de planeet.*

N: Nee. Dit is het sterrenstelsel en de cosmos die ondersteuning vereisen in beweging. En de stroom droeg bij aan het bewegen in de richting die het verlangt.

D: *Maar je zei dat het ook is om te helpen in het bewegen van bewustzijn?* (Ja) *Wat is het bewustzijn dat het beweegt?*

N: Het is bedoeld om te bewegen naar een spiritueel bewustzijn — bij gebrek aan een betere term — een bewustzijn van harmonie, een bewustzijn van gewaarzijn. Liefde is de vibratie.

D: *Dus het richt zich nog steeds op sterrenstelsels en grotere lichamen op dit moment?*

N: Ja. Het is bedoeld om een ander niveau van ervaring te geven; een ruimer niveau van ervaring aan het sterrenstelsel.

D: *Wat bedoel je met een ander niveau van ervaring?*

N: Binnen het sterrenstelsel bevinden alle planeten, alle wezens, alle gedachtevormen en alle vormen van bewustzijn zich op een bepaald niveau. Dus zodra het sterrenstelsel bijna klaar is met dat level, moet er een ander level bijkomen. Een andere stroming bijkomen zodat er beweging kan komen voorbij de grens van waar de andere beweging is.

D: *Dit is allemaal onderdeel van het creëren van andere dingen?* (Ja) *Wat voor soort dingen kunnen er op deze manier gecreëerd worden binnen het sterrenstelsel?*

N: Alles wat de gedachtevormen voortbrengen. Alles wat materie wilt voortbrengen. Alles waarvoor er een lijn is ... het is een lichtlijn die gevormd kan worden. Het is als een licht waarmee verbonden kan worden en dat gevormd kan worden. Het kan alles vormen wat de gedachtevormen voortbrengen.

D: *Dus de andere 'spirits' zoals jij zijn degenen die de gedachtevormen brengen?*

Het Ingewikkelde Universum Boek Vier

N: Ja, dat klopt.
D: *Dus zijn kunnen alles creëren wat ze willen?*
N: Dat klopt. Het enige wat ze hoeven te doen is verbinden met de lichtlijn.
D: *Niemand vertelt hen wat ze moeten doen?*
N: Nee. Ze brengen het bewustzijn van het sterrenstelsel omhoog zodat anderen kunnen weten dat ze dit kunnen doen, maar het moet op een hoger niveau gebracht worden voordat het beschikbaar voor hen wordt.
D: *Hoe zit het met de schepping van leven op deze planeten? Heb je daar iets mee van doen?*
N: Nee. Ik breng alleen de stroming binnen. Ik ben slechts de stroom.
D: *Vind je dat fijner?*
N: Ja want ik kan meer zien. Ik kan beter zien hoe het past in het Al.
D: *Denk je dat door een fysiek lichaam van een plant of dier in te gaan je je zicht hebt beperkt?*
N: Het is een ander gezichtspunt. Het is niet alomvattend zoals het is binnen het sterrenstelsel. Om het sterrenstelsel-perspectief te kunnen zien binnen de werking van de planeten. Om te zien hoe alles samenvalt in één sterrenstelsel en dan hoe dat sterrenstelsel in verbinding staat met de cosmos is interessanter op dit moment. Het is een ander perspectief.
D: *Stop je uiteindelijk met het zijn van de stroom?* (Ja) *Wat gebeurt er op dat moment?*
N: Ik kan kiezen om op een andere plek te zijn.
D: *Er is veel om uit te kiezen, nietwaar?*
N: Ja, dat is zo.
D: *Wat is het volgende dat je kiest om te doen?*
N: Ik kies er voor om naar een plek te gaan om te leren. Het is een plek waar iedereen heengaat ... waar alle wezens heengaan. Wie daarvoor kiest, kan er naartoe gaan wanneer ze meer moeten leren ... hebben niet die andere bron
D: *Vertel me over die plek.*
N: Het heeft alles dat we ooit moeten weten.

D: *Wat voor soort vorm heb je wanneer je naar een plek om te leren gaat?*
N: Gewoon bewustzijn.
D: *Dat is waar het allemaal om gaat? Leren en creëren?*
N: Ja, ontwikkelen. Je vraagt simpelweg om te leren en het wordt aan je gegeven. Je weet het gewoon automatisch.
D: *Geen leraren?*
N: Nee. Het wordt je gegeven ... gegeven aan je bewustzijn.
D: *Wat leer je het liefst op deze plek?*
N: Ik leer het liefst over de uitgestrektheid van wat de Bron heeft gecreëerd. Ik heb stukjes geleerd van sterrenstelsels, van universa, en planeten en levensvormen, maar ik wil de uitgestrektheid van de gehele schepping leren, zodat ik verder kan zijn dan wat ik nu zie. Want mijn huidige level van de cosmos bevat sterrenstelsels en planeten, en kleine— nee, niet kleine—maar minuscule details, en dus wil ik de grotere uitgestrektheid.
D: *Heb je geleerd dat er iets groters is?*
N: Ja, het stopt nooit. De gehele schepping breidt zich uit, dus de uitgestrektheid die ik ervaar binnen mijn wezen op dit moment, er zal een nog grotere uitgestrektheid worden erkend op een ander moment.
D: *Dus is er ooit een moment waarop je alles kan leren?*
N: Je kunt teruggaan naar de Bron om te rusten.
D: *En als je daar bent kun je alles weten?* (Ja) *Dat is een enorme hoeveelheid aan kennis. Breng je veel tijd door op de leerplek?*
N: Ja. Ik wil het weten op dit punt in het Al van de tijd.
D: *En je absorbeert al deze informatie?*
N: Dat klopt.

Dit sluit aan bij wat het OB vele malen heeft gezegd, dat je alle kennis en alle antwoorden in je hebt. Je hoeft echt niet buiten jezelf te zoeken. Je kunt leren om te verbinden met deze ongelooflijke bron van informatie.

D: *Wat ga je doen met al deze informatie nadat je het hebt geabsorbeerd?*

N: Ik ga het overdragen aan anderen, daar waar andere delen ervan elders nodig zijn. Er moet bereidheid zijn van hun kant. Er moet openheid zijn. En er moet ook hun level van ontvankelijkheid van aanwezigheid zijn.
D: Dus je zendt het gewoon uit?
N: Ja, die wezens die zich op het ontvangst-niveau bevinden om het te activeren, ontvangen of verder te verzenden, pikken het op.
D: Het is als een baken dat het overal verspreidt.
N: Dat klopt.
D: Du je hebt geen verlangen om een fysiek lichaam in te gaan? (Nee.) *Dat zou beperkend zijn, of niet?*
N: Het zou niet beperkend zijn omdat ik niet af zou weten van de beperking. Maar het zou niet van de breedte zijn waar ik op dit moment beschikking over heb.
D: Ben je je bewust dat je door een menselijk wezen heen spreekt, een fysiek lichaam? (Pauze) *Ben je je ervan bewust dat je communiceert met mij?*
N: Ik stuur de stralen naar het wezen zodat het wezen het naar jou kan sturen.
D: Je bevindt je niet in dit wezen waar je doorheen spreekt?
N: Nee. Het is meer zoals jullie zendmasten voor jullie telefoonsystemen of radiosystemen ... jullie golven. Het is rechtstreeks naar dit wezen.
D: Ik ben erachter gekomen dat de enige manier waarop we deze communicatie kunnen doen is wanneer ik hen in deze staat van bewustzijn breng. Dan zijn ze ontvankelijk.
N: Ja, dat klopt. Een fysieke vorm kan dat level niet dragen.
D: Waarom koos je ervoor om door haar heen te komen vandaag?
N: Ze is bereid om de informatie te ontvangen.
D: We willen uiteraard, met de hoeveelheid aan informatie die jullie hebben niet haar systemen overbelasten.
N: Dat klopt. Ze heeft de neiging om te overbelasten. Dat willen we niet.
D: Dus jullie denken dat het tijd is voor haar om meer te weten en meer informatie te hebben?

Het Ingewikkelde Universum Boek Vier

N: Ja, het omhulsel is klaar. De transmissie-lijnen zijn verbonden. Ze gaat een zender zijn, een menselijke zender. Het zal niet uitmaken wat ze doet in welke vorm. De transmissie zal door haar heen zijn.

D: *Dus ze kan doorgaan met haar normale leven?*

N: Dat klopt. Het komt door haar heen alsof het een omhulsel is rondom de atmosfeer. Het omhulsel is vergelijkbaar met de planeet Aarde in de zin dat er vibraties en matrixen en atmosferen zijn, en allerlei soorten dingen rondom de Aarde die de transmissie voeden.

D: *Jullie willen dat ze overdraagt gewoon door te zijn of wat?*

N: Ja, dat klopt. Ze draagt het simpelweg over door de essentie van het zelf, de essentie van de fysieke vorm, de essentie van de atmosfeer rondom de fysieke vorm.

D: *Dus ze hoeft het niet op te schrijven of er over te praten?*

N: Ze hoeft dat niet te doen. Ze kan het doen als ze daarvoor kiest, maar het zal overgedragen worden omdat het level van transmissie op zo'n niveau is dat vele dit gesproken woord of het geschreven woord niet zouden begrijpen.—Dit is haar gekozen pad, om een baken te zijn. Ze is als een afstemmingtoren die de planeet, degenen erop, degenen erin, en degenen eromheen verfijnt.

D: *Zijn er andere wezens op Aarde die hetzelfde doen?* (Ja) *Zijn ze zich daarvan bewust?*

N: Sommigen wel. Weinig. De meeste niet.

D: *Dat is een van de dingen die ze graag wilde weten. Wat is haar levensdoel? Wat heeft ze hier op Aarde te doen?*

N: Zij is een overdragend afstemming-instrument. Ze doet dit als zijnde het instrument. Ze verfijnt de fysieke vorm, de atmosfeer rond die fysieke vorm. En de andere lichamen of de woorden die hier op deze planeet worden gebruikt, het fysieke, het mentale, het astrale en het spirituele lichaam. Het was haar keuze. Ze blijft dienen als instrument zolang ze in dit lichaam is. Ze is haar hele leven bezig als dit instrument. Ze werd op verschillende plaatsen geplaatst, zodat de transmissies afgestemd konden worden, verzonden naar diverse locaties zodat de transmissies "versterkt" konden worden.

Ze klonk als iemand van de Tweede Golf van vrijwilligers. Zij worden beschreven als bakens, overdragers, generatoren en kanalen om positieve energie uit te zenden naar anderen.(Zie mijn boek Drie Golven Vrijwilligers voor meer informatie.)

D: Jullie hebben mij eerder verteld dat we overal waar we gaan iets van onze energie achterlaten.
N: Ja. Het is niet per se energie, in jullie terminologie. Het is een combinatie van dingen die iets ontbranden en meer voortbrengen van wat voortgebracht moet worden. Jullie noemen het "energie" in de terminologie van deze planeet. Het kan "energie" worden genoemd, maar het is verfijnder dan dat. Het is een verfijndere afstemming, een verfijndere transmissie die bijdraagt in alles eromheen te verfijnen en laat meer licht toe.
D: Wat is het doel hiervan in deze tijd van de geschiedenis van de Aarde?
N: Zodat de Aarde een hoger niveau in haar evolutie kan bereiken en de zwaardere, donkerdere, dichtere, minder lichte lichamen of energieën, hoe je ze ook wilt noemen, — de essenties die de planeet tegenhouden — kan elimineren.
D: Dus dat zijn degenen die weggaan?
N: Ja, dat klopt.
D: Zodat je meer licht, meer kennis en meer informatie kunt hebben?
N: Ja, dat klopt. Meer van de transmissies die binnenkomen kunnen het op een grotere schaal verfijnen ... in een hoger tempo.
D: Komen er nu meer mensen die dat doen?
N: Ja dat klopt, er komen er meer. Ze doen het door hun gelach, door te spelen, door hun muziek, door middel van de minder gestructureerde methodes van zijn.
D: Maar ze doen het zonder het door te hebben.
N: Ja. Er zijn er veel die het weten, maar er zijn er veel die het niet kunnen weten door waar ze zijn. Want als het bekend zou zijn, dan zouden degenen om hen heen een poging doen om het af te sluiten.

Het Ingewikkelde Universum Boek Vier

D: *Zou het raadzaam zijn voor haar om hier niet over te spreken?*
N: Ze zal weten wanneer wel en wanneer niet. Bij de meeste van degenen waarmee ze omringd is op dit huidige moment kan ze hier niet over spreken. Ze zouden het niet begrijpen. Het zijn de donkerdere, zwaardere wezens die significante pogingen zouden doen om de transmissies te stoppen.
D: *Dit is waarom de meeste mensen het in het geheim doen?*
N: Ja, dat is zo. Ze komen over alsof het eenlingen zijn, in de terminologie van deze planeet, en in feite zijn ze licht. Ze komen van de Bron in rechtstreekse overdracht en, in jullie woorden, zijn ze van een "hoge voltage".
D: *Maar iedereen is van de Bron, nietwaar?*
N: Ja. Echter zijn er diegenen die door vrije wil een onwil hebben vanuit het Zelf om meer licht voort te brengen.
D: *Dus het komt allemaal aan op de vrije wil van het individu?*
N: Ja, op deze planeet.
D: *En sommigen hebben geweigerd.* (Ja) *Ik was verrast door het teruggaan naar leven tijdens de schepping van de wereld. We dachten dat we terug zouden gaan naar normaal vorige levens.* (Lach)
N: Dit is normaal voor deze persoon.
D: *Het gebeurt steeds vaker wanneer ik met mensen werk. Ze gaan naar het onverwachte.* (Ja) *Het is die tijd nu in de wereld denk ik.*
N: Ja, en het is deel van jouw evolutie.
D: *Mijn evolutie?*
N: Ja, dat is accuraat omdat jij een overdrager bent van de Bron.
D: *Een ander type dan dat zij is.*
N: Ja, dat is accuraat.
D: *Ik weet dat de informatie die ik ontvang nu heel erg anders is dan toen ik net begon.*
N: Ja, dat is accuraat, en dat zal doorgaan.
D: *Toch zeg ik altijd dat jullie ons nooit meer geven dan we aankunnen.*
N: Dat klopt.
D: *En ik moet doorgaan met het aan de wereld te geven?*

N: Ja, jij hebt veel gedaan voor het ontsteken, ontbranding, activeren en evolueren van zielen, evenals de essentie van de planeet.

D: Zal het werk blijven groeien?

N: Ja. Dus laten we jullie achter met een transmissie voor jullie beiden voor een lichter zijn en de essentie van gratie.

Afscheidsboodschap: Ze behoort het Zelf te behouden zodat het Zelf zich ter aller tijde bewust is van het Zelf. En niet toestaan dat het Zelf wordt gecontroleerd, wordt overgenomen, wordt gemanipuleerd of op een andere manier gebruikt wordt behalve voor iemand die naast haar zal lopen. En we zijn altijd met haar.

D: Ik noem jullie het onderbewuste. Jullie zeiden dat het jullie niet uitmaakt hoe ik jullie noem. (Lach)

N: Dat klopt. We weten dat het zelf namen nodig heeft om te verbinden.

D: Maar ik hoefde jullie niet door te laten komen vandaag omdat jullie hier al waren.

N: Dat klopt. We zijn altijd hier.

Hoofdstuk 21
"BIJSTELLEN"

 Ella stond zo te popelen om de scène in te gaan dat ze niet eens wachtte tot ik de inductie had afgerond. Ze liep meteen door buitengewone tuinen vol met prachtige bloemen. Er zaten kleurrijke vogels in de bomen. Toen zag ze een Romeins-achtig gebouw waarvan ze wist dat het een enorme bibliotheek was. 'Een deel ervan is een bibliotheek en, oh, je kunt er van alles doen.' De plek kwam haar heel bekend voor en ze wist zeker dat ze er eerder was geweest. Ze stond te popelen om de trappen op te lopen en het gebouw binnen te gaan. 'Een vriend van mij doet de deur open. Iemand die ik al een eeuwigheid ken. Hij is erg wijs.'

D: Weet hij waarom je gekomen bent?
E: Hij lijkt altijd alles over mij te weten. Hij is heel vriendelijk en hartelijk. Ik denk dat hij op me wachtte.
D: Is hier iets dat je komt bekijken?
E: Ik kom om te overleggen.—Het lijkt erop dat de achtergrond nou is veranderd. Ik ben in de aanwezigheid van "mijn twaalf". Mijn raadgevers. Er zijn er drie beneden, zeven in het midden, en twee bovenaan. Ze zitten en ik zit voor ze. Mijn vriend zit links en moedigt me aan om met de raad te spreken.
D: Zijn er twaalf inclusief jouw vriend of staat hij daar los van?
E: Hij staat daar los van.
D: Hij moedigt je aan om met de raad te spreken? (Ja) *Waar wil je het over hebben?*
E: Oh, er zijn zoveel dingen. Zoveel dingen. Met wie heb ik de kans om te werken? Het voelt alsof ik zal werken met degenen die niet hier op deze planeet zijn geboren. Ik ontwikkel relaties en banden met verschillenden ... zoek meer kennis daarover.—Er zijn er drie beneden. Er zijn er

zeven in het midden en twee bovenin. Terwijl ik naar de raad kijk opende iemand linksboven zojuist zijn mond, en er kwam een vonkje van licht uit. Er gebeurd iets.

D: *Maar je vraagt hen met wie je werkt, of met wie je zou moeten werken?*

E: Ik denk dat het gaat over met wie ik de kans krijg om mee te werken. Ik geloof in mijn huidige leven—Wanneer ze hun monden openen is het alsof er dingen gebeuren. Als een deur die wordt geopend.

D: *Je bedoelt dat ze niet met je hoeven te communiceren?*

E: Degenen beneden kan ik een soort van verstaan. Degenen in het midden, ik begrijp niet echt wat ze zeggen. En degenen bovenin communiceren op een andere manier die ik niet begrijp. De drie beneden zijn meestal bij mij. Ik sta voor de raad om ... het is alsof ik goedkeuring zoek om verschillende dingen te doen. En zij overleggen en denken erover na of geven me advies, maar dit is mijn raad.

D: *Je zei dat de drie beneden meestal bij je zijn. Hoe bedoel je, gidsen of zo?*

E: Dat kan ik niet echt zeggen. Ik weet alleen dat het energieën zijn Ik kan niet zeggen wat ze zijn, maar degene in het midden, onderaan van de drie, communiceert met mij op een manier die ik het beste kan begrijpen. Het is een soort van, elektrisch.

D: *Wanneer communiceert hij? Wanneer je slaapt of wat?*

E: Ik denk dat het altijd kan.

D: *Je zei dat je wilde weten met wie je gaat werken?*

E: Klopt. Diegenen die zijn opengesteld waarmee ik kan werken.—Ik heb de toestemming al. Het is slechts dat ik het niet realiseer en genoeg in mezelf vertrouw om dit te weten.

D: *Nou, wanneer je in een menselijk lichaam zit, neem je dingen op een andere manier waar.*

E: Klopt. En dit weet ik al en ze glimlachen.. (Lach) Ze communiceren liefde.—Nu word ik ergens mee naartoe genomen.

D: *Wie neemt je mee?*

E: Weet ik niet. Het is alsof ik word meegevoerd en een beetje naar achteren en naar rechts beweeg.

D: *Laten we kijken waar hij je naartoe brengt.*
E: Ik ben op een plek maar ik weet niet waar ik op sta. Ik weet niet eens of ik sta, maar ik kijk naar waar ik zal gaan werken.—Ik verschillende planeten. Ik zie verschillende sterrenstelsels. Het is aardig uitgestrekt.—Dit wordt me getoond zodat ik het kan onthouden, maar ik weet dit al.

Het zijn een aantal verschillende planeten. Het is een sterrenstelsel met twee sterren ... een binaire ster en planeten eromheen. Dat is niet de enige plek, maar dat is waar ik voornamelijk op ben gefocust. Interessant. Oh, er zijn veel verschillende wezens. Sommigen komen nog maar net uit.

D: *Komen uit? Je bedoelt dat ze nu pas worden gevormd of wat?*
E: Precies. beginnen net ... starten net. Ik zie de verschillende hele kleine levensvormen.
D: *Waar bevinden deze levensvormen zich?*
E: Op de verscheidene planeten. Verschillende planeten hebben verschillende levensvormen. Er zijn er veel om bij te houden. Er zijn er veel om te helpen. Er zijn er veel om in de gaten te houden en dan worden ze naar andere plekken gebracht. We doen experimenten. We kijken en en zien wat kan werken, en dan brengen we dat in de atmosfeer en brengen we dat op dat specifieke planetaire lichaam ... met toestemming van het lichaam. Het planetaire lichaam is onderdeel van het proces. Het is volledig dynamisch.
D: *Dus je bedoelt dat de planeet zelf toestemming moet geven voor de verschillende levensvormen die het toelaat om er op te leven?*
E: Ja, en de zonnesystemen zijn daar ook onderdeel van.
D: *Moeten de zonnesystemen toestemming geven of alleen de planeet?*
E: Iedereen moet in overeenstemming zijn.
D: *Maar je zei dat er veel verschillende levensvormen zijn?*
E: Ja, en ik werk met veel verschillende soorten om dit werk te doen. Sommigen zien eruit als rare spinnen en zijn heel goed in wiskunde. Sommigen die ... oh, het ziet er haast uit als die bar scène uit Star Wars. (Lach)

D: *Maar alles leeft. Het hoeft niet dezelfde vormen te hebben, of wel?*
E: Oh, nee, dat hoeft niet.
D: *Wat zich ook maar leent voor die atmosfeer?*
E: Precies. Maar degenen die eraan werken zaten op een schip, of meerdere schepen. Maar er is er één in het bijzonder waar we naartoe gaan om te kijken, berekenen en experimenteren met wat zou werken op die planeet. En welke verschillende vormen kunnen en zullen evolueren, gebaseerd op onze experimenten op andere planeten. En ieder van ons op het schip overlegt met elkaar. We proberen verschillende dingen uit. We hebben allerlei verschillende benaderingen, omdat we verschillende achtergronden hebben.
D: *Dit gebeurt allemaal op dit ruimteschip?*
E: Ja, we hebben veel verschillende ruimteschepen, maar we vinden vooral deze fijn. Er is er één in het midden en zeven eromheen. Dit is een behoorlijk groot schip. We kunnen er bijna alles in doen, hoewel we soms, als we naar de planeet gaan, in kleinere vaartuigen gaan. Of soms nemen we gewoon een deel van ons 'verstand' of ons 'wezen' mee naar beneden... slechts een deel van ons bewustzijn.
D: *Dus je hoeft niet je volledige bewustzijn mee te nemen?*
E: Nee, slechts een gedeelte van het bewustzijn om naar de planeet te gaan en het te bekijken. Je kunt op die manier reizen, puur met je bewustzijn, of je kunt alles meenemen. Je instrumenten, of wat je ook aan boord van het schip hebt. Je kunt het op beide manieren doen, of gewoon één van de twee. Het maakt echt niet uit. Gewoon wat nodig is. We zijn met velen. Het is echt een hele brigade. We zijn met veel verschillende wezens met allerlei achtergronden, en we zijn hier om licht uit te breiden. Dat is wat we doen. We breiden het licht uit. We gaan in delen van een onbekend iets, maar gebaseerd op onze achtergrond en expertise ... helpt ieder van ons om samen allerlei verschillende vormen van leven toe te voegen aan deze verschillende planeten.
D: *Maar jullie wonen niet op deze planeet? Jullie wonen op de ruimteschepen?*

E: Klopt. Dat is niet waar ik vandaan kom, maar dit is mijn taak en wat ik leuk vind om te doen. En ik geniet van ieder z'n kameraadschap. Er is er één die eruitziet als ... het komt het dichtst in de buurt van een bidsprinkhaan. Echt heel majestueus, heel oud, en ontzettend wijs. Een ongelooflijke bron van kennis en informatie.

D: Deze wezens zijn allemaal verschillend en hebben verschillende taken?

E: Ja, maar we overleggen allemaal. We werken allemaal samen.

Ik vroeg haar hoe zij haar lichaam waarnam. 'Ik kan alles zijn wat ik wil.'

D: Je hebt dat vermogen om van vorm te veranderen? (Ja) Hebben anderen dat ook?

E: Weet ik niet. Iedereen is anders, maar ja, ik kan zijn wat ik wil. Er is één ding dat ik in het bijzonder leuk vind. Ik denk dat je het een lang gewaad zou noemen; het heeft vele verschillende sprankelende kleuren, maar dat zijn energieën. Er zit een reden en doel achter. Het zijn verschillende energieën. Je hoeft geen lichaam te hebben. Je kan gewoon bewustzijn zijn als je wil.

D: Hoe neem je jezelf waar in je normale vorm als je niet verandert in iets?

E: Ik ben redelijk lang, tenger, totaal niet zoals mijn Aardse lichaam. Ik wilde dat ervaren en het verschil zien. Heel lang.—Je kunt zijn wat je wilt zijn.

D: Dus dit is niet je thuis, maar dit is waar je werk is?

E: Ja want het brengt me vreugde. Maar ik bezoek thuis wel. Dat is in een andere dimensie. Het is heel anders. Je gaat door een portaal om—oh, hoe zou je dat zeggen?—Andere energetische snelwegen. Je kunt het op die manier doen of er gewoon aan denken en er zijn.

D: Ik vroeg me af of het lang duurde om naar jouw thuisplaneet te gaan.

E: Onmiddellijk. Sterker nog, je kunt op beide plekken tegelijkertijd zijn. Je kunt op meerdere plekken zijn. En je kent jezelf, en schakelt tussen je verschillende zelven, wat het ook is dat jou vreugde brengt. Maar je kunt opgeroepen worden naar verschillende plekken door verschillende wezens. De energie roept je terug. Maar je kunt nog steeds zijn waar je bent en een deel van je energie gaat terug om zich te richten op wat dan ook, te communiceren, een onderdeel te zijn van dat leven. Er zijn zoveel verschillende mogelijkheden, maar dat brengt me vreugde. Het kameraadschap, we zijn met zoveel, maar sommigen zijn bekwamer, verder gevorderd. Ouder—nee, niet ouder— maar meer ervaren. Er zijn er ook die avontuurlijker zijn dan anderen. Sommigen doen dit al eeuwen. Ik ben hierin nog relatief nieuw.

D: *Zelfs degenen die daar al eonen lang zijn genieten nog steeds van wat ze doen?*

E: Ja, dat doen ze zeker. Als dat niet zo was zouden ze ergens anders zijn. Ze kunnen overal heengaan waar ze willen.

D: *Is dit de hoofdtaak die je nu vervult?*

E: Gebaseerd op mijn achtergrond, op de plekken waar ik ben geweest, breng ik ervaring en emoties mee. En wanneer levensvormen dan een punt bereiken waarop ze dat kunnen integreren, ik veronderstel dat dat mijn expertise is, het inbrengen van emoties. In veel opzichten zoals we dat hier op Aarde hebben. We zijn allemaal combinaties van ontzettend veel verschillende variaties. Dus, op basis van mijn achtergrond, neem ik die kennis mee en bespreek ik die met mijn collega's omdat zij levensvormen willen die meer emoties ervaren dan zij ervaren hebben. En ze zien dat het een dualiteit is. Het kan heel zwaar zijn, maar ook enorm verrijkend.

D: *Dus sommige wezens op het schip ervaren geen emoties?*

E: Niet in dezelfde mate als wij dat doen ... niet de volledige emoties, nee.

D: *Waarom heb jij die achtergrond, het voelen van emoties?*

E: Omdat ik op Aarde ben geweest. Ik heb de Aarde ervaren.

D: *Dat is waar emoties vandaan komen?*

E: Ja. Nou, dit is deel van mijn DNA-streng. Dat is een onderdeel van mijn kennis. Dat is een onderdeel van mij codering en decodering. Dat is deel van hoe ik ben veranderd. Mijn codering is veranderd en we integreren onze verschillende codering in verschillende levensvormen. We nemen strengen van verschillende verzamelingen van mijn collega's. We nemen strengen van onze ... de makkelijkste manier om het uit te leggen is codering. Ik zie het als meer dan DNA—een coderingsproces. En we nemen daar een deel van, en we mengen variaties, en brengen die vervolgens in bij levensvormen op verschillende planeten die een bepaald stadium hebben bereikt.

D: *Dus je bedoelt dat je geen emoties had voordat je Aardse lichaam aannam?*

E: Ik had emoties, maar bij lange na niet zo'n breed scala.—Ik zie een waaier. En je spreidt de gehele waaier open, en in elk vouwtje van de waaier zit een andere emotie. En op sommige planeten is de waaier slechts een beetje open, en op andere planeten is de waaier een kwart, half of driekwart open. Maar hier op aarde is hij open—niet helemaal de volle breedte van de waaier, maar wel flink open—en we hebben allerlei verschillende emoties die wij, terwijl we hier leven, overwinnen. We leren die energieën, en we leren hoe we die energieën kunnen inzetten, en we leren hoe we die energieën kunnen beheersen. En het is pas wanneer we leren die energieën in te zetten of te beheersen, dat we min of meer geslaagd zijn om verder te gaan.

Er wordt gezegd dat de belangrijkste dingen die we op de Aardeschool komen leren emoties en beperkingen zijn. Dat is wat deze planeet de meest uitdagende in ons universum maakt.

D: *Want de emoties op Aarde zijn zeer complex, nietwaar?*

E: Oh, ongelooflijk ... ongelooflijk.—Op de plekken waar mijn collega's vandaan komen zijn er wel wat emoties, maar niet het volledige scala ... niet volledig een idee ervan. Er is verwarring. Ze zien alles wat hier is gebeurd. Ze zien alles wat overal gebeurt. Je hoeft alleen maar je aandacht erop te richten en je kunt het zien. Je kunt het voelen. Je kunt het weten.

D: *Je zei dat ze niet het volledige scala aan emoties hebben, maar wat zijn dan de basis emoties die de meeste mensen zouden hebben?*
E: Ze zullen liefde en woede begrijpen ... liefde voor je naasten, liefde voor familie, en woede in ... Ik denk aan een "reptielachtige" ... een begrip van liefde en heel snel boos. Het kan allebei zijn, maar het heeft niet de verdiepingen van hogere vormen van mededogen, hogere vormen van meerdere emoties tegelijk. Wij op aarde kunnen boos, verdrietig, blij, verrukt, vrolijk én giftig tegelijk zijn. En dat is vreemd voor hen, omdat zij voornamelijk in één emotie leven en niet meerdere emoties tegelijkertijd ervaren.
D: *Omdat mensen zeer gecompliceerde wezens zijn.*
E: Ja, en en het kan heel lastig zijn, maar het kan ook adembenemend zijn ... absoluut adembenemend om hier te zijn.
D: *Als die wezens deze twee basis emoties hebben, dat zijn erg sterke emoties.*
E: Ze hebben emoties zoals jaloezie, hoewel ze dat beschouwen als een psychische aandoening. Ze hebben ook een groter begrip van eenheid, in de zin van dat we allemaal één zijn, en zij ervaren die eenheid. Hier op aarde hebben we een lange fase doorgemaakt waarin we het gevoel hadden afgescheiden te zijn. En we hebben veel geleerd in die periode door het leven op die manier te bekijken.
D: *Betekent het dat het wezen dat jij bent, daar op dat schip, gelijktijdig bestaat als deze persoon op Aarde waarmee ik spreek? Begrijp je waar ik het over heb?* (Ja) *Want je weet dat je door een mens heen spreekt.* (Ja) *Bestaan jullie op hetzelfde moment of wat?* (Ja) *Dus je bestaat op het ruimteschip op hetzelfde moment dat je door Ella heen spreekt?* (Ja) *Kun je uitleggen hoe dat gebeurt?*
E: Verschillende delen van het bewustzijn.
D: *Dus dit betekent dat Ella andere vorige levens had op Aarde?* (Ja, ja.) *De emotie die ze ervaarde in die levens wordt teruggestuurd naar jou?* (Ja) *Dus je hoeft niet daadwerkelijk dat leven te leven?* (Juist.) *Dat is wat ik probeer te begrijpen.*

Je ontvangt de emotie van haar door middel van osmose of zo?

E: Correct. Dat is een van de redenen waarom ze aan boord is van het schip. Ze wordt, zoals jullie zeggen "bijgesteld," dus haar codering wordt gedownload en tegelijkertijd doorgegeven aan anderen.

D: *Dit wordt allemaal gedaan in een laboratorium of zo?*

E: Er zijn verschillende manieren om het te doen.

D: *En min of meer in een databank gezet of zo? Ik probeer onze termen te gebruiken.*

E: Zoals een computer, als je aan een grote geheugenbank zou denken die voor iedereen in het universum toegankelijk is. Als ze die informatie willen hebben, kunnen ze die informatie hebben. Het wordt allemaal gedeeld. Het is allemaal één.

D: *Dus dat emotionele gedeelte wordt dan naar andere wezens toe gedownload op andere planeten?*

E: Als ze daarvoor kiezen, ja.

D: *Mensen hebben vrije wil, dus die anderen hebben vrije wil op die manier?*

E: Ja, natuurlijk.

Een van de vragen op Ella's lijstje had te maken met een ervaring die had plaatsgevonden toen ze een klein meisje was. Ze zat in een auto en haar moeder reed, en ze zag een gigantisch ruimteschip. Ik vroeg of ze haar wat konden vertellen over die ervaring.

E: Ja. (Geamuseerd.) Eigenlijk was het een kleiner schip. Zij denkt dat het groot was.

D: *Ze was een klein meisje, dus misschien is dat waarom dingen groter leken voor haar.*

E: Dit is waar.—Het was klein in vergelijking met anderen die we hebben. Er zijn andere die immens lijken voor menselijke standaarden.

D: *Ik heb gehoord dat sommigen zo groot zijn als een stad.*

E: Oh, groter ... groter.

D: *Zag ze dit echt toen ze met haar moeder in de auto zat?*

E: Ja, dat klopt.
D: *Haar moeder zag het ook.* (Ja.) *Gebeurde er nog iets anders op die dag?* (Ja.) *Kun je haar dat vertellen?*
E: Ik probeer haar te laten zien wat ze wil zien.—Een ogenblikje.—Ze heeft de binnenkant van het schip gezien. Er zijn verschillende onderverdelingen—kamers, zouden jullie zeggen—verschillende functies voor verschillende delen en verschillende soorten wetenschappers aan boord. Ze kent deze mensen.
D: *Door jou of door haar zelf?*
E: Door haar zelf. Zij weet het. Ze was verbijsterd als kind, en we wilden haar geen pijn doen. Ze heeft veel te doen in dit leven.
D: *Hoe kwam ze op dat schip terecht?*
E: Het was slechts een deel van haar bewuste zelf.
D: *Dus ze hoefde niet fysiek uit de auto gehaald te worden?*
E: Je kan het op beide manieren doen. Ze is zowel fysiek aan boord geweest en bewuste zelf. Je splitst een fractie van een seconde, zoals jullie zeggen want tijd is niet wat je denkt dat het is. Je kunt in essentie een fractie van een seconde splitsen, en als je een fractie splitst, haal je het uit elkaar en bevries je het waar zij is. Dan is ze vrij om in een andere dimensie te zijn.
D: *Dus het gebeurt heel snel?* (Oh, jazeker.) *Bijna gelijktijdig eigenlijk. Is dat wat je bedoelt?*
E: Ja, maar dat werd later in haar leven gedaan. Dit keer werd haar toegestaan om het te zien omdat het een herinnering zou oplichten en omdat het zou helpen met haar ontwaking. Ze moest dat te zien krijgen.
D: *Werd haar moeder ook meegenomen?*
E: Nee. De moeder is niet noodzakelijk.
D: *Dit is geen onderdeel van haar moeders ervaring?* (Nee.) *Maar haar moeder zag het wel.*
E: Ja, zodat Ella later in haar leven kon bevestigen dat ze het niet verzon. Ze had die bevestiging, en daardoor hechtte ze meer waarde aan die gedachte en meer begrip.
D: *Je zei dat dit niet de enige keer was dat dit haar overkwam?* (Nee.) *Gebeurde dat hiervoor of hierna?*

E: Hiervoor én hierna ... heel vaak hierna.
D: *Je zei een tijdje terug dat ze werd meegenomen en "bijgesteld"?*
E: Bijgesteld, zoals jij het zou begrijpen. Het betekent dat het bewustzijn wordt veranderd. Het wordt niet herschreven. Het wordt toegevoegd zodat ze om kan gaan met het leven hier op Aarde, zodat ze kan bereiken waarvoor ze hier kwam.
D: *Je zei ook iets over het DNA.*
E: Zoals mensen het begrijpen, wanneer ze kijken naar de componenten waaruit ze bestaan, dan kijken ze vooral naar hun DNA. Maar ze beseffen niet dat er nog veel meer bij komt kijken. Het is alsof het een wiskundig coderingsproces is. Je hebt ook magnetische velden om je heen die in wisselwerking zijn met elkaar. Er zijn aardmagnetische velden. Er zijn menselijke magnetische velden. Om de levensvonk aan het lichaam te laten hechten om te functioneren, moeten al deze dingen op elkaar afgestemd zijn. En soms moet die afstemming worden aangepast en veranderd. "Bijgesteld," zoals velen zouden zeggen. Om weer in afstemming te komen, want soms raken menselijke lichamen uit balans. Het is niet alsof het beter of slechter is. Het is gewoon de afstemming, en om die entiteit, die persoon, dat geheel in balans te houden, is het ... ik denk dat het vergelijkbaar is met een gezondheidscheck. Je gaat naar een arts op aarde die je onderzoekt om zeker te weten of je goed functioneert. En als dat niet zo is, proberen ze je lichaam weer op in balans te krijgen, door hetgeen ze doen, wat ze voorstellen, medicatie. Ze hebben verschillende methodes. Ze hebben veel medicijnen hier op Aarde in plaats van kruiden en de natuurlijke manier om hetzelfde te bereiken. Maar wij doen dat niet. Wij doen aan opnieuw afstemmen zodat het een gebalanceerde entiteit is, die het meest is geschikt om te ondernemen wat het moet doen.
D: *Het klinkt alsof jullie waarschijnlijk ook energie gebruiken.*
E: Ja, energieën, kristallen. Veel verschillende, methodes, zoals jullie zeggen.
D: *Want als het lichaam uit balans raakt, dat is wanneer er ziekte bij komt kijken, nietwaar?*

Het Ingewikkelde Universum Boek Vier

E: Deze hier hoeft zich geen zorgen te maken over ziekte.
D: *Ja, ze lijkt behoorlijk gezond te zijn. Maar wanneer de gemiddelde persoon uit balans raakt, dan ontstaan de kwaaltjes?*
E: Ja. Maar er spelen ook hogere dingen mee die ze wellicht—toen ze in dit leven kwamen—hebben gekozen om te overwinnen.

Ella wilde weten of ze een contract had afgesloten toen ze in dit leven kwam. Ze zeiden: 'Het was een overeenkomst.' Maar toen ik vroeg wat die overeenkomst was zeiden ze dat ze haar dat niet konden vertellen op dit moment.

D: *Oké. Is ze haar overeenkomst aan het nakomen?*
E: Ja. Haar leven zal veranderen op manieren die ze zich niet eens kan voorstellen. Ze wilde een hoop verandering.
D: *Positieve veranderingen?*
E: Het is niet een kwestie van positief of negatief. Dit zijn veranderingen waarmee ze heeft ingestemd. Alle dingen zijn goed ... alle dingen. Ze zal er blij mee zijn.
D: *Maar jullie willen haar niet iets meer vertellen op dit moment?* (Nee.) *Dat is oké. We laten het een verrassing zijn.*
E: Ze zal het begrijpen naarmate het zich ontvouwt. Het is nog niet het moment. Ze zal de ontvouwing herkennen wanneer de tijd rijp is.

Toen kwamen we bij de "eeuwige" vraag, de vraag de elke client wilt weten. "Wat is mijn levensdoel? Waarom ben ik hier? Wat hoor ik te doen?" Het antwoord was hetzelfde als ik al heel vaak heb gehoord: 'Ze is hier om te helpen.' Ze zeggen nooit dat we hier zijn om te feesten, sex te hebben, te drinken en een hoop geld te verdienen. Potverdorie! Ze zeggen altijd dat we hier zijn om mensen te helpen, om elkaar te helpen.

D: *Je zei dat toen ze terugkeerde naar het schip, dat dat was om het DNA aan te passen en verbeteringen aan het lichaam aan te brengen. Is dat juist?*

E: De codering bij te stellen. Jullie zouden het interpreteren als DNA, maar wij zien het meer als de codering. Er zijn ook andere dingen die gebeuren.

D: *Er is mij verteld dat in iedereen nu het DNA aan het veranderen is.*

E: Ja, inderdaad. Het komt door de energieën. De energieën zijn aan het veranderen.

D: *De vibraties en de frequenties zijn aan het veranderen, nietwaar?* (Ja.) *Er is mij verteld dat het DNA of codering veranderd moet worden om mee te kunnen gaan.'* (Ja.) *Omdat de Aarde zelf aan het evolueren is* (Ja.)

Ik probeerde Ella's uitgebreide lijst met vragen af te werken. De meeste ervan gingen over mogelijke banden met buitenaardsen. Ze herinnerde ze zich bewust kleine stukjes en beetjes van mogelijke ervaringen. 'Waarom zou ze naar verschillende schepen moeten gaan?'

E: Verschillende redenen ... verschillende entiteiten waarmee ze interactie heeft ... Verschillende doelen. Ze heeft haar doel uitgebreid.

D: *Ze had het gevoel dat ze de mensen die ze ontmoet op deze schepen al een lange tijd kent.* (Ja.) *Bijna alsof het vrienden of familie zijn.*

E: Dat zijn ze.

D: *Ik probeer het verschil te maken tussen jou en haar. Heeft ze anderen levens gehad op andere planeten?*

E: Ja, zeker. Vele levensvormen. Vele verschillende planeten, ja. Alle levens zijn hetzelfde. Het is niet een lineair iets. Het gebeurd allemaal nu.

D: *Waarom koos ze ervoor om naar de Aarde te komen? Het menselijk lichaam is behoorlijk anders.*

E: Om te helpen licht naar deze planeet te brengen om mensen te helpen ... om te helpen.

D: *Er komen velen, nietwaar?*

E: Ja. Ze komen om te helpen ... ieder op een andere manier.

D: *En wanneer Ella haar werk afrond gaat ze terug naar de zielen-zijde?*

E: Het is voorbij aan wat jullie zien als de zielen-zijde. Het is meer als het licht dat naar het licht gaat.
D: *Terug naar de Bron?*
E: Als ze daarvoor kiest, maar dit is bijna alsof het voorbij de Bron is. Je gaat door de Bron heen om naar deze andere dimensie te gaan.
D: *Is dit het gigantische felle licht dat mensen beschrijven?*
E: Schepper, ja. Om daar voorbij te gaan om uit te breiden.
D: *Dus er is meer dan wij kunnen begrijpen, of niet?*
E: Oh, ja, veel meer dan het lineaire brein kan centraliseren.

In mijn werk is mij verteld dat we uiteindelijk al onze lessen op de Aardeschool geleerd zullen hebben, zogezegd zullen afstuderen. We studeren af van alle scholen (op Aarde en elders) en we gaan terug naar de Bron. Ik dacht dat dat het ultieme was, de eindbestemming.

E: Begrijp dat er verschillende niveaus van Schepper zijn. Er zijn Scheppers, en dan zijn er nog, zoals jullie zeggen, de moeders en vaders van deze Scheppers. En er zijn moeders en vaders van die Scheppers. Er zijn zoveel verschillende niveaus dat het moeilijk te bevatten is voor het menselijke brein. In de capaciteit die het kiest om te gebruiken in het huidige moment, is het lastig te bevatten. Er is iets voorbij de Schepper, en dat betekent voorbij de Schepper gaan voor schepping aan de andere zijde..
D: *Dit is een van de vragen die mensen me hebben gesteld wanneer ik praat over God of de Bron. Ze vragen: "Wie creëerde Hem?" Is dat waar je het over hebt? (Ja.) Op die manier zou het doorgaan tot in de oneindigheid, nietwaar? (Ja.) Dus dan was er eigenlijk nooit een "begin"?* (Lach) *Ik probeer het te begrijpen.*
E: Ja, maar het begin is ook het einde, wat ook het midden is. Het is ook nu, op dit moment.

Dit begon mijn hoofd in de war te brengen. 'Er is mij verteld dat nooit al onze vragen zouden worden beantwoord omdat de menselijke "mind", niet het brein, geen concepten heeft om het te begrijpen.'

E: De concepten waarop men kan baseren dat dit waar is, maar begrijp ook dat je in deze menselijke vorm slechts een klein, heel klein deel van wat je met je meedraagt bewust gebruikt. En je draagt het met je mee in elke cel van je lichaam. Je draagt het allemaal bij je in elke cel.

D: *Er is mij verteld dat er geen concepten zijn om echt aan ons uit te leggen zodat we het begrijpen.*

E: Klopt, maar jullie zullen het op een bepaald moment begrijpen.

D: *Er is mij verteld dat sommige informatie eerder vergif dan een medicijn is omdat we het niet zouden begrijpen, en de verkeerde conclusies zouden trekken.*

E: Dat is waar.

D: *Ze zeiden ook dat ze heel voorzichtig moesten zijn met hoe ze dingen verwoordden omdat het verkeerd geïnterpreteerd kon worden.*

E: Dat is waar. Dat is waar.

Tijd om te stoppen met filosoferen en terug te keren naar het onderwerp van de sessie. 'Maar als je op het ruimteschip bent, leef je dan zo lang als je wilt?' (Ja.) 'Je hebt geen beperkingen zoals de mensen hebben?' (Nee.) 'En jullie zeiden dat jullie als een bewustzijn waren dat elke vorm kon creëren die het wilde.' (Ja.) 'Zo zou er als het ware geen enkele manier zijn waarop je zouden kunnen sterven.'

E: Niemand van ons sterft.

D: *Dat weet ik. We veranderen alleen. We gaan in 'spirit'-vorm wanneer we het lichaam verlaten. Dus het is eigenlijk geen sterven. Het is slechts van vorm veranderen, als je het zo bekijkt. Maar je hebt geen fysiek lichaam. Een fysiek lichaam heeft z'n beperkingen.*

E: Correct. Het hokje waarin je jezelf stopt, waar je je bewustzijn in stopt, heeft z'n beperkingen. En dat is waar we mee

werken, die beperkingen, om het een beter hokje te maken, zodat het langer zal duren.
D: *We moeten een omhulsel hebben om in te leven.*
E: Nou, eigenlijk niet. Je kunt zonder het omhulsel leven als dat is wat je kiest om te ervaren. Dat is jouw keuze.
D: *Ik dacht eraan dat we op Aarde een omhulsel nodig hebben.*
E: Er zijn vele soorten bewustzijn. Sommige worden beschouwd als "lichtbollen". Dat is een soort bewustzijn. Soms is wat je als een individuele lichtbol beschouwd ook een gehele beschaving, allemaal in dezelfde lichtbol. De vorm van een cirkel, voortgebracht door een bol, is het perfecte voertuig, de perfecte vorm waarmee je deze atmosfeer kunt ingaan, deze dichtheid kunt betreden, zonder vast te komen zitten De vorm is perfect voor deze specifieke dichtheid, omdat zij het mogelijk maakt om te zien, te kijken, te reizen en te ervaren, zonder vast te komen zitten. Want de meesten willen niet vastzitten in de zware, trage atmosfeer en energieën die op deze planeet aanwezig zijn. Alleen de sterkeren durven zich daaraan te wagen. Alleen de sterkeren mogen hier zijn.
D: *Want als ze vast komen te zitten moeten ze keer op keer terugkomen, nietwaar?*
E: Het is un keuze. Dat komt tot een einde, maar het is hun keuze.
D: *Dat is waar ik achterkom, dat niet veel mensen nog karma hebben.*
E: Probeer je een grote vorm voor te stellen, laten we zeggen een diamantvorm met heel veel facetten. Elk leven is een ander facet van die diamant, en zodra je een facet hebt voltooid, hoef je je daar niet meer mee bezig te houden. Maar sommige vlakken, sommige facetten, vergen meerdere levens om dat te bereiken. Je werkt aan meerdere facetten tegelijkertijd. Het is efficiënter om het op die manier te doen, én zielen verlangen er ook sterk naar om verschillende ervaringen tegelijkertijd op te doen. Maar zodra je hebt afgerond wat bij een bepaald facet hoort, hoef je je daar niet langer op te richten. Je kunt terugkeren om anderen te helpen met datzelfde facet, maar je bent er zelf niet meer toe verplicht, noch karmisch eraan verbonden. Je kunt het zien

als een cirkel, en dit is zoals veel mensen op deze planeet de karmische termen zien; als een karmische cirkel. En aan de ene kant van de cirkel zien ze beproevende levenslessen die uitdagend zijn. En aan de andere kant van de karmische cirkel zien ze ervaringen die meer belonend of plezierig voor ze zijn. Naarmate mensen leren, is de manier om uit die cirkel te komen door naar binnen te keren. Dus als je een cirkel hebt die steeds rondgaat, waarbij de ene kant als goed wordt gezien en de andere kant als moeilijkheden, ga dan naar binnen, waar je neutraal bent. Je bent dan noch goed, noch slecht. Je oordeelt niet over wat er in je leven gebeurt. Je bent neutraal. Wanneer je neutraal bent, begrijp je dat zowel goede als slechte ervaringen naar je toekomen in een neutrale staat. Maar blijf je neutraal tegenover alles wat naar je toekomt in een leven, zul je uit die karmische cirkel stappen.

D: *Ik noem het "karmische wiel", maar het is hetzelfde.*

E: Wiel, ja, echter kan het ook bolvormig zijn. Het kan een bal zijn. Je kunt het zien als tweedimensionaal, eendimensionaal, driedimensionaal. Maar wanneer je naar binnen gaat, wat ook symbolisch binnen in jezelf keren is, want je bent het universum. Dus keer naar binnen in jezelf en ben neutraal. En wanneer je neutraal bent, ben je weg van die karmische cyclus, en alleen door neutraal te zijn kun je verdergaan.

D: *Ik heb veel cliënten die bij me komen en zo vast zijn gelopen in het karma van alles. En omdat ze denken dat anderen hen dat in eerdere levens hebben aangedaan, komen ze er niet uit. Ze kunnen het niet loslaten. Ze blijven daar gewoon vastzitten.*

E: Ze kunnen binnen enkele seconden loskomen, maar dat heeft te maken met een verandering van perceptie; dat ze zichzelf niet langer als slachtoffers zien. Als ze zichzelf als slachtoffers zien van iets wat ze als verleden ervaren, houden ze daaraan vast met een reden. Ze leren ervan. Ze voeden zich met die energie. Ze ervaren wat ze willen ervaren, en dat zullen ze blijven doen totdat ze inzien dat er een andere manier is, en dan zullen ze die andere manier gaan ervaren.

Het is slechts een kwestie van perceptie, en je kunt die perceptie binnen enkele seconden veranderen.

D: Dat is mijn taak, om hen in te laten zien dat ze zichzelf ziek hebben gemaakt door vast te houden aan oude dingen die hen is aangedaan.

E: En het kost zoveel van je energie. And it takes so much of your energy. Waarom zou je je energie op die manier verspillen?

D: Ik probeer het ze te laten zien en het onder ogen te komen, zodat ze het kunnen loslaten.

E: Juist, maar naarmate ze zich bewust worden, zullen ze het loslaten en een andere kijk aannemen. Iedereen is daar ooit geweest. Iedereen heeft dat ooit gedaan. We hebben het allemaal meegemaakt.

Afscheidsboodschap: Veel liefde. Zij gaat een hoop mensen helpen. We spreken haar later. We zijn altijd hier. We communiceren best vaak met haar wanneer ze slaapt. Ze zit in het proces waar haar droom de realiteit is en de realiteit de droom is. Het zal omschakelen.

Hoofdstuk 22
DE SCHEPPING VAN MENSEN

Tim was een jonge bouwvakker die zei dat hij zich nooit veilig voelde, altijd het slachtoffer. Hij droeg een hoop irrationele angsten en dit trok vanzelfsprekend ongewenste en negatieve gebeurtenissen aan in zijn leven. De uitleg die het OB gaf was iets dat hij nooit het kunnen verwachten of voorstellen. Toen Tim van de wolk afkwam leek hij ergens in de ruimte te zijn. 'Ik zie licht ... het universum. Het is als een wolkennevel. Nebula. Het is prachtig, veel kleuren. Ik zie vele lichten, sterren en ruimte. Ik kan niet echt uitmaken of ik in de ruimte of in een schip ben. Misschien ben ik gewoon een punt in de ruimte.—Er is een plek hier waar ik graag naartoe wil.— Nu ben ik op een plek gekomen die heel groen is. Ik weet niet precies hoe ik hier ben gekomen. Ik vond sowieso de lichten leuk..—Ik kom naar beneden door mist en wolken ... nevel ... lastig om echt doorheen te kijken. Nu ik beneden ben is het lastig om ook maar iets te zien. Het is groen met een dikke mist.'

D: *Hoe voelt hetgeen waar je op staat?*
T: Zacht en vochtig, soort van mossig. Er zijn ook dennennaalden, er zit ook iets knapperigs in ... misschien takken— Er is iets heel vredigs aan deze plek ... heel vertrouwd. Het lijkt hier constant mistig te zijn.

Toen ik hem vroeg om naar zijn lichaam te kijken stonden we voor verrassing. Z'n lichaam was bedekt met een vacht, en was groot en krachtig. 'Het is groot, gorilla-achtig. Ik geloof niet dat het een gorilla is, maar het is eigenlijk niet iets dat ik herken. Ik zou zeggen gorilla-achtig ... wellicht zo groot als een Sasquatch of een Bigfoot. Maar hoe primitief dit wezen ook is, het is ook uiterst afgestemd op zijn eigen omgeving, veel meer dan andere lichamen. Het heeft een eenheid met deze plek.

Andere vormen die ik heb gekend zijn lang niet zo afgestemd op z'n omgeving dan deze. Het voelt de vibratie van het land. Het is erg aangenaam. Het is zeer vredig en zeer in harmonie met de vibratie van deze plek.'

D: *Je ziet niet echt veel van je omgeving?*
T: Nee, dit is een mistige plek. Het is interessant. Er hangt hier veel mysterie, maar dit omhulsel, dit lichaam, lijkt deze mysteries te kennen. En ik ben niet genoeg afgestemd om te weten wat het weet.

D: *Hoe bedoel je, er hangt hier veel mysterie?*
T: Ik ben een vrij visueel ingesteld persoon, maar het is hier best lastig om iets te zien. Zicht is niet per se het beste zintuig om te gebruiken. En dit lichaam vertrouwt ook minder op het gezichtsvermogen. Het is meer afhankelijk van intuïtieve aspecten.

D: *Denk je dat het altijd mistig en nevelig is op deze plek?*
T: Ik denk, voornamelijk van wel. In dit lichaam op deze plek werken ze heel goed samen, maar toch kan ik niet echt begrijpen wat dit lichaam waarneemt.—Dit land leeft. De vibratie hier leeft en dit lichaam weet wat het betekent. Ik heb moeite om uit te zoeken wat deze vibraties betekenen. Ik voel me hier zo op m'n gemak, dat ik deze mysteries niet eens probeer te doorgronden. Ik voel me op mijn gemak en hoef daar niet in te duiken.

Zijn voedsel bestond vooral uit fruit dat hij vond in het bos. 'Dat is wat deze plek voornamelijk is. Het is bergachtig en dichtbebost, en grotendeels gehuld in vreemde mist.. En er zijn fruit-achtige dingen in het bos om te eten.'

D: *En het lukt je om deze dingen te vinden, meer instinctief dan door te zien?*
T: Ja. Het is alsof ze me roepen, en ik weet gewoon dat ze er zijn, maar ik zie ze niet per se. Ik bedoel, ik zou ze kunnen zien, maar dat is niet het belangrijkste zintuig.

D: *Heb je een plek waar je woont?*

T: Eigenlijk een paar. Een daarvan is een soort natuurlijk boomhutje, zou je kunnen zeggen, en een ander lijkt meer op een grot. Ze dienen allebei twee doelen, afhankelijk van het seizoen of het weer. Als het beter weer is, zit ik in de boom. En als het guurder is, breng ik tijd door in de grot.
D: *Dus er is sprake van weer?*
T: Het lijkt erop dat het vooral regen of mist is.

Hij had niemand die bij hem woonde. Hij was meestal alleen. Er waren andere zoals hij op deze plek. 'Ze zijn zeldzaam, maar ze bestaan wel. Het is een groot fysiek territorium.' Dus hij had niemand nodig. 'Ik vind deze plek in het fysieke erg vredig en het geeft me tijd om mijn innerlijke wezen te beschouwen. Mijn tijd doorgebracht in het licht. Dit lastige lichaam is zeer intuïtief. Het is erg krachtig en ook sterk afgestemd op de hogere energie.'

D: *Je zei dat je het fijn vind om in afstemming te zijn met het licht.* (Ja) *Wat bedoel je daarmee?*
T: Het is makkelijk om stil te worden en naar binnen te keren om in afstemming te zijn met mijn hoogste zelf.
D: *Ik zou denken dat een dier niet echt over dat soort dingen zou nadenken.*
T: Dat is een typische menselijke reactie. Mensen zijn ook dieren, en meestal niet bepaald verlichte. Vaak zijn er te veel innerlijke conflicten om echt in contact te staan met wat ze werkelijk zijn. En dus is dit wezen veel beschouwender, met minder noodzaak om zichzelf te beschermen of fysiek te verdedigen op deze plek. Het heeft hier alles wat het nodig heeft.
D: *Het klinkt alsof daar nog andere soorten wezens zijn, nietwaar?*
T: Er zijn anderen op deze plek. Er zijn andere wezens zoals ik, maar nogmaals, we zijn best wel op ons zelf en komen niet vaak samen. Nogmaals, dit wezen en de manier waarop het met z'n omgeving omgaat is totaal onbekend voor me, en ik ben er niet aan gewend. Het handelt volledig intuïtief en niet hoe wij het gewoonlijk kennen, dus ik vind het lastig om dit

wezen te beschrijven. Het weet waar de andere wezens zijn en weet hoe het met hen moet omgaan als zij daarvoor kiezen, maar het kiest over het algemeen voor het licht. Het moet alleen zijn.

D: *Hoe zien de andere soorten wezens eruit, degenen die niet op jou lijken?*

T: Ik zie ze niet echt. Ik voel ze intuïtief aan. Ik voel ze maar ik weet niet wat ze zijn. Ik heb überhaupt niet veel met ze te maken. Er zijn wezens die vogelachtig zijn misschien, maar als het gaat om het daadwerkelijk beschrijven ervan, zo werk ik niet. Ik zie ze niet echt, zeg maar.

D: *Omdat zicht niet het voornaamste zintuig is.* (Ja) *Ik vroeg me gewoon af of je niet een soort maatje nodig had.*

T: Dat kwam voor, en ook dat is intuïtief en iets wat, wanneer het nodig is, zich vanzelf aandient.

D: *Maar je hoeft niet samen te blijven?* (Nee)—*Maar dit licht waar je het over had, hoe neem je dat waar?*

T: Het is overal. Het is alsof mijn fysieke lichaam weet wat het nodig heeft en wanneer 't het nodig heeft, en het regelt dat, maar dit licht is wat ik echt ben. Het is mijn connectie met het universum, als je het zo wilt noemen. Ik kan door alles heen kijken. Ik hoef niet op één ding te focussen. Ik kan alles zien.

D: *Dit gebeurt wanneer je met het licht werkt?* (Ja) *Het opent je intuïtieve vermogen, zou je kunnen zeggen.*

T: Ja, en dat ben ik nu aan het bestuderen. Ik kijk ernaar en het is prachtig! Het is alsof ik ergens in een fysiek lichaam ben, en ik ben ook het universum.

D: *Dus telkens wanneer je aan het licht denkt, word je het universum?*

T: Ja. Ik kan mijn aandacht overal naartoe richten en dan ben ik er. Ik heb dit fysieke lichaam, dit stille wezen in de nevel, en toch behoor ik tot het universum. Niet alleen het fysieke universum, maar ook degenen voorbij het fysieke universum. Het is slechts een kwestie van waar ik kies mijn aandacht op te richten. Ik kan het daar op richten, maar dat precies wat ik al eerder probeerde te zeggen. Er zijn veel mysteriën hier. Er zijn veel dingen waar ik m'n aandacht op kan richten, maar toch lijk ik niet in veel dingen geïnteresseerd te zijn, behalve in het licht zelf. Het absorberen en drinken ervan, en er één mee zijn.

D: *Kun je beschrijven hoe het licht eruit ziet?*

T: Het is allesomvattend. Het focust zich, en ik denk bij gebrek aan een betere manier om het te zeggen, ín mijn hoofd. Ik denk om het je uit te leggen, dat het is zoals in je derde oog, maar toch is het overal. Als je met een krachtige telescoop de ruimte inkijkt, zijn er veel dingen waar je op zou kunnen focussen, en toch is er ook niks waar je op kunt focussen. Het is maar net hoe je het wilt bekijken.

D: *Je zei ook dat je voorbij het fysieke universum kon kijken. Wat bedoelde je daarmee?*

T: Het fysieke universum, hoe enorm het voor diegenen met een fysiek lichaam ook mag lijken, is eigenlijk vrij klein. Het stelt eigenlijk niet zoveel voor. Er zijn er velen die veel groter zijn dan het fysieke. En in onszelf dragen we ook essenties van elk van deze universums. We hebben emoties, mentale capaciteiten en etherische capaciteit, die allemaal onderdeel zijn van die andere universums, en die maken ook deel uit van ons wezen. Sterker nog, dat is eigenlijk het belangrijkste deel van ons bestaan. We raken zo verstrikt in de overlevingsmodus, en dat is het mooie van deze plek. Overleven is hier gewoon vanzelfsprekend.

D: *Er is geen noodzaak om iets te doen of iets te zijn.* (Juist) *Dat is zeldzaam, nietwaar?*

T: Dat is zo. En het fysieke lichaam zorgt vrijwel voor zichzelf. Het weet exact hoe en waar het z'n voeding kan krijgen zonder inspanning.

D: *En je staat heel dicht bij de andere zintuigen.*

T: Correct, en dat is heel geruststellend om één te zijn met deze andere delen, zogezegd.

Dit was een fascinerend wezen, maar ik vroeg me af hoe ik het verhaal moest voortzetten. Op een plek zoals deze zou de ene dag sterk op de volgende lijken. Toch besloot ik om hem vooruit te bewegen naar een belangrijke dag. Ik wist niet of hij in staat zou zijn om er een te vinden waarop er iets anders zou gebeuren. Maar hij verraste me toen ik hem vroeg wat hij kon zien. 'Ik word getransporteerd. Het lijkt niet volledig tegen mijn wil, alsof ik ermee heb ingestemd om getransporteerd te worden.'

D: *Hoe bedoel je, getransporteerd?*
T: Ik weet het niet, op een schip met als bestemming de Aarde.
D: *Kwam het schip naar de plek toe waar jij woonde?*
T: Het leek deel uit te maken van de beschaving die daar was; deel van de technologie van ons ras.
D: *Maar jij was daar niet bij betrokken in het gebied waar jij woonde?*
T: Correct.
D: *Dus er waren andere delen van de planeet die verder ontwikkeld waren?*
T: Ja, en op een of andere manier, heb ik ingestemd om ergens anders naartoe getransporteerd te worden.
D: *Weten degenen die jou meenemen hoe intelligent je bent?*
T: Wat dat betreft zijn we allemaal ongeveer gelijk. We zijn allemaal zeer intelligent, sterk afgestemd op het universum. En dat maakt deel uit van een missie. Wat ik fijn vond aan dit lichaam, was hoe intuïtief en vrij het was in zijn eigen omgeving. Maar we hebben het vermogen om van vorm te veranderen. Het lichaam kan elke fysieke gedaante aannemen die het wenst. In z'n eigen omgeving is daar geen noodzaak toe, maar weg van huis is er wél de noodzaak om andere vormen aan te nemen. En ook dat vermogen hebben we.
D: *Om te overleven en je aan te passen?* (Ja) *Kwam er iemand om je mee te nemen?*
T: Ja. Het is onderdeel van de afspraak die we hadden, en het was meer een roeping. Ze kwamen me niet per se halen, want we waren het er onderling over eens geworden om een missie aan te nemen, en we zijn ergens naar onderweg. Dit is een onderdeel van wat we doen met onze scheppers. We helpen soms ook om nieuwe plaatsen en nieuwe levensvormen te creëren.

D: *Maar je herinnert je de overeenkomst niet tot je met hen meegaat?*
T: Nee, want het is niet per se lineaire tijd. Het is als een holistische opfrisbeurt — dat is wat we doen — je hebt de tijd gehad om te overdenken, en nu moet je je overdenkingen gaan verwezenlijken, en daar helpen we elkaar bij. Maar een deel daarvan was, denk ik, ook teruggaan naar de grot of het onderkomen om helder te worden en duidelijkheid te krijgen. En ik had mijn moment van helderheid, dus nu is mijn tijd gekomen om m'n missie samen met de anderen te gaan vervullen.
D: *Je was zo gelukkig daar omdat het zo comfortabel en perfect was. Vind je het erg om daar weg te gaan?*
T: Jawel. Deze missies zijn heel plezierig en erg vruchtbaar, maar vaak gaan ze ook gepaard met gevaar.
D: *Op welke manier?*
T: Alleen al het feit dat er energieën en levensvormen zijn die niet zo ver ontwikkeld zijn, en geprogrammeerd zijn om bang te zijn. En wij doen veel van de programmering. Sterker nog, wij programmeren sommige van de fysieke omhulsels die andere essenties aannemen. Een deel hiervan programmeren wij erin zodat die andere essenties ervaring kunnen opdoen met deze verschillende soorten energieën, maar het is niet altijd even wenselijk om te doen.
D: *Is dit deel van het scheppingsproces waar je het over hebt?* (Ja) *Maar moet je nu je op het schip bent, van vorm veranderen of blijf je in dezelfde vorm?*
T: Je blijft in dezelfde vorm, voor het grootste gedeelte. De grote behaarde vorm, bij gebrek aan een betere verwoording. Ik denk dat het niet echt gorilla-vacht is, maar dat is mijn beschrijving ervan.
D: *Hoe zien de andere wezens op het schip eruit?*
T: Ze zijn grotendeels zoals ik. We gaan naar bepaalde plekken en veranderen ons fysieke uiterlijk, zodat we de programmering van de andere wezens die we tegenkomen niet verstoren. Meestal gebeurt het op die manier.
D: *Dus zijn zien er ook behaard uit zoals jij?*

T: Behaard is niet exact ... dat is mijn beschrijving. Het is nu meer als een glinsterend licht, vele stukjes van licht. Het is geen vacht.

D: *Weet je wat jouw missie is op Aarde?*

T: Het is onderdeel van een collectief. We hebben allemaal dingen die we individueel hebben uitgewerkt in onze eigen zogenaamde 'visioen klas'. Thuis in onze overdenking van wat het universum als volgende nodig heeft om zich te ontvouwen, en dus hebben we allemaal onze individuele missies en bestemmingen. Maar we hebben ook een collectieve missie die is bepaald.

D: *Weet je wat jullie gaan doen als jullie aankomen op Aarde?*

T: Ja, we gaan het koloniseren.

D: *Is dit de grotere missie of het kleinere deel?*

T: Dit zou het grotere deel van de missie zijn, maar ook een kleiner deel van een andere missie.

Ik besloot om hem vooruit te bewegen naar het moment waarop het schip aankwam op de planeet Aarde, en vroeg hem waarom hij die planeet had gekozen.

T: Iemand anders, een andere levensvorm, heeft het op zo'n manier samengesteld dat het voor ons gemakkelijker zou zijn. Zodat we niet alles vanaf nul hoefden op te bouwen. Er is al een proces dat leven ondersteunt: een planeet en een atmosfeer. Dat hoeven wij niet te doen, ook al zijn we daartoe in staat. Maar gewoonlijk houden we ons daar niet mee bezig.

Dit sluit aan bij delen van mijn andere boeken. Eén type scheppende wezens creëerde de sterrenstelsels, de planeten en uiteindelijk de andere essentiële dingen die in het begin op Aarde nodig waren. Er waren andere wezens die naar een planeet kwamen zodra deze voldoende was afgekoeld om te beginnen met het proces van het zaaien van leven (in welke vorm dan ook). Sommigen waren er om de atmosfeer te stabiliseren en de zeeën te ontwikkelen. Daarna om te beginnen met het proces van eenvoudige eencellige organismen en plantenleven. Veel dingen moesten eerst in gereedheid worden gebracht voordat dierlijk leven geïntroduceerd kon worden.

T: De planeet is een levend wezen op zich. Het is een levend wezen en we werken ermee samen om vibraties te creëren die zullen werken op deze plek. We stellen vast wat voor soort straling en vibratie deze entiteit (Aarde) heeft en creëren vervolgens fysieke omhulsels die de essentie onder andere zullen beschermen tegen de straling van deze plek. Niet alleen straling, maar vele andere vibraties die hier aanwezig zijn en zich hier in stand houden.

D: *Zijn er nog andere levensvormen daar?*

T: De vibratie van bovenaf ... van voorbij het fysieke is levend. Maar we zijn hier vooral om te koloniseren met de menselijke vorm. We zouden het hele proces kunnen doen. We hebben dat af en toe gedaan, maar niet hier op aarde. We zijn hier om samen te werken met andere soorten om de menselijke vorm te creëren.

D: *Ik vroeg me af hoe het zat met planten, een voedselbron die al is voorbereid.*

T: Ja, die is er. Het is bevolkt met lagere levensvormen zoals cellen en bacteriën, oplopend tot plantensoorten, en ook enkele vissen en zeewezens. Maar we werken vooral samen met andere soorten om hogere fysieke omhulsels te creëren voor essenties van een hoger niveau. We werken vooral met mensen.

D: *Zijn zij al naar de planeet gebracht?*

T: In dit stadium niet, nee. Het gaat vrij snel. Zodra de basis van de planeet gereed is gemaakt om leven te kunnen ondersteunen, zijn we in staat om haar vrij snel bevolken met alles wat nodig is.

D: *Dus de dieren worden vanuit een andere plek overgebracht, of hoe is dat gegaan?*

T: Sommige soorten worden geschapen en sommige worden overgebracht vanuit andere plekken, en sommigen worden ook gehybridiseerd. Het zijn bekende types die je van plek tot plek tegen kunt komen. Het hangt gewoon af van de soort.

Het Ingewikkelde Universum Boek Vier

Dit hele verhaal is verteld in mijn boeken Hoeders van het Hof en De Opzichters. Het blijft voor mij altijd fascinerend om hetzelfde verhaal keer op keer te horen via verschillende cliënten. Dit bevestigt voor mij dat er waarheid moet zitten in dit verhaal over ons ontstaan.

D: *Je klinkt alsof je dit al geruime tijd doet. Is er iemand die je vertelt waar je naartoe moet en wat je moet doen?*
T: Niet specifiek iemand. Het is meer een collectief. We hebben een behoorlijk hechte band met elkaar. We zijn niet zo geïsoleerd als mensen in hun omhulsels.
D: *Ze denken dat ze helemaal alleen zijn.* (Ja) *En dat is anders voor jullie?*
T: Dat klopt. Er is een besef van 'zelf' en een besef van identiteit, maar niet zo geïsoleerd als het menselijke bestaan.
D: *Dus wanneer je naar de Aarde komt en aan de schepping van de menselijke omhulsels werkt, ben je daar dan lange tijd?* (Ja) *Je hebt de mogelijkheid om vele veranderingen te zien, dieren, planten, het hele gebeuren?* (Ja) *En zodra ze de mensen in gereedheid hebben gebracht, is daar dan een plan voor?*
T: Ja, er wordt een hoop aan programmering gedaan. Er wordt hen een grote capaciteit tot innerlijk weten gegeven, maar het is eigenlijk op zo'n manier ontworpen dat ze er niet zoveel toegang tot krijgen dan ze weten dat ze zouden kunnen. En het is weer een ander—ik weet geen nettere manier om het te zeggen—kosmisch experiment. We zijn altijd aan het scheppen. We proberen overal steeds nieuwe dingen uit. Dat is wat het universum is: het blijft altijd uitbreiden.
D: *Zodra de menselijke vormen zijn geschapen, kunnen ze niet leven zonder zielen. Klopt dat?*
T: Dat klopt.
D: *Wat ben je van plan om daaraan te doen? Heb je plannen?*
T: Hoe een omhulsel tot 'bezieling' komt? (Ja) Dat is aan die individuele essentie, wat wij "ziel" noemen, en die bepaalt vaak hoe een omhulsel zich ontvouwt en ook hoe het zich

vormt. Ze helpen de vibratie van het individuele omhulsel te schapen.

D: En, nadat je dit allemaal hebt gedaan, blijf je dan op de Aarde of besluit je terug te gaan?

T: Meestal gaan we terug. We doen dit regelmatig, en sommigen zijn "toeschouwers" die gewoon rondhangen en achterblijven. Maar meestal gebeurt dat op basis van een onbewuste afspraak dat ze zoiets doen. In mijn geval, ik wist niet dat ik achtergelaten zou worden. Ik zag het niet aankomen. Er was een aanval en degenen die ontsnapten konden vluchten, maar konden niet terugkeren om te zoeken naar degenen die achterbleven. Dat is wat ik denk dat er gebeurd is.

D: Vertel me wat er gebeurde?

T: Er waren wat primitieve, geprogrammeerde mensen, mensachtigen zeg maar, en hun programmering raakte gefragmenteerd en ze vielen aan. En ze begrepen niet hoe ze de achtergelaten technologie moesten gebruiken. Velen van ons ontkwamen, maar ik niet.

Dit kwam me bekend voor. Ik geloof dat het dezelfde gebeurtenis is waarover Bartholomew vertelde met betrekking tot de eerste mensen in mijn boek Het Ingewikkelde Universum, Boek Een. Ze wilden de miraculeuze machines en technologie voor zichzelf. Maar nadat ze de scheppende wezens hadden gedood, ontdekten ze dat ze niet over de kennis beschikten hoe ze de apparaten moesten gebruiken. Daardoor stokte hun vooruitgang en begonnen ze achteruit te gaan.

D: Dus jij bleef achter?

T: Ja. Volgens de aardrotatie, in aardse tijd, in lineaire tijd, bleef ik erg lang achter. Ik zou zowat onsterfelijk zijn in aardse jaren.

D: Er was geen manier voor je om terug te gaan? (Nee) Hoe voelde je je daarbij?

T: Ik vond het helemaal niet fijn. Ik heb een hele lange tijd besteed aan het overdenken van het licht en het vermogen om te scheppen. Bracht meer tijd door met het afweren van primitieve wezens. En ze niet alleen afweren—maar ook proberen om ze iets te leren. Proberen om hun programmering bij te sturen, zodat hun programmering niet zo overheersend zou zijn. En zodat ik ze in feite een deel van de gaven kon geven die ik bezit. Maar het was niet altijd makkelijk. Ze hadden geen vertrouwen vanwege hun programmering. Hun gebrek aan vertrouwen leidde tot aanvallen. — Het maakte het makkelijker om niet na te denken over waar ik vandaan kwam. Het was tijd om de sessie terug te brengen naar Tim, de mens op het bed waar dit alles doorheen kwam. 'Besef je je dat je nu door een menselijk lichaam spreekt terwijl je met mij praat?' (Ja) 'Het lichaam dat we Tim noemen?' (Ja) 'Is dit een van de gedaantes die je aannam toen je bleef?'

T: Nee. Mijn fysieke vorm is uiteindelijk lang geleden heengegaan, maar in aardse jaren zou het onvoorstelbaar zijn hoe lang die daadwerkelijk bleef.

D: *Je bleef op Aarde en ging door vele andere fysieke vormen heen tijdens andere levens. Klopt dat?*

T: Ik ben teruggekomen sinds dat eerste leven hier, ja.

D: *Dus jouw essentie kwam uiteindelijk terecht in Tim.*

T: Dat klopt.

D: *Waarom besloot je om het fysieke lichaam van Tim in te gaan? Had je een contract of zo?*

T: Er zijn veel dingen die waren blijven liggen, zaken die afgerond moesten worden—niet alleen afgemaakt—maar ook opgestart.

D: *Dus je besloot om in het lichaam van Tim te komen als baby?*

T: Ja. Eigenlijk al voordat zijn lichaam gevormd werd. Ik koos zijn situatie en dit lichaam omdat ik wist dat het een sterk lichaam zou zijn, en dat was het ook.

D: *Het is een lichaam dat je kunt gebruiken om je doelen te vervullen?* (Ja) *Heeft dit lichaam karma opgebouwd? Dat is één van de dingen waar we ons afvroegen, of hij karma had dat hij nog niet had afgelost.*

T: Nee, niet per se. Ik denk dat mensen het proberen te begrijpen, maar de oorspronkelijke programmering is nogal beperkend. Eén van de dingen die hij zou kunnen doen, als hij ervoor kiest, is gewoon de programmering herschrijven, en dat is eigenlijk wat karma is. Het is, om het in gewone taal te zeggen, niet zo intens als mensen het graag willen maken. En ik denk dat dat iets is wat hij moet weten, omdat hij om welke reden dan ook is meegegaan in de intensiteit van iemands anders geloofsovertuigingen, religieuze overtuigingen, als je het zo wilt noemen.

D: *Dus hij heeft de kracht om te scheppen. Hij kan alles creëren in dit leven dat hij wil. Je weet dat dat mogelijk is, nietwaar?*

T: Absoluut.

D: *Maar hij is vergeten dat hij dat kan.*

T: Ja, deel van de trip van menszijn is de instemming met vergetelheid.

D: *Ik vermoed dat het anders te ingewikkeld zou zijn.* (Lach)

T: Niet per se. Het is gewoon de programmering, en we zouden het anders kunnen ordenen. Maar het maakt het wel eenvoudiger voor het originele ontwerp.

D: *Maar zou het mogelijk zijn om het vermogen tot scheppen weer te ontwaken?*

T: Maar natuurlijk!

D: *Want er zijn veel dingen die hij wil doen met zijn leven.*

T: Ja, er is een gevoel van gevaar waar hij in mee is gegaan, deels gebaseerd op sommige van de lessen waar ik doorheen moest.

D: *In de andere levens?*

T: Ja. Maar het hoort bij het heden en alleen de dapperen en de avontuurlijken kunnen het proces vooruit helpen. Hij is dapper en avontuurlijk, maar hij is zeker ook ergens in zijn hart bang voor dit alles.

D: *Is het nu niet tijd om deze vermogens weer te ontwaken?*

T: Ja. De timing is geweldig, maar hij heeft bepaalde zaken die ver voorbij gaan wat jullie geschreven geschiedenis zou kunnen begrijpen. En sommige van deze zaken zouden als bedreigingen kunnen worden gezien.

D: *Maar hij wil een goed leven voor zichzelf creëren. Een goede carrière, en dat vormt geen bedreiging. Gewoon om een gelukkig leven te leiden.*

T: Onderdeel van zijn contract was wel om meer te zijn dan dat. Ik denk dat hij zijn angsten moet overwinnen. Dat is het grootste obstakel dat een mens in de weg staat. Hij zal veilig zijn. Hij maakt zich altijd zorgen over gevaar. Hij is altijd bang om sommige van deze waarheden te ontdekken en wat het naar voren brengen ervan zou kunnen betekenen, maar dat is niet per se iets waar hij zich zorgen over hoeft te maken. Dat kunnen wij regelen.—Als hij meer tijd doorbracht met het overdenken van het licht, zou hij er contact mee leggen. Het zou hem in feite roepen, maar hij heeft moeite met erop te vertrouwen dat dit contact gelegd zal worden. En het is niet aan mij om het hem te vertellen. Hij moet het zelf ontdekken.

Het was tijd om de onvermijdelijke vraag te stellen: 'Wat is mijn levensdoel?' Tim had een carrière, maar hij had het gevoel dat hij iets anders zou moeten doen. Hij wilde advies. Er werden hem vele mogelijkheden verteld die hij zou kunnen najagen. 'Als hij zich zou wijden aan wat hij in zijn hart weet, kan hij zijn weg banen in jullie tijd en ruimte in jullie cultuur. Als hij gewoon zou besluiten en z'n zinnen erop zou zetten dat dit is wat hij gaat doen, en dat hij het hoe dan ook zou doen, zouden die andere dingen gewoon netjes wegvallen.'

D: *Nu zal hij zich realiseren dat dit een ander deel van hemzelf is, en dat hij in het verleden geschapen heeft. Hij kan alles creëren wat hij wil. Hij heeft alleen meer zelfvertrouwen nodig, nietwaar?*
T: Ja, er is een aspect dat ik als schepper moeilijk vond om te verwerken, dat ik geloofde dat ik verraden was en daardoor hier moest blijven. Maar in feite was het iets waar ik vanuit een hoger perspectief mee had ingestemd, en ik me op de een of andere manier niet meer herinnerde. Ik dacht dat ik alles wist. Ik dacht dat ik alwetend was. Dat was iets wat ik op de een of andere manier over het hoofd zag. En toen ik hier was, was ik daadwerkelijk de laatste van mijn soort en bracht ik vele Aarde-jaren hier alleen door. En ik richtte me

erg op wat ik beschouwde als verraad van het feit ik hier was achtergelaten.

En het kostte me vele jaren om dat verraad te verwerken en te beseffen dat het eigenlijk iets was waar ik zelf mee had ingestemd. Ik creëerde mijn eigen realiteit, en Tim herinnert zich dat verraad nog steeds en heeft ook wat verraad aangetrokken in zijn huidige leven. Ik denk dat hij zich gewoon moet richten op wat hij wil creëren, in plaats van te focussen op angst of op wat hij niet wil creëren. In plaats van te focussen op het verraad—focus op het feit dat hij het heeft gecreëerd voor de lessen die hij moet leren. Daarna kan hij doorgaan met zich focussen op wat hij echt wil in plaats van wat hij niet wil. Want, zoals wij allebei weten, als je ergens op focust, ga je het aantrekken, of je nou wilt of niet.

D: *Is dit een deel van de angst die hij voelt als een knoop in z'n maag?*
T: Ja. Hij gelooft om een of andere reden dat hij datgene wat hij in oude tijden heeft geleerd, niet zou moeten gebruiken, dat het om een of andere reden niet gepast is. Op een gegeven moment besloot hij om geen gebruik te maken van vaardigheden waar hij levenslang aan gewerkt had om ze te verwerven. Alsof de behoefte om een arm op z'n rug te binden een soort teken van waardigheid is. Hij moet gewoon zijn armen losmaken en alle middelen gebruiken die hij tot zijn beschikking heeft.—Hij maakt niet graag beslissingen. Maar als hij besluit dat hij iets kan laten werken, kan hij het laten werken. Er komt niet per se veel drama bij kijken, maar hij haalt er wél graag veel drama bij als het om sommige van die beslissingen gaat.. En hij wacht graag heel lang. Ik denk dat hij op een bepaald niveau weet dat hij in zekere zin onsterfelijk is, wanneer hij niet in z'n fysieke lichaam zit. Maar hij is nu weer in een lichaam, en dus heeft hij de neiging om ontzettend lang te wachten voordat hij beslissingen neemt. Soms werkt dat in zijn voordeel, maar soms ook niet.

Ik vroeg het OB om in Tim z'n lichaam te kijken om erachter te komen of er iets was waar we ons zorgen over zouden moeten maken. Hij had geen fysieke klachten, maar ik dacht dat het nooit kwaad kon om het even na te gaan. Ze konden echter niets vinden wat niet in orde was. 'Hij is een uitstekend exemplaar. Ook een goed omhulsel. Deze dingen zijn niet ontworpen voor een lange levensduur. Dat maakte deel uit van het oorspronkelijke ontwerp. Ze kunnen geprogrammeerd worden om veel langer mee te gaan dan de meeste tegenwoordig vermoeden. Je kunt het lichaam creëren dat je wilt bewonen.'

Tim's afscheidsboodschap: Hij weet een hoop, maar hoe meer je weet, hoe meer je niet weet. En er zijn bepaalde dingen die hij zal weten als hij ze gewoon najaagt, en soms is de grootste fout om helemaal niets te doen. En hij moet er gewoon mee doorgaan.

Hoofdstuk 23
AFSCHEIDEN VAN DE BRON

Toen Brenda van de wolk afkwam was ze zichtbaar emotioneel, dus wilde ik weten wat ze zag dat dit kon veroorzaken. Ze zei dat het een soort stad was, maar eentje die ze nog nooit eerder had gezien. Heel mooi, puur wit, met gebouwen die erg glad waren. Ze glansden bijna, als marmer. Toen richtte ze zich op een gebouw dat hoger stond dan de andere, 'Prachtig. Heel vloeiend van vorm, geen scherpe hoeken, heel glad.' Er was geen begroeiing, alleen dit zeer witte, bijna parelmoer-achtige gebouw. 'Het is heel groot. Nu zie ik het vanuit een ander perspectief. Er staan twee enorme, witte zuilen aan de voorkant. En als ik naar binnen kijk, zie ik een grote, open ruimte. Het heeft de vorm van—bijna de vorm van een blad, aan beide uiteinden puntig—een ovaal! Prachtig, heel vloeiend van vorm. Het dak is een koepel die helemaal bovenaan open is, wat niet logisch is. Architectonisch gezien weet ik niet hoe het zou kunnen blijven staan.' Toen bevond ze zich binnenin de ruimte en zag overal in de kamer lichtjes, bijna als lichtbollen.

Toen vroeg ik haar om zichzelf waar te nemen. Ze zuchtte: Het is interessant. Ik krijg niet het gevoel van boven of beneden als je dat zegt. Ik heb geen notie van mezelf. Het voelt alsof ik in een bol zit. Ik begrijp het niet.' Ik moedigde haar aan om erover te praten want wanneer de cliënt praat wordt het helderder. 'Ik bevind me in een kleurrijke bol; het is heel— wervelend. Er zijn veel blauw- en groentinten; ook wat geel. En het voelt alsof er kleine elektrische stootjes door mijn lichaam gaan. Het voelt niet onprettig, maar omdat het voelt alsof er geen boven of beneden is, is het een klein beetje desoriënterend. (Pauze) Ik ga ergens naartoe.—Dit is een plek van waaruit je ergens anders naartoe gaat. Het is een transportstation. Je gaat er naartoe, en dan ga je ergens anders heen.' Toen werd ze emotioneel en begon ze zachtjes te huilen. Ik vroeg wat die emotie veroorzaakte.

B: Ik weet het niet zeker. Ik ben niet boos; ik ben niet bang of verdrietig, het is gewoon.... De emotie voelt heel groot. Deze plek is gewoon een beetje overweldigend. Alles is bolvormig; ze zijn allemaal bolvormig. De kamer waar ik ben is niet een perfect rondje—het is ovaal. Nu kijk ik nog wat meer rond. Aan de zijkanten, bevinden zich veel van deze bollen. Ze zien er haast uit als kristallen ballen, maar ze zijn erg vloeiend. De bollen zijn waarschijnlijk zo'n zestig tot negentig centimeter in doorsnee. Ze bevinden zich door de hele ruimte, op hetzelfde niveau. Het blijft veranderen, dus ik vind het lastig te begrijpen, maar deze bollen zijn een soort versterkers. Het is een bron van stroom, of een bron van energie. Interessant, ze proberen heel teder te zijn, alsof ze zeggen, 'Oké, kijk maar gewoon naar de bollen.'—Nu voelt deze plek anders aan. Het heeft dezelfde vorm, maar het dak is niet open. Het is niet meer wit; het is een donkerdere kamer. Niet dat dat iets slechts is, het is gewoon minder verlicht. Dus het voelt wat meer omsloten aan. En je hebt zulke gloeiende bollen, helemaal langs de randen van de kamer, overal waar ik kijk. Ze bevinden zich allemaal op hetzelfde niveau. En ze zenden allemaal stralen uit van de een naar de ander—en jij bevindt je in het midden. (Een diepe ademhaling.) Het is absoluut een transportstation.

Ik probeerde uit te vogelen of iemand daar de leiding had. Was er een manier om onderscheid te maken tussen al deze bollen? Hoe kon je weten waar je naartoe moest? Ze zei dat ze niemand kon onderscheiden. Toen hapte ze naar adem alsof ze een inzicht kreeg. Fluisterend zei ze: 'Jeetje, het is alsof je het weet! Zo van, als je hier naartoe gaat, en dan hier gaat staan, dan voelt het alsof het al is ingesteld.' Haar lichaam begon te schudden: 'Wanneer je me de vraag stelt, krijg ik een antwoord in mijn hoofd, maar ik kan ze niet zien in deze ruimte. Dus toen je vroeg wat je moest doen, hoorde ik: "Wij zullen je daar naartoe brengen."

D: *Vraag hen waar ze je naartoe zouden moeten brengen?*
B: (Hardop) Waar gaan we naartoe? (Pauze, toen werd ze emotioneel.) De Zon in! De Zon is niet exact wat we denken dat het is. Je kan er in feite middenin gaan, en dan kom je er aan de andere kant uit, en het is niet onze Zon. Het is de Zon der Zonnen. Het is de centrale Zon der Zonnen. (Zachtjes snikkend) Het is waar we allemaal vandaan komen. (Snikken) Het is thuis!
D: *Nou, als dat thuis was, wat doe je dan op deze plek?*
B: Het zijn een soort buitenposten, zo noemen ze het. Je gaat naar een buitenpost.
D: *En was je daar vanuit een andere plek gekomen?*
B: Ja, vanuit de Zon. Het is alsof de Zon een soort poel is. Je moet naar de buitenpost komen om vorm aan te nemen.
D: *Dus wanneer je de Zon verlaat en naar de buitenpost gaat, dan ben je gewoon die bollen?*
B: (Fluisterend) Oh, jeetje! Ja, dat is het, omdat je dus geen vorm hebt. Ik zag het vanuit de andere richting. Maar ja—ja dát is het. Wanneer je in de Zon bent heb je geen vorm. Het gaat in fases; wanneer je eruit komt, heb je nog geen vorm, dus er zijn bepaalde dingen die je moet doen. Het is bijna alsof je samensmelt, je komt samen. (Dit alles werd verteld met een gevoel van verbazing, van iets ontdekken.) De stukjes komen samen om de vorm te maken waarin je je nu bevindt. En je kunt het niet allemaal in één keer doen. Het is haast alsof het in fases gaat. Je moet eerst naar deze ene plek gaan, en dan smelt het samen. En dan ga je.
D: *Dus zolang je je in dit licht bevindt, deze Zon, heb je geen enkele vorm?*
B: Nee, het is als de zee. Het is grappig want het is heel fel, maar het is niet heet. Maar het beweegt. Je zou denken dat het chaotisch is, maar dat is het niet.
D: *Je zei dat het niet de Zon van ons zonnestelsel is.*
B: Nee. Het is de Zon der Zonnen.

Zo hebben veel van mijn cliënten de Bron of God omschreven.

D: *Waarom verlaat je dat dan om naar de buitenposten te gaan?*
B: Omdat we dat willen. (Lach) Dat is zo grappig; omdat we dat willen. Het is bijna alsof we kleine kinderen zijn of zo. Het is heel erg licht, en heel gelukzalig. Ja, het is bijna alsof je een klein kind bent dat op ontdekking wil gaan. En er zit zoveel opwinding in. Het laat je hart dansen als dat van een kind. Het is spel—en je wilt gewoon mee gaan spelen.
D: *En dat laten ze je doen? Ze laten je gaan?*
B: Het is niet eens "laten". Het is zo interessant als je zegt "ze laten je", het is meer dat we allemaal beslissen, en dan gaan we. (Lach)
D: *En dan gaan je naar de buitenpost en wordt je deze bol als je allereerste vorm?*
B: Eigenlijk begin je al vorm aan te nemen voordat je überhaupt bij de buitenpost bent. Het is zo fascinerend! Ik zie de Zon, en er komen van die mooie vingers van licht uit. En ze zijn simpelweg prachtig! Het is alsof die vingers van licht naar buiten komen en dan langzaam samen beginnen te komen tot een geweldig bewegende vorm van kleur. En daarna komen ze aan bij die lichtbollen.
D: *Dan vormt het zich uiteindelijk tot een bol.*
B: Precies! Ja.
D: *En dan ben je daar op de buitenpost, en dan zeggen ze dat het tijd is om ergens anders naartoe te gaan*
B: Precies. En dat is het moment waarop de energie begint te ....

Ze leek iets te bekijken, en ze vond het interessant. Het probleem zat hem in haar vermogen om het te beschrijven.

B: De eerste keer dat je je afgescheiden begint te voelen. Een gevoel van "zelf". Het is zo fascinerend. Het is vreemd. Het is haast alsof je een gevoel van beperking ervaart, waar je voorheen geen beperking voelde—het was gewoon allemaal uitgestrektheid. En dan voel je je bijna als uiterste grenzen van jezelf.

D: *Je begon je afgescheiden te voelen?*
B: Nou, omdat je je kleiner voelt. (Lach) Het is zo fascinerend omdat ik geen gevoel heb van wij, or jij, of ik. Maar het is wanneer het gevoel van zelf voor het eerst z'n eigen identiteit begint te voelen. Wat niet werkelijk zo is; het is een illusie. Het is wanneer de illusie begint, maar het is als een noodzakelijke 'tool' die je nodig hebt. Ik heb me nog nooit zo gevoeld. Wanneer je bij de Zon bent, voel je je echt als kinderen. Het is wijs—het is het wijste wat je ooit in je leven hebt gevoeld, maar ook het meest vreugdevolle en onschuldige. Het is een combinatie van wijsheid en onschuld, en daardoor bijna een vorm van bescherming. Het is alsof er wordt gezegd, 'Nu jullie op pad gaan, kinderen, moeten jullie enige bescherming hebben.' En om dat te krijgen, moet je een gevoel van 'zelf' ontwikkelen. En ik weet niet precies hoe lang dat duurt, maar het is een proces. Dus dan ga je, en begin je een gevoel van 'zelf' te ervaren. Voor mij voelt het eigenlijk als de allereerste keer.
D: *Dus dit is onderdeel van het proces voordat je de buitenpost kunt verlaten.*
B: bPrecies.
D: *Dan ga ontdekken.*
B: Je kunt overal naartoe.
D: *Weet je waar je naartoe zal gaan?*
B: Waar ben ik? Op dit moment? Ik ging naar de Aarde. Ik koos de Aarde. Oh! Maar ik koos het niet als eerst!—Ik ging naar een blauwe plek. Blauw? Oh, jeetje! Ik zie geen locatie. Ze zeggen je ging eerst naar de blauwe plek om kennis te verzamelen. Oh, dat is zo fascinerend! Er zijn allemaal verschillende niveaus op allemaal verschillende plekken. En er zijn eigenlijk niet echt niveaus, maar de plek die ik koos was heel fysiek. Maar om daar te komen, moest je bepaalde dingen weten. Het is als 'tools'. Alsof je naar school gaat. En alles wat ik zie toen ik het vroeg, is blauw, al in de blauwe planeet. Het is een fysieke plek, maar ze bedoelen niet de Aarde. Het is de blauwe planeet. Oceaan, zo voelt het.

Veel andere cliënten omschreven dat ze van een prachtige waterplaneet afkwamen, waar ze levens ervaarden als verschillende soorten zeewezens. Ze hadden geen verantwoordelijkheid en zo'n vrijheid dat ze niet weg wilden gaan.

B: Ik observeer alsof ik een film kijk. Ik voel me niet als ik daar ben, het voelt alsof ik iets bekijk. Er is geen emotie aan gekoppeld, maar ik zie oceanen, ik zie walvissen en ik zie dolfijnen. Ik adem onder water. Het voelt niet als water, het voelt dikker dan water. Het voelt als een soort medium. Het is heel fluïde, het is zwaarder dan lucht, maar het is niet zo zwaar als water. Het is niet koud, het voelt glad, het voelt zijdeachtig, en als je om je heen kijkt, fonkelt het zelfs een beetje. Ik voel me fluïde, en ik voel mijn vorm niet. Ik voel me niet als een dolfijn of een walvis. Ik zie dolfijnen en walvissen. Het is vreemd, maar het is bijna alsof je een zijden doek door het water trekt, dat zou ik dan zijn. Ik heb enige substantie. Ik ben iets dichter dan hetgeen me omringt, maar ik vind het lastig te beschrijven. Ik kan mezelf niet zien, maar ik voel me erg fluïde. En alles zwemt. Er loopt hier niets op twee benen rond.

D: *Je ziet nergens land?* (Nee) *Dus wat heb je te doen op de blauwe plek?*

B: Wat ze zeiden is, "Je bent gecodeerd." Ze gebruikten het woord "code". Gecodeerd met wat? En ik hoorde, "Het zijn allemaal stappen in het scheppen van de vorm." Het moet gecodeerd worden, en het moet gecodeerd worden op een vloeibare plek. En het gaat allemaal door middel van vibratie. Ze zeiden niet "vibratie", zei zeiden het is allemaal "energie".

Ze begon moeite te krijgen met het vinden van de juiste woorden om dit te omschrijven. Dit komt vaak voor. Ik zei dat ze het zo goed moest doen als ze kon.

B: Je wordt gecodeerd, zeiden ze. En dan wordt alles opgebouwd vanuit de vloeistof. Terwijl je verder ontwikkelt ga je door die vloeibare plek. En deze vloeibare plek is heel blauw. En ik kan vormen onderscheiden die eruitzien als walvissen; maar het is eigenlijk geen walvis, het lijkt er op. En ik hoor tonen zoals ook de dolfijnen tonen maken. Oké, er komt er nu eentje naar me toe en ze kaatsen de tonen heen en weer. En ik word gebouwd. Dat is een interessant woord voor ons: gebouwd. Het voelt heel klinisch als ik het zeg, en ik heb geen binding met dat woord. Het is zo fascinerend, het is alsof mijn lichaam wordt gebouwd.

D: *Is dat onderdeel van de codering waar je het over had?* (Precies.) *Met andere woorden, ze moeten de essentie van wie je was nemen, en omzetten in iets solider?*

B: Precies! En dat is waar het werd gedaan voor mij. Dat is waar ik gebouwd word, of waar ik werd gebouwd. De manier waarop ik het zie is zo fascinerend want het is heel feitelijk, zo van; dit is gewoon hoe het is. Het wordt allemaal gedaan door het maken van tonen, door die tonen die doorkomen.

Ze had moeite om uit te leggen wat ze zag. Ze zei, 'Het is zo vreemd, het voelt als een sciencefictionfilm.' Blijkbaar waren ze bezig een menselijke vorm te bouwen, en dat gebeurde met tonen. Ze zag zichzelf samen met anderen uit het water komen als volgroeide mensen, niet als kleine baby's. Ze liepen het water uit als volledig ontwikkelde mensen, en ze waren met velen. De uitzondering was dat ze nog niet al hun "details" hadden. Ze zagen er allemaal hetzelfde uit, benen, armen, lichamen, maar zonder onderscheidende kenmerken. 'Nu zie ik ze letterlijk volwassener worden voor mijn ogen. Nu krijgen de mensen haar en ogen. Ze worden geschapen.—Toch zie ik het niemand doen.'

D: *Dus wat ga je nu met de vorm doen, zodra het geschapen is?*

B: Nu krijgen we de kennis. Nu gaan we in deze—het voelt meer als een structuur, het voelt niet meer alsof het buiten in de natuur is. Er zijn daar mensen, een gebouw, ook al herken ik het gebouw niet. Het voelt heel nuchter aan, en ja, dit is hoe het wordt gedaan. Je gaat hier naar binnen—het voelt alsof het heel snel gebeurd, maar ik heb geen besef van tijd.

D: *Laat me je eerst een vraag stellen voordat je verdergaat. Waarom hebben ze jouw vorm eruit laten zien als een mens? Het zou er als van alles uit kunnen zien, nietwaar?*

B: Omdat ik de Aarde koos. Ja, had had er als van alles uit kunnen zien.

D: *Maar in dit geval zag iedereen eruit als mensen?*

B: Dat is een hele goed vraag. Laat me even echt goed kijken. Ik zei meteen "menselijk", omdat het dezelfde afmeting en lengte heeft—armen, benen, hoofd, romp. Maar nee, dat zijn we niet. Het lijkt alsof het menselijk zou kunnen zijn, maar ze worden niet gevormd zoals een mens dat wordt. Het is de manier waarop ze gemaakt zijn. Ze zijn dus anders gemaakt, zoals we zagen. Ze worden niet geboren zoals een mens, dus het is geen mens. Het is interessant; het is bijna alsof dat de beste vorm is die je kunt aannemen voor wat je doet—wat zij doen.

D: *Oké. Dus nu ben je in dit gebouw, en je zei dat je hier kennis verkrijgt.*

B: Ja. Er is een tafel en er liggen papieren op de tafel, en er zitten mensen rondom de tafel. Het lijkt erop dat er plannen of iets dergelijks op tafel liggen, de papieren. En de tafel is van onderen verlicht. En de mensen waar ik naar kijk zien eruit als ... Allerlei verschillende soorten wezens! Oh, wauw! Het is fascinerend, want de basisvorm is menselijk – armen, benen, romp, hoofd, ogen – dat is hetzelfde. Maar er zijn bepaalde dingen die anders zijn, waardoor je weet dat ze geen menselijke vormen zijn. Bijvoorbeeld één persoon, z'n ogen zijn anders; er zijn geen oogleden, geen wimpers. Er zitten verschillende mensen rondom de tafel, ze dragen wel kleren. Het is alsof ik dit observeer, alsof het mij getoond wordt.

D: *Wat is hun doel met de papieren?*

B: Het is zo grappig want wanneer ik dit vraag—nou ja, natuurlijk! Je weet dit! Dit is waar het plan wordt gemaakt. Het plan voor waar je hierna naartoe gaat. We zijn met zeven personen die zojuist de kamer binnenliepen.

D: *Er zitten er zeven in jouw groep?*

B: Precies! We zijn met z'n zevenen samen uit het water gekomen. En nu gaan we door naar de volgende plek. Het ergste is dat ik niet zie waar we naartoe gaan. (Zucht) Dit is waar je naartoe gaat om erover te praten. Het lijkt erop dat de beslissingen al genomen zijn, en hier wordt het je verteld.
D: Wat hebben ze je verteld?
B: Ze zeiden dat ik naar de Aarde zou gaan.
D: Wist je wat de Aarde was?
B: Nee. Ik voel me echt raar, want ... Je komt op deze plek niet op een logische manier van de ene plek naar de andere. Ik bekijk het vanuit een richting, en ik merk dat ze heel lieflijk met me omgaan. Het is alsof ze zeggen, 'Binnen wat jij begrijpt moeten we het je op deze manier laten zien, zodat je een idee kunt krijgen van wat er gebeurt.' Oké, dus ik ben in een vorm. En ineens ben ik vormloos, en ik weet niet zeker waar ik ben.
D: Kun je ze vragen waarom je naar de Aarde moet gaan? Waarom die plek?
B: Ze proberen het me op een manier te laten zien die ik begrijp. Het is bijna alsof alles in harmonie trilt, en er komen kleuren van af. Het is alsof ik dingen van heel ver weg bekijk. Ik zie vele planeten. En het vreemde is dat ik de onze niet eens herken. Ik lijk Mercurius of Venus of de Zon niet te herkennen. Maar ik zie al deze verschillende planeten, en het is als een orkest—ze trillen allemaal in harmonie. En het is heel vloeiend, het beweegt. Dus ze laten me zien dat alles in harmonie verloopt. En als ik dan opzij kijk en ze laten me de Aarde zien—de Aarde is op dit moment vals. Het is als een piano die gestemd moet worden. De Aarde is niet zuiver, is ontstemd geraakt.
D: Het is vals, niet meer in harmonie met de rest. (Ja!) *Dat is duidelijk te merken dan.*
B: Nogal! Wanneer ik het van veraf bekijk, lijkt alles in harmonie te zijn. Ook al hoor ik het niet, het voelt bijna muzikaal aan. Echt waar! Het voelt alsof het trilt, ook al trilt niet alles precies hetzelfde. Maar ze zijn in harmonie zoals een orkest, alle verschillende instrumenten die spelen. Ze spelen allemaal hetzelfde deuntje, of hetzelfde liedje, en ze

zijn allemaal in harmonie met elkaar. Toen ze mij richting de Aarde lieten kijken—was het alsof je het allermooiste orkest hoorde dat je je maar kunt voorstellen. En als iemand daar ineens op een ontstemde piano zou gaan spelen, zou je het horen. Dus het valt op. Het is hoorbaar in het gehele orkest van alle sterrenstelsels, van alles wat ooit is geweest—er zit een valse noot in. Er is een ontstemde plek. Nu zag ik—het is grappig, want ik blijf maar verder en verder en verder en verder en verder teruggaan in mijn perspectief—dus wat ik zie, in ons hoekje van deze gigantische hoeveelheid aan ruimte, is de Aarde ontstemd. We zijn niet de enige plek die ontstemd is—er zijn een een Antal anderen heel ver weg—maar nu zoom ik verder in. In alle universums die dicht bij ons liggen, is de Aarde duidelijk ....

D: *Degene die het grootste probleem veroorzaakt..*

B: Precies! Het is ontstemd. Niet meer in harmonie. Het voelt zo ontstemd. Dus we gaan helpen om 'm opnieuw te stemmen.

D: *Hoe voel je je erbij om dat te doen?*

B: Enthousiast. En het andere ding is dat de uitkomst niet zeker is. We weten niet zeker of we het kunnen. Op andere plekken waar we voorheen zijn geweest, waren we heel zeker. Je kon er gewoon heen, je moest gewoon dit en dit en dit en dit doen, en dan kwam het meteen weer goed. Ik kreeg in een flits een ingeving dat we het niet helemaal zeker weten.

D: *Dus je hebt andere levens gehad waarin je soortgelijke dingen deed?*

B: Ja. Wij stemmen.

D: *Weet je hoe je dit gaat doen?*

B: Ik zie kleur. Het zit 'm allemaal in de kleur, in de vibratie van de kleur.—Er zijn er meerdere, ik ben niet de enige. Het is een "wij". Oh, jeetje! Er zijn mij meerdere voorgegaan, meerdere na mij—het is een "wij". Nu zie ik het web. Het is een deken, een web rondom de Aarde. En het lijkt alsof er veel 'tools' zijn. Alles zit in de vibratie. Er zit schoonheid in de eenvoud ervan. Het is niet zo gemakkelijk, maar het is zoals wanneer iedereen zou kunnen zingen.

Deze tonen, deze hoge, prachtige kleur toon vibraties. Sommige plekken voelen alsof ze onder teer liggen, als een dikke drab. Het gaat niet om het wegvegen van die teer—ze proberen me een beeld te geven, een voorbeeld. Sommige mensen raken verstrikt in het proberen schoon te maken door te proberen die teer eraf te halen—dat is niet hoe je het doet. Wat je doet is, je gaat er van binnenuit in en je verandert de vibratie, en dan transformeert de teer. Het gaat niet om het wegvegen of schoonmaken; het gaat om het veranderen van de ene toestand naar de andere.

D: Dus je gaat naar de Aarde. Ga je in een lichaam, of hoe je deze veranderingen maken?
B: Goh, ik zat eerst niet in een lichaam.—Ik zie de Aarde, en rondom de Aarde—het is anders dan ik dacht. Het voelt bijna alsof er een soort stofje omheen zit, of een deken. Maar het is niet zo zwaar als een deken. Het is wel geweven, want ik zie dat er een structuur in zit. Het voelt aan als rasters, of ruitjespapier, maar het is fluïde, en het om de Aarde heen. En het zijn er meer dan één—er zijn meerdere lagen van die stof, of deze substantie, die om de Aarde heen zit. En waar ik mezelf als eerst zie, is daarbinnen. En daar binnenin lijkt het haast alsof er trechters uit voortkomen. Het is alsof er een groot weefsel over de Aarde heen hangt, en daar komt een soort trechter uit die onder de Aarde tot een punt samenkomt. En wanneer het gezond en van nature gelukkig is, verschijnen ze gewoon vanzelf, verspreid over de Aarde, op verschillende tijden, verschillende plekken. En het voelt heel organisch en vloeiend aan. En ze zien eruit als kammen. Het gaan naar beneden, en daar zijn allemaal punten. Het gaat de Aarde in, en recyclet dan een soort van weer terug. En het is allemaal in beweging. En het oppervlak van de Aarde voelt doorlaatbaar aan. Maar er zijn bepaalde plekken op de Aarde die hard zijn geworden. Het voelt bijna dood aan; het voelt verstikt.
D: Het is lastig te doordringen?
B: Ja! Dat is precies het woord. Het is lastig te doordringen. En doordat het lastig te doordingen is, moeten we nu onder de

Aarde gaan, onder het aardoppervlak, en het op het aardoppervlak doen. We kunnen het niet langer van bovenaf doen. En er zijn er velen, er zijn er velen.
D: *Hoe ga je het doen op het aardoppervlak?*
B: Jíj brengt die energie—oké, ik zie het nu. Toen we boven de Aarde waren, waren we als punten van licht, zoals versterkers of activators. De energie komt binnen en komt naar die punten van licht, en dan wordt het versterkt en naar de Aarde gestuurd. Nu is het nodig geworden om die versterking dichter bij de Aarde te brengen, zodat het sterker is. Dus die punten van licht zijn nu naar de planeet toe verplaatst, zodat het sterker kan worden omdat het dieper moet doordringen. Het gaat dus de Aarde in, diep onder het oppervlak van de Aarde. Voorheen werkte het vanaf bovenaf. Dat kan nu niet meer op die manier, het is te dik.— Er zijn nog steeds de eilanden van de mensen, de wezens die daar op het raster zitten, maar sommigen van ons zijn hier op de planeet.

Ik wilde weten of ze zich ervan bewust was dat ze sprak via een fysiek menselijk lichaam, en met tegenzin gaf ze toe dat ze zich daar soms wel van bewust was. Dus ik vroeg wanneer ze had besloten om een fysiek lichaam in te gaan. Als ze zo'n belangrijke taak vervulde zonder een lichaam, waarom was het dan nodig?

B: Er is een overeenkomst gesloten. Ik bekeek het menselijke lichaam waarin ik me bevind. En ik vroeg: 'Ben ik altijd in dit menselijke lichaam geweest?' En het "ik" dat spreekt is niet altijd in dit menselijke lichaam geweest. Ik ben er later in gekomen. Het was een overeenkomst. Dat is een beetje verwarrend voor mij.
D: *Laten we kijken of we het kunnen uitleggen. Je bedoel dat de "ik" die spreekt niet degene is die in dit lichaam is geboren?*
B: Nee. Ik kwam er later in. (Pauze) De menselijke taal is hier niet op ingericht.
D: *Ik weet het. Er is mij al vaak verteld dat de taal niet toereikend is.*

Het Ingewikkelde Universum Boek Vier

B: Je vroeg of ik in dit menselijke lichaam geboren ben, en ik voel van niet. Maar ik heb er wel herinneringen aan. Ik heb herinneringen vanaf het begin. Het is niet zo dat er geen herinneringen zijn. Maar het is alsof het niet nodig was dat voor mij dat ik er vanaf het begin van dit menselijke lichaam was. Ik ben er later in gekomen.

Ik kwam erin toen het bewustzijn—Het is zo fascinerend om naar te kijken, want het is niet alsof we afgescheiden zijn, maar het is als een deel van jou dat nog niet zo ver ontwikkeld is. Toen vroeg ik mezelf af waarom ik dan niet gewoon eerder kwam, maar ik was ergens anders druk bezig. Dus het is bijna alsof je een deel van jezelf naar beneden stuurt. Want "ik" was niet nodig toen ik een kind was, of toen dit lichaam een kind was. Ik had het lichaam nodig toen het verder ontwikkeld was.

D: Het andere deel was er als kind al?
B: Precies. Dus het is alsof een deel van jou naar beneden komt—en ik wil het niet bagatelliseren. Ik wil niet dat het klinkt als een robot. Maar het wat minder ontwikkelde deel van jou komt naar beneden en leert alle lessen vanaf het begin, en doet al die ervaringen op. Het is zoals wanneer je naar een arts gaat—je gaat eerst naar een gewone arts, en later pas naar de specialist. Snap je wat ik bedoel? Dan komt het gespecialiseerde deel van jou binnen. En dat gespecialiseerde deel is de persoon die nu spreekt, die opgeroepen werd om te komen omdat dat deel de vaardigheden heeft. Dus "ik", die nu praat, ben niet in dit lichaam geboren, maar een deel van mij wel. Dus er is zo'n overeenkomst en je versmelt als het ware met elkaar en wordt één. Het is niet zo dat er twee wezens in dit lichaam zitten. Dat is het helemaal niet.
D: Het is een fusie van de twee.
B: Juist. Fusie is een goed woord.
D: Hoe oud was het lichaam ongeveer toen dit gebeurde?
B: Twaalf.
D: Dus de fusie vond plaats op twaalfjarige leeftijd. (Ja) Vond er een incident of iets plaats op dat moment?

Brenda werd emotioneel. Wanneer dat gebeurt, weet ik dat we iets belangrijks aangeraakt hebben. Dus moedigde ik haar voorzichtig aan om erover te praten en me te vertellen wat haar dwarszat. Met een diepe zucht vervolgde ze:

B: Ik zag het verkeerd om. Het is een beetje verwarrend in mijn hoofd omdat ik het vanuit twee verschillende perspectieven bekijk. Ik zie het vanuit het kind dat geboren is. Dat deel begrijp ik niet. Het is zo interessant omdat ik probeer de ik te vinden, en er is geen ik. Het is alsof ik alleen maar observeer waar de emotie vandaan kwam. En dat komt doordat ik worstelde met het definiëren van ik, en het lukt me niet. Toen ging ik een klein stapje terug, en observeerde gewoon. En ik observeerde Brenda als kind, en toen met het wezen dat eigenlijk een soort hoeder was—ik weet niet of dat echt het juiste woord is—maar een persoon die kwam...
D: Was dat degene die ze zag als een denkbeeldige vriend?

Brenda had dit besproken in het voorgesprek. Als kind had ze een denkbeeldige vriend die voor haar heel echt was. Dit is niet ongewoon. Veel kinderen hebben dit, en hoewel ze voor alle anderen onzichtbaar zijn, hebben ze interactie met hen. Mijn oudste dochter had er een en ze stond er zelfs op dat ik een plekje voor haar dekte aan tafel, en vroeg me haar hand vast te houden als we de straat overstaken. Ik moedigde het niet aan en ontmoedigde het ook niet. Ik wist dat het voor haar echt was. Ze noemde haar "Julia," dus toen mijn tweede dochter werd geboren, noemde ik haar Julia omdat ik het zo gewend was om die naam te horen. De "vriend" verdween toen. Sommige ouders hebben me verteld dat ze dachten dat hun kinderen gek werden toen ze praatten over (en tegen) een onzichtbare vriend. Ik vertel ze dat ze zich geen zorgen hoeven te maken, wat er gebeurt is volkomen natuurlijk en de "vriend" zal uiteindelijk verdwijnen. Toen die van Brenda wegging, voelde ze zich erg alleen en verlaten. Dit was een van haar vragen. Ze wilde een verklaring voor wat er gebeurde toen ze kind was.

B: Toen ze klein was. Ja, ik was er een van. De lichtwezens.
D: *Dus het is als een kleine verzorger?*
B: Precies! Het was echter meer dan dat. Het was het afstemmen van het lichaam. Veel van de menselijke vormen, wanneer de ziel erin komt, zijn niet gekalibreerd op een niveau dat een wezen met een hogere vibratie daadwerkelijk kan verdragen. Dus toen de baby binnenkwam, was het van begin af aan gekalibreerd. Het is bijna alsof ik het getik van voeten zie, wat zo gek is. Het lijkt alsof deze vibratiepatronen zijn ingeprint door het hele lichaam, en in het bot, het cellulaire systeem, vanaf begin af aan. Dus het is een kalibratie. En de lichamen worden zeer zorgvuldig gekozen om de 'tools' te verkrijgen die nodig zijn om later de taak te vervullen. Dus wanneer de ziel binnenkomt—ik zie het gewoon rechttoe rechtaan—dat is het moment dat de hoeder naar beneden komt. Er is wel wat bewustzijn aanwezig, maar het is niet het volledige bewustzijn. Het lichtwezen is nog niet geboren in dat lichaam. Er is een ziel aanwezig, ja, maar het is slechts een deel van de ziel. De ziel is een enorme overziel, en een klein deel komt binnen, en het wordt voorbereid. Het wordt gekneed. En het maakt er allemaal deel van uit. Dus dat was ik eigenlijk niet. Het was een deel van mij, maar ik was het niet volledig. Dus kwam de hoeder naar beneden—niet een hoeder, een verzorger—een verzorger kwam naar beneden en hielp het lichaam voor te bereiden. Het lichaam moet voorbereid worden op de hogere vibraties, want wanneer we dit in het verleden deden, gebeurde het vaak dat het wezen met een hogere vibratie in een lichaam kwam, het lichaam dit niet aankon en er kortsluiting ontstond.
D: *Dat heb ik eerder gehoord, dat het lichaam, de baby, soms zal sterven.*
B: Dat kwam voor! We zijn dus heel voorzichtig met het kalibreren ervan en plaatsen het lichaam dan op een plek— het is bijna alsof het genesteld is. We komen terug om het te controleren en te zorgen dat het lichaam zich nu ontwikkelt zoals het hoort. En er moet een bepaald soort geestesgesteldheid zijn. De elektrische impulsen in de

hersenen zijn anders. Er zijn meer gebieden. Ik heb het achterste deel van de hersenen gezien, daar is het anders. Er is daar meer activiteit in het begin. Het is alsof daar elektrische impulsen worden geplaatst. Daarna wordt het geobserveerd, en vervolgens ontwikkelt het zich verder. En dan brengen we langzaam meer licht binnen. Ik zie het als een heel, heel lichtblauw licht dat vanuit verschillende plekken het lichaam binnen wordt gebracht. De voeten. Het ziet eruit als het sleutelbeen. De achterkant van de nek, de bovenkant van het hoofd, het derde-ooggebied, onder de plekken bij de neus—fascinerend! Plekken bij de oren. En zo wordt het licht geleidelijk, langzaam in de loop van de tijd binnengebracht. Er worden impulsen gebruikt, en er zijn ook verschillende reeksen van symbolen.

D: *Alsof er een activatie plaatsvindt?*

B: Ja, binnenin het lichaam. Dan is er een moment waarop alles besloten wordt, en deze ziel wordt benaderd en gevraagd. Het is niet afgescheiden wanneer ik zeg dat het wordt benaderd, maar er wordt een overeenkomst gesloten om verder te gaan. En dan komen wij erin.

D: *Wat is de overeenkomst? Om het andere deel binnen te laten komen?*

B: Zo van, 'Ben je er klaar voor? Voelt het goed?' Wanneer de ziel voor het eerst binnenkomt, en wanneer we voor het eerst de overeenkomst maken, is alles in afstemming. Naarmate een ziel zich op Aarde begint te ontwikkelen, veranderen dingen. De ziel heeft wellicht een ander pad gekozen. De ziel wil misschien ergens anders naartoe. De ziel wil misschien niet meer die kant op, dus moeten we het opnieuw vragen. Soms worden die contracten verbroken; soms gebeurt er iets in het leven dat niet voorzien was. De Aarde is de joker—je weet nooit wat er gaat gebeuren zodra je hier aankomt.

D: *En ze hebben vrije wil.*

B: Ze hebben vrije wil, dus alles kan gebeuren. Dus we komen terug en we praten, en we vragen of het nog steeds gepast is; of ze nog steeds in overeenstemming zijn.

Het Ingewikkelde Universum Boek Vier

Veel hiervan werd uitgelegd in mijn boek Drie golven vrijwilligers en de Nieuwe Aarde. Onderdeel van het redden van de mensheid van zichzelf was het binnenkomen van nieuwe en pure zielen in menselijke lichamen. Zielen die nooit karma hadden gekend of opgebouwd, en dus niet vastzaten. Dit kan verband houden met de ET-ervaringen waarvan veel mensen denken dat ze negatief zijn. De nieuwe ziel heeft een energie die totaal vreemd is aan de menselijke ervaring, dus kan niet in één keer binnenkomen. Wanneer dit in het verleden geprobeerd werd, leidde het tot een miskraam van de baby. Dus moest het langzamer gedaan worden, in geleidelijke intervals, zodat het lichaam zich kon aanpassen voordat later de volledige energie binnenkwam. Dit zou de herhaalde bezoeken door ET's, buitenaardsen, kunnen verklaren, omdat het hun taak is om de lichamen te blijven monitoren en ze te controleren om te zien of alles goed functioneert. Dus de implantaten of monitors werden in het lichaam geplaatst om de persoon te kunnen volgen. Dit verklaart ook de afname in meldingen van ontvoeringen, omdat het werk nu is afgerond. De zielen zijn binnengekomen (de 3 golven die ik ontdekte), en er zijn er nu genoeg op Aarde om de taak te vervullen, dus er zijn er niet nog meer nodig. De meeste ontvoeringsgevallen waar je over hoort vonden enkele jaren geleden plaats. Of het zijn controles die routinematig worden uitgevoerd om er zeker van te zijn dat het lichaam goed functioneert in deze vreemde en vaak vijandige omgeving.

Dit zou ook het hybridisatie-programma verklaren dat velen als negatief hebben omschreven. Het produceren van lichamen of omhulsels die ontvankelijk zouden zijn voor de hoge energie van de binnenkomende zielen, zonder schade. Een combinatie van genen, maar belangrijker nog: een vermenging van energieën zodat de ziel in het lichaam kan leven. Het is fascinerend hoeveel mensen waarmee ik werk zeggen dat ze het gevoel hebben dat ze hier niet horen, dat dit niet hun thuis is. En dan terwijl ze dan onder trance zijn, blijkt dat ze ofwel een 'first-timer' zijn die rechtstreeks vanuit de Bron komt, of een buitenaardse energie of lichtwezen dat nog nooit eerder in een menselijk lichaam heeft gezeten. (Verdergaand)

D: *Is dit wat er gebeurde toen ze die ervaring had, toen ze ongeveer 10 of 12 was?* (Ze had 's nachts bezoekjes in haar kamer waarvan ze dacht dat ze ET-gerelateerd waren.) *Toen dat gebeurde, vond ze het een negatieve ervaring.*

B: Op dat moment weet de menselijke 'mind' het niet. De menselijke 'mind' is zich er op dat punt nog niet volledig bewust van. In die fase van haar leven was ze er nog niet klaar voor om die informatie te ontvangen. We hebben nu alles wat we konden meegebracht om haar op haar gemak te stellen. En we hebben haar vriend teruggebracht die ze kende toen ze jonger was.

D: *Ze zei dat ze zich herinnerde niet te kunnen bewegen tijdens die ervaring.*

B: Ja, het is interessant. We doen het zo voorzichtig als we kunnen, en vaak doen we het wanneer de persoon slaapt. Zij was wakker, zoals het bedoeld was. Ze was voldoende ontwikkeld om zoveel aan te kunnen. Het gebeurde precies zoals het hoorde. Het is bijna als anesthesie, waarbij je iemand verdooft zodat die zich niet kan bewegen. Maar het is een fijne plek, en ze komen eruit zonder zich er echt iets van te herinneren. Of je herinnert je een fijne droom of zo. Het is niet bedoeld als een enge plek. Ze had een zeer wilskrachtige, zeer sterke geest, en dus toen het begon te gebeuren, koos ze ervoor wakker te blijven.

D: *Soms beschouwen mensen het als negatief.*

B: Ja want het vanuit het perspectief van een kind kon ze niet bewegen, dus het voelde indringend. Maar dat was het niet.

D: *Ze zei dat het voelde alsof er dingen werden gedaan aan het fysieke lichaam.*

B: Nou, dat was zo. Het lichtwezen was aan het intrekken. Het lichtwezen bewoog zich naar binnen. Het is als de laatste kalibratie. Niet de laatste, maar de kalibratie die moet plaatsvinden voordat de andere energie intrekt. Er zijn bepaalde dingen die moeten gebeuren ter voorbereiding.

D: *Wat zij ervaarde als entiteiten om haar heen—zijn zij degenen die hierbij helpen?*

B: Ja. En ze werden in een vorm gegoten die zij op dat moment kon begrijpen.

D: *Want weet je, op aarde praten we over buitenaardse wezens. Mensen begrijpen niet wat ze zijn.*
B: Nee, en ik zie het nu.
D: *Is dit onderdeel van hun taak om te helpen met dit hele proces?*
B: Ja. Eén van hen is erg goed in wat hij doet, hij voelt het lichaam aan. Hij voelt het lichaam en brengt het in perfecte kalibratie en harmonie met het lichtwezen dat aan het intrekken is. Het lichtwezen komt in het menselijke lichaam, zodat wanneer het lichaam 's ochtends wakker wordt, ze geen enkel verschil merken. Het is een perfecte, harmonieuze versmelting.
D: *Behalve dat ze voelen dat er iets is wat ze horen te doen.*
B: Ja want dat is het moment waarop het begint aan te slaan.
D: *Er zijn veel mensen die zich dit soort ervaringen herinneren, en ze ervaren die als negatief. Ze begrijpen niet wat er gebeurt.*
B: De Aarde is een hele negatieve plek. Niet altijd—het hoeft niet zo te zijn. Maar het is moeilijker om positief te blijven, vooral voor de heel—ik wil het woord "krachtig" niet gebruiken—maar voor degenen die gevoelig zijn. Als er een plek van verwarring is en ze reiken naar een energiestroom, dan is het, omdat er zoveel negatieve stromen zijn die zo krachtig zijn, is het makkelijk om afgestemd te raken op die gedachtegang. We moeten ons bewust richten op de stroom van licht, op die van liefde, want hier op Aarde is de automatische stroom die van angst.
D: *Dus wat ze beschouwen als negatief is dat eigenlijk niet.*
B: Juist. Precies.
D: *Er is iets meer gaande, en het is een overeenkomst die de persoon maakt voordat ze komen.*
B: Het maakt er allemaal deel van uit, en het is allemaal heel goed.
D: *Er zijn veel mensen met wie ik heb gewerkt die zeiden dat ze zich geschonden voelen. Ze voelen zich alsof er iets met hen is gedaan zonder hun toestemming.*
B: Nee, dat is het helemaal niet. Hun toestemming is gegeven. Het is een beschermingsmechanisme voor een kind. Je zou

kinderen geen verschrikkelijke film laten zien want ze zouden het niet begrijpen—ze weten niet dat het niet echt is. Je beschermt ze. Je laat ze Disney-films zien. En als ze dan 16 of 17 zijn, kunnen ze het wel zien omdat je het aan hen kunt uitleggen—dat het niet echt is. En zo zijn er bepaalde dingen die als bescherming worden ingesteld.

D: *Oké. Maar nu heeft de fusie plaatsgevonden en zit dit wezen van licht in haar, toch?* (Ja)

Brenda had gemerkt dat haar paranormale gaven opnieuw werden ontwaakt. Ze begon te zien wie ze is. Dit was een van de dingen die ze wilde weten. 'Het heeft een lange tijd geduurd, nietwaar?'

B: Ja. Er waren veel dingen die eerst gedaan moesten worden.

Uiteraard ging een van haar andere vragen over haar levensdoel. Was hoorde ze te doen met haar leven? Wat was het plan?

B: Het is de Aarde. Ze moet de hogere vibratie binnenbrengen en het verankeren in de Aarde. Ze is gecodeerd om dat te doen. Ze heeft het in zich.

D: *Is dit waarom ze op mentaal niveau de informatie over de kristallen kreeg?*

B: Ja, ze ondersteunen haar. De kristallen versterken het en maken het makkelijker. De kristallen zijn één met haar; de kristallen luisteren naar haar, en zij luistert naar de kristallen. De kristallen leven; de kristallen vormen een andere kracht. Het is een hele andere wereld. Het is een heel ander krachtveld dat gebruikt moet worden. Het bestaat hier al sinds jaar en dag op deze planeet. Kristallen zijn een energiebron die je stoutste verbeelding te boven gaat. Jullie weten niet hoe je ze moet gebruiken; jullie zijn het vergeten. Of eigenlijk is de kracht weggenomen. Andere beschavingen misbruikten de kracht, dus is die weggenomen.

D: *Dus nu moeten we de kennis terugkrijgen.*

B: Veel van de kristallen slapen. Sommige kristallen op deze planeet zijn nog steeds actief. Maar ze kunnen en horen te worden ontwaakt. En je ontwaakt door vibratie. De vibratie kan op veel verschillende manieren worden gedaan. Het kan door je te richten op intentie, en ze weet hoe ze dat moet doen. Ze reikt naar de rasterlijnen, en er zijn veel niveaus—niet slechts één. Zij heeft er maar één gezien. Er zijn vele, vele lagen van deze energievelden rondom de Aarde. Degene waarmee ze contact moet maken is de verste—het is de paarse. Ze moet onthouden dat ze met de paarse moet werken.. Ze heeft al met de groene gewerkt. Uiteraard is wit er altijd, maar de paarse is de transformatie. En dan haal je dat binnen en het resoneert ook met de botten in je lichaam. En dan begint het een vibratie-patroon dat vervolgens wordt de Aarde in wordt gericht, en de slapende stenen wekt.

D: *In mijn werk is mij verteld dat het lichaam voor een deel uit kristal bestaat.*

B: Jouw leraren hier zouden zeggen dat het hart van kristal is, wat waar is. Maar het hele lichaam is van kristal.

D: *Is dit waarom het vibreert, zoals je eerder zei?*

B: Precies. Dat is waarom er meer aan haar gegeven moet worden.

D: *Maar het is haar pad om te werken met stenen die bijdragen aan de vibraties van de Aarde.*

B: Juist. En er zullen anderen zijn die haar zullen helpen. Naarmate ze met de Aarde werkt, zal de vibratie beginnen te veranderen en raken mensen gedesoriënteerd. Het is interessant, als je mensen een taak geeft, als je ze opdraagt om mee te helpen de vibratie van de aarde te verhogen, doordat ze geïnstrueerd werden om dat te doen kunnen ze niet anders dan daardoor ook de vibratie in henzelf te verhogen. Het is dus belangrijk om te weten dat sommige mensen het niet voor zichzelf zullen doen. In plaats van te zeggen, 'Ik kan je helpen je trillingen te verhogen,' kun je mensen samenbrengen en zeggen: 'We moeten hier echt iets gaan doen om de planeet te helen.' En door dat te doen helpen mensen hun eigen trillingen te verhogen.

D: *Je zei dat dit desoriëntatie kan veroorzaken?*

B: Niet bij de mensen die dit werk doen. Naarmate de trilling van de Aarde begint te stijgen, begint alles te veranderen. Dus voor de mensen die gedesoriënteerd zijn en niet weten wat ze moeten doen, en die niet in resonantie zijn, of zich niet op hetzelfde niveau bevinden wanneer je zegt dat ze hun trilling van binnenuit moeten verhogen—vraag hen om anderen te helpen. Want als ze op welke manier dan ook anderen helpen—als ze een dier helpen, als ze een plant helen, als ze het gevoel hebben dat ze anderen helpen, of de planeet helpen—dan verhoogt dat hun trilling. Het is vrij simpel.—Haar voornaamste focus is om mensen samen te brengen om de trilling de Aarde in te richten die er niet meer doorheen kon komen.

D: Ze werkte met heling.

B: Dat is een zijsprong.—Wanneer zij grotere groepen bijeenbrengt om die energie in de Aarde te brengen, is dat veel krachtiger dan wanneer één persoon het alleen doet. Als één of twee mensen als kern vervolgens anderen erbij betrekken, versterkt het nog verder.

D: En ze kunnen helpen met de gebundelde energie.

B: Ja. Iedereen heeft iets om te delen, en iedereens energie is een klein beetje anders. Dus wanneer het samenkomt is het als een orkest. En het is simpelweg prachtig. Dus in het orkest komen alle stukjes dan samen omdat iedereen zijn eigen unieke deel toevoegt. Dus werkelijk, hoe meer hoe beter.

D: En we willen de Aarde terug in harmonie brengen.

B: Dat zal wel moeten. Het werkt in beide richtingen. En als je het in jezelf doet, binnen je directe familie of binnen je groep, en daarna doe je het voor de Aarde, dan straalt het uit naar het Universum. Het is er allemaal onderdeel van.

D: Alles beïnvloedt al het andere. Dingen zijn echt sneller aan het gaan. Steeds meer mensen ontwaken hun vermogens, nietwaar?

B: Er is geen andere manier. Ze moeten wel; nu is het moment. Er is geen uitstelperiode meer. Terwijl dat eerst wel zo was, er werd ons eerst wat tijd gegeven. Het moment is nu.

D: Ik heb veel gewerkt met wat we ufo's en ET's noemen, maar het begint complexer te worden dan mensen denken.

B: Oh, het is zoveel meer. Ze zijn er altijd al geweest. Ze zijn altijd een onderdeel geweest van de evolutie van deze planeet.

D: *Dus wanneer deze mensen zulke ervaringen hebben, worden ze eigenlijk geactiveerd.*

B: Ja, precies. Het lichaam moet gekalibreerd worden naar een hoger trillingslevel zodat de andere energieën binnen kunnen komen en door hen heen kunnen werken.

D: *Er is mij ook verteld dat degene die er niet comfortabel genoeg mee zijn, dat jullie die gewoon uit het programma vrijlaten.*

B: Ja, precies. Vanwege de vrije wil op deze planeet kunnen ze keuzes maken in hun jonge leven en een totaal ander pad nemen. En dat is volkomen acceptabel. En dan worden ze uit het contract vrijgelaten. En dat is prima.

D: *Omdat sommigen van hen zeggen dat ze het te negatief vinden, en ze eruit willen stappen.*

B: Ze raken in die stroom van negatieve gedachten, of de angst—en soms is dat deel van hun pad.

D: *Dat is mij verteld. Je wilt dat soort mensen toch niet in het programma, en je kunt ze vrijlaten als ze eruit willen.*

B: Precies. Op elk moment, ja.

Hoofdstuk 24
TE VEEL TE SNEL

Toen Tonya de scène inkwam, had ze het gevoel dat ze zich in de ruimte bevond, want er was niets anders dan leegte. Het was niet onaangenaam, maar ze kon niets zien. Ze besloot om naar beneden toe te bewegen in plaats van verder de ruimte in te gaan. Er leek niets te veranderen, totdat ze plotseling voelde dat ze zich helemaal niet meer kon bewegen. 'Ik zou zeggen dat ik in een soort capsule zit. Ik weet niet waar ik ben, maar ik zit ergens in opgesloten.—Ik heb geen lichaam. Ik lijk niet vooruit, omhoog of omlaag te kunnen bewegen. Er zijn alleen maar donkere spikkels.—Ik heb het gevoel dat ik nog niet geboren ben. Dat slaat nergens op.—Ik ben er nog niet uit wat ik wil zijn.—Het voelt alsof ik ergens in zit, maar het is iets waar ik deel van uitmaak, of dat ik gemaakt heb en ik ... weet niet wat ik wil zijn, dus ik heb geen richting.'

D: *Je bedoelt dat niemand je verteld heeft wat je hoort te doen of waar je naar toe moet of iets dergelijks?*
T: Ik hoor jou, maar ik hoor niemand anders tegen me praten of me iets vertellen. Het is aan mij.
D: *Dus je hebt een keuze? Je kunt alles doen wat je wilt? Is dat wat je bedoelt?* (Ja) *Dat is belangrijk. Veel mensen hebben geen keus. Ze moeten doen wat hun gezegd wordt.*
T: Dat heb ik allemaal al gedaan. Ik heb mijn bijdrage geleverd. Ik heb nu keuzes die ik zelf kan maken.—Nu weet ik niet wat ik ga doen.
D: *Hoe ervaar je jezelf?*
T: Ik ben een vlek van een of andere energie of een soort denkproces ... omdat ik aan het denken ben. Ik heb geen fysieke kenmerken. Ik ben gewoon omringd door een hoeveelheid materie waar ik mee kan werken.—Maar ik zit

vast. Ik weet niet wat ik wil doen. Ik weet niet welke richting ik op moet. (Gefrustreerd)

D: *Wil je iets anders doen of iets dat je nog niet eerder hebt gedaan?*

T: Ja. Iets meer dan ik voorheen heb gedaan ... iets dat meer betekenis heeft. Die andere keer was iets dat ik moest doen. Nu wil ik iets doen buiten mezelf. (Huilend) Ik weet niet hoe ik het moet uitleggen.

D: *De andere waren een soort opdrachten die je moest doen?*

T: Ja. Afmaken van materialen of afronden van taken die ik nog niet had volbracht. Ik heb het meeste ervan gedaan, ja, ik denk dat ik alle basiszaken af heb.—Ik ben hier al heel lang ... heel lang. (Fluisterend en huilend.) Toch zijn er nog steeds dingen te doen.—Ik weet gewoon niet wat ik wil doen.

D: *Heb je wellicht ideeën, opties waar je over na kunt denken?*

T: Ja, maar het heeft invloed op zoveel mensen als ik doe wat ik wil doen.—Het wordt lichter. Het is niet meer zo donker.

D: *Wat is het dat je wil doen dat invloed zou hebben op zoveel mensen?*

T: Ik wil onderdeel zijn van de verandering. Onderdeel van de invloed ... de verandering ten goede. Daar wil ik voor teruggaan. Het heeft te maken met een cyclus. Ik wil daar zijn voor het begin van de nieuwe cyclus en er deel van uitmaken.

D: *Heeft iemand je verteld dat het eraan komt of weet je het gewoon?*

T: Allebei. Het is me verteld en nu voel ik het. Het einde van de cyclus ... het begin van een nieuwe cyclus, een heel nieuw soort leven.

D: *Dat klinkt echt geweldig ... heel groots. Hebben ze gezegd waarom de cyclus moest eindigen?*

T: Zoals alle dingen tot een einde moeten komen. Wanneer dingen uitgeleefd zijn, is het uitgeleefd. Het is zo goed als klaar en een nieuwe cyclus zal beginnen. Dingen blijven nooit hetzelfde. Ze veranderen voortdurend, maar dit is een grote verandering. Dit is cycli binnen cycli binnen cycli.

D: *Anders dan de andere?*

T: Anders voor deze plek.

Het Ingewikkelde Universum Boek Vier

D: *Over welke plek hebben we het?*
T: Voor de Aarde.
D: *Dus voor andere plekken hebben al cycli plaatsgevonden, maar dit is een grote stap voor dit gebied?*
T: Ja. Er is hier zoveel gebeurd. Ik heb een deel ervan meegemaakt. Ik heb geholpen. Ik ben door verschillende fases ervan gegaan. Je kent de fases ... en toch ben ik bang voor hoe het zou kunnen eindigen. Het is nog niet klaar om te eindigen, maar het is bijna zover. De cyclus is niet compleet, en het is nog niet klaar met wat het moet doen, en er hangt zoveel van af. Mensen moeten veranderen en ik wil daar onderdeel van zijn. Ik wil helpen met die verandering, en het maakt me bang.
D: *Waarom maakt het je bang?*
T: Omdat, wat als ik er niet goed in ben?
D: *Ik denk dat als je iets heel graag wilt, je er goed in zult zijn. Je hebt het verlangen, toch?* (Tonya huilend, Ja.) *Je zei dat je al eerdere fases daarvan hebt meegemaakt?*
T: Ja, en ik heb ze verneukt ... sorry voor m'n taalgebruik.
D: *Wat gebeurde er? Vertel me maar.*
T: De cyclus van deze planeet. Ik was agressief in mijn verlangens om dingen te snel te veranderen, en dat is waar ik nu ben. Ik ben bang om te agressief te zijn, en toch raak ik gefrustreerd.
D: *Wat deed je in die tijd?*
T: Ik introduceerde dingen te snel. Introduceerde veranderingen in denken ... biologische veranderingen.
D: *Welke tijdsperiodes waren dat?*
T: Toen het leven jong was. Het was anders dan het nu is. Er zijn zoveel verschillende keren, ik kan ze niet allemaal herinneren.—Gedachten ... omdat je de gedachte in die tijd kon beïnvloeden. Ik was anders dan nu. Ik zou zeggen dat het een melkachtige substantie was. Een gedachte was als een melkachtige substantie. Het was makkelijker te beïnvloeden. Het was met elkaar verbonden ... het was een melkachtige substantie. Kom ik wel logisch over? (Ergerde zich aan zichzelf.) Weet je, dingen zagen er visueel niet zo uit als nu. Tegenwoordig zijn er hoeken en scherpe punten

en zwarte vlekken, en de gedachtegangen zijn gewoon vreselijk. Het zorgt voor zoveel slechte dingen. Het is niet meer puur zoals het was.

D: *Bij de melkachtige substanties, verliep het soepeler?*

T: Ja, het was van zichzelf completer. Het was niet van zichzelf geïndividualiseerd. Gedachtegangen... individueel. Je was individueel als individuen. Zie jezelf als een individu, niet zozeer als een speler in een team. Jij was jij.

D: *Ze waren er nog niet klaar voor om het te begrijpen?*

T: Nee. Woede. Er was woede onder elkaar. Emoties die niet deel uitmaakten van wat ze oorspronkelijk hadden. De verandering was iets te abrupt.

D: *Je bedoelt dat je een nieuwe manier van denken introduceerde waar ze niet klaar voor waren?*

T: Nee, ik was ook niet de enige. Ik was met een groep, maar het was evengoed ik omdat ik deel uitmaakte van die groep. Het maakte hen bewust van dingen waarvan ze zich eerder niet bewust waren. Een beetje zoals Adam en Eva. Opeens werden ze zich bewust van de verschillen. Ik wilde dat ze er klaar voor waren. Ik wilde het versnellen. Ik wilde zeggen dat ik geholpen had, maar het was te vroeg. Woede was niets iets wat ze daarvoor hadden. Er was misbruik. Het verdween niet. Het liep uit op iets ergers. Ze begonnen elkaar pijn te doen. We hadden moeten weten dat ze er niet klaar voor waren.

D: *Hoe had je dat kunnen weten?*

T: Omdat wij veel verder ontwikkeld waren dan dat zij waren. Dat is in elk geval hoe we onszelf zagen.

D: *Jullie wisten niet hoe mensen en de menselijke aard zouden reageren. Jullie begonnen eraan met goede intenties.*

T: Ja, maar er ging toch nog kwaad mee gepaard, zie ik nu. Dit is wat wij wilden doen. Dit was niet goed genoeg uitgedacht. We waren niet voorzichtig genoeg.

D: *Waren jullie fysiek toen?*

T: We daalden niet neer in die tijd. We waren in een mentale staat. We waren fysiek, maar we daalden niet neer. Het was invloed door onze mentale staat. Later daalden we neer.

D: *Dus jullie besloten om het stop te zetten omdat het uit de hand begon te lopen?*
T: Ja, maar het was te laat. We konden het niet terugdraaien, en na verloop van tijd escaleerde het.
D: *En niemand strafte jullie toen, of vertelde jullie dat je dit niet moest doen?*
T: Je wordt op een bepaalde manier wel gestraft. Ik bedoel, als je weet dat je iets veroorzaakt hebt, is het er nog steeds. Niemand hoefde met een beschuldigende vinger naar je te wijzen en te zeggen, 'Kijk wat je gedaan hebt.' Je weet wat je gedaan hebt. Maar je moet nog steeds je fouten goedmaken. Als je twee plus twee bij elkaar zou optellen en er komt vijf uit, zul je het moeten corrigeren.
D: *Je zei dat jullie op een ander moment neerdaalden?*
T: Later. Het was later. Ik denk in Aardse jaren, best een hele tijd later, maar we daalden inderdaad neer.
D: *Jij en dezelfde groep?*
T: Ja. Toen mengden we ons met hen zoals wij waren. Fysiek, ja. Het was tijd voor hen om te accepteren en ze konden het accepteren, dus daalden we neer in die staat. Het leven was anders toen het nog een melkachtige wolken-tijd was. Het was niet hetzelfde. Het was fysiek, maar minder fysiek. Het was een licht aangepaste toestand. Ik kan het niet uitleggen. Ik kan het verschil voelen, maar ik kan het niet uitleggen.— Toen ik neerdaalde, was het anders dan de andere keer. Deze keer was de wereld ook fysieker, niet dat ze eerder niet fysiek waren. (Gefrustreerd.)

Ik denk dat ze bedoelde dat het tastbaarder was.

D: *Maakten jullie opnieuw fouten?*
T: Ja. Ik raakte betrokken op een fysieke manier.—Sex.
D: *Waarom deed je dat?*
T: Waarom doe je eigenlijk iets? Je denkt niet goed na.
D: *Je wilde iets doen dat je nog niet eerder had ervaren?*
T: Ja, maar het was niet het juiste om te doen. Het was nog geen tijd. Het was niet gepast. Het was niet goed.
D: *Deed de rest van de groep hetzelfde?*

Het Ingewikkelde Universum Boek Vier

T: Sommigen, maar niet allemaal, nee. De meesten deden het niet. Ik denk dat er drie van ons waren die moesten blijven. Ik weet niet waar die andere twee zijn.

D: *Waarom lieten ze je blijven?*

T: Omdat ik niet terug kon. Ik veranderde mijn eigen trilling door dat te doen ... door betrokken te raken. Omdat ik contact had met de mensen, maken zij nu deel uit van mijn trilling.

D: *Ah, nu begrijp ik het. Zij verlaagden jouw trilling omdat zij dichter waren?* (Ja) *Je hoorde hen op een andere manier te helpen.*

T: Ja. Door het te demonstreren, door hen dingen te laten zien, door het ze te leren. Dat was ik aan het doen, maar toen ik raakte ik te zeer betrokken.

D: *Dus wat gebeurde er in dat leven? Bleef je daar?*

T: Bleef daar en werd uiteindelijk zelfs gedood. Iemand werd jaloers. Ik weet het niet precies. Ik herinner het me niet echt, maar iemand werd jaloers, en vermoorde mij. Maar dat was oké. Het was tijd om te gaan.

D: *Maar iedereen maakt fouten. Niemand is perfect. Dat is hoe we leren.—Je zei dat je mensen wilde helpen?*

T: Deze verandering die eraan komt. Er gaat een verandering plaatsvinden. Zo veel hangt af van hoeveel mensen er binnen zichzelf veranderd zijn. Het kan een enorme verandering zijn voor heel veel mensen, of het kan een verandering zijn voor slechts een paar mensen. En de anderen zullen niet weten dat dit is gebeurd omdat ze zich er niet van bewust zijn. Daarom is het zo belangrijk dat meer mensen zich bewust worden.

D: *Ze hebben allemaal vrije wil, is dat waarom het iedereen op een andere manier kan beïnvloeden?*

T: Juist. Ik denk dat ik gewoon bang ben dat ik niet de juiste manier weet om het te doen. Ik wil iemand die me helpt. Eigenlijk is er zoveel dat ik zou kunnen doen, of dat denk ik tenminste. Ik wou dat ik iemand had om het samen mee te doen.

D: *Heb je andere levens als mens geleefd?*

T: Oh, heel veel.

D: *In deze andere levens, leidde je toen normale levens?*
T: Eigenlijk gewoon normaal. Sommige levens zijn heel goed. Sommige levens zijn erg geïsoleerd. Sommige levens gewoon meegesleurd en wilde ik met niemand praten.
D: *Dus je moest veel dingen meemaken. Je zat niet altijd in een positie waarin je mensen drastisch kon beïnvloeden.* (Nee) *Dus toen je die fout maakte, moest je steeds terugkeren naar de Aarde in fysieke lichamen.*
T: Dat deed ik... best vaak in verschillende tijdsperiodes.
D: *Maar nu wordt het tijd voor iets heel belangrijks. Denk je dat je klaar bent om zoiets als dit te doen?*
T: Ik wil klaar zijn. Ik heb het altijd zelf willen doen tot pasgeleden. Nu weet ik het niet. Ik heb het gevoel dat ik iemand nodig heb om mee te sparren. Iemand waarmee ik kan werken zodat ik erachter kan komen of zij denken dat het logisch is of zal werken op een bepaald vlak, en het samen met mij doet.
D: *Kun je aan iemand vragen of die met je wil komen praten voordat je een beslissing neemt?*
T: Ik heb iemand gevraagd.—Ik weet zijn naam niet. Hij is al geruime tijd bij me. Ik ken hem, maar ik ken hem niet. Ik zie geen gezicht bij hem, maar ik voel een aanwezigheid.
D: *Wat vraag je?*
T: Of hij fysiek kan worden ... neer kan dalen. Ik heb mijn hele leven gesprekken in mijn hoofd gevoerd ... praten en geen antwoorden krijgen op die manier. Ik wil iemand in wie ik me kan herkennen.— Komt hij naar beneden? Het maakt me niet uit hoe hij het doet, als hij maar naar beneden komt en met me praat en bij me is.
D: *Zodat je niet alleen bent.* (Ja) *Hebben ze je verteld hoe je mensen moest beïnvloeden of helpen met deze verandering?*
T: Gewoon om mezelf te zijn. Ik denk dat ik verwachtte dat het complexer zou zijn. Ze denken dat ik het kan.
D: *Dus het belangrijkste is om op Aarde te zijn wanneer dit alles gebeurt?* (Ja) *Je zei dat veel mensen in een andere richting zouden gaan.*
T: Het hangt af van waar je op afstemt. Wat wil je? Waar ben je op afgestemd? Wie denk je dat je bent? Al deze dingen zijn

vragen die je leiden naar waar je heengaat. Als je alle dingen die daar aanwezig zijn begrijpt en alle dingen die jij bent. Maar mensen lijken het nog steeds niet te snappen. Ze zijn nog steeds afgesloten. Je kunt het ze niet in laten zien. Wat je ook doet, je kunt het mensen niet laten inzien.

D: *Als je tegen ze zou praten, wat zou je dan zeggen dat ze moeten inzien?*

T: Dat ze niet fysiek zijn. Ze zijn niet wie ze denken dat ze zijn wanneer ze in de spiegel kijken. Dat ze alles zijn wat ze zich kunnen voorstellen. Dat ze deel zijn van een heel ander leven dan wat de aarde je presenteert. Zo geïndividualiseerd, zo afgescheiden, zo gespleten. Je moet er naartoe gaan, maar je moet terugkomen. Ze komen niet terug naar waar ze zouden moeten zijn. Ze denken dat ze een individu zijn, wanneer ze weer samen zijn. Ik kan het niet uitleggen.

D: *Ze zien zichzelf als een individu.*

T: Afgesneden. Dat is hoe ik me eigenlijk ook soms voel, omdat ik me afgesneden voel van wat ik hoor te doen. Dus ik heb dat deel ook nog steeds in me.

D: *Dus je hoort mensen te laten zien dat ze geen individuen zijn?*

T: Dat is wat ik wil doen. Dat jullie allemaal deel uitmaken van een geheel. Ik weet niet hoe ik dat moet doen.

D: *Dus hoe kwam je naar de Aarde om deze verandering te bewerkstelligen?*

T: Ik herinner me dat ik heel kort neerdaalde als een "walk-in". Ik geloof dat ik in het lichaam van een man in Engeland zat. Ik werk zoveel aan de andere zijde wanneer mensen overgaan, maar ze hebben zulke vaste ideeën en soms duurt het heel lang voordat ze doorhebben waar ze zijn. Het was in oorlogstijd... zoveel mensen stierven. De verwarring maakt je banger wanneer je overgaat. Het maakt het "zelf "moeilijker te vinden. Het omhulsel is er van af en is zo dik en zwaar van de angst dat het moeilijk is voor hen om erachter te komen wie ze zijn. En het duurt heel lang aan de andere zijde om daar doorheen te breken. Ik dacht dat ik misschien aan deze zijde kon helpen, dus deed ik dat. Ik nam het lichaam over, ik denk, drie maanden lang. De oorspronkelijke ziel besloot om het te verlaten en het niet meer te dragen. Hij kon de dood niet aan. Hij hield er niet van om de dood te zien. Dat is wat ik wilde doen. Ik wilde kijken of ik hier aan deze zijde iets kon betekenen voordat ze overgingen. En sommigen wel, sommigen niet, dus ging ik weer terug. Ik ging terug en kwam hier als een fysiek persoon om verder te gaan.—Ik wilde een soort licht zijn of een soort hulp of een soort tolk. Ik wist niet precies hoe ik het ging doen, maar ik wilde hier zijn voor de veranderingen.

D: *Is dit wanneer je besloot om in het lichaam te komen dat Tonya werd?* (Ja) *Je kwam als baby deze keer.*

T: Ja. Mijn ouders waren goede mensen. Ze waren lieve mensen. Ze gaven me de ruimte die ik nodig had. De kans was beschikbaar op dat moment en ik had haast. Dingen stonden te gebeuren. Meer mensen waren zich bewust van ufo's, om maar iets te noemen. Ik dacht dat dit een inkoppertje zou zijn, maar dat was het niet.

D: (Lach) *Dat is het nooit, of wel?*

Tonya was een van die zeldzame mensen die zich alles herinnert van haar geboorte en haar jeugd. Meestal worden die allereerste herinneringen aan de andere zijde en de geboorte etc. vergeten zodra iemand het babylichaam binnengaat. Haar ouders ontmoedigden de herinneringen niet, en moedigden haar zelfs aan ze te onthouden en erover te praten.

T: Ik ben sommige van de levens vergeten, maar degene die ik me herinner hebben meestal te maken met mensen die ik ken in dit leven. In een paar van mijn levens had ik vrienden die ik ook in dit leven heb. Ik heb ze kunnen herkennen.—Ik ben het niet vergeten omdat ik niet afgesneden wilde worden. Ik wilde de lessen. Ik wilde zo verbonden mogelijk blijven, en het leek erop dat ik dat kon.

D: *Denk je dat je invloed hebt op mensen?*

T: Soms besef ik niet eens hoeveel. Soms denk ik helemaal niet, maar ik gok toch van wel.

D: *Besef je dat er nu iets met de Aarde gebeurt, nu je hier bent?*

T: Ja. Ik kan de veranderingen voelen. En veel mensen voelen het. Ik ben niet de enige. Veel mensen weten dat er dingen

gaande zijn. Veel dingen zijn aan het veranderen. Daar wil ik deel van uitmaken. Ik heb het gevoel dat ik iets mis.
D: *Wat bedoel je?*
T: Ik voel me zo ingesloten. Ik weet het niet precies. Ik voel me beklemd en ingesloten. (Ze werd ongemakkelijk.) Ik weet dat er anderen hier zijn. Waar zijn ze? (Huilt) Waar zijn ze? Waarom ben ik afgesloten? Daarom voel ik me afgesloten. Ik weet niet waar ze zijn.

Ik besloot om het OB naar voren te brengen en ik vroeg waarom het ervoor koos om deze informatie naar voren te brengen om aan Tonya te laten zien.

T: Dat is waar ze voelt dat ze is. Als dat is waar je voelt dat je bent, dan is dat wat je ziet. Niet om tijd te verspillen. Inkorten en er klaar mee zijn.

Ik vroeg naar haar doel in dit leven, en het OB gaf aan dat het nog niet de juiste tijd was om dat te weten. Ze zou het later weten. 'Ze is ongeduldig. Daarom is haar leven zo zwaar geweest. Ze is ongeduldig om dingen gedaan te krijgen. Ze doet al dingen. Meer dan ze weet. We denken soms dat we niets zijn.' Ze wilden haar op dit moment geen advies geven. 'Ga door met wat je doet. Het zal komen. De antwoorden die ze nodig heeft. De antwoorden waarnaar ze zoekt. Ze zullen naar haar toe komen. De boeken die ze nodig heeft, en de plaatsen waar ze naartoe moet gaan. Die zullen komen als ze het moet doen.— Veranderingen komen eraan. Ze zal gelukkig zijn. Ze zal blij zijn met de veranderingen, maar er is nog een beetje tijd. In Aardse jaren, jouw tijd, lijkt het een eeuwigheid, maar het is nog maar zo'n kort moment verwijderd. Alles gaat veranderen in de wereld ... snelle veranderingen.—Er zijn vibratie-veranderingen die de houding en het denken van mensen zullen veranderen. Het hangt af van wat hun zwakheden zijn. Die zwaktes zullen helaas sterker worden, en hun krachten zullen ook sterker worden. Want het zal trillen op het niveau waarop het hen beïnvloedt, en hoe zij de trilling beïnvloeden. Hoe zij trillen zal worden uitvergroot. Opgewekt. Dus er zijn velen ... het lijkt erg op de dood. Van waaruit je trilt is de dood, of de dood van het lichaam is waar je naartoe gaat.' Als mensen sterven en naar de zielen-zijde gaan, kunnen ze alleen naar de plekken gaan die passen bij hun trilling. Er zijn verschillende niveaus van leren, en die zijn steeds geavanceerder ten opzichte van je ontwikkeling. Je hoopt altijd dat je ten minste teruggaat naar dezelfde trilling die je hebt verlaten. Je wilt niet naar een lagere frequentie moeten gaan en dan weer omhoog klimmen. Maar je kunt nooit hoger gaan totdat je trilling gelijk is aan dat niveau. Ik ging er vanuit dat het OB een vergelijking maakte tussen die toestand en het bewegen naar de equivalente trilling wanneer de veranderingen komen. Dit is een van de redenen waarom de hele negatieve mensen niet naar de Nieuwe Aarde kunnen gaan. Ze kunnen hun trilling niet zo snel veranderen. Het moet een geleidelijk proces zijn.

D: Er zijn veel plekken waar je naartoe kunt aan de andere zijde, nietwaar?
T: Ja, dat klopt. Soms gaan maar alleen, als dat is wat ze zien; sommige met groepen.
D: Je kunt niet ergens naartoe waar je niet op dezelfde frequentie trilt. Klopt dat?
T: Ja, en dat is wat er zal gebeuren in dit gedeelte. Ook in deze tijd op Aarde, zijn er trillingen gaande en waar je bent en wie je bent en waarop je trilt zal effect hebben op wat er met je gebeurt en waar je naartoe zal gaan.
D: Je zei dat sommige mensen trillen op een lagere frequentie?
T: Zij hebben zware tijden.
D: Meer van de negatieve frequentie?
T: Ja, en dat is verdrietig omdat het zo onnodig is.
D: Ze zullen niet eens in de gaten hebben wat er gebeurt.
T: Nee. (Diepe zucht en bedroefd erover.)
D: Zal dit invloed hebben op de fysieke Aarde?
T: Ja. De meer negatieve Aarde zal reageren ... de veranderingen ... de hevige veranderingen ... zo onnodig.
D: Wat voor soort fysieke veranderingen? Er is mij verteld dat veel catastrofes zullen voortduren. Is dat waar?

Het Ingewikkelde Universum Boek Vier

T: Ja ... langzaam, maar ze zullen voortduren. De Aarde zal zichzelf ook reinigen. Dat weet jij. Het zal moeten. Het heeft ook een eigen leven. Het is echt. Het gaat al deze veranderingen zelf ook aan, samen met elke persoon die verandert, die op zijn Aarde leeft en in zijn systeem. Het zal reageren op dat systeem... elk systeem ... op zijn manier.

D: *Degenen die op een positief level trillen, hoe veranderen hun levens?*

T: Als er een dood van het lichaam plaatsvindt, zal het een soort verlichtend gevoel zijn. Een licht ... de sluier wordt dunner. Het zal geen angstaanjagend, eng iets voor hen zijn. Ze zullen met gemaak aan de andere kant terechtkomen. Sommigen worden naar andere plaatsen gebracht. Zoveel verschillende situaties ... sommigen blijven op de Aarde. Sommigen overleven ... maar niet veel, en degenen die dat niet doen en nog steeds negatief zijn ... (Diepe zucht) ... komen ergens anders terecht, of op de negatieve kant van de Aarde.—Het is een verandering, zoals ik zei; het zal overgaan in allerlei verschillende vormen. Er zal een donkerdere kant zijn. Er zal een lichtere kant zijn. Er zal een 'buiten deze Aarde'-kant zijn. Er zal een dimensionale kant zijn. Er zullen zoveel verschillende veranderingen plaatsvinden. Het is als een sterrenexplosie. Er is nog steeds materie. Er is al die energie. Er is vurige hete energie, wat koude energie. Gewoon zoveel verschillende niveaus.

D: *Dus er kunnen veel dingen gebeuren op ieders verschillende trilling?* (Ja) *Ik heb gehoord dat het negatieve deel voor degenen is die dat deel gecreëerd hebben?* (Ja) *Dus anderen van ons gaan ergens anders heen?*

T: Ofwel fysiek; andere in 'spirit'. Het lichaam zou kunnen afsterven.

D: (Ik wist dat ze het had over de Nieuwe Aarde.) *Er is mij zoveel verteld, en het is nog steeds verwarrend.*

T: Het is verwarrend. Het is voor ons ook verwarrend omdat er zoveel verschillende mogelijkheden zijn. Het hangt af van hoeveel mensen bewust zullen zijn op het moment van de overgang. Dat kan bepalen wat voor soort leven er meer voorkomt.

D: Er is mij verteld dat er veel mensen zijn, zoals Tonya, die gekomen zijn om hierbij te helpen. (Ja) *En gewoon door hier te zijn doet ze heel veel, of niet?*
T: Ja, en dat doen ze allemaal. Alle jongeren zijn heel anders dan de ouderen. De ouderen zijn, helaas, degenen die zich nog steeds posities bekleden die niet alleen de Aarde beschadigen, maar ook de zielen van mensen.

Verder naar haar vragen. Sommigen zijn weggelaten omdat ze niet relevant waren voor dit boek. 'Ze had het gevoel dat ze contact heeft gehad met ET's. Kun je haar daar iets over vertellen?'

T: Ze is een zogenaamde ET geweest. Ze is een "gray" geweest maar niet een van de kleineren ... een van de grotere "grays".
D: Ik ken het verschil tussen beide. (Ja) *Ze wist al op jonge leeftijd dat ze contact met hen had gehad.*
T: Ja. Ze hebben vaak contact met haar gelegd en zij met hen.
D: Waarom legden ze nog steeds contact met haar?
T: Er waren dingen te doen.
D: Wat voor soort dingen?
T: Dat kunnen we op dit moment niet zeggen. (Ze glimlachte, dus ik wist dat het niet iets slechts kon zijn.) Ervaringen die te maken hebben met de toekomst.
D: Heeft ze nog steeds contact met hen?
T: Oh, ja ... niet zo zeer 'out-of-body', maar ze kan met hen denken en zij kunnen tegen haar praten. Ze zal contact blijven houden. Ze hebben tegen haar gezegd, 'We komen aan het einde voor je terug.'
D: Wat betekent dat?
T: We komen aan het einde voor haar terug. (Lach)
D: Bedoel je om haar te helpen wanneer ze klaar is om over te gaan?
T: Dat kunnen we op dit moment niet zeggen. (Glimlachend.)
D: Ik ben erachter gekomen in mijn werk met de ET's dat het positieve, goede mensen zijn.
T: Jazeker.

Hoe ik ook probeerde om de vraag te herformuleren, ze wilden geen verdere informatie verschaffen, alleen dat zij het op den duur zou weten.

Fysiek: Soms een probleem met de bloedsuiker omdat ze niet eet wanneer ze zou moeten eten of teveel eet wanneer ze dat wel doet. Het zal haar niet schaden maar ze zou zich ervan bewust moeten zijn.

D: *Wat gebeurt er wanneer we niet eten op de momenten dat we dat zouden moeten doen?*
T: Het zet het lichaam onder stress ... maakt je vermoeider, maakt dat je minder in verbinding staat ... of teveel uit en niet genoeg in.
D: *Wat bedoel je, teveel uit en niet genoeg in?*
T: Ze heeft soms de neiging om niet helemaal volledig terug te komen zoals ze zou moeten doen.
D: *Bedoel je dat ze dit voortdurend door de dag heen doet?*
T: Nee, meestal 's nachts en dan als ze wakker wordt.—Niet eten wanneer je zou moeten ... er ligt een druk op het lichaam, vooral als je een bepaald soort werk doet: fysiek werk of spiritueel mentaal werk. Beide leggen een druk op het lichaam. Het beïnvloedt het suikergehalte. Ze is een onregelmatige eter. Het lichaam is een beetje in de war omdat haar geest een beetje in de war is. Zoals ik zeg, ze is vaker 'out there' dan de meeste mensen. Ze functioneert nog steeds, maar ze moet voorzichtig zijn en goed opletten.

Boodschap: Ze weet dat ze nooit alleen is, en dat ze altijd wordt geaccepteerd en ze weet in principe wie ze is ... gewoon geduld hebben. Dat is niet haar kwaliteit. Dat is iets wat ze in vele levens heeft gemist, geduld. Geduld is zo noodzakelijk wanneer dingen niet slechts van één persoon afhangen, en ze weet dit, maar ze wil dingen graag overhaasten. Ze kan helpen om ze te veranderen, maar ze kan ze niet haasten.

Het Ingewikkelde Universum Boek Vier

Energie

Het Ingewikkelde Universum Boek Vier

Hoofdstuk 25
DE ROZE ENERGIE VAN DE KRISTALLEN PLANEET

Toen Anna de scène in kwam, zweefde ze naar beneden toe naar wat ze een "ster" noemde. Toen ze het oppervlak bereikte, was het vrij rotsachtig, maar met grote kristalformaties. Het waren enorme, heldere, prachtige kristallen, die bijna de vorm van een berg aannamen. 'Ze zijn groot ... groter dan ik. De atmosfeer is blauw, en de grond lijkt blauw als de lucht. De kristallen lijken op bergen en er zijn grotere als een kristalkluster, met kleinere ertussen. Ik sta op een plat, blauw oppervlak. Alles lijkt een blauwe tint te hebben. Het is alsof het een kristallen bergketen is en er ligt een plat, blauw stuk land voor me op de grond.' Ik vroeg haar hoe ze haar lichaam ervaarde, en ze zei dat het doorzichtig was. 'Het is een heel mooie heldere, niet witte, transparantie. En er is iets roze om me heen. Mijn binnenkant heeft een roze structuur die omgeven is door een transparante, heldere, lichtgekleurde huid. Ik kan het roze in mijn handen zien en er loopt een roze lijn omhoog langs mijn arm naar mijn borst waar het breder is, en dan omlaag door mijn benen. Ik weet dat ik armen en benen heb, maar ik kan ze maar lastig zien.'

D: *Is het roze dat door je lichaam heengaat een soort bloedcirculatiesysteem?*
A: Dat is inderdaad een beetje het idee van hoe het eruitziet, ja. De huid, de buitenkant, het doorzichtige, is alsof het transparant is, maar licht.
D: *Hoe is je gezicht? Hoe ervaar je dat?*
A: Het voelt alsof ik helemaal geen haar heb. (Grinnik) Ik kan m'n gezicht voelen, het voelt een beetje anders. Mijn ogen

zijn anders. Ze zitten meer naar de zijkanten van mijn hoofd. Mijn neus is anders, en ik denk niet dat ik oren heb.

Hoewel het lichaam vreemd lijkt, voelde ze zich er prettig in, en de kristallen plek leek heel vertrouwd. 'Ik voel het blauw. Het is haast een zijdeachtig, zanderig gevoel op de grond die blauw is. En terwijl ik sta, voel ik dat er iets vanuit de grond door mijn voeten omhoogkomt en verbinding maakt met, wat dat roze ook precies is, vanbinnen. Energie die door mijn voeten komt waar ze de grond raken. Het voelt heerlijk. Het voelt kloppend. Het is vertrouwd. Ik heb het gevoel dat ik wellicht zou moeten bewegen. Ik wil meer zien van waar ik ben. Het enige dat ik nu zie is dit omhulde, centrale gebied van dit blauw. Het is geen zand. Het is zijdeachtiger, meer als zijde. Het is meer aaneengesloten dan een stuk zijde zou zijn. Maar het is geen vast geheel. Het beweegt wanneer ik mijn voeten beweeg, en mijn voeten zijn doorzichtig.' Terwijl ze om zich heen keek werd ze zich bewust van iets. 'Er zijn anderen links van mij, rondom de bergen, rondom die kristallen. Anderen die naar mij kijken.'

D: *Andere wezens zoals jij?* (Ja) *Dus je bent daar niet alleen, toch?*
A: Nee, ik ben niet alleen. Ze staan wat verderop maar ze kijken naar mij. Het lijken er ongeveer acht te zijn.
D: *Herken je deze wezens?*
A: Ja, ze zijn net als ik.
D: *Dus dit zijn wezens die je kent?*
A: Ja. Ik zie er één die me opmerkt die lijkt ... Oh! Het roze wordt feller. Ik denk dat het een begroeting is. Een 'Hallo' van binnenuit diegene. Ik voelde dat het een ... hij is. En ik heb het gevoel dat ik ook oplicht. Het is een blij gevoel. Hij loopt naar me toe. Hij wil me meenemen naar de anderen. We lopen, en de grond is volledig blauw. We hebben niets aan onze voeten of kleding, maar het voelt normaal. Hij houdt mijn linkerarm vast, en we lopen vrolijk. Ik kan niet uitmaken of hij glimlacht, maar ik weet dat hij blij is omdat hij felroze is van binnen. Ik ben blij. (Lach) We gaan naar de andere toe en er is een vierkant gebouw waar ze voor staan.

Het lijkt op een huis met twee witte zuilen precies in het midden ... nee, het zijn twee grote kristallen in het midden. Nu kijk ik naar de anderen en iedereen licht op. En ik heb het gevoel dat ik feller word dan wie dan ook van hen. (Gelach) Het voelt alsof ik thuis ben! Het is een geweldig gevoel! Ik heb het gevoel dat ik weg ben geweest, maar ze verwelkomen me. En er zijn anderen die ik zie komen van verder naar links. Daar zijn de acht en ik ken ze heel goed.

D: *Willen ze je meenemen het gebouw in?*
A: Ik denk dat dat is wat ze willen doen. Ze praten niet. Het roze dat door ons heen loopt licht op naar elkaar, en we verwelkomen elkaar op die manier.
D: *Op die manier communiceren in plaats van met woorden?*
A: Ja. Ik voel het heel, heel sterk, en helemaal hier doorheen (het midden van haar lichaam) is het gewoon fel.—Ik ga naar binnen en kijk naar deze zuilen, deze kristallen aan weerszijden van de ingang. Ik weet niet hoe hoog ze zijn, maar waarschijnlijk zo'n vijf meter hoog ... gewoon recht, niet gebundeld zoals de bergen.

Toen ze het gebouw binnenkwam leek de grond af te lopen in een diepe helling. 'Het lijkt alsof ik in een tol zit... een helling. Ik sta aan de rand van die helling, en hij is bij me en houdt mijn arm vast. En de anderen zijn er. Ik weet niet zeker of ik van deze helling af moet glijden. (Gelach) Het lijkt alsof het zilver en bruin is dat naar een punt toe loopt, en dat is niet veel ruimte om te manoeuvreren. Hij spoort me aan om te glijden. Oké, ik wil zeker weten dat hij met me meegaat.—Ja, hij komt. Wauw! We gingen en ik gleed. Ik dacht dat we vast zouden komen zitten, maar er was een gat in het midden om doorheen te glijden. En ik viel naar beneden en hij viel achter me aan. (Lach) Dus we zijn allebei hier.

D: *Waar is hier?*
A: Het is weer blauw. Ik voel dat hij tegen me praat, in plaats van hem te horen. 'Kom ... kom met me mee. Alles is oké. We verwelkomen jou."
D: *Vraag hem waar we zijn.*

A: Een zaal? Ik weet niet wat voor soort zaal. Hij neemt me mee naar binnen. Er zijn vele anderen hier. We zullen vast onder het gebouw zijn. Het gebouw waar ik doorheen viel. Er zijn hier nog vele anderen. We zien er allemaal hetzelfde uit. Nu beginnen ook zij zichzelf te verlichten. Het is een grote groep. Het voelt alsof ik terug verwelkomd word. (Ze begon zachtjes te snikken.) Er zijn er te veel om te tellen. Het is een soort brede, ronde ruimte.

D: *Vraag hem, 'Wat is deze plek?'*

A: Ik denk dat ik het aan iemand anders moet vragen. Hij blijft maar zeggen dat ik ben teruggekeerd. Hij lijkt erg opgetogen. Ik denk dat ik het aan iemand anders moet vragen. Er zijn hier velen, dus dat ga ik doen.—Nu worden allebei m'n handen gepakt. Oh, we pakken allemaal elkaars handen vast. Ik deel via mijn handen met hen en zij delen met degenen die hun handen vasthouden, en zo verder.

D: *Wat deel je?*

A: Alles … alles … ze hebben toegang tot al mijn roze binnenin mij, mijn energie die mij maakt tot wie ik ben. Ik kan dat aan hen geven via mijn handen. Maar ook mijn gedachten en mijn gevoelens. Ik zie hen pulseren in een grote cirkel. We houden elkaars handen vast en ik geef het door aan degene naast mij, en het verspreidt zich verder en verder en verder.

D: *Delen ze ook met jou?*

A: Niet op dit moment.

D: *Ze delen vooral jou?*

A: Ja, we dellen. Het geeft me een goed gevoel dat ik dit doe. Mijn energie heeft informatie die ik aan hen geef.

D: *Wat gaan ze doen met de informatie?*

A: Ze gebruiken het. Ze gaan het bewaren om … oh, ze leren. Ze willen fouten weten. Ze willen het soort fouten weten die ze zouden kunnen vermijden met deze informatie … die ze niet gemaakt hebben die ze kunnen vermijden.

D: *Fouten die jij hebt gemaakt?*

A: De fouten die ik in andere mensen heb gezien.

D: *Dus niet per se wat jij gedaan zou hebben, maar wat je hebt gezien?*

A: Ja. Ze zoeken iets op grotere schaal. Niet alleen mijn persoonlijke fouten... de fouten van de planeet. Ze willen niet dezelfde fouten maken als die ik heb gezien. Ze willen geen fouten maken die deze plek zouden schaden.
D: *Waar zij zijn? Bedoel je dat het een andere plek is?*
A: Ik ben op een ster en ik keek naar fouten, catastrofale fouten. Grote fouten. Ze willen zoveel mogelijk weten zodat ze die fouten kunnen vermijden. Dit is een heel vredige, prachtige, met licht vervulde, blauwe plek.
D: *Bedoelen ze fouten die hebben plaatsgevonden op Aarde?* (Ja) *Dus ze weten dat jij van de Aarde komt, dus dat jij veel dingen hebt gezien.*
A: Ja, en ik ben vaak lange tijd op Aarde geweest.
D: *Maar je zei dat deze plek je thuis was.*
A: (Verdrietig) Dat is het ook, en ik kan het voelen.
D: *Waarom ging je weg als het zo'n prachtige plek was?*
A: Ik wilde helpen. Ik voel dat er zoveel van ons zijn, maar het voelt alsof we allemaal één zijn en verbonden zijn. En de roze energie die binnenin ons zit is met alles verbonden. We delen het door elkaar heen wanneer we elkaars handen vasthouden.
D: *Maar je besloot om die prachtige plek te verlaten en naar de Aarde te komen?*
A: Ja. Ik wilde helpen. Niemand wil dezelfde fouten maken hier als die op Aarde zijn gebeurd, die deze vrede zouden verstoren. Het moet zoals nu blijven.
D: *Het klinkt als een prachtige plek waar geen fouten zouden zijn.*
A: Dat is het ook. Het is heel mooi en niemand voelt zich alsof er iets gaat gebeuren. Ik denk dat dit mijn eigen idee was, om naar Aarde te gaan. Dit is wat ik hen wilde geven.
D: *Heeft iemand je gezegd dat je moest gaan?*
A: Nee, ze steunden me. We delen het via dit gebied (wijzend naar haar onderbuik). Er is een gedeelde steun.
D: *Hoe wist je dat de Aarde hulp nodig had?*
A: De kristallen kunnen signalen overbrengen.
D: *Dus ze pikten signalen op van de Aarde?*

A: Nee. De kristallen kunnen signalen overbrengen, maar nee niet van de Aarde. Ze hebben een signaal doorgegeven dat van ergens anders kwam.

D: *Maar je besloot om te gaan. Wilden anderen meegaan?*

A: Nee ... nee. (Lach) En daar heb ik moeite mee. Ik weet dat alles goed zal komen en dat alles hetzelfde zal blijven. Ze steunen me. Ze maken het me niet moeilijk. Er is er één met wie ik heel close ben en het gaat erg moeilijk worden.

D: *Maar je zei dat je, toen je aan deze reis naar de Aarde begon, veel levens hebt geleefd?*

A: (Verdrietig) Ik ben al heel lang op Aarde.

D: *Je kon niet gewoon één leven leiden en daarna terugkoppelen?*

A: Nee, het is te ver. De manier waarop ik naar de Aarde ga, is via hulp van de kristallen.

D: *Wat bedoel je?*

A: De kristallen waren in staat om het roze te veranderen tot het punt waarop ik een voortdurend helder wit licht was. En mijn energie begon te veranderen. De kristallen hielpen me om dat te doen.

D: *Dus alle energie ging?*

A: Nee. De blauwe grond geeft eigenlijk energie, maar kan het ook onttrekken. De roze energie vult mij, en daardoor ben ik wazig maar doorschijnend... maar helder zodra de roze energie weg is.

D: *Dus slechts een portie, een deel van jou, ging naar de Aarde toe? Is dat wat je bedoelt?*

A: Ja. Ik liet mijn innerlijke energie daar om met iets anders gevuld te worden.

D: *En je besloot toen je op Aarde kwam, dat je heel veel verschillende levens moest leven?*

A: Ja, ik moest wel. Ik wilde er zeker van zijn dat wij niet zo complex waren, dat het nooit zoals dit zou zijn. Maar ik zie nu in dat dat niet de reden kan zijn waarom ik ben gegaan, omdat het hier niet op die manier zou kunnen gebeuren.

D: *Leg uit.*

A: Ik ging om te helpen. Ik begon informatie over de Aarde te verzamelen en ik begon te geloven dat ik deze informatie

opsloeg om te helpen mijn thuis te redden, zodat het niet zo'n ramp zou worden als de Aarde is geworden, maar dat hoefde ik niet te doen. Dat was niet het doel. Ik wist niet dat ik dat deed, maar ik heb het wel gedaan. Het doel was om te helpen.
D: *Het echte doel was om de mensen te helpen?*
A: Om de planeet te helpen ... ik heb niet zozeer het gevoel, de mensen. De planeet.
D: *Je zei dat je het grootste deel van je energie daar hebt achtergelaten?* (Ja) *Heb je nog toegang om die energie aan te boren als je die nodig hebt? Is er nog steeds een verbinding mee?*
A: Ja, het is er nog steeds. Ik ben een omhulsel van licht geworden die heeft gereisd en hier is gekomen, maar ja, het is er nog steeds. Ik roep het nog steeds aan. Ik roep het aan. Het zal er altijd zijn als ik het nodig heb.
D: *Toen je naar de Aarde kwam en al deze vele levens hadden, waren ze allemaal bedoeld om de planeet te helpen?*
A: Ik hoor te helpen. Dat is de reden dat ik naar de Aarde kwam ... om te helpen. Ik begon negatieve gebeurtenissen te verzamelen om terug te brengen om een of andere reden. Op een bepaald punt begon ik catastrofale gebeurtenissen te verzamelen, dingen waarvan ik niet wil dat ze thuis gebeuren. Ik ben deze informatie vanbinnen gaan verzamelen, maar ik hoef die informatie niet terug te brengen naar hen.
D: *Je bedoelt dat je, om een of andere reden, het negatieve begon te verzamelen in plaats van het positieve?*
A: Niet alleen negatief. Onbewust probeerde ik informatie te verzamelen om terug te brengen omdat ik verschrikkelijke dingen had gezien die hier waren gebeurd, en ik wil dat dat thuis nooit gebeurd. Dus ik begon dingen te verzamelen waarvan ik dacht dat ze zouden helpen, zodat het nooit zo kon worden. Maar dat hebben we allemaal niet nodig. We zijn allemaal één—Ik ben lange tijd weggeweest. Ik heb weet van veel traumatische gebeurtenissen en dit maakt me bang dat dit thuis zou kunnen gebeuren. En ik zou bijna zeggen op celniveau, omdat ik het me niet bewust ben. En

de angst dat het daar zou gebeuren was er, omdat ik zoveel sterfgevallen heb gezien.
D: *Maar je hebt ook veel positieve ervaringen gehad?* (Ja) *Het is niet alleen maar negatief geweest.*
A: Nee, en dat zit allemaal in mij. Ik deelde dat allemaal met hen. Alles.

Ik vond dat het tijd was om de sessie weer naar de cliënt terug te brengen. 'Weet je dat je nu door een menselijk lichaam spreekt terwijl je tegen mij praat?'

A: Ja, maar ik zie mezelf in die andere vorm.
D: *Je hebt veel andere levens doorgemaakt, waarom heb je ervoor gekozen om in het lichaam van Anna te komen?*
A: Het was de timing en ik moest de kans van de timing grijpen om terug te komen. Het ging vrij snel, maar het was de juiste timing.
D: *Waarom is de timing zo belangrijk?*
A: Ik wist dat ik precies op dit exacte moment geboren moest worden. De timing moet exact zijn wanneer je terugkomt naar de Aarde. Het exacte moment, en mijn exacte moment was heel kort nadat ik het laatste leven had verlaten.
D: *Dus je verliet een leven en ging meteen door in een ander? Ze waren heel dichtbij elkaar?*
A: Ja, ik nam geen tijd om te rusten.
D: *Het is meestal goed om te resten tussen levens in, nietwaar?*
A: Ja, vooral als je iets traumatisch hebt. Ik wilde terugkomen. Ik moest het juiste moment pakken, dat ik mij wilde zijn, en het moest precies toen gebeuren. En ik wilde mensen helpen in deze tijd.
D: *Het was gewoon een snelle ommekeer?*
A: Ik wist wat ik wilde en ik was er klaar voor.
D: *Maar Anna heeft wat lastige tijden gehad in dit leven, of niet?*
A: Ja. Lessen geleerd. Anders. Ik kwam dit leven in om me te richten op mensen, niet de planeet.

Anna had in ziekenhuizen gewerkt als hospice-verpleegkundige en zorgde voor mensen die stervende waren.

Maar daar was ze mee gestopt. 'Was het te veel, te zwaar of wat?'

A: Niet langer in staat om te zorgen. Niet langer in staat om hen aan te raken en voor hen te zorgen terwijl ze stierven. Niet wat ze wilde.

Ze was in de war geraakt omdat ze niet wist wat ze hoorde te doen. Dat zorgde voor fysieke klachten. Ik wist dat het OB was binnengekomen zonder dat het was opgeroepen, dus vroeg ik het om Anna te adviseren. 'Ze moet helen ... verplaatsen. Zich verplaatsen van zichzelf naar haar familie, en dan naar anderen. Eerst moet ze zichzelf helen voordat ze de anderen kan helen. Ze moet eerst zichzelf helen. Ze moet stoppen met zich te laten aantrekken door negatieve gebeurtenissen. Er is niets mis met haar Ster. Er is niets mis met haar thuis. Zij zullen oké zijn. Ze moet de angst loslaten dat er daar iets mis zal zijn. Ze komt van die prachtige plek met de kristallen. Ze moet leren hoe ze toegang krijgt tot de energie van die kristallen. Ze zal daartoe in staat zijn als ze dat wil.' Anna woonde in het huis van haar moeder met haar kinderen. Er werd haar verteld om daar voorlopig te blijven. 'Ze is op een plek waar ze deze vermogens kan leren zonder dat de negativiteit van de wereld zich met haar voedt.' Omdat het OB zei dat ze eerst zichzelf moest helen, vroeg ik het om in het lichaam te kijken en te zien wat het kon vinden. De artsen hadden veel foute dingen ontdekt. Het concentreerde zich eerst op Anna's hart. 'Er is één groot gebied in het midden van het hart dat moeite heeft met de bloedstroom. Ze verloor haar hart toen ze stopte met het helpen van mensen bij het overgaan. Ze moet zich hiervan bewust zijn. Ze moet dit onthouden.' Het OB zei dat het dat kon herstellen en begon eraan te werken. 'We richten energie op het midden. Het voelt alsof we naar beneden drukken. Er is een klep. Het midden van het hart staat open. Het bloed stroomt heen en weer. De klep laat het bloed vrij stromen en dat hoort het niet te doen. We gebruiken energie om naar beneden te duwen om dit te helen zodat het sluit. Het kan niet uit zichzelf sluiten.' Anna begon diep adem te halen. 'Er stroomde bloed heen en weer vanuit het hart, wat er voor zorgde dat de onderkant groter werd dan de bovenkant. Nu het aan het sluiten is, zal het bloed niet langer heen en weer stromen. Het is hersteld. Het is niet zo vergroot dat het niet weer zijn normale formaat kan aannemen.' Ik vroeg naar haar hersenen. De artsen zeiden dat daar iets mis mee was. Het OB keek naar binnen en zag dat er gebieden waren die eruitzagen alsof er littekenweefsel was ontstaan. Dat was veroorzaakt door de bloedstroom in haar hart. 'Geen belangrijk deel van de hersenen wordt hierdoor aangetast. Ze zou oké moeten zijn met dat littekenweefsel hier. Het zou geen probleem moeten opleveren voor toekomstige plannen.'

D: Kunnen jullie het littekenweefsel verwijderen? Ik heb het jullie eerder zien doen.
A: We proberen het. Soms laat het littekenweefsel als geheel los. Dat is wat we proberen te doen. In het centrum van haar brein moet het littekenweefsel opgelost worden. Er is geen schade ontstaan die iets zal verstoren. Ze heeft een goed brein. Alles functioneert. Ze hoeft zich geen zorgen te maken over haar hersenen.—Ze voelde de drang om te helen maar heeft haar natuurlijke hulpmiddelen daar niet voor gebruikt. Dat is wat ze zou moeten doen; haar stenen en kristallen gebruiken. Ze kan het rechtstreeks vragen.

Ze heeft toegang tot alle kennis hierover. Het komt van waar ze vandaan komt. Al die informatie is er al. Ze kan het vragen vragen, en het meteen weten. Wanneer ze de kristallen vasthoudt, zal ze het weten. Anna was met een lange lijst aan fysieke klachten gekomen. Ze had ook pijn in haar heupen en benen. Ik wist wat het OB zou zeggen, maar ik wilde dat zij het haar zouden zeggen.

A: Ze neemt te veel medicijnen. Ze blijft genezen. Ze zal dit ongemak niet meer hebben. Ze hoeft alleen maar vooruit te gaan. Ze zou geen pijnstillers nodig moeten hebben zolang ze de juiste richting opgaat en de stenen en kristallen gebruikt. Ze is al geruime tijd gesloten. Haar misselijkheid komt doordat ze ziek is van zichzelf. Ze is ziek van wie ze geworden is. De misselijkheid en de pijn en andere dingen zijn duwtjes van ons. Ze is werkelijk de weg kwijtgeraakt en heeft wanhopig behoefte gehad aan hulp om die terug te vinden. De rest van haar lichaam is in orde. (Cysten op haar eierstokken.) Nu ze is bevallen van haar nieuwe doel, zal ze weten dat ze contact kan maken met de energie die ze thuis heeft achtergelaten, en dat zal haar de antwoorden geven. De depressie die ze ervaart heeft ze eigenhandig gecreëerd. Ze moet wat langzamer afbouwen met de antidepressiva omdat ze klaar zal zijn om een nieuwe missie na te jagen. En terwijl ze dat doet, zullen de pillen verdwijnen. De antidepressiva is de enige die langzaam moet worden afgebouwd. Het zal geen probleem zijn om met de andere medicijnen te stoppen. De schildklier is geen probleem. Ze is oké. Ze is klaar om te spreken en te luisteren zodat ze kan stoppen met deze pil te nemen.

D: *Ik ben daar altijd terughoudend in, om mensen te zeggen dat ze moeten stoppen met medicatie.*

A: Als ze wil, kan ze er langzamer mee stoppen, maar het is prima als ze stopt. Ze hoeft niet terug te gaan naar de dokters. Zij maken het erger voor haar. Ze brengen haar negativiteit. Ze laten haar meer negativiteit uitspreken. Ze moet vanuit het positieve spreken.

D: *Toen we de sessie begonnen, waarom brachten jullie haar niet naar een vorig leven?*

A: Ze ging naar de Ster. Ze moest gegrond zijn. Ze moest thuis zien. Ze moest weten dat haar thuis veilig is. Haar terugkeer naar huis heeft haar een gevoel van veiligheid gegeven dat ze al lange tijd nodig had. Ze begint te twijfelen en zich dingen af te vragen, en wij laten het haar weten.

Anna had een vraag over een ongewone ervaring waarvan ze dacht dat die te maken had met ET's of een ander soort ongebruikelijke wezens. Zij en een paar vrienden hadden de wezens 's nachts over een veld naar hen toe zien komen.

A: Ze was op een plek die vaker wordt bezocht door sommigen van ons. Het is plek van heling Het is een plek waar we proefmateriaal verzamelen. Wij kwamen hier, wij als in zij. Ik ben niet een van hen. We kwamen hier om proefmateriaal te verzamelen. Zij en haar vrienden waren daar toevallig. Dus veranderden we van vorm en wachtten we tot ze weg waren.

D: *Dat dacht ik al, omdat ze zei dat ze eerst een glimp had opgevangen van een ander soort wezen, en dat ze van vorm veranderden naar iets dat niet beangstigend zou zijn?* (Ja) *Maar zij en haar vrienden hoorden daar eigenlijk niet te zijn?*

A: Nee. Ze waren daar gewoon op hetzelfde moment.

D: *Wat voor soort proefmateriaal verzamelden ze?*

A: Ze namen watermonsters. De bronnen waar zij waren, het water daar, stroomt mijlenver de aarde in. Ze namen monsters van gesteente die zich in de diepe delen van de aarde bevinden. En dit was een heel toegankelijke manier om erbij te komen. De hitte … ze zijn op zoek naar nieuwe plekken om dingen te vinden die we allemaal gebruiken. Het is een natuurlijke plek waar we naartoe gaan. Er worden allerlei verschillende dingen gevonden in de aarde in dat gebied.

D: *Ik weet dat ze in het verleden ook monsters van mensen hebben genomen om te zien hoe het lichaam functioneert. Klopt dat?*

A: Ja. Er is nooit enige schade of intentie daartoe. Het is alleen de angst. Er is hier niemand uit op kwaad. Dat kan niet. Het is niet toegestaan. Wij kunnen geen schade toebrengen. De enige wezens die je zult zien, zijn er om te monitoren of het goed met je gaat. Wanneer je in een trance-achtige staat bent, kunnen we je zonder pijn genezen, maar vaak moeten we mensen meenemen om ze te genezen. Want ze hebben belangrijk werk, en ze worden zich daar nog niet van bewust. Maar we zijn nog niet klaar om hen dit leven te laten verlaten.

D: *Dat zeg ik altijd: 'Alles wat ze doen is voor hun eigen mensen zorgen.'* (Ja) *Om er zeker van te zijn dat ze hier veilig zijn, want ze raken soms verstrikt in die Aardse dingen. Precies zoals Anna.*

A: Ja, dat kan makkelijk gebeuren. Er zijn er heel veel die van verschillende thuisplekken komen, die ook verstrikt en verdwaald zijn geraakt. Ze moet onthouden wie ze is en waar haar thuis is. Dat zal haar geaard en positief houden.

Afscheidsboodschap: Onthoud gewoon dat je moet onthouden. Onthoud je thuis. Onthoud dat iedereen er voor je is. Wij zijn allemaal hier. Je hebt het gevoel dat je vraagt en niets ontvangt, maar dat is niet altijd zo. Wij horen je wel. Je hoeft alleen maar te luisteren, positief te zijn en jezelf open te stellen, zodat je de antwoorden kunt ontvangen.

***

D: *Kan ik jullie een vraag stellen?* (Ja) *We hebben hier allemaal verschrikkelijke stormen en tornado's, de een na de ander. Een natuurverschijnsel.*

We hadden het grootste aantal tornado's ooit geregistreerd, en ook de dodelijkste, meegemaakt in één maand. In mei 2011 werd Joplin, Missouri, zwaar getroffen. 'Is er een reden waarom dit juist nu toeneemt?' (juni 2011)'

A: Ja. De Aarde is zichzelf aan het herstellen. Je ziet nu kleine signalen. De Aarde zal in de volledige herstelmodus gaan. De fysieke Aarde zal zichzelf genezen nadat haar energie is vertrokken.
D: *Wat bedoel je met: 'Nadat haar energie is vertrokken?'*
A: Het is alsof je een lichaam bent en je niet in je lichaam wilt zijn als je sterft. Je hebt de keuze om je lichaam te verlaten voordat dat gebeurt. De energie van de Aarde wil hier niet zijn tijdens de verandering, nadat ze het hele proces van heling heeft doorlopen. Er zullen enorme veranderingen, ontwortelingen en pijn zijn voor de aarde. De energie van de Aarde zal naar een ander niveau vertrekken voordat er verwondingen ontstaan. Ze wil het niet. Ze heeft genoeg gehad.
D: *Past dit bij wat je me hebt verteld over de Nieuwe Aarde?*

Het Ingewikkelde Universum Boek Vier

A: Dit is de Nieuwe Aarde.

D: *Dus het vertrekt? Ik vertel mensen altijd dat ze aan het evolueren is. Ze gaat haar volgende incarnatie in.* (Ja) *Zal ze zich dan herstellen?*

A: Ja. Er zullen tornado's komen. Er zullen aardbevingen zijn. Tegen de tijd dat het klaar is, zal alles compleet heringericht zijn en de Aarde heeft genoeg gehad. De aarde wil daar niet blijven. Ze zal nog steeds bestaan. Maar ze wil niet blijven, zoals je ook niet in een lichaam zou blijven dat lijdt terwijl het doodgaat.

D: *Maar als het blijft bestaan, moet er dan niet een energie zijn om de oude Aarde in leven te houden, als ik de juiste woorden gebruik?*

A: De energie die vertrekt, is niet van plan terug te keren naar die oude Aarde. Het wordt een plek die bewoond kan worden, maar het zal niet zijn als van die Aarde. Die Aarde zal meer een sluimerende plek worden. Ze zal niet meer levend zijn.

D: *Dat deel van de Aarde is stervende?* (Ja) *Wat gebeurt er met degenen die achterblijven in dat gedeelte?*

A: Zij zullen lijden onder wat de Aarde besloten heeft niet te willen ondergaan. Ze zullen achterblijven. Ze worden niet gestraft. Ze worden niet beoordeeld. Ze zullen verdergaan zodra ze overlijden.

D: *Want er is mij verteld dat ze niet snel genoeg kunnen veranderen om mee te gaan met de Nieuwe Aarde.*

A: Nee, dat kunnen ze niet.

D: *Dit is allemaal zo ingewikkeld.*

A: Dat klopt. Het is een proces waar de Aarde al heel lang naar verlangt. Ze is moe van het gepest worden. Dus degenen onder jullie die de Nieuwe Aarde zullen bewonen, jullie moeten lief zijn en goed voor haar zorgen, en dat zullen jullie ook doen, want er zal geen andere manier zijn. Dat is wat jullie met je meedragen.

D: *Dus dat is waarom we al die stormen en schade hebben gehad.*

A: Dit is nog maar het begin. Het wordt nog veel erger, en wanneer dat gebeurt, zal de energie van de Aarde vertrekken.

En op dat moment zullen degenen die klaar zijn om te gaan, met haar meegaan. Degenen die bewust zijn, zullen met de energie van de Aarde mee kunnen bewegen. Zij zullen kunnen gaan. Ze hoeven niet achter te blijven zolang ze niet beginnen met twijfel en angst te creëren. Dat is wat hen zal laten achterblijven. Je voelt de veranderingen in de energie van de Aarde. De energie van de Aarde is aan het versnellen en probeert te vertrekken. Ze wil niet meer lijden. Wij zijn onderdeel van die Aarde. Wij zijn gevormd voor deze Aarde en we gaan ook door met versnellen om met haar mee te gaan.

D: *Wanneer dit gebeurt, wanneer de energie van de Aarde vertrekt naar een Nieuw niveau, zullen we dan een verschil merken als we met haar meegaan?*

A: Ja, we zullen een verschil merken. Het zal een spirituelere energie zijn. Het zal een lichtere energie zijn. Je zult meer gewichtloosheid ervaren, geen negativiteit meer. Er zullen geen aardbevingen zijn, geen tornado's. Het zal overduidelijk zijn dat er een verandering is geweest.

D: *Maar veel mensen zullen zich er niet eens van bewust zijn dat het gebeurt, lijkt me?*

A: Nee, degenen die achterblijven niet. Zij zullen lijden met het lichaam van de Aarde.

D: *Je hebt me eerder verteld: 'Niemand weet echt wat er gaat gebeuren, omdat het nog nooit eerder is gebeurd.'*

A: Nee, dat is zo. De Aarde heeft zoveel levensvormen gedragen en het is een planeet geweest die zoveel verschillende levensvormen kon ondersteunen dat ze heel wat te verduren heeft gehad. Het is een levend wezen, net zoals wij, en ze is moe. Ze is klaar om over te gaan. Ze zal blijven bestaan, zoals ze altijd heeft gedaan, maar niet meer als een fysiek iets. Iedereen is enthousiast. Iedereen voelt mee met deze Aarde. Iedereen die heeft toegekeken, heeft de pijn gezien die deze aarde heeft doorstaan. Iedereen wil dat de Aarde het haalt, maar natuurlijk ook de mensen. Iedereen zou willen dat het beste scenario werkelijkheid wordt, maar degenen die de veranderingen voelen, zijn afgestemd op de Aarde. Ze voelen dat de Aarde verandert. Zij zullen kunnen meegaan wanneer de Aarde gaat.

D: *Er is mij verteld dat het een prachtige plek zal zijn.*

A: Ja. Er zal geen pijn meer zijn op de Aarde ... geen pijn meer voor ons.

D: *Ik vermoed dat we ons werk toch zullen voortzetten.*

A: Ja, dat zullen we ook, maar het zal vanuit een totaal ander perspectief zijn. De negativiteit zal niet meer bestaan. Er zijn velen die zich afvragen, velen die willen weten 'wanneer'. Het is aan het versnellen. We zien deze dingen, deze stormen, de gevolgen ervan en de oceanen op de aarde, op de grond. Dit zijn tekenen dat het met de Aarde steeds erger zal worden.

D: *Het zal ons evengoed niet beïnvloeden?*

A: Nee. Dat zal het niet.

D: *Dan is er geen reden voor angst.*

A: Nee, totaal niet. Angst is wat je zal tegenhouden om met de Aarde mee over te gaan.

Ik heb uitvoerig geschreven over de Nieuwe Aarde in mijn boek: Drie golven vrijwilligers en de Nieuwe Aarde.

Hoofdstuk 26
ENERGIE CREËREN

Deze sessie vond plaats in mijn hotelkamer in Laughlin, Nevada, toen ik daar was om te spreken op de UFO Conferentie in 2008. Connie wachtte niet op de hele inductie. Ze was er al meteen. Ze begon een gebouw te beschrijven met een grote koepel, met prachtige patronen binnen in de koepel.

C: Ik sta op de vloer en kijk omhoog naar het plafond. Er zijn stervormige en gouden patronen op het plafond die door het groene glas heenkomen—Nu verandert en beweegt het.—Ik ben ergens in de ruimte, en al deze patronen komen steeds in en uit. Ontwerpen en golven van bewegingen en kleuren en lichten. Het is alsof ik er deel van uitmaak. Oh, het voelt geweldig! Het is prachtig.

D: *Ben je onderdeel van de ontwerpen of onderdeel van de ruimte of wat?*

C: Het is alsof ik al deze verschillende kleuren en ontwerpen en patronen en golven creëer, die in en uit stromen. Maar het voelt alsof het ook mijn lichaam is.

D: *Hoe bedoel je?*

C: Het is alsof het onderdeel is van mijn lichaam dat ik ben. Mijn lichaam is licht en golven, en het beweegt naar binnen en naar buiten. Maar er is altijd een helder hemelsblauwe kleur in het centrum. Het is als pulsen die omhoog gaan, en ik creëer de patronen. Ik ben het patroon en de schepper tegelijk. Oh, het is een heerlijk gevoel. Er verschijnen zelfs regenbogen om me heen. Het is prachtig.

D: *Heb je enige behoefte om iets te gaan doen?*

C: Nee. Ik wil er gewoon mee spelen.

Ik probeerde haar ergens naartoe te krijgen en een vorig leven te laten zien. Maar ze genoot hiervan.

C: Kijk hoe fel ik de blauwe kleuren kan maken die naar beneden komen. Het is prachtig. En af en toe zijn er kleine flitsen. Helder wit licht dat binnenkomt. Het ziet eruit als een zaklamp. Dat ben ik. Ik stuur deze golven en lichten uit.
D: Heb je het gevoel dat je alleen bent, of zijn er anderen bij je?
C: Ik heb het gevoel dat ik op mezelf ben, maar toch ben ik niet alleen. Maar er is eigenlijk geen gevoel van … Er zijn geen stemmen of geluiden … al zouden die er wel kunnen zijn. Ik heb het gevoel dat andere energieën hetzelfde kunnen creëren. Het is een geweldig gevoel. Vredig. Rustig. Alsof je er een deel van bent en je ermee bent omringd. Niet nadenken. Het gewoon laten komen en gaan zoals het zelf wil.
D: Zou je het kunnen sturen als je zou willen?
C: Ik denk van wel. Maar ik voel geen behoefte om dat te doen. Het gewoon laten zijn. Als golven van de oceaan die over je heen spoelen, of de wind.
D: Gewoon een onderdeel van alles. (Ja) *Heb je het gevoel dat je daar al lang bent of niet?*
C: Ja, ik heb het gevoel dat het altijd zoiets als dit is geweest. Het is altijd iets geweest waar je contact mee kunt leggen en kunt voelen.

Ik wist dat ik dit op een of andere manier in beweging moest brengen omdat ze nogal content was om daar te blijven.

D: Maar je hebt geen verlangen om weg te gaan en iets anders te doen. (Nee) *Dus je hebt helemaal geen lichaam, of wel?*
C: Nee. Er is geen lichaam. Het is alsof de kleuren en de golven en de patronen zijn wat je bent. Je weet wat het is. Je weet wat je bent. Je weet dat er geen grens aan zit. Geen beperkingen. Het is alsof je zweeft, maar je zweeft niet. Het is heel moeilijk uit te leggen.
D: Maar het belangrijkste is dat het een goed gevoel is, en dat je het kunt gebruiken, als je zou willen. Verder is het gewoon een fijne plek om te zijn. (Pauze) *Kom je op een punt dat je die plek wil verlaten?*

Het Ingewikkelde Universum Boek Vier

C: Als ik zou beginnen met ergens over na te denken misschien. Het is niet ik. Het wil veranderen. (Pauze) Het is bijna alsof constant in beweging, en toch sta je stil.

D: *Alsof je de stilstand bent te midden van de beweging of wat?*

C: Ja. Alsof je in beweging bent en toch ben je niet in beweging. Je bent stabiel.

D: *Maar je zei dat het mogelijk is dat het wellicht wil veranderen?*

C: Nou, als je het begint op te nemen en weer uit te sturen, is het anders.

D: *Maar je zei dat het wil veranderen. Ik vroeg me af waarom je dat woord gebruikte.*

C: Nou, omdat er geen iets in zit. Het heeft geen massa. Het is gewoon. Er is geen identiteit.

D: *Dat is waarom je "het" noemt?* (Ja.) *Maar je zei dat als je iets een bepaalde richting op stuurt, het zou besluiten om het te volgen?* (Juist) *Wat bedoel je daarmee?*

C: Omdat het dan kan beginnen om het te gebruiken en er iets mee te creëren.

D: *Want anders stroomt het gewoon en heeft het geen richting.*

C: Het is als een idee, en je borduurt voort op dat idee.

D: *Waar komt het idee vandaan?*

C: Het is er al. Je grijpt het gewoon.

D: *Dus elke mogelijk is aanwezig? Zou dat een goede manier zijn om het te zeggen?*

C: Ik denk het.

D: *Dus jij zei dat als iets een andere richting opgaat, dan kun je het volgen?*

C: Ja want je kunt elke richting opgaan die je wilt. Je kunt in een rondje gaan. Er is geen grens. Ik denk dat je zou kunnen zeggen dat het iets is dat gewoon is, en dat je het kunt volgen. En als je er klaar mee bent, kun je weer teruggaan en iets anders gaan doen.

D: *Dus je keert terug naar die plek.*

C: Waar dan ook. Of je creëert een nieuwe plek.

D: *Maar als je nieuwsgierig wordt, wat creëer je dan?*

C: Nou, je neemt iets, en het is als klei. En je begint het vorm te geven, en kijkt wat het wordt. Maar als het een kleur is die je vind, dan wordt het die kleur. En je kunt het gewoon vormen.

D: *Laten we dat doen en kijken wat er gebeurt.* (Pauze) *Denk je aan een kleur of wat?*

C: Ja. Ik heb een gele kleur, een soort van bleekgeel. En ik maak er een waaier van. Ik vorm het naar een ... een soort waaier van veren. En het is licht. En het heeft kleine witte strepen. En nu spreidt het zich gewoon uit. En nu gebruik ik het om golven mee te maken. Alsof je het heen en weer waaiert. En nu wil ik het hervormen naar vlindervleugels. Nu is er wat oranje.

D: *Dat klinkt leuk, dat je zomaar dingen kunt maken.* (Ja.) *Als je deze dingen maakt, blijven ze dan bestaan?*

C: Zo lang als ik wil.

D: *Worden ze solide?*

C: Hmm, een beetje. Ik gaf het aan het licht.

D: *Het blijft zolang als jij wil?* (Ja.) *Wat gebeurt er dan?*

C: Dan laat ik het gewoon gaan naar waar het heen wil.

D: *Dus op die manier blijft het solide.*

C: Niet solide zoals een zwaar solide object zou zijn, maar het gaan een dimensie in waar het door anderen kan worden waargenomen.

D: *Dus het verdwijnt niet zomaar?*

C: Nee, want ik heb het gemaakt, en dus wil ik het laten gaan als een geschenk. Ik wil het laten gaan zodat anderen kunnen zien dat ik het heb gemaakt. Het is prachtig. Geel. Een prachtige waaier van veren. En nu vertrekt het en gaat het weg. En ik ben er niet verdrietig om want ik kan het opnieuw doen.

D: *Ik dacht dat als je het gemaakt had, en je je aandacht er vanaf haalde, dat het dan zou verdwijnen.*

C: Nou, dat is wat je doet wanneer je het laat gaan. Je zegt gewoon, 'Dat was het.'

D: *En het verdwijnt niet weer zomaar in het niets.*

C: Ik zou het kunnen laten verdwijnen. Maar omdat ik het heb gemaakt, wil ik dat anderen het zien.

D: *Dus het maakt je blij om dat te doen.* (Ja.) *Denk je er gewoon aan, en wordt het dan echt, uit al deze energie?*

C: Wat ik voel is dat er een deel van de golf is ... jij bent de golf. En je ziet de golf. Je surft op de golf van alle kleuren en patronen en bewegingen. En wanneer je besluit dat je iets wilt aanraken, surf je er gewoon in mee en maak je er iets van. Maar je houdt het niet omdat het iets gezamenlijks is. Je stuurt het uit. En laat het iets worden zolang je wilt dat het iets wordt.

D: *En deze golven zijn de energieën?*

C: Ja. De golven zijn voortdurend in beweging. En het zijn kleuren en het zijn lichten. Oh! En nu creëer ik een sterrenstelsel! Oh, wauw! Het is een wiel. En het heeft van die armen die zich uitstrekken als kleine beekjes. En het maakt een cirkel, en het straalt naar buiten toe als licht. En terwijl het dan in een rondje beweegt, neemt het andere kleuren op van de golven die daar omheen zijn.

D: *Besloot je gewoon dat dat iets interessants zou zijn om te maken?*

C: Oh, het was er altijd al. Ik zag deze beweging, en ik besloot om er iets anders van te maken. En dat werd een sterrenstelsel.

D: *Oh. Een sterrenstelsel is lastig, nietwaar?*

C: Nee, niet terwijl je het maakt. Je kunt eraan beginnen en hoe dan ook ... het gaat niet om grootte. Het gaat er gewoon om dat je denkt aan hoe je wilt dat het eruitziet. En dan laat je het gewoon gaan. En als je wilt dat het groot of klein groeit, dan doe je gewoon ... het gaat niet om de grootte.

D: *Maar wanneer je het sterrenstelsel maakt, maak je dan alle kleine onderdeeltjes die er in zitten?*

C: Nee, het kan groeien zoals het wilt groeien.

D: *Oh, het neemt het dan vanzelf over?*

C: Ja. Het wordt z'n eigen licht.

D: *Want ik zat te denken dat een sterrenstelsel planeten en sterren heeft.*

C: Nou, er zijn allerlei verschillende groottes. Maar je bepaalt niet zelf welke grootte het krijgt wanneer je deze sterrenstelsels creëert. Het neemt zijn eigen licht aan, en het wordt hoe zij willen zijn.

D: *Ik dacht dat je wellicht alle kleine planeten en de sterren moest maken.*
C: Nee, er is iemand anders die dat doet.
D: *Je bedoelt dat je begint met het sterrenstelsel en iemand anders neemt het over?* (Ja) *En je zei dat het tot leven komt, en het alles kan doen wat het wilt.*
C: Dat klopt, want het wordt z'n eigen gedachte. En z'n eigen manier van leren wat het wil doen. Het is alsof jij degene bent die het opzet, en het creëert z'n eigen ontwerp. Jij geeft het het idee, en dan drukt het zichzelf uit, en hoeveel het wil zijn. Wat het wilt bevatten.
D: *Het krijgt een eigen leven?* (Juist) *Dus je hebt er helemaal geen controle meer over?*
C: Nee. Dit gaat niet over iets onder controle hebben. Dit gaat over gewoon er op uitgaan en plezier hebben. En gewoon mee surfen op de golven. En dat is alles wat er is. Ik zie z'm programma. Je kunt overal naartoe, op elk moment, en doen wat je maar wilt. Het is geweldig.
D: *En je zei dat daarna iemand anders, of een ander soort energie als jijzelf, voor het andere deel zorgt?*
C: Nou, wanneer het om sterrenstelsels gaat, omdat er zoveel bij komt kijken, heeft iedereen er een andere rol in. Dus jij begint het, en daarna laat je iemand anders doen wat die wil doen.
D: *Oh, dus zij kunnen instappen en ook spelen.*
C: Ja. Wanneer je kleine pluimpjes van dingen creëert, is dat één ding. Maar als je iets creëert dat ander leven gaat omvatten ... andere energieën ... andere ... oh, het is moeilijk uit te leggen. Het is alsof je een gemeenschap creëert, en je bent niet de enige die bijdraagt aan de gemeenschap. Dus het sterrenstelsel is eigenlijk een gemeenschap, en anderen moeten daaraan bijdragen. Sterrenstelsels worden niet altijd gemaakt. Maar wanneer je dat doet, is het een verantwoordelijkheid om bij te dragen. Het is als de kleuren van de regenboog. Iedereen heeft een andere energie.
D: *Maar zodra je iets creëert zoals dat, dan draag je er verantwoordelijkheid voor.*

C: Oh, zeker, je hebt een verantwoordelijkheid om te kijken dat wat je er ook mee doet, je het uitstuurt. Maar je stuurt het altijd uit als liefde, als een geschenk omdat het van jou komt, maar je verbindt er geen behoefte aan.

D: *En dan denken anderen, 'Nou, dit is een goed idee. Ik ga er iets anders mee doen.'*

C: Ja want dat is wat je doet. Je laat het los. En het is niet jouw verantwoordelijk om te weten wie of wat of hoe het werd ontvangen waar het ook heengaat. Want er zijn geen grenzen. En iemand anders kan het hervormen, zodra je het hebt laten gaan.

D: *Maar sterrenstelsels krijgen planeten en uiteindelijk....*

C: Nou, ik had het over de groep die alles gedaan heeft. Ik had het niet over de sterrenstelsels. Het sterrenstelsel is, zoals gezegd, een enorme inspanning van de andere intelligenties die daar zijn. En dus, wanneer een sterrenstelsel plots beschikbaar wordt voor anderen om te creëren, heeft iedereen een overkoepelende rol om erin te creëren.

D: *Want ik zat te denken, zodra je planeten binnen sterrenstelsels hebt, dan zijn er toch aparte levensvormen, of niet?*

C: Dat is waar. Maar niet alle sterrenstelsels hebben planeten. Sommige sterrenstelsels zijn slechts gigantische spiraalvormige entiteiten die draaien en draaien en draaien. Ze hoeven geen planeten te hebben.

D: *Ze zijn een entiteit op zich?* (Ja.) *Wat zou dan het doel zijn? Of hebben ze doel als ze alleen maar draaien?*

C: Het doel kan zijn te laten zien wat sterrenstelsels kunnen doen. Het hoeft geen leven te bevatten. Het kan gewoon een soort sterrenpatroon zijn. Zoals een komeet die een streep door de lucht trekt. Het kan een sterrenstelsel zijn. Het hoeft geen leven te bevatten. Het kan andere dingen bevatten.

D: *Wat voor andere dingen kan het bevatten?*

C: Nou, het kan andere beginselen van golven, of beweging bevatten, die zich kunnen verspreiden en opnieuw ergens anders als universum kunnen creëren.

D: *Maar het klinkt alsof het leeft.*

C: Het leeft ook, maar niet leven zoals jullie het kennen.

D: *Dus wanneer jullie deze creëren, creëer je in feite iets dat leeft. Klinkt dat logisch?*
C: Ja, het klinkt logisch voor wat wij doen. (Lach)
D: *Dus wanneer jullie het creëren, komt het tot leven en laten jullie het gaan.*
C: Ik wordt de kracht. Een kracht. Ik zei "sterrenstelsel," omdat het in een spiraal draait zoals sterrenstelsels worden herkend. Maar het is een kracht in zichzelf. En het heeft een eigen 'mind', maar het hoeft geen leven te hebben. Er zijn sterrenstelsels die levensvormen bevatten die willen blijven bestaan omdat ze zich voortdurend blijven ontwikkelen en herontwikkelen. Maar een sterrenstelsel dat een eigen 'mind' heeft, kan gewoon zijn zonder iets te doen. Het hoeft geen leven in zich te hebben, omdat het zelf leven is.
D: *Ik snap het. Dat betekent dat jij deel uitmaakt van de scheppingskracht? Zou je het zo kunnen zeggen?* (Ja) *Maar er bestaan allerlei soorten krachten.*
C: Oh, van alles. Wat je je ook maar kunt voorstellen, dat is wat je het geeft.
D: *Maar sommige mensen, wanneer ze zoiets als dit creëren, dan kan het soms op de foute manier worden gebruikt, nietwaar?*
C: Er is geen goed of fout. Het gaat allemaal om gewoon creëren, en genieten van het spelen met energie. Maar energie is zoals golven, als oceaangolven. Stromingen die je op verschillende plekken brengen. Ze bewegen en reizen voortdurend. Maar je bent altijd thuis want je gaat nooit weg.
D: *Wat beschouw jij als "thuis"?*
C: De Bron.
D: *Hoe zie jij die Bron?* (Pauze) *Hoe maak je je daar een voorstelling van?*
C: De Bron is zoals ... jij bent de optelsom en het wezen van die Bron. Jij bent onderdeel van de Bron. En wanneer je surft op de golven van de beweging van ideeën, ben je altijd verbonden met de Bron. Dus je weet dat je altijd thuis bent, wanneer je maar wilt, maar je bent er ook altijd op uit en je surft op de golven van het leven. En het is niet het leven, het is beweging. Het leeft, maar het is niet 'leven' als in jouw

leven. Het heeft geen einde. Het kan eeuwig doorgaan en doorgaan en doorgaan en doorgaan.
D: *Dus dat is wat je als de Bron beschouwt?* (Ja) *En beweeg je daar vandaan wanneer je iets wilt scheppen?*
C: Ja. Je gaat er op uit en creëert iets voor jezelf. Je creëert een plek waar jij wil blijven. Of je kunt niks creëren. Je kunt doen wat je ook maar wilt, waar je ook maar wilt.
D: *Zegt iemand je wanneer het tijd is om de Bron te verlaten?*
C: Nee. Jij bent de optelsom en het wezen van alles wat is. Daarom kies jij zelf hoe je wil dat het is, of je kiest niets. Je doet die dingen die het wil doen. Maar je hoeft niet te scheppen. Er is niet zoiets als "iets móeten doen."
D: *En je zei dat wanneer je creëert er geen goed is, en geen fout is.* (Nee) *Het is slechts de manier waarop het wordt gebruikt of wat? Ik probeer het te begrijpen.* (Pauze) *Want je weet dat ik spreek vanuit een menselijk perspectief. Dat weet je, toch?*
C: Ja. Maar ik ben niet aanwezig in een menselijkheid. (Lach)
D: *Dat weet ik. Dat is wat ik probeer te begrijpen.*
C: (Luide lach) Nou, we zijn allemaal de optelsom en het wezen van elkaar. En er bestaat niet zoiets als goed of fout. Er is alleen bestaan. Er is alleen zijn. Je kunt ervoor kiezen om niet te zijn, maar dat is niet fout. Je kunt ervoor kiezen om te scheppen. Dat is ook niet fout. (Nadrukkelijk) Er is geen goed of fout. Er is slechts één constante, eeuwig. (Had moeite met uitleggen.) Er is één constante, eeuwig, die het mogelijk maakt dat wie of wat dan ook binnen die constante, precies kan doen wat het wil. En toch is er geen ... Ik wil niet zeggen "oordeel." Wat ik bedoel, is dat alles in perfecte harmonie is.
D: *Maar je weet dat wanneer men menselijk wordt, dat ze energie gebruiken op manieren die niet zo goed zijn, toch?*
C: Juist. Maar dat is omdat alles het recht heeft om te zijn wat het wil zijn. Alles dient een doel. Alles dat er is, elke golf van creatie. Elke schepping van energie zegt: 'Dit is wat ik wil zien, dit is wat ik wil zijn.' Maar het is allemaal energie. En daarom can het nooit goed of fout zijn want alle energie is de optelsom en het wezen van alles. Het is alleen het oordel door mensen dat het goed of fout maakt. Zij plakken

er een label op. En er is niet zoiets als labels in het Al, in het universum, in de schepping, op de plek. Op de plek waar wij allen thuis zijn.

D: *Maar hoe zit het met wanneer mensen elkaar pijn doen? Wanneer ze in fysieke lichamen zijn.*
C: Dat is wat ze besloten hadden om te creëren.
D: *Moeten ze iets terugbetalen elke keer dat ze andere mensen pijn doen? Zijn er regels wat dat soort dingen betreft?*
C: Als ze de regels op die manier opstellen om de creatie mogelijk te maken, ja. Wanneer je creëert, als je regels creëert, dan moet je ze natuurlijk ook volgen.
D: *Dan moet je volgens die regels spelen.*
C: Ja. Dat is waarom niet elk sterrenstelsel dat geschapen is levensvormen of planeten bevat, omdat het sterrenstelsel puur licht wil zijn, pure energie. Uitdrukken in menselijkheid is op veel manieren de laagste vorm van expressie.
D: *Het is een hele lage vorm?*
C: Ja, het is een lage vorm. En toch is het een perfect plaatje op weg naar huis. De Bron wil altijd zien hoe het eruitziet. En dus geeft het alles aan haar geheel, om er op uit te gaan en te zijn wat het maar wil zijn. Wanneer je levensvormen opstelt met regels, dan is dat waar de problemen ontstaan. Het creëert het probleem door voorwaarden en regels te creëren.
D: *Maar mensen denken dat er regels en voorschriften moeten zijn, nietwaar?*
C: Dat klopt, want dat is de manier waarop ze hun zielen-situatie creëren.
D: *Maar als mens zijn het dichtste en laagste is, waarom kiezen energieën zoals jij er dan voor om mens te zijn?*
C: Ik denk dat je zou kunnen zeggen omdat we willen zien hoe het eruitziet. (We lachten)
D: *Want jullie komen ook in lichamen terecht en worden mens, toch?*

Ik probeerde de sessie te sturen richting Connie, de mens.

C: Ja, en dit is onderdeel van wat je hebt geschapen. Wanneer je de klei vormt, kunt je het vormen naar (diepe zucht) wat jullie "aliens" noemen, maar het zijn geen aliens en het zijn geen ET's. Ze zijn slechts een gedachtevorm die gezien willen worden. Het is een denkbeeld.

D: *Dus ze hoeven er niet allemaal hetzelfde uit te zien.*

C: Nee, nee. Bloemen zien er niet hetzelfde uit. Bomen zien er niet hetzelfde uit. Het is gewoon een ander energie patroon golf die geschapen is door een of andere energie golf. Energie golven creëren elkaar.

D: *Maar ze werken samen om dat te doen, toch?*

C: Juist. Vooral wanneer je iets gigantisch wil scheppen zoals een sterrenstelsel met planeten.

D: *Zonder samenwerking, denk ik dat het chaos zou zijn, of niet?*

C: Nou, er moet ook chaos zijn.

D: *Hoe bedoel je?*

C: Wanneer je iets creëert en het uitstuurt, en een andere gedachtevorm besluit om het te ontleden en er echt dingen aan toe te voegen, dan is dat een soort chaos.

D: *Dus het is in de vormingsfase. Klopt dat?*

C: Juist. En wanneer het met chaos wordt gedaan, kan een andere lichtgolf het pakken en hervormen naar iets meer. Het is niet solide, maar het is meer begrensd. Het heeft z'n eigen vorm. Begrijp je wat ik bedoel?

D: *Ja, ik denk dat ik het begrijp.*

C: Heel vaak, omdat een mix van zoveel verschillende dingen is, weet het niet welke vorm het uiteindelijk wil zijn in dat leven.

D: *Het is nog steeds bezig om te beslissen.*

C: Juist, juist. Het wil gewoon bestaan vanuit de Bron, zodat je kunt zijn en doen. Het is zo opwindend! (Lach) En dat is waarom er geen oordeel over goed of fout is. De Bron zegt: "Creëer gewoon en laat me alles zien wat ooit, ooit maar bedacht kan worden. Ooit, ooit maar ontworpen kan worden."

D: *Geen enkele beperking.*

C: Nee. Er zijn geen beperkingen aan verbonden. Het is de ononderbroken cirkel.

Het Ingewikkelde Universum Boek Vier

D: *Nou, ik heb de uitdrukking gehoord: "De dromer droomt de droom." Komt dat overeen met wat jij zegt?* (Ja, ja.) *Want er is mij verteld dat de hele Aarde met alle mensen erop slechts een droom is.*

Dit wordt besproken in mijn andere Ingewikkelde boeken.

C: (Zelfvoldaan) Dat klopt! Dat klopt.
D: *Ik probeer dat beter te begrijpen.* (Pauze) *Ik heb altijd al willen weten, "Wie is de dromer?"*
C: (Lach) Nou, je kunt de droom zijn of de dromer. Je kunt het allebei zijn. Op hetzelfde moment.
D: *Dat is waarom het gecompliceerder is.*
C: Dat klopt, omdat de mens, de dichtste vorm van begrip, het niet kan begrijpen. Dat komt doordat het is toegestaan om niet te begrijpen. Maar alles wordt toegestaan om alles te zijn wat iets maar kan zijn. Zie je, daarom bestaat leren eigenlijk niet, want alles is alles. Alles is alles. Alles bestaat, binnen en van buiten. En daarom wordt alles wat ooit getoond is, ooit gekend is, altijd leuk gevonden en gewaardeerd. Maakt niet uit wat het is.
D: *Want iedere keer wanneer mij werd verteld: 'de dromer droomt de droom', probeer ik uit te vogelen, "Wie is de dromer?"* (Lach) *We zijn het dus beide.*
C: We zijn die optelsom en het wezen van elke uitdrukking.
D: *Een vraag die ik altijd heb gesteld die ze nooit wilden beantwoorden was, "Wat zou er gebeuren als de dromer wakker wordt?"*
C: Dat is een goede vraag.
D: *Als wij allemaal slechts een droom zijn. Wat denk jij?*
C: Omdat de droom geen droom op de manier zoals jij die waarneemt, een droom. (Pauze) Wij zijn, nogmaals, de optelsom en het wezen van Alles. Laten we zeggen dat er een golf uit de Bron komt, want dat is hoe de Bron z'n gedachten uitstuurt. Een golf. En die golf zegt, "Ik wil een bepaald iets creëren." En die golf zegt, "Ik wil een dromer zijn. En ik wil dromer zijn net zolang als ik wil dromen." Je

had een patroon van een beperking kunnen instellen. Geen tijd, maar een beperking.

D: In die zin is de dromer zoals een schepper.

C: Dat klopt. En wanneer die golf klaar is met een dromer te zijn, dan zal het in zekere zin wakker worden.

D: Wat gebeurt er dan met de droom die het gecreëerd heeft, wanneer het wakker wordt?

C: Nou, de dromer wordt wakker, en begint dan weer opnieuw. Alles heeft een begin, in de zin dat de golf naar er op uitgaat. Dat is het begin van de golf vanuit de Bron. En die kan eeuwig doorgaan, zolang die wil blijven dromen. Totdat het terug wil gaan en helemaal opnieuw wil beginnen. Maar het is altijd een cirkel. En de symbolen in de cirkel laten je zien dat je kunt blijven, dan wens je te beginnen als een nieuwe golf. En dan ga je, en je beperkt jezelf tot één ding. Dat is de droom van de dromer.

D: Maar blijft de droom dan bestaan, of lost die op en vervaagt die, wanneer de dromer zijn grens heeft en wakker wordt?

C: Het hangt af van hoe de dromer het wilde beëindigen. En zichzelf vernieuwen. Het hoeft geen droom te zijn.

D: Maar alle delen, de componenten van de droom gaan gewoon terug naar een ander soort energie. (Precies) *Dus niets wordt ooit vernietigd.* (Nee, nee.) *Ik denk dat dat is waar mensen zich zorgen om maken. Houden ze gewoon op te bestaan?*

C: Nee. Niks is ooit.... Wat schepping betekent ... je begint als een golf, weer. En dan beluit je dat dit een beperking is. Nogmaals, het is de universele 'mind'. En elke kleine golf die er op uitgaat—en ik zeg "klein", omdat het in feite begint als een kleine golf van "idee". Ik denk dat ik het zo kan zeggen. Dan neem je kleuren en en wat je ook maar aan het creëren bent, wanneer je er op uitgaat. Je bent echt, in zekere zin, de dromer. Je zet een begrenzing op hoe ver je wilt gaan met dat specifieke idee. Wanneer je besluit om dat idee te beëindigen, kun je ook zeggen, "Ik wil opnieuw beginnen, precies hier. En vanuit daar een andere richting op gaan.

D: Je kunt er dan op uitgaan en iets anders doen.

C: Precies. Elke golf is een dromer. En die zegt dat hij ontwerpt. Dromen en ontwerpen zijn bijna precies hetzelfde. Stel dat er tien golven uitgaan. Elke heeft z'n eigen idee over hoe hij de droom wil dromen. En waar het wil stoppen. Want om opnieuw te creëren moet je een soort eindpunt hebben voor die specifieke golf. Maar daarna versterkt het zichzelf, en zet je het op een andere manier in z'n beweging.

D: *Dat is wat ik probeerde te begrijpen. Ik denk dat ik dacht dat als een dromer droomde, en wij onderdeel waren van zijn droom en zijn bestaan, dat het controle over ons had. Het is een gevoel van kwetsbaarheid denk ik.*

C: Juist. In zekere zin, zou je dat kunnen zeggen. Maar misschien, als die dromer jou droomt, had je al besloten om deel te zijn van die droom, voordat het het droomde.

Ik lachte. Ik besloot dat we zo diep in dit moeras waren gedoken als we konden zonder mijn arme hoofd verder te breken. Dus ik besloot om te focussen op Connie, de cliënt, en ons hopelijk terug naar vertrouwd terrein te brengen.

D: *Maar ben je je ervan bewust dat je nu door een fysiek lichaam spreekt?*

C: Ja, op een bepaalde manier omdat ik het trillen ervan voel.

D: *Maar waarom besloot je neer te dalen en een fysiek lichaam in te gaan? Als je al die kracht had, als dat het juiste woord is?*

C: (Zucht) Omdat het een beslissend... een bepalend moment is. Zie je, in de bron van Alles, in de golf van alle energie, in de ware matrix van het ware licht van alles—Ik weet niet of ik dit kan uitleggen.—Het gaat weer over, "Hoe zou dat voelen?" Want de Bron, in zijn oneindigheid, zegt, "Ik wil dat deze golf er op uitgaat en me iets anders laat zien." Het geeft je het idee, "Ga creëren, en creëer wat in je opkomt" En wanneer je creëert wat in je opkomt, zegt de bron, "Ah!" Je herhaalt eigenlijk nooit, niet in het kleinste detail, ooit hetzelfde. Dat is waar schepping over gaat. Het is creëren. Het is zoals in de menselijke wereld, waar we op dit moment in tijd zijn. Je zou elke dag op dezelfde plek kunnen zitten en naar dezelfde berg kunnen kijken, en je zou het nooit, nooit elke dag voor de rest van je leven op dezelfde manier zien.

D: *Hmm. Ook al denken we van wel.*

C: Dat klopt! Maar dat is omdat jullie in deze dichtheid zitten die jullie begrenst zodat jullie denken dat dat jullie grens is. En dat is niet jullie grens. Het is grenzeloos. Jullie zijn eeuwig!!

D: (Lach) *Maar in dit geval besloot je om het lichaam in te gaan dat we "Connie" noemen?* (Ja.) *En door haar heen iets te ervaren?* (Ja.) *En heb je ook andere menselijk lichamen ervaren?*

C: Jazeker! Vele malen.

D: *Allemaal voor andere lessen. Klopt dat?*

C: Nou, weet je ... dat gebeurt. Maar het zijn niet echt lessen. Ze zijn uitingen van alles wat er mogelijkerwijs kan zijn. Ze zijn uitingen in de dichtste, dichtste vorm. En dat is waarom dit lichaam, Connie, van miniaturen houdt, omdat zij in de miniatuurschaal de werkelijkheid van de Bron ziet. Want dat is wat mensen zijn. Ooit had de aarde reuzen, omdat dat is wat reuzen wilden zijn. En je zou op een grotere planeet kunnen lopen. De Aarde is een hele kleine, kleine planeet.

D: *Dat heb ik gehoord.*

C: Oh, ja, ja, ja. Dus voor mensen, omdat de Aarde heel klein is, is de Aarde alles. De Aarde is dichtheid. Op een bepaalde manier is dat een worsteling voor jullie. Maar nogmaals, dat komt doordat jullie dat allemaal ontworpen hebben om zo te zijn. Zelden ontwerpt één persoon, of één golf—ik zou liever "golf" zeggen omdat dat is wat we zijn—deze Aarde voor één persoon om te ervaren. Het is een gemeenschap.

D: *Een gemeenschap van wezens of energieën.*

C: Dat klopt. Dus wanneer er ergens sterrenstelsels zijn zonder planeten, komt dat omdat er een gemeenschap is die het erover eens is dat dit een sterrenstelsel zou moeten zijn zonder wezens, mensen. Anders zou het gewoon puur licht zijn dat rond en rond draait. Totdat iemand besluit er een sterrenstelsel met planeten van te maken. Wij vormen het. Heb je ooit in een zandbak gespeeld? (Ja) Je neemt een grote

Het Ingewikkelde Universum Boek Vier

zandbak en je creëert allerlei soorten dingen. Wat je maar wilt doen. Je verlaat de zandbak en iemand anders komt en vormt het opnieuw. Jij ging weg omdat je ervan genoot en nu ben je klaar ermee. En als jij weggaat, komt iemand anders en vormt het opnieuw naar iets waar diegene van wil genieten. Dat lijkt op de patronen van het universum. Daarom kan een golf uitgaan en zeggen: "Dit is wat ik een tijd lang creëer." En het uitzenden, en het iemand anders— een andere golf—laten overnemen en het opnieuw laten vormgeven.

D: *Met onze beperkte 'minds' proberen we deze dingen te begrijpen.*

C: En je kunt niet denken met de 'mind'.

D: *Maar je zei dat dat is waarom Connie het leuk vindt om met miniaturen te werken?*

C: Juist, want ze ziet de wereld zoals hij kan zijn, wanneer het op kleine schaal is op andere plekken. (Gniffel) Er zijn wezens die in een kleinere wereld leven dan deze menselijke.

D: *Dat heb ik gehoord. Er wordt gezegd dat er geen beperkingen zijn. Het gaat gewoon van macrocosmos naar microcosmos, en weer terug.*

C: Juist. Maar jullie planeet Aarde is uniek doordat ze je bijvoorbeeld het feeën-rijk laat zien, de deva's. Ze zijn heel klein, maar ze leven in een wereld net als mensen. Alleen leven ze anders omdat ze lichter zijn, maar ze zijn kleiner, toch?

D: *Ja, dat klopt.*

C: Zij gelooft in de deva's en het engelen-koninkrijk. Iedereen weet dat ze echt bestaan, en beginnen ze nu te accepteren. En zij zal mensen laten zien dat het veilig is om dat te geloven, omdat ze altijd al in hen heeft geloofd sinds ze een kind was.—Dus planeet Aarde, in haar dichtste vorm, geeft aanwijzingen over alles wat hier is, hoe het echt is. En daarom is je altijd geleerd om op de natuur te letten, want de natuur bevat de aanwijzingen voor jouw antwoorden.

D: *Ik weet niet zeker of ik je het onderbewuste moet noemen. Is het goed als ik je zo noem?*

C: Dat is oké. Ik heb geen naam.
D: *Maar ik moet altijd iets een label geven.*
C: Dat is oké. We weten het. Dolores, we begrijpen heel goed hoe je werkt. En je werkt perfect in jouw expressie. En je bent een expressie van een prachtig licht. En je zult er nog lange tijd zijn, omdat je niet alleen doet wat nodig is in de wereld, maar overal waar je gaat laat een afdruk van je essentie achter.
D: *Dat is me eerder verteld. Ze zeiden dat dat is waarom het belangrijk is dat ik naar bepaalde plekken reis.*
C: Je moet altijd doorgaan vanwege jouw essentie. Jij draagt wat wij "een person van wit licht" zouden noemen. Waar je ook gaat, wie je ook aanraakt, met wie je ook werkt in sessies, je geeft hen meer dan je je beseft. You must always continue because of your essence. You are carrying what we would call "a person of white light." Wherever you go, whoever you touch, whoever you work on in sessions, you are giving them more than you realize. More than they realize. Jij geeft een droom door. Jij bent de dromende dromer. En je bent volledig ontwaakt. En wanneer je jouw aanwezigheid aan hen geeft, iedereen die je aanraakt, wanneer je ze een knuffel of een hand geeft, geef je iets speciaals door.
D: *Ik doe mijn werk.*
C: Jij bent ... het is geen werk. Het is jouw liefde, en je plant zaadjes. Weet je wat een zaadje is?
D: *Nou, ik zeg steeds da tik misschien een paar zaadjes plant.*
C: Jij plant zeker zaadjes. Toen je gisteren je lazing gaf—of wanneer da took was (bij de UFO Conferentie)—en je aarzelde. Het universum—wij noemen het het universum—zei tegen jou, "Ga maar." Er zaten daar een aantal mensen die zeiden: "Ja." Er was een bewustzijnsstem die de gedachte naar jou terugstuurde, "Ga maar. Het is nu veilig voor jou om het te zeggen."
D: *Het is tijd voor mensen om deze dingen te weten.*
C: Juist. En dat was correct. Je deed wat je gezegd werd. Je bent een prachtig licht voor de wereld. En je gaat rond en plant jouw zaadjes. En raad eens? Jij bent de wegwijzer voor degenen die vlak na jou komen, en die op een andere manier

verder zullen werken die zal helpen, omdat jij de zaadjes plant. Zij kunnen die voor jou oogsten.
D: *Dat is waarom ik de methode onderwijs.*
C: Dat klopt precies.
D: *Ze zullen het niet allemaal begrijpen, maar sommigen wel.*
C: Precies. En het is niet alleen wat jij onderwijst. Er zullen ook anderen komen die zich realiseren … dat jij een naam voor jezelf maakt die erkend wordt, niet alleen vanwege het soort werk dat jij doet, maar het stelt ook anderen in staat hun eigen werk te doen. Het is niet jouw pad, maar dat van hen. En zij zullen jouw zaden oogsten. Begrijp je dat? (Ja) Oh, fijn! Ik ben zo blij!—Maar we zijn klaar.

Het had lang genoeg geduurd en ik was sowieso van plan om Connie terug te brengen. Maar het OB liet me weten dat het lichaam ongemak ervaarde. Maar eerst wilde ik het bedanken voor de hulp en informatie.

C: Je bent gezegend en zeer welkom. Blijf alsjeblieft altijd doorgaan met je werk. We weten dat je een heel druk schema hebt, maar wij zorgen voor jou. En we zullen je lichaam gezond houden voor je, zo lang als het tijd is voor jou om dit werk voort te zetten. Maar het is goed dat je je lessen deelt en mensen onderwijst, want het werk moet doorgaan.

Hoofdstuk 27
EEN ENERGIE-WEZEN

Toen Luanna van de wolk afkwam, zag ze een vreemd landschap. Het terrein bestond uit alleen maar grillige toppen, sommige heel hoog en andere klein. De hele grond was ermee bedekt, niets anders. 'Hun kleur is lichtbruin met glinsteringen, alsof het kristallen zijn. Allemaal hoekig en scherp.' Ik vroeg me af hoe iemand zou kunnen bewegen en lopen op zo'n ondergrond. Ze zei dat ze niet stond, maar vloog, zweefde en naar beneden keek. 'De toppen zijn te scherp. Alles is te scherp. Het is alsof de kristallen pieken zijn op de andere pieken, en ze hebben dezelfde vormen als de grillige toppen. Ze zijn lang en glanzend en puntig. Er zijn hele kleintjes en wat grotere. En er zijn vele reflecties van licht die overal heen weerkaatsen. Sommige toppen zijn zo hoog dat ze zich vooral in de wolken bevinden.' Ik vroeg haar zich bewust te worden van haar lichaam, of hoe ze zichzelf waarnam. 'Ik ga er vanuit dat ik wel een lichaam heb, omdat ik niet op die scherpe toppen wil stappen. Ik merk sensaties op. Ik neem warme plekken en koude plekken waar, en ik neem een briesje waar en ik neem zien waar.—Ik focus nu om tussen de toppen en kristallen te kijken. Als ik dichter bij het oppervlak kijk, is het niet statisch... er bewegen dingen. Het lijkt een beetje op stukjes van een wolk, alleen zijn ze niet wit of grijs. En als ze dan meer glanzen en als ze bewegen, glijden ze een beetje rond en ze veranderen van vorm, maar het zijn geen wolken.'

D: Wat denk je dat het zijn?
L: Toen ik hier voor het eerst belandde dacht ik dat het leeg was, maar ik zie nu dat dat niet zo is. Het zijn bijna een soort 'blobs' die glanzen. Ze zijn niet duidelijk omlijnd en ze kunnen tussen dingen door rollen, maar ze kunnen ook zweven. Ze lijken op 'blobs', maar sommige zijn

pietepeuterige 'blobs' en andere grotere 'blobs', en ze hebben geen vaste vorm. Ze lijken een beetje op een wolk, maar een wolk is waziger.

D: *Zijn dat de enige levensvormen die je opmerkt?*

L: Nee. Er zijn ook kleine pietepeuterige dingen die kruipen over het oppervlak. Ze zijn een beetje zoals de 'blobs', maar ze zijn een stuk kleiner. Er is overal beweging.

D: *Denk je dat je kunt communiceren met deze 'blobs'? Denk je dat het wezens zijn met een bewustzijn die dingen kunnen weten?*

L: Ja, ze weten dingen.—Er is een soort geheugen van innerlijke zeepbellen. Behalve dan dat ze allemaal verschillende vormen en afmetingen hebben ... geïntegreerd.

D: *En, hoe zit het met jou? Denk je dat je eruitziet als een van hen?*

L: (Lach) Dat vraag ik me ook af. Ik kan zeker zweven en ik kan zeker van positie veranderen. Ik heb geen gevoel van hoe ik eruitzie. Ik voel dingen zoals warm en koud.—Ik kan van vorm veranderen... kan makkelijk van grootte veranderen.— De anderen zweven rond, of kruipen. Sommigen zijn zo dicht bij het oppervlak dat ze erop zitten. Ik weet niet of ik zoals hen ben of niet.

D: *Daar kun je achterkomen. De informatie is daar. Ben je zoals de anderen?* (Nee) *Hoe verschil je?*

L: Ze zijn meer een eenvoudigere levensvorm... het is alsof het een overgang is. Het is niet zoals een lichaam. Het is ook geen puur licht. En ik ben hier gewoon gestopt, en ik ben niet precies zoals dat. (Een plotseling inzicht.) Ik ben op een missie! Dit is een soort rustplek.—Het is een tussenplek. Ik ben op weg naar huis, en dit is slechts een rustplek.

D: *Jij bent verder ontwikkelt en zij zijn simpeler?* (Ja) *En je denkt dat je op weg bent naar huis?* (Ja) *Wat bedoel je?*

L: (Fluisterend) Het is waar ik woon.

D: *Je bent ergens anders geweest?* (Ja) *Vertel me erover. Waar was je?*

L: Op Aarde. Ik ga daar niet meer terug. Daarom ben ik op deze tussenplek voordat ik naar huis ga om gezuiverd te worden. Helemaal klaar op Aarde.

D: *Ben je blij dat je daar weg bent?*
L: Nee, ik mis de schoonheid, maar ik wil niet terug daarheen.— Ik mis thuis. Thuis ... daar is niets grilligs. Niets ruws. We weten het allemaal. We hebben allemaal lief. Ik mis thuis, maar dit is oké om hier te zijn. Dit is gewoon een plek om even te stoppen. Ik weet niet precies waarom ik hier gestopt ben, behalve uit nieuwsgierigheid. Ik wist niet dat er zulke plekken waren. Je weet dat ze op aarde "amoeben" heten. Behalve dat sommige heel klein zijn en sommige zijn gigantisch en dat ze intelligent zijn. Ze kunnen samensmelten. Ze kunnen van vorm veranderen. Ze kunnen groeien. Ze kunnen krimpen. Het is eigenlijk best fijn om zo te zijn. Misschien is dat waarom ik op aarde zo van water houd.
D: *Maar het is fijn om even niets te zijn voor een tijdje, toch?*
L: Ja. Het is zeker prettig.

Ik besloot om de tijd te versnellen en haar vooruit te bewegen tot het moment waar op ze thuis aankwam. Ik vroeg haar ho dat was. 'Het is echt prachtig en glanzend, en veel dingen zijn blauw en groen en goud'

D: *Voorwerpen of alleen kleuren?*
L: Nou, de voorwerpen zijn kleuren. Het is alsof alles aangeraakt en gevoeld kan worden, dus er is geen verschil. Het is solide, maar je kunt er ook dwars doorheen gaan, dus het heeft allerlei ruimtes. Je kan er een schip van maken dat heel ver kan reizen gemaakt van een bepaald soort licht. En ze kunnen prachtige dingen maken als we herinneringen hebben van waar we zijn geweest, en we creëren.
D: *Je moet herinneringen hebben voordat je iets kunt creëren?*
(Ja)

Ze stond vol verwondering en ontzag te kijken naar de schitterende dingen die geschapen werden. Ze zuchtte diep. 'Het is zo veilig en zo prachtig hier. Ik heb het gemist.' Ze begon te huilen.

D: Maar je ging met een reden naar de Aarde, nietwaar?

L: We wilden dat, an we gingen allemaal naar die prachtige, prachtige plek. We wilden dat zij weten wat wij weten, en voelen wat wij voelen.

D: Maar je weet dat mensen, wanneer ze naar de Aarde komen, het vergeten, toch?

L: Sommigen vergeten het. Sommigen niet.

D: Is het makkelijker wanneer ze het vergeten?

L: Nee, het is lastiger, omdat ze zo in alles worden meegezogen. Ze lijden en komen vast te zitten. Nee, het is makkelijker om het te herinneren. Als ze moedig genoeg zijn om het mensen te vertellen ... maar sommigen worden bang. Sommigen weten dat ze niet geloofd zullen worden, en sommigen vergeten het gewoon. Maar het is daar zo prachtig, en we gaan ook naar de Aarde en genieten van die plekken, zodat we herinneringen kunnen verzamelen, zodat we creatiever kunnen zijn, zodat we meer voor anderen kunnen doen.

D: Dus je moet gaan en het fysieke ervaren om de herinneringen te hebben? (Ja) *Zonder dat kun je niet scheppen? Is dat wat je bedoelt?*

L: We kunnen wel scheppen. Dat is wat we zijn. We zijn scheppers van licht, en toch kunnen we ook veel van de planeet als geheel verrijken. Zie je, er is daar verbinding met overal. Het is niet zoals mensen denken. Op Aarde accepteren mensen het, maar er zijn andere planeten die niet hetzelfde zijn. Daar weet iedereen dat het makkelijk is om boodschappen te versturen. Het is makkelijk om verbinding te leggen. Het is makkelijk om verder te gaan. Het is makkelijk om te reizen. Het is makkelijk.

D: Omdat zij niet vergeten zijn wat ze horen te doen. (Ja) *Maar is dat deel onderdeel van de test, om te vergeten wanneer je daar de Aarde komt?*

L: Nee. Eigenlijk denk ik dat wanneer we hun bewustzijn op aarde steeds meer verhogen, dat ze zich het zullen herinneren. Dat is wat wij allemaal voor hen willen doen daar. Zodat ze elkaar beter zullen behandelen en niet hoeven te lijden om hun lessen te leren. Het is niet nodig, maar zo is het gegaan. Het hoeft niet zo te zijn.

D: *Het is makkelijker om het gewoon te herinneren zonder het lijden. Is dat wat je bedoelt?* (Ja) *Maar mensen luisteren gewoon niet, of wel?*
L: Nee, niet altijd.

Ik besloot dat het tijd was om te verplaatsen. De enige andere plek om te onderzoeken zou de zielen-zijde zijn, maar ik wilde doorgaan naar de therapie, wat ik onderzoek met het OB. 'Weet je dat je spreekt door een lichaam dat nu leeft als Luanna?"

L: Ja. Maar dit is mijn thuis in dit leven.
D: *Ik vroeg me af of dit plaatsvond voordat ze het lichaam van Luanna in ging.*
L: Dit is zowel voor als na.
D: *Dus nadat ze hier klaar is zal ze teruggaan naar dezelfde plek?* (Ja) *Maar als ze zo gelukkig was daar en het zo mooi is daar, waarom besloot ze dan om terug te komen als Luanna?*
L: Vóór Luanna was het vrijwillig om naar de Aarde te gaan.
D: *Dus ze is opnieuw en opnieuw teruggekeerd.*
L: Ja, maar Luanna is de laatste. Dit weet ik. Want het is klaar na Luanna en dan mag ze weer naar huis toe, net zoals ik thuis ben.
D: *Dus je denkt dat ze tegen die tijd al haar lessen zal hebben afgerond?*
L: Op Aarde, ja ... niet al haar lessen.
D: *Wist ze toen ze dit leven in ging dat het haar laatste keer zou zijn?* (Ja) *Het is lastig geweest, nietwaar?* (Ja) *Heeft ze die moeilijkheden om een reden gecreëerd?*
L: Om zo compleet mogelijk te willen zijn
D: *Wat bedoel je? Hoe kunnen we compleet zijn?*
L: Wanneer we vanuit deze plek van licht vertrekken en dit sterrenstelsel verlaten, zoals we het noemen, en we naar andere beschavingen gaan, zoals ze genoemd kunnen worden, nemen we een deel van hun karma op ons. En daarna ronden we al ons menselijke karma van deze reis af.

D: *Dus Luanna is ook op andere plekken geweest buiten de Aarde, en jullie zeggen dat je karma op je neemt van andere plekken?*
L: Het karma dat Luanna aan het afronden is is slechts van haar menselijke leven.
D: *Dus het is tijd om dat hoofdstuk af te sluiten?* (Ja) *Ze heeft alles geleerd dat ze kan leren in die levens.*
L: Niet alleen geleerd, maar ook een bijdrage geleverd. Want de reden van de reis was om bij te dragen.
D: *Wat hoorde ze bij te dragen?*
L: Mensen leren hoe ze moeten denken ... mensen leren hoe ze moeten liefhebben ... mensen leren hoe ze voor elkaar moeten zorgen ... mensen leren hoe ze vertrouwen kunnen hebben ... mensen leren hoe ze vrede kunnen creëren ... mensen leren hoe ze ziekte kunnen overwinnen ... mensen leren hoe ze verbonden kunnen zijn met de natuur ... mensen leren dat de essentie van wanhoop verbinding is ... mensen leren dat ze in harmonie met elkaar kunnen zijn ... mensen leren dat oorlog iets is dat een leven kan beëindigen.
D: *Dat zijn allemaal geweldige dingen, maar wanneer we naar de Aarde komen wordt het lastig, nietwaar?*
L: Juist. Maar er zijn er zoveel van de anderen. Kijk, sommigen van ons vergeten, maar die anderen waren wij niet. Die zijn nieuw. Ze leren gewoon. Verschillende niveaus. Verschillende dingen om bij te dragen ... verschillende lessen om te leren. En ook sommigen uit andere gebieden ... sommigen hebben meer menselijke levens gehad. En er zijn eigenlijk ook anderen uit andere melkwegstelsels gekomen.
D: *En er zijn er ook die opnieuw en opnieuw en opnieuw terug zijn gekomen?* (Ja) *Zijn zij degenen die nog erger vastzitten op het wiel van karma?*
L: Ja. En daarom komen "buitenstaanders" om hen te helpen.— Veel mensen willen geholpen worden, maar ze plaatsen zichzelf in hun eigen hokjes. Ze weten dat ze geholpen willen worden; het is alleen dat ze zo vast komen te zitten in hun eigen zienswijze. Ze zitten zo vast in de beperkingen van dat huidige moment en hun lichaam, dat ze niet geloven dat ze nog iets anders hebben. Ze willen hulp krijgen zonder

iets anders te doen. Ze denken dat dat alles is wat er is, het lichaam of dat eten of die plek of dat zicht. Luanna raakt soms vast. Ze had andere levens die ze zich ook herinnerde. Dit keer kwam ze om te herinneren wie ze was en wat ze kan doen. Ze doet het goed, maar niet zo goed als ze had gewild.

Het leek erop dat sommige vrijwilligers hele oude zielen zijn die besloten hebben hier ook te komen helpen. Ze leken ook nieuw te zijn in de trillingen van de Aarde, en dat leverde hen problemen op. Een van de belangrijkste dingen die hen zou onderscheiden van de nieuwkomers is dat ze meer ervaring hebben. Toch besefte Luanna dat ze allemaal samen moesten werken om degenen op Aarde te helpen die "vastzaten".

Hoofdstuk 28
ONBEKENDE ENERGIE

Joyce aarzelde om van te wolk af te komen. Na veel aansporing deed ze het uiteindelijk, maar wat daarop volgde gedurende een aantal lange minuten was een opeenvolging van vormen, kleuren, structuren, vibraties, etc. die ze totaal niet begreep. Er zat geen enkele samenhang in. Telkens wanneer ze zich op een object, vorm of kleur probeerde te concentreren, veranderde het in iets anders dat net zo goed niet te definiëren was. Ik had moeite om dit te volgen, omdat ik probeerde haar bij één ding te houden zodat we verder konden komen. Het enige waar ze zeker van was, was dat ze zich niet op Aarde bevond, misschien zelfs in een ander universum. 'Ik ben niet op een plek. Ik bevind me in het midden van een soort zwevende vibratie. Meer een vibratie-frequentie.' Het bleef voortdurend veranderen alsof het zich tot iets wilde vormen, maar het lukte nooit helemaal. Toen ik haar uiteindelijk vroeg om haar lichaam waar te nemen, zei ze dat ze niet dacht dat ze een lichaam had. 'Ik voel dat ik een aanwezigheid heb. Ik voel dat ik een ziel-entiteit heb, maar ik zie geen lichaam.—Ik ben een Bron-energie." Ze probeerde leven waar te nemen of te vinden in een of andere vorm, maar het enige wat ze waarnam was beweging, maar het was beweging in een energievorm die haar onbekend was. 'Ik zie beweging ... een of ander iets dat beweegt. Het heeft een soort energievorm. Het gaat ergens naartoe. Het gaat iets doen. Het is er mee bezig.—Nu zie ik de achterkant ervan, en het is een soort energieveld. Het lijkt op het afgezaagde deel van de onderkant van een boom met allemaal ringen erin. En nu zit ik midden in deze enorme formatie die eruitziet als de onderkant van een boom en het zit vol energie en ringen. En ik weet niet waarom ik hier ben. Het vult mijn hele gezichtsveld. Het is een energieveld en ik probeer te verbinden met dit vreemde nieuw ontwerp, dit ding wat hier is. Wat ben jij? Waarom kijk ik naar jou? Ik weet niet waarom je me dit laat zien? Heb ik een soort verbinding met jou? Waarom ben ik hier?' Wanneer de persoon vragen begint te stellen, komen normaal gesproken de antwoorden. Soms stel ik "het" ook vragen, maar meestal laat ik het zichzelf ontvouwen.

D: *Wat hoor je?*
J: Ze laten me energievelden zen en ze vertellen me dingen. Het is alsof ze me golven van verschillende kleuren toewerpen. En deze kleuren zijn dingen die ik begrijp—Het heeft zichzelf alweer veranderd in een ander ontwerp.
D: *Waarom wordt dit allemaal aan jou getoond?*
J: Ik ontvang de "lijm" van de Aarde. Hoe het samenhangt. Het laat z'n systemen en reactie zien.
D: *Wat betekent dat?*
J: Wauw! Het lijkt een uitgestrekt gebied waar blauwe lucht zich aan dit gebied hecht.—Waarom laat je me dit zien?—"Je ziet het energieveld zoals niemand anders het heeft gezien."
D: *Is dat wat het betekent? De lijm die alles bij elkaar houdt?*
J: Ja. Een energieveld dat nog niet bekend is.—Hoe zullen we het noemen?
D: *Vraag ze om het aan je uit te leggen zodat we het kunnen begrijpen?*
J: (Ze haalde diep adem.) De willekeurige velden van materie die nog onbekend zijn en die de kwantumfysica voortbrengen.
D: *Zodat we kwantumfysica beter kunnen begrijpen?*
J: Ja. Een vorm van energie.—Vertel!
D: *Het type energie dat de aarde en alles hier bij elkaar houdt?*
J: Ja. Ze laten me een visuele vorm zien. Ik vraag me af ... weet iemand hiervan?
D: *Bedoel je dat mensen nog nooit gezien hebben hoe het eruitziet?*
J: Dit is anders, zeggen ze.—De energievelden die voor me worden uitgestraald zijn zo minuscuul. Ze zijn teruggebracht tot zulke kleine, microscopische structuren. Ze zeggen dat dit is waar je moet weten ... wat? Wat moet ik weten? (Een diepe zucht, alsof ze gefrustreerd was.) Cycli van energie op

dit punt. De frequenties bevinden zich op een punt dat nog onbekend is. Nou, vertel het me!

D: *Jullie zouden het haar niet laten zien als jullie niet wilde dat ze het begreep.*

J: Ze laten echt zien dat het slechts een symfonie is van over elkaar liggende lagen energieën, velden en trillingen. Het is gewoon heel, heel, heel klein. (Aan iemand vragend.) Maar hoe zit het hiermee?—Ze laten me een kegel zien. De kegels die spits toelopen en ik zit aan de binnenkant ervan, en ik word eromheen bewogen. Ze tonen me de binnenkant van dit energieveld en nu grijpen de structuren in elkaar zoals mijn vingers hier aan de zijkanten. (Gebaren met de hand.)

D: *Ineenvlechten?*

J: Ja, ineenvlechten.

D: *Waar staat dat voor?*

Wat daarop volgde was een reeks complexe symboliek die moeilijk te begrijpen was. Ik besloot dat het tijd was om het OB erbij te halen voor meer antwoorden. Hopelijk zou het niet in symboliek antwoorden, maar in woorden die wij konden begrijpen. Ik vroeg waarom het die taferelen voor haar had gekozen om te zien?

J: Monopolie van inspanningen.

D: *Wat bedoel je? We gingen niet naar andere levens. We gingen slechts energievelden in. Wat heeft dat te maken met Joyce?*

J: Hier staat dat je het niet begrijpt.

D: *We proberen het te begrijpen. Dat is het punt van het stellen van deze vragen. Is er iets dat Joyce moet doen met de energieën?*

J: Ze zijn haar bron om te gebruiken.

D: *Is dat het de reden om haar te laten zien hoe energievelden eruit zien?*

J: Ze zijn op dit moment nog niet te begrijpen. De tijd zal komen. Ze zullen betekenis krijgen.

D: *Willen jullie dat ze leert om deze energieën te gebruiken?*

J: Het is aan haar om andere mensen het eerst te laten begrijpen. De geheime factor moet worden ontdekt. Het ontglipt de meeste onderzoeken op dit moment.
D: *Maar het leek erop dat haar verschillende energievelden werden getoond.*
J: Dat was een magnifiek voorbeeld van de Bron.
D: *Er zijn anderen die naar de Bron toe zijn geweest, and het beschreven als een helder licht. Is het hetzelfde?*
J: De Bron gaat vergelijking te boven.
D: *Is dit een ander soort Bron of eentje waar ik mee bekend mee ben?*
J: Ze zijn één. Ze zijn hetzelfde.
D: *Maar je wilt dat ze weet heeft van deze energie en van de Bron?*
J: Zij zijn haar zegeningen van dit leven.—Formaties gaan haar te boven. Ze zijn eindeloos. Binnenkort zal ze er betekenis aan kunnen geven.—De informatiebron is ongelooflijk, nog onontdekt. Zij zal dit op een manier gebruiken die tot op heden onbekend is.

Ze kreeg geen vorige levens te zien omdat het OB die beschouwde als iets uit een ver verleden, en ze moest zich richten op haar nieuwe werk. Toen we bij de fysieke vragen aankwamen, liet ik het OB een bodyscan doen omdat ze zoveel klachten had. Het eerste waar het zich op richtte, was haar bloed. Dat was te dik. Dit werd veroorzaakt door ongelukkig zijn in dit leven. Het bloed moest verdund worden. Dus ging het OB door het systeem. 'Ik reis door de cellen heen ... door alle gewrichtsbanden, maak overal cirkels. Ik cirkel door elk mogelijk haarvat, en pak het verkeerde op en voer het af. Verwijder alles wat disharmonie veroorzaakt. Ik ga door alle organen en alle cellen heen. Moet snel zijn. (Ze had al een operatie gehad en er waren delen verwijderd.) Het had hersteld kunnen worden.—Het hart wordt overbelast. Het is van slag geraakt.—De haarvaten ... organen die steun nodig hebben. Alles herstellen. Die dingen moeten opgeschoond worden. (Ze had last van haar been sinds ze het had gebroken. Ik wilde weten waarom dat was gebeurd.) De snelheid waarmee je doorgaat, moet omlaag. Topsnelheid moet niet worden aangehouden. We hebben haar afgeremd. (Ze werkten aan het been.) Ik ga door de poreuze botten. Die hebben hulp nodig. Ik maak ze zoals een boom. Fundamenteel sterk.' Ze werkten ook aan haar heup en ruggengraat. Het hart was hersteld. De oorzaak van de schade aan het hart was 'gebrek aan vreugde.' Dit was een van de redenen waarom ze zo hard werkte, om het te verbergen. Om zichzelf bezig te houden.

Hoofdstuk 29
DE ZON

Terry had een aantal fysieke klachten omdat ze haar lichaam verwaarloosde terwijl ze voor anderen zorgde. Er werd haar verteld dat ze van haar lichaam moest houden. 'Diep van binnen heeft ze ingestemd om te komen, maar ze is nog steeds niet helemaal heel. Ze wil nog steeds weg.'

D: *Is het een te grote taak? Is dat waarom ze weg wil?*
T: Soms.
D: *Want ze zei dat ze zich hier nooit thuis heeft gevoeld. Ze wil hier eigenlijk niet zijn.*
T: Dat voelt ze, maar soms houdt ze van deze plek. Soms houdt ze van haar werk.
D: *Ze is gekomen met een reden, toch?*
T: Dat begrijpt ze, maar om succesvol te zijn moet ze 100% in het licht in het geluk zijn.

Ze wilden dat ze doorging met haar genezingspraktijk. Ze zeiden dat ze soms met een zeer krachtige universele energie werkte. Die leverde zeer sterke resultaten op; maar, 'Haar lichaam is er niet sterk genoeg voor op dit moment. Het kan haar vernietigen. Ze moet zelf sterker worden. Het is te veel energie. Ze zal het uiteindelijk gebruiken en zeer spoedig. Maar het kan vernietigen omdat het te sterk is.' Daarna kreeg ze advies over hoe ze haar lichaam beter in vorm kon krijgen. Het sprak over haar dieet. 'Ze moet meer buiten in de natuur zijn. Daar haalt ze haar energie vandaan. Ze moet stoppen met vlees eten. Het is niet goed voor haar lichaam. En overgaan op vloeibaar voedsel. Alleen rauw voedsel. Vloeibaar.' Dit is hetzelfde advies dat het OB iedereen geeft als we vragen naar dieet.

D: *Ze zei dat dat op het punt wilde komen waarop ze niets hoefde te eten.*
T: Dat zal goed voor haar zijn. We zullen begeleiding sturen die haar leert hoe ze dat moet doen. Niet iedereen kan dat. Sommige mensen kan het vernietigen, maar voor haar zal het goed zijn. Vloeibaar.
D: *Haar lichaam zal in staat zijn om zichzelf te onderhouden op die manier?* (Ja) *We willen absoluut niets doen dat haar kan schaden. Maar dan zal ze afvallen, nietwaar?* (Terry had overgewicht.)
T: Dit gaat niet over het gewicht. Dit gaat over energie. Hoe het het lichaam zal voelen trillen. Omdat het eten dat ze nu neemt kan haar trilling omlaag brengen. Dat is waarom ze nu de hogere heling-energie niet aan kan.
D: *Ze zei dat ze toen ze geboren werd, het hele eerste levensjaar, problemen had met haar spijsverteringssysteem. Waarom gebeurde dat?*
T: Omdat ze ergens in al haar levens met het licht was. Ze weet hoe ze energie van het universum kan pakken.
D: *Dus toen ze in dit leven kwam, dacht ze dat ze hetzelfde kon doen?*
T: Ja. (Lach) Toen ze kwam, begrepen haar ouders dat niet. Het eerste jaar was moeilijk, toen was ze ziek, en toen moesten wij ons aanpassen aan haar lichaam. Wij begrijpen volledig dat ze zonder voedsel kan leven, maar haar moeder ... er was zoveel bezorgdheid om haar.
D: *Dat is heel normaal. Mensen weten dat je voedsel nodig hebt. Ze zouden niet willen dat de baby verhongert. Dus nu denkt ze dat ze zonder eten kan?*
T: Dat zal haar lukken, maar ze moet helemaal opnieuw beginnen. Ze moet haar lichaam eerst afstemmen. Op dieet gaan, bewegen.
D: *Het langzaam doen?*
T: Ja, ze moet het langzaam doen. Ze kan het niet snel doen. Ze moet de frequentie van het geheel op verschillende niveaus in de organen brengen waar ze alles kunnen opnemen dat het lichaam nodig heeft van externe bronnen.

D: *Ze zal geleidelijk het lichaam in balans brengen. Ze zei dat ze het fijn vindt om buiten te zijn om energie van de Zon te krijgen.*
T: Ja, de Zon is heel goed. Ze heeft zelfs op de zon geleefd.
D: *Is dat wat mij verteld is, als zijnde de Bron, of is het anders?*
T: Dit is de Bron. Het is ook universele energie. En dat komt gewoon van de Bron.
D: *Toen ze op de Zon leefde, was dat iets anders?*
T: Ja, toen ze op de Zon leefde, was ze vrij van voedsel. Ze begreep het niet.

Het volume op deze tape was onregelmatig en moeilijk te transcriberen.

D: *Had ze een fysiek lichaam toen ze dat deed?* (Ja) *Is het mogelijk om op de Zon te leven?*
T: Ja. Het is daar heel goed. Vanbinnen is het net zoals op Aarde. Binnenin de planeet.
D: *Oh? Het is niet op het oppervlak.*
T: Nee. Nee.
D: *Dat is waarom mensen er kunnen leven zonder te verbranden?*
T: Ja. Het is niet heet. Het is zeer comfortabel.
D: *Wij denken altijd dat het heet is.*
T: Nee, dat is allemaal 'mind'.. Allemaal 'mind' ... illusies wanneer we denken dat het heet is. De frequentie aan het oppervlak is heel hoog, en ons lichaam heeft een andere frequentie. Daarom voelen we z'n hitte niet. We leven niet op het oppervlak. We leven binnenin, en dat is heel fijn.
D: *Ze hebben geen voedsel nodig omdat ze leven van de energie.* (Ja) *En ze hebben fysieke lichamen die dit kunnen?*
T: Ja, we hebben hetzelfde lichaam als op Aarde.
D: *Maar het is gewoon een andere frequentie?*
T: Heel hoog.
D: *Zijn er steden binnenin?*
T: Die zijn er, ja. Beschavingen, maar het is niet met grote gebouwen. Het is klein ... dichtbij God. Ze hebben licht, en de lucht is paars. Het is prachtig. We hoeven niet te eten

omdat we van de energie van de buitenkant leven. Het is heel fijn daar. Er is daar heel veel liefde.

D: *Dus ze zal zich kunnen herinneren hoe het lichaam toen kon bestaan?*

T: Dat is wat ik bedoel.

D: *Zolang het haar maar niet schaadt. We willen niets doen dat dit lichaam kan beschadigen.—Is dat waarom ze hier niet wilde zijn?*

T: Ja. We kunnen daar vliegen. Ik kan vliegen als ik wil. Als ik wil kan ik lopen.

D: *Hoe kan het daar daar beneden een lucht is?*

T: Binnenin is het geen dag of nacht.

D: *We denken bij de lucht aan een atmosfeer.*

T: Het is paars, en ik zie geen sterren. Ik houd ervan om naar de sterren te kijken.

D: *Is het dan de hele tijd dag?* (Ja) *Dus toen ze naar de Aarde kwam miste ze die plek..* (Ja) *Maar ze moet nu hier leven en haar opdracht afmaken, toch?*

T: Dat is waarmee ze instemde.—Dat moet ze doen. Als we de Aarde niet hebben, zal de Zon ook vergaan. De Zon is is de ster waar de Aarde omheen draait. De Zon zal ook vergaan.

D: *Wat betreft de andere planeten in ons zonnestelsel?*

T: Ze zullen erdoor worden getroffen.

D: *Wat er op Aarde gebeurt beïnvloed alles?*

T: Het zal de balans tussen planeten verwoesten. Maar ze stemde ermee in om naar de Aarde te komen om jullie planeet te redden.

D: *Dus als ze deze taak afrondt, hoeft ze niet nog eens terug te komen?*

T: Dat zal aan haar zijn.

Ze werkten aan haar lichaam. De artsen wilden haar knie opereren, en "zij" zeiden dat ze genezen zou zijn voordat er een operatie kon plaatsvinden.

Afscheidsboodschap: Hou van je lichaam en geloof in jezelf. Verbind met de Bron. En luister beter naar jezelf wanneer je de mensen lesgeeft want er zit ook een boodschap voor jou in. We zijn altijd hier. Ze is nooit alleen..—Ze moet mediteren. Ze moet het zich elke keer herinneren wanneer ze door het donkerte gaat. Ze kan altijd bij ons komen. Ze moet de tijd nemen om te stoppen ... om contact met ons te maken, en dan komt het goed met haar.

Ik heb meerdere gevallen gehad waarin cliënten zeiden dat ze bij hun geboorte geen borstvoeding wilden. Uiteraard moesten de artsen hen toen via een infuus voeden, totdat ze de baby zover kregen om mee te werken. In dit soort gevallen zegt het OB steevast dat ze afkomstig zijn van een planeet of dimensie waar ze geen voedsel nodig hadden, dus ze waren niet gewend om iets tot zich te nemen om te overleven. Dit is hoe veel buitenaardsen leven. Ze hoeven niets tot zich te nemen, waardoor hun organen zijn verschrompeld door het gebrek aan gebruik. Ze leven van licht, en zeggen dat dat licht rechtstreeks van de Bron komt. In Legacy From the Stars staat een verhaal over sommigen die regelmatig een 'lichtbad' nodig hebben. Ze liggen dan in een cabine die lijkt op een sarcofaag, en de intensiteit en kleur van het licht geeft een indicatie van hoeveel energie hun lichaam nodig heeft. Deze methode wordt ook gebruikt aan boord van ruimteschepen tijdens ruimtereizen, en het licht wordt opgeslagen in kristallen. Het is dus goed te begrijpen dat een ziel die uit zo'n omgeving komt, verward raakt wanneer het een aards lichaam binnengaat dat vast voedsel nodig heeft.

Een aantal van mijn cliënten (waaronder deze) had gehoord van mensen die niet hoeven te eten. Ze leven op hun ademhaling. Ik geloof dat ze "Breatharians" worden genoemd. Ik weet zeker dat yogi's en mensen die gewend zijn om te mediteren en een sober leven te leiden, zichzelf hebben geleerd om zonder voedsel te leven, maar ik dacht niet dat het mogelijk zou zijn voor de doorsneemens. Tijdens deze sessie werd tegen Terry gezegd dat het mogelijk is, maar dat het veel discipline vergt, en dat ze daar nog niet klaar voor was. Maar, nadat ik klaar was met het geven van een lezing in Ierland, in september van 2011, kwam er een jonge vrouw naar me toe om met me te praten. Ze was mooi en slank en zag er niet anders uit dan wie dan ook. Maar er was iets bijzonders aan haar. Ze zei dat ze in haar hele leven nog nooit voedsel of water had geconsumeerd, zelfs niet als baby of kind. Ze had het niet nodig. Ik had graag meer tijd genomen om haar vragen te stellen, maar er waren te veel mensen die me allemaal hun eigen ervaringen wilden vertellen.

'Signeer alsjeblieft mijn boek. Alleen maar één foto, alsjeblieft.' Dus ging de kans voorbij. Het lijkt erop dat als ik een vraag heb, het universum met een antwoord komt. Ik had me afgevraagd of dit soort mensen echt bestaat, en er werd er één naar me toe gestuurd. Ik ben er zeker van dat als er één is, er meer moeten zijn. Het OB zei tijdens deze sessie dat ze bestaan. Een van onze vrienden bij de lezing zei achteraf dat het leven er zeker makkelijker (en goedkoper) van zou worden als je je geen zorgen hoefde te maken over het kopen en bereiden van eten. Toen bedacht ik me ook ineens dat het ervoor zou zorgen dat het uitscheiden van voedsel zou wegvallen: urineren en de stoelgang. Ik vraag me af of hun organen ook zijn verschrompeld door het gebrek aan gebruik, net zoals bij de ET's. De vrouw vertelde me dat ze nog nooit ziek was geweest en dus geen reden had om naar de dokter te gaan. Het zal dus kennelijk lastig zijn voor medisch personeel om überhaupt van dit soort mensen af te weten. Ik ben er zeker van dat als ik meer hierover zou moeten weten, er in de toekomst meer informatie zal komen.

***

Direct nadat ik mijn lezing en rondreis door Europa had afgerond, ging ik naar India om te spreken op een conferentie in Pyramid Valley, net buiten Bangalore. Een van de sprekers vertelde dat zij in de jaren '90 had kunnen stoppen met eten, maar dat er diepe meditatie nodig was om dit te bereiken. Ze zei dat er minstens 30.000 mensen op Aarde zijn die ook geen voedsel hoeven te nuttigen. Echter raad ik dit niet aan voor de doorsneemens, omdat ik denk dat er speciale omstandigheden voor nodig zijn om ervoor te zorgen dat het fysieke lichaam overleeft.

Hoofdstuk 30
ACTIVATIE VAN DE NIEUWE LICHTENERGIE

Toen Sherri van de wolk afkwam, begon ze een scène te beschrijven die me steeds vertrouwder begon voor te komen. Veel van mijn cliënten gaan tijdens de sessies niet langer naar vorige levens. Ze gaan naar een prachtig licht dat ook een krachtige energie lijkt te zijn. Voor mij geeft het juist extra geldigheid wanneer meerdere mensen dezelfde dingen beschrijven terwijl ze in diepe trance zijn, omdat ze geen idee hebben wat ik aan het blootleggen ben.

S: Ik zie een heel mooi licht. Het is geelachtig goud, maar terwijl het verder uitstraalt en me omhult, wordt het meer een violet/lavendel-kleurig licht. Het doordringt mijn lichaam... mijn hart. (Ze werd emotioneel.) Het voelt zo ontzettend goed.

D: *Waar lijkt het licht zich te bevinden?*

S: In mijn ogen... voor mijn gezicht en verder omhoog. Het is overal. Het enige wat ik kan zien is het sterrenlicht. Terwijl ik het aan jou beschreef, voelde het zo goed dat ik wilde huilen.—Nu ben ik volledig in het licht. Het heeft me gewoon volledig doordrongen en nu is het overal om me heen. Het voelt heel kalm en zacht, en mijn hele lichaam gloeit gewoon.

D: *Hoe ervaar je je lichaam?*

S: Het lichaam is als een klein omhulsel aan de oppervlakte, zoals de huid, maar er is verder niks. Het is heel interessant omdat alles als het ware wegsmelt, dus als ik in mijn lichaam kijk, is er alleen licht. En toch weet ik dat ik een lichaam heb, maar het is sterrenlicht ... het is groot zonlicht. Op dit moment zijn het veel kleuren, niet langer maar één kleur.—

Het is gewoon het licht, en toch weet ik dat er wezens zijn, maar ik kan niets anders zien dan licht of iets anders voelen dan licht. Het zou interessant zijn om anderen te zien. Ik weet dat ze er zijn.

D: *Als je ze zou kunnen zien, hoe zouden ze eruitzien?*

S: Ze zouden eruitzien als lichtwezens. Ze zouden op mij lijken. Er zouden van die kleine omhulsels zijn met licht erin en eromheen. (Ze werd emotioneel en begon te huilen.) OH, het licht is heel krachtig! (Vol ontzag) Oh, het is prachtig. Het is zo puur. Het gaat gewoon dwars door alles heen. Niets kan dit weerstaan.

Ze zei dat het ook vertrouwd leek, alsof ze het al eerder had meegemaakt.

S: Ik zoek mijn weg hier een beetje, want het voelt alsof deze stromende energie oneindig doorgaat. Maar wat mijn lichaam betreft, blijft het steeds dieper gaan, tot voorbij het lichaam. Dus ik ben me gewoon bewust van het licht in mijn lichaam, maar er zijn ook anderen aanwezig en ik baad alleen maar in dit licht. Het voelt alsof het door mij heen gaat en ergens naartoe gaat zoals naar de Aarde of zo. Het stroomt door me heen. (Snikkend)

D: *Waarom word je daar zo emotioneel van?*

S: Omdat dat eigenlijk alles is wat ik doe: energie door me heen laten stromen, en ik dacht dat ik anders was. (Huilend) Ik ben hier eerder geweest, maar ik zag het niet als mezelf. Dit is veel groter. Dit is overal. Ik kan het voelen. Ik voel het de aarde instromen.

D: *Heb je het gevoel dat dit een energie is die je gebruikt?*

S: Het is wat ik ben. (Fluistert) Ik ben licht. Ik ben energie. Dat wist ik voorheen niet. Ik kon het voorheen wel voelen, maar ik ben deze energie. Ik kende dit licht, maar het leek alsof het meer "daarbuiten" was, en door me heen kwam, maar dit is anders. Dit is gewoon puur licht. Het is eeuwig.

D: *Denk je dat je het zou kunnen gebruiken?*

S: Ik kan het op elke manier gebruiken. Ze vertrouwen me met dit licht.

D: *Vraag hen wat dat betekent.*
S: Ze houden heel veel van me en vertrouwen het mij toe om dit licht te gebruiken. (Snikkend en verwonderd.) Ze zijn pure liefde. Het is geweldig om hen te zien.
D: *Hoe zien ze eruit?*
S: Ze zijn kolommen van licht, maar ze voelen heel, heel groot, krachtig en rechtopstaand aan. En ze weten alles van ons. (Huilend) Ik ben zo dankbaar dat ik bij hen mag zijn. Ze zeggen: "We willen je helpen en we helpen je ook." En ik voel dat een van hen, met een veel lagere stem, door mij heen wil spreken.

Ik verzekerde haar ervan dat het oké was om dat toe te staan, als ze daartoe bereid was omdat het altijd makkelijker is om rechtstreeks te communiceren. De stem werd sterker toen het begon te spreken.

S: Wij laten licht door je heen pulseren.
D: *Wat is het doel van het licht door Sherri heen pulseren?*
S: Zij is volledig in flow en is in staat om dit licht vrij te geven. Het is allemaal perfect. Wij hebben een groep sterren, maar het ziet eruit als één licht. En we hebben dit licht gebundeld in vormen die door mensen heen zullen stromen, en Sherri is een van hen. De energie laat haar lichaam tintelen. We moesten haar voorbereiden. We moesten haar in staat stellen zich er goed bij te voelen, zodat we via deze vorm konden doorkomen zoals nu. Ze voelt het, en het is een prachtig gevoel.—Het is heel vreemd om te spreken en het lichaam te voelen. Wij hebben een groot hart. Wij spreken via het hart. Zij ervaart het als vrede in het hart. Zonder voorbereiding zou ze nooit zoveel licht aankunnen ... nooit ... nee, nooit. (Pauze) Ik zie de planeet en ik zie niet alleen het licht de Aarde instromen. Ik ben een van de individuen die nu door haar heen spreekt, en ik ben vooral geïnteresseerd in de atmosfeer, en dit licht zal de atmosfeer ingaan. Er is veel in de atmosfeer dat correctie en afstelling nodig heeft en vooral het violette licht dat zij ziet en het blauwe licht en het witte licht. En alle kleuren die al op

Aarde aanwezig zijn, zullen met dit licht worden afgesteld. Dus ik help mee om de atmosferische lichtfrequenties af te stellen, zodat het werk dat zij doet veel meer bewustzijn heeft. Maar ik wilde haar deze grotere dingen laten zien die dit licht allemaal doet, voorbij de persoonlijke wereld waarvan zij denkt dat ze ermee werkt.

D: *Omdat wij betrokken zijn bij de individuen.* (Ja) *Maar jij bent betrokken bij het grotere plaatje?* (Ja) *Wat is er mis met de atmosfeer dat correctie vereist?*

S: Het is veel meer dan alleen allerlei vormen van vervuiling en gedachten en dergelijke. Het is eerder een verstoring. Deze verstoringen werden lange tijd in stand gehouden om dingen op een bepaalde frequentie te laten functioneren, zodat mensen dingen konden leren. Maar die dingen worden nu opgeheven en het licht lost letterlijk de zwaarte en vervuiling, en de verstopping en negativiteit op. En kan daardoor ook de klanken van onenigheid op de planeet, die hier al heel lang zijn, volledig loslaten.

D: *Het gaat dus om meer dan alleen door de mens veroorzaakte vervuiling? Gedachten en andere dingen zijn ook vervuild?*

S: Ja. Ze worden gezuiverd. We gebruiken geluids- en lichtfrequenties. We praten met haar via klanken en ze begrijpt klanken beter dan andere modaliteiten. Ze kan het geluid vrijer inzetten om anderen te helpen.

D: *Omdat het niet haar taak is om aan de atmosfeer te werken. Haar taak is om individuen te helpen?*

S: Ja. We moesten iets in de atmosfeer zuiveren om haar te helpen deze energieën te gebruiken, en daarom ben ik nu doorgekomen. Dit zal het werken met de energieën veel, veel gemakkelijker maken. Het was een atmosferische aanpassing die via jou moest worden gedaan, Dolores.

D: *Oh, ze had het niet zelf kunnen doen?*

S: Nee. Het zou langer hebben geduurd.

Vervolgens gingen ze door met instructies over hoe Sherri de energie voor heling moest gebruiken. "Ze kan haar handen op of boven het lichaam plaatsen en de klanken maken, en wij zullen doorkomen en helpen." Ze zou instinctief weten welke klanken ze moest maken. Het zou heel natuurlijk voor haar zijn, en dan zouden ze door haar heen werken, en haar als instrument gebruiken. Ik merkte op dat Sherri's lichaam al een tijdje aan het schokken en schudden was. Ze zeiden dat ze aan het zuiveren en afstemmen waren, zodat haar lichaam de energie aan zou kunnen en zou kunnen richten. Ze stuurden pure lichtenergie "die alle cellen en al het botweefsel ingaat, en die zich vult met licht, en dat is precies wat ze nodig had." Sherri had wat problemen met haar interne organen gehad, vooral de blaas, dus vroeg ik naar de oorzaak.

S: Ze had een zware binnenkomst en ze kwam in stukjes binnen. En ze had een metalen deel van een ruimteschip in zich zitten dat we graag willen verwijderen. Het was als een gewicht, een druk die op haar inwerkte.

D: *Je bedoelt toen ze in dit leven kwam? Gebeurde er iets met het ruimteschip?*

S: Ja ... voordat ze in dit lichaam kwam. Ze werd ter wereld gebracht en ... ze kwam in stukjes, en wanneer er een probleem is met doorkomen, dit creëerde een druk op haar blaas, fysiek vastgelegd in haar lichaam als metaal dat tegen haar aandrukt.

D: *Hoe bedoel je, ze kwam in stukjes?*

S: In jouw tijd en ruimte werd ze in stukjes geboren, in dozen, in kubussen, in lichtkubussen. In segmenten, zoals jullie dat zouden noemen, en er was een probleem in een van die segmenten.

D: *Ik probeer nieuwe informatie te begrijpen die ik nog niet eerder heb gehoord. Komt de ziel niet in één geheel binnen?*

S: Dat is waar. De ziel komt inderdaad in één geheel binnen. De ziel is... ik probeer dit in taal over te brengen.

D: *Taal is altijd een probleem.*

S: Het is zoals het licht dat ze ervaart. Het stroomt overal heen. Het straalt. Het kent geen grenzen. Maar datgene waar ik het over heb, is het menselijke lichaam. Dat kan niet zoveel licht aan, dus gaven we het haar in verschillende segmenten. En sommige fysieke energieën op de planeet, waarvan zij deel uitmaakte, moesten zich aanpassen aan deze nieuwe energieën. En er was een probleem in het bekkengebied en ze kon die grote hoeveelheid licht niet volledig opnemen, en dat zorgde voor fysieke problemen in dat hele gebied.

D: *Is dat een van de redenen waarom ze geen kinderen kon krijgen?* (Ja) *Je zei dat jullie nu bezig zijn om het metaal daar te verwijderen?*

S: De omstandigheden. Het metaal was de drager van dit licht. Dat is nu weg, maar de afdruk van het metaal op het fysieke lichaam was ingeprint met deze ervaring.

D: *De zwaarte die als druk voelde.*

S: Ja. Het is slechts een herinnering.

D: *Kunnen jullie dat wegnemen?*

S: Ja, natuurlijk kunnen we dat.

D: *Ik denk dat ik nu begrijp waar jullie het over hebben. Het is me ook uitgelegd door andere wezens zoals jullie, hoewel ze andere termen gebruikten. Ze zeggen dat de energie soms nog niet in het fysieke lichaam, het menselijke lichaam, is geweest. Klopt dat?* (Ja) *En dat het daarom een te sterke energie is?*

S: We hebben dit aan veel wezens tegelijkertijd gegeven. Dit was geen unieke energie.

D: *Ik heb eerder gehoord dat het lichaam de energie niet aankon, dus dat het geleidelijk moest gebeuren.*

S: Dat klopt, en soms verliep het niet zoals we hadden gehoopt. Het moest worden verfijnd en opnieuw worden gedaan, maar het was een probleem voor haar fysieke zelf.

D: *Ik heb gehoord dat soms wanneer dit wordt geprobeerd, de baby een miskraam wordt omdat er te veel energie is.*

S: Ja. Dat maakte ook deel uit van haar ervaring, maar ze koos er niet voor om te vertrekken. Ze kwam binnen met heel helder licht en ze was in staat om in het lichaam blijven, maar het was te veel. Er moet ook een aanpassing plaatsvinden in het lichaam van de moeder. We hopen de energie die binnenkomt aan te kunnen.

D: *In andere gevallen waar jullie me over vertelden, moest er aanpassingen plaatsvinden zodat de baby de volgende keer niet zou worden afgestoten. Hij zou dan geboren kunnen worden, maar kon niet alle energie in één keer hebben.*

Klinkt dat logisch? (Ja) *Ik heb het in verschillende termen gehoord. Ik heb nog nooit gehoord dat het in stukjes of segmenten gebeurt.*
S: Jij hebt het over walk-ins, en walk-ins zijn segmenten.
D: *Maar ik heb nu ontdekt dat er veel verschillende soorten walk-ins zijn.* (Ja.) *Niets is zo eenvoudig als mensen denken dat het is.—Maar betekent dit dat Sherri nog niet eerder een leven in een fysiek lichaam op Aarde heeft gehad?*
S: Ze heeft niet eerder levens op Aarde gehad. Ze heeft andere ervaringen gehad. Ze heeft vele ervaringen gehad en heeft gigantisch veel herinneringen aan mooie en verschillende plekken. Ze heeft de waterplaneet gekend, en ze heeft andere sterrenstelsels ervaren, en ze gaat voorbij zonnestelsels. Ze begrijpt licht en andere dimensies en ze heeft kennis van voorbij de fysieke schepping van de wervelende oorsprong van het onbeschrijflijke.
D: *Dat klinkt alsof ze erg gevorderd was. Ze had de Aardse ervaring eigenlijk niet nodig.*
S: Ze kwam hier in een moeilijke periode voor dit soort energie, maar ze wilde dit heel, heel graag doen. Ze wilde dit diep vanbinnen doen en ze kwam samen met anderen. Er zijn anderen hier op Aarde zoals zij.
D: *Ik heb met velen gesproken. Ik denk dat ik ze beter begrijp dan de meeste mensen.*
S: (Fluisterend) Dat doe je inderdaad.
D: *Heeft ze het zelf besloten, of hebben anderen haar geholpen bij die beslissing?*
S: Nee, ze kwamen als groep. Ze voegden zich bij elkaar en kwamen gezamenlijk, hoewel dat over een aantal jaren was verspreid. Ze waren één van die groepen en er komen nu veel groepen.
D: *Maar ze zijn allemaal verspreid en kennen elkaar niet.*
S: Nee, ze zullen elkaar zeer binnenkort weer kennen.
D: *Dat is waarom ze het moeilijk hadden, omdat ze het gevoel hadden dat ze helemaal alleen waren.*
S: Ja, dat is waar.
D: *Maar waarom koos ze voor de Aarde? Wat maakte dat ze besloot hierheen te komen?*

S: Het was een opdracht. Iets waarmee werd ingestemd. Wij zijn een raad en deze energie kwam van buiten het melkwegstelsel. Het was een sfeer van bewustzijn dat in fasen pulserend in de vele melkwegstelsels gebracht wilde worden. En toen het doorkwam, voegde het zich bij iets wat al aanwezig was, en het had een verhaal dat nog niet verteld was. Het had informatie die nog niet ervaren was. Het was nieuw en bevatte kennis die zou helpen bij het veranderen van wat jullie nu allemaal begrijpen over wat er op Aarde gebeurt. Maar het is een veel grotere verandering die zich voltrekt door vele, vele melkwegstelsels en op vele plaatsen. Dit is een enorme verandering.

D: Dus het is niet alleen hier op Aarde?

S: Correct.

D: Wat is die verandering die gaande is? Je zei dat het nieuw is en nog niet eerder is gebeurd.

S: Ja. Ik kan het niet beschrijven. Het is gewoon niet beschikbaar.

D: Ik weet dat het altijd moeilijk is om de woorden te vinden. Doe maar gewoon het beste wat je kunt met wat je hebt.

S: Precies. Precies. Wat er nu wordt gecreëerd, is nog nooit eerder ervaren, en er worden wezens met inzicht bij ieder wezen op Aarde geplaatst. En zij zullen dan luisteren naar deze ongelooflijke versterking die zij diep vanbinnen kennen via hun eigen systemen, en we doen dit op dit moment, terwijl we spreken. Dit is een grote implantatie ... als dat al een woord is. We implanteren en verankeren. Dit licht gaat feitelijk recht de zonnevlecht- en wortelchakra van ieder wezen binnen en krijgt daar een stem. Daarom is het V-vormig in het lichaam. Zie dit als iets goeds, want wij kunnen zien hoe dit zich verspreidt en alle wezens zullen deze nieuwe mogelijkheid krijgen om licht te ervaren via hun systeem van "zijn" van lichamelijkheid, en zij kunnen met alle dingen spreken via deze nieuwe energie. Het is kegelvormig en wordt in het onderlichaam geplaatst; het gebied waar Sherri zoveel problemen mee heeft. Wat zij voelde, was het voorgevoel van deze plaatsing.

D: Het is in dat gebied?

S: Ja, via de chakra's. Het is een grote plaatsing van een geheel nieuwe vorm van communicatie, en het is als een lichtkegel die in het lichaam van ieder wezen op de planeet wordt geplaatst. Dat was het doel van vandaag, om ons in staat stellen om bewust te worden waargenomen als een van de dingen die doorkomen met de hulp van mensen. Het is licht, maar het heeft ook een vorm. Het is in wezen een vortex.
D: *Wordt het bij iedereen geplaatst?*

Dit was zeker nieuwe informatie. Ik wilde het begrijpen, zodat ik het niet als negatief zou ervaren.

S: Ja ... iedereen ... ook dieren.
D: *Wat is het doel ervan om dit bij iedereen te plaatsen?*
S: Het is een nieuw communicatiesysteem. Het is een veel gevorderde manier om licht te gebruiken.
D: *In het verleden zijn er communicatiesystemen geweest die iets weg hadden van instincten.*
S: Ja. Intuïties. Die oude manieren zijn niet meer zo effectief. Dit is zo nieuw dat het niet eens ... ja, de oude systemen zullen nuttig zijn, maar ze zullen niet zo effectief zijn als dit.
D: *Dus was het tijd voor verandering?*
S: Ja. Een volledig nieuw system is geïnstalleerd.
D: *Hoe zal het individu dit waarnemen?*
S: We zien bij veel mensen veel verstoring in dat deel van het lichaam. Dat was als voorbereiding hierop, en nu het wordt aangepast en op zijn plek zit, zijn er veel dingen de mensen makkelijker zouden kunnen doen. En het niet voelen als fysieke ongemakken, of als onzekerheid of zelfs financieel. Het verlicht het oude systeem van de opgestapelde druk die in het systeem is opgebouwd. Dit is een veel geavanceerdere vorm van menselijke belichaming door deze informatie die wordt gestuurd te gebruiken.
D: *Ik probeer te begrijpen hoe het werkt en of de gemiddelde persoon er iets van zal merken.*
S: Ja. Het wordt geactiveerd.
D: *Dus het is aanwezig, maar het is niet bij iedereen geactiveerd?*

S: Nee, het komt al geactiveerd binnen. Het is alleen dat alles in voorbereiding was en dat het nu op z'n plek is ingebed.
D: *Maar de persoon wist niet wanneer dit gebeurde?*
S: Het is zojuist gebeurd. De voorbereiding zat er al lang aan te komen, maar de daadwerkelijke gebeurtenis vond plaats in de laatste paar dagen. (Deze sessie was op 11 juli, 2009.)

Dit was een verrassing. Ik wist dat ik me niet anders voelde. Dat dacht ik in ieder geval.

D: *Is er iets gebeurd dat ervoor zorgde dat het nu op de planeet geactiveerd werd?*
S: Het was tijd dat dit gebeurde. We zijn er al heel lang mee bezig ... voor dit moment.
D: *Dat is heel recent geweest. Daarom vroeg ik me af of er iets was dat dit heeft aangewakkerd.*
S: Het stond al gepland.
D: *Je zei dat iedereen er eentje zal hebben. Zal iedereen weten dat het er is? Zullen ze erop reageren?*
S: Ik zie het. Ik zie het. Ik zie het alsof het er al is, maar vanuit het menselijke perspectief zal het een tijdje duren.
D: *Zullen mensen iets anders opmerken?*
S: Het zal heel anders aanvoelen. Ze zullen niet boos worden, en zullen heel goed in de energie van de planeet kunnen zijn. Niet dat ze er nu niet van houden om hier te zijn. Het zal niet zo moeilijk zijn omdat ze als het ware kleine sterren en kleine planeten in zichzelf hebben die als thuis voelen. En toch kunnen ze hier zijn en volledig in dit licht zijn ... in deze energie. Iedereen zal dit hebben.
D: *Dus ze zullen niet het gevoel hebben dat dit een andere plek is? Ze zullen dat verlangen om naar huis te willen niet meer hebben?*
S: Juist. Ze zijn thuis.
D: *Het is makkelijker om te acclimatiseren.*
S: Ja, dit zal fantastisch voelen.

Uiteraard zorgde mijn nieuwsgierigheid ervoor dat ik vroeg of dit ook bij mij was gedaan. Ze grijnsde terwijl ze antwoordde:

'Natuurlijk.' Vervolgens vroegen ze of ik het kon voelen. Het enige waar ik me van bewust was geweest, was een gevoel van energie dat door me heen bewoog terwijl ze het door haar heen lieten gaan. Ik wist niet of dit was wat ze bedoelden. Ik vroeg: 'Gaan we ons bewust zijn van energie?

S: Je zult het voelen. Je zult het duidelijker voelen. Je zult het net zo voelen zoals zij die ster-zon energie voelde, maar jij zal het op jouw eigen unieke manier ervaren, zoals ieder mens dat zal doen. Maar het zal als thuis voelen. Het is hun eigen beleving van deze energieën.

D: *Je zei dat het de cellen van iedereen vult, of is dat alleen bij haar*

S: Het licht vulde elke cel, maar de kegel is een zielverbindingstoestel.

D: *Het is een manier om te communiceren?*

S: Juist. Er zal niet langer een afscheiding zijn van de Kracht of God.

D: *Kan dit gebruikt worden voor heling, of is het iets anders?*

S: De energie is hetzelfde, maar hoe elk persoon het gebruikt kan heel anders zijn. Het kan op veel manieren worden gebruikt.

D: *Dat is wat ik probeer te begrijpen. Hoe zit het met de negatieve mensen hier?*

S: Daar zijn we mee bezig. (Pauze) Wat doen we met negatieve mensen? Voor hen kan het in eerste instantie als verstorend worden ervaren, maar wat het kan doen, is de negativiteit fuseren. Ze kunnen dit niet controleren. Dat is een aspect van God en dus worden ze getransformeerd door het draaien van deze kegel in hun systeem totdat ze die energie loslaten die niet langer in dit licht kan bestaan.

D: *Omdat de negativiteit niet kan bestaan in dit licht?*

S: Het kan niet bestaan.

D: *Maar je zei dat het in het begin een beetje vreemd, verstorend zal voelen voor hen?*

S: Zo zou het voor hen voelen, maar het is zoveel sterker dan hun wilskracht. Ze zouden er niet tegen opgewassen zijn en het zou gaan voelen alsof ze er alleen maar in mee kunnen gaan. Ze zullen er niet tegen kunnen vechten. Ze zullen het niet kunnen beheersen.

D: *Gaat dit in tegen de vrije wil van het individu?*

S: Zo wordt de negativiteit afgeworpen en verdampt het. Zo verdampt het in het licht, en de vrije wil ís dit licht. (Pauze) Oh, ik begrijp wat je bedoelt. De vrije wil. Hier werd lang geleden mee ingestemd, nog vóór iemand vorm aannam, vóór iets zich manifesteerde. Ze hadden interesse in het meemaken van deze ervaring (vrije wil), en dat hebben ze tot het uiterste doorgevoerd, op veel plekken en in veel mogelijkheden. Maar het is een tijd ... weet je hoe een tol draait en dat het lijkt alsof die stilstaat, maar hij draait juist razendsnel? (Ja) Dat is hoe dit voelt in het systeem. En dat gevoel is zó krachtig dat het in balans blijft, en het opgestapelde bewustzijn van deze negativiteit kan die balans niet verstoren. Dus de vrije wil om te verkennen is één ding, maar het vermogen van alles om zich dit te herinneren en deze energie vast te houden is veel sterker dan de vrije wil om te verkennen en te ontwikkelen wat jullie "karma, negativiteit" noemen. Daar was al lang geleden mee ingestemd, in de tijd waarop zo'n onbalans was gecreëerd, dat we iets instelden dat het weer in evenwicht zou brengen.

D: *Dus jullie denken dat dit het moment is vanwege alle negativiteit die de wereld heeft gecreëerd?* (Ja) *Het is zeker uit balans. Nu is het tijd om dit te doen om het weer in balans te brengen?* (Ja) *De wereld is gecreëerd met vrije wil om te zien waartoe ze in staat was, maar dat kan maar tot op zekere hoogte.—Oké, betekent dit dan dat karma niet langer zal bestaan?*

S: Juist. Het zal niet langer bestaan. Het kan niet oneindig zichzelf blijven herscheppen, opnieuw en opnieuw en opnieuw. Het was slechts een verkenning.

D: *Hoe zit het met het karma dat mensen nog niet hebben afgelost?*

S: Dat is wat ik bedoelde met het verdampen. Het wordt verspreid en verdampt. Het bestaat niet.

D: *In mijn werk zeg ik altijd dat ze moeten vergeven en het moeten loslaten.*

S: Dat is heel goed.
D: Is het niet langer noodzakelijk om ze dat te zeggen?
S: Ik kijk vanuit een perspectief waarin ik zie hoe dit alles verandert, maar op individueel niveau kan dat nog steeds invloed hebben op de manier waarop je mensen helpt. Je kunt je herinneren dat dit in iedereen is geplaatst, en misschien wordt het zó geactiveerd dat je nieuwe manieren zult vinden om ... Ik denk niet dat je nog veel van de oude vorm zult tegenkomen. Die valt weg. Wat jij zult doen, is mensen helpen naar de nieuwe vorm toe, en ze zullen de oude niet veel langer kunnen vasthouden.
D: Betekent dat dat dit het einde zal zijn van oorlogen en alle negatieve dingen die de wereld geteisterd hebben?
S: Absoluut. Het is een heel groot plan en het is al in werking, en deze grote verandering—laten we eens kijken—gebeurt overal. Dat is het ding. Het is niet alleen de Aarde. Dit is zo groot. Het transformeert alles. Dit is de grootste verandering ... ooit. Dit is veel groter dan de Aarde, maar de Aarde maakt er een heel groot onderdeel van uit.

Ik vroeg naar de informatie die ik had gekregen over de Nieuwe Aarde en de Oude Aarde. En over het splitsen en de nieuwe wereld die naar een nieuwe dimensie beweegt. En dat sommige mensen bij de oude manieren zouden willen blijven en niet zouden willen veranderen.

S: Dat zie ik niet. Misschien moet er iemand anders komen om met je over dat onderwerp te praten. We zijn hier met velen.—Deze energie is overal. Ik zie niets dat zou kunnen blijven bestaan in een destructieve, gewelddadige, negatieve vorm. Het kan niet standhouden. Misschien bedoel je daarmee de Nieuwe Aarde, maar een oude Aarde ... die zie ik gewoon niet.

Ik vond dat het tijd was om terug te gaan naar Sherri's vragen, en veel daarvan gingen over lichamelijke kwalen. Het OB ging door het lichaam heen en corrigeerde alle problemen,

maar het had een advies voor Sherri. "Ze moet verdriet loslaten."
Ik wilde een uitleg.

S: Verdriet. Op dit moment is haar hart verdrietig. Ze begreep haar ervaring niet en het ging haar erg aan het hart.
D: Welke ervaring?
S: Dat ze een lichtwezen was in een menselijke ervaring. En ze kon die menselijke ervaring niet begrijpen, en dat drukte zwaar op haar emotionele hart. Ze kon dit totaal niet begrijpen.—Het gaat er meer om dat ze het licht begrijpt, omdat ze het licht tot haar beschikking heeft en het op alle manieren kan gebruiken die ze zich maar kan voorstellen, en wij zullen volledig met haar samenwerken. Dat hebben we altijd gedaan, en ze is zeer bereid geweest ons te bij te staan, maar nu, vooral door deze sessie, zal ze meer open kunnen staan. Vele deuren zullen openvliegen en we zullen in staat zijn dit licht te doen overvloeien in veel van de interacties die ze gedurende de dag met mensen heeft. Ze is hier om te helpen. Ze moet het verdriet loslaten en haar rol accepteren. Ze mag nooit de hoop verliezen. Er zijn altijd nieuwe mogelijkheden.

Het Ingewikkelde Universum Boek Vier

Tijd en Dimensies

Het Ingewikkelde Universum Boek Vier

Hoofdstuk 31
HET STATION

Toen Chandra net van de wolk afkwam, zag ze een woud van hele, hele hoge bomen aan de rand van een weiland. Ze zag een kwieke leprechaun die tussen de bomen door dartelde. Maar in plaats van daar beneden aan te komen, voelde ze de drang om weg te vliegen van de Aarde, de ruimte in. Daar zag ze duisternis en sterren terwijl ze gewichtloos rondzweefde. Ze had het gevoel alsof ze deel uitmaakte van de ruimte, terwijl ze erin volledig in opging. "Het voelt goed. Ik ga ergens naartoe. Ik zie iets, maar ik kan het niet onderscheiden. Het is donker. Ik zie sterren. Ik zie iets zweven, in het midden ervan. De vorm ... een soort sterrenstelsel, maar het ziet eruit als oranjeachtig bruine deeltjes, en ik kijk ernaar van veraf. Ze wervelen.—Ik ben dichter naar de deeltjes toe gegaan. Nu voelt het alsof ik deel ben van de deeltjes in de ruimte."

D: *Hoe voelt het om er deel van uit te maken?*
C: Ze lijken gewoon allemaal in dezelfde richting te bewegen. Ze zijn heel klein, zoals zand. Het voelt alsof ik er bovenop zou kunnen zitten en door de deeltjes word meegevoerd, een beetje zoals op een draaimolen. Het beweegt in een cirkel.— Ik zie dat er iets op zit.—Ik zie een baby of een kind met donker haar, dat op de een of andere manier deel uitmaakt van de rondvliegende stofdeeltjes. Het heeft heel lang, donker haar, alsof het volwassen haar is ... maar het ziet eruit als een baby. Ze zit gewoon op de zanddeeltjes blij te kijken. Ze kent mij. Ze zegt: "Hallo! Ik ben je spirituele gids. Ik ben hier voor jou, zoals jij echt wilt."
D: *Zij wil dat jij haar ziet als een baby?*
C: Ze wil dat ik er op die manier naar kijk.
D: *Je gids kan zich tonen op elke manier die het wil. Iedere vorm die comfortabel is voor jou.*

C: Ja, het is het minst bedreigend, denk ik zo.—Zij zegt dat ik 'm moet volgen. Ik pak haar hand, maar het ziet er zo gek uit om een baby te volgen.
D: *Dat maakt niks uit. Dat is een veilige manier om ernaar te kijken.—Kun je iets zien onderweg?*
C: Lichten. Het is verblindend nu. Heel fel. En we bewegen erdoorheen.—Mijn gids gaat met me mee, vlak voor me. Ik voel me gelukkig. Het voelt alsof ik heel snel beweeg.—Nou, het zegt dat we er zijn.
D: *Waar is hier?*
C: Ik ben weer in de ruimte en ze wijst naar een planeet. Ik vraag me af of ik er dichterbij kan komen zodat het duidelijker wordt. Het ziet er groen uit, een planeet met groene en witte vlekken. En nu komen we dichterbij en lijkt het een grijsgroene lichtbol. Mijn gids wil dat ik daar naartoe ga. Er is iets wat ik moet zien.—Nu is er grijs, donker zand en misschien zijn er wel andere wezens. Ze loopt met me mee over het grijszwarte zand richting een plek daar.—Er is hier niet veel te zien. Zelfs de lucht is een enigszins donker ... er is geen Zon. Niet alsof het nacht is .... Er waren wat grijze gebouwen gemaakt van graniet, en ze ging naar binnen. De vloer was als marmer, en veel glas en wat spiegels. Hoewel het leeg leek, wist ze dat er mensen waren die ze niet kon zien. Ik vroeg haar zich bewust te worden van haar lichaam. "Ik zie een lichaam. Het is van vlees, maar het heeft een perzik kleur en lange armen, lange benen ... dat ben ik niet. Het ziet er menselijk uit, maar het ziet er een beetje vreemd uit. Het lijkt uitgerekt. Mijn handen zijn erg groot ... groot als worsten ... zoals erg opgezwollen, grote handen."
D: *Heb je iets aan?* (Nee) *Heb je haar?*
C: Dar is het rare. Ik kan niet echt m'n hoofd zien. Het is zo'n naakt, langgerekt lichaam, en alles boven de nek kan ik niet zien. Grote handen ... kleine voeten, ik denk niet dat ik tenen heb. En er zijn geen vrouwelijke of mannelijke delen.
D: *Heb je het gevoel dat je in dat gebouw thuishoort?*
C: Ja, alsof ik weet dat ik daar moet zijn. Ik werk daar.

Het Ingewikkelde Universum Boek Vier

Toen ik vroeg wat voor soort werk ze deed, antwoordde ze: 'Ik weet het niet. De kamer is heel hoog en langs de muur staan van die bedieningspanelen. Het is een ronde ruimte en er is iets dat op computers lijkt. Een soort machines.—Het voelt alsof ik een tourgids ben. Ik begeleid mensen gewoon in en uit die plek. Dat is mijn taak. Om ze te begeleiden naar waar ze heen moeten.—Het is als een treinstation. Je gaat daarheen voordat je ergens anders naartoe gaat.

D: *Zien deze mensen er uit zoals jij?*
C: Iedereen ziet er anders uit. Het is een soort intergalactische plek voor reizigers.
D: *En weet je waar ze naartoe horen te gaan?*
C: Meestal wel. Ik bepaal niet waar ze naartoe gaan, maar ik help ze op weg naar waar ze heen moeten. Dus ze komen binnen en zijn gedesoriënteerd, ik begroet ze, en dan weet ik op de een of andere manier waar ze daarna naartoe moeten. Ik voel iets aan hun energie en breng ze naar welke kamer ze ook moeten om een opdracht te krijgen, of als ze iemand anders moeten ontmoeten ... andere mensen—vrienden, dat is misschien beter.—Ze zien er allemaal anders uit. Sommigen zien eruit als wezens van licht. Die zitten in de raad. Alsof zij de leiding hebben. En sommige zijn heel anders ... als een sciencefiction-scène. Maar soms wordt het daar erg druk. Er gaan veel wezens in en uit, maar op de een of andere manier is het toch georganiseerd.
D: *Dus je moet ze opvangen, en ze vertellen waar ze naartoe moeten?*
C: Ja, maar het is niet mijn beslissing waar ze naartoe gaan ... niet mijn beslissing. Ik help ze alleen om te komen waar ze heen moeten.
D: *Je weet dat gewoon? Je voelt het? Is dat wat je bedoelt?* (Ja) *Heeft het iets te maken met hun frequentie of hun trilling?*
C: Ja, op een bepaalde manier. Het is allemaal verschillend. En je begroet ze gewoon en helpt ze op weg naar de volgende stap.
D: *En dan neemt iemand anders het over?* (Ja) *Werk je daar al lang?*

C: Uhh, een tijdje ... een tijdje.
D: *Het klinkt als een verantwoordelijke functie.*
C: Ja. (Twijfelend) Soms zou ik liever degene zijn die reist.
D: *Heb je daar zelf iets over te zeggen?*
C: Ik vraag het niet. Ik durf het niet te vragen. Dit is mijn opdracht en dit is mijn taak, en ik vind het niet erg. Ik bevind me op een plek die ertussenin ligt. Zoals een station, als een treinstation.
D: *En ze komen hier allemaal binnen en gaan weer ergens anders naartoe.* (Ja) *En je vraagt je af wat er nog meer is?* (Ja) *Is er een manier waarop je daarachter zou kunnen komen?*
C: Ik moet het vragen aan een van de lichtwezens.
D: *Is het oké als we met ze praten?* (Ja) *Er is niks mis met nieuwsgierigheid, toch?* (Nee) *Oké, vraag hen wat je wilt weten.*
C: Ik zou graag willen weten of er mensen daarbuiten zijn. Ze zeiden: 'Ja.'—Ze zeiden dat ik best goed ben in het helpen van mensen. Ik geef om m'n werk en ben een goede werker. En ik zal een kans krijgen, maar nu nog niet.
D: *Dus je krijgt de kans om te ontdekken wat daarbuiten is?*
C: Dat zeiden ze. Ik ben best blij.
D: *Betekent dat dat je kunt ontdekken hoe het is om te reizen?*
C: Ja. Maar meer dan reizen ... op een andere manier bestaan.— Ik weet gewoon dat wanneer je naar andere dimensies of een ander bestaan gaat, dat je ... hoe zeg je dat? Bijvoorbeeld, je kunt een andere vorm zijn of niets. En andere dimensies hebben hun eigen manieren waarop je kunt waarnemen en weten. Dus het is niet alleen reizen, het is op een andere manier bestaan met andere voorwaarden. Het hangt af van waar je heen gaat, en ik zou heel graag willen gaan.
D: *Ben je ooit ergens geweest?*
C: (Fluisterend) Ben ik ooit ergens geweest? (Hardop) Behalve hier? Buiten het station? Hij zegt "Ja." Op plekken ... maar in andere tijden.
D: *Wat bedoelen ze?*
C: Ze leggen uit ... dat ik al besta in andere tijden. Tegelijkertijd.
D: *Maar je bent je hier niet van bewust?*

C: Nu ben ik dat wel, of het vlezige, perzik-kleurige wezen dat ik ben ... nu weet het het ... (In de war) Dit is lastig uit te leggen.
D: *Is het oké dat het het weet?*
C: Ja, het is oké dat het het weet ... het verhoogt zijn vibratie door het te weten.
D: *Want we willen niks doen dat ergens inbreuk op maakt.*
C: Ze zeiden dat het oké is nu.—Dat lichtwezen verteld me over mij. (Een beetje in de war.) Dat ik het ben ... dat ik een van zijn bestaansvormen ben op dit moment ... Chandra
D: *Waarom vertelt het hem dat?*
C: Chandra probeert naar hen uit te reiken... het lichtwezen en het vlezige ding. En het voelt het een soort van aan en dus communiceren ze. Ze praten niet ... ze delen ideeën.
D: *Is het oké als Chandra deze dingen nu weet?*
C: Ja. Ik denk dat ze moet weten dat ze overal is.
D: *Want we willen nooit iets doen dat problemen gaat veroorzaken, maar ik zat te denken dat informatie niet wordt gegeven tenzij het tijd is.*
C: Ja, dat is waar.
D: *Waarom is het belangrijk voor haar om dat nu te weten?*
C: Er is altijd een verlangen om alles te weten wat er verder nog is, en dat leidt haar af van wat ze op dit moment doet. De aangeboren nieuwsgierigheid die ze heeft, laat haar veel verschillende dingen tegelijkertijd wensen. Ze hoeft alleen maar te weten dat zij alles wat ze wil ervaren al is, en dat het verlangen om alles te ervaren wordt vervuld. Ook al is ze zich daar niet van bewust. Net zoals dat haar bestaan in wat ze een "station" noemt, en het gevoel daar vast te zitten, niet de enige realiteit of het enige bestaan is dat ze heeft. Er zijn andere delen van haar, zou je kunnen zeggen, die verschillende levens leiden.
D: *Eén ding dat ze wilde weten: heeft ze ooit deel uitgemaakt van de natuur?*
C: Ja. Zij was het grasheuveltje dat ze eerder zag. (Aan het begin, toen we de sessie net begonnen.) Zij was de energie die dat deel daarvan was. Een klein wezen. Een verzorger, op een bepaalde manier, maar ook dat heuveltje zelf.

Het Ingewikkelde Universum Boek Vier

Losstaand, maar ook van dezelfde energie. Een natuurenergie.

D: *Omdat ze zei dat ze zich erg nauw verbonden voelt met de natuur.* (Ja) *We dachten dat we naar een vorig leven zouden gaan en dat zouden ervaren. Waarom is dat niet gebeurd?*

C: Ze kreeg aan het begin te zien wat ze wilde zien, en ze heeft daar nog steeds een heel duidelijk beeld van. Ze kan daar altijd, op elk gewenst moment, naar teruggaan, wanneer ze behoefte heeft aan geborgenheid. En ze moet weten dat, ook al was dat een heel mooi bestaan, het tijd was dat het ophield. Om te kunnen ontwikkelen moest ze dat achterlaten, of als iets anders bestaan. Ze heeft het ervaren, en dat wenste ze ook. Ze wenste het en kreeg wat ze wilde.—Toen wilde ze mens zijn. Er is een deel van haar dat erg nieuwsgierig was naar hoe het is om mens te zijn.

D: *Ik probeer uit te vogelen hoe ik het moet verwoorden. Ze had meerdere levens waar ze onderdeel was van de natuur voordat ze mens werd?* (Ja) *Ik vraag me uiteraard af of die dan stervan of niet. (Lach) Begrijp je wat ik bedoel?*

C: Nou, die leprechaun bestaat nog steeds, en dat is zij nog steeds. Die sterft nooit. Die is er nog steeds. (Het kleine wezen dat ze tussen de bomen door zag dartelen.)

D: *Hij bestaat alleen in die vorm?*

C: Ja. Het is lastig uit te leggen.

D: *Probeer maar.*

C: Ze zijn er allemaal. De leprechaun is er nog steeds, en dat is zij. En het wezen uit het station is er nog, en dat is zij ook nog steeds. Ze is overal waar ze wil zijn, wat op heel veel plekken is, op bepaalde niveaus of voor welk bestaan ze dan kiest. Soms is ze zich daarvan bewust, soms niet.

Ik had moeite om de vragen te formuleren om dit beter te kunnen begrijpen. 'Ze is zich alleen van hen bewust wanneer ze zich op hen concentreert?'

C: Het hangt af van het bestaan. De leprechaun bijvoorbeeld ... als leprechaun zijnde besloot ze om mens te zijn. En de leprechaun is zich bewust van dat verlangen, en omdat het

Het Ingewikkelde Universum Boek Vier

een natuurwezen is, weet het dat dat heeft plaatsgevonden, zullen we maar zeggen.

D: *Hij is bewuster dan Chandra?*

C: Ja. Er zijn verschillende niveaus van bewustzijn en het hangt van het bestaan af. Het is hetzelfde wezen, maar ieder krijgt te weten wat nodig is.

D: *Maar ze kunnen zich niet bewust zijn van het geheel, het volledige plaatje. Is dat wat je bedoelt? (Ja) Dat zou teveel zijn om aan te kunnen?*

C: Ja. Neem bijvoorbeeld het wezen in het station, hij kreeg te horen dat het in verschillende dimensies bestaat vanwege zijn verlangen om op andere niveaus te ervaren. Dus werd hem verteld dat hij dat al doet. Had hij het niet gevraagd, had hij het niet geweten.

D: *Is dat wezen in staat om het te begrijpen?*

C: Het was meer om het wezen te sussen of gerust te stellen. Het was om zijn bestaan te verhogen. Zijn frequentie is nu iets lichter of hoger door die kennis, maar je kunt het niet afdwingen ... je kunt alleen de vragen beantwoorden zodra ze gesteld worden. Als hij het niet had gevraagd, had hij niet geweten dat hij al op andere plekken bestond.

D: *Dus dit zou hem beter laten voelen, om te weten dat hij daar niet vastzat? (Ja) Zodat hij zijn taak kon voortzetten, wetende dat hij ook andere dingen kon ervaren. (Ja) Dus een beetje kennis helpt terwijl ieder zijn eigen leven voortzet. Dus het is niet gepast om af te weten van wat wij "andere vorige levens" noemen.*

C: Niet altijd nee.

D: *Omdat ze niet op dat niveau van ontwikkeling zijn?*

C: Precies. Dat wezen in het station, was van de lagere frequentie, zou je kunnen zeggen.

D: *Heb ik zijn ontwikkeling verstoord door....*

C: Nee. Sterker nog, hij is ermee geholpen.

D: *Want ik wil geen inbreuk doen om iemand zijn ontwikkeling.*

C: Nee. Een van de redenen of doelen van alle wezens is hun trilling te verhogen om dichter bij de Bron te komen. En door de kennis die aan dat wezen is gegeven, is de trilling veranderd.

D: *Dus het heeft dus geholpen bij zijn ontwikkeling?* (Ja) *Klopt mijn veronderstelling dan dat, om uiteindelijk tot de Bron te kunnen terugkeren, al deze delen op een bepaald moment weer samen moeten komen?* (Ja) *Dus ze zouden uiteindelijk allemaal hun trilling moeten verhogen, toch?*
C: Ja, net als de leprechaun. Hij had een andere trilling ... een andere frequentie. Maar hij vroeg om de ervaring mens te zijn omdat hij wist dat het zijn evolutie zou helpen.
D: *Weet je, in mijn werk ben ik gewend om mensen naar het geschikte vorige leven te brengen en de antwoorden op hun vragen te vinden. We dachten dat we dit gingen ervaren, maar dat gebeurde niet.* (Lacht) *In elk geval geen "normaal" vorig leven.*
C: Het is heel belangrijk om te weten dat alle frequenties van alle wezens verhoogd moeten worden, niet alleen de mens, maar van alles wat het Al is.
D: *Op dit moment?*
C: In het bijzonder.
D: *Waarom is het belangrijk voor Chandra om deze informatie te hebben vandaag?*
C: Haar trilling is zichzelf aan het verhogen.
D: *Dus haar antwoorden zullen niet worden gevonden door terug te gaan en een vorig leven te herleven?*
C: Nee, op dit moment niet. Ze wil weten wat ze moet doen. Ze vraagt naar haar werksituatie.
D: *Dat was een van haar hoofdvragen. Ze is niet blij met de baan die ze heeft.*
C: Weet je, ze had een heel goed leven als leprechaun. Het is heel anders om mens te zijn. Soms is het zwaarder, op een bepaalde manier. Het was veel makkelijker om een leprechaun te zijn. Ze voelt heimwee naar de natuur en het verbinden met de natuur omdat ze weet dat ze daar oorspronkelijk vandaan komt. En ze verlangt niet alleen naar de herverbinding, maar naar haar soort leven dat veel eenvoudiger was. Veel eenvoudiger. Minder ingewikkeld, en leprechauns hoeven niet te werken zoals mensen dat doen.

Het Ingewikkelde Universum Boek Vier

Het OB dacht na over welk advies het Chandra zou geven en besloot haar uiteindelijk te adviseren om zich bezig te houden met "healing". "Ze kan met de natuur werken, maar uiteindelijk zie ik haar als een healer. Ze verzet zich, maar ten diepste is ze een healer. Ze weet dat zelf ook. Als ze alleen al met mensen praat, voelen ze zich beter. Ze kan aan iedereen zien waar er iets mis is. Er is energie rondom een persoon die ze kan lezen. Ze moet die vaardigheid ontwikkelen. Als ze de vaardigheid kan ontwikkelen om iemands aura te zien, zal ze in staat zijn hen nog beter kunnen helpen. Als ze deze vaardigheid ontwikkelt, wordt ze een heel goede healer. Ze zal veel mensen helpen.—Ze zou ook met de Aarde kunnen werken. Dat zou heel gemakkelijk voor haar zijn. Ze is al onderdeel van de aarde, en haar vrienden en andere natuurwezens zouden met haar samenwerken. Het zou heel gemakkelijk voor haar zijn om dat te doen.

D: Heeft ze een contract om kinderen te krijgen? (Een van haar vragen.)
C: Nee, en ze moet ophouden zich daar zorgen over te maken. Ze heeft dit keer een ander pad.

***

Chandra wilde iets weten over een ongewoon voorval dat ze had meegemaakt. Ze reed op de snelweg en keek in haar achteruitkijkspiegel, en zag achter haar een auto-ongeluk gebeuren. Toen ze achter zich keek, was er niets. Ik vroeg of "zij" het voorval konden uitleggen.

C: Ze leefde tijdelijk in een ander parallel bestaan. De tijd overlapte op dat specifieke punt, en ze zag iets gebeuren in een andere sfeer dat … laten we zeggen 'kruiste'. De twee delen van het bestaan kruisten elkaar op dat punt. En de auto bewoog zich van het ene bestaanspunt naar het andere punt waar zij was, maar loste toen op—niet het juiste woord.
D: Verdween?
C: Ja. Dank je!

D: *Omdat het niet in deze dimensie thuishoorde?* (Ja) *Dat klinkt als iets waar andere mensen me over hebben verteld waar andere dimensies elkaar soms overlappen.*
C: Ja, ze denken allemaal dat ze het verzinnen.
D: *Maar er was geen connectie met haar? Ze was gewoon toevallig op de juiste plek?*
C: Dat klopt.

***

Fysiek: "Toen ze werd geboren had ze een huidprobleem over haar hele lichaam. (Iets als eczeem of psoriasis.) En het heeft haar hele leven aangehouden, maar nu heeft ze nog maar een paar kleine plekken op haar lichaam. Wat veroorzaakte dat? Waarom werd ze ermee geboren, over haar hele lichaam?"

C: Ze heeft een matrix van dat lichaam bezaaid met … ik zie … het is een soort energie die haar fysieke lichaam beïnvloedt. Het klampt zich vast aan de matrix en zorgt ervoor dat de psoriasis opkomt … bijna als uitslag.
D: *Het is wel veel erger dan uitslag.*
C: Denk aan uitslag als een energievorm, en de matrix die haar fysieke lichaam vormt …
D: *Kun je uitleggen wat je bedoelt met de matrix?*
C: De matrix is een netwerk van energielijnen die samenkomen en zichzelf vormt tot het menselijke lichaam. Het strekt zich uit buiten haar lichaam en je kunt het niet zien … nou ja, sommige mensen kunnen het zien, maar het beslaat ongeveer anderhalve tot twee meter rondom het fysieke lichaam, als een raster dat het lichaam vormt. En op dit raster heeft ze iets wat je zou kunnen omschrijven als een … energie die als een soort uitslag verschijnt, die gegroeid is op deze matrix of dit taster. Een systeem dat haar lichaam vormt en zich manifesteert als psoriasis. Bijna als een schild… in energietermen is dat zoals de matrix. Het is heel moeilijk uit te leggen. Het zou eruitzien als een raster als je het zou kunnen zien.
D: *Is dat hoe het fysieke lichaam er werkelijk uitziet?*

C: Nou, op energieniveau. Het fysieke lichaam is het fysieke lichaam, maar er zijn vele (moeite met het uit te leggen)... er is een reden waarom het fysieke lichaam eruitziet zoals het eruitziet vanwege het raster of de matrix waarin iedereen wordt geboren. En de matrix bepaalt het fysieke lichaam zoals het zich toont in haar dimensie. Op dit moment maken we de matrix schoon van deze... ik kan het alleen aan je beschrijven als uitslag.

D: *Toen je zei dat deze matrix zich vanuit het lichaam uitstrekt, is dat dan wat mensen zien als de aura?*

C: Nee. Dat staat los van elkaar. De matrix bestaat uitsluitend met het doel het fysieke lichaam te creëren. De aura is energie van het lichaam. Zie het als een soort veelzijdig systeem. Je hebt een mal en wanneer je die mal vult—in dit geval heb je energie op een bepaalde frequentie die een menselijke vorm creëert. In dit opzicht is een raster de mal.

D: *Dus het komt pas tot leven wanneer de ziel binnentreedt?*

C: Nee. Het begint zodra de bevruchting plaatsvindt, en het veranderd voortdurend, wat vanzelfsprekend is omdat het menselijk lichaam voortdurend verandert. En het wordt niet beïnvloed door de andere energieën van de mens, zoals de aura. Ze spelen allemaal samen een rol. Het hoofddoel van de matrix is om een bouwwerk te creëren ... het is als het omhulsel.

D: *Dus zodra de ziel het lichaam verlaat, begint de matrix op te lossen?*

C: Ja want het fysieke lichaam is niet langer meer nodig.

D: *Kunnen we haar helpen met die psoriasis?*

C: Ja. Wat ik beschreef als uitslag is eigenlijk meer een energie die besloot om zich vast te klampen aan haar matrix. Het is bijna alsof het gratis wil meeliften. Het vond haar matrix erg bewoonbaar, besloot om te blijven hangen en heeft zich *gemanifesteerd als psoriasis.*

D: *Ook al veroorzaakt het problemen, het weet dat zelf niet.* (Ja) *Dat klinkt voor mij als iets wat ik een 'elementaire' energie noem.*

C: Dat klopt.

D: *Ze hebben geen emoties of gevoelens.*

Het Ingewikkelde Universum Boek Vier

C: Dat klopt. Maar om een of andere reden vinden ze het fijn om rond haar matrix te blijven hangen.
D: *Ze voelen zich erdoor aangetrokken.* (Ja) *Hetzelfde soort energie wordt aangetrokken door gebouwen en plaatsen.*
C: Ja, en het is heel gunstig voor haar om dit te weten, zodat ze gaat begrijpen hoe het fysieke lichaam functioneert of bestaat, zodat ze een betere healer kan worden.

Het OB zuiverde daarna snel de energie zodat de psoriasis genezen kon worden. "We hebben het met een zegening verwijderd, zodat de energie niet terugkeert. Het lichaam is nu vrij en schoon." Het energetische of etherische lichaam, dat voor het vormgevende en onderhoudende patroon van het fysieke lichaam zorgt, wordt ervaren als licht. Is dit de matrix? In het boek, "The Healing Christ," van Robert Winterhalter's (published by Ozark Mountain Publishing) geeft hij een zeer aannemelijke verklaring toen hij het had over de wonderen van Jezus in de Bijbel: Peter, James, en John waren getuigen van de gedaanteverandering van Jezus als een daadwerkelijke gebeurtenis. (Marcus 9:2-3 (vergelijkbare tekstgedeelten: Matteüs 17:1-2; Lucas 9:28-29). Dit wordt algemeen aangeduid als de Gedaanteverandering.) Ze konden het niet verklaren. Toch is de gebeurtenis in overeenstemming met de bevindingen van moderne wetenschappers dat alles wat zichtbaar is omgezet kan worden in energie, en dat het universum overstroomd van de energie. Het komt ook overeen met de ervaring van velen van ons in het vakgebied van heling, die licht rondom mensen hebben gezien.

We kunnen niet langer geloven dat Mozes en Jezus de enige waren die werden omhuld door wit licht. Dit waren natuurlijke verschijnselen en geen bovennatuurlijke. Met de vooruitgang van kennis hebben we echter meer gewonnen dan verloren. Deze verslagen van de verschijning van Mozes en Jezus zijn gebaseerd op feiten. Het energetische of etherische lichaam, dat voor het vormgevende en ondersteunende patroon van het fysieke lichaam zorgt, wordt ervaren als licht. Dit is wat de apostelen zagen, en het sluit nauw aan bij de betekenis van de Griekse term voor "gedaanteverandering". James Eden geeft in zijn boek "Energetic Healing" ondersteunend bewijs voor het werkelijk bestaan van het energetische lichaam. Ook Kendall Johnson, die samenwerkte met Thelma Moss aan de UCLA, schrijft: "Onze experimenten met het fotograferen van energievelden en het Kirlian-effect hebben ons doen concluderen dat er in elk levend organisme een energie-matrix of blauwdruk bestaat die de onderliggende structuur van het materiële lichaam vormt. Het corona- of randgloedeffect dat we hebben waargenomen is het onmiskenbare bewijs van die matrix." Het licht is dus altijd in ons allen aanwezig geweest, al was het tot nu toe onbekend en onopgemerkt. Met deze kennis krijgen sommige uitspraken van Jezus een nieuwe betekenis. Hij verklaarde niet alleen: "Ik ben het licht van de wereld" (Johannes 8:12; 9:5), maar ook: "Jullie zijn het licht van de wereld" (Matteüs 5:14). Zowel in letterlijke als in figuurlijke zin wist hij hoe hij "het licht moest laten schijnen."

Hoofdstuk 32
HET DORPJE BUITEN DE TIJD

Het eerste dat Lucy zag waren hoge bergen bezaaid met bomen, en een dorpje dat in het dal lag. Ze verklaarde: 'Ik daal af tussen de bomen naar de bodem van het dal, naar het pad dat naar het dorp leidt. Er is een pad, maar je moet weten waar het is. Het dorp is verborgen. Je kunt het niet zien tenzij je weet waar het is. Het is aan alle kanten beschermd door hoge bergen. Er staan bomen over de hele berg, en in het dal vormt het bladerdak van de bomen een dak over het dorp. Je moet weten waar het is. Ik ga op en neer. Ik praat met de mensen die daar verblijven. Ik blijf er niet. Ik kom te weten waar ze mee bezig zijn, hun verslagen, hun onderzoeken, hun studies. Ik geef advies. Ik wijs nieuwe richtingen aan. Zij reizen niet omhoog. Ik weet niet waarom. Ik ben niet de enige die dit doet, maar ik reis omhoog.'

D: Wat bedoel je met omhoog?
L: Als ik naar het dorp kom, daal ik neer alsof ik uit een wolk kom. Als ik weer omhoog ga, ga ik terug omhoog alsof ik naar een wolk ga, maar het is geen wolk. Het is ook geen schip. Het is er gewoon.
D: Ik dacht dat je bedoelde dat het vanaf de bergtop was, maar zo is het niet.
L: Nee. Het is alsof ik bij een schip aankom dat geen schip is. Ik weet niet wat het is.
D: Hoe ziet het eruit?
L: Aan de buitenkant is het een beetje grijzig en poreus van uiterlijk, maar aan de binnenkant is het een andere ruimte ... een dimensie. De buitenkant is slechts een camouflage van de binnenkant. Een benadering van waar ik van buiten naar binnen ga. Je kunt het van beneden niet makkelijk zien, maar als je het zou zien, zou het er denk ik uitzien als wat sommigen een "schip" zouden noemen, maar het is geen

schip. Het is een camouflage. Het ziet eruit als een of andere vorm, maar zodra je erdoorheen gaat, ben je niet meer in die dimensie. Dan ben je in deze bepaalde ruimte.

Dus soms zijn dingen die mensen voor ufo's aanzien eigenlijk portalen of doorgangen naar andere dimensies. Ze zijn alleen vermomd om op iets anders te lijken.

D: Dus je kunt er doorheen zonder een deur of iets te openen?
L: Ja, het is als een membraan en je gaat er gewoon doorheen.
D: Is dit waar je vandaan komt?
L: Nu ... ja.
D: Hoe neem je je lichaam waar?
L: Daar beneden, menselijk, maar het is in feite een camouflage.
D: Ook een soort camouflage.
L: Precies. Daarboven, binnenin, is een licht. Ik kan de omtrek van een lichaam voelen, maar het heeft geen vorm ... licht. Een lichtlichaam. Bewustzijn vervat in energie.
D: Dus het is niet één vast licht? Is dat wat je bedoelt?
L: Vele gekleurde lichten.
D: Dus wanneer je naar het dorp gaat, neem je een menselijke gedaante aan?
L: Ja. Ik omhul het met een menselijke gedaante. Het is een heel dun omhulsel zodat het makkelijker is om onder de mensen te zijn, te lopen en te praten. De meesten van de anderen zijn net als ik. Ze zijn hier. Sommigen komen van daar, en die zouden het niet begrijpen.
D: Wat bedoel je? Heb je het over de mensen in het dorp?
L: De mensen in het dorp zijn zoals ik, maar de mensen die niet zoals ik zijn, weten dat niet omdat wij eruitzien als zij. Dus als ik op bezoek kom, moet ik eruitzien als zij zodat niemand bang is.
D: Maar de anderen wonen daar temidden van hen?
L: Ja, en zij weten het niet.
D: Is dat hun taak, om daar bij hen te verblijven?
L: Daar verblijven, hen trainen, leren en hen onderwijzen.
D: Hoe zien de andere mensen eruit?

L: Ze zien eruit als mensen. De vrouwen en de mannen dragen dezelfde soort kleding. Een soort van lange overhemden van stof, geweven uit natuurlijke stengels, grassen. Maar een zacht, lang overhemd tot aan de knieën, met dunne broek eronder, sandalen.

D: *Komen de mensen oorspronkelijk uit dat dorp?*

L: Nee, dit dorp is geen dorp waar mensen zich hebben gevestigd. Het is meer een plek waar ze komen om dingen uit te wisselen tussen dorpen ... tussen groepen mensen, tussen plaatsen... een ontmoetingsplek.

D: *Ze wonen daar niet de hele tijd?*

L: Er is altijd iemand aanwezig, maar de mensen komen en gaan. Het maakt het makkelijker voor ons om ons onder hen te mengen en hun leraren te zijn. Ze herinneren zich ons al lange tijd als hun leraren.

D: *Ze komen daar om er kort te verblijven?*

L: Sommigen kort ... anderen lang, afhankelijk van wat ze leren. Diegenen leert hoe je dingen laat groeien, hoe je dingen heelt, hoe je dingen maakt, ieder neemt z'n eigen tijd.

D: *Geeft ieder in jouw groep een andere les?*

L: We weten allemaal wat alle anderen weten, maar sommigen zijn beter in het onderwijzen van bepaalde dingen dan anderen. We kunnen beter visualiseren wat we proberen aan anderen te leren, omdat zij leren door te zien én vertellen.

D: *Gaan deze mensen, nadat ze les hebben gekregen, terug naar hun dorpen?* (Ja) *Hebben ze nog herinneringen aan wat er is gebeurd?*

L: Ja, ze herinneren het.

D: *Weten ze waar ze geweest zijn?*

L: Ja. Ze zijn door hun dorp uitgekozen om hierheen te komen. Soms sturen dorpen dezelfde mensen. Soms sturen ze verschillende mensen voor verschillende tijden van het jaar, maar er is een voortdurend komen en gaan. Verschillende mensen in het dorp komen voor verschillende redenen. Het is heel erg als een levende bibliotheek.

D: *Dat is een goede manier om het te beschrijven. Dus wanneer deze mensen naar huis gaan, begrijpen de mensen daar wat er aan de hand is?*

L: Ja. Ze weten dat ze naar zo'n plek zijn gegaan zoals een school. Alleen maken ze soms daadwerkelijk de dingen die ze mee terug nemen, zodat ze die misschien in hun steden of dorpen kunnen maken. Soms zijn het tekeningen die ze mee terug nemen ... verschillende dingen.
D: *Dus zij worden een soort van de leraren in die dorpen?*
L: Uitvinders, leraren, hulpkrachten, artsen, healers.
D: *Zou iemand proberen daarheen te gaan als dat niet de bedoeling was?*
L: Nee. Niemand heeft het ooit geprobeerd. Ze weten dat als ze willen komen, ze het alleen maar hoeven te vragen.
D: *Ik dacht: stel dat iemand een van hen probeerde te volgen.*
L: Soms proberen kinderen hen te volgen, maar kinderen zijn hier nog niet klaar voor. Dit zijn volwassenen ... sommige oudere mensen, die de technieken van de "mind" aan het leren zijn zodat ze kunnen doorgeven wat ze geleerd hebben. 'Van "mind" tot "mind" dekt de lading niet echt. Soms proberen kinderen te volgen, maar er is bescherming rondom deze plek in het dal en alleen wie daar hoort te zijn, kan door de deur gaan. Anders kunnen ze die niet vinden. Zelfs als ze er pal voor zouden staan, zouden ze het niet weten, tenzij ze erdoorheen konden. Het is een speciale plek. Het is buiten de tijd.
D: *Wat bedoel je?*
L: Het bestaat in het dal, maar niet in de tijd. Het is in de ruimte, maar niet in de tijd.
D: *Maar het dal is een echte plek, nietwaar?*
L: Het dal wel, maar het dorpje bevindt zich buiten de tijd. Het is in die ruimte en deel van die ruimte, maar niet van die tijd. Diegenen die naar het dorp komen en door de deur lopen, stappen uit de tijd. En wanneer ze er weer uitlopen, zijn ze terug in hun eigen tijd.
D: *Ze beseffen dit niet, of wel?*
L: Nee, alleen mensen zoals wij weten dat ze buiten de tijd zijn. Er is geen reden voor hen om dat te weten. En hoe zou je het uitleggen?
D: *Voor de gemiddelde mens is het niet te bevatten.*

L: Voor sommige mensen, de oudere mensen die leven in wat ze "de moderne tijd" noemen. Allerlei verschillende tijden komen hier. Degenen die in de moderne tijd komen, begrijpen het concept van ruimte en tijd. Voor anderen ... is het te moeilijk.

D: Ik dacht dat dit maar één tijd was. Dus toen je zei dat ze heen en weer gingen, bedoelde je dat ze uit andere tijden komen?

L: Ja. Wanneer ze in het dorp zijn, lijkt het alsof ze allemaal in dezelfde tijd leven, ook al komen ze in werkelijkheid uit verschillende tijden. Ze zijn allemaal hetzelfde gekleed, maar ze komen uit andere tijden, andere seizoenen. Ze bestaan samen in die ruimte en op een bepaald niveau begrijpen ze dat allemaal, ook al begrijpen ze niet waarom. "Wat is dit voor plek?" Het is niet bedreigend. Het is niet beangstigend. Het is natuurlijk. Ze komen om te leren, en als ze klaar zijn met leren, gaan ze naar huis en doen ze wat ze hebben geleerd.

D: Vergeten ze dat ze daar waren?

L: Nee, maar ze kunnen het niet beschrijven als iemand het vraagt. Ze zouden gewoon zeggen: 'Weet je, het is net een school. Ik ontmoette daar mensen. We leerden bepaalde dingen. We gingen naar het veld en ze lieten me zien hoe ik het moest planten. We gingen naar een laboratorium en ze lieten me zien hoe ik dit moest gebruiken.'

D: Sommige mensen, als ze van heel vroeger komen, zijn erg primitief, toch? (Ja.) *Dus krijgen ze alleen geleerd wat ze aankunnen.* (Ja.) *En wat gebeurt er met mensen die uit meer gevorderde tijdperken komen?*

L: Ze keren terug met tekeningen. Ze keren terug met voorbeelden van wat ze willen creëren in hun eigen tijd.

D: Maar degenen uit de moderne tijd zouden meer kennis hebben en intelligenter zijn.

L: Intelligentie is een interessant iets. Primitieve mensen zijn niet per se minder intelligent. Wat wij 'primitief' noemen, is eigenlijk niet echt primitief. Ze zijn veel meer bewust van de spirituele context, bewust van de wereld om hen heen. Ze begrijpen 'Alles is één.' Nee, degenen die nog niet klaar zijn voor deze leer zouden deze plek niet eens kennen.

D: Maar zelfs de verder gevorderden in de tijd...
L: Ze denken dat ze een heel levendige droom hebben. Het is best grappig, de droom in de droom.
D: Ze worden wakker en maken tekeningen?
L: Ja, ze komen terug met de tekeningen of de muziek in hun gedachte, of een afbeelding in hun hoofd.
D: Aha! Dus ze kunnen de tekeningen reproduceren en ze kunnen datgene uitvinden?
L: Ja. Best slim!
D: Het klinkt als een heel goede plek. (We lachten.) *Maar jij bent zo iemand die daarheen gaat en lesgeeft?* (Pauze) *Of wat doe je daar?*
L: Ik observeer. Ik luister. Ik begeef me onder hen, en als er een vraag is die om een antwoord vraagt, neem ik die in me op, en dan krijgen ze wat ze moeten weten. Maar meestal observeer ik gewoon en voel ik hoe het voelt, of het in balans is. Leren is moeilijker als je uit balans bent. Dus de mensen daar, of ze deel van ons zijn of van daar, ze moeten nog steeds in balans zijn. Ze moeten nog steeds soepel, kalm en helder zijn.
D: Was je ooit een van de leraren?
L: Dat ben ik wel geweest ... vooral omdat het best leuk is om te doen, maar alleen bepaalde dingen.
D: Had je een specialiteit?
L: De verschillende helende kunsten die te maken hebben met de verbinding tussen geest en lichaam. In de diepere lagen van het bewustzijn zinken en die dan heen en weer weven, innerlijk versus uiterlijk, lagen van bewustzijn. Soms zijn er haperingen, knopen waar energie zich ophoopt in plaats van vrij en soepel stroomt. En het geluid is dissonant in plaats van harmonieus, en je moet weten hoe je dat gladstrijkt zodat het fysieke lichaam en het mentale lichaam samen kunnen werken. Ik keek toe hoe anderen met de energieën werkten en als ze vastliepen—vooral als ze er middenin zaten—en ze het niet voor elkaar kregen om de energieën weer soepel te maken, dan liet ik ze zien hoe ze dat konden doen.
D: Eerst gaf je les nu observeer je het alleen nog?

Het Ingewikkelde Universum Boek Vier

L: Juist. Op een gegeven moment kun je de studenten de leraren laten worden. En dan voelen ze zich zelfverzekerder wanneer ik hen het werk laat doen, maar ze weten dat ik er ben als ze me nodig hebben.

D: *Je zei dat ze soms vastlopen omdat er verstrikkingen zijn tussen de energieën van geest en lichaam?*

L: Ja, soms hindert de geest het lichaam en creëren ze klitten van energie die te moeilijk zijn om te ontwarren. Ze zijn zo verstrikt dat ze niet doorgesneden kunnen worden. Ze moeten gladgestreken worden, helpen ze te ontwarren.

D: *Wat zeg je dat ze moeten doen als ze tegen dat soort dingen aanlopen?*

L: Ik zeg ze niks. Ik laat het ze zien. Ik beweeg het met mijn "mind".

D: *Kun je het uitleggen?*

L: Weet ik niet. Ik beweeg het met mijn energie. Mijn energie reikt uit naar hun energie, mengt ermee, danst ermee en maakt het zachtjes los totdat het zijn gelijke vindt, waarna de energie zich terugtrekt.

D: *Dus als jouw energie zich terugtrekt, blijft het dan zo? Het zit niet meer in de knoop? Je hoeft er niet constant bij te zijn?*

L: Nee, nee. Als ze vastlopen bij het werken met degene die voor heling is gekomen.

D: *Dan strijk je het glad en zet je een stap terug?* (Ja) *Maar het blijft zo?*

L: Ja, het blijft glad als ik klaar ben en de leraar doet soms met me mee. Soms niet ... soms kijken ze gewoon hoe ik het doe en dan raken ze het aan als het klaar is om te voelen hoe het voelt.—Het is de combinatie van de energie en de geest en het lichaam waar de twee samensmelten ... heel ingewikkeld. De geest heeft een ander soort energie dan het lichaam. Het samensmelten van de twee tot harmonie is belangrijk voor een lang leven. Om het lichaam in leven te houden zolang je wilt leven en om het gezond te houden. En soms gebeuren er dingen met het lichaam. Soms gebeuren er dingen met de geest. Iets beschadigt, traumatiseert, brengt dissonante energie in de geest. En omdat de geest verbonden is met het lichaam, raken de geest en het lichaam verstrengeld, gebundeld in deze knopen die gladgestreken moeten worden.

D: *En natuurlijk beseft die persoon helemaal niet dat dat allemaal is gebeurd.*

L: Nee, je moet weten hoe je deze energie kunt zien ... een diep niveau van zien.

D: *Hoe zou het eruit zien als je het zag?*

L: Draden van energie, verschillende kleuren, verschillende diktes, dik, dun, klein, groot, maar allemaal door elkaar gehusseld tot ballen, als verwarde garen. Elke heeft echter een doel, en wanneer het verstrikt is, gaat de energie niet waar die naartoe moet.

D: *Dus jouw taak is min of meer ervoor zorgen dat ze het goed doen?* (Juist.) *En dan gebruik je de energie van je "mind" als het niet werkt zoals het hoort.*

L: Juist, en om erin te gaan om te ontwarren en glad te strijken, en daarna voorzichtig terug te trekken zonder trauma voor de geest of het lichaam. Lastig, heel lastig om dat evenwicht te bewerkstelligen.

D: *Je zei dat je observeert, maar je voert de energie ook aan?*

L: Allebei. Ik voer de energie toe aan de mensen die komen als de leraren die met hen werken dat niet kunnen. Als ze vastlopen, ga ik rechtstreeks naar de bron waar het vandaan komt.

D: *Werk je langere tijd met hen?*

L: Ik ga in en uit. Soms ben ik daar, en voelt het alsof tijd in die plek niet op dezelfde manier werkt als erbuiten. Het kan dus maar een paar minuten zijn, en als je uit die plek stapt, kan het dagen, weken of maanden zijn geweest.

D: *Je zei dat het buiten de tijd was omdat mensen uit alle verschillende tijdsperiodes komen, zoals wij die waarnemen.*

L: Ik ken tijd niet zo goed. Tijd is anders voor mij. Tijd bestaat in die specifieke ruimte, maar niet voor mij. De plek waar ik vandaan kom heeft geen tijd. Ik weet in welke tijd ik ben als ik eruit ben, maar als ik terugkom is er geen tijd.

D: *Maar je weet dat tijd wel bestaat op andere plekken?*

L: Tijd verloopt op verschillende plekken anders. Soms langzaam, soms snel, soms zwaar, soms licht. Tijd is als een

rivier. Soms stroomt hij snel. Soms langzaam en onregelmatig.—Er zijn veel plekken buiten de tijd.
D: (Dat was een verrassing.) *Er zijn er veel?* (Ja.) *Op Aarde of gewoon op andere plekken?*
L: Overal. Overal in het Universum. Zijn er plekken buiten de tijd. Hoe zouden we er anders onmiddellijk kunnen zijn?
D: *Nou, ik weet dat ze zeggen dat men reist door middel van hun gedachten.* (Vooral buitenaardsen.) *Is dat wat je bedoelt?*
L: Ja, vergelijkbaar. Gedachte is energie. Alles reist met energie als energie. Alles is energie. Het is het afstemmen van die energie, de dichtheid van de energie, verschillende tijden, verschillende plekken door het hele Universum heen. Als vensters naar tijd en ruimte, als deuropeningen.
D: *Je zei dat er op de hele Aarde plaatsen zijn die buiten de tijd staan?*
L: Ja. Mensen komen er heel zelden ... per ongeluk terecht, maar omdat ze buiten de tijd zijn, zijn ze meestal beschermd. Het is heel moeilijk. Je zou zomaar door sommige van deze plekken kunnen lopen zonder het door te hebben, omdat je je niet in de tijd van die plek bevindt.
D: *Niet trilt op dezelfde frequentie?*
L: Juist, net als een trilling, als je niet resoneert op die tijd. Er is een berg op een eiland. Ik ben niet bekend met de geografie ervan, maar je loopt tussen de rotsen door, een smalle opening tussen deze enorme, enorme keien. Je moet precies weten waar die opening is. Je loopt erdoorheen, en door deze opening de berg in, en dan ben je buiten de tijd.
D: *Ik vraag me af of ze iets zouden voelen of zien.*
L: Oh jazeker, ze zien en voelen soms wel, afhankelijk van waar ze op afgestemd zijn. Er zijn plekken die hen naar andere plekken kunnen brengen. Ze blijven daar niet in de berg. Ze gaan naar andere plekken, maar als hun trilling, hun energie, niet overeenkomt, kunnen ze nergens heen. Ze zien het niet eens. Ze weten niet eens dat het er is.
D: *Zouden ze doorhebben dat er iets gebeurde?*
L: Ze weten dat er iets is gebeurd. Ze begrijpen het niet altijd. Sommigen die het zich wel herinneren, willen er eigenlijk niet over praten. Het is vreemd voor hen.

Het Ingewikkelde Universum Boek Vier

D: *Het is bijna alsof ze naar een andere dimensie zijn afgereisd.*
L: Ja. Het Universum zit vol met dit soort plekken.
D: *Maar als het Universum vol zit met dit soort "poeltjes"—het is niet echt een poeltje, een venster. Is er dan enig gevaar dat ze erin gaan en hun weg terug niet kunnen vinden?*
L: Nooit. Je energie is altijd afgestemd op waar je bent begonnen, dus je komt altijd terug in de juiste tijd. De energie weet altijd waar het vandaan komt.
D: *Dus je kunt er niet naartoe gaan en verdwalen.*
L: Nee, je kunt daar niet naartoe gaan en verdwalen. Als je in paniek raakt en bang bent— en soms zijn mensen dat— hoef je alleen maar te zeggen: "Breng me naar huis." En op de seconde dat je huis zegt, of huis denkt of je huis visualiseert, ben je waar je begon. En misschien is er tijd verstreken, misschien ook niet. Het hangt ervan af in welke "poel" je je bevindt.
D: *Welke poel?*
L: Welke plek.
D: *Maar ze kunnen op een plek terechtkomen die er totaal anders uitziet dan waar ze aanvankelijk begonnen.*
L: Ja, en dat gebeurt bij sommigen ook.
D: *Dat zou wel beangstigend kunnen zijn voor iemand.*
L: Ze moeten er klaar voor zijn geweest, anders hadden ze er niet op kunnen meetrillen. Hun energie zou niet overeenkomen. Ze kunnen niet gaan waar de energie niet overeenkomt. En zelfs als het verrassend, verwarrend of moeilijk voor hen is om te begrijpen, begrijpen ze het op een bepaald niveau wel. En elk ongemak, paniek of wat dan ook, neemt bijna meteen af.

Dit klonk heel erg als portalen door de tijd en door dimensies die ook beschreven worden in mijn andere Ingewikkelde Universum boeken.

D: *Dus, op een bepaald niveau vroegen ze om die ervaring?*
L: Ja. Soms denken ze dat ze een vreemde droom hadden omdat het makkelijker is om het te zien als een droom.

Het Ingewikkelde Universum Boek Vier

D: *Er zou geen enkele stabiliteit zijn als ze dit de hele tijd konden doen.*
L: Juist, maar nee, niemand kan dit de hele tijd doen. Wanneer je het moet doen, wellicht wanneer je het wil doen, als je verlangen overeenkomt met je energie. Je kunt het vanuit nieuwsgierigheid doen. Nieuwsgierigheid is wat je vooruit drijft om te bewegen.
D: *Nieuwsgierigheid is een heel goede, sterke emotie.*
L: Zeer sterke, maar nieuwsgierigheid is een hele, hele lichte emotie. Het is licht. Verken.—Als de persoon het gevraagd heeft en er klaar voor is, kan het gebeuren. Er is een overeenstemming tussen zowel de anderen als in hen dat dit iets goeds zou zijn. Dus weet je, het is onmogelijk om deze gave, dit natuurlijke vermogen dat we allemaal hebben, te misbruiken of verkeerd te gebruiken. Als iemand probeert het te misbruiken, dan verstrooit de energie zich in hen en kunnen ze die pas terugkrijgen als ze blokkade hebben opgeheven. Er zijn allerlei soorten ingebouwde veiligheidsmechanismen. De energie beschermt zichzelf.
D: *Ik heb gehoord dat je ergens terecht kunt komen en kunt verdwalen.*
L: Nee, ik denk niet dat het mogelijk is om te verdwalen. Zelfs voor degenen die denken dat ze verdwaald zijn, is het denk ik eerder paniek dan iets anders. Op het moment dat ze kalmeren en denken aan waar ze vandaan kwamen, zijn ze weer terug. De gedachte, het beeld voor ogen, brengt hen terug.
D: *Ze blijven niet te lang op dit soort plekken, toch?*
L: Nou ja, je bent buiten de tijd, dus het kunnen minuten zijn en het kunnen maanden zijn, en in hun eigen tijd kunnen het minuten zijn. Net zoals je soms een droom kunt hebben over een heel leven in één nacht, maar wanneer je de volgende ochtend wakker wordt, was het maar één nacht. Je ging buiten de tijd. Tijd werkt anders hierbuiten.
D: *Maar die plek waar je vandaan kwam, je zei dat het gecamoufleerd was zodat het eruitzag als een schip.* (Ja.) *Je zei dat je een andere dimensie bent binnengegaan?* (Klopt.)

Door gewoon door de muur van het schip heen te gaan of wat?
L: Ja, het is slechts een camouflage. De seconde dat je er doorheen gaat bevindt je je op een andere plek.
D: *Dit lijkt heel erg op waar jij het over hebt.* (Ja.) *Klopt het dat wanneer je teruggaat naar die dimensie, dat dan jouw 'thuis' zou zijn?*
L: Ja, ik denk dat je het kunt zien als waar ik verblijf. Ik reis veel. Thuis is waar ik ook ben. Ik ben nooit "niet thuis". Ik reis door ruimte, door tijd. Afhankelijk van de energie die ik aanneem, is dat waar ik naartoe terugkeer. Die andere dimensie is een tijdelijk thuis, maar thuis gaat dieper dan dat. Thuis is een grotere plek … Oh, hoe beschrijf je ruimte en tijd? (Gefrustreerd.) Het is buiten ruimte/tijd. Ik beweeg erin en eruit, en wanneer ik weer door die camouflage heenga naar die plek, dan is dat een fijne plek om te zijn. Het is een echte omgeving. Het is prachtig. Het voelt goed. Het is een tijd waarin we iets bewuster samen kunnen zijn, minder fysiek, meer lichtlichaam, maar dan daar voorbij. Lichtlichaam is niet het eindpunt daarvan. Er is meer, maar daar voorbij omvat het meer dan de beperkingen van een fysiek lichaam, of dat nu een licht fysiek lichaam is of een gewoon fysiek lichaam. Begrijp je wat ik bedoel?
D: *Ja, ik begrijp wat je bedoelt, maar ik verdiep me hier dan ook meer in dan de gemiddelde persoon.* (Ze lachte.) *Maar zijn dit dezelfde plekken als "portalen"?*
L: Ja. Portalen, doorgangen, vensters … wormgat is niet gepast.
D: *Dat is iets anders.* (Ja) *Hoe omschrijf je een wormgat?*
L: Dat doe ik niet. Ik ga daar niet naartoe. Wormgaten zijn een puinhoop! Ik hou er niet van om me daarmee in te laten. Ze zijn lastig. Ze zijn zwaar. Ze zijn amateuristisch.
D: *Oké.* (Lach) *Maar portalen lijken heel erg op waar jij het over hebt.*
L: Heel vergelijkbaar. Mensen zouden er zo doorheen lopen en niet weten dat het er was, en lopen recht door een deur of een portaal of een venster. Ze weten niet dat het er is omdat ze er niet mee in lijn staan, er niet op afgestemd raken, zich

er niet van bewust zijn. Het zou eruitzien als niets. Ze zouden niet weten dat het er was.

D: *Mij is ook verteld dat het verschil tussen een portaal en een venster is dat je door een venster heen kunt kijken, maar er niet doorheen kunt reizen.* (Ja, ja.) *Een andere dimensie, een andere tijd in kunt kijken, maar er niet daadwerkelijk naartoe reizen?*

L: Ja. Het hangt ervan af wat je intentie is, of het een raam of een portaal is. Het kan een portaal zijn. Als het je intentie is om te observeren, is het een raam; als je intentie is om te reizen, is het een portaal. Alsof er een deur is.

D: *En wanneer je binnen bent, is het alsof je op een fysieke plek bent.* (Ja.) *Maar mij is ook verteld dat je geen fysieke voorwerpen mee terug kunt nemen.*

L: Nee, daarom moet je terugkomen in de "mind" of als een droom. Daarom denken de meeste mensen dat het een droom is, een inspiratie. Ook al hebben ze daar een fysieke representatie gemaakt, zoals een nieuw instrument of een nieuw schilderij. Ze kunnen het niet mee terugnemen. Maar ze recreëren het als ze weer thuis zijn.

D: *Dus wat mij is verteld klopt.* (Ja.) *Maar is dit wat jij vooral doet, reizen om te observeren en om te onderwijzen?*

L: Ja, en dan zijn er momenten waarop ik me aansluit bij andere groepen, waar ik nieuwe dingen leer over de plekken waar zij zijn geweest. We delen wat we geleerd hebben tijdens onze reizen.

D: *Dus je weet nooit alles?*

L: (Nadrukkelijk.) Nee! We blijven allemaal leren. Het is heel interessant. We leren allemaal samen en delen samen, en soms wil iemand naar de plekken waar ik ben geweest omdat ze het zelf willen zien. En dat is ook prima. Daarom zeg ik: 'Als we naar beneden gaan, gaan we in de menigte op.' Waar we ook heen gaan, we gaan op in de menigte. Ik hoef het niet eens te hebben over die alien dingen. Sommige dingen over aliens zijn belachelijk!

D: *Dat is prima, want ik heb ermee gewerkt en ik denk dat ik er meer van begrijp dan de gemiddelde persoon.*

L: Dat geloof ik. Dat is zo. Jij begrijpt wat er achter het "zijn" zit. Jij begrijpt wezens. En je begrijpt dat de spiegels soms ook terugkaatsen naar de mensen die erin kijken?
D: *Ik noem het "overlays"–wat is een ander woord?*
L: Maskers.
D: *Iets waardoor ze gaan denken dat ze iets hebben gezien dat er eigenlijk niet is.*
L: Ja, schermherinneringen.
D: *Dat is het woord. Schermherinneringen zijn overlays. Is dat wat je bedoelt?*
L: Ja. Het wordt gedaan om te beschermen. Het wordt ook gedaan omdat het gezichtsveld soms wijd is ... en soms zijn er mensen voor wie dat ... te veel wijdte is.
D: *Ze kunnen het niet aan.* (Nee) *Hun geest is er niet voor uitgerust om het aan te kunnen.*
L: De concepten, de context, de constructies, zelfs de beelden, je moet het opbouwen alsof je een wandtapijt weeft. En hoe meer je aan een wandtapijt werkt, hoe meer het verandert van tweedimensionaal naar driedimensionaal naar vierdimensionaal. Net zoals het weven van een virtual reality die je in de video's ziet. Het is hetzelfde en sommige mensen kunnen alleen het tweedimensionale aan. Sommigen kunnen het driedimensionale en het vierdimensionale en meer aan.
D: *Er is mij verteld dat de aliens, de ET's of hoe je ze ook wilt noemen, hier heel voorzichtig mee omgaan omdat ze weten wat de persoon aankan.*
L: Ja. Ze zijn heel voorzichtig.
D: *Soms denkt iemand iets gezien te hebben, terwijl dat helemaal niet is wat hij zag.*
L: Ja, en dat is oké.
D: *Maar soms herinneren ze het zich met angst.*
L: Ja, en dat is raadselachtig. Dat is iets dat mis gaat in het overbrengen. Alsof de energie tussen geest en lichaam verstrikt is geraakt en dat moet worden ontward. En soms moet dat in de slaap worden ontward om die angst weg te nemen.

D: *Ik werk hier al zo lang mee dat ik weet dat er niets negatiefs aan is. Het hangt allemaal af van hoe de persoon het ervaart.*
L: Ja, en daarom raakt het verstrikt, omdat de "mind" hetgeen dat er niet was niet begrijpt en dat maakt het beangstigend. Daardoor raakt het verstrengeld met de echte herinnering en de echte ervaring, en dus veroorzaakt de gecreëerde herinnering dat het lichaam reageert. Het is heel gevoelig. Als mensen toch wisten hoe gevoelig het lichaam is voor de "mind". Dus je moet het corrigeren, verplaatsen.

Ik begrijp dit concept vanuit mijn werk met het helen van ziektes. Het lichaam is heel gevoelig voor wat de geest creëert en dat veroorzaakt ziekte en aandoeningen. Het lichaam reageert alleen maar. Gedachten zijn buitengewoon krachtig.

D: *Voor zover ik begrijp zijn de aliens of ET's gewoon een andere vorm van leven die de ziel ervaart.*
L: Ja, ja, en ze nemen de vorm aan die ze kiezen. En als ze fysiek zijn, hebben ze de vorm van waar ze vandaan komen. Zoveel mensen door het universum heen, en op verschillende tijden en plekken. Er zijn zoveel verschillende soorten.
D: *Maar heb je ooit in een fysiek lichaam geleefd?*
L: Heel vaak.
D: *Dus je bent niet altijd de waarnemer geweest, het lichtlichaam.*
L: Ik ga in en uit. Ben je je ervan bewust dat meer dan één bewustzijn een lichaam kan delen?
D: *Ik weet het niet zeker.*
L: Er zijn bewustzijnen die veel levens en ervaringen hebben, hier, daar, overal. Je bewustzijn kan in en uit die levens bewegen, zodat je het leven hier ervaart, het leven daar, op verschillende plekken en tijdsruimtes. Dus wanneer je glijdt—het is alsof je glijdt—glijd je die tijd in, en leef je in die tijd, in het fysieke lichaam of welke vorm het ook heeft. Maar je gewaarzijn, je bewustzijn, kan er ook weer uitstappen, maar het leven gaat door. Je bewustzijn is daar en hier tegelijk.

D: *Mensen hebben het over bezeten zijn ....*
L: Nee, nee, nee, nee. Ik geloof niet in bezetenheid. Ik denk eerlijk gezegd dat mensen... weet je wat ik denk dat het is? Als mensen zich bezeten voelen, is het hun eigen angst die zich letterlijk heeft gemanifesteerd.
D: *Dat geloof ik. Angst is krachtig.*
L: Je kunt letterlijk creëren. Als je alles kunt creëren, kun je ook angst creëren. Het neemt een vorm aan, net zoals liefde een vorm aanneemt.
D: *Maar je had het over twee bewustzijnen die een lichaam delen. Ik heb gevallen meegemaakt waarin er gewoon iets binnenkwam ... alleen om te observeren.*

Deze gevallen worden beschreven in mijn andere Ingewikkelde Universum boeken.

L: Observeren. Dat is het enige wat ze kunnen. Ze zijn niet de inwonende ziel daar.
D: *Twee zielen mogen niet in één lichaam zijn.*
L: Nee, nee, ze observeren.—Ja, ik heb in fysieke lichamen geleefd. Fysieke levens, op verschillende plaatsen, in verschillende tijden. De menselijke vorm komt vaker voor in het universum, multiversum, hoe je het ook wilt noemen. De menselijke vorm komt vaker voor dan niet. Misschien met een paar aanpassingen en afwijkingen, maar het is een blauwdruk
D: *Ik heb gehoord dat het praktischer is: de romp, het hoofd en de ledematen.*
L: Symmetrisch? Symmetrie. Alles in deze wereld heeft symmetrie: planten, dieren, de lucht, het water, alles heeft symmetrie. Als het geen symmetrie heeft, geen harmonie, dan is het beschadigd. Het moet hersteld, vernieuwd en aangevuld worden.
D: *Dat is onderdeel van jouw taak?* (Ja)

Dit was allemaal erg interessant, maar het was tijd om de sessie terug te brengen naar de therapie waarvoor Lucy bij mij was gekomen. 'Ben je je ervan bewust dat je op dit moment via een fysiek mens spreekt?'

L: Ja omdat ik deel uitmaak van dit mens.
D: *We dachten dat we teruggingen naar een vorig leven, en ik vermoed dat het inderdaad een vorig leven was.* (Lach)
L: Verleden, heden, toekomst, geen tijd.
D: *Uiteraard is Lucy zich niet bewust van jou, of wel?* (Lach.)
L: Enigszins. De waarnemer, het deel dat oplettend is en merkt dat er zachtheid, heelheid is precies daar, precies daar waar ze het kan aanvoelen. Ze is erg goed in aanvoelen.
D: *Ze heeft prachtig werk gedaan met het doen van dezelfde dingen als jij ... lesgeven.*
L: In sommige opzichten wel, zeker lesgeven. Ze weet waar ze het over heeft als ze lesgeeft. Daarom ben ik in staat om hier zijn, omdat we op elkaar zijn afgestemd, verbonden zijn, een deel in lijn. Ze heeft veel mensen geholpen met haar werk, maar dat weet ze eigenlijk niet echt. Je weet het nooit. Als je een steentje in het water gooit, heb je geen idee hoe ver die kringetjes zich verspreiden en dat is prima. Ze hoeft het niet te weten. Ze wil het ook niet per se weten. Alleen wanneer het schade veroorzaakt is het een probleem.—Je weet het nooit totdat je naar het volgende niveau gaat en terugkijkt.

We gingen door een aantal van haar vragen heen totdat we aankwamen bij de "eeuwige" vraag: Wat is mijn levensdoel? Ze zeiden dat het tijd was voor haar om degene die "ervaart" te zijn, aan de andere kant ervan te staan. Ze was al zo lang lerares, het was tijd om te ontspannen en van het leven te genieten, plezier te hebben.

L: Ze hoeft geen les meer te geven. Ze kan gewoon zijn, en sommige mensen leren alleen al door in haar buurt te zijn. Ze is echt een hele goede luisteraar. Nu komt het plezier. Hoe meer vreugde, hoe meer rust, hoe meer balans ze nu in haar leven brengt, hoe meer de "Nieuwe Aarde", zoals jij die noemt. De Nieuwe Aarde is er al. Die moet alleen nog solide worden. Breng gewoon de vreugde binnen en heb plezier!

Fysiek: Ze werd geboren met een ontwrichte heup die veel problemen gaf toen ze heel jong was, en ze onderging een operatie om dat te corrigeren. Maar het probleem kwam terug toen ze volwassen was en ze kreeg een nieuwe heup.

L: Vreselijke pijn, vreselijk vorig leven waarin er geen operatie was. Er was geen ontsnappen aan. De pijn duurde eindeloos. Het ging nooit weg en werd steeds erger en erger. En uiteindelijk heeft ze zichzelf dood "gedacht". Niet zoals zelfmoord, maar ze heeft zichzelf dood "gedacht". Ze heeft zichzelf met haar wilskracht laten sterven. De pijn was te veel. Wat ze niet besefte, is dat ze die pijn meenam toen ze vertrok, omdat ze pijn had op het moment van gaan. Daarom is het veel beter om het op te lossen voordat je gaat. Je rondt het af. Je zorgt dat je geen pijn hebt, of het nou fysiek, mentaal of emotioneel is, omdat je die pijn met je meeneemt. Soms is het makkelijk om ergens anders te helen, maar soms kleeft het als lijm. Soms kan het aan de zielen-zijde heel snel genezen. En soms zit het zo diepgeworteld, zo verstrikt, dat een deel ervan, stukjes ervan, met je bewustzijn mee blijven reizen terwijl je door verschillende tijden en levens heen beweegt.
D: Ik noem het het "restant" dat mensen met zich meedragen.
L: Precies. Het restant draag je met je mee, en het fysieke lichaam vormt zich als het ware naar dat restant.
D: Dat is waar ik mee te maken heb. Het veroorzaakt ziektes in dit leven. (Juist)

Het probleem met haar heup was veroorzaakt door meerdere valpartijen in andere vorige levens, dus het was niet slechts één enkel incident. Ik vroeg wat ervoor zorgde dat het in dit leven terugkwam, en ik kreeg hetzelfde antwoord dat ik al vaak heb gehoord: angst om vooruit te gaan. Vooral richting "onbekend terrein". "De Möbiusband, zoals zij het noemt, het verweven van het fysieke, emotionele en spirituele. Het onderbewuste is eigenlijk vooral bezig met het fysieke." Ze zeiden dat het geheeld was.

L: Ze heeft al meerdere keren in dromen te zien gekregen hoe ze dat metaal letterlijk terug kan omzetten in bot. (De nieuwe heup.) Maar dat is op dit moment te veel voor haar.

D: Je hebt me voorheen verteld dat je niet veel kunt doen met metaal; het is erg moeilijk om dat uit het lichaam te krijgen.

L: Dat klopt, en wat we hebben gedaan is het metaal verzegelen, zodat het geen belasting vormt voor haar lichaam. Metaal zendt energie uit die op een bepaald niveau schadelijk is. Het verstoort de fysieke energie van het lichaam. Bij haar is het verzegeld, dus het zal geen probleem veroorzaken. Ze maakte zich zorgen omdat haar is verteld dat ze mogelijk opnieuw geopereerd moet worden, omdat het meestal maar vijftien tot twintig jaar meegaat, en zij komt daar nu in de buurt. Maar het zal geen probleem zijn.

D: De artsen hebben dat idee in haar hoofd gestopt.

L: Ja, en haar onderbewustzijn slurpt het op zoals een katje dat melk slurpt. (Lach) Dat is prima. We kunnen haar geruststellen, het is nu verzegeld zodat het geen problemen geeft. Ze hoeft die operatie niet te vrezen.

Afscheidsboodschap: Geen angst, geen pijn, gen verdriet, alleen maar plezier!

Hoofdstuk 33
DE BELICHAMING VAN EEN ASPECT

Heather ging naar een leven waar ze een bepaald soort alien was, beslist niet menselijk, een dwerg met met dikke, korte handen en armen. Hij ging naar een plek toe waar hij werkte of waar hij zijn werkopdrachten kreeg. De plek zat vol met honderden andere vreemd uitziende wezens, die er allemaal anders uitzagen. 'Hun uiterlijk maakt niet uit. Ik zie dat zelfs nauwelijks. Ik zie hen meer als de functie van het werk dat we samen doen.' De plek was een groot auditorium met veel rijen zitplaatsen. In het midden stond een podium, en de rijen vormden een cirkel eromheen. 'Hoe dichter je bij het podium zit, hoe groter de verantwoordelijkheid, en hoe hoger de trillingsfrequentie. Niemand z'n positie is hoger dan de ander. Iedereen krijgt evenveel respect, heeft evenveel zeggenschap. We overleggen allemaal samen. We leggen al onze ideeën bij elkaar en nemen beslissingen waar de raad iets mee doet. De raad bestaat uit de tien mensen in het midden. Dit is meer dan alleen voor mijn land, mijn plaats van herkomst. Het is voor de melkweg. Daarom zijn er zoveel verschillende soorten wezens. Maar dit is slechts één locatie, één organisatie. Wij vertegenwoordigen de energie van ons gebied, een gedeelte van de melkweg. En andere wezens komen hier naartoe om de zitting bij te wonen. Zij vertegenwoordigen de raad en gaan dan naar een andere plek waar de raad groter is. En zo brengen zij wat wij hier besluiten over aan de grotere raad. De ideeën en overeenkomsten.'

D: *Zien deze tien er anders uit dan de anderen?*
H: Als ik naar hen kijk, zie ik ze als een zuil van licht. Ik zie er geen wezen in. Ik zie alleen puur licht. En mijn gevoel zegt

dat ze een belichaming, in welke vorm dan ook overstijgen. Ze overstijgen vorm.—Mijn lichaam kan enorme hoeveelheden energie vasthouden, en ik gebruik het om van plek naar plek te bewegen om ergens naartoe te gaan om mijn werk te doen. Maar in mijn gewone vrije tijd hoef ik mezelf niet tot dat lichaam te beperken. Ik zit dan gewoon in een soort van meditatie. En het kan zitten zonder te ademen of eten of drinken. In mijn vrije tijd, zit mijn lichaam gewoon stil. Ik kan mijn lichaam heel gemakkelijk lange tijd verlaten, zonder het te onderhouden. Dat is mijn favoriete staat. Mijn favoriete staat is zonder lichaam. Maar wanneer ik aan het werk ga, is het alsof ik mijn lichaam 'aantrek' omdat ik een oproep krijg. We hebben nog steeds een trilling waarbij we belichamen, maar die is veel lichter.—De mensen op de tweede rij flitsen eigenlijk in en uit. Wij blijven in dat lichaam en houden de energie vast. De eerste rij hebben dat niet eens nodig. Zij zijn gewoon volledig zonder lichaam, zonder vorm—ze hebben gewoon geen lichaam.

D: *Ze zijn dus gewoon volledig energie.* (Ja) *Jouw lichaam blijft in leven terwijl je daar gewoon zit?*

H: Het lijkt niet te ademen, en de organen gaan haast in sluimerstand. Dus je hebt geen water nodig, je hebt het niet nodig. Het maakt me niet heel veel uit. Het is bijna alsof ik gewoon uit sta en wacht op mijn werk.

D: *Dus het lichaam onderhoud zichzelf zonder dat de ziel of 'spirit' erin zit?*

H: Ja, en toch kan ik elk moment terugkomen en alles weer laten bewegen.

D: *Wanneer je in dat auditorium gebouw bent, ik vroeg me af wat het doel is van de bijeenkomst.*

H: Het zijn galactische en intergalactische beslissingen. Een van de wezens in het midden begint altijd met de vraag. En ieder persoon heeft zijn inbreng. En de mensen in de bovenste rijen observeren. Ze zijn niet op het niveau om deel te nemen.

D: *Voor wat voor werk word je op pad gestuurd?*

Het Ingewikkelde Universum Boek Vier

H: Ik werk met planetaire lichamen. Onderzoeken. Het meet de spirituele gereedheid en culturele gevoelens van planeten, en de planeet zelf. Ik moet erheen gaan en de energie van die plek op dat moment voelen. Zoals een onderzoek, maar ik meng me met de planeet, en een hoop informatie verzamelen. Ik werk met planeten en mensen, individuen. Omdat we heel erg snel werken, zie ik elke persoon razendsnel.

D: *Is die plek dichtbij de Aarde, of heeft het enige connectie met de Aarde?*

H: Mijn daadwerkelijke schip kan overal naartoe, zodat we dicht bij de Aarde kunnen zijn. De plek met het auditorium ligt ver weg aan de andere kant van het sterrenstelsel, maar het behoort nog steeds tot het sterrenstelsel waarin deze planeet zich bevindt. Wanneer ik naar de Aarde kom, moet ik hier een aspect van mezelf belichamen. Andere plekken zijn lichter en daar kan ik de informatie die ik nodig heb gewoon in mijn etherische lichaam ophalen. Gaan en terugkomen. Maar op Aarde bleef ik langer.

D: *Dus je doet dit terwijl een aspect van jezelf in een Aards lichaam is?*

H: Ja, en de rest van mij zit in het dwergenlichaam.

D: *Dit aspect dat op Aarde is, is dat degene waarmee ik praat, Heater genoemd?* (Ja) *Dat is het aspect dat je naar de Aarde hebt gestuurd?* (Ja) *Het moet een aspect zijn omdat de energie te sterk is?*

H: Ja. En omdat ik niet meer doe dan ik moet doen. (Lacht) Dat is best grappig. Want dit lichaam dat in het ruimteschip zit, reguleert elk deel dat uitgezonden wordt. Het is dus bezig met meerdere onderzoeken tegelijk, door middel van aspecten. En elke planeet heeft een andere energie nodig, ander niveau van belichaming, om de informatie te verkrijgen die we nodig hebben.

D: *Met al deze verschillende aspecten kun je meer doen dan wanneer je alleen als individu gaat.*

H: Juist. Dus zelfs wanneer we een aspect plaatsen en in onze kleine lichamen gaan—of in mijn geval, mijn kleine lichaam in de stoel. Dat is maar één aspect dat daar verslag doet,

Het Ingewikkelde Universum Boek Vier

terwijl het onderzoek op hetzelfde moment nog steeds doorgaat, op verschillende planeten enzo.

D: *Dus wanneer kwam jouw aspect in het lichaam van Heather? Wanneer stuurde je het aspect naar de Aarde?*

H: Het werd geregeld toen ze stierf.

D: *Hoe bedoel je?*

H: Ze stierf meteen nadat ze geboren was omdat het lichaam heel klein was, en een ander aspect werd geboren.

D: *Dus je bedoelt dat ze daadwerkelijk stierf op dat moment, en dat de oorspronkelijke 'spirit' vertrok?*

H: Aspect. Het was nog steeds ik, nog steeds één van mij. En het andere deel van mij dat bleef wilde niet door de geboorte van een mens heen gaan.

D: *Omdat dat soms geen fijne ervaring is.*

H: En ook was het slechts een klein aspect deel, dat werd geboren, voor de veiligheid van de moeder en de baby. En toen was het alsof het vijf van de wezens kostte om samen te persen. Dat klopt niet helemaal, maar om te helpen. En dat konden ze niet doen terwijl de baby nog in de baarmoeder van de moeder zat. Dus pas toen het lichaam in de couveuse lag, toen konden ze mij helpen om er veilig in te komen. De versie van mij die meer aspect is, het grotere, het snellere, intense, helderdere aspect.

D: *Dus dit zou te zwaar zijn geweest voor de moeder.*

H: Toen ze het probeerden, stierven de baby's, dus wisten ze dat ze moesten wachten. Het was te intens. De baby stierf in de baarmoeder toen ze het in het verleden probeerden. Er moest iets worden aangepast zodat het leven in dat lichaam kon voortbestaan.

D: *Het moest een klein deel zijn dat in het lichaam van Heather zou komen. Waarom wilde je dat er een aspect naar de Aarde zou komen?*

H: De gedachte die bij me opkomt is, het was een opdracht. Daar is geen twijfel over mogelijk. Die kreeg ik gewoon aangereikt, en ik ben dienstbaar. En daar is geen twijfel over. Het is mijn glorie, het is mijn eer en voorrecht om het Centrum te dienen.

D: *Ik blijf maar aan reïncarnatie denken. Heeft deze persoonlijkheid die wij kennen als Heather andere levens op Aarde gehad? Of is er een manier om dit uit te leggen, als we spreken met dit andere aspect?*

H: Deze dwergpersoon heeft zich op belangrijke momenten belichaamd voor een opdracht. Ik raadpleeg, in mijn bewustzijn, niet de levens van andere mensen. Ik kán dat wel, maar het is verwarrend. Zodra ik daar voorbij ga, dan zijn het niet meer de levens van Heather. Dan wordt het iedereen z'n levens, en dan is het niet meer relevant voor mij. Ik had een opdracht in de tijd waarvan men zegt dat Jezus Christus op Aarde was. Het was eigenlijk drie aspecten, en ze waren verspreid in verschillende lichamen. We komen ook wanneer er grote spirituele veranderingen op komst zijn. En er zijn er die wij hier niet hebben in de geschiedenis waarvoor ik ben gekomen. Er was een grote verandering in de tijd van een farao. Dat zou er één zijn, en in de tijd van Boeddha. Het heeft te maken met de mensen in de kring. Ik houd iets vast, en dat doen wij allemaal. Velen van ons in deze kringen hebben hun opdrachten rond het moment van belichaming van hen, voor belangrijke momenten. We werken allemaal samen en hebben onze rol te vervullen om de energie vast te houden voor een verschuiving in de spirituele atmosfeer van een planeet.

D: *Is dit de reden dat je dit aspect nu, op dit moment, hebt gestuurd vanwege de dingen die staan te gebeuren?*

H: Ja. En we doen het ook op andere planeten. We gaan allemaal samen naar andere planeten omdat we op belangrijke momenten de spirituele energie van een planeet versterken. Op dezelfde manier waarop, op dit moment, dit hele auditorium hier op aarde belichaamd is om de spirituele energie op Aarde te veranderen. Ze zijn hier allemaal om samen te werken aan het veranderen van de spirituele energie van deze planeet en deze dimensie. Meer dan alleen deze planeet.

D: *Ze wilde weten wat haar levensdoel is. Wat hoort ze te doen?*

H: Er is geen ander werk of doel, en we kennen alleen dit werk.

D: *Ze denkt dat ze de energie gebruikt om mensen hun DNA te veranderen.*

H: Ja, dat is het werk. Dat is het spirituele werk. De mens en alle soorten moeten in deze tijd veranderen. Moeten wel veranderen, zullen veranderen of vertrekken. Haar aanwezigheid is nodig, punt uit. Haar licht zal meer mensen aantrekken, zoals een vuurtoren.—Gezien het materiaal waarmee we moeten werken, hebben we een sterk lichaam gecreëerd omdat we zelf erg sterke lichamen hebben. We hebben dit lichaam zorgvuldig gekozen om stevige botten te hebben. Het grootste deel van haar DNA aan de mannelijke kant is geen standaard menselijk DNA, zodat ze de energie kan dragen. We ontvingen hulp van een meer belichaamde groep dan wij, om ons DNA fysiek te implanteren en te veranderen. De vader was een rookgordijn voor de moeder, zodat de conceptie logisch leek, maar we hadden niet veel van zijn materiaal nodig. Wat hij bijdroeg was een deel van zijn fysieke kracht en het DNA dat de botstructuur aanstuurt. Daarom hebben we hem gekozen.

Afscheidsboodschap: Heather is zeer geliefd. En we eren haar voor de moeilijke afscheiding die het vergt om belichaamd te zijn hier op Aarde. We hebben volledig begrip voor die uitdaging en we zien uit naar haar terugkeer.

Hoofdstuk 34
DNA VERANDEREN

Ned was een rusteloze jongeman. Meer een zwerveling, hij reisde van plek naar plek, en probeerde nog steeds zichzelf te "vinden", maar voelde zich nergens thuis. Hij kwam naar me toe in Hawaii waar we deze sessie hadden. Toen hij net van de wolk afkwam zag hij water, maar het zag er niet uit als gewoon water. Het was roze en sprankelend. Toen zei hij dat hij in het water zat, maar het voelde niet als water.

N: Ik zit in het water. Ik weet niet waar het oppervlak van het water is, eigenlijk. Het is roze en sprankelend, en het voelt ook echt fijn tegen mijn huid. Het lijkt alsof het gemengd is met lucht, of zo. Ik weet niet hoe ik het moet zeggen. Misschien zou het nat aanvoelen als ik er niet in zat. Maar ik denk niet dat het mogelijk is om eruit te gaan, hier waar ik nu ben.
D: *Waarom denk je niet dat het mogelijk is om eruit te gaan?*
N: Omdat het de hele planeet omringt.
D: *Dus je denkt dat het niet echt water is?*
N: Hij heeft geen woord om het te beschrijven. Water komt aardig in de buurt als metafoor. Ik zit erin, maar het is ook onderdeel van mij. Ik zit erin, in een geïndividualiseerde ervaring, en iets van wat het is, zit ook in mij en verbindt me ermee. Maar er is een onderscheid tussen beide. Het voelt echt goed om hier te zijn. Ik mis het heel erg.

Ik vroeg hem hoe hij zichzelf waarnam.

N: k heb huid. Ik heb een membraan om me heen dat een soort grijs-blauwig is.
D: *Dus je hebt het gevoel dat je geen deel meer uitmaakt van die substantie die je "water" noemt?*

N: Nee, ik denk dat dat ervoor hoort te zorgen dat alles blijft zoals het moet zijn, zodat we daar kunnen bestaan zoals we doen. En mijn verantwoordelijkheid ligt niet zo hoog, maar mijn evolutie ook niet.

D: *Dus je zou deel kunnen uitmaken van die roze, sprankelende substantie?*

N: Ja. Ze houden van me daar. Ik ben nog niet ver genoeg ontwikkeld om mee te helpen aan wat het bijeenhoudt, zodat ik het van binnenuit dieper kan ervaren—de ontvanger van de ervaring.

D: *Dus je kon niet de hele tijd in dat gedeelte blijven?*

N: Een deel daarvan heeft te maken met het fysieke aspect, maar het is niet wat ik als fysiek zou omschrijven. Ik hoor dit om een of andere reden te zien. Ze hebben me hiernaartoe gebracht om het me te laten zien.

D: *Wie heeft je daar naartoe gebracht?*

N: (Zenuwachtig lachje) Ik weet niet wat ze zijn. Ze zijn een beetje eng, maar ook grappig.

D: *Hoe hebben ze je daar naartoe gebracht?*

N: Ze kozen mij daar, en ik was er gewoon.—Ik ben enthousiast over het feit dat ik ergens naartoe ga. Ze proberen me te vertellen dat ik niet wil gaan, maar ik zeg dat ik wil gaan. Ik vraag om te gaan, en ze proberen me te zeggen dat ik dat niet wil, maar ik zeg van wel.

D: *Waar wil je naartoe gaan?*

N: Naar Aarde. Ze zeggen dat ik niet weet hoe het zal zijn, en dat ik bang zal zijn. Er zouden lange tijd ervaringen van stilstand en geen groei zijn. Maar het is heel belangrijk dat ik degene ben die ervoor kiest om te gaan. Dat is waarom ze proberen om me tegen te houden—ik denk niet dat ze mij geloven dat ik het echt wil.

D: *Waarom wil je gaan?*

N: Om te helpen! Er zijn daar moeilijkheden op dit moment. Het is ingewikkeld.

D: *Hoe weet je deze dingen?*

N: Zij geven mij die kennis. Ik vertrouw hen.

D: *Ook al zien ze er vreemd uit, toch vertrouw je ze.*

N: Ja. (Zenuwachtig lachje) Maar ze zijn toch wel een beetje eng. Ik weet dat als ze eraan zouden denken dat ik er niet ben, ik zou ophouden te bestaan. Dus er is een soort element van angst wat ik eigenlijk niet zou hoeven voelen, omdat dat gewoon het deel van mij is dat nog niet geëvolueerd is.

D: *Dus deze planeet waar je bent is niet de Aarde?*

N: (Lach) Nee. Het is een stuk groter. Het heeft vele ordes van grootte qua dimensionale ontwikkeling boven wat Ned kan bevatten als hier op dit moment. Dimensie is de meest nauwkeurige term die hij kent om het te beschrijven.

D: *Maar als je daar zo gelukkig bent, zou het dan niet als een schok voelen, of als een stap terug, om naar Aarde te komen?*

N: (Lach) Zoals in koud water springen. Maar het is leuk.

D: *Proberen ze je te vertellen hoe het zou zijn?*

N: Ja. Ik zal niet altijd plezier hebben. Maar ik denk dat ik het wel altijd leuk kan maken. Ze vinden het grappig dat ik dat denk.—Mijn fysieke lichaam zal niet beschikken over de fysieke vermogens waar ik nu van geniet en die ik als vanzelfsprekend zie.

D: *Welke specifieke vermogens zul je op Aarde niet hebben?*

N: Dematerialisatie, en je kunt geen dingen met je geest verplaatsen. Dat bestaat daar nog niet. Als genoeg van ons gaan, kunnen we dat onderwijzen, maar op dit moment is het er nog niet.

D: *Is het belangrijk om zoiets te onderwijzen?*

N: Wanneer daar om wordt gevraagd. Hij wil het opnieuw beheersen.

D: *Dan geef je een hoop op. Krijg je de keuze om wel of niet te gaan?*

N: Ja. Ik weet niet waarom ik weet dat er de mogelijkheid is om te gaan, maar ik heb het gevoel dat ik nu niet voor hen zou staan als ik niet van die mogelijkheid afwist en erom vroeg. Maar ik denk niet dat veel van ons weten dat het überhaupt mogelijk is om weer af te zakken naar een niveau met een lagere DNA-blauwdruk.

D: *Want meestal denk je aan vooruitgang, niet aan achteruitgaan.*

Het Ingewikkelde Universum Boek Vier

N: Ja, er zijn veel moeilijkheden en uitdagingen verbonden aan een hoger niveau van spirituele evolutie in een fysiek lichaam waarvan de DNA-ontwikkeling voor een groot deel nog inactief is. Maar we kunnen ze wel weer opbouwen.
D: *Hoe bedoel, jullie kunnen het weer opbouwen?*
N: Ze lijken me duidelijk te willen maken dat de enige manier waarop we de Aarde kunnen helen, gezien het pad waarop ze zich bevindt, ligt in de combinatie van ons zielenblauwdruk binnen de kapotte DNA-blauwdruk van het menselijk lichaam—dat zo is, niet omdat het zo bedoeld was. Er is veel mee geknoeid om het zo te maken. Maar onze geest kan het DNA-blauwdruk zelf helen, en het voor iedereen toegankelijk maken, als we werken aan het helen van onszelf.
D: *Je zei dat de blauwdruk stuk was, dat er met het DNA geknoeid is. Wat bedoel je daarmee?*
N: Diegenen—ik weet niet waarom ze dat doen—gedragen zich op een manier die precies het tegenovergestelde is van hoe het Universum werkt, en ze begrijpen het niet.
D: *Bedoel je de mensen op Aarde?*
N: Nee, ik bedoel degenen die met hen knoeien. Sommige mensen ook trouwens, maar dat waren alleen genetische dingen.
D: *Je bedoelt helemaal in het begin?*
N: Ja. Maar mensen kozen niet voor die uitkomst—ze werden gemanipuleerd.
D: *Dus de blauwdruk was stuk.* (Ja) *En je denkt dat het een van jouw taken is om dat te herstellen?*
N: Om mij te helen zodat we allemaal kunnen helen.
D: *Klinkt als een grote taak.*
N: Ja. Er is veel te doen om ons allemaal naar buiten te laten kijken voor dingen die we als belangrijk beschouwen.
D: *Dus door in een fysiek lichaam te komen—ook al noem je het afzakken—kan jouw "spirit", je ziel, het DNA veranderen of herstellen?*
N: Ja, blijkbaar. Ze zeggen dat we eigenlijk van boven naar beneden kunnen manifesteren om de blauwdruk fysiek te

veranderen die voor iedereen beschikbaar is. Er zijn velen van ons hier.

D: *Dus als het bij één gebeurt, heeft dat effect op velen? (Ja) Hoe zou dat dan gebeuren?*

N: Omdat de morfogenetische velden allemaal met elkaar verbonden zijn.

D: *Ik dacht dat je elk persoon in zou moeten gaan en ieder individu zou moeten veranderen.*

N: Dat is wat ik doe om mijn eigen veld-blauwdruk te helen, en de bijdrage daarvan helpt iedereen om voor die mogelijkheid te kiezen, als ze kiezen. Anders kunnen ze die keuze pas maken als ze vanzelf in die staat komen. Het probleem is—het lijkt erop dat de Aarde er niet zal komen als er niks wordt gedaan. Ze volgt een pad dat de tegengestelde richting opgaat door al het geknoei.

D: *Het zou daar niet uit zichzelf naartoe evolueren.—Je zei dat er velen komen met die missie, als je het een missie wilt noemen.*

N: Ja, dat is het. Het is lang. Zij vinden het niet grappig; ik wel. Maar ze lachen niet. Ze begrijpen niet waarom ik het grappig vind wanneer een grote groep wezens besluit om tegen de wet van Een in te gaan.

D: *Ze gingen de verkeerde kant op.*

N: Ja. Dat is wat ze doen op Aarde.

D: *Wat denk je dat er zou gebeuren als jullie niet allemaal kwamen helpen?*

N: De tijdmatrix zou hier instorten, omdat hun zielengroepen zich lange tijd niet zouden onderscheiden. Het zou niet hun ideale situatie zijn om te creëren.

D: *Bedoel je met het instorten van de matrix dat de hele planeet gewoon zou worden verwoest?*

N: Het hele harmonische universum waarvoor de Aarde een speeltuin is. Alles is met elkaar verbonden. Het is een zeer beperkte bewustzijnstoestand die ervaren moet worden om scheiding—en zelfs afstand—waar te nemen.

D: *Dus daarom was het belangrijk dat jullie allemaal kwamen. Maar ik heb gehoord dat er ook veel anderen komen met andere bedoelingen.*

N: Oh, ja. Die zijn ook cool. Jij zal ze ook aardig vinden. Sommigen van hen zijn hier. Ik weet niet precies hoeveel, eigenlijk. Ze zijn er allemaal om te helpen. Zij kozen ervoor. Wij allemaal. Wij kozen er allemaal voor. Veel mensen hier lijken te denken dat ze niet kiezen voor de keuzes die ze hebben gekozen. Maar dat doen ze wel. (Lacht)

D: *Nou, deze wezens, deze entiteiten, zijn zij degenen die min of meer de leiding hebben en mensen vertellen wat ze moeten doen?*

N: Ze houden alles bij elkaar. Ze doen hun best en geven iedereen een mate van toestemming om te creëren waarvoor ze kiezen, ook al is het niet wat het beste is voor iedereen.

D: *Ze laten iedereen toe op die planeet?*

N: Overal. Overal in de gehele tijdmatrix.

D: *Dus ze hebben behoorlijk veel macht?* (Ja) *Het is alsof zij de leiding hebben over het geheel.*

N: Niet de leiding—dat is wat ze zijn geworden.

Ik vroeg of hij, als "spirit" ooit eerder op Aarde was geweest. Hij antwoordde dat hij op Aarde was geweest, maar niet altijd het wezen was geweest waarmee we nu spraken. "Het duurde lang om dat te verdienen."

D: *Je bedoelt dat je bent geëvolueerd?*

N: Ja. Ik heb de Aarde niet doorkruist voor die les. Maar toen ik kwam, was er een plek die erop leek. Die bestaat nu echter niet meer. Die is vernietigd.

Toen leek hij zich ongemakkelijk te voelen en wilde hij er niet over praten. Ik zei dat het niet hoefde als het hem van streek maakte.

N: Daarom wilde ik terugkomen, want dat is niet iets waar iedereen op zit te wachten. Je wilt altijd het gevoel hebben dat je thuis er voor je is. Maar als je mist wat je had, kun je het opnieuw creëren.

D: *Was je er toen het gebeurde?*

N: Nee. Maar ik kende veel mensen die er waren toen het gebeurde. Ik ben hier nog steeds, trouwens. Ik zit in een gedifferentieerde bewustzijnservaring erbuiten, dus ik was geen onderdeel van de instorting. Of ik vertrok net voordat het gebeurde. Ik heb er geen naam voor. Het is lang geleden.
D: *Maar het had invloed op de planeet Aarde?*
N: Ja! Het had wel degelijk invloed op dit dimensie niveau. Ja, dat had het zeker. Er zijn wellicht nog fysieke overblijfselen die er nog steeds zijn.

Hij zei dat hij na de ineenstorting tot dit wezen was geëvolueerd.

D: *Je was gewoon verschillende soorten lessen aan het leren.*
N: Ja. Ik zou ze over het algemeen niet als leuk omschrijven.— We hebben lange tijd moeten onderduiken.
D: *Waarom moesten jullie onderduiken?*
N: Ik vind het niet prettig om te sterven. Het is niet zo leuk. Dus duiken we onder. Het is beter om dingen mee te maken die je laten glimlachen.—En toen evolueerde hij totdat hij deze andere entiteit werd, die zeer geëvolueerd was. Het kostte vele, vele levens om tot dat punt te evolueren. Het Aardse leven kwam ná die entiteit.
D: *Je zou denken dat hij na dat alles niet meer terug zou willen komen.*
N: Het doet pijn in mijn hart om de Aarde zo te zien, en te bedenken dat ik, nadat ik een vergelijkbare ervaring heb doorgemaakt, niets zou ondernemen. Ik besta toch; ik kan net zo goed bestaan waar het iets uitmaakt.
D: *Maar je was gelukkig op die andere waterplek.* (Ja, absoluut!) Dan was het een stapje terug om weer naar de Aarde te komen.
N: Nee, zo lijkt het vanuit een bepaald perspectief. Maar het is een grote stap voorwaarts. Want de menselijke DNA-blauwdruk is, gezien haar potentieel, behoorlijk indrukwekkend voor wat er in een derde dimensie mogelijk is. Het is op dit moment bijna volledig inactief.

D: *Heb je contact gehad met de anderen die terugkwamen om hetzelfde te doen? Je zei dat er velen waren.*
N: Ja, hij kent er ook een paar. (Lacht) Velen van ons hebben elkaar gevonden. Dat is echt gestoord. Nee, dat is het niet! Dat mensen vrienden worden, komt door allerlei afspraken die ze hebben om om een bepaalde reden samen te komen. Alleen herinner je je dat niet. Dat maakt het soms lastig.

Ik vond dat het tijd was voor het therapeutische deel van de sessie, dus ik vroeg hem of hij zich ervan bewust was dat hij door een fysiek lichaam sprak.

N: Ja! Vooral wanneer ik ga slapen, eigenlijk. Anders lijkt het gewoon alsof dat is wat ik ben—alleen dat. Het lichaam. Dat is ook wat ze ons allemaal proberen wijs te maken—degenen die meer weten.
D: *Wat bedoel je?*
N: Het lijkt erop dat de meeste problemen op Aarde komen omdat de wezens die de manifestatie principes begrijpen, doordat hun informatie zo erg verdraaid is geraakt, niet weten dat deze principes voor iedereen zijn en dat iedereen kan creëren wat hij wil. En je hoeft niet iedereen tegen elkaar op te zetten en zichzelf te laten uitschakelen zodat jij hun beperkte spullen kunt krijgen, want dat is niet waarvoor we hier zijn.

Dit deel waarmee ik communiceerde leek over heel veel kennis te beschikken, maar ik wist niet of het de antwoorden op Neds vragen kon geven. Ik vroeg het of ik het onderbewuste erbij moest halen, of dat het de informatie had die we konden gebruiken.

N: Een deel ervan. Hij heeft een deel ervan herbouwd; maar hij heeft niet alles.

Hij stemde er toen mee in dat ik zou vragen om het onderbewuste naar voren te halen. Hij was tot op zekere hoogte beperkt in zijn vermogen om de vragen te beantwoorden. Ik bedankte hem omdat hij ons veel informatie had gegeven. Hij zei dat hij het waardeerde om met mij te spreken. Daarna riep ik het OB op, en de eerste vraag die ik altijd stel, is waarom het juist dat specifieke leven had gekozen om te bekijken.

N: Hij is er klaar voor om dat te weten. Hij weet dat hij niet van hier komt.
D: *Hij weet dat niet op bewust niveau, of wel?*
N: Hij denkt van wel, maar hij denkt dat mensen hem soms verhalen aanpraten.
D: *Wil je hem er iets over vertellen.*
N: Het woord dat hem nu zal helpen is (Fonetisch) Oro-feen. (Orophine?)
D: *Orophine? Wat betekent dat?*
N: Dat is waar hij vandaan komt. Ik weet zeker dat hij het zal begrijpen. Het is de naam van die zielengroep essentie van de wezens daar.
D: *Orophine. Die naam heb ik nog nooit gehoord.*
N: Ze zijn tamelijk hooggeplaatst.
D: *Dus hij hoefde niet terug te komen. Hij had daar gewoon kunnen blijven en zich steeds hoger en hoger kunnen ontwikkelen, toch?*
N: Ja. Door bepaalde hogere contractuele verplichtingen heeft hij de neiging zichzelf verplicht te voelen, in plaats van bewust te kiezen voor en te willen deelnemen aan het proces waarin hij zit.
D: *Maar het maakt het moeilijker om in een fysiek lichaam te komen en al die dingen te vergeten. Om te weten dat je al die krachten hebt, en dan heb je ineens niks meer behalve een fysiek lichaam.* (Ja) *Het is best frustrerend, nietwaar?*
N: Ja, dat is een woord dat soms gebruikt kan worden. Ned houdt echter helemaal niet van dat woord. (Lacht) Het heeft negatieve implicaties voor het fysieke bestaan. Hij moet weten dat hij het allemaal zelf heeft gekozen. Hij doet alsof hij niet weet wat hij nu moet doen, en alsof hij nog niet genoeg weet. Wat eigenlijk heel ironisch is. Waarschijnlijk zal hij moeten lachen wanneer hij dat hoort.

Het Ingewikkelde Universum Boek Vier

D: *Hij lijkt op dit moment een beetje te dwalen, zonder echt te weten wat hij wil doen.*
N: Ja, hij straft zichzelf heel vaak. De manier om het te verwoorden zodat hij het begrijpt, is dat hij zijn neurologie gewend heeft laten raken aan emotionele pieken die meestal optreden wanneer hij iets doet wat hij niet hoort te doen. Wat grotendeels nuttig is, want onderdanig zijn aan autoriteit is niet bevorderlijk voor zijn missie. Maar hij doet dingen die helemaal niet logisch zijn soms. (Lach) Zelfs als mensen die van hem houden hem vragen om iets te doen, doet hij soms het tegenovergestelde, gewoon omdat hij denkt dat dat is wat hij hoort te doen.
D: *Maar jij zei dat zijn neurologische systeem zo is ingericht.*
N: Ja, maar daar heeft hij zelf voor gekozen. Hij moest zichzelf distantiëren met een illusie van afscheiding van autoriteit. Je zou kunnen zeggen dat hij moeite heeft met autoriteit. Voorheen was het moeilijker. Nu werkt hij eraan om opener te zijn. Hij weet echter dat hij nog lang niet doet wat hij zou kunnen doen.—Je moet nu aan streng vijf werken, want streng vier is volledig hersteld. Zes is nu te ver vooruit om naar te kijken.
D: *Wat bedoel je met die nummers?*
N: Zijn DNA-blauwdruk die zich fysiek manifesteert. Hij heeft er vier die hersteld zijn; hij denkt echter dat hij nog bij drie is. Hij interpreteert dingen verkeerd doordat hij veel niet begrijpt.
D: *Dus zijn DNA wordt al hersteld?*
N: Ja, voor velen van jullie. We maken het allemaal voor elkaar mogelijk om dat te herstellen. Dus de vierde streng is waar we nu aan werken.
D: *Dat is wat ik gehoord heb, dat het DNA moet veranderen als we de "shift" willen maken.*
N: Ja. Iedereen doet het ook echt heel goed. Wij allemaal.
D: *Is iedereen z'n DNA aan het veranderen?*
N: Ja. Het is subtiel, en het is meer een verandering van de blauwdruk dan een fysieke verandering. Maar het zal zich voor hen uiten wanneer ze er klaar voor zijn.—Vijf en zes zijn bij hem vanaf de geboorte al actief, maar ze zijn nog niet

Het Ingewikkelde Universum Boek Vier

... het potentieel is er. Want zes heeft nog een hoop knopen, en wanneer geluid erdoorheen reist, resoneert het niet allemaal op een harmonieuze manier, maar het is er wel. Hij probeert het. Maar hij begrijpt de out-of-body ervaring nog niet. Op dit moment is het gewoon een spel, en voor de leuk. Hij moet leren hoe hij het kan gebruiken als een hulpmiddel om anderen te helpen. Nu is hij alleen nog aan het spelen. Maar hij gebruikt het om informatie mee te bevestigen, wat waardevol is.

D: *Wat is het uiteindelijke doel van dit DNA, als je uitgaat van deze nummers?*

N: Zodat iedereen een belichaming op avatar-niveau kan hebben van zijn onderbewuste in de fysieke dichtheid, zou je kunnen zeggen.

D: *Tot hoe hoog zou het moeten gaan?*

N: Twaalf.

D: *Is dat mogelijk voor de mens?*

N: Ja! Daarom is het zo'n bijzondere ervaring, omdat er in deze tijdmatrix nog niet eerder een twaalfstrengs DNA-blauwdruk is gezaaid. Het is heel belangrijk!

D: *Er zijn een aantal mensen die onderwijzen dat je onmiddellijk naar twaalf kunt overgaan.*

N: Ja, hun informatiebronnen zijn echter zeer, zeer gebrekkig. Ze channelen het vanuit plekken die niet hun beste belang voor ogen hebben.

D: *Dus het gebeurt geleidelijk. Is dat waar we ons nu bevinden, vier en vijf?*

N: Ned werkt nu aan vijf; hij is hier bijna klaar mee. De andere indigo's werken tussen vier en vijf, en sommigen zijn eigenlijk voorbij zes. Er zijn momenteel drie avatars op de planeet. En één van hen heeft er zeven volledig actief. Zijn naam en identiteit zijn echter verborgen—het is niet belangrijk om te weten wie.

D: *Er is me vaak gezegd dat we niet horen te weten wie deze mensen zijn.*

N: Dat klopt. Ze moeten zich verschuilen.

D: *Omdat het gevaarlijk voor hen kan zijn.* (Ja) *Maar hoe voelt het lichaam zich terwijl het DNA verandert? Welke effecten heeft dit op het lichaam? Merken we het wanneer het gebeurt?*

N: Het emotionele systeem van je lichaam is je "feedback"-punt. Dus als je dingen voelt die je meer laten voelen van wat je fijn vindt om te voelen, die je helpen emoties te voelen die je kiest, en je afstand kunt nemen van de emotie, dan kun je die als goed bestempelen. Negatieve termen zijn meestal niet nuttig, maar als je vaker goede emoties voelt dan niet, betekent dat dat je precies op het pad bent dat je hoort te volgen. De positieve zijn feedback voor wanneer je de dingen doet die je hebt afgesproken te doen. Echter, de negatieve emoties moeten soms niet door elkaar gehaald worden, omdat ze nodig zijn om een onderscheidingsniveau te bieden zodat je kunt begrijpen wanneer de goede er zijn.

D: Heeft deze verandering van het DNA een fysieke invloed op het lichaam?

N: Ja, het voelt als vreugde wanneer dat gebeurt. Ervaringen die hier worden omschreven als piekervaringen, zijn meestal activatie punten. En omgaan met de emotionele nasleep daarna is soms erg interessant voor hem, omdat hij het niet altijd als een goede ervaring ziet.

D: Ik heb gehoord dat veel mensen die voor het eerst komen moeite hebben om met emoties om te gaan.

N: Ja, heel vaak wel.

D: Het beangstigt ze echt om het te voelen.

N: Ja. Maar hij is gewoon gewend aan het patroon van wegrennen en zich verstoppen wanneer externe druk zich voordoet; wat noodzakelijk is, want vroeger, als hij niet wegrende en zich niet verborg, zou hij weer worden gedood. En dat legt een obstakel op het niveau van vooruitgang dat in één incarnatie kan plaatsvinden.

Ik vroeg wat Neds levensdoel was, wat hij dit keer op Aarde moest doen.

N: Hij heeft veel gaven gekregen en hij moet die zonder terughoudendheid delen. Hij wil op een positieve manier beoordeeld worden, en hij begrijpt nog niet volledig dat dat eigenlijk niet het punt is, want mensen gaan hoe dan ook oordelen. Zeker als ze zich op een lager niveau van bewustzijnsontwikkeling bevinden. Hij heeft veel gaven gekregen, en hij hoeft ze alleen maar te gebruiken.

D: *Maar welk pad wil je dat hij volgt?*

N: Healing. Dat weet hij. In zekere zin kan hij tussen twee werelden staan, wat handig is omdat hij iets kan brengen aan mensen die er anders niet naar zouden zoeken, iets dat hen zal helpen. Omdat hij dat kan vertalen naar het medium van de technologie die momenteel beschikbaar is. Wat, om een of andere bizarre reden, meer geloofwaardigheid geeft omdat het extern en complex is, terwijl het in feite minder nuttig is voor mensen op het vlak van ontwikkeling in het grotere plaatje. Hij heeft informatie over dingen die gecreëerd moeten worden. En iedereen die hij nodig heeft om te helpen creëren, is al aanwezig in zijn leven. Hij is nog steeds op zoek naar andere mensen om hem in staat te stellen dit te doen. En hij weet—en er zijn drie mensen die hem kennen die dit ook weten—dat het enige wat ze hoeven te doen is het doen.

D: *Dus de mensen zijn er al.*

N: Ja, het is tijd om de boeken neer te leggen en het gewoon te gaan doen. Hij kan iedereen kiezen die hij wil, maar er zijn minstens drie afzonderlijke creaties die hij samen met anderen kan manifesteren die een ongekend niveau van voordeel voor iedereen zullen brengen.

D: *Wat zijn die drie niveaus?*

N: (Lach) Het is een leuke grap.

D: *Wat is de grap?*

N: Keylontic neurolarcrustic (?) (Phonetic: ner-o-lar- krewstic) biosymbaligismistics (?) (Phonetic: bio-sim-bul- ij-izm-ist-iks)

Was zijn intellectuele arrogantie me voor de gek aan het houden? http://www.bibliotecapleyades.net/voyagers/esp Ik vond dat het woord dat hij gebruikte een beetje klonk als chelation. Toen spelde hij het: K-E-Y-L-O-N-T-I-C. Er is en

Het Ingewikkelde Universum Boek Vier

website voor een Keylontic woordenboek
www.bibliotecapleyades.net/voyagers/esp voyagersindex.htm

N: Het gaat om de mechanismen van materie-manifestatie en bewustzijns-ascensie. Hij heeft deze informatie gekregen. Hij waardeert het ook, en hij probeert het ook te delen, maar hij kiest ervoor zich afstandelijk te voelen tegenover mensen omdat hij het weet. Maar hij heeft deze informatie gekregen. De informatie is er—hij moet het apparaat creëren. Het is een afbuiging ervan.

D: *Dus het wordt een apparaat.*

N: Ja. Hij en de entiteit die bekend staat als James (zijn vriend) horen dit samen te doen. Ze brengen echter te veel tijd door met er gewoon van te genieten. En ervan genieten dat ze weten wat ze weten. De enige reden om het te weten is echter door het te doen.

D: *Ze lopen rondjes.*

N: (Lach Ja, precies. Lopen rondjes—die vind ik leuk.

D: *Oké, dat is één project. Wat zijn de andere twee?*

N: Hij kan ze allemaal doen. Ik denk dat het beter voor hem zou zijn als er op dit moment maar één wordt gepresenteerd.

D: *Zodat hij zich op één tegelijk kan focussen?*

N: Ja. Hij weet al wat de andere zijn. Ze zijn al opgeschreven. Ze bestaan al fysiek als kennis, dus hij weet welke stappen hij moet nemen. De eerste zou hij omschrijven als een biofeedback-software-interface. Met realtime-analyse—'realtime' is eigenlijk een bizar begrip—en licht en geluid. Het geïoniseerde water is ook een heel goed idee.—Dat is genoeg voor nu. Hij kiest ervoor om zich overweldigd te voelen door overvloed, wat hij kan creëren door kennis. Dus dat neigt ertoe zijn vooruitgang in beweging te belemmeren.

D: *Ned bracht het onderwerp van healing ter sprake.*

N: Dit apparaat zal dat een stuk makkelijker maken, omdat het veel minder tijd en moeite verbruikt op het moment zelf om de heling te laten plaatsvinden. En het is gewoon nog een extra ding om aan de gereedschapskist toe te voegen. Het is wel een groot gereedschap.

D: *Hij heeft veel plezier met het spelen van mens zijn.*

N: Ja, dit is een geweldig lichaam om te hebben. Het menselijk lichaam heeft veel voordelen.

Hoofdstuk 35
DE KLEUR VAN DNA

In eerste instantie zag Susan duiven en een fontein die omringd was door mist. Toen ze er doorheen ging, werd ze zich ervan bewust dat de mist meer een energetisch of magnetisch veld was. Daarna merkte ze dat haar lichaam ook niet normaal was. "Ik weet dat ik daar ben, maar er is geen lichaam, als dat logisch klinkt. Ik voel geen lichaam. Ik voel een soort van vorm, maar ik voel geen armen, benen of voeten. Maar ik weet dat ik daar ben in een vorm."

D: Hoe voelt dat magnetische veld aan?
S: Ik denk dat ik erboven zweef, maar tegelijkertijd bevind ik me ook erin. Het voelt alsof mijn brein in ruststand staat, en ik gewoon wéét zonder erover na te denken. Het is heel vredig.
D: Wil je verder gaan of wil je in dat magnetische veld blijven?
S: Het voelt alsof ik omhoog ga. Ik word omhoog getrokken uit de mist in het veld.
D: Wat zie je terwijl je omhoog getrokken wordt?
S: Een witte X. Ik ga door het midden van de X en ik sta op witte wolken. Heel interessant, op wolken staan.
D: Is er nog iemand bij je of ben je alleen?
S: Ik ben alleen. Ik heb nu voeten en een witte mantel "ding" ... niet echt van een materiaal. Waarschijnlijk licht, maar het heeft wel een vorm, als een losse mantel. Boven mij is een goudachtig licht. Het is niet warm en het is niet koud. Het is gewoon heel rustgevend. Heel vredig.—Het licht straalt iets uit. Het valt over mijn voorhoofd en schouders, en het maakt me heel warm. Het is een goed gevoel. En ik vind dit allemaal interessant. Alsof mijn fysieke lichaam hier beneden ligt. Alle pijn stroomt eruit, en alle spanning

verzacht. Maar toch ben ik tegelijkertijd ook hierboven in het licht.

D: *Dat is oké. Laten we ons focussen op dat gedeelte daarboven en kijken wat het doet.*

S: Oh, het licht beweegt van de voorkant van mijn voorhoofd naar de achterkant van mijn hoofd, en het voelt alsof het iets doet. Ik kan niet beschrijven wat het precies doet. Misschien breidt het mijn hoofd uit, alsof daar geen botten zijn. Het heeft het helemaal geopend, alsof er geen echte schedelbeenderen zijn. Nu gaat het licht helemaal door me heen tot aan mijn voeten. Het voelt als een energie. Het gaat recht door de kern. Recht door het midden. Niet uitstralend naar de zijkanten, gewoon recht naar de kern ... door het midden.—Nu zie ik iets als een tunnel. Het is recht boven me. Ik bevind me in een buis of een tunnel met wolken, met echt prachtig gouden zonlicht dat door de buis naar beneden schijnt.

D: *Toen dat licht, die energie door het lichaam heen ging, wat was het aan het doen?*

S: De vibraties aan het openen zodat ik de tunnel in kan ... de buis.—Het licht wordt groter en vult de hele buis. Het zijn geen wolken meer. Het is goudgeel licht. Het heeft een leven van bewustzijn. Het is niet alleen kleur. Ik ben er nu helemaal in ondergedompeld. Het is overal om me heen. Het voelt alsof er een waterval uit het midden komt, die aan de bovenkant overstroomt en zo helemaal naar beneden stroomt. Het is geen water trouwens, maar het ziet eruit als water dat uit een soort aardewerk of iets dat van goud gemaakt is komt. Het stroomt gewoon om me heen en het schittert. Het is roze en blauw en lavendel-paars, groen en sprankelend. Als een ondoorzichtige pot of urn waar iets uit komt stromen.

D: *Wat is het doel ervan dat het zo over je heen stroomt?*

S: Ik hoor woorden als 'onderdompeling—reiniging—zegening—verwelkomen'. Wat dit ook is, het is heel betekenisvol. Het voelt echt heel goed. "Het inbrengen van kennis," zeggen ze, maar het is een noodzakelijke stap op dit moment. Het is een stap van de fysieke wereld naar de etherische wereld of het hogere rijk. Ze laten me iets zien dat lijkt op een verdraaide DNA—en ze maken het wijder. Ze maken de DNA-strengen breder. Ze zijn zo smal. Ze maken ze nu heel breed zodat ze mogelijk meer kleine vezelige haartjes kunnen dragen met informatie van kleine dauwdruppels erop. Ze gaan zijwaarts, wat in jouw taal horizontaal zou zijn, zoals de horizon.

D: *Ze rekken het uit in die richting?* (Ja) *Je zei dat het lijkt op het inbrengen van kennis en informatie?*

S: Ze zeiden het inbrengen van kennis ... uitstroming van kennis.

D: *Stelt dit het DNA voor?*

S: Ze zeggen dat het kleurbanden zijn ... het DNA ... we hebben er nooit aan gedacht hebben om daar naar te zoeken.

D: *Is dat wat ze bedoelen? Kleurbanden ... in het DNA?*

S: In het DNA ... en ze zijn eigenlijk best dik. Ze zijn niet fijn. Het lijken wel lagen. Lagen van... ik wil het "wolken"'noemen, maar dat is niet het juiste woord. Maar het is het enige woord dat ik kan bedenken. Het zijn lagen van een soort wolk, mistige materie, en er zitten kleuren in.

D: *In eerste instantie zei je dat ze heel dun waren.*

S: Ja, maar ze zijn weg en nu zijn het banden van kleur. Het lijkt niet logisch, maar het lijkt alsof elke band een halve meter hoog is. Ze liggen in lagen over elkaar heen. En elke band heeft een andere kleur. Ze zeggen dat het een noodzakelijk proces is, en dit is hoe het werkt. Dit is het hogere ... ze zeggen ofwel "rijk" of "bewustzijn". Dit is hoe het allemaal werkt.

D: *Dat is wat ik probeer te begrijpen. Wat bedoelen ze? Hoe het hogere bewustzijn werkt?*

S: Ze zeggen dat het om ALLE vormen gaat. ALLE vormen werken zo. Zelfs bladeren hebben DNA, en zelfs bladeren hebben vormingsprocessen. Wij kunnen dat hier niet begrijpen, maar aan hun zijde bestaat alles uit vormen. Alles heeft een vorm, en alles heeft een formule. En dit is hoe het is, en dit is wat gevolgd moet worden.

D: *Wat bedoel je met een "vorm" ... bedoel je een gestalte?*

S: Nee, geen ruimte ... het is een proces. Dat is gewoon het proces.
D: *Ik zie het als een blad dat een bepaalde vorm heeft en het lichaam dat een bepaalde gestalte heeft.*
S: Maar je moet bij het 'eindige' komen, niet bij de vorm. Dit is wat de vorm vormt. De vorm die je ziet is het blad, maar dit zit achter de vorm. Dit is wat de vorm vormt, en dit zijn de wetten, en dit is hoe het is.
D: *Maar je zei dat het ook te maken heeft met formules?*
S: Ja... zo is het allemaal ingesteld. Het is gewoon een proces... gewoon hoe het is... het proces.
D: *Gaat dit allemaal terug naar de genetica, het DNA? Is dat de kern ... het belangrijkste deel?*
S: Nee, het gaat allemaal terug naar het AL, de ene, het licht. Dit is zijn uitstroming. Het stroomt zo uit. Het is als het stromen ... zoals de pot of urn met het licht en de mist. Dit is de uitstroming van het AL. Dit is hoe het uitstroomt.
D: *Hoe het creëert?* (Ja) *Maar je zei dat je het over het DNA had. Dat is een onderdeel van het scheppingsproces ... als ik de juiste woorden gebruik.*
S: Ze zeggen: 'Als jij dat wilt.' (Luid lachend.)
D: (Ze bleef luid lachen.) *Als zij betere woorden hebben, mogen ze die gebruiken.*
S: Nee, ze zeggen dat je mag doorgaan ... ze zeggen: 'Ja, als je wilt, ga je gang.'
D: *We proberen het te begrijpen met de woorden die we kennen. Misschien hebben zij betere woorden om ons te helpen het beter te begrijpen.*
S: Ze vinden dat we het goed doen, maar ik denk dat we dat begrijpen.
D: *Dus het DNA is breder en opgebouwd uit kleuren?*
S: Ja, en het is heel interessant dat er kleuren in zitten.
D: *Dit is iets wat wetenschappers niet kunnen zien?*
S: Nog niet in hun huidige evolutie, maar ze komen dichtbij. Ze komen er dichtbij, maar zijn bang om het uit te spreken ... uit angst om geridiculiseerd te worden.

Het Ingewikkelde Universum Boek Vier

D: *Ze ontdekken nu steeds meer genen en hun genetische patronen. En dat heeft meer met kleuren te maken? Is dat wat je bedoelt?*

S: Het is de kleur van het leven. Dat zeggen ze. 'Het is de kleur van het leven.' Ik hou van die gedachte: de kleur van het leven. Alles heeft een code en die code komt overeen met een kleur die het zijn levenscode geeft, en het is simpelweg het proces dat ze volgen of moeten volgen. Ze laten me een rode kardinaalvogel zien, die daar gewoon zit. En die zegt: 'Dit is de code die ik volgde.'

D: *Was de kleur rood heel belangrijk voor dat wezen?*

S: Ja... dat leven. Het wezen zegt dat de kleur de les was, maar het is niet alleen de kleur. Het is een energie en die draait, en dat is de les ... en ze sturen het. Er is iets eeuwenouds dat op die manier draait.

D: *En dat was de code? Heeft dat ook te maken met de formule?* (Ja) *De code van die kleur. Dat maakt allemaal deel uit van de formule?*

S: Kleur is onderdeel van de formule, maar ook onderdeel van de code. Dat is een deel van de les.

D: *Dus de kleuren zijn heel belangrijk?*

S: Het is belangrijk, maar het is gewoon wat het is ... de uitstroming van het AL. Het is hoe z'n bewustzijn alles kan overbrengen... (Ze leek verward.) ... hoe het zich kan verhouden tot al het andere... wat het doet. (Misschien: Het is hoe zijn bewustzijn aan al het andere kan overbrengen wat het doet.)

D: *Dus het heeft meer met kleur te maken dan met iets anders? Is dit hoe de informatie wordt overgedragen? Het creëert iets?*

S: Ja, maar het is allemaal één. Het zijn geen aparte delen. Het is allemaal gevormd tot één geheel. Het is een kleur. Het is een les. Het is een trilling en een beweging, allemaal tegelijk.

D: *Elk is dus weer afzonderlijk, en dat is wat een andere vorm, een ander wezen creëert?*

S: Als je wilt, ja.

D: *Ik probeer het slechts te begrijpen met mijn beperkte mogelijkheden.*
S: Ja... het is heel overweldigend en mooi. Ik begrijp het, maar ik begrijp het niet. Ik zie hoe het werkt, maar ik denk niet dat ik het ooit zal begrijpen. Maar ik zie wel hoe het werkt.
D: *Je denkt niet dat je het zal kunnen uitleggen?*
S: Ze zeggen: 'We hebben het uitgelegd. Dit is de uitleg ervan. Dat hielp niet echt. Ik vond het nog steeds net zo helder als modder.

Ik zou blijven aandringen op meer uitleg.

D: *Maar je zei dat het DNA ... je zag de verschillende kleuren in elkaar overvloeiden.*
S: En ze zijn veel breder dan wij zien. Het is echt breed.
D: *Dus ik gok dat wat jij ziet zelfs voorbij microscopische gaat. Volgen de kleuren een bepaalde volgorde wanneer je ze ziet bij het DNA?*
S: Als eerste zie ik rood. Rood lijkt de basis aan de onderkant te zijn, en het is een wazig rood. Daarna wordt het veel helderder en wordt de band dikker ... vanaf de onderkant omhoog. En de volgende kleur lijkt zwart, maar dat is het niet. Het is zo paars dat het zwart lijkt. Daarna gaat het over in een prachtige paarse kleur en blijft het diezelfde kleur. En het gaat omhoog naar de volgende ... de beste manier om het uit te leggen is een goudachtig, roodachtig oranje. Het is geen goud. Het is geen rood. Het is geen oranje. Ik ken deze kleur niet. Het is een mengeling. En het beweegt. Deze bevat beweging ... veel beweging.
D: *Elke kleur heeft beweging?*
S: Elke kleur heeft beweging, maar ze bewegen in en uit elkaar. Oh, ik heb ooit zoiets gezien.—Ze hebben een plexiglazen bakje en het heeft misschien gekleurde oliën en water. En die flitsen heen en weer, maar ze mengen zich met elkaar en dat is een energievorm. Dat is een bouwsteen. Dat is zeker een bouwsteen van het leven.
D: *Dus deze kleuren blijven niet gescheiden in die banden?*

S: Niet in deze band. De rode wel en de paarse, maar die goud/oranje/rode beweegt in een constante beweging. Maar deze heeft iets te maken met het leven. Het leven heeft meerdere betekenissen. Het heeft bewustzijn. Het is beweging. Het is gewaarzijn-weten. Het is dat alles in één. Je kunt er niet een enkel onderdeel uithalen. Dan zou het niet werken. Het zou plat worden, dus het heeft al die elementen nodig om deze vorm te maken, en dit is de scheppingsvorm. Het is absoluut een scheppingsvorm.

D: Zijn er andere kleuren boven die goud/rood/oranje?

S: Er zijn andere kleuren. Ze zijn niet erg duidelijk, maar daarna is het vooral een smetteloos wit. Een heel smetteloos ... oh, wit is zelfs niet het juiste woord, want het heeft leven in zich.

D: Maar dit zit dus in het DNA? Dit is wat voor leven zorgt?

S: Dat is wat ze me laten zien, ja. Maar het is breed. Het is zo ongelooflijk breed! Ik zou nooit denken dat het zo breed zou zijn. Het zijn verschillende kleuren en verschillende levensvormen. Sommige kan ik bijna benoemen, maar als ik een kleur noem, verdwijnt die, dus...

D: Verschillende combinaties van kleuren?

S: Bron van combinatie ... bron van leven, zegt het, en het is altijd in beweging.

D: Dit is wat de verschillende vormen creëert, de combinatie van de kleuren?

S: Ja. De combinatie van de kleuren creëert de vorm en de wetten waaraan het zich houdt.

D: Bijvoorbeeld, je had het over de vogel, het blad en de mens— zij zouden elk een andere combinatie van kleuren zijn?

S: Bijna zeker. Maar toch is het allemaal één en hetzelfde, maar de verschillende combinaties maken het de gekozen les.

D: En dit komt allemaal uit het AL? Maar gaat het daarna niet verder door? Zodra iets is geschapen, creëert het zichzelf dan niet weer opnieuw?

S: Het wordt gerepliceerd, ja.

D: Dus het hoeft niet elke keer uit het AL te komen, wanneer het zichzelf repliceert?

S: Nee, alles komt uit het AL. Als het een vorm van leven heeft, en bewustzijn en beweging, komt het elke keer uit het AL.

Zie je, je zou dat nu kunnen doen met replicatie, maar weet je dan is het ... leven zonder leven. Je kunt iets kopiëren, maar het heeft geen leven, alleen een kopie.
D: *Zou het levend zijn?*
S: Het zou leven zoals jullie schaap ... Dolly?
D: *De kloon?*

Dolly, het schaap, was niet de eerste kloon, maar ze was de bekendste. Ze werd in 1996 geproduceerd uit een cel afkomstig van de uier van een ander schaap. Ze werd echter maar zes jaar oud en stierf in 2003. Er is een voortdurende discussie over of ze zo jong stierf omdat ze een kloon was. Toen haar DNA in 1999 werd onderzocht, bleek het eigenlijk ouder te zijn dan haar lichaam. Ze kreeg tijdens haar leven vier lammetjes, maar ik kon geen onderzoek vinden waaruit blijkt of zij ook jong stierven

S: Ja. Het leeft. Het beweegt, maar toch ontbreekt het leven. Het is leven, maar leven zonder kracht. Het leeft, maar het is als een paspop. Je hebt een vorm en kunt die ergens neerzetten, en je hebt iets dat op leven lijkt, maar het is geen leven. Toch is het heel mooi, maar het bevat de bron niet.
D: *Maar zoals het schaap, bijvoorbeeld. Het is in staat om zichzelf te repliceren.*
S: Geen gekloond schaap. Nog niet op dit moment. Op cellulair niveau, in de buizen van het laboratorium. Nee, nog niet op dit moment. We zien de cellen bewegen; maar binnenin de cel is de bron er niet. Het is een lege cel.
D: *Ik dacht dat ze zeiden dat Dolly, het schaap, zwanger kon worden en een lammetje kon krijgen. Dat zie ik als zichzelf repliceren. Is dat niet waar?*
S: We hebben hier een discussie over. Sommigen zeggen nee, anderen zeggen misschien, dus ze zijn hierover verdeeld. (Grinnikt) Alsof ik naar een panel mensen kijk die ja zeggen, maar ze zijn... (Grinnikt) ... oh, het is grappig. Ze lijken wel een stel filosofen.—Ze zijn het erover eens dat het nakomelingen zijn met een korte levensduur.
D: *Ja, maar dat is fysiek. We kunnen het zien.*

Het Ingewikkelde Universum Boek Vier

S: Ja, maar het heeft nog steeds geen bron. Het bevat geen bron, het heeft totaal geen bron. Oh, wat ze proberen duidelijk te maken is dat er geen spirituele les is. Er is geen "spirit". Het is een lege huls. Heel interessant.

D: *Ik dacht altijd dat, hoe iets ook werd gemaakt, er altijd een "spirit" aan kon worden toegekend die erin kon komen.*

S: Oké dat klinkt logisch. Oké, ze zeiden net dat sommigen het wel zullen hebben, anderen niet. Echte mensen? Oh, het is net zoals jullie ethische boeren. Sommigen zullen dat hebben? (Tegen iemand anders.) Oké, ze laten het me zien zodat ik het beter kan begrijpen. Het is het verschil tussen een commerciële onderneming en een kleinschalige, ethische, spirituele onderneming. Dus in wezen kunnen beide bestaan.

D: *Dus ze kunnen nakomelingen krijgen?*

S: En dat is een slechte intentie aan de ene kant. Ze hebben het over scheppende goden aan de andere kant. Dat zouden de ethische, spirituele... de juiste mensen zijn? En aan de andere kant vergelijken ze dat met bedrijven die aan massaproductie doen.

D: *En dat zijn degenen die het niet op de juiste manier doen, bedoel je?*

S: Ze laten me alleen lege cellen zien. De cel is gewoon een wit zakje/cirkel. Maar aan de andere kant is er de cel en er is kleur, beweging en een uitbarsting van wit licht in die cellen. Dus dat zouden de ethische zijn ... zij zouden het goed doen. Dat zouden de nakomelingen van de bron zijn.

D: *Dus in dat geval zou het leven worden toegestaan om binnen te komen, als ze het ethisch deden?*

S: Mogelijk ... mogelijk. Het is een mogelijkheid.

D: *Dat is verwarrend, want ze laten ons die dieren zien die lijken te leven en ze planten zich voort.*

S: Vanuit praktisch oogpunt is het levend. Er zijn verschillende gradaties van kleur. Er is een verschil in de gradaties van kleuren en tonen. De ene kant is absoluut de scheppende God die de ethiek bezit. De andere kant, ik twijfel om dit te zeggen, maar ze gebruiken meer intentie. De andere kant heeft intenties voor een bepaald doel.

Het Ingewikkelde Universum Boek Vier

D: Goede intenties zijn het allerbelangrijkst.
S:Intentie komt voort uit het licht.

Dit deed me denken aan een cliënte van in de veertig die een bijzondere ervaring beschreef. Ze probeerde zwanger te worden en had alles geprobeerd. De artsen besloten 'in-vitrofertilisatie' te proberen door haar eicellen in haar baarmoeder te implanteren. Toen ze haar eicellen onderzochten onder de microscoop, leken ze op lege omhulsels met niks erin. Ze hadden zoiets nog nooit gezien. Uiteindelijk gebruikten ze donor-eicellen en hormonen, en zo kreeg ze haar dochter. Dit was de eerste keer dat ik hoorde van eicellen die als lege omhulsels waren, tot we deze sessie met Susan hadden over klonen. Interessant!!

D: Maar ze zeggen dat wanneer ze deze dieren reproduceren door ze te klonen, dat ze dat doen om mensen van voedsel te voorzien.
S: De keerzijde van het voedsel is dat het niet erg goed voor je zal zijn. Het zal hen vertrouwen tonen, maar het zal niet hun behoefte vervullen. Maar aan de kant van de Scheppende God, die kant laat het dier zijn evolutie, "spirit" en les hebben. Het is heel belangrijk voor alle dingen. Beiden hebben intentie, maar de ene heeft een hogere intentie dan de andere kant. Het is alsof de andere kant gewoon de stappen volgt. Ze komen niet hogerop de ladder. Ze volgen gewoon stappen, alsof ze zelf klonen zijn. Maar er is er geen oordeel over trouwens. "Zij" zeggen dat het slechts om de intenties gaat en dat er ruimte is voor beide.
D: Ik heb ook gehoord dat ze mensen hebben gekloond.
S: Klopt.
D: Ik dacht dat ze dat al een tijd deden.
S: (Lachen.) Duizenden en duizenden jaren!
D: Betekent dat dat de gekloonde mens anders is?
S: Enigszins. Ze zijn geen oorspronkelijke vormen, maar er kunnen maar weinig oorspronkelijke vormen zijn.
D: De gekloonde mens leeft, hij beweegt. Maar is hij echt levend zoals de andere mensen?

Ze begreep het verkeerd. Ik bedoelde andere mensen, maar zij dacht dat ik de Bron [of wat dan ook] bedoelde.

S: De originele... de grondleggers? Nee, nee. De scheppers staan boven ons allemaal. Zij zijn puur licht, maar ze stemmen ermee in om hun licht te delen.

D: Het licht is wat het wezen levend maakt ... wat het leven geeft?

S: Het is wat het wezen de kans geeft te evolueren en terug te reiken naar het hogere begin.

D: Ik heb altijd gedacht dat het omhulsel er niet toe deed. Het was slechts een voertuig om op Aarde te gebruiken.

S: (Haast nonchalant.) Klopt, het is slechts aankleding.

D: En als de ziel of de "spirit" zou besluiten een van die klonen binnen te gaan, zou die er alleen in komen om een beschikbaar voertuig te hebben.

S: Ze zijn aan het nadenken. We hebben een groep filosofen. (Lach)

D: Omdat de "spirit" en de ziel vanuit de Bron komen. Het komt voort uit licht.

S: Nou, weet je, het komt allemaal vanuit dezelfde plek.

D: Dus zou dat niet de gekloonde mens ingaan?

S: Ze hebben het over verschillende gradaties van lessen, dus zeggen ze ja, in theorie werkt het allemaal. (Giechelt) Het is allemaal hetzelfde. Het hangt alleen af van de gradatie van de lessen. Het gaat om gradatie in lessen ... gradaties. Gradatie van de lessen. Aan de andere kant heb je de mensen wiens intentie het gewoon is een proces te volgen. Misschien weten ze niet dat ze kunnen ... Nee, het is verdeeld. De ene kant is helemaal vol licht en evolutie, en de andere kant volgt alleen een proces. Het is als een leeg proces. Ze blijven steeds hetzelfde produceren.

D: Gewoon om te kijken wat ze kunnen?

S: Ja. De scheppers zijn als een lopende band van makers. Zij hebben niet dezelfde trilling als de andere kant. De kant van de schepper god heeft zo'n groot gedeelte van de kracht. Het woord is: licht, liefde, schepping. En de andere kant gaat gewoon door het proces van leegte ... gewoon leeg.

D: Van gewoon nieuwsgierigheid?

S: Niet eens nieuwsgierigheid. Het is alsof ze het gewoon maar doen.

D: Dus dat zal verschil maken in wat ze creëren? (Ja) *Er wordt ons verteld dat we onze eigen realiteit kunnen creëren. We kunnen dingen scheppen.*

S: Er is een proces dat wij creëeren. We creëeren door middel van dat proces, ja.

D: Maar dat is iets anders dan leven creëren. Is dat wat je bedoelt?

S: Je kunt nog steeds leven creëren, maar het een heeft meer levenskracht dan het ander. Betekent dat dat ze allebei leven? Ja, ze leven allebei. Het is het verschil bij een grasspriet. Een grasspriet is een grasspriet, maar de ene kant heeft een andere code waarmee hij komt. Het evolueert en trekt zonlicht, water, verzorging en liefde aan. De andere kant is ook een grasspriet, maar het is gewoon een grasspriet. Hij zal de codering doorlopen, maar zal nooit zo floreren als degene met het zonlicht, het water en de liefde. Maar ja, ze leven allebei en het zijn allebei grassprieten. En de één zal doorgroeien en evolueren tot iets anders, een betere grasspriet, en de ander zal sterven als een grasspriet.

D: Dat sluit aan bij wetenschappers die nu planten genetisch modificeren.

S: Ja, dat klopt. Nu zijn we bij de kern ervan. Je kunt een maiskolf creëren, maar ze zijn niet hetzelfde. Ze zijn niet hetzelfde.

D: Even terug ... je zei dat de kleuren de belangrijkste bouwstenen zijn van, ik neem aan, het leven. Zijn die kleuren heel essentieel? (Ja) *Ik heb ook gehoord dat geluid er veel mee te maken heeft. Zie je dat ook?*

S: Het is de trilling, ja. Het is de beweging die het proces van levenskracht in beweging zet. Het is dat stukje dat de beweging start. Het is als een rivier die nooit stopt. Het begint met een klein boogje en bouwt steeds verder op, en al snel zijn het alleen maar golven en golven en golven van die

trilling die blijven bewegen en nooit stoppen. Het beweegt door tot het einde. Het stopt nooit!
D: *Het is in die zin eeuwig.*
S: Dat is een goed woord.

Ik vond dat het tijd was om Susan's vragen te gaan stellen. Ik vroeg toestemming om dat te doen. 'We staan tot je dienst.' Ik wilde weten waarom deze informatie werd doorgegeven. Waarom wilden ze dat Susan dit zou weten?

S: Wij kozen deze les voor haar om haar te laten zien dat ze aan de andere kant staat. Ze staat aan de kant van de creator God. Ze creëert goede dingen. Wat ze moet begrijpen is dat ze zich altijd zal blijven ontwikkelen. Ze wordt altijd geaccepteerd in het hogere. Ze komt uit het hogere. Er is alleen het hogere voor haar.
D: *Als we een sessie beginnen, denken we altijd dat we teruggaan naar vorige levens. Jullie wilden haar niet naar zoiets toe brengen?*
S: Dat is niet belangrijk. Dat weet ze. Het is wat het is. Deze persoon moet meer tijd in de toekomst doorbrengen. Ze heeft zulke vaardigheden voor de toekomst gekregen. We moeten haar helpen het deel te ontgrendelen waarin ze de toekomst begrijpt, want ze moet meer tijd besteden aan het creëren van de toekomst.

Voordat ik überhaupt de kans had om haar fysieke klachten aan te kaarten, begon het OB al in haar lichaam te kijken, en besloot wat er moest gebeuren.

S: Waar we nu naar kijken, van binnen, zit een code die verwijderd moet worden omdat het niet de waarheid is. Die zit in haar buikstreek. Dat is een tweede station. Ze noemen het een krachtcentrum.

Susan had last van problemen in dat gebied: darmkrampen en bloedpropjes.

Het Ingewikkelde Universum Boek Vier

D: *Het zit onder de zonnevlecht.*
S: Jazeker. Het is de kracht.—We verplaatsen dat nu heel voorzichtig. Ze heeft veel trauma in dit gebied ... gewoon littekenweefsel.
D: *Je kunt het helen, toch?*
S: Het is niet eens heling. We gaan het gewoon verwijderen, maar het moet wel voorzichtig gebeuren. Het is een gevoelige code die we op een heel specifieke manier moeten weghalen. Het kan even duren, want er is een proces. Er zijn stappen die gevolgd moeten worden zodat het lichaam niet beschadigd raakt.
D: *Wat voor soort code zit daar die niet nodig is?*
S: Oh, die was daar om een reden ingebracht. Het moest een veiligheidsmaatregel zijn voor haar. Ze is veel te ver gevorderd... veel, veel, veel te ver gevorderd.
D: *Wanneer is het daar geplaatst?*
S: Zodra ze op deze plek aankwam.
D: *Toen ze in dit lichaam kwam?*
S: Nadat ze hier was. Veel te ver gevorderd. Het is een noodoplossing en die is er neergezet om haar te beschermen. De informatie zou in de vorige ontwikkelingsfase van jullie planeet niet gunstig zijn ontvangen. Ze zou niet zijn geaccepteerd. Het zou niet gunstig zijn geweest. Het zou haar schade hebben toegebracht.
D: *Dus het was om te voorkomen dat ze te veel zou zeggen?*
S: Ja. Ze werd geboren tussen mensen die het niet begrepen. Ze hebben daar recht op. Dat hebben ze. Ze doen wat ze deden. Ze hebben hun lessen geleerd, maar ze begrepen het niet.— Ze heeft dat niet meer nodig. Dat is voltooid. Het verleden is het verleden.
D: *Ze dacht dat ze het had losgelaten, maar ik denk niet dat dat zo is.*
S: Ze begrijpt dat ze het niet heeft losgelaten. Ze begrijpt niet waarom ze het niet heeft losgelaten. Dit kind heeft werk verricht. We hebben haar geholpen. Ze heeft echt werk verricht, maar wat ze niet begrijpt is dat het niet aan haar was om het los te laten. Het is van ons en we zijn er zeker van

dat wij dit zullen meenemen zodra dit klaar is. Ze hoeft hier niet aan vast te houden.
D: *Dus jullie zeggen dat dat verwijderd kan worden?*
S: We zijn het nu al aan het verwijderen. Het is heel gevoelig. Er zijn veel lagen ... heel erg veel lagen.—Het moet heel voorzichtig worden gedaan, op een heel specifieke manier, op een bepaald weefselniveau en voorbij het weefsel. Het vergt veel werk.

Terwijl ze dat werk deden, vroeg ik naar de andere delen van haar lichaam. Ze hadden me eerder verteld dat ik vragen mocht stellen terwijl ze aan het werk waren. Ze was betrokken in een auto-ongeluk en dacht dat haar geheugen was aangetast door een hoofdletsel.

S: We zien cirkels in de hersenen die er eerder niet waren. We zien dat het weefsel niet hetzelfde is.—We roepen nu iemand erbij om aan het weefsel te werken. Er komt een nieuwe groep voor deze taak. Zij maakt deel uit van een heel nieuwe groep ... heel zeldzaam ... er zijn er maar weinig die de instructies voor de toekomst zullen krijgen.—We hebben iemand erbij geroepen. Ze zijn daar nu aan het werk.—We hebben een groep erbij geroepen, niet om dit weefsel te herstellen. Onze taak is de lagere code. Dit is een groep die aan haar is toegewezen en die met de toekomstige informatie voor haar zal komen. Dus we hebben aparte groepen. Er zijn er nu twee hier en één groep zal op een ander moment komen. Om te helpen met het toekomstige werk, ja. Het is allemaal heel belangrijk. Dat is wat zij zichzelf heeft opgelegd om te doen. Ze ging ermee akkoord. Ja, dat deed ze.
D: *Maar toch zegt ze dat ze hier nooit had willen zijn.*
S: Ze wilde komen! Ze wilde in het begin komen, maar er waren omstandigheden waar niet aan werd voldaan. En dat maakte het heel, heel, heel moeilijk voor iemand met zo'n levensenergie die een groter begrip heeft van de dingen van het Al. Dat is heel moeilijk voor een persoon die vanuit die plek komt om mee te maken. Ze zegt vaak dat ze de

wreedheid en het doden niet kan bevatten, en dat ze het nooit zou kunnen bevatten, maar ze heeft zich behoorlijk goed aangepast. Het gaat goed met haar.
D: *Ze zei dat ze een bijna-doodervaring had toen ze zeven was.*

Susan was bijna verdronken en ze herinnerde zich dat ze haar lichaam verliet.

S: Ja, we moesten haar vanwege deze onvoorziene omstandigheden naar huis roepen. Ze dacht dat ze op aarde zou blijven, maar wij riepen haar naar huis, en we konden de zaken als het ware rechtzetten en haar terugsturen. Ze wilde niet terugkomen. Ze begreep het niet.
D: *Maar ze had een contract toch?*
S: We hebben allemaal contracten! Wij allemaal, ongeacht aan welke kant we ons bevinden ... we hebben allemaal contracten.
D: *En ze kon er niet onderuit?*
S: Nee. Er is geen ontsnappen aan.
D: *Dus dat is wat er gebeurde toen ze zeven was, gewoon om haar weer op het juiste spoor te krijgen?*
S: Ja, en er is veel meer dan ze zag. Ze was misschien aan het vergeten of vervagen, maar ze moest eraan herinnerd worden dat er veel meer is. Ze moet weten dat er een strijd is. Er is altijd een strijd geweest. Ze wil niet geloven in licht en donker of schaduw. Ja, het zijn allemaal verschillende lessen van verschillende gradaties.

Het zijn allemaal keuzes en we wilden haar laten zien dat dit heel echt is en dat dit evolutie is. En zo gaat evolutie al miljarden jaren door, niet eens in een tijdskader. We spreken in jullie termen. Maar ze moet weten dat er altijd een keuze is geweest, en jij speelt alle keuzes en iedereen speelt alle keuzes. Op elk niveau dat er is, speel je alle keuzes uit. Er is geen oordeel; er zijn alleen maar keuzes. Zodra we haar dat lieten zien, toonden we haar de mogelijkheid van die smetteloze plek waar ze wil zijn, en waar ze wil dat iedereen is. We lieten haar zien dat dit een mogelijkheid is.—We willen ook dat ze weet wat haar ware omvang is. Ze is niet dit kleine persoontje op dit kleine zandkorreltje. Ze is veel groter, en ja, ze worstelt wel met het ego. Het is bijna als een vloek voor mensen hier. Je hebt het ego om een reden. Als je geen ego hebt, ga je niet vooruit. Het is onderdeel van de levenskracht. Het is wat je gaande houdt. Toen het over haar doel ging, zeiden ze dat ze deze opdracht niet zou willen horen. Ze zou voor grotere groepen mensen spreken, ook al was dit iets waar ze bang voor was. "We zullen haar helpen. Ze moet begrijpen dat de groep er niet eens echt is. Het is groter dan alleen mensen die op stoelen zitten. Het gaat niet om aantallen. Het gaat om zielen." Toen ik klaar was met de vragen, zei ik dat Susan de meeste antwoorden zelf al wist.

S: Dat weten mensen altijd. Ze willen alleen niet geloven wat ze horen. We praten voortdurend met je. De dialoog gaat constant door. Je hoort het in je hoofd. Je hoort het in je ziel, wat mensen hun "ziel structuur" noemen. Wij zijn hier. Ze zijn nooit alleen. Ze hoeven zich niet verlaten te voelen. Zoveel mensen voelen zich in de steek gelaten. Wij zouden ze nooit in de steek laten. Ze zijn nooit alleen. Het is een opdracht. Wij zijn een ondersteuning. We hebben onze armen volledig om je heen. Je bent goed beschermd. Wij zijn hier. We zijn er altijd geweest. We gaan nergens heen. We zijn aan jou toegewezen en we blijven bij je. En we zouden willen dat dit is wat mensen, de massa, konden begrijpen. We zijn aan jou toegewezen. We zullen nooit weggaan of je in de steek laten. We zijn hier voor jou.

Hoofdstuk 36
WERKEN MET DE SYSTEMEN VAN DE AARDE

Henry wilde een vreemd voorval onderzoeken. In 2005, terwijl hij ging slapen, hoorde hij de woorden: "Je vader is aan het sterven" en hij ging naar een ruimteschip. Hij had geen andere herinneringen en wilde het onderzoeken. Ik bracht hem terug naar de nacht van het voorval, toen hij in zijn huis was in West Virginia. Hij maakte zich klaar om naar bed te gaan en beschreef het ritueel van het uitdoen van de lichten, het openen van een raam om frisse lucht binnen te laten en onder de dekens kruipen. Hij was net in slaap gedommeld toen hij een stem in zijn hoofd hoorde: "Kom. Je vader is aan het sterven."—Dus ik ging. Ik vroeg hem om uit te leggen hoe hij ging. 'Ik denk dat toen ik besloot te gaan, ik er was. Onmiddellijk.—Een ander sterrenstelsel.'

D: *Wat zie je dat je laat denken dat het een ander sterrenstelsel is?*
H: Het is gewoon een weten. Ik zie het eigenlijk niet, omdat ik er naartoe ben gegaan.—Hij wacht.

Wat hij vervolgens zag, was erg moeilijk voor hem om te beschrijven omdat het niet leek op iets wat hij ooit eerder had gezien. Hij vond het niet afstotelijk, alleen lastig te omschrijven. 'Het proberen te zien is mijn probleem.' Hij stond naast een bed waar een vreemd uitziend wezen lag. 'Kleuren. Schitterende kleuren. Het is niet zoals onze huid. Rond het hoofd, iets wat lijkt op veren van een vogel, maar dat is het niet. Vergelijkbaar met haar, maar ook dat niet. Het is kort, misschien 3 of 5 centimeter. Het maakt deel uit van het lichaam. Schitterende kleuren.' Toen hij naar zichzelf keek, zag hij dat hij er hetzelfde uitzag. Ik vroeg of hij het gezicht kon beschrijven. 'Dat deel is moeilijk. Het is lastig uit te leggen. Hij heeft ogen, ja, vergelijkbaar met die van ons. Vogelachtig. Veren. De handen zijn ongeveer zo.' Er was veel verwarring toen hij twee vingers opstak en iets beschreef wat leek op drie aanhangsels aan de hand. Er waren geen kleren. Hij vertelde dat er iemand naast hem bij het bed stond.

D: *Is dit de persoon die je hier heeft gebracht?*
H: Nee. Dat was de boodschapper. Hij brengt de mensen hierheen van wie hij voelt dat ze deel uitmaken van deze groep. Hij heeft een missie. We zijn niet precies hetzelfde.
D: *Wat bedoel je?*
H: Vreemd ... dat ik daar was in mijn kamer. Dat ben ik. Het lichaam dat ik daar op Aarde heb, en het bewustzijn daar op Aarde ... was zo van streek van het feit dat dit zo vreemd was. En het was alsof ik in een ander lichaam zat. Het is nu heel normaal om daar te zijn en ernaar te kijken. Ik was daar op een missie. De missie is deze groep. Deze groep wezens.
D: *Is dat een planeet waar je nu bent, of wat?*
H: Het is geen planeet, nee. Een toestand van ruimte. Het is als een ... (Hij had moeite.)
D: *Wil je dat zij je helpen het uit te leggen? Of kun je het zelf begrijpen?*
H: Om het hier te krijgen is het probleem.—Het is onderdeel van een universum, en ook weer niet. Het is deel van een plek, en ook weer niet. Het bevindt zich in een totaal andere bestaanssfeer. Het is niet slecht, of anders dan deze plek op Aarde waar jij bent. Het is een plek waar de functies wachten om zich te ontwikkelen. Planeten die wij ontwikkelen. Onze missie is ontwikkelen. Planeten ontwikkelen en verschillende levensvormen op die planeten ontwikkelen. We nemen een planeet en bevolken die met verschillende vormen.
D: *Creëren jullie ook de planeet zelf?*
H: Nee, de planeet is al gecreëerd. Wij creëren de vormen voor de planeet. De planeten komen tot stand in een bepaald universum. Ze worden bewoonbaar voor verschillende

levensvormen. Wanneer wij dit doen, doen we dat op een specifieke planeet. Er zijn anderen die dit doen voor andere planeten die heel anders zijn dan de Aarde.
D: *Andere levensvormen?*
H: Verschillende soorten levensvormen die wij daadwerkelijk creëren.
D: *Dus alle planeten hebben verschillende soorten? Bedoel je dat?*
H: Ja. En we gaan naar de Aarde om te leren. Wanneer je deze dingen creëert, krijgen ze een eigen persoonlijkheid. En deze specifieke vormen namen een eigen persoonlijkheid aan.
D: *Was dat de bedoeling?*
H: Nee, eigenlijk was dat niet de bedoeling. Weet niet waarom ze dit te doen kregen. Maar deze vormen zijn heel ... ze zijn niet destructief, ze zijn onvoorspelbaar. En het gaat voorbij onze geloofssystemen en hoe wij functioneren. Om ze te kunnen manipuleren—of niet manipuleren, maar om ze— te kunnen integreren in een soort systeem, zodat ze op verschillende planeten geplaatst kunnen worden. En een van de dingen in mijn vorige levens, we gaan naar een planeet die deze soort persoonlijkheid heeft en leren hoe we ermee om moeten gaan. En hoe we het kunnen herstructureren.
D: *Bedoel je dat wanneer de wezens of levensvormen worden gecreëerd om een planeet te bewonen, ze eigenlijk geen persoonlijkheid zouden moeten hebben?*
H: Oh, nee, nee. Het is niet zo zeer dat maar ze hebben ... even kijken hoe ik kan omschrijven hoe ze zich vormen. It isn't that so much as they have ... Eerst kunnen we levensvormen ontwikkelen. Maar we worden verantwoordelijk voor die levensvormen die we ontwikkelen. En soms loopt het uit de hand, en gaat het niet goed met die specifieke vormen. Dus daarom moeten we vervolgens gaan leren hoe we met sommige vormen om moeten gaan, als we ze creëren. Ik vermoed dat we niets meer zijn dan studenten die dit proces doen.
D: *Dus in het begin, wanneer deze worden gecreëerd, weet je niet welke kant ze op zullen gaan?*

Het Ingewikkelde Universum Boek Vier

H: We bevinden ons in een leerproces over hoe we dat moeten doen. Tenminste, deze groep wel. Ik denk dat ja, de vader, de belangrijkste man, degene is die sterft. Hij is degene die de leiding heeft. Hij is degene die creëert en ons door het proces begeleidt. Wat hij doet, is ieder van ons naar verschillende plekken sturen om te leven en te begrijpen.

D: *Andere planeten behalve de Aarde?*

H: Ja, naar dat soort plekken, ja. Omdat dit de plaatsen zijn die door anderen ontwikkeld zijn. En dus gaan de wezens op deze planeten door groeiprocessen.

D: *Dus wanneer je ze voor het eerst ontwikkelt, weet je hoe het zal aflopen?*

H: Nee. Dat is een onderdeel van de lessen die je moet leren. Je creëert de levensvormen met de kennis die je hebt. Echter, als blijkt dat ze niet voldoende ontwikkeld zijn ... het is vergelijkbaar met jullie kleine kinderen, als ze net geboren zijn. En ze groeien als kinderen. En ze moeten leren om in een bepaalde samenleving te functioneren terwijl ze doorgaan met groeien. Het is vergelijkbaar daarmee. En iets anders wat ik niet begrijp, is waarom ze hun eigen persoonlijkheden aannemen. Je begrijpt dat wanneer ze deze lichamen en emoties hebben, en ze een persoonlijkheid krijgen, jij verantwoordelijk bent voor de ontwikkeling van die levensvormen, als zodanig. Maar ze hebben hun eigen persoonlijkheden. Wij hebben geen controle over de persoonlijkheden. We moeten ons ontwikkelen en leren hoe we met die persoonlijkheden om kunnen gaan. En het hen laten zien, zodat ze meer kunnen leren dan ze nu doen.

D: *Maar mogen jullie dat? Ingrijpen in wat zij doen?*

H: Het is alsof je hen een andere weg laat zien. En zij nemen die andere weg over. Maar leren hoe je dat doet, is een ander verhaal.

D: *Toen jullie deze levensvormen voor het eerst creëerden, begin je met de cellen, of hoe doe je dat?*

H: Nee, dat is helemaal niet hoe het werkt.

D: *Hoe creëer je de levensvormen?*

H: Gewoon door ze te verbeelden.

D: *Gewoon in je gedachte?*

H: Zoiets. Geen apparaat of zo. Je creëert gewoon ... je hebt het vermogen om levensvormen te scheppen.
D: *Zegt iemand je dat je dit moet doen?*
H: Nee. Het is onderdeel van de hiërarchie van leren, door bewustwording van alle dingen. En dit is slechts één fase daarvan. Eén fase van die bewustwording tijdens je ontwikkeling. Het is zoals op Aarde, waar Henry leert over ontwikkelingsstadia, waar hij naartoe gaat. Dat is onderdeel van de lessen die we moeten terug projecteren, omdat we onszelf moesten vereenvoudigen. En leren hoe we daarmee om moeten gaan, vanaf die vereenvoudiging omhoog.
D: *En je zei dat waar dit plaatsvindt geen planeet is. Het is iets anders.*
H: Ja, het is iets anders. Het is een plek. Het is een andere dimensie.
D: *Dus waarom werd Henry die nacht teruggeroepen naar die plek?*
H: Omdat die leider... er was iets gebeurd. We weten niet wat. Het enige wat we weten is dat zijn energie aan het oplossen is. Het is heel ongebruikelijk. We hebben dit nog nooit eerder gezien. Het is onwaarschijnlijk dat zoiets zou gebeuren. Het is alsof de God op je planeet er ineens niet meer zou zijn. Zo'n energie zou oplossen. En we weten niet waarom hij oplost. Er speelt nog iets anders.
D: *Dus dat is waarom Henry werd teruggeroepen?*
H: Precies. En waarom ik daar was om hem te begeleiden. Iedereen kwam terug.—Wacht even. (Pauze) Wacht!—We bevinden ons nu binnenin een cirkel. Er gebeurt iets wat ik niet kan beschrijven.
D: *Met de leider?*
H: Met ons allemaal tegelijkertijd. Wacht even zodat ik het kan zien. (Had moeite om de woorden te vinden.) Het is een toestand die bestaat in die dimensie waarin er geen specifieke manieren zijn om te communiceren wat er gebeurt. Want niets hiervan bestaat hier op deze planeet. Zoiets bestaat hier niet.
D: *Het is een andere vorm van communicatie?*

H: Nee. Het is een bestaanstoestand. Er verschuift iets in de bestaanstoestand, zo kan ik het het beste omschrijven. (Diepe zucht) Wacht even. (Pauze) Wat mij wordt opgedragen te zeggen is ... het is een fase van een aanpassing in het bestaan van dat systeem.
D: *Een ontwikkeling?*
H: Precies. In alles zit een voortgang. Het gaat nooit achteruit.—Ze zijn allemaal teruggekomen. En ze zijn overal. Er is een beweging. Ik weet niet wat het is.
D: *Wordt het veroorzaakt doordat de leider aan het oplossen is?*
H: Nee, eigenlijk is de leider een beetje aan het oplossen.—Zoals je weet van jouw pad, is de dood niets meer dan de overgang van het ene bestaan naar het andere. Dus dat is precies wat hier gebeurt. Het hele ... bestaan sterft opnieuw. Ik kan het niet uitleggen.
D: *En dit wordt veroorzaakt doordat de leider een verandering doormaakt?*
H: Nee. Het is een overgang voor iedereen. Het is een gebeurtenis die ontzettend belangrijk is.—Het is weg! Alles is weg! Het is aan het verschuiven. En het verschuift in een bepaalde richting. Ik kan niet zeggen welke richting het is, maar het verschuift naar een andere laag. Zo kun je het het beste omschrijven ... een andere laag.
D: *En ze willen dat iedereen er is om ....*
H: Om die overgang te maken naar die laag.
D: *Om hun eigen energie te gebruiken om dit te bewerkstelligen?*
H: Nee. Niemand daar heeft individuele energie. Iedereen is de energie daar.
D: *Ze opereren als een groep?*
H: Als één.
D: *Waarom is Henry daar dan weggegaan? Blijkbaar is dit waar hij vandaan kwam.*
H: Slechts één van velen. De richting was aanwezig als één lichaam.—Het is niet zo dat dit Henry's thuis is. Het is het wel, en het is het niet. Het is zijn lichaam, en het is niet zijn lichaam. En hij is daar als een verlengstuk van hier. En dat

is de meest nauwkeurige manier waarop ik het voor je kan beschrijven. Dit is meer een verlengstuk.
D: *Het lichaam van Henry is een verlengstuk?*
H: Van die plek, ja. En hoewel hij daar al voorbij ontwikkeld is, moet hij er doorheen om het leren te ontwikkelen van hoe het is om daar vandaan te komen, van wat wij vaststellen als een extreem laag niveau. En het leren van deze punten, zodat dit nu kan worden uitgebreid naar de groep. Je begrijpt, dit gebeurt gelijktijdig. Met andere woorden: wat hij hier leert, komt door en gaat daar naartoe, en gebeurt tegelijkertijd daar.
D: *Dus alles wat Henry leert in het lichaam op Aarde wordt....*
H: Tegelijkertijd daar naartoe gestuurd.
D: *Wordt daar naartoe overgedragen.*
H: Ja, dat is ongeveer zo dichtbij als ik het kan brengen.
D: *Is dat onderdeel van het leerproces en het proberen te veranderen van de mensen, zoals je zei?* (Pauze) *Omdat je zei dat je het niet fijn vond hoe ze zich ontwikkelden*
H: Oh, de wezens die we hebben geschapen. Ja, het is hetzelfde. Het is vergelijkbaar met een leraar op een basisschool, waar alle kinderen chaos veroorzaken. Dus je moet leren omgaan met die chaos, zodat ze naar je toe kunnen komen om te leren en verder te gaan
D: *En één manier om te leren is door een lichaam op Aarde in te gaan?*
H: Ah, ja. En het zelf te ervaren, het tegelijkertijd te doen.
D: *Dus dat is waarom Henry naar Aarde kwam?*
H: Een aspect van Henry kwam naar de Aarde, ja. Ging een fysiek lichaam in. Slechts één aspect. Er zijn veel aspecten.
D: *Heeft hij hiervoor gekozen, of werd hem verteld dat hij dat moest doen?*
H: Verteld dat het moest. Het is alsof je deel bent van ... om een vergelijking te gebruiken. Als je een generaal van een leger bent, en je zegt: "Jij gaat daarheen, en jij gaat daarheen, en jij gaat daarheen, en jij gaat daarheen." Dat is wat je doet omdat dat is wat je moet doen. Om in een lichaam te komen om te ervaren hoe het hier is. En de informatie wordt tegelijkertijd teruggestuurd.

D: *Is Henry eerder op Aarde geweest in een fysiek lichaam, of is dit de eerste keer?*
H: Hij is al die tijd in het fysieke lichaam. Wat ik je wilde uitleggen is, wanneer je dat doet (Diepe zucht). Wanneer dat gedaan wordt, is het een enkeltje deze kant op. En niet in de zin, die kant op. Met andere woorden, dat is een entiteit op zichzelf. Het is een verlengstuk van dit.
D: *Ik denk dat we gewend zijn om het zo te zien: een aspect komt en keert dan telkens opnieuw en opnieuw terug in Aardse lichamen. Ofwel door het opbouwen van karma of om wat voor reden dan ook.*
H: Dat is een systeem dat op Aarde is ontwikkeld. Dat is een ander systeem dan wat ergens anders is ontwikkeld.
D: *Dus Henry maakt geen deel uit van dat systeem?*
H: Nee, maar je moet je wel aan de regels van dat systeem houden.
D: *Dus hij kreeg de opdracht dit te doen om de mensen op Aarde te helpen zich te ontwikkelen. Klopt dat?*
H: Nee. Hij krijgt de opdracht dit te doen om de ontwikkeling te leren, via het proces, om die ontwikkeling vervolgens terug te vertalen. De ontwikkeling. De ontwikkeling te laten zien. Maar hij moest begrijpen hoe dat moest door het te leven. Dus als je het eenmaal doorleefd hebt, kun je het vervolgens projecteren. Begrijp je dat?
D: *Ik probeer het te begrijpen. Ik weet dat het heel lastig is om concepten uit te drukken in onze taal.*
H: Daarom gebruiken we geen taal.
D: *Het is makkelijker "mind to mind".*
H: Mind to mind, absoluut.
D: *Ik zat te denken, je zei dat het een enkeltje is. Dus als hij klaar is met dit leven, hoeft hij niet meer terug te keren.*
H: Nee. Dat is noodzakelijk. Hij kan terugkomen op een ander niveau. In het verleden of in de toekomst, in jullie termen. Of zelfs niet op deze planeet. Het zou ergens anders kunnen zijn.—Het aspect van liefde is trouwens heel sterk als je dit proces doormaakt. Het aspect van liefde van de wezens die je hebt geschapen, moet extreem sterk zijn. En compassie is liefde in vorm, net zoals op planeet Aarde. En ja, wat zal

gebeuren is dat deze wezens zich zullen ontwikkelen, dan zullen transmuteren en blijven groeien en groeien. En het lijkt op wat er nu op Aarde gaande is.

D: *Mij is verteld dat liefde het antwoord op alles is. Het is een krachtige emotie.*

H: Ja, dat klopt. Onvoorwaardelijke liefde, ja.

D: *Alles moet gecreëerd worden met dat in gedachte, nietwaar?*

H: Nou, het systeem waar wij hier zijn—nee, het is allemaal één systeem. (Pauze) Het lijkt erop dat zodra je vanuit deze plek een ander soort systeem gaat creëren, je het uiteindelijk splitst. Dus er is een plus of min, zogezegd. Hier is het een tweerichtingssysteem, plus of min. Er zijn er die vier, vijf, zes, acht, tien verschillende systemen hebben. En dit is wat je nou eenmaal een "sterf"-systeem zou kunnen noemen. Het is een plus of min. De aarde is plus of min, heet of koud, goed of kwaad, al die dingen.

D: *Twee. Een duaal systeem.*

H: Een duaal systeem, dankjewel. Sommige zijn kwadraatsystemen. Sommige zijn systemen van twaalf. En dat gaat ver boven het begrip. Ze zijn extreem ingewikkeld vergeleken met het duale systeem. Daarom is het zo moeilijk om het uit te leggen. Je moet hier doorheen werken om het te snappen. (Hij wees naar zijn hoofd.)

D: *Door het brein? Dat is wat mij verteld is. De "mind" heeft geen concepten om sommige van deze dingen te begrijpen.*

H: Precies. Het is alsof een persoon die blind is geboren, ineens kan zien. En jij zegt: 'Dit is een beker.' En hij zegt: 'Huh?' En dan voelen ze eraan, 'Oh, ja, dat is een beker.' En dan moeten ze die beker koppelen aan het beeld dat ze net zagen. En zo verder. Het is een heel moeilijk proces om een blinde te leren zien. In zekere zin is dit hetzelfde scenario, omdat de mensen op Aarde verblind zijn. Ze hebben niet het vermogen of de aanleg om hier, hier, hier en hier tegelijk te kijken. Je moet een systeem ontwikkelen om hen te laten zien wat het is.

D: *Ik vind het fijn als je me vergelijkingen geeft. Die zijn veel makkelijker voor ons om te begrijpen.*

H: Ja, en het is moeilijk. Ik moet denken als een aardbewoner om de vergelijking goed te krijgen.
D: Hoe dan ook, Henry werd die nacht daarheen gebracht om hier deel van uit te maken.
H: Juist. De dood van een systeem bracht het in een overgang naar een ander systeem. Hij moest het "dood" noemen, omdat een duaal systeem niets anders begrijpt. Dat is de enige manier om het uit te leggen.
D: Maar die plek waar hij die nacht naartoe ging, waar jij nu bent, is dat een fysieke bestaan? (Nee) Maar hij zag deze mensen met fysieke lichamen. Hij zag tamelijk vreemd uitziende lichamen. Kun je dat uitleggen?
H: Het zijn heel erg vreemd uitziende lichamen vergeleken met het duale systeem. Nou, wanneer je daarheen gaat met het mentale van hier naar het mentale van daar ... Om de communicatie functioneel te kunnen maken ... breng je een duaal systeem mee in één, waardoor je iets creëert dat in woorden vertaald kan worden. Iets waar het op terug kan vallen en zich in kan herkennen.
D: Iets waar het zich mee kan identificeren..
H: Zodat je je ermee kunt identificeren ja. Het is daadwerkelijk begrijpelijk voor de menselijke geest.
D: Dus ze hebben niet echt fysieke lichamen.
H: Niet zoals jullie ze kennen. Dat was alleen iets om te laten zien omdat hij daar geweest was. (Verwarring) Duale systeemtijd ... wat jullie "reïncarnatie" noemen, is niets meer dan ... Alsof je ergens naartoe gaat en gaat slapen, en dan weer wakker wordt. Wanneer je slaapt is het de ene manier, en als je wakker wordt een andere manier. Volgens Aardse tijd kunnen er vele millennia zijn, en jullie noemen het reïncarnatie.
D: Door van lichaam naar lichaam te gaan.
H: Van lichaam tot lichaam. Het is niet meer dan het maken van een overgang. Van daar naar daar en van daar naar daar. Alle informatie opnemen en omzetten naar hier, zodat deze anderen kunnen worden geschapen. En dit leven van een hogere sfeer van weten en begrijpen probeert zich te

ontwikkelen in het lagere rijk en het lagere rijk in beweging te krijgen.
D: Ik denk dat we nu op het punt zijn waarop we meer informatie mogen krijgen. Al zijn het nog maar kleine kruimels, omdat we het niet allemaal kunnen begrijpen. Maar waarom wilde je dat Henry zich herinnerde dat hij daarheen ging?
H: Zodat jij de informatie kon krijgen.
D: Ik? (Ja) Je zorgde ervoor dat hij het zich herinnerde, zodat hij hier kon komen en het aan mij kon doorgeven?
H: Daar lijkt het op. (Lachje)
D: Maar het is ook belangrijk dat hij het weet, toch?
H: Jazeker. Hij leert steeds meer.
D: Kun je hem vertellen wat hij hoort te leren van deze ervaring?
H: Hij heeft het al. Hij heeft het al begrepen.
D: Dus wanneer hij naar de opname luistert zal hij het begrijpen?
H: Ja, ik denk het. Eén van de dingen die hij moest begrijpen, en die anderen ook moeten begrijpen: dit is een duaal systeem. En er zijn er meer, zoals een viersysteem, achtsysteem en twaalfsysteem. Dat is ver boven je bevattingsvermogen. Kijk, Jane Roberts en Seth hebben het zo duidelijk gemaakt als mogelijk is toen hij de vijfde dimensie beschreef. Dit is de makkelijkste manier om het uit te leggen: Stel je voor dat je een kader met kleine kubussen hebt in drie dimensies, elk 90 graden ten opzichte van elkaar. Je hebt dus dit stel kleine kubussen hier, hier, hier, hier en hier. En toen Seth zei: 'Hé, dit is waar jij bent, Jane. En een ander systeem is de volgende kubus ernaast. Nou, twee of drie kubussen verder van jou, je hebt geen idee hoe dat is. Dat systeem is totaal anders.' Dat is de richting waarin we hier gaan. Dit systeem is compleet anders. Het is moeilijk te beschrijven. En het enige wat je kunt doen om vanuit hier te gaan, of zoals Seth zei: 'Waar jij bent, Jane.' is om vanuit dit systeem een momentopname te maken van het plaatje dat je ziet. En dat hiernaartoe te brengen en proberen samen te voegen. En dat is de beste beschrijving die ik heb gevonden en kan geven ... tijdens dit proces hier. Dus als je naar vijf, tien, twaalf, vierentwintig en achtendertig verschillende systemen gaat,

in plaats van slechts een duaal systeem, is het iets heel anders. Een heel andere manier van denken.

D: *Een van mijn cliënten beschreef dat toen ze universums creëerden, elk universum andere regels en wetten had. Is dat waar je het over hebt?* (Ja, ja, ja.) *Want in sommige van die andere universums die zij creëerden, konden planeten vierkant zijn. Ze konden langwerpig zijn. Ze konden in totaal andere banen bewegen. Toch zouden ze andere natuurwetten volgen dan wij hier hebben.*

H: Elke natuurkundige in elke kubus is, in zekere zin, wezenlijk anders dan elke andere natuurkundige in andere kubussen.

D: *En ze zeiden dat dit universum de wetten van dit universum volgt, maar dat de andere universums andere wetten hebben?*

H: Daarom kun je niet van dit universum naar dat universum gaan en verwachten dat je overleeft. Tenzij het zijn eigen universum met zich meedraagt.

D: *Wat een beetje lastig zou zijn om te doen, nietwaar?*

H: Oh, dat kun je wel doen. Maar ze kunnen daar niet erg lang blijven. Da is moeilijk. Seth maakte dat duidelijk. Hij zei: 'Als je een lichaam hebt uit universum A, en je wilt naar universum B gaan, en dat lukt je toevallig. De verschillende wetten van jouw lichaam zijn anders dan de wetten van dit lichaam, en misschien kom je niet terug. Je kunt fysiek imploderen.'

D: *Er is mij in andere woorden verteld, dat de matrix van het lichaam zou worden vernietigd.*

H: Ah! Van het lichaam. Dit is een lichaam, dit is de matrix. Ja, dat zou kunnen.

D: *Want de ziel kan niet vernietigd worden.* (Nee) *Mij is verteld dat je niet iets terug kon brengen van het ene universum* (of dimensie?) *Naar het andere. De matrix zou verwoest worden. Het zou niet kunnen bestaan.*

H: Nou, het universum zou niet worden verwoest, maar de vorm wel. Dat is een manier waarop je het kunt begrijpen.

Ik was in elk geval weer op bekend terrein, ook al begreep ik het nog steeds niet helemaal; het was iets wat ik in de beginjaren van mijn werk had ontdekt. In mijn boek The Legend of Starcrash ontdekte de jager dat hij naar een ander universum kon reizen en het lichaam van een onbekend dier mee terug kon brengen naar zijn dorp. Dit was een zeer ongebruikelijke situatie, omdat dat eigenlijk niet hoorde te kunnen zonder dat de matrix van het dier vernietigd zou worden. Ik ging ervan uit dat het werd toegestaan omdat het dorp uitgehongerd was en wanhopig op zoek was naar voedsel. In mijn werk blijf ik onbekende concepten ontdekken. Als de verslaggever vind ik het interessant om die te onderzoeken, en ik vind het ook fijn als ze onverwacht worden bevestigd door een andere cliënt, zoals in dit geval. Ik weet dat ik nog heel veel puzzelstukjes bij elkaar moet leggen voordat het logisch wordt, maar ik bleef in ieder geval met een open geest houden. Ik wist nooit wat er om de hoek zou liggen in mijn werk.

D: *Maar je wilde dat ik deze informatie had?*
H: Ja, zo ongeveer.
D: *Omdat je begrijpt dat ik hier en daar stukjes krijg en die allemaal samen moet brengen.*
H: Dat klopt. Dat begrijpen we.

Toen dacht ik dat ik beter wat andere vragen kon stellen, en naar ervaringen kon vragen waar Henry meer over wilde weten. Maar dit deel zei: "We zijn beperkt tot ... onze focus ligt alleen op wat wij doen. We weten het andere deel niet. Dat is iets heel anders." Ik vroeg toen of het goed was als ik een ander deel erbij zou roepen dat de vragen wél kon beantwoorden. Ze zeiden dat dat zeer geoorloofd was. Dus bedankte ik hen voor de informatie die ze hadden gegeven en vroeg ik hen te vertrekken. Daarna riep ik het OB aan. Het eerste wat ik wilde, was dat het uitgebreider zou uitleggen wat Henry die nacht had meegemaakt. Het vroeg: "Die je net hebt afgerond?"

D: *Ja. Doe dat eerst. Kijk of je het kunt uitleggen. Daarna gaan we verder met de andere vragen.*
H: Het was het bewustzijn van andere systemen. En het sprak via de bewuste "mind" van de andere systemen en andere

ontwikkelingen. Er vinden voortdurend veel ontwikkelingen, en steeds weer verschillende evoluties plaats.

D: *Ze klonken alsof ze deel uitmaakten van de scheppende wezens.*

H: Zij zijn de scheppende wezens. Wat gewoon een ander niveau is. Vele niveaus van leven.

Het geluid verdween plotseling, alsof een soort energie het van de bandopname had geslagen. Er volgde een lange pauze, en daarna ging het OB verder.

H: Ze zijn multidimensionaal ... plaatsen die bestaan uit multidimensionale niveaus van wezens. Er zijn meerdere niveaus, dimesies binnen dimensies binnen dimensies. En dus is hier op aarde dat aspect van de scheppende wezens één onderdeel van het dimensionale aspect. Waarmee iedereen verbonden is, met een of andere levensvorm.

D: *Waarom is het belangrijk voor Henry om deze informatie te hebben op dit moment?*

H: Voor zijn ontwikkeling. Hij ontwikkelt voortdurend in veel verschillende richtingen.

D: *Hij lijkt al deze dingen te kunnen begrijpen.*

H: Ja. We voelen zijn koppigheid best vaak.

Ik wilde toen dat het OB een andere vreemde ervaring uitlegde die het andere deel niet kon verklaren. Het gebeurde 's nachts, toen hij zei dat hij door de ruimte ging. Hij hoorde iemand tegen hem zeggen: 'Onthoud, je hebt je hier vrijwillig voor opgegeven." En hij kwam binnen in een enorm schip dat een soort winkelcentrum had, met een hologram aan de muur met heel veel mappen. 'Wat is er die nacht gebeurd?'

H: Exact wat hij jou vertelde. Maar de mappen openen zich steeds een klein beetje meer.

D: *De mappen die hij zag?*

H: Die hij zag. De vele mappen daar. En ze worden zo stap voor stap vervaagd.

D: *Waar staan de mappen voor?*
H: Voorwaarden en situaties gebaseerd op de mogelijkheden van de planeet. Elke mogelijkheid die ontstaat, die specifieke map wordt geopend om het proces uit te voeren, wat er ook voor nodig is. Dus dit is een multidimensionale situatie omdat de waarschijnlijkheden en mogelijkheden ... er zijn meerdere tijdlijnen in dit gebied. En er vindt meer dan één gebeurtenis tegelijk plaats. En de gebeurtenissen gebeuren tegelijkertijd. En welke map hij ziet openen, hangt daarom af van de tijdlijn waarop je je bevindt.

D: *Ze geven jou de mogelijkheden en waarschijnlijkheden?*
H: Ze geven je het resultaat van mogelijkheden en waarschijnlijkheden. Dus als je een map opent, duw je die in een andere richting op die tijdlijn. Maar op deze tijdlijn ben je iets anders aan het doen. En wat hier het belangrijkst is: tijd is zo gelijktijdig dat dit beslist een illusie is. Er zijn echter vele, vele, vele universa van illusie. En jij bent in elk van hen aanwezig. Elk wordt stap voor stap uitgespeeld. Dus de map hangt af van waar jij bent. Dit is een andere gebeurtenis, dit is een andere gebeurtenis, en dat is een andere gebeurtenis, en dat is een andere gebeurtenis. En elk daarvan, wanneer je 'm opent ... elke map is een reeks mappen. Dus deze lijn hier heeft een reeks mappen die die tijdlijn vormen die zich daar en daar afspelen. Vorige levens—ja, hij ervaart tijdverschuivingen. De tijdlijn verschuift. En hij is er zich nu van bewust omdat wij hem er bewust van hebben gemaakt. Dus hij krijgt flitsen te zien en hij zal in en uit die tijdverschuivingen bewegen.

Dit sluit aan bij een ander concept dat in de andere Ingewikkelde-boeken wordt uitgelegd. Namelijk dat iedere keer dat we energie in een beslissing steken en die mogelijkheid kiezen, die onze realiteit wordt. Maar de energie die in de alternatieve mogelijkheid is gestoken, moet ergens naartoe, dus wordt er een andere alternatieve realiteit gecreëerd en leeft een andere jij die optie. Nog meer duizelingwekkende concepten.

D: *Waarom wilde je dat hij zich daar bewust van werd?*

H: Het maakt deel uit van zijn hele ontwikkeling. En van de mensen met wie hij in aanraking komt.

Henry had interactie met veel mensen en "zij" vonden het belangrijk dat hij hiermee bleef werken. "Hij zal worden aangestuurd. Hij hoeft gewoon niet alles te weten. (Gniffel) Hij is als een wild paard die je probeert in toom te houden met z'n teugels."

D: *Soms is het beter dat je niet alles weet.*
H: Nou, dat kan gevaarlijk zijn. Omdat het hem op sommige vlakken zou kunnen doden. Hij heeft al 23 gebeurtenissen gemist. Hij heeft 23 keer gehad dat hij eigenlijk dood had moeten zijn. Elke keer werd dat afgewend. In sommige gevallen hersteld. Hij had moeten sterven, maar hij werd weer tot leven gebracht.
D: *Dus het was nog niet zijn tijd om te gaan.*
H: Het is geen kwestie van "tijd om te gaan". Het is gewoon— hoe zeg je dit?—Er was één voorval waarbij hij werd gedood, en hij werd meteen weer tot leven gebracht. Dus er zat geen tijd tussen het uiteenvallen van het lichaam en het weer tot leven brengen.
D: *Wat was dat voorval?*
H: Dat zeggen we liever niet. Hij weet wat er gebeurd is, maar hij weet niet wanneer.
D: *Maar hij ging daadwerkelijk dood, en hij werd meteen weer teruggestuurd?*
H: Hij werd weer tot leven gebracht.
D: *Omdat hij hier langer moest blijven.*
H: Ja. Hij werd weer tot leven gebracht ... het is een vorm. Soms wil je denken aan een ongeluk. En natuurlijk bestaat zoiets als een ongeluk niet. Maar het gaat om het proces en je mag geen onderbreking toestaan. Gewoon een voortzetting toestaan. Geen onderbreking.—Maar het belangrijkste hier is—en dat heeft hij nu geleerd. En wij weten dat jij dat ook hebt geleerd.—Het hangt er maar vanaf welke kant je op kijkt. Je leert hier processen. En dat komt omdat het een

duaal systeem is. Nou, als je het echt graag ingewikkeld wilt maken, ga dan naar een multi-dualistisch systeem.

D: (Grinnik) *Ja, ze zeiden dat ze veel daarvan niet konden uitleggen, en dat het ons toch alleen maar in de war zou brengen.*

H: Het is ontzettend ingewikkeld. Je hebt er het brein niet voor... de "mind" kan het wel, maar het brein niet. Het brein is er niet op ingericht om dat te doen.

D: *Laat me je iets vragen over toen hij aan boord was van het voertuig met de mappen. Was dat een fysiek voertuig?*

H: Jazeker, heel fysiek.

D: *Dus het was niet zoals de andere ervaring.*

H: Nee. Dit was een fysiek voertuig in dit universum, ja.

D: *Waarom werd hij daar naartoe gebracht? Had hij een connectie met die mensen?*

H: Dat is een ander aspect van hem. Het is zoals dit.)Hij hield z'n hand omhoog.) De vingers zijn aspecten van dezelfde persoon. (Hij stalk elke vinger op.) Deze is anders dan deze.

D: *Dus die nacht dat hij terug moest gaan in dat andere lichaam, dat was een ander aspect van hemzelf?* (Ja) *Maar hij onthield het, dus het was belangrijk.*

H: Ja, heel erg zelfs. Het voertuig waarop hij zich bevond ... is iets dat er nu nog steeds is. Jouw planeet, zoals je goed weet, gaat door dit veranderingsproces. En hij wil gewoon weten—hoe zeg je dit?—Hij zal weten wat hij moet doen wanneer het moment daar is om het te doen. Dat was de bedoeling van al die mappen En nogmaals, als de ene map deze kant op gaat, en de andere map die kant op, dan zijn dat de mogelijkheden.

D: *Ik heb hem gezegd dat het soms niet het moment is om die informatie te krijgen.*

H: Precies, precies. Daar zijn jouw boeken voor. Iemand moet het doen.—Hij heeft veel verschillende levens geraakt, en hij weet het niet eens. Gewoon hier een zaadje planten, en een eenvoudige vergelijking uitleggen. En jij doet hetzelfde. En het verspreidt zich gewoon. En deze planeet moet dat op dit moment weten. En nu staat ze aan de vooravond van een wilde rit.

Hoofdstuk 37
DE HELING VAN ANN GESPREK VOOR DE SESSIE

Ann had mij een brief gestuurd, maar de brief leek zo veel op vele anderen die ik ontvang dat ik er niet veel aandacht aan gaf. Bovendien was ik druk met reizen en lezingen geven. Toen belde ze en zei dat ze mijn vriendin Nina had ontmoet en een vreemde ervaring bij haar thuis had gehad, en dat Nina vond dat ze mij moest ontmoeten. Normaal laat ik niemand bij mij thuis komen voor sessies, maar mijn auto was volledig kapot en ik zou een nieuwe moeten kopen. Dus ik kon niet naar Fayetteville rijden om de sessie bij Nina thuis te doen. Dus uiteindelijk ging ik er mee akkoord dat ze naar mijn huis konden komen. (Dit was voordat ik in 2003 mijn kantoor in de stad opende.) Mijn dochter Nancy en ik zouden over een paar weken ook naar Europa vertrekken, dus ik wilde me op dat moment beslist niet met iemand uit de buurt inlaten. Uit beleefdheid naar Nina, vanwege onze lange vriendschap, stemde ik toe, maar ik verwachtte niet dat er iets zou komen van mijn ontmoeting met Ann.

Aan de telefoon gaf Ann de indruk iemand te zijn die absoluut geen kennis had van metafysica, ufo's of iets van die aard. Daarom was haar ervaring met Nina zo vreemd. Het had haar zó bang gemaakt dat ze huilend op de keukenvloer zat, net voordat ze uit wanhoop besloot om mij te bellen. Door haar vragen te stellen merkte ik dat ze niet eens de basiskennis van het paranormale had. Nina stemde ermee in om in oktober 1999 met haar naar mijn huis te komen, en toen ze arriveerden hadden we een gesprek aan de eettafel tijdens de lunch. Ann had verschillende lichamelijke klachten. Ze had diabetes en was afhankelijk van insuline, gebruikte hartmedicatie (ook al was ze pas begin veertig), en was gediagnosticeerd met een vroeg stadium van keelkanker. De artsen hadden een biopsie gedaan en wilden opereren. Ook zat ze in een slecht huwelijk. Ann probeerde te beschrijven wat de aanleiding was voor het vreemde voorval. Het gebeurde in september, slechts een maand eerder. Nina beoefent een soort energiewerk genaamd "gentle touch", waarbij zij fungeert als geleider voor energie om de persoon te helpen blokkades los te laten en zo het welzijn te bevorderen. Het lijkt op Reiki en wordt gedaan op een massagetafel. Ann was naar Nina's huis gekomen om haar te bezoeken en haar problemen te bespreken, waaronder huwelijksproblemen. Tijdens het gesprek bood Nina aan om haar te helpen ontspannen, en Ann lag op de massagetafel toen het voorval plaatsvond. Dit was voor Ann totaal nieuw en ze wist niet eens wat Reiki was. Ze verwachtte te ontspannen en misschien in slaap te vallen, omdat dit vaak gebeurt bij elk type energiewerk of massagebehandelingen. Ann had een zware dag gehad in de spoedeisende hulp van het ziekenhuis waar ze als assistente werkte en was klaar om te ontspannen. De kamer was helemaal donker, op het zwakke licht van een kaars na, om de ontspanning nog meer te bevorderen.

Ann beschreef wat er daarna gebeurde: 'Ik was aan het ontspannen, want dit zou zoals een massage zijn, en opeens was ik er niet meer. Ik was er, maar ik was er niet. Laat me dit uitleggen. Ik wist dat Nina zich nog steeds om me heen bevond, maar tegelijkertijd was ik ook in een andere kamer, ergens anders, waar er wezens om me heen stonden. En elk van die wezens raakte me aan, op mijn armen of mijn benen. Ik was niet echt bang voor ze. Het was eerder een gevoel van ... nieuwsgierigheid. Ik was net zo benieuwd naar hen als zij naar mij. En ik herinnerde me dat ik nog steeds op Nina's tafel lag, en ik was in staat om tegen Nina zeggen: 'Nina, onthoud alles wat ik je beschrijf.' Heel even kon ik Nina zien, maar nadat ik dat zei, was Nina verdwenen. Ik was op twee plaatsen tegelijk.' Ann deed daarna haar best om de wezens die ze om zich heen zag te beschrijven. 'Hun gezichten waren overal om me heen. Ze leken op oranje gelatine. Echt dikke, dikke, dikke gel. Er was ook bijna een soort holografisch gezicht in te zien. Het was geen echt gezicht. Ze openden nooit hun mond om tegen me te praten, maar ik wist wat ze zeiden. Ik weet niet hoe ik het aan je moet uitleggen. In mijn hoofd hoorde ik de stem, maar niemand bewoog met zijn lippen. Hun gezichten waren heel erg warm. Maar die gelatine ... ik herinner me dat ik steeds mijn hand erin wilde steken.'

D: Om te kijken of het vast of vloeibaar was?
A: Ik weet het niet. Het zag er gewoon uitnodigend uit. Het zag er grappig uit, eigenlijk. (Lacht) Maar ik was ook sceptisch en bang. Ik wilde wel, maar ik deed het niet. Ze bleven me vertellen dat ze zich liefdevolle emoties moesten herinneren. Dat ik een overvloed aan compassie had, en dat ze echt van mijn aanwezigheid genoten. Ze waren met een heleboel. Er was een persoon die de leiding had—of geen persoon, maar een wezen—die bij mijn hoofd stond. En achter hen stond allemaal apparatuur. Ik kon er niet echt op focussen, maar ik herinner me dat ik zag dat er knoppen waren, er was kleur, er waren schakelaars. En het licht boven mijn hoofd was gigantisch. Het was enorm en perfect rond. Het hing daar als een operatielamp, maar dan zelfs nog helderder. Mijn ogen hadden er geen last van, ik kon er recht in kijken. Ze zeiden dat ik in dat licht moest kijken, en dat het me geen pijn zou doen. Ze zouden me nooit pijn doen, is wat ze zeiden. Ik keek in het licht, en opeens begon er heel snel een stroboscoop-licht te knipperen. Dat vond ik helemaal niet fijn. Het maakte me bang, want terwijl ik daar lag dacht ik dat ze mijn emoties van me probeerden te stelen. En dat ze mijn liefde wilden stelen, en dat ik die nooit meer terug zou krijgen. Ze zeiden het niet, maar ik dacht dat ze dat gingen doen.

Dit is vergelijkbaar met de onderzoeker in De Opzichters, die dacht dat ze haar herinneringen zouden stelen toen ze een apparaat op haar hoofd zetten aan boord van een voertuig. Ze kwam erachter dat het eigenlijk een duplicatie-machine was. Het registreerde alleen, het verwijderde ze niet. Dit kan zijn wat er met Ann gebeurde.

A: Ze stonden er stellig op mij duidelijk te maken dat ze me nooit pijn zouden doen. En sterker nog, ik zou nu nog banger zijn voor mensen dan voor hen. Serieus, ik heb het gevoel dat mensen veel engere monsters zijn dan zij. We hadden nog meer communicatie, waarbij ze zoveel dingen vlak voor mijn ogen flitsten. En het ging zó snel.

En ik zie zelfs nu snelle formules voor mijn geestesoog, terwijl ik met je praat. Ik zou er bijna wat van kunnen opschrijven, maar ik kan het niet allemaal opschrijven omdat het te snel gaat. Maar ik zie cijfers, ik zie tekens. Ik heb dit heel vaak gehoord de afgelopen jaren: dat mensen over de hele wereld informatie ontvangen op een onderbewust niveau. Meestal verschijnt het als geometrische symbolen of vreemde tekens die voor hen geen bewuste betekenis hebben. Ze krijgen deze op allerlei ongebruikelijke manieren binnen. Sommigen zeggen dat ze ontspannen op de bank liggen in hun woonkamer wanneer er een lichtstraal door het raam valt, gericht op hun voorhoofd. En ze zien symbolen mee bewegen met het licht, zo hun geest in. Anderen uiten dit door een vreemde drang om urenlang vreemde symbolen te tekenen. In mijn werk met de ET's zeggen ze dat dit de overdracht is van informatie naar het onderbewustzijn door middel van symbolen, omdat symbolen hele informatieblokken bevatten. De informatie wordt subtiel overgebracht naar de hersenen op celniveau. Het is informatie die het individu in de toekomst nodig zal hebben, naarmate de Aarde en de mensheid de komende transformatie doormaken. Ze zullen de informatie hebben wanneer ze die nodig hebben, en ze zullen zich niet eens bewust zijn waar het vandaan komt. Mij is verteld, en dit staat ook in enkele van mijn andere boeken beschreven, dat dit de betekenis is van de graancirkels. De symbolen in de graanvelden bevatten informatieblokken die worden doorgegeven aan iedereen die het symbool ziet, rechtstreeks in hun gedachten. Ze hoeven niet fysiek in de cirkels te staan om de informatie te ontvangen; het enige wat ze hoeven te doen is het symbool te zien.

Ann dacht dat een deel van de informatie die ze ontving, wellicht formules waren. Ze had maar weinig onderwijs gehad, verliet de middelbare school al na het derde jaar en haalde later haar staatsexamen. Ze had dus geen bewuste kennis van scheikunde. Ze was een paar jaar in dienst bij de kustwacht als ambulancezuster. We richtten onze aandacht weer op de ervaring, en ze probeerde hun uiterlijk te beschrijven. 'Ze zagen er allemaal precies hetzelfde uit. Hun handen leken totaal niet op die van ons. Er waren vier vingers, maar niet echt een duim. Toch waren ze zeer behendig met hun vingers. Ze konden er alles mee doen. Ze waren erg gericht op aanraking. Hun vingers stonden niet zoals die van ons. Alsof je je wijsvingers iets verder uit elkaar zou zetten, en eentje wat meer opzij zou steken. Ik zal hun handen nooit vergeten. En ze raakten me echt overal aan, dus ik zal hun handen herinneren. En hun armen en benen waren heel dun en mager.'

Ik wilde dit begrijpen omdat een deel van de beschrijving niet overeenkwam met ook maar íéts van de andere aliens die mijn cliënten hadden beschreven. Het idee van oranje gelatinegezichten intrigeerde mij. Ze zei dat ze niet het idee had dat het een masker was, gelatine was het enige dat bij de beschrijving paste. 'Dik, dik, dik, dik, heel dik. Maar in dat gelatine-effect zag je eigenlijk bijna een gezicht, maar niet helemaal een gezicht. En de rest van hen was groen. Ik haat het om dit te zeggen. Echt waar. Het zijn mijn groene aliens. Het was een rupsachtige, lelijke groene kleur met een geelgroene gloed rondom hun huid. De huid zelf had een soort rupsachtige groentint.' Ze lachte om dat absurde mentale beeld. Ze wist niet hoe lang ze waren omdat zij lag. Ann legde uit dat de wezens dezelfde handbewegingen maakten als Nina toen zij Ann energie gaf op de massagetafel. Misschien imiteerden ze haar, of waren ze aan het leren. Ik wilde Ann niet te veel vertellen over andere gevallen die ik had onderzocht, en Nina zei ook niet veel. We wilden haar niet beïnvloeden. Ik wist dat ze zich niet had ingelezen over dit soort dingen, en ik wilde dat de informatie spontaan was tijdens de sessie. Na het gesprek gingen we allemaal naar de slaapkamer voor de sessie. Toen Ann in trance was, nam ik haar mee terug naar de datum waarop het gebeurde bij Nina thuis. Ze keerde meteen terug naar die nacht en herhaalde het gesprek dat ze had met Nina en haar man Tom terwijl ze aan de eettafel zaten. Nina knikte om aan te geven dat de situatie klopte. Om het verloop te versnellen liet ik haar vooruitgaan in de tijd.

A: We lopen. We gingen door de garage en kwamen in een andere kleine ruimte. Het rook naar paarden.
D: *Waarom ruikt het naar paarden?*
A: (Lach) Omdat er paarden zijn. Ik hoor ze.

Nina woont op het platteland en heeft een kleine stal naast de garage. Haar werkruimte ligt ernaast. Nina liet Ann op de massagetafel plaatsnemen zodat ze haar kon helpen ontspannen. Nina begon aan haar hoofdgebied te werken, en toen leek het alsof Ann iets bekeek. Toen vroeg ze heel zacht, bijna fluisterend: 'Wat is dat?'

D: *Wat zie je?*
A: Uhmmm. Een groepje van hen ... een aantal. Nee het zijn geen mensen. Het zijn wezens.
D: *Hoe weet je dat het geen mensen zijn?*
A: Omdat ze er niet uitzien zoals wij. Ze zien er anders uit. Ze zijn heel anders. Ze staan hier en ze raken mijn handen en armen aan. Ze staan bij m'n benen.
D: *Kun je het voelen als ze je aanraken?* (Jazeker.) *Als je kunt voelen dat ze je aanraken, dan moeten ze wel fysiek zijn. Klopt dat?*
A: Jazeker! (Zorgvuldig, alsof ze het goed wilde zeggen.) Ze raken me aan. En ik laat het toe. Ik zeg tegen Nina dat ze moet kijken. Ik denk niet dat zij hen kan zien. Ik moet haar vertellen hoe ze eruitzien.
D: *Vertel maar aan mij, hoe zien ze eruit?*
A: Ooooh, ze hebben sponsachtige gezichten. Gel-achtig, sponsachtig, oranjeachtige gezichten. Er zitten ogen in.
D: *Hoe zien hun ogen eruit?*
A: Een soort donkere bubbel-achtig. Bubbels. Twee bubbels. Eén aan de ene kant en één aan de andere kant. Donker. Niet helemaal zwart.
D: *Maar je zei dat de gezichten een beetje sponsachtig zijn?*

A: Nou, in jouw beleving zou het sponsachtig zijn. Gelatineachtig. Soort van glad, met af en toe een glinstering van een golvend effect.

D: *Ziet hun hele lichaam er zo uit?*

A: Nee, alleen het gezicht. Ik kan niet hun hele lichaam zien. Het hoofd heeft een groenachtige kleur ... met een vreemde geel-grijsachtige kleur erdoorheen gemengd. Ze hebben lange armen. Lijkt op plastic. En ze zijn continu maar aan het voelen.

D: *Hebben ze iets aan?*

A: Nee. Er is geen man, er is geen vrouw. Er is geen kleding. Die hebben ze niet nodig. Hun huid is bescherming. Ze vertellen me dat ze me geen pijn zullen doen. Ze vertellen me dat ik emotie heb. Sterke emotie, en dat ze van mij leren.

D: *Wat leren ze van jou?*

A: Liefde. Ze begrijpen onze liefde niet.

D: *Kun je ze wat vragen stellen?* (Ja) *Vertel hen dat we nieuwsgierig zijn. Waarom begrijpen ze deze emoties niet?*

A: (Pauze, alsof ze luisterde.) Ze komen uit een ander universum dat technologisch is, mechanisch. Het bevindt zich op een hoger trillingsniveau. Ze doen elkaar geen pijn. Wij doen elkaar pijn.

D: *Hadden ze ooit emoties?*

A: Ja. Niet zoals die van ons. Niet zoals wij het begrijpen. Die van hen waren totaal anders. Hun emotie zat in het begrip van educatie, vooruitgang, kracht, totdat vooruitgang en kracht in de weg gingen staan. En door hun generatie groeipatroon plaatsten ze emotie op de achtergrond en kregen ze de kracht en de groei, daarna de technologie. En ze vergaten emotie omdat het generatiepatroon hun moleculaire structuur veranderde.

D: *Generatiepatroon? Wat bedoel je?*

Ergens hier veranderde de stem (zoals altijd) en ik wist dat ik tegen iemand anders dan Ann sprak. Wanneer dit gebeurt, weet ik altijd dat ik antwoorden kan krijgen die zij onmogelijk kon weten.

A: Moleculaire structuur. Jij begrijpt het niet, ik moet de woorden veranderen voor jou.

Dit betekende dat de entiteit door Anns woordenschat moest zoeken om de woorden te vinden die het dichtst bij datgene kwamen wat ze wilde overbrengen. Dit is vaak moeilijk omdat veel begrippen lastig uit te leggen zijn vanuit onze manier van denken. Ze hebben me vaak verteld dat onze taal ontoereikend is. Vaak moeten ze terugvallen op vergelijkingen of voorbeelden. Het woord 'moleculair' werd iets anders uitgesproken.

D: Bedoel je moleculaire structuur?
A: Ja. Is dat hoe jullie het daar zeggen?
D: Wij zeggen "moleculair." Het heeft te maken met de moleculen? Klopt dat?
A: Ja. Het verandert de hersengolven. Het verandert de sensoren in het lichaam. De chemie in het lichaam, totdat het mechanischer wordt. Het is heel moeilijk uit te leggen vanuit dit universum. Generatiepatronen. Naarmate de generaties vooruitgingen, veranderden hun lichamen. Ik doe heel erg mijn best om dit aan je uit te leggen. Je moet het beter aan me vragen.
D: Oké. Ik probeer de vragen te formuleren omdat Ann het ook graag wil weten. Waarom heb je contact met Ann in die kamer?
A: Omdat ze heel open is. (Zachtjes) Oh, wauw! Er zijn er twee op hetzelfde moment, (Ann kwam er blijkbaar tussen.)
D: Je mag het me vertellen zodat ik het kan begrijpen.
A: Begrijp je mentale telepathie?
D: Ja, dat begrijp ik.
A: Oké. We zullen via mentale telepathie met je praten.
D: Ik heb het liever in woorden. Is dat oké?
A: Als het te omschrijven is.
D: Als je het kan omschrijven, of als je me vergelijkingen kunt geven. Weet je wat vergelijkingen zijn?
A: Jazeker, hier maken jullie heel veel gebruik van.

D: *Je beseft het misschien niet, maar ik heb hier een klein zwart doosje. Weet je wat het is? Het is een opnameapparaat dat woorden vastlegt.*

Deze entiteiten verwijzen vaak naar mijn bandrecorder als 'mijn kleine zwarte doosje', dus gebruikte ik hun term. Ze vinden het grappig dat wij op zulke primitieve apparaten aangewezen zijn.

A: Wij leggen vast door middel van licht.
D: *Ja, en jullie vragen altijd: 'Waarom heb ik een doos nodig om de woorden vast te leggen?' Wij kunnen het niet onthouden zoals jullie dat kunnen. Dus moeten we de informatie in de doos stoppen zodat ik het later kan afspelen.*
A: Dat is jullie lagere technologie.
D: *Ja, daarom moet ik woorden gebruiken in plaats van mentale telepathie. Dus jullie kunnen wel begrijpen dat ik vergelijkingen nodig heb. Hoe bedoel je dat jullie vastleggen door middel van licht?*
A: Wij leggen vast en bewaren via licht. Energie, pigmentatie en licht. Het dringt door in ons lichaam, en we stoppen het in onze herinnering. En daar ligt het opgeslagen.
D: *Kun je het altijd oproepen wanneer je wilt?*
A: Jazeker. We kunnen het op elk moment uitvergroten.
D: *Maar bij mij moet het in woorden, omdat we nog steeds in de lagere ...*
A: Ik zal ze aan jou in woorden geven.
D: *Dat zou ik waarderen. Dus je koos ervoor om op dat moment contact te maken met Ann omdat zij open is? Is dat wat je zei?*
A: Absoluut.
D: *En je zei dat jullie met haar communiceren via mentale telepathie?*
A: Absoluut.
D: *Hebben jullie ooit eerder contact met haar gehad voor deze nacht?* (Nee) *Kozen jullie haar gewoon op dat moment?*
A: Ze sluit uitstekend aan bij onze vermogens.
D: *En je zei dat jullie van een andere trillingsfrequentie komen?*

A: Ja. Ik kom vanuit de zevende sfeer. Wat een gecreëerd universum is vanuit de zevende sfeer.
D: Dat is waarom het onzichtbaar is voor ons, nietwaar?
A: Volledig.
D: Dus terwijl je contact met haar hebt is ze eigenlijk op twee plekken tegelijk? (Ja) Kun je uitleggen hoe dat werkt?
A: Door verandering van trilling. Het is een—ik weet niet hoe ik jullie woorden kies.
D: Probeer. (Pauze) Het enige wat we hebben is onze taal. We hebben niet jullie vermogens.
A: Ik zoek de juiste vergelijking. Jullie slaappatroon is het beste voorbeeld dat wij op dit niveau kunnen aanhalen. Je slaapt, je bent hier. Terwijl je slaapt, reis je. Dit is hetzelfde wat wij bij haar gebruiken in haar slaapritme.
D: Hoewel ze niet slaapt op het moment dat ze in die kamer is.(Nee) Het is ook geen droom. (Nee) Maar kun je contact met haar fysieke lichaam hebben ook al is ze in ....
A: (Onderbreekt) Mentaal.
D: Jullie werken met het mentale lichaam.
A: Correct.
D: Heb je enig idee wie ik ben en wat ik doe?
A: Je bent een leraar.
D: Nou, ik heb met veel van jullie soort gewerkt. Misschien niet precies jullie soort ....
A: Ja, dit weten we.
D: En ze hebben me toegestaan kennis te hebben wanneer ik erom vroeg.
A: Ja, dit weten we.
D: Maar ik heb jullie soort wezen nog nooit eerder ontmoet.
A: Dit weten we. Het is veel, veel, veel dagen geleden. Veel tijd is verstreken. Jullie begrip van tijd is heel anders dan dat van ons. Jullie bevinden je nu in een tijdskader en op een niveau waarop jullie zullen worden geroepen. Jullie naderen op dit moment vele universums. Jullie roepen ons, en wij komen.
D: Want ik heb contact gehad met veel andere soorten, maar niet een die aan jullie beschrijving voldoet.
A: Dit weet ik.

D: *Maar jullie zijn positief, toch?* (Jazeker.) *Want ik wil niks te maken hebben met het negatieve.*
A: Dat is waar. Jullie planeet heeft zoveel negatieve energie gehad dat het voor ons heel moeilijk is om door te dringen tot jullie planeet, tot jullie universum. Jullie hebben dit universum enorm afgeleid. Jullie zullen je op een hoge sfeer van vernietiging bevinden. We zijn op dit moment op zoek naar mensen in jullie sfeer en in jullie universum tot wie we kunnen doordringen en die we kunnen helpen. We komen niet om kwaad te doen.

Vanaf het moment dat deze stem begon ging hij steeds zwaarder, dieper en ruwer klinken dan Ann's normale stem. Een oude klank.

D: *Spreek je vanuit een schip, of ben je op een planeet?*
A: Ik ben op een sfeerniveau. Geen planeet, maar een sfeer. Jullie begrip van een schip is heel anders dan ons begrip van het concept van reizen.
D: *Ze zei dat ze wat machines op de achtergrond kon zien.*
A: Ja, we moesten haar naar een niveau brengen dat dicht bij haar begrip ligt, waar ze niet ... Oh, ik weet het woord niet in jullie taal. Waar ze niet bang zou zijn.
D: *Gebeurt dit vaak, dat mensen denken dat ze aan boord van een voertuig zijn, terwijl dat eigenlijk niet zo is?*
A: Ja, best vaak.
D: *Is de wereld waar jij vandaan komt een fysieke wereld, zoals wij ons fysiek voorstellen?*
A: Niet zoals jij het fysieke begrijpt. In zekere zin kunnen wij, waar we vandaan komen, als één geheel samenkomen als dat nodig is. Laat me dit wat verder uitleggen. Als er meerdere van ons zijn die zich moeten samenvoegen en verbinden voor een verder begrip, kunnen we één lichaam vormen.
D: *Ik moet denken aan een groepsbewustzijn.*
A: Correct.
D: *Maar jullie kunnen je samenvoegen tot één enkele entiteit?*
A: Correct. Dat is de eensgezindheid.

D: *Zou het wezen er ongeveer zo uitzien als jij nu, of zou het groter zijn of ...*
A: Nee, nee. Er is geen visuele waarneming aan gekoppeld zoals jullie visuele waarneming begrijpen.
D: *Waarom verschijnen jullie voor haar dan met de oranje gezichten en de groene lichamen?*
A: Dit is haar waarneming van ons.
D: *Zien jullie er echt zo uit?*
A: We kunnen in elke gedaante en vorm verschijnen die nodig is om ons aan het individu te laten zien.
D: *Wat is jullie normale uiterlijk?*
A: Wij zijn een energiemassa.
D: *Dat is hoe ik al vond dat het klonk. Dus op de plek waar jullie vandaan komen, hebben jullie fysieke dingen nodig.*
A: Correct.
D: *Maar toch zei je dat jullie technologisch zijn geëvolueerd.*
A: Correct. Er zijn vele planeten op elk universeel niveau en sfeer. Elk van deze planeten heeft zijn eigen straalstructuur. Wij moeten ons manifesteren binnen die straalstructuur voor hun begrip. Zonder onze technologie, zou jullie kunnen begrijpen soms niet kunnen voortzetten. Jullie zijn een soort, een wezen dat erg laag staat. Jullie kwetsen elkaar. Jullie doen elkaar pijn. Wij proberen jullie te helpen.
D: *Maar je weet dat we dat niet allemaal doen.*
A: Correct. Maar er zijn maar heel weinig van jullie die wel de verlichte zijde begrijpen.
D: *Ik probeer het te begrijpen. Je zei dat jullie niet meer de emoties hebben omdat jullie een andere richting opgingen door middel van technologie.*
A: Ja. Als een samengevoegde eenheid kunnen we emotie begrijpen.
D: *Maar als jullie technologie hadden, ik denk aan fysieke dingen.*
A: Ja. Dat is jullie begrip ervan. Technologie zit 'm in het verbruik van energie. Het afbreken en splitsen van energie, verbonden aan een massabron.
D: *Hadden jullie op een bepaald moment een fysiek lichaam?*

Het Ingewikkelde Universum Boek Vier

A: Ja, toen we ons in een lagere sfeer bevonden. We zijn daar voorbij geëvolueerd dankzij onze technologie.

D: *Maar dit was niet de juiste weg om in te slaan?* (Nee) *Maar als jullie een keuze hadden, welke richting zouden jullie dan op zijn gegaan?*

A: Dat is een persoonlijke beslissing. Elke entiteit heeft die keuze.

D: *Maar ik bedoelde, als jullie niet de richting van technologie op waren gegaan, en waren geworden wat jullie zijn, hadden jullie een andere richting op kunnen gaan?*

A: Ja, er zijn verschillende keuzes om uit te kiezen.

D: *Toen jullie een fysiek lichaam hadden, hoe zag dat eruit?*

A: Er niet slechts één vaste fysieke vorm. Het is een keuze.

D: *Dus jullie zouden er allemaal anders uit kunnen zien?* (Ja) *Ik ben zo beperkt door wat wij als fysiek beschouwen.*

A: Ja, dat klopt. Jullie zintuigen: voelen, ruiken, horen en zien zijn zeer beperkt.

D: *Daarom probeer ik mijn begrip altijd te vergroten.*

A: Ik zal proberen je te helpen. Jij probeert in een fysieke formatie te denken, terwijl wij ons proberen te projecteren in een emotionele.

D: *Is dit een van de redenen waarom je contact zocht met Ann, omdat je wilde weten hoe de emoties van de mens werken?* (Ja, ja.) *Het is complex, nietwaar?* (Jazeker.) *Maar wij zijn een complex wezen.*

A: Jij bent een grappig wezen.

D: (Grinnik) *Hoe bedoel je?*

A: Jullie wezens, jullie vinden humor op de vreemdste manieren.

D: *Jullie hebben ook humor, nietwaar?*

A: Uhmm, niet op jullie niveau van begrip.

D: *Nou, wat vinden jullie grappig?*

A: Jullie wezens.

D: (Lach) *Ons observeren?*

A: Ja. Wij observeren jullie als een geheel.

D: *Ja, maar wij zijn geen groepsbewustzijn.*

A: (Ineens) Het is koud hier.

D: *In onze wereld bedoel je?*

Het Ingewikkelde Universum Boek Vier

A: Het is koud.

Ik wist niet of Ann het koud had in haar fysieke lichaam, of dat het wezen de kou van onze wereld ervaarde.k besloot het zekere voor het onzekere te nemen en eventuele fysieke klachten te verlichten. Toen bedekte ik Ann met een deken.

D: Kunnen jullie op de plek waar je vandaan komt de temperaturen beter beheersen?
A: Er is geen temperatuurwisseling zoals jullie hier hebben.
D: Nou, als je met Ann communiceert en samenwerkt, is het belangrijkste dat we niet willen dat haar geen schade wordt toegebracht.
A: Breng geen enkel wezen ooit schade toe. Wij zijn hier om jullie te helpen. Er is tijd voor jullie informatie en kennis. Op dit moment is het niet de bedoeling dat jullie alle informatie en kennis hebben. We hebben met Ann wat informatie en kennis gedeeld. En er zijn bepaalde momenten waarop we die informatie en kennis zullen uitbreiden.
D: Er werd mij een keer verteld dat nooit al mijn vragen beantwoord zouden worden omdat sommige kennis eerder vergif is dan medicijn.
A: Dat is correct. Jullie wezens weten niet hoe je informatie in perspectief plaatst om tot een eenheid te komen. Ik denk dat ik dat woord verkeerd uitspreek.
D: Maar ik denk dat ik begrijp wat je bedoelt. Maar ze hebben me verteld dat als ik de vragen op de juiste manier stel, ze zouden proberen te antwoorden.
A: Dit is correct. Wat wil je graag weten?
D: Ann zei dat er de laatste tijd veel dingen in haar gedachte binnenkomen. (Ja) Hoewel het haar in het begin bang maakte, zei ze dat ze blijkbaar formules begint te ontvangen.
A: Ja, dat klopt. Er worden veel formules doorgegeven. Niet alle formules zijn gericht op een specifiek aspect, zoals jullie dat op jullie planeet zouden noemen.
D: Waar moeten de formules voor worden gebruikt?
A: Jullie hebben veel problemen waar jullie je op richten. Ziekte.
D: Ja, dat lijkt een vreemd woord voor jullie te zijn.

Het Ingewikkelde Universum Boek Vier

A: Ja. Jullie weten niet hoe je dit moet omzeilen.
D: *We proberen het.*
A: Ja, maar het lukt niet.
D: *Hebben de formules die jullie haar geven in gedachte te maken met deze ziekte?*
A: Sommigen. We hebben haar stukjes en beetjes informatie gegeven. Naarmate de tijd vordert, zullen we het samenbrengen. We kunnen de kracht van jullie wereld niet veranderen. We zullen die verandering niet aan jullie kracht opleggen. Jullie moeten ons uitnodigen voor die verandering. Het moet een massale uitnodiging zijn.
D: *Maar kan zij die informatie niet gebruiken om anderen te helpen?*
A: Ze moeten zelf om hulp vragen.
D: *We kennen mensen die de formules misschien in medicijnen zouden kunnen omzetten. (Ja, ja.) Zou je ons een aantal van deze formules kunnen geven, zodat we ze hebben voor het zwarte doosje?*
A: Ik kan ze voor je opschrijven. Jullie begrijpen mijn taal niet. Ik moet in die van jullie schrijven.

Ik had pen en notitieboek klaarliggen en maakte Ann's handen vrij. Daarna legde ik het notitieboek in haar hand. Enkele seconden lang voelde ze aan het papier, vooral aan de metalen spiraalbinding, alsof het een ongewoon voorwerp was. "Jullie hebben vreemde voorwerpen."

D: *(Lach) Ja, dat klopt. Een stuk papier, en hier heb je een pen. Dit is iets wat we gebruiken om mee te schrijven.*

Ik legde het in haar andere hand. Ze vond de pen vreemd en bleef zowel aan de pen als aan het papier voelen.

D: *Dat is iets om mee te schrijven, en dit is waarop we schrijven. Het heet "papier". Wat denk je? Gaat dit lukken?*
A: Jullie hebben in jullie taal een formule.

Ann schreef in het notitieboek zonder haar ogen te openen. Het wezen legde uit dat de formule met scheikunde te maken had, en dat iemand die bekend is met scheikunde het zou begrijpen. Toen stopte ze abrupt.

A: Dit is het eenvoudige basisbegin, een alles genezend element dat doordringt tot in het rode bloedvatenstelsel van jullie soort. Het zou de witte bloedcellen vergroten, zodat ze in eenheid samenwerken met de rode bloedcellen die zijn aangetast door zweren in kankercellen in jullie lichaam. Die zouden dan worden aangevuld om te helpen.
D: Zou dit een formule zijn voor een soort medicijn? (Ja) *Een vloeistof?*
A: Nee. Het is iets vast.
D: Zoals een pil?
A: Pil? Ik ken pil niet.
D: Een klein iets dat je via de mond inneemt. (Ja) *En een chemicus die hiernaar kijkt, zou het kunnen begrijpen.*
A: Sommigen. Niet alle mensen zijn gevorderd. Dit zal worden onderzocht.
D: Heb je nog een andere formule?
A: Niet op dit moment.

Ik nam het notitieboek en de pen van Ann af, zodat ik haar weer kon toedekken. Ze hield het nog even vast terwijl ze opnieuw aan de spiraalbinding voelde. Ik legde uit: 'Dat is metaal dat de bladzijden bij elkaar houdt. Het is een spiraal aan de rand.'

A: Ik wil het voelen.
D: Het houdt de bladzijden bij elkaar zodat we ze kunnen omslaan. We schrijven aan de ene kant en daarna aan de andere.
A: Waarom hebben jullie dit nodig?
D: We hebben iets nodig waar we naar kunnen kijken.
A: Waarom gebruiken jullie niet je "mind"?
D: We zijn nog niet op het punt dat we van "mind" naar "mind" kunnen gaan.

Het Ingewikkelde Universum Boek Vier

A: (Onderbroken) Waarom?
D: *Ik gok dat we nog niet gevorderd genoeg zijn.*
A: Dat gaat gebeuren.—Het is heel koud hier op jullie planeet.
D: *Laten we je weer instoppen. Maak je geen zorgen, we houden je niet te lang hier. We zullen zo vriendelijk mogelijk zijn, want we waarderen je hulp. Is het koud op dit trillingsniveau? Is dat wat je bedoelt?*
A: Ik lig te trillen. Ja, het is koud.

Ik begon suggesties te geven voor haar comfort, zodat zij (en het) de kou niet zouden voelen, maar ze onderbrak me toen ik net begon. "Het is weg. Ik heb het afgelezen."

D: *Je hebt het afgelezen?*
A: Het is weg.
D: *Het koude gevoel zat in het lichaam waar we doorheen communiceren.*
A: Juist.
D: *Zijn dit de voornaamste dingen die je haar wilt geven, de formules voor ziektes?*
A: Een deel. We willen leren van jullie mensen.
D: *Waar zouden de andere formules mee te maken hebben die je haar wilt geven?*
A: Voertuig. Jullie noemen het "vliegtuig". Jullie vliegtuig vervuilt ons systeem.
D: *Vervuilt jullie systeem?*
A: Jullie universum. En het sijpelt door naar andere universa. En daar moeten we een einde aan maken.
D: *Wat bedoel je? Onze vliegtuigen?*
A: Jullie .... Ik zal proberen het woord te vinden dat jullie gebruiken. Jullie brandstof.
D: *De brandstof die we gebruiken om onze machines aan te drijven?*
A: Ja. Correct. Jullie hebben hier op jullie planeet, op dit moment, middelen beschikbaar, maar jullie kiezen ervoor ze niet te gebruiken. Deze middelen zijn jullie gegeven door onze gedeelde schepper, dezelfde God, dezelfde

energiebron. En jullie volk heeft ervoor gekozen ze niet te benutten.

D: *Maar je weet dat wij slechts een klein deel zijn van de gehele mensheid.*
A: Jullie hebben niet veel tijd.
D: *We hebben niet veel te zeggen, echter.*
A: Ja, jullie hebben alles te zeggen. Jullie hebben alle keus.
D: *Maar wij zijn niet degenen aan de macht.*
A: Ja, dat zijn jullie wel.
D: *Ik bedoel, wij zijn niet degenen die de beslissingen maken voor de wereld.*
A: Ja, dat zijn jullie wel. Jullie werken niet als een geheel.
D: *Dat is waar. We zijn allemaal individuen.*
A: Correct. Jullie scheiden jullie energieën, jullie krachten.
D: *Daarom gaat wat wij zeggen degenen die aan de macht zijn niet beïnvloeden. Degenen die* (Hij onderbrak: Ja)

Het was duidelijk dat het onmogelijk zou zijn te discussiëren met een wezen dat gewend was als een eenheid te opereren om te bereiken wat ze wilden. Hij kon onze beperkingen niet begrijpen doordat wij functioneren als afzonderlijke individuen. Natuurlijk had hij een punt. Ik heb dit in mijn werk (vooral met Nostradamus) ervaren: wanneer mensen samenwerken, wordt hun mentale kracht gigantisch vergroot. Maar hoe breng je dit over aan de gemiddelde mens, dat zij zo'n verborgen kracht bezitten?

D: *Maar je zei dat de brandstof in de andere universa doorsijpelt?*
A: (Nadrukkelijk) Ja! Het verdampt in de lucht, wat zich opsplitst in ons moleculaire systeem, en dat reist door tijd en ruimte.
D: *Ik denk dat wij niet denken aan....*
A: Nee, dat doen jullie niet.
D: *Je hebt het over de andere dimensies?* (Ja) *Maar wat kunnen we eraan doen?*
A: Jullie kunnen het oplossen. Jullie hebben natuurlijke hulpbronnen die in de aarde van jullie planeet zijn geplant.

Het Ingewikkelde Universum Boek Vier

Er zijn aanplantingen in de aarde van jullie planeet op dit moment, die ook worden gebruikt voor jullie medische geneeskunde. En jullie kiezen ervoor deze hulpbronnen niet te gebruiken.
D: *Een plant zei je?*
A: Ja. Ik weet de naam niet.
D: *Hoe ziet het eruit?*
A: Het is... (Pauze) Ik weet niet hoe ik het moet beschrijven in jullie taal.

Hoe beschrijf je iets als je de woorden en hun betekenis niet kent? De andere entiteiten haalden de informatie uit het brein en vocabulaire van mijn cliënten. Deze entiteit leek moeite te hebben met het vinden van de juiste vergelijkingen.

D: *We moeten weten wat het is voordat we weten hoe we het kunnen gebruiken.*
A: Het is puntig, heel puntig.
D: *De bladeren?*
A: Ja. Er zijn verschillende scheuten die lijken op vingerkootjes.
D: *Heeft het een bloem?*
A: Op sommige momenten wel. Het heeft een sterke geur. Sommigen van jullie gebruiken deze plant nu, maar niet in een eenheid voor de hele planeet.
D: *Waar gebruiken we het voor?*
A: Jullie nemen het op in je lichaam. Jullie ademen het in.
D: *Als het op sommige momenten een bloem heeft, welke kleur heeft de bloem dan? Dat kan ons misschien helpen om het te herkennen.*
A: Ik weet niet wat je bedoelt met kleur van je bloem.
D: (Hoe leg ik dit uit?) *Ah. Nou, de bloem is het deel dat op een gegeven moment meestal zaden maakt. Het heeft bloemblaadjes. We hebben kleuren zoals rood, geel, wit. Hebben jullie kleuren in jullie spectrum waar jullie wonen?*
A: We hebben spectra, ja.
D: *Jullie hebben niet dat soort kleuren?*
A: Niet op jullie niveau van begrip.

Het Ingewikkelde Universum Boek Vier

D: *Want ik heb meer informatie nodig voordat we kunnen begrijpen wat voor soort plant het is.*
A: Nogmaals, ik zal dit voor je tekenen.
D: *Dat is heel goed. Geef me even de tijd, dan pak ik mijn antieke schrijfgerei er weer bij. Want wij kunnen niet in je gedachten kijken om het plaatje te krijgen.*

Ik pakte het notitieboekje en de pen er weer bij en legde ze in Ann's handen.

A: Ik vind dit leuk.

Ze betastte de materialen weer alsof het onbekende en vreemde voorwerpen waren.

D: *Hoe voelt dat voor jou?*
A: Ik kan het niet omschrijven. (Hij begon een tekening te maken van een plant.) Het voelt anders. Ik ben niet gewend aan dit materiaal.
D: *Dat heeft inderdaad puntige bladeren. Dat is wat wij de "bladeren" noemen. Zijn de punten scherp?*
A: Ze schaden je niet en doen geen pijn. Ze zullen je helpen. Dat heb ik je verteld.
D: *Kun je de bloem tekenen?*
A: De bloem?
D: *Ja, kun je tekenen hoe dat eruitziet? Dat helpt ons het te herkennen. Je zei dat je de kleuren niet kent.*
A: De bloem. (Ze tekende het.)
D: *Het heeft veel bloemblaadjes. Is dit een grote plant?*
A: Jazeker, heel groot. Veel groter dan jullie als mens.
D: *Dus we zoeken niet iets dat laag bij de grond is.*
A: Nee, het begint laag. Het groeit hoog. Het is een hele majestueuze plant. Al heeft jullie volk 'm vertrapt.
D: *We weten zijn waarde niet?*
A: Ja, sommigen van jouw mensen kennen de waarde ervan. Maar velen van jullie mensen vechten.
D: *Dus dit is de plant die we kunnen gebruiken als medicijn, en die we ook als brandstof kunnen gebruiken?*

Het Ingewikkelde Universum Boek Vier

A: Ja. Jullie hulpbronnen zijn erg beperkt. Dit is een plantstructuur die niet beperkt is. Hij is overvloedig aanwezig over je hele planeet. En toch kiezen jullie er niet voor om hem te gebruiken.

D: *We weten waarschijnlijk niet dat hij nuttig is.*

A: Ja, jullie hebben mensen die dat wel weten. We hebben ze gezien en met hen gepraat.

D: *Dus welk deel van de plant zou gebruikt kunnen worden voor de brandstof?*

A: De steel en het blad. Het zal zichzelf aanvullen. Het is aan jullie gegeven.

D: *Voor dat doel?*

A: Correct. Jullie hebben wat je noemt ... je zicht? Om te zien. Het is erg goed voor iemand z'n zicht. Het is heel goed voor veel van de ziektes die jullie op je planeet hebben gecreëerd, vanwege de middelen die jullie gekozen hebben te gebruiken. Jullie zijn een planeet van zelfvernietiging en ziekte.

D: *Wij hebben deze ziektes zelf veroorzaakt?*

A: Correct.

D: *Ik zat te denken toen ik naar deze tekening keek. Het is geen boom, of wel? Want bomen zijn groter dan wij.*

A: Nee, het is een plant. We begrijpen jullie boomleven. Dit groeit in een ... hoe moet ik het zeggen? Het groeit in groepen. We zullen Ann de kennis en het zicht geven. Zo noemen jullie haar, Ann?

D: *Ja. Dat is haar naam, zo noemen we haar.*

A: We zullen dat koppelen.

D: *Wij moeten namen en labels hebben.*

A: Ja, dat beseffen we.—Degene die je Ann noemt, je moet haar aansterken.

D: *Dat is wat ik jullie wilde vragen. Ze heeft last van een aantal lichamelijke klachten.*

A: Ze is niet naar ons toegekomen om heling te vragen.

D: *Kunnen jullie met haar werken?* (Ja) *Is het oké als ik jullie zeg dat het toegestaan is om met haar lichaam te werken?*

A: Nee. Dat moet zij doen. We kunnen geen enkele verandering van jullie structuren forceren zonder jullie toestemming.

D: *Wat dacht je ervan om haar lijstje af te gaan? We willen dat ze volledig gezond is, toch?*
A: Juist.
D: *Hoe zit het met de diabetes?* (Pauze) *Ken je dat woord?* (Nee) *Het heeft te maken met zoete dingen die problemen in het lichaam veroorzaken. Het zorgt ervoor dat het lichaam uit balans raakt.*
A: Zoet?
D: *Zoet. Suiker?*
A: Dit is een substantie.
D: *Het is een substantie, en soms zorgt het voor een disbalans in het lichaam.*
A: Eén moment. (Lange pauze) Dat zal ze niet meer hebben.
D: *Kun je zorgen dat het weggaat?*
A: Ze heeft het al gevraagd.
D: *Want ze moet zichzelf injecties geven. Weet je wat dat is?*
A: Dat zal ze niet meer hoeven doen.
D: *Want niemand vindt het fijn om steeds maar injecties te moeten nemen.*
A: Dat zal ze niet meer hoeven doen.
D: *Je kunt dat gedeelte in balans brengen?*
A: Dat is al gebeurd.
D: *Wat nou als ze dat niet beseft en de injecties blijft nemen?*
A: Jullie werken niet als één geheel in dit universum.
D: *Zullen de artsen, de medische mensen, kunnen zien dat ze de injecties niet meer nodig heeft?*
A: Jullie zullen het zien.
D: *Want de artsen zeggen dat ze zichzelf pijn zal doen als ze stopt met de injecties.*
A: Correct. Degene die jullie "Ann" noemen... Eén moment. (Lange pauze)
D: *Wat zijn jullie aan het doen?*
A: Ik probeer één te worden met wat jullie "Ann" noemen.
D: *Maar zonder schade.*
A: We brengen nooit schade toe aan jullie soort.
D: *En slechts een tijdelijke samenvoeging, zodat je erachter kunt komen wat er mis is met het lichaam. Klopt dat?*

Het Ingewikkelde Universum Boek Vier

A: Eén moment. (Lange pauze) Datgene wat jullie "pijn" noemen in het lichaam dat je beschreef.—Het is weg. Veel van haar lichamelijke klachten worden veroorzaakt door het binnenkrijgen van verkeerde substanties in haar levende lichaam. Brandstofinname.
D: *Wat ze eet of drinkt?*
A: Correct.
D: *Kun je haar laten zien wat ze moet eten?*
A: Wij eten geen substanties zoals jullie dat doen. Het hangt af van haar substantie-inname. Wat jullie 'brandstofbron' noemen.
D: *Wat voor substantie neemt ze die ze niet zou moeten nemen?*
A: Eén moment. (Lange pauze) Dit is heel lastig te omschrijven.
D: *Eet ze het of drinkt ze het?*
A: Het is eentje die ze "eet." Het is een substantie. Ik kan de substantie niet beschrijven. Het is bruin van kleur, jullie kleur. Ik begrijp jullie spectrum.
D: *Je kunt het spectrum nu zien.*
A: Correct. Het is een bruin. Een donkere substantie. Het is een vlezige substantie. Het is van jullie dier. Het is vrij groot in verhouding tot jullie. Het heeft ... vier loop buizen. Jullie gebruiken verkeerde chemicaliën. Jullie behandelen jullie vlees met chemicaliën.
D: *En dit veroorzaakt problemen in haar lichaam?*
A: Correct.
D: *Ik denk dat ik begrijp waar je het over hebt. Het is een soort dier dat wij eten.*
A: Ja, veel van jullie doen dat.
D: *Zou het kloppen als ik zeg dat het een koe is?*
A: Ik begrijp koe niet.
D: *Een koe is een groot dier. Het heeft een vrij gladde huid. Soms zijn ze bruin, soms zwart. Maar ze zijn groot. (Ja) En wij eten hun vlees. (Ja) Dit is wat ze moet vermijden? (Ja) Heel goed. Want ik denk dat ze dat kan en andere dingen kan gebruiken als vervanging. (Ja) Ik denk dat dit haar heel erg zal helpen.*
A: Zij helpt ons.
D: *Ja, en in ruil daarvoor willen jullie dat ze gezond blijft.*
A: Correct.

D: Dus kunnen jullie haar helpen met haar keelproblemen?

Ik dacht dat ik maar beter kon proberen om haar te helpen met al haar klachten gezien het zo goed werkte.

A: Eén moment. (Een hele lange pauze)
D: Wat gebeurt er?
A: Het is klaar.
D: Heel goed. Heel goed. Is het meteen weg, of zal het een geleidelijk....
A: (Onderbreekt) Ja. Het is weg.
D: Dan is het lichaam terug aan het keren naar zijn geschikte staat van volledige balans en harmonie, nietwaar?
A: Correct. Jullie, jullie, als menselijk ras, doen dit niet gezamenlijk.
D: We proberen het soms te doen in kleine groepen.
A: Hmmm. Heel weinig. Het vergt veel meer.
D: Maar we proberen mensen te laten zien dat hun geest hun lichaam kan beheersen.
A: Correct.—Degene die jullie 'Ann' noemen, kan een beroep op ons doen—in jullie tijdstructuur zeggen jullie "dagelijks". Wat betekent "dagelijks"?
D: Nou, dat is een beetje lastig uit te leggen. We hebben dagen, want onze planeet draait om....
A: (Onderbreekt) Heb je het over Zon en manen?
D: Ja. Het draait om de zon. Overdag is wanneer het licht is...
A: (Onderbreekt) Ze kan ons aanroepen bij elke Zon die aan de lichte kant van jullie maan verschijnt, in jullie woorden.

Anns stem was zo schor dat hij totaal niet leek op haar gewone stem.

D: Dat is dagelijks.
A: Correct.
D: Wanneer het nacht wordt, dan draait de planeet weg van de Zon.
A: Correct.

Het Ingewikkelde Universum Boek Vier

D: Ja. Maar het belangrijkste is dat ze een leven moet leiden in deze sfeer. Dus we willen niets doen wat dat verstoort. We moeten leven in deze fysieke wereld.

A: We zijn gekomen, niet om te verstoren, maar om jullie bij te staan. We komen niet om te schaden.

D: Ze was in eerste instantie bang dat jullie iets van haar gingen afpakken.

A: Dat was nooit zo.

D: Weten jullie dat ik deze informatie soms gebruik en erover schrijf?

A: Jij bent een leraar.

D: Is het oké als ik de informatie gebruik die jullie mij vertellen?

A: Correct.

D: Op deze manier zullen meer mensen er vanaf weten.

A: Het is heel goed voor jullie mensen om te weten en te leren hoe je moet verenigen. Jij bent bent een leraar. Maar je stelt niet alle juiste vragen.

D: Ik heb ze nog niet in m'n hoofd. Ze hebben mij altijd gezegd dat de vragen belangrijker zijn dan de antwoorden.

A: Correct.

D: Dus heb geduld met me.

Ik vroeg de entiteit toen om zich terug te trekken naar de zevende sfeer waar hij zei vandaan te komen. Toen Ann ontwaakte had ze totaal geen herinnering aan de sessie. We probeerden uit te leggen wat er was gebeurd, vooral de gedeeltes over haar fysieke toestand. Toen ze naar de tekening van de plant keek vond ze dat het eruitzag als cannabis of marihuana. Er wordt gezegd dat deze plant veel meer toepassingen en waarde heeft dan we erkennen, vooral gezien de overheid het als een drug heeft geclassificeerd. Ik vertelde Ann dat ik nooit iemand zou zeggen te stoppen met het nemen van medicatie, zeker niet met insuline-injecties. Maar als ze gelijk hadden en de diabetes was verdwenen, zou het haar dan kwaad doen om de injecties te blijven nemen als haar lichaam ze niet meer nodig had? Ik wilde die verantwoordelijkheid echt niet dragen. Ik had me geen zorgen hoeven maken, want Ann zei dat ze elke ochtend haar bloedsuiker moest meten om te bepalen hoeveel insuline ze zichzelf moest geven. Haar bloedsuikerwaarde lag meestal rond de 300.

Er gebeurde iets geweldigs toen ze me een paar dagen later belde. Toen ze de volgende dag haar bloedsuiker had gemeten, was die gedaald tot in de tachtig. Ze gaf zichzelf geen injectie. Haar man bleef de hele dag vragen wanneer ze de injectie zou nemen. Haar antwoord was: 'Ik heb het niet meer nodig.' Dat was een heel belangrijke uitspraak omdat het liet zien dat haar mentale houding was veranderd en haar geloofssysteem was in werking getreden. Ze geloofde dat ze het niet langer nodig had. Omdat ze ingepland stond voor een keeloperatie, ging ze terug naar haar artsen in het VA-ziekenhuis en vroeg hen alle tests opnieuw te doen, en haar niet te vragen waarom. Later kwamen alle testresultaten negatief terug. Er was geen teken van keelkanker en haar hartconditie was zo verbeterd dat ze geen medicatie meer nodig had. Het is inmiddels twaalf jaar geleden (in 2011) sinds we deze sessie hielden. Ze heeft nooit meer een insuline-injectie gehad. Haar bloedsuiker daalde van 300 naar 80 en is nooit meer gestegen. Uiteraard hebben de artsen geen antwoorden. Ze schreven in haar medische dossiers: "Wij hebben geen verklaring voor dit geval." Ze vertelt nu aan iedereen: 'Vroeger was ik een insuline-afhankelijke diabetespatiënt.'

Er gebeurde nog iets dat haar genezing mogelijk heeft beïnvloed en beter aansluit bij mijn therapeutische werk met het onderbewuste. Ann zat in een slecht huwelijk, en dit leverde haar veel stress op. Een van de belangrijkste oorzaken van diabetes die ik heb ontdekt, is het gebrek aan zoetheid. Psychologisch gezien; het gebrek aan liefde in het leven van de persoon. Dit zou ook de hartproblemen verklaren, gezien het hart het centrum is van de emoties. En de keelproblemen; haar gevoelens niet kunnen uiten naar de belangrijkste mensen in haar leven. Kort na deze sessie scheidde Ann en gingen zij en haar zoon op zichzelf wonen. Ik weet dat dit een zeer belangrijke factor was die bijdroeg aan haar genezing. Dit was een van de meest indrukwekkende gevallen waarmee ik in die tijd in 1999 had gewerkt. De meeste genezingen die ik tegenwoordig tijdens mijn werk zie, komen voort uit de tussenkomst van het

Het Ingewikkelde Universum Boek Vier

onderbewuste van de cliënt zodra die de oorzaak van de ziekte of lichamelijke klachten begrijpt. In het geval van Ann gebeurde dit via de tussenkomst van een entiteit uit een andere dimensie. Toch was het gebonden aan regels. Het mocht niet ingrijpen, maar voerde alleen de lichamelijke genezingen uit toen het Ann om toestemming had gevraagd. Dus de entiteit uit de zevende sfeer was ook gebonden aan de beperking van het niet-ingrijpen, en moest er zeker van zijn dat Ann de ziektes echt los wilde laten. Toen het haar toestemming had, waren de genezingen onmiddellijk.

Hoofdstuk 38
DE ACHTERGRONDMENSEN

Als dit hoofdstuk je hoofd niet laat duizelen door z'n vreemde en nieuwe concept, denk ik dat niets dat kan. Suzette kwam van de wolk af en stond aan de rand van een bos met hele grote, hoge bomen. Zoals dennenbomen of cederbomen die heel oud en gigantisch waren. Ze probeerde de zon te zien, maar die leek verscholen te zijn achter iets van een wolkendek. Toen kwam ze erachter dat het geen wolken waren, maar dat het eigenlijk vuile lucht was die de zon ervan weerhield om te schijnen. Ze was bang dat de bomen zouden sterven door die lucht. Toen zag ze tot haar, en mijn, verbazing dinosaurussen. Sommige waren groot, zoals de Tyrannosaurus Rex. Ze zei dat ze aan de lucht roken en zich zorgen maakten. Iets was niet normaal, en zij voelde dat ook aan. Er was ook een moment van verbazing toen ik haar naar haar lichaam vroeg. Ze zei dat het lelijk was omdat het bedekt was met vieze, samengeklitte bruine haren. Ze voelde zich mannelijk, halverwege haar leven, en droeg een dierenhuid die vanaf haar schouder naar beneden hing. Ik vroeg of ze zich comfortabel voelde op die plek, en ze antwoordde: 'Nee! Want de lucht... de lucht is weg. Er zal geen leven meer zijn.' Dus er gebeurde duidelijk iets ongewoons. Ik wilde weten of hij zich daar voorheen wel comfortabel had gevoeld. 'Nee. Het is elke dag een strijd. Vanwege de beesten... gewoon leven is al een strijd.' Dit waren de grotere beesten, maar er waren ook kleinere die ze aten. Ze gebruikten de huiden van de kleinere nadat ze ze met knuppels hadden geslagen en de huid er met een steen hadden afgesneden. Daarna lieten ze het vlees drogen. Ik vroeg me af waarom ze zich moesten kleden als ze toch bedekt waren met haar. Hij zei: 'Voor bescherming. Er zijn kleine plantjes met doornen eraan als je achter de dieren aangaat.' Ik wilde weten waar hij woonde, en het klonk alsof hij een grot beschreef. 'Het is alsof je naar een tunnel in steen kijkt.

Als een gat. Het gaat gewoon naar binnen en opent zich. Het loopt verder naar binnen, maar de tunnel laat genoeg licht binnen.' Toen zag hij dat er een kind in de tunnel was. 'Dit gat ... er is verder niets daarbinnen behalve het kind, dus ik denk dat ik naar deze plek gevlucht ben. Ik heb dit kind naar deze plek gebracht.' Hij kwam ergens anders vandaan. 'Het is onwetende dood. Ik weet dat ik dit kind moet beschermen tegen wat er in de lucht zit. De dood komt. Dood voor de bomen en dood voor de dinosaurussen.' Hij beschreef de plek waar hij vandaan kwam als een grot met een open voorkant, waar veel mensen woonden die op hem leken. 'Zij denken gewoon niet dat er iets slechts gaat gebeuren. Ze geloofden me niet.'

D: Hoe wist je dat er iets aan zat te komen?
S: De bomen en de dinosaurussen vertelden het me.
D: Je kunt met ze communiceren? (Uh-huh) *Hoe doe je dat?*
S: Gewoon luisteren. Ze laten me plaatjes zien. De dood komt eraan.

Niemand anders wilde luisteren, dus had hij het kind meegenomen en was hij weggegaan. De andere mensen negeerden hem gewoon. Het kind was niet van hem, maar een wees. Ze waren een heel eind van de oorspronkelijke groep afgereisd voordat ze stopten en bij de tunnel verbleven. Hij hoopte dat het hen zou beschermen. Maar nu diende zich een nieuw probleem aan: hij moest het kind te eten geven. 'Ik moet jagen. Alles sterft. Dinosaurussen vallen om. Het is alsof ze niet kunnen ademen. Het verstikt de bomen. Die kunnen ook niet ademen.' Het trof hem nog niet. 'Ik ben laag bij de grond. Het is hier nog niet aangekomen.—Ik moet eten vinden. Ik haast me ... ren door die planten met doornen ... zoekend en zoekend.—Ik heb iets gevonden. Het lijkt op een klein varken of een grote rat of zo, en ik sla het neer met een knuppel.' Hij nam het voedsel mee terug naar de tunnel. Er moet wat tijd verstreken zijn, maar dit primitieve wezen zou uiteraard geen besef van tijd hebben. 'Ik kom naar buiten en alles is dood. Alles is bruin, maar we leven nog. Sommige dieren zijn gestikt. De lucht was slecht.' Ik vroeg me af of hij lang onder de grond had gezeten. 'Moet wel, maar je kunt weer ademen. Andere dieren die in de grotten leefden of diep onder de grond zaten, komen weer naar buiten. Diegenen in het water hebben het overleefd.' Dus blijkbaar was elk wezen dat ondergronds zat, beschermd geweest. 'En de planten komen weer omhoog vanuit de wortels. De lucht komt terug aan de hemel. De zon begint weer te schijnen. Het warmt de planeet op. Het was koud toen het kwam.' Hij besloot om terug te gaan om te zien of er nog anderen waren die het hadden overleefd. Hij wilde niet, maar vond dat hij moest. Hij nam het vrouwelijke kind met zich mee. Ik versnelde de tijd en vroeg wat hij aantrof toen hij daar aankwam. 'Dood. Ze zijn er allemaal niet meer. Konden niet ademen.' Omdat ze dus in een open grot woonden, hadden ze niet aan de verstikkende lucht kunnen ontsnappen. Ik vroeg wat hij nu ging doen. 'Gewoon verdergaan. Het leven gaat door. Ik ga kijken wat ik kan vinden ... of er anderen zijn. Misschien zijn er anderen die ondergronds hebben overleefd.'

Toen bracht ik hem voorwaarts om te zien of hij ooit nog iemand anders had gevonden. In plaats daarvan zag hij: 'Een heel fel licht ... heel fel licht ... te wit. Vlak voor me.' Ik dacht meteen dat hij was overleden en terugreisde naar de Bron, dat altijd wordt beschreven als een heel fel licht. Als dit waar was, wilde ik weten wat er met hem was gebeurd. Hoe was hij in dat leven gestorven? Dus liet ik hem naar de laatste dag van zijn leven gaan en vroeg wat hij zag en wat er gebeurde. 'Ik zie een schip dat glanst. We worden meegenomen ... we worden meegenomen. Het schip ... op mijn reis. Het landde daar ergens en we werden meegenomen. Het schip was rond en glanzend.' Hij ademde diep, alsof hij van streek was.

D: Hoe werden jullie meegenomen?
S: In een licht ... er was een licht om ons heen en op het schip.
D: Zie je mensen?
S: Lang ... niet harig ... lichte huid ... witte ogen ... wit haar. Ze zijn niet zoals wij. Ze zijn niet harig zoals ik ben ... Ik ben harig

Dit lijkt erg op het harige wezen dat wordt beschreven in Hoofdstuk 22 De schepping van de mens.

D: *Hebben ze jou aan boord van het schip gebracht?*
S: Ja, ze behandelden me als een beest ... een van de dieren. Ik ben de enige die eruitziet als ik. Ze raken me aan en prikken me met hun lange, dunne vingers.
D: *Kun je met ze communiceren?*
S: Ik denk niet dat dat hoeft.
D: *Is dat de reden dat ze jou als een beest behandelen?* (Ja) *Misschien weten ze niet dat je kunt denken.—Weet je waar ze je naartoe brengen?*
S: We zien twee sterren. Ze zijn in de lucht. Overal om me heen zijn ramen. Er zijn een hoop ronde cylinders ... veel verschillende gekleurde lichten.

Deze reis had een hele tijd kunnen duren, dus versnelde ik weer de tijd en bracht hem vooruit naar het moment waarop ze eindelijk aankwamen naar waar ze hem ook heen brachten. Hij zag een stad gemaakt van kristallen. 'Het is ... Ik ben thuis. (Diepe zucht) Kristal ... alles is van glas ... Ik ben thuis! Ze hebben me terug naar huis gebracht.—Ik hoorde een van die wezens te zijn. Ik koos ervoor om naar die plek te gaan waar ik zo harig was. Nu ben ik terug thuis.'

D: *Heb je nog steeds het harige lichaam?*
S: Terwijl ik loop valt dat weg. Het haar ... die rol ... Ik verander terug naar wat ik was.
D: *Bedoel je dat het lichaam niet hoefde te sterven?*(Nee) *Je verandert gewoon weer terug?*
S: Ja. Ik ben een stuk blijer. Ik vond het niet fijn om harig te zijn.
D: *Waarom koos je ervoor?*
S: Ik moest dit kind terugbrengen. Ik moest dit kind redden.
D: *Heeft zij de reis zonder problemen kunnen maken?*
S: Ik zie haar nu niet.
D: *Maar dat was jouw taak, om haar te redden.* (Ja) *En dit is thuis?* (Ja) *Weet je waar het is? Heeft het een naam?*

S: (Pauze) Ik zie een Z. Ik zie een X. Ik begrijp de symbolen niet.
D: *Misschien dat je het later begrijpt.—Hoe is je lichaam nu?*
S: Het is te gek! Het heeft geen lichaamshaar, lang, witte huid, blond haar, blauwe ogen.
D: *Zoals de anderen op het schip?*
S: Ja. Ze prikten me en maakten grapjes over me toen ik nog behaard was. Het is beter om thuis te zijn, met al het glas, de kristallen en de lichtjes.
D: *Ze maakten grapjes over je omdat je het was vergeten?* (Hij lachte: Ja.) *Toen je het harige ging ervaren op die andere plek, werd je toen als baby geboren in dat leven? Of hoe gebeurde het?*
S: Ik denk dat het volgens het normale proces verliep toen ik geboren werd in die groep mensen, dus het moest geaccepteerd worden, maar ik werd nooit geaccepteerd toen ik opgroeide. Ze luisterden niet naar me.
D: *Ze begrepen je niet. En terwijl je daar was vergat je je thuis?* (Ja) *Je vergat waar je vandaan kwam.—Ik vind het interessant dat je niet hoefde te sterven om die plek te verlaten.*
S: Wij sterven niet.

Hij transformeerde gewoon terug naar zijn originele staat. Nu hij terug was waar hij thuishoorde, wilde ik weten wat voor soort werk hij daar deed.

S: Wij gaan naar deze plek en maken een dagboek van wat we hebben geleerd. Een verslag van wat we zagen en wat er gebeurde. En je laadt jezelf op met de kristallen.
D: *Hoe doe je dat?*
S: Het enige wat je hoeft te doen is ze aan te raken. Er is geluid, trillingen ... er is heling. Verschillende lichten, kleuren, die door je heen weerkaatsen.
D: *Dit brengt je terug naar normaal?*
S: Ja, je laadt op. Je heelt alles dat genezing behoeft. Het is zo goed en zo vredig hier, en zo prachtig vanwege de kristallen.

D: Maar je besloot toch om deze plek te verlaten. Om te ontdekken?
S: Dat is onze taak. We moeten een andere taak kiezen. We gaan naar plekken waar ze hulp nodig hebben. En ik moest dat kind redden. Ik kon ze niet allemaal redden, dus ik redde dat kind.
D: Je probeerde het, maar de anderen wilde niet luisteren. Wat was er mis met de lucht? Vanuit waar je nu bent, weet je wat dat veroorzaakte?
S: Ja. Het kwam door een groot aantal vulkanen, en door alles wat maar mis kon gaan. Het sloeg de zuurstof zo uit de lucht; nam de Zon weg, en ze konden gewoon niet meer ademen. Niets kon nog ademen. Alles wat groot was en veel zuurstof nodig had, stierf. Er was veel activiteit, en mensen overleefden het niet en grote dieren overleefden het niet. Ze hadden geen bescherming.
D: Wist je dat dit ging gebeuren voordat je daar naartoe ging?
S: Ja, in de kristallen stad wist ik het. Maar ik wist het niet toen ik er was.—Het was gewoon niet comfortabel met al dat haar. (Ik lachte.) Maar ik moest het hebben om me onder hen te kunnen mengen.
D: Wat ga je nu doen? Ga je daar een tijdje blijven?
S: Ja, dat ga ik doen. Ik ga mijn opties bekijken.
D: Ga je ergens anders naartoe moeten?
S: Ja. Dat is onze taak. We kijken naar alle dingen en besluiten dan.
D: Maar je hebt een keuze, toch?
S: Ja, we hebben een keuze.
D: Laten ze je die opties zien?
S: Jazeker, wanneer je in het kristal kijkt. Het is een groot kristal, en het lijkt vloeibaar. Iets dikker dan water. En je kunt het leven van iemand zien en wat hun taak is en wat ze doen. Je kunt hun hele leven zien.
D: Maar je weet dat mensen vrije wil hebben. Dingen kunnen veranderen, nietwaar? (Nee) *Misschien zie jij maar één mogelijkheid?*
S: Je ziet slechts één pad, de reden waarom die persoon daar is.

D: Ja? Maar soms nemen mensen niet dat ene pad zodra ze in het lichaam zitten.
S: Hmm ... dat creëert chaos.
D: Want je weet dat ze vrije wil hebben, en soms vergeten ze waarvoor ze daar zijn, nietwaar?
S: Nee. Ze luisteren gewoon niet.
D: Je kunt met de beste bedoelingen over wat je zou moeten doen het lichaam binnenkomen, maar soms komen er andere dingen tussen.
S: Het is zoals die mensen daar in die grot, het zijn slechts mensen. Ze hebben geen pad. Het zijn slechts mensen. Ik had een pad. Dat kind had een pad.
D: Dus wanneer je voor een bepaalde optie kiest, dan wijk je niet af van dat pad? Is dat wat je bedoelt?
S: Ja. Er zijn gewoon zo veel mensen in deze kamer met de kristallen die een leven kiezen of een pad volgen. De rest van de mensen wordt niet hiernaartoe gestuurd op een pad.
D: Waar zijn hun levens dan voor?
S: Het is als een achtergrond.

Dat was een vreemde stelling. Dat had ik nog niet eerder gehoord.

D: Wat bedoel je?
S: In een film schilderen ze iets om de persoon heen zodat er een achtergrond is.
D: Dus de anderen hebben niet echt een levensdoel?
S: Precies. Ze komen om te leven, ademen, werken en sterven.
D: Is er enige hoop dat ze misschien een pad vinden, of zijn zij een ander soort ziel?
S: Zij hebben niet gekozen. Ze zijn gewoon hier om deel te zijn van de achtergrond. Het zijn slaven. Het zijn slaven die van het ene sterrenstelsel naar het andere gaan en ze worden gebruikt als achtergrond.
D: Gewoon om er te zijn voor die mensen met een een doel.
S: Ja. Om te kunnen leren, om op je pad te blijven, moet je die andere mensen hebben die je in de weg staan, die naast je

leven, maar jij bent hier voor een les en zij zijn hier voor de achtergrond.

D: *Ja, maar soms creëren ze problemen, om te proberen je van je pad af te trekken?* (Ja) *Is dat onderdeel van hun doel, om jou af te leiden?* (Ja) *Maar wanneer je in je lichaam bent, dan weet je al deze dingen niet, of wel?*

S: Niet alle wezens zijn de lichtbron. Niet alle lichte wezens zijn de lichtbron. Ze zijn hier gewoon als energie om ons te helpen met onze lessen, om chaos te creëren of om te werken of gewoon om te leven. Bepaalde wezens gaan om de lessen te leren voor de lichtbron. Je bent dan gewoon een hoger wezen.

D: *Dus de anderen, zij ontwikkelen zich niet om hogere wezens te worden?*

S: Nee, ze zijn slechts energie. Zoals het maken van een film waar ze figuranten gebruiken.

D: *Maar degenen op het pad, de hogere bron, kunnen die elkaar herkennen uit de menigte van alle andere mensen?* (Ja) *Als we dat zouden kunnen, zouden we ons toch niet zo veel van dingen aantrekken, of wel?*

S: Dat klopt.

D: *Als we zouden weten dat ze hier waren om drama toe te voegen, zou je kunnen zeggen denk ik?* (Ja) *Maar wanneer je naar deze opties kijkt, kun je alle verschillende levens zien waar je in zult gaan.—Je weet dat je door een menselijk lichaam spreek op dit moment, nietwaar?* (Ja) *Waarschijnlijk is het een van de opties die je koos, degene die we "Suzette" noemen. Zag je dat als optie voordat je kwam?*

S: Ja. Ik koos alleen voor opties waar ik iemand kon redden.

D: *Waarom koos je voor het leven dat Suzette ging zijn?*

S: Ze zal gebruikt worden om zich met kinderen en hogere lichtwezens over te geven aan het lesgeven. Ik zal voor lange tijd niet terugkeren naar de kristallen planeet, dus ik moet lesgeven. We moeten de levensbron hogere vibratie op deze planeet. Ze zal levensbron kinderen en dieren onderwijzen.

D: *De dieren zijn ook belangrijk?*

S: Bepaalde dieren zijn een hogere levensbron.

Het Ingewikkelde Universum Boek Vier

D: *Dus net als de mensen, zijn veel dieren en insecten zoals de achtergrond?* (Ja) *En sommigen zijn een hogere vibratie?*
S: Ja. Er is zoveel pijn op deze planeet. Ja.

Hier gaf Suzette aan dat ze pijn had en zei dat haar hoofd pijn deed. Ik gaf suggesties voor haar welzijn om de fysieke sensaties te verwijderen.

S: Er is te veel pijn. Er is overal pijn, bij de dieren en bij het plantenleven en in het water, ik moet helpen. Ik moet helpen om deze levensbronnen met een hogere vibratie te onderwijzen zodat ze de planeet kunnen helpen en de dieren kunnen helpen en de bomen kunnen helpen. Ik kan niet zomaar weggaan. Ik moet hier blijven en helpen. (Ze kreunde alsof ze gefrustreerd was.) Grote taak.
D: *Ja, het is een grote taak. Maar je bent niet alleen. Er zijn anderen die komen om te helpen, nietwaar?*
S: Ja. Je kunt het voelen. Je kunt de vibratie voelen.
D: *Wat wil je dat Suzette doet om te helpen?*
S: De jongeren onderwijzen. Zij kwamen hier ook, maar alles gaat sneller gebeuren. Ze gaan sneller helpen omdat er alleen maar.... OH! Mijn hoofd doet pijn. (Ik gaf weer suggesties.)
D: *Waarom moeten ze sneller leren?*
S: Er is weinig tijd door deze lagere wezens. Het enige wat zij willen doen is elkaar pijn doen. Ze willen elkaar vernietigen. Ze willen het land vernietigen, wat de dieren, de bomen en het water schaadt. En in het kort, je moet de jeugd bereiken zodat zij de woorden kunnen verspreiden en helpen met het helen van de planeet.
D: *De volwassen gaan niet kunnen helpen?*
S: De hogere bron volwassenen. De anderen zijn gestopt met hun rol als achtergrond en zijn boos geworden. Ze willen boos zijn op iets of iemand en alles wat ze willen is doden ... doden of pijn doen. (Ze vertrok haar gezicht weer van de pijn.)
D: *Hun boosheid creëert een emotie die energie aantrekt. Is dat wat je bedoelt?*
S: Ja. Dat moeten we stoppen.

D: *De negatieve soort energie die dingen kan schaden.*
S: Ja, het kan de planeet schaden.

Ik vroeg naar Suzette's doel. 'Ze moet met de jonge mensen gaan werken. Lesgeven, luisteren, begrijpen.' Er werd haar verteld dat ze er niet op uit hoefde om mensen te vinden, de hogere levensbronnen zouden naar haar toe komen. 'Mensen die het weten ... die weten het ... mensen weten het. Ze kwam om te Helen of om te redden.' Suzette had gezegd dat ze vanaf dat ze heel, heel klein was ontzettend boos was dat ze terug hiernaartoe was gestuurd, en ze begreep dit niet.

S: Ja, de taak is groot. Ze wilde niet komen. De taak is groot! Er is zoveel pijn ... zoveel pijn.
D: *Maar ze koos ervoor om hier te zijn.*
S: Nou, ik denk dat ik moest kiezen. Ze sturen levenskrachten. We kregen deze taak niet voor het kiezen. Dit is een grote taak. Vele levenskrachten zijn hiernaartoe gestuurd om deze planeet te redden. Ik had liever in de kristallen stad gebleven.

Suzette heeft sterke paranormale gaven in haar huidige leven. Ze kan dingen zien die in de toekomst gaan gebeuren.

S: Ik zag het duidelijk toen ik nog harig was. Ik wist dat iedereen zou omkomen. Ik kon in elk leven zien.
D: *Behoort Suzette deze gaven te gebruiken in dit leven?*
S: Ja. Vertrouw en onderwijs. Hogere spirituele denken.
D: *Ze zei dat mensen niet naar haar willen luisteren. Ze willen haar niet geloven.*
S: Praat alleen met degenen met de hogere levensbron— Alles is aan het versnellen. Er is minder tijd. Daarom moesten we allemaal hierheen komen. Er is minder tijd. We moeten de planeet redden.
D: *Ik heb gehoord dat sommigen niet gered kunnen worden.*
S: Nee. De achtergrondmensen, maar ze zijn boos.
D: *De trillingen zijn aan het veranderen. Dus de achtergrondmensen blijven op de oude Aarde?* (Ja) *En daarom zijn ze boos?*

Het Ingewikkelde Universum Boek Vier

S: Ja. Het is alsof ze acteren en een script hebben gekregen, en ze spelen deze rol, en hun rol is om deze planeet te vernietigen.

D: *Daar zijn ze boos om?* (Ja) *Maar de planeet kan niet vernietigd worden, of wel?*

S: Nee. Dat kan niet. Het is net zoals toen de dinosaurussen stierven en de bomen stierven, maar alles terug tot leven kwam. Niet de dinosaurussen of de bomen, maar zij kennen dat deel ervan niet. Maar dit is een prachtige planeet. Dit is een prachtig thuis. Niet zo mooi als de kristallen plek, maar....

D: *Dus de achtergrondmensen blijven op de Aarde terwijl ze door alle veranderingen gaat, door de catastrofefase?*

S: Ja, ze zullen het niet overleven. Ze zullen verdwijnen. De anderen zullen verdergaan. Deze nieuwe plek gaat zo prachtig zijn. De trilling zal zo hoog zijn, en dit gaat een plek zijn om te leren.

D: *Dat probeerde ik te begrijpen. Het zal zich in twee delen splitsen?*

S: Ja. Het is als twee niveaus, en de oude Aarde zal zich op het ene niveau bevinden, en de nieuwe Aarde op een hoger niveau. Maar ze zullen elkaar niet zien, alsof ze in twee tijdstoringen zitten.

D: *Dat is wat mij is verteld. De ene zal zich niet eens bewust zijn van de ander.* (Juist)—*Maar je wil de kinderen onderwijzen zodat zij naar de nieuwe Aarde kunnen gaan?*

S: Ja. Meerdere met een hogere trilling kunnen helpen om te redden, en dit zal een leerplaneet worden. Er zijn andere plekken die onderwijzen, maar dit zal een leerplaneet worden.

D: *Dus degenen die op de oude Aarde blijven, zullen hun leven op een andere manier doorbrengen??* (Ja) *Je zei dat deze mensen zich helemaal niet ontwikkelen?*

S: Ja. Ze zijn gewoon als achtergrond, weet je wel, alsof je een schilderij maakt en daar iemand op schildert.

D: *Tijdens de veranderingen en catastrofes op Aarde zullen veel mensen dus sterven.*

S: Ja, ja. Dat zal veel voorkomen. (Feitelijk gesproken.)

Het Ingewikkelde Universum Boek Vier

D: *Maar ze hebben dit toch gekozen voordat ze komen?*
S: Nee, niet zo zeer gekozen. Het zijn een soort van slaven. Ze worden van de ene naar de andere plek gebracht om te doen wat ze daar moeten doen, omdat ze slechts energie zijn.

In dit leven had Suzette een herinnering waarin ze twee sterren zag, en ze vroeg ernaar. "Die twee sterren in de lucht, is dat de kristallen stad?"

S: Je gaat richting de twee sterren. De kristallen stad is daar voorbij.

Dit was een interessant concept dat een nieuwe invalshoek gaf om naar de twee Aardes te kijken en naar het scheiden van het Oude van het Nieuwe. Ik was bezig met de laatste bewerkingen van dit hoofdstuk toen ik ineens een openbaring kreeg. Het is vreemd hoe vaak je iets moet lezen voordat het eindelijk klikt. Misschien werkt het brein zo; het moet iets meerdere keren tegenkomen voordat je het eindelijk begrijpt. Ik vond het idee van Backdrop People interessant en zeker een nieuw concept, maar toen zag ik wat meer in wat het OB probeerde over te brengen. Tijdens mijn lezingen willen mensen vaak meer informatie over de scheiding van de Oude en de Nieuwe Aarde, en over degenen die zullen achterblijven. Ik denk nu dat dit concept enkele van de antwoorden bevat. Ze zeiden dat de meesten van ons ervoor kozen om in deze tijd te komen en het leven te ervaren, en dat we met een hoger doel kwamen om te helpen de Aarde te redden. Maar, zonder dat wij het wisten, werden er ook andere energieën naar de Aarde gestuurd om kleine rollen te spelen in de scenario's die wij hebben gecreëerd, om te acteren in onze illusie. Deze werden de achtergrondmensen genoemd, die komen om te leven, ademen, werken en sterven, maar geen werkelijk doel hebben behalve figuranten te zijn in ons toneelstuk; de achtergrond waarvoor wij spelen. Zij noemden hen "slaven", maar dat vind ik een nogal hard woord. Ze zijn gewoon energie die van het ene sterrenstelsel naar het andere worden gebracht om hun rollen te spelen. Eerder zoals de figuranten in een film die hun hele leven die onbeduidende rol spelen en nooit de hoofdrol krijgen. Het doet me denken aan de film The Truman Show, waarin de jonge man zijn hele leven doorbracht in een gecreëerde illusie waarin acteurs hun rollen speelden, totdat hij uiteindelijk besefte dat het niet echt was. De anderen speelden hun rollen zeer realistisch en overtuigend.

Ze zeiden dat deze mensen boos zijn geworden, maar ik denk dat ze die woede hebben opgepikt door in contact te zijn met de negativiteit die hen omringt. En die negativiteit heeft hun woede vergroot. Dit heeft alle oorlogen en rampen veroorzaakt die momenteel op Aarde plaatsvinden. Dit zou ook kunnen verklaren waarom er in de verschillende oorlogen en natuurrampen duizenden mensen omkomen. Ze zijn er om het drama voor onze illusie te leveren. Ze zeiden: "Ze worden van de ene naar de andere plek gebracht om te doen wat ze daar moeten doen, omdat ze slechts energie zijn." Ik denk dat de enige manier om hiernaar te kijken is door alle emoties weg te laten. Wij wilden bepaalde gebeurtenissen in ons leven ervaren, en dit waren de mensen die door een castingbureau werden ingehuurd om de scènes op te vullen. Ik zeg niet dat dit waar is, maar het is een interessant concept om over na te denken. Meer "mind candy"! Doe ermee wat je wilt.

Ik ben nu van mening dat dit degenen zijn die zullen achterblijven op de Oude Aarde, de achtergrondmensen, omdat ze geen hogere vibratie of doel hebben. Ze leren ons lessen puur door hun aanwezigheid, maar ze zijn niet bedoeld om zich verder te ontwikkelen. Dit zijn degenen die achter zullen blijven. Degenen die hun hogere doel realiseren en hun trilling en frequentie verhogen zullen verder reizen naar de Nieuwe Aarde. Er zullen mensen zijn die hier kwamen hoge idealen en afwisten van hun missie, maar die zich door de negativiteit van anderen hebben laten neerhalen en beïnvloeden. Ook zij zullen bij de andere energie op de Oude Aarde moeten blijven wanneer ze zullen scheiden. Daarom is het belangrijk dat wij ons realiseren dat het slechts een illusie is en we onze rol vinden in het scheppen van de Nieuwe Aarde, en ons aandeel in het helpen van anderen om hun rol te vinden. En dat we ons niet laten meesleuren in de boze energie van de achtergrondmensen en zo vast komen te zitten op de Oude Aarde. Daarom is dit zo'n individuele aangelegenheid. Ieder moet zijn eigen weg vinden en opnieuw ontwaken voor het doel dat hij komt vervullen. Dit vreemde concept van achtergrondmensen, die te vergelijken zijn met figuranten in een film, heeft een blijvende indruk op mij gemaakt. Wanneer ik nu in een druk vliegveld, op een cruiseschip of in een drukke stad ben en ik al die bedrijvige mensen zie die hun eigen ding doen, alsof ze zich totaal niet bewust zijn van elkaar, denk ik: "achtergrondmensen." Een interessant concept, en waarschijnlijk eentje dat meer betekenis heeft dan ik besef.

Het Ingewikkelde Universum Boek Vier

Hoofdstuk 39
DE FRAGMENTEN HERENIGEN

Toen ik in 2008 naar Santa Fe ging om mijn cursus te geven aan het Northwest New Mexico College, verbleef ik in een gastenverblijf op het platteland buiten Santa Fe.
Ik had m'n gehele verblijf (10 dagen) last van de hoogte. Ik ontving vele cliënten in het gastenverblijf voordat ik naar El Rito (de andere campus) ging voor de cursus. De fysieke problemen gingen weg zodra ik terug was in Albuquerque en op weg naar huis ging.

Pamela was meteen al op een rare plek toen ze van de wolk afkwam.

P: Alles glinstert. Alles leeft. Alles hier weet het. Het is heel mooi en heel levend. Het komt heel echt op me over.
D: Wat glinstert er op deze plek?
P: Kristallen. Alles weet het, alles leeft, is intelligent, altijd.
D: Waar zijn de kristallen?
P: Overal. Ze zijn als tapijten, maar ze bevinden zich ook in de lucht. Ze hangen in de lucht. De hele dimensie is licht, maar het is van kristallen. Alles straalt in zeer subtiele kleuren.
D: De kristallen maken kleuren?
P: Nee, het licht maakt kleuren.
D: Is dit een fysieke plek?
P: Nee, het is een dimensionale plek. Het is levende energie.
D: Klinkt als hele sterke energie.
P: Dat is het ook, maar het is zacht. Het is heel rustgevend. Het is krachtig, maar het staat niet los van mij, waardoor je het niet als agressief ervaart.
D: Word je bewust van jezelf. Heb je een lichaam, of hoe ervaar je jezelf?
P: Nee, ik ben ook dat. Licht

Het Ingewikkelde Universum Boek Vier

D: *Dus je hebt geen fysieke vorm.*
P: Ik kan er eentje vormen als ik wil, maar ik heb meer een soort vorm van licht die een beetje gevormd is zoals ik.
D: *Het klinkt prachtig. En je hebt geen reden om solide of fysiek te zijn?*
P: Ik heb er niet veel reden toe.
D: *Je vindt het dus gewoon fijn om het licht en de energie te zijn.*
P: Dat ben ik zeker, ja.
D: *Zijn er nog anderen bij je? Of voel je anderen in de buurt?*
P: (Diepe ademteug) Ik voel gelijktijdigheid. Ik voel dat ik op een plek ben waar alles wat ik heb gekend samenkomt. Alles wat ik ben geweest en heb gekend is allemaal tegelijkertijd op deze plek. Er is een samenkomst van licht, dus al die kristallen maken allemaal deel uit van het alles.
D: *Je zei: alles wat je hebt gekend. Betekent dat in andere levens, of hoe?*
P: Andere levens en andere dimensies, en gewoon binnen God. Ik voel me gelukkig. Ik verlang naar die nabijheid van alles dat samenkomt. Dit is het alles. Dit is heel het leven, allemaal tegelijk.
D: *Dus het is een andere plek dan de zielen-zijde waar je naartoe gaat als je een fysiek lichaam verlaat?*
P: Dit is een dimensie aan de zielen-zijde. Dit is een plek die ik net begin te ontdekken. Ik heb er zaadjes van, en die zaadjes, net als de kristallen, komen allemaal samen.
D: *Is dit je eerste keer dat je daar bent en het kan ervaren?*
P: Sorry, ik begrijp je vraag niet.
D: *Ik vroeg me gewoon af of je dit al eerder hebt ervaren.*
P: Ik heb zaadjes en nu wordt het onthuld.
D: *Dus het is tijd om er dus echt bewust van te worden.*
P: Het is tijd. Het is tijd. Ik moet weten dat alles op het juiste moment samenkomt, en ik moet het in mijn lichaam voelen.
D: *Dus het is een ander gevoel dan je eerder hebt gehad?*
P: Ja, dit leven. Het voelt heel, heel goed. Het resoneert en ik verander hierin. (Diep ademhalen.) Het lijkt alsof ik directe kennis opneem in plaats van dat ik iets moet weten, meer spontaan in het moment. Ik weet wat ik moet doen en ik voel me veilig, en ik ben ontspannen. Dit is meer iets waar alles

van mij zich allemaal tegelijk samenvoegt. Alles wat ik ben geweest en heb gekend, komt samen.

D: *Je ziet en voelt deze energie om een reden. Hoor je er iets mee te doen?*

P: Focussen op de samenkomst in mezelf. Het is alsof ik alles, alle delen van mij in alle dimensies, samen heb geroepen. En ze komen samen en het is in die focus dat alles zich ontvouwt.

D: *Is dat wat je bedoelt met de "samenkomst"?*

P: Ja. Alle fragmenten bewegen nu naar mij toe, naar één.

D: *Omdat mij is verteld dat we inderdaad splinteren en fragmenteren in veel verschillende stukken en delen.*

P: Ja, ik ben vele dingen geweest. De stukjes komen allemaal samen.

D: *Dus het is tijd om niet langer gescheiden te zijn.* (Ja) *Maar toen je gescheiden was, leerde je veel lessen, nietwaar?*

P: Dat heb ik inderdaad, en ik heb het afgerond. Er is geen reden meer voor fragmentatie.

D: *Waar is het belangrijk voor jou om dit te weten, dat het een samenkomen is van alle fragmenten?*

P: Het vergroot het genot en de rust in mijn leven. Het genot van alles. Alles.

D: *Had je eerder ook genot?*

P: Dat had ik wel, maar het was binnen de fragmenten. De kristallen stukjes komen samen. Ze passen in elkaar. Er gebeuren dingen binnen dat samenkomen.

D: *Wat bedoel je? We proberen het proces te begrijpen.*

P: (Zucht) Ik zal me meer herinneren. Ik zal meer kracht hebben. Mijn engelachtige aard opent zich meer zodat ik mezelf toe kan staan om te spelen. Meer mogelijkheden om hogere aspecten van mezelf te gebruiken.

D: *Waarom gebeurd dat op dit moment?*

P: (Zucht) Omdat het kan.

D: *Maar Pamela doet geweldig werk met de energieën.* (Pamela was een energetisch heler.)

P: Het gaat niet om Pamela. Er zijn andere wezens die in deze persoon binnenkomen.

D: *Wat bedoel je?*

P: Andere wezens, lichtwezens komen hier ook.
D: *Is dit onderdeel van het integratieproces?*
P: Nee, het is anders. Integratie maakt het mogelijk voor andere wezens om binnen te komen.
D: *Was het eerder niet zo makkelijk voor hen om binnen te komen?*
P: Het was eerder niet nodig. Ze deed wat haar werd gevraagd. Het is tijd voor anderen om deel te nemen. Ze zal het toestaan. Ze zijn hier.
D: *Waar kwamen ze vandaan?*
P: Er is geen waar.
D: *Mijn grootste zorg is dat ze positief zijn.*
P: Zij maakt zich geen zorgen. Deze zijn zij. Dit zijn hogere aspecten van haarzelf.
D: *Dus ze maken allemaal deel uit van het integratieproces?*
P: Niet de integratie van de kristallen. Dit zijn verschillende aspecten van het licht.
D: *Dus de anderen waren min of meer de aspecten van de fysieke levens.*
P: Ze zijn aspecten, ja, van fragmentatie, individualiteit. Dit is geen aspect van fragmentatie van het zelf. (Diep ademhalen.) Dit zijn aspecten van gaven van God die nooit zijn gefragmenteerd. Haar werk zal grotendeels hetzelfde blijven. De energie zal veranderen zodat het meer kracht krijgt. Krachtiger, veel krachtiger.
D: *Maar je zei dat dit nu een tijd is. Dit is noodzakelijk?*
P: Dit is onderdeel van viering. Het is geen deel van noodzaak. Dit is onderdeel van liefde. Ze heeft aan de behoeften voldaan. Ze wil meer van God ervaren. Om te groeien en zich binnen de aard van God uit te breiden. Dit is zoiets als een geschenk.
D: *Ze zei dat ze het gevoel had dat er iets met haar aan het gebeuren was, als een bepaalde manier van ontwaken.*
P: Dit is zowel geleidelijk als plotseling. Dit is een plotselinge verandering in trillingscapaciteit.
D: *Zullen deze lichtwezens altijd in haar zijn, of zullen ze komen en gaan?*
P: Zullen er altijd zijn.

Het Ingewikkelde Universum Boek Vier

D: *Moet ze hen aanroepen als ze haar werk doet?* (Nee) *Door deze energie te gebruiken, zal haar werk effectiever zijn wat betreft het helen?*
P: Het doel is niet zozeer effectiviteit, maar meer een explosie van de smaak van God. Ze zal zeker een verschil merken wanneer ze werkt. Iedereen voelt het op een andere manier, en ze heeft verbindingen ontwikkeld om taal en technieken te ontwikkelen die mensen helpen om ervan te genieten en het comfortabel toe te passen. Ze zal hen helpen om het te accepteren.
D: *Mensen komen naar haar toe om genezen te worden. Is dit een van de dingen waarvoor deze energie zal worden gebruikt?*
P: Een van de dingen, ja. Het is niet voornamelijk bedoeld voor de mensen. Het is voornamelijk voor het Geheel.
D: *Haar ontwikkeling?*
P: Niet haar ontwikkeling, het Geheel. Het is een beweging binnen het Geheel.
D: *Ik wil dat ze dit proces kan begrijpen wanneer ze ontwaakt.*
P: Het begrijpen is intelligent. Er is altijd begrip. Er is altijd mededogen. Er is op dit moment een verschuiving van het individuele denken naar de heelheid.
D: *Gebeurt dit overal?*
P: Overal waar het mogelijk is.
D: *Is dit onderdeel van de vibratie- en frequentieveranderingen die plaatsvinden?* (Ja)

Ik legde uit dat ik wist van de nieuwe Aarde en het overgaan naar een nieuwe dimensie. Ze was het ermee eens dat dit onderdeel was van dat proces.

D: *Gaan andere mensen dit ook ervaren?*
P: Ja, velen, velen ontwaken nu. Ze worden zich bewust van hun heelheid. Alle delen van de Bron die opgeschort waren, integreren nu.
D: *Nu we deze nieuwe dimensie ingaan, moet alles samenkomen? En meer mensen worden zich ervan bewust dat ze niet langer gescheiden zijn?*

P: Ja. Naarmate meer en meer mensen samensmelten met de volledige delen van zichzelf, wordt het voor anderen makkelijker om het te accepteren. Ze zullen zich comfortabeler voelen.
D: *Voor sommige mensen is het geen comfortabel proces, of wel?*
P: Dat hebben zij gekozen. Sommige mensen kiezen ervoor om te groeien door ongemak.
D: *Naarmate we integreren met het Geheel, zei je dat we ons anders zullen voelen?*
P: Iedereen zal zich anders voelen, iedereen. Iedereen zal zich meer op zijn gemak voelen met Heelheid. Ze zullen weten dat er iets met hun ziel gebeurt.
D: *Maar we zullen het fysieke lichaam nog steeds behouden?*
P: Voor degenen die dat nodig hebben, zal dat gebeuren. Dit gebeurt tegelijkertijd voor degenen die in het lichaam zijn en degenen die er uit zijn.
D: *Degenen aan de zielen-zijde ervaren dit ook?*
P: Ja, dit heeft niks te maken met in een lichaam zitten. Het is tijd.
D: *Heeft het te maken met de ontwikkeling van de planeet?*
P: Het is niet de ontwikkeling van alleen deze planeet. Het is de ontwikkeling van het Geheel, allemaal, alles tegelijkertijd. Het universum, alles beweegt naar een andere modus.
D: *Dus het is niet te stoppen of te veranderen? Is het iets wat gewoon moet gebeuren?*
P: Het is God's keuze.

Ik legde uit dat ik had gehoord dat er twee Aardes zouden zijn, en dat deze dingen niet zouden gebeuren op de oude Aarde.

P: Daar ben ik niet mee verbonden. Ik ben verbonden met het deel dat naar heelheid beweegt.
D: *Maar dit is niet zoals de dood, of het sterven van het fysieke lichaam, of wel?*
P: Of de fysieke lichamen hier zijn of niet, is niet de vraag. Iedereen ervaart het hetzelfde, in of uit het lichaam, binnen

of buiten elk bewustzijn, overal. Het is niet belangrijk om te begrijpen wat er gebeurt, alleen om ervan te genieten.

Dit klonk enigszins vergelijkbaar met de energiekegel die in 2009 bij iedereen werd geïmplanteerd. Hoofdstuk 30. Ik vraag me af of het hetzelfde is, maar dan met andere woorden?

D: Als het integratieproces nu pas net begint, waar leidt het uiteindelijk allemaal naartoe?
P: Een opstijging naar een verenigd geheel. Er kan meer heelheid functioneren binnen ieder individu. Het is meer alsof er een draad is, een soort verbindende draad die in alles zal gaan doordringen. Alles zal zich meer verbonden voelen met al het andere, overal. Overal zal alles worden opgetild naar een andere dimensie.
D: Hoe zal die andere dimensie zijn? Kun je ons er iets over vertellen?
P: Het is als een verweven weefsel dat plotseling alles afstemt op het bewustzijn van de essentie.
D: Dus wanneer we dat punt bereiken, zullen we dan geen individualiteit meer hebben?
P: Nee, er zal wel individualiteit zijn. Er zullen gewoon meer draden van eenheid functioneren en beschikbaar zijn. Individualiteit verandert tot een bepaalde hoogte en er is meer een laag van heelheid die eroverheen ligt.
D: Hoe verandert de individualiteit?
P: Meer van de fragmentatie van verschillende aspecten wordt voltooid.
D: Dus het zal niet nodig zijn om nog fysieke levens te hebben. Is dat wat je bedoelt?
P: Er zijn in werkelijkheid geen fysieke levens, zogezegd. Maar er zal minder verstrooiing van ervaring zijn.
D: Ik probeer het te begrijpen. Er zijn nog steeds mensen die karma opbouwen. Zal dat verschil maken?
P: Ik maak geen deel uit van die 'flow'. Ik weet het niet. Ik weet alleen dat ik onderdeel ben van dit weefsel van Heelheid. Ik ben deel van wat aan het samenkomen is. Het gebeurt nu.

D: *Ook al weet ik dat tijd aan jullie kant niet bestaat, heb je enig idee hoe lang het nog zal duren voordat alles samenkomt?*
P: Volgens ons perspectief is het al gebeurd. Het is zich aan het ontvouwen, maar het heeft zich al voltrokken op innerlijke niveaus. Het leven zal min of meer op dezelfde manier doorgaan. Deze energie is voor iedereen beschikbaar om toe te passen op elke manier die ze willen. Dat is het werk. Zij zullen beslissen of ze er deel van willen uitmaken of niet. Het wordt aan iedereen gegeven en zij maken hun eigen keuzes. Het verandert alles automatisch. Er is een tekort in de schepping door het tekort aan heelheid. Zodra er meer heelheid aanwezig is, vindt schepping vanzelf plaats.
D: *Dit is waarom ik mensen zeg voorzichtig te zijn met wat ze vragen, voorzichtig met wat ze willen creëren, want het lijkt steeds sneller te gebeuren.*
P: Dat is waar.
D: *Het duurde eerst heel lang.*
P: Dat was met opzet.
D: *Zoals de Aarde was, had je tijd nodig om zeker te weten dat dat was wat je wilde.*
P: Ja, bepaalde leerprocessen moeten langzaam gaan.
D: *Dus nu kun je het veel sneller hebben.* (Ja) *Maar je moet eerst zeker weten wat je wilt.*
P: Maar Heelheid biedt het antwoord op wat je wilt. Het is alleen wanneer je niet weet wat je wilt dat de schepping in verwarring raakt. Zij creëren niet. De Heelheid creëert. Wanneer er genoeg Heelheid werkzaam is, tonen alle creaties hun individualiteit met zuiverheid. Ze beseffen gewoon dat Heelheid bij hen is, en de Heelheid werkt om alles tot stand te brengen wat hen exact uniek maakt. Exact en alles wat ze nodig hebben. Als ze toestaan dat de verbinding de kaart van de binnenkomende Heelheid vasthoudt, dan werkt alles vanzelf. In elke dimensie, op elke manier.
D: *Dus ze kunnen zichzelf ook gezond maken door deze energie te gebruiken?*
P: Zij gebruiken de energie niet. De energie gebruikt hen.
D: *Moeten ze iets doen om contact te maken met deze Heelheid?*

P: Nee. Het is beschikbaar, je moet het alleen niet tegenhouden. De energie van Heelheid helpt je om te weten wat je wilt. Het probleem is dat mensen niet weten wat ze willen.

Ik was op zoek naar een soort ritueel of proces dat een individu zou kunnen gebruiken om deze energie voor creatie op te roepen. Mensen houden altijd van instructies. In Ingewikkelde Universum – Boek Drie, hoofdstuk 37, is er een hoofdstuk waarin de helende energie spreekt en vertelt hoe het op elk moment aangeroepen kan worden.

P: Er zijn kleine manieren waarop mensen het gevoel onderdrukken dat ze het waard zijn om gelukkig te zijn. Het gaat vooral om vertrouwen, dat is wat nodig is.
D: We zijn gewend onze engelen en gidsen te vragen ons te helpen iets te creëren.
P: Alle engelen en gidsen beginnen zich met elkaar te verbinden. Er is nu een verbinding waardoor er op alle niveaus minder individualiteit is. Het is alsof je alle engelen hebt in plaats van één. Er is minder afstand tussen verlangen en steun. Het werkt als een versneller van het proces. Op dit moment verbindt Pamela zich met aspecten van weten en degenen die gedeeld weten hebben. Dit bevordert de verbinding.
D: Ik wil dat ze begrijpt waarom haar deze informatie wordt gegeven.
P: Zij heeft niet zozeer behoefte aan informatie als wel aan het proces van verbinding met uitgestrekte, bewegende netwerken van mensen, die de verandering verankeren.

Pamela had een lichamelijke vraag waar ze informatie over wilde. Het was al tien jaar een raadsel. Ze vertelde dat ze ineens tintelingen in haar lichaam voelde en daarna niet meer kon bewegen. Ze bleef dan voor geruime tijd (uren) in die toestand, en het was verontrustend voor de mensen om haar heen die hier getuige van waren.

P: Dit zijn delen van de fragmenten die binnenkomen. Dit was toen de Heelheid zich opende.

Wanneer deze voorvallen plaatsvonden, was Pamela nooit bang. Ze wilde gewoon begrijpen wat er gebeurde, omdat ze tijdens die momenten moest gaan liggen totdat het overging.

P: Dit is een verschuiving binnen de Heelheid, tegenover de voltooiing van fragmentatie.
D: *Dus er kwam een ander fragment binnen dat zich ermee vermengde?*
P: Of meer van de Heelheid integreerde. Het zou tijdelijk onderbroken raken en de coördinatie verliezen.
D: *Het was uiteraard wel enigszins verontrustend, want hoewel ze niet bang was, gebeurde het soms in het openbaar.*
P: Er werd altijd voor haar gezorgd.
D: *Het is haar al een tijdje niet overkomen, dus is dat gedeelte voorbij?*
P: De Heelheid is subtieler en de fragmentatie is meer voltooid. Er zullen andere soorten dingen gaan gebeuren. Energieveranderingen die tijdelijke verschuivingen in de lichaam-geest teweegbrengen. Er ontstaat minder verlangen om met het lichaam bezig te zijn en meer verlangen om op dat moment bij "Spirit" te zijn. Er is opluchting omdat de last van het zorgen dragen wegvalt.
D: Zal ze lichamelijk iets merken op het moment dat deze dingen gebeuren?
P: Een lichte verstoring van de coördinatie door een verschuiving in focus. Ze is beter aan het worden in verbonden blijven. Het is tijdelijk, altijd tijdelijk. Liefde is belangrijk omdat het proces nu liefde is. Zoals gezegd, is intelligentie veel functioneler dan informatie. Die intelligenties zijn nu aan deze persoon verbonden.

***

Een andere cliënt benoemde iets vergelijkbaars toen "zij" het hadden over een samensmelting van de Ziel.

D: *Kun je uitleggen wat dat is?*

M: Dat is wanneer een persoon zich steeds meer opent voor zijn hogere aspecten. Wat er gebeurt is: de geest opent zich en het lijkt alsof er iemand in hen komt. Maar het bewustzijn breidt zich gewoon uit, dus ze nemen steeds meer aspecten van zichzelf op.

D: Hoe voelt het als zoiets gebeurt, zodat we weten wat het is?

M: Het voelt alsof ze meer bewustzijn hebben. Eigenlijk voelen ze zich lichter in "Spirit" en ze merken misschien kleine veranderingen in hun persoonlijkheid op. Misschien veranderen sommige voorkeuren, dingen die ze wel of niet leuk vinden. Maar al snel zal het ene, het aspect dat zichzelf heeft uitgebreid, wennen aan waar het is en dan weten hoe het beter met deze persoon kan samenwerken. We zijn allemaal op alle niveaus aan het groeien.

***

Verder met Pamela:

Ik wilde weten of we enige informatie konden krijgen over de veranderingen die de Aarde zou doormaken voordat ze de volgende dimensie inging.

P: Er zijn nu veel mogelijkheden in ontwikkeling, en zij maakt deel uit van dat proces dat alles probeert te verenigen tot de best mogelijke uitkomst. Er zijn krachten aan het werk; vele, vele matrixen, vele krachten. Er zal voor iedereen overal gezorgd worden, ongeacht hun omstandigheden. Alles beweegt naar een grotere eenheid toe, hoe het van buiten ook lijkt.

Hoofdstuk 40
DE FOTO'S

Dawn en haar dochter Alexis kwamen naar mijn kantoor voor afzonderlijke sessies. Dawn verraste me door me een pakketje met foto's te geven en de cd waarvan ze waren afgedrukt. Ze zeiden dat ze in 2004 waren genomen, en niet wisten wat ze ermee moesten doen of aan wie ze ze moesten geven. Uiteindelijk besloten ze dat ze ze aan mij moesten geven, dat ik wel zou weten wat ik ermee moest doen. Dit was in 2006 en ik heb ze bewaard, niet wetend in welk boek ze thuishoorden. Op het moment van de sessie was het moeilijk te begrijpen. Pas nu, in 2011, denk ik dat ik wat beter begrijp wat het OB probeerde te beschrijven, en ik denk dat het tijd is om ze eindelijk met anderen te delen. Het laat zien hoeveel ik gegroeid ben sinds 2006, en dat mijn ideeën zijn verruimd. Ik hoop dat ik het bij het juiste eind heb. Dawn vertelde dat ze op een avond buiten waren en een ongewoon fel object aan de hemel zagen. Eerst dachten ze dat het een ster was, maar het was groter en helderder dan ze ooit hadden gezien. Ze richtten hun camera erop en maakten een reeks foto's. Daarna zagen ze hoe het object geleidelijk aan vervaagde. Toen ze de foto's lieten ontwikkelen, waren ze stomverbaasd. Wat op de foto's stond, was totaal niet wat ze die nacht hadden gezien. Zij hadden een solide object gezien, niet iets dat bewoog, van vorm veranderde en golfde zoals het object op de foto's. Door de jaren heen hebben mensen me soortgelijke foto's gestuurd, maar ze brachten die altijd in verband met ufo's omdat ze geen andere verklaring hadden. Ik denk dat deze laten zien dat het meeste van wat mensen zien als onbekende ruimteschepen andere, nog complexere verklaringen hebben.

Ik heb nam twee sessies af, één met ieder van hen afzonderlijk. De informatie die doorkwam was vergelijkbaar, maar ik denk dat die van de moeder (Dawn) meer beschrijving

Het Ingewikkelde Universum Boek Vier

had. We waren door twee vorige levens heen gegaan en waren in gesprek met het OB. Het had al geholpen met persoonlijke informatie en gewerkt aan ernstige lichamelijke problemen. Toen wilde ik vragen naar de foto's:

D: *Ik wilde opheldering. Dawn en haar dochter Alexis gaven me gisteren deze foto's, en ze zijn er erg benieuwd naar. Kunnen jullie duiden wat er op de foto's staat?*
DA: Het zijn de hogere krachten die met de planeet samenwerken. Ze proberen deze in balans te houden. Ze werken met het energienetwerk aan beide zijden van de dimensies, deze zijde en de andere zijde.
D: *Maar op de foto lijkt het wel een fysiek object.*
DA: Ja, het is een entiteit. Het is elastisch. Het kan door zich uit te breiden een groot gebied bestrijken. Het werkt gewoon aan beide zijden. Het werkt aan het in balans houden van de planeet, energiewerk, het verspreiden van goedheid over de planeet terwijl het zich verplaatst en verspreidt, zich verplaatst en verspreidt, zich verplaatst en verspreidt, bijna als de liefdevolle armen van een moeder. Het maakt allemaal deel uit van de evolutie, van de 'spirit' en de evolutie van het intellect, de evolutie van het levende bewustzijn naarmate je verder gaat. Dat is wat dit doet. Het doet dit met meer dan alleen de planeet Aarde. Dit is zijn rol en dit is waarvoor het geschapen is. Het brengt liefdevolle balans met zich mee. Het is een vrouwelijke energie ... zacht.
D: *Zei zei dat toen ze het in de lucht zag, het eruitzag als een ster.*
DA: Ja, camouflage.
D: *Het ding op de foto's werd pas zichtbaar toen ze vergroot werden, en het leek van vorm te veranderen. Daarom dachten we dat het een bepaald soort fysiek object was.*
DA: Het menselijk oog en het fysieke menselijke lichaam bevinden zich niet op dat vibratie-niveau om het met het blote oog te kunnen zien. Je kunt het wel voelen. Gevoelige mensen kunnen de aanwezigheid ervan voelen, maar ze kunnen niet voorbij de camouflage kijken. Maar de camera vangt het op.

D: Waarom kregen ze toestemming om het te fotograferen?
DA: Omdat andere mensen het moeten zien en weten dat alles onder controle is, dat alles volgens planning verloopt.
D: Is dit hoe het er normaalgesproken uitziet, omdat het een soort "wormvorm" heeft?
DA: Ja, het kan van vorm en grootte veranderen afhankelijk van wat het aan het doen is. Het past zich aan aan de omgeving waarin het werkt en ook aan de dimensie waarin het zich bevindt, afhankelijk van de energiebouw van die dimensie.
D: Het ziet er haast als iets organisch.
DA: Nee. Het is een lichtwezen. Het heeft elasticiteit. Het heeft ook onderdelen die zich al vooruit bewegen en rondzwerven eromheen, zieners die hun werk doen. Die eromheen draaien, die verbinden en in elkaar grijpen en leiden, zoals in een situatie op afstand. En het zijn allemaal onderdelen van het geheel van zichzelf.
D: Ziet het er normaalgesproken zo uit, of is dat gewoon hoe de camera het opving?
DA: Normaalgesproken zou het er aan deze kant niet zo uitzien, maar door jullie atmosfeer, in jullie dimensie hier, is dat hoe het er normaalgesproken uitziet. Maar misschien in een ander sterrenstelsel ... dingen worden beïnvloed door hun omgeving. Het is net zoals een gedachte die wordt beïnvloed door de omgeving. Hoe het eruitziet hangt af van de effecten van de dimensie in de omgeving waarin het zich presenteert. Je kunt denken aan een stoel in de ene omgeving en die zal er dan op een bepaalde manier uitzien; je kunt denken aan een stoel in een andere dimensie in een andere omgeving, en die zal er weer anders uitzien. Ze zullen er niet hetzelfde uitzien, ook al is het dezelfde gedachte of afbeelding.
D: Hoe ziet het er echt uit? Ik bedoel ... wat is überhaupt 'echt' ... (Lach) in z'n normale staat?
DA: In z'n normale staat wanneer het ontspannen is?
D: Waar het vandaan komt, hoe ziet het er daar uit?
DA: Gewoon een enorme waas... ENORME waas van licht... Enorme waas van licht.
D: Want Alexis zei in haar sessie dat het zo groot was dat je het niet kon bevatten. (Ja) Klinkt dat logisch?

Het Ingewikkelde Universum Boek Vier

DA: Ja, vanuit ons oogpunt wel, omdat jullie Aardse wereld veel kleiner is dan waar het zich bevindt wanneer het even geen opdracht uitvoert. Het is allemaal een kwestie van perspectief.

D: Dus het was hier om te helpen?

DA: Dat is wat het doet! Ja. Het is een verzorgster. Het is verzorgd van 'Verzorger'.

D: Maar is het hier om te helpen met wat er op dit moment met de Aarde gebeurt?

DA: Ja. Het verspreidt zich bijna als een zak, een energiezak, en het spreidt zich uit rondom de planeet. Terwijl de planeet door de veranderingen heen gaat en veel van de negatieve energieën gaten in dingen slijten, maakt haar liefdesenergie dit glad, heelt de gaten, herstelt de scheuren, zet het terug en stelt de trillingen bij. Naarmate de trillingen van de Ziel en de Aarde zich ontwikkelen, slijt en scheurt het, en dit komt terug om het te herstellen als een sok en stemt die energie fijn af als die omhoog moet. Alles beweegt sneller naarmate het energieniveau stijgt.

D: Dus op de foto's lijkt het klein, en jij zei dat het gigantisch is. Is dat omdat het zo ver van hen vandaan was of?

DA: Het is gigantisch in zijn eigen natuurlijke rustplaats. Maar wanneer het andere dimensies en andere zonnestelsels binnengaat, past het zich aan en verandert het van grootte. Het moet misschien heel, heel klein worden als het werkt in een klein domein, of als het zich in middelgrootte sferen bevindt, zal het zich aanpassen en het formaat aannemen qua grootte dat nodig is om succesvol toegang te krijgen en te kunnen werken met de desbetreffende planeet. Of het kan juist heel groot zijn. Het is vloeibaar. Het is flexibel. Het kan uitzetten of klein worden.

D: Dus het werd hen gewoon toegestaan om het in die vorm te zien? (Ja) *Je zei dat mensen hier vanaf moeten weten?*

DA: Er zijn een aantal mensen die ervan af horen te weten, ja.

D: Zal ik de foto's kunnen gebruiken en het aan mensen kunnen uitleggen?

DA: Ja. Dat is een van de redenen waarom ze hier naartoe kwamen.

D: *Om ze aan mij te laten zien?*
DA: Ja. Ze vragen het zich al een tijdje af. Ze wisten dat het ergens naartoe moest om de informatie bij mensen te krijgen die het moesten zien. Het gaat hen een gevoel van veiligheid geven. Er zullen altijd mensen blijven die het niet begrijpen, en bij hen kan het angst oproepen. Maar bij mensen die er klaar voor zijn om dit te horen en te zien, zal het juist een gevoel van steun opwekken. De ondersteuningssystemen zijn er. De mechanismen zijn er. Alles functioneert zoals het hoort. Als je denkt dat je een soldaat bent die er alleen voor staat... dat ben je niet. Kijk maar eens wat er daarboven is.

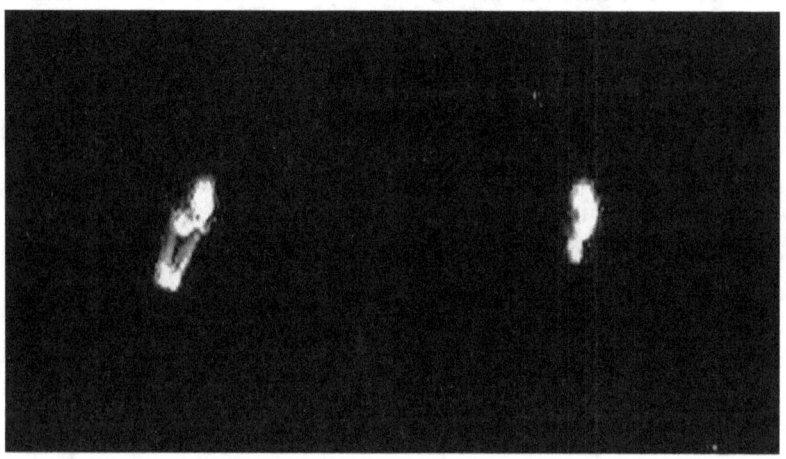

Het Ingewikkelde Universum Boek Vier

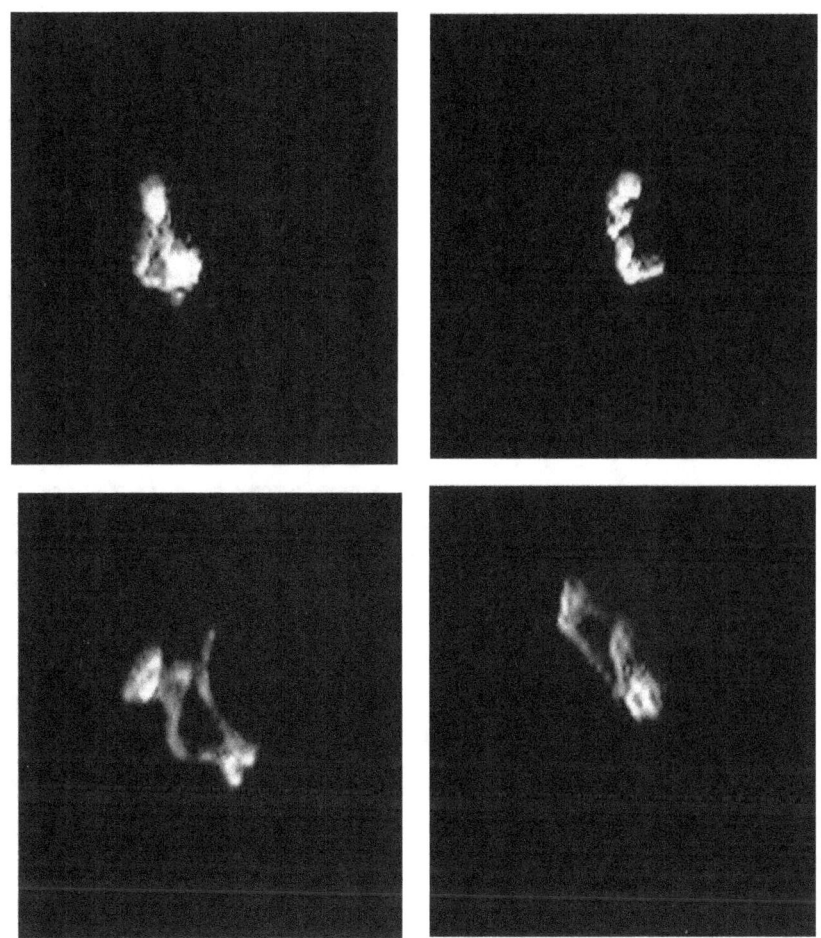

Het Ingewikkelde Universum Boek Vier

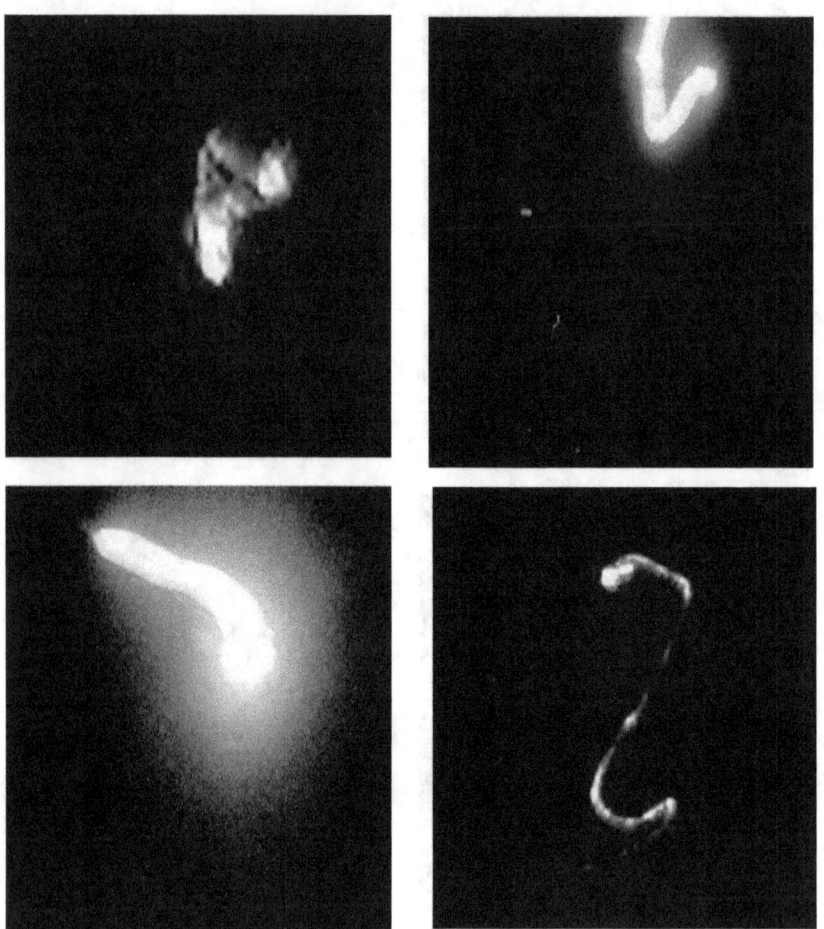

Het Ingewikkelde Universum Boek Vier

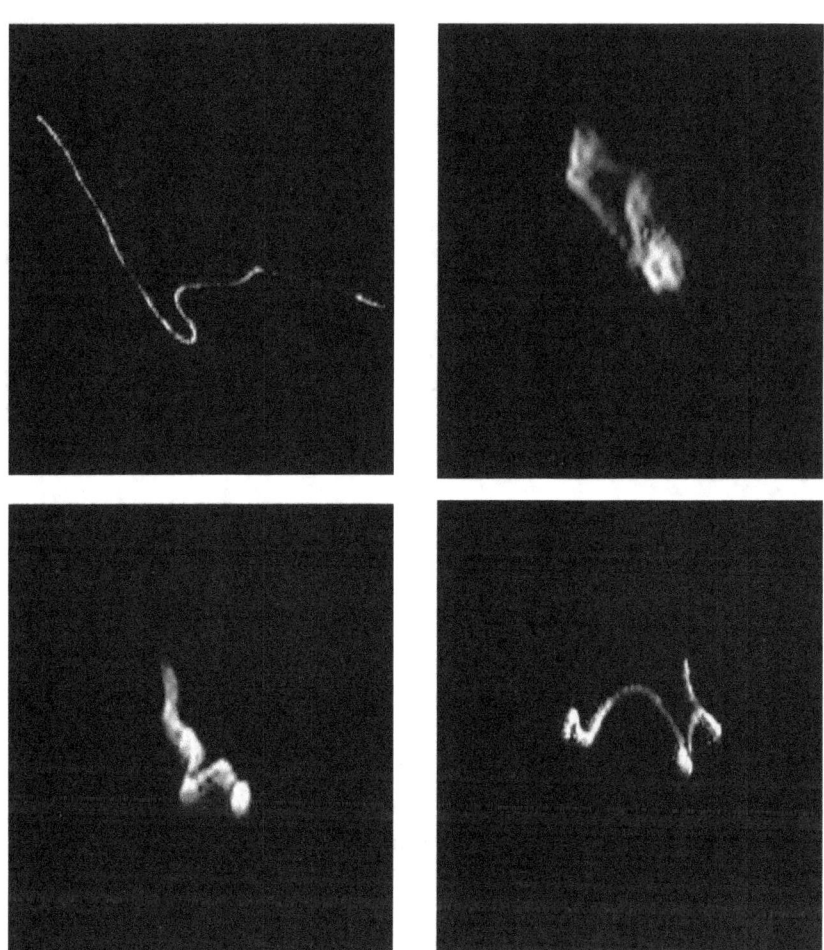

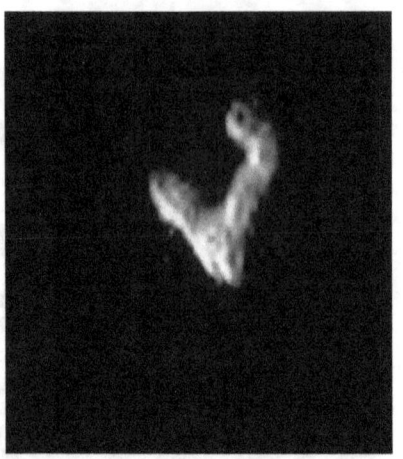 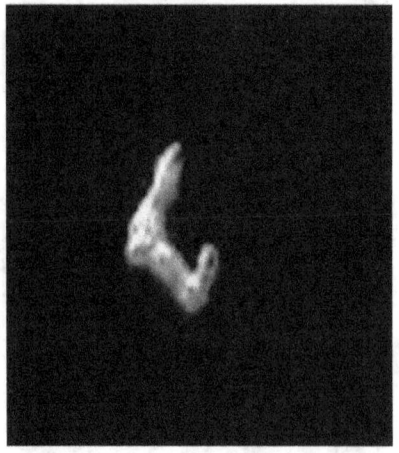

D: *Toen ik de foto's aan m'n dochter Julia liet zien, voelde ze een enorme hoeveelheid energie en trilling ervan uitgaan.* (Ja) *En ze kreeg ook het gevoel dat het misschien iets met DNA te maken had. Klopt dat?*
DA: Nou, het werkt met alle energieën om de planeet vooruit te helpen in haar evolutie, en die zijn allemaal met elkaar verbonden. Hoe kan ik dit uitleggen? Het heeft invloed op de energie van de planeet helemaal tot in de kern, dus het raakt álle energie, de structuur van alle energie. Het moet verhoogd worden naarmate de planeet evolueert en verder omhoog beweegt in haar ontwikkeling. De verschuiving moet als geheel plaatsvinden, en dat is ook wat dit ding doet. Je verhoogt de trilling aan de buitenkant, helemaal tot aan het centrum... naar buiten. Dat beeld in de lucht, werkt van buiten naar binnen.

In mijn boek Het Ingewikkelde Universum - Boek Twee, zaten twee vermeldingen van een energiekracht die in het begin van de jaren 2000 naar de Aarde zou worden gericht om het bewustzijn te verhogen. Deze zou tot in de kern van de Aarde doordringen en invloed hebben op elk levend wezen (zelfs planten en dieren). Toch zou het onzichtbaar zijn voor het menselijk oog. Misschien is dit gerelateerd aan wat Dawn in 2004 fotografeerde.

D: *Tot aan de kern van de Aarde? (Juist.) Het heeft invloed op alles.*
DA: Precies. Het is als neerdalend stof. Het is bijna alsof het een embryonale zak eromheen vormt. De planeet groeit.
D: *Op die manier zouden de mensen, de dieren, de planten, alles in de nabijheid ervan, ook beïnvloed worden?* (Ja) *En volgens de theorie van mijn dochter, denk je dat het DNA wordt beïnvloed door die energie?*
DA: Ja want het DNA is energie. Het is energie die gecodeerd is in de fysieke materie. Dit is iets goeds. Dit is lichtwerk en het maakt deel uit van het plan voor de planeet, en net zo goed voor ons, want wij zíjn ook de planeet. De mensen op de planeet maken allemaal deel uit van het organisme, en dit is allemaal onderdeel van het proces. Het is niet de eerste keer dat dit ding in de lucht dit soort werk verricht. Dit is wat het doet. Het komt wanneer het nodig is. Dat is zijn taakomschrijving!
D: *Dus het helpt bij de evolutie van de planeet terwijl we overgaan naar wat wij de "Nieuwe Aarde" noemen?*
DA: Ja. Het is ook een 'spirit' opbouwer/versterker. Dus de foto's moeten verspreid worden zodat de mensen het zullen weten, zodat ze zich op een bepaalde manier beschermd en gegidst zullen voelen. Gegidst en beschermd.
D: *In zekere zin zouden we het het equivalent van God kunnen noemen, als we dat zouden willen. Energie die zó krachtig is?*
DA: Wanneer je God zeg ... bedoel je?
D: *De Bron. What jullie de Bron noemen.*
DA: Ja. De Bron. Het is onderdeel van de Ene. Het is een deel van wat de Ene heeft geschapen en als deel van zichzelf uitzendt, ook al heeft het vrouwelijke aspecten, omdat het een verzorgster is, iemand die verzacht. Het stimuleert verandering en groei, en voedt dat door de energieomgeving zó te houden dat evolutie zich op natuurlijke wijze kan voltrekken. Het is deel van de Bron. Het is dàt deel van de Bron dat schept. Zó HOOG is het. Zo geavanceerd. Het komt

van de Bron. Het is groot. Het is deel van het Scheppingsinstituut.

D: Instituut?

DA: Ja. We zijn allemaal Scheppers, van kleiner naar boven, en nog verder en verder naar boven. Wanneer we ontwikkeld zijn, worden we grotere en betere Scheppers. We worden groter en worden er beter in totdat je bij de Bron komt, wat de nummer Éen is, en dat is ons doel. Wat we geleerd hebben terugbrengen naar de Bron. Ik weet niet goed hoe ik het moet uitleggen.

D: Oh, je doet het heel goed. Ik begrijp het. Maar tijdens de sessie gisteren werd mij gezegd dat ik erop voorbereid moet zijn dat veel mensen de foto's gaan zien en ze niet zullen begrijpen. Ze zullen het niet geloven.

DA: Maar zoveel mensen geloven of begrijpen heel veel dingen toch al niet.

D: En ze zullen denken dat het op de een of andere manier nep is. De meesten van hen denken aan ufo's, ET's, dus dat is het maximale waar hun verbeelding toe in staat is.

DA: Ja, en sommigen van hen kunnen dat niet eens bevatten.

D: We weten in ieder geval dat het niets met zoiets te maken heeft.

DA: Nee, het is geen ufo. Nee, nee, nee, nee, nee, het is geen ufo. Het is hoger dan de engelachtige sferen. Het is een beetje zoals een engel, maar dan in de engelachtige sferen. Als je het aan mensen wilt proberen uit te leggen zodat ze het een beetje kunnen begrijpen, kun je zeggen dat ze het kunnen zien als een "hele grote" engel of zoiets. (Lach)

D: Ik wilde het verduidelijken. Ik wilde het graag verduidelijken. Als ik met mensen ga werken en erover ga praten, moet ik het gaan begrijpen. En jullie blijven me steeds moeilijkere concepten geven. Ik ga er maar vanuit dat de wereld er klaar voor is. (Lach)

DA: Er is altijd wel iemand die er klaar voor is, maar dingen worden afgehouden totdat de groep die er klaar voor is groot genoeg is. Tot het punt dat zij deze informatie krijgen en het succesvoller en sneller kan verspreiden. Wanneer je komt en er is maar één die klaar is, zal het veel moeilijker zijn en duurt het veel langer. Meer dan wanneer er een groep is. Dus nu is de groep groot genoeg, en het gaat er ook voor zorgen dat wetenschappers beter over hun theorieën na gaan denken wanneer ze die foto's zien. Natuurkundigen zullen meer nadenken over de relatie tussen licht en energie wanneer ze die foto's zien. Het zal niet alleen van invloed zijn op mensen op zielsniveau die vooruitgang voor hun ziel vragen; het zal ook doktoren en natuurkundigen raken op wetenschappelijk niveau in de wereld. Ze zullen het zelfs begrijpen via hun theorieën en onderzoek. Het zal voor hen een toegangspoort zijn. Het opent een rijk van begrip in het grotere perspectief. Een dieper, groter geheel van dingen alleen al doordat ze de foto's observeren en de kennis die ze hebben en ontdekken daarop toepassen.

D: Is er nog iets anders dat je wilt dat ik hierover weet?
DA: Als er iets binnenkomt, zal dat jou zeker verteld worden.

Hoofdstuk 41
SLOT

Ik werkte met een deadline voor het afmaken van dit boek. Het moest op een bepaalde datum bij de drukker zijn, omdat het al in de catalogus van de distributeur stond en boekhandels al bestellingen plaatsten. Mensen vertelden me dat Amazon had aangekondigd dat het al beschikbaar was. Toen ik dat hoorde, moest ik lachen: "Ik dacht het niet! Het zit nog in m'n brein en mijn computer." Het hielp niet mee dat ik eraan werkte terwijl ik op lezing- en cursustour was. Het zette me behoorlijk onder druk. We hadden net onze jaarlijkse Transformation Conference in Arkansas afgerond, in juni 2011. Iedereen die ooit een grote conferentie heeft georganiseerd, weet hoeveel werk dat is. Direct daarna, met nauwelijks tijd om uit te rusten, was ik op tournee door de hele Verenigde Staten en Canada om lezingen en cursussen te geven. Daarna was ik maar een week thuis om me voor te bereiden op een tour van twee maanden door Europa in augustus, die eindigde met een grote conferentie in Bangalore, India in oktober 2011. Vervolgens een week thuis en daarna weer zes weken naar Singapore en Australië in november 2011. Die tijd werd gevuld met reizen van stad naar stad, radio-interviews, tv-opnames, lezingen, cursussen. Vliegtuigen, treinen, auto's, totdat je echt niet meer weet waar je bent. Elk hotel ziet er hetzelfde uit, elk vliegveld ziet er hetzelfde uit, elke zaal voor een lezing ziet er hetzelfde uit. Vaak als ik klaar was om aan de lezing te beginnen, vroeg ik half voor de grap aan het publiek: 'Waar ben ik? In welke stad ben ik? In welk land ben ik?' Mensen zijn overal hetzelfde, waar ik ook ga. De taal en het accent zijn soms de enige aanwijzing die ik heb. Mijn dochter zei, 'Na een tijdje kun je je niet meer herinneren wanneer iets plaatsvond omdat de tijd gewoon een in elkaar overloopt. Het wordt een herinnering aan een moment. Dat laat me zien dat tijd echt een illusie is. Het is dag in het land waar jij bent, en nacht

Het Ingewikkelde Universum Boek Vier

bij ons thuis in Arkansas. Of in sommige gevallen is het vandaag hier en morgen (of gisteren) daar. Met dit alles moet je rekening houden wanneer je probeert te communiceren met de "echte" wereld die je achter je hebt gelaten. Het laat goed zien dat tijd geen betekenis heft (ook al zitten we erin gevangen).

Dus te midden van dit alles probeerde ik dit boek af te maken. Ik gebruikte elke vrije minuut die ik tussen de evenementen door kon vinden, om in mijn hotelkamer op mijn kleine laptop te werken. Wat een zegen is de nieuwe technologie. Nu hoef ik niet meer met stapels manuscripten te reizen om ze te bewerken. Alles past nu op zo'n klein usb-stickje. Ik herinner me nog goed hoe ik mijn eerste stappen in de computerwereld zette, toen ik mijn eerste computer kocht in de jaren tachtig. Ik schreef mijn eerste vijf boeken op de ouderwetse handmatige typemachine en stapte daarna over op de elektrische typemachine. In die tijd kenden we de échte betekenis van "knippen en plakken". De nieuwe uitvinding van de computer voelde als een wonderlijke revolutie. Ik hoefde niet elke pagina opnieuw te typen als ik een fout vond. Je had geen gedoe met de wagenretour, en hoefde het papier er niet goed te leggen. Maar ik vond een goede reden om die allereerste nieuwbakken computers niet te vertrouwen. Ze slikte mijn woorden maar al te vaak in en verteerden ze dusdanig dat ze nooit meer terug te vinden waren (behalve in mijn hoofd). Heel vaak, na uren aan een hoofdstuk te hebben gewerkt, drukte ik op de knop "opslaan" en verliet ik met gekruiste vingers de kamer. Ik wist nooit of hij het zou opslaan of toch zou besluiten het in te slikken. In dat laatste geval zag ik mijn woorden al eindeloos door het limbo zweven. Ik printte het meteen, want het kon altijd op elk moment verdwijnen. Dan had ik het tenminste op papier en kon ik het aanraken. Het ergste wat er dan kon gebeuren, was dat ik alles opnieuw moest typen, maar dan was het in elk geval veilig. Nu kunnen meerdere van mijn boeken worden opgeslagen op dat kleine usb-stickje van een paar centimeter lang. Ik weet zeker dat er nog veel meer wonderlijke manieren van informatie opslaan in ontwikkeling zijn. Maar door mijn eerste ervaringen met computers in de jaren tachtig ben ik nog steeds wantrouwig, dus zet ik het zo snel mogelijk op papier.

Het Ingewikkelde Universum Boek Vier

Dus tijdens deze reis in 2011 koesterde ik elk moment dat ik kon vrijmaken om alleen te zijn en aan het boek te werken. Ik ontdekte dat de beste manier om een boek af te krijgen is om opgesloten te zitten in een kamer in een vreemd land. In mijn kamer was de tv volledig in een vreemde taal, dus het had geen zin om te proberen iets te kijken. Het enige raam in de kamer keek uit over daken, dus ik had zelfs geen mooi uitzicht dat me zou kunnen afleiden. Dus kon ik me volledig onderdompelen in het project. Mijn dochter bleef maar zeggen, 'Ik wil je geen extra druk opleggen, maar dat boek móét af zijn tegen de tijd dat we thuiskomen in november.' Tijdens deze reis gingen we naar veel verschillende landen, waarvan ik er een groot deel altijd al een keer had willen zien. Tot sommige voelde ik me zó aangetrokken dat ik er zeker van was dat ik er een vorig leven had gehad. Toch viel het, eenmaal aangekomen, in dat opzicht tegen. De oude ruïnes zijn verweven met de stad, en het moderne overschaduwt het oude. Het zijn simpelweg ruïnes, overschaduwd en lijken misplaatst tussen de moderne gebouwen en het drukke verkeer. Een paar, zoals Stonehenge en Newgrange, liggen wat meer afgezonderd. Maar zelfs bij die plekken, het zijn ruïnes, of slechts skeletten van hoe ze ooit waren bedoeld. Zelfs de Sfinx en de Grote Piramide zijn niet zoals je zou verwachten. De stad Caïro rukt helemaal op tot aan hun voeten, en ook zij zijn slechts schimmen en ruïnes van wat ze ooit waren. Ik verwachtte iets te voelen bij het Colosseum in Rome, maar het staat midden in de stad, omgeven door souvenir- en eetkraampjes langs de gehele muur, en druk verkeer en luidruchtige toeristen eromheen. Zelfs de grootsheid van de Taj Mahal was niet helemaal zoals ik had verwacht. Het is een prachtig gebouw, maar de extreme armoede van India reikt tot aan de poorten. Het Parthenon in Athene is prachtig, maar een schim van wat het ooit was—nu een deels gereconstrueerde ruïne op een heuvel boven de stad. Machu Picchu is ook bijzonder en heeft een krachtige energie, maar het blijft een ruïne. Overal waar ik ben geweest zeggen de gidsen altijd hetzelfde, 'We weten niet hoe dit gebouwd is. We weten niet wat de werkelijke functie was. We weten het niet... we weten het niet.' Vaak is hun officiële uitleg niet aannemelijk.

Het Ingewikkelde Universum Boek Vier

In deze gebieden klinken mijn regressies naar vorige levens logischer en ze leveren meer informatie op. Ik ben altijd al gefascineerd geweest door het werk van archeologen en hun moeizame taak om het verleden weer aan het licht te brengen. Zonder hen zouden we geen idee hebben van de wonderen uit het verleden, behalve door oude documenten. Toch geloof ik dat wat zij tot nu toe hebben blootgelegd slechts een fractie is van wat er nog verborgen ligt onder het zand der tijd, onder de wateren van de oceanen en diep in de bergen. Er is een enorme hoeveelheid oude geschiedenis en kennis die waarschijnlijk nooit ontdekt zal worden. Toch weet ik dat die wél bestaat en opgeslagen ligt in die geweldige computer die we 'mind' noemen, en waar we toegang tot hebben via diepe trancehypnose. Dat is wat mijn werk als verslaggever en onderzoeker van verloren kennis zo opwindend maakt. Ik weet nooit wat de volgende sessie zal blootleggen of openbaren. Het maakt mij niet uit of het bewezen kan worden, want ik probeer niemand te overtuigen. Het is mijn taak om mensen ertoe te brengen hun geest open te stellen voor andere opties en mogelijkheden. Anderen kunnen zich focussen op het bewijzen ervan. Het is mijn taak is om nieuwe werelden van kennis te openen.

Mijn hele leven heb ik al een onverklaarbare aantrekkingskracht gevoeld tot alles uit de oudheid, vooral Egyptisch en Romeins. Als kind verslond ik oude boeken over deze onderwerpen, maar de tekst interesseerde me niet. Ik was gefascineerd door de afbeeldingen, vooral door de afbeeldingen van oude hiërogliefen. Op school was ik enorm gefascineerd door de oude geschiedenis, en mijn interesse verdween zodra we overgingen naar moderne geschiedenis. Ik herinner me dat ik een grote fascinatie had voor Pompeï. Ik las het boek The Last Days of Pompeii van Sir Edward George Bulwer-Lytton en maakte er een boekverslag over op school. Toen het verfilmd werd (nog in zwart-wit in die tijd), was ik teleurgesteld omdat het afweek van het verhaal in het boek. Als kind zag ik eens een oud exemplaar ervan in de etalage van een tweedehands boekwinkel bij mij in de buurt in St. Louis. Ik wilde zó graag mijn eigen exemplaar, maar geld was schaars tijdens de

Depressie. Ik kreeg het voor elkaar om een dollar bij elkaar te sprokkelen (voornamelijk door weggegooide colaflessen in te leveren die ik had gevonden in een steegje. Ik kreeg twee cent per fles) en liep vele straten om te kijken of dat genoeg zou zijn om het te kopen. (In die tijd mochten kinderen nog avonturen hebben. Je kon overal naartoe lopen, rolschaatsen of fietsen waar je maar wilde. Er was niet die angst die kinderen vandaag de dag is ingeprent.) Ik kan me nog steeds de bittere teleurstelling herinneren toen ik ontdekte dat de oude boekwinkel al jaren gesloten was. Dus mijn dierbare boek moest in de etalage blijven liggen, onbereikbaar. Dus je kunt je mijn opwinding wel voorstellen toen ik tijdens deze reis naar Europa in september 2011 ontdekte dat ik een paar vrije dagen in Rome zou hebben, en een van de sightseeingtours een dagexcursie naar Pompeï zou zijn. Ik zou het eindelijk zelf kunnen zien. Zou het herinneringen oproepen? Ook wist ik dat ik enkele regressies naar vorige levens in een van mijn boeken zou opnemen en ik wilde weten of de locatie etc. overeenkwam met wat mijn cliënten hadden gezien. Mijn man had het in de jaren vijftig gezien, toen hij gestationeerd was aan boord van de USS Randolph, een vliegdekschip dat aanlegde in de haven van Napels voor een paar dagen rust en herstel.

Hij zei dat het slechts een hoopje ruïnes was en nam een kleine brochure mee naar huis met foto's van standbeelden etc. die waren opgegraven. Natuurlijk zou het voor hem niet dezelfde betekenis hebben gehad als voor mij. Dus na een lange busrit vanuit Rome kwamen we aan bij hetzelfde tafereel als bij alle andere bezienswaardigheden: ruïnes (prachtig uitgegraven en gerestaureerd), souvenirkraampjes, verkeer en honderden toeristen. De Middellandse Zee was te zien en de Vesuvius spuwde nog steeds rook, een voorbode van een mogelijke nieuwe uitbarsting, maar de grootsheid van Pompeï werd opgeslokt door het moderne. Het is altijd mogelijk dat ik daar een vorig leven heb gehad, gezien de extreme en onverklaarbare aantrekkingskracht, maar op de plek zelf voelde ik niets. Het sluit aan bij het gezegde: "Je kunt nooit terug naar huis." Zelfs in dit leven, toen ik terugkeerde naar de plek waar ik ben opgegroeid in St. Louis, was alles veranderd. Gebouwen waren gesloopt, er was een snelweg aangelegd dwars door mijn oude buurt, alles leek ouder en vuiler. Niets leek nog op de herinneringen die ik in mijn hoofd meedraag. Zo is het ook met herinneringen aan vorige levens, het is niet zoals we het ons herinneren. We zien het op een bepaalde manier tijdens de regressie, en dan weer anders in de werkelijkheid. Je kunt echt nooit terug naar huis. Ik denk dat je er het dichtstbij komt met het gevoel van déjà vu. Alles is zo oud in Europa dat veel van de oude bouwwerken er nog steeds staan. Als in Amerika iets honderd jaar oud is wordt het vaak gesloopt en vervangen door een parkeerplaats. In Europa blijven gebouwen van honderden jaren oud nog staan. Een vriend van mij vertelde dat hij ooit een oude (nog steeds in gebruik zijnde) kathedraal in Engeland binnenging en een overweldigend gevoel van verdriet kreeg. Hij vond een afgezonderd hoekje en zat lange tijd te huilen. Hij begreep niet waarom het gebeurde, maar ik weet uit mijn regressiewerk dat die plek waarschijnlijk een herinnering aan een vorig leven triggerde.

Ik heb aan het begin van dit boek al een van mijn eigen ervaringen beschreven. Mijn herinnering die werd ontwaakt in Athene, maar die gekoppeld was aan een regressie naar een vorig leven. Een andere gebeurde spontaan in Engeland. Ik liep naar de ingang van de Tower of London, die ik al vaak met verschillende vrienden heb bezocht. Deze keer liep ik voorzichtig, omdat ik over de ongelijke kasseien moest manoeuvreren. Terwijl ik naar mijn voeten keek, kreeg ik een flits te zien waarin ik een lange, eenvoudige bruine jurk en zachte schoenen droeg. Ik hoorde in mijn hoofd, 'Het was veel moeilijker toen je dat soort schoenen moest dragen.' Het was alsof de stem grapte en verwees naar het feit dat die schoenen geen zolen hadden. Het beeld vervaagde snel, maar ik kreeg de indruk dat ik regelmatig naar de Tower of London kwam. Ik was geen gevangene, maar had het gevoel van een dienaar, misschien een keukenmeid of iets dergelijks, een eenvoudig leven. Die hele ervaring duurde maar een paar minuten en vervaagde snel. Toch liet het een blijvende indruk achter omdat het zeldzaam is voor mij om zulke beelden te ervaren. Dus ik denkt dat het waar is, we kunnen nooit terug naar huis. En dat hoeven we ook echt niet. We kunnen zien dat het ons alleen maar verdriet maakt omdat we niet diezelfde gevoelens kunnen herbeleven. We kunnen niet dezelfde mensen terugbrengen en diezelfde ervaringen opnieuw beleven. Dat kan alleen maar via regressie, en dan weten we dat we niet daar in het verleden kunnen blijven (zelfs niet in dit leven). We kunnen deze ervaringen alleen meenemen en gebruiken om het huidige leven beter en betekenisvoller te maken.

Er was een reality-show een paar jaar geleden in Amerika waarin ze families isoleerden in een eenvoudige hut zonder enige moderne gemakken. Ze moesten precies zo leven als mensen dat een paar honderd jaar geleden deden. Ze moesten hun eigen voedsel verbouwen, klaarmaken, in het bos eten verzamelen, hout hakken voor warmte en garen leren spinnen om hun eigen kleren te maken. Zelfs kaarsen maken voor licht, etc. De families namen het tegen elkaar op om te zien wie het voor elkaar kreeg en wie het het langst volhield voordat ze het opgaven en terug wilden naar de moderne wereld. Het leek een goed idee, maar er waren dingen waar geen rekening mee was gehouden. Mensen in het verleden moesten op die manier leven omdat het de enige manier was om te overleven. Ze kenden niets anders. Maar de moderne families waren hun hele leven al blootgesteld aan geavanceerdere dingen, dus ze wisten dat dingen anders konden, efficiënter. Ze bleven dingen willen veranderen omdat ze wisten dat het kon, en ze wisten hoe. Je kunt iets wat je al geleerd hebt niet uit je hoofd halen. Dus als we naar het verleden kijken, doen we dat vaak door een moderne bril. We kunnen logischerwijs nooit weten hoe ze dachten, welke emoties ze voelden, hoe hun leven er écht uitzag, tenzij we de diepe hypnose gebruiken die ik toepas. Dit is werkelijk tijdreizen, waarbij de persoon teruggaat door een tijdtunnel en in elke opzicht de andere persoonlijkheid wordt. Dit huidige leven bestaat dan niet meer in hun geest, dus het kan hun denken en herinneringen niet beïnvloeden. Ze zijn daar in die tijd en beleven de geschiedenis terwijl die gebeurt.

Verschillende mensen hebben me grote geldbedragen aangeboden om door vele vorige levens te leiden over meerdere sessies. Ik vroeg ze waarom ze dat wilden? Ze zeiden dat het gewoon uit nieuwsgierigheid was, gewoon iets leuks, iets om te doen. Dat is niet het doel van mijn werk. Het is geen nieuwsgierigheid-ervaring. Het is serieuze therapie bedoeld om lichamelijke, karmische en andere problemen te verlichten die de groei van het individu belemmeren. Meestal merk ik dat mensen die vele vorige levens willen ervaren als entertainment, niet tevreden zijn met hun huidige leven. Ze zoeken naar een vorm van vluchten. Sommigen zullen blijven hangen in wie ze waren in dat leven en wat hen is overkomen, in plaats van het huidige leven te leven. Het doel van mijn werk is dat ze de oorzaak van hun problemen ontdekken, die begrijpen en de kennis integreren in hun huidige leven, zodat ze het ten volle kunnen leven. Dat is de reden waarom ze ervoor kozen om op dit moment op Aarde te zijn, om het leven te leven en te begrijpen, niet om het te ontvluchten. Dus ik wijs zulke verzoeken altijd af: ze werken averechts. "Zij" hebben vaak gezegd dat iemand tijdens een sessie soms geen vorig leven te zien krijgt, omdat ze niet in het verleden hoeven te leven, maar zich juist moeten richten op het heden en de toekomst. Je op het verleden richten houdt je alleen maar aan het verleden gebonden en belemmert verdere zielsgroei. Er is een gezegde: "Wie de fouten uit het verleden vergeet, is gedoemd ze te herhalen." Dat is de waarde van het bestuderen van geschiedenis. Maar ik zie deze uitspraak ook verwijzen naar karma, zowel nationaal als persoonlijk, want er bestaat ook karma tussen naties, landen. Op deze moeilijke school van de Aarde, is een van de eisen dat je lessen of klassen moet volgen, en als je die niet goed doorloopt of de les niet leert, moet je hem opnieuw doen, totdat je wel slaagt en verder kunt naar de volgende klas. Het maakt het universum niet uit hoe lang je erover doet, je hebt de eeuwigheid. Maar waarom zou je een eeuwigheid doen over één les, een eeuwigheid vastzitten in één klas, terwijl de anderen doorgaan? Volgens mij is het de bedoeling om zo snel mogelijk te leren en eerder af te studeren. Van de lessen uit het verleden leren, en ze niet hoeven te herhalen. Dan kunnen we doorgaan naar de wonderen van de vele andere scholen die de Bron voor ons gepland heeft.

Het Ingewikkelde Universum Boek Vier

En zo komen we weer aan het einde van een reeks sessies waarvan ik hoop dat ze het denken van sommigen hebben ontregeld, nog wat meer geesten hebben verbogen als een krakeling, of een vonk van nieuwsgierigheid hebben ontstoken, dat er misschien mogelijkheden bestaan waar nog nooit eerder aan is gedacht. Als dat zo is, dan heb ik mijn werk als verslaggever, onderzoeker, speurder naar verloren kennis gedaan. Dus nemen we nu even afscheid, terwijl ik nadenk over de talloze stapels dossiers die in toekomstige boeken zullen verschijnen. Misschien weet ik onderweg nog wat meer geesten te verruimen. In de tussentijd, blijf zoeken, blij vragen stellen, blijf nadenken en zoek naar jouw eigen waarheid. Er is meer in de wereld dan je ooit voor mogelijk kunt houden, en juist in deze belangrijke tijd gaan de deuren steeds verder open naarmate er steeds meer belangrijke en onbegrijpelijke kennis naar buiten komt. Blijf zelf nadenken. De deuren gaan open, en je krijgt nooit meer dan je aankunt. Vertrouw, geloof en ontdek!

Over de auteur

Dolores Cannon, een regressie- en hypnosetherapeute en paranormale onderzoeker die "verloren" kennis documenteert, werd geboren in 1931 in St. Louis, Missouri. Ze studeerde en woonde in St. Louis tot haar huwelijk in 1951 met een beroepsmilitair bij de marine. De daaropvolgende twintig jaar reisde ze als typische marinechtgenote de hele wereld over en voedde ze haar gezin op. In 1970 werd haar man als invalide veteraan uit dienst gesteld, waarna ze zich samen terugtrokken in de heuvels van Arkansas. Vanaf dat moment begon Dolores haar schrijfcarrière en verkocht ze artikelen aan diverse tijdschriften en kranten. Ze hield zich sinds 1968 bezig met hypnose, en vanaf 1979 exclusief met therapie rond vorige levens en regressiewerk. Ze bestudeerde de verschillende hypnosemethoden en ontwikkelde zo haar eigen unieke techniek, waarmee ze op de meest efficiënte manier informatie uit haar cliënten wist lost te krijgen. Dolores geeft nu overal ter wereld les in haar unieke hypnosetechniek. In 1986 breidde ze haar onderzoek uit naar het UFO-vakgebied. Ze heeft ter plaatse vermeende UFO-landingen bestudeerd en heeft de graancirkels in Engeland onderzocht. Het grootste deel van haar werk op dit gebied bestond uit het verzamelen van bewijs van vermeende ontvoerden door middel van hypnose.

Dolores is een internationaal spreker die lezingen heft gegeven op alle continenten van de wereld. Haar eenentwintig boeken zijn in meer

Het Ingewikkelde Universum Boek Vier

dan twintig talen vertaald. Ze heeft wereldwijd gesproken voor radio- en televisiepubliek. En artikelen over/van Dolores zijn verschenen in verschillende Amerikaanse en internationale tijdschriften en kranten.

Dolores was de eerste Amerikaan en de eerste buitenlander die in Bulgarije de 'Orpheus Award' ontving, voor de hoogste vooruitgang in het onderzoek naar paranormale verschijnselen. Ze heeft prijzen voor Uitmuntende Bijdrage en een Lifetime Achievement Award ontvangen van verschillende hypnose organisaties.

Dolores heeft een zeer grote familie die haar stevig in balans houdt tussen de "echte" wereld van haar familie en de "onzichtbare" wereld van haar werk. Als u contact wilt opnemen met Ozark Mountain Publishing over het werk van Dolores of haar trainingslessen, kunt u schrijven naar het volgende adres. (Voeg alstublieft een aan uzelf geadresseerde en gefrankeerde envelop bij voor hun antwoord.) Dolores Cannon, c/o Ozark Mountain Publishing, Inc. P.O. Box 754, Huntsville, AR, 72740, USA
Of stuur een e-mail naar het kantoor via decannon@msn.com of via onze website: www.ozarkmt.com

Dolores Cannon, die op 18 oktober 2014 deze wereld verliet, liet ongelooflijke prestaties na op het gebied van alternatieve genezing, hypnose, metafysica en regressie naar vorige levens, maar het meest indrukwekkend van alles was haar aangeboren besef dat het belangrijkste wat ze kon doen, het delen van informatie was. Het onthullen van verborgen of onontdekte kennis die essentieel is voor de verlichting van de mensheid en onze lessen hier op Aarde. Informatie en kennis delen was voor Dolores het allerbelangrijkst. Daarom blijven haar boeken, lezingen en haar unieke QHHT®-methode van hypnose zoveel mensen wereldwijd verbazen, begeleiden en informeren. Dolores onderzocht al deze mogelijkheden en meer, terwijl ze ons meenam op de rit van ons leven. Ze wilde dat medereizigers haar reizen in het onbekende zouden delen.

Other Books by Ozark Mountain Publishing, Inc.

Dolores Cannon
A Soul Remembers Hiroshima
Between Death and Life
Conversations with Nostradamus, Volume I, II, III
The Convoluted Universe -Book One, Two, Three, Four, Five
The Custodians
Five Lives Remembered
Horns of the Goddess
Jesus and the Essenes
Keepers of the Garden
Legacy from the Stars
The Legend of Starcrash
The Search for Hidden Sacred Knowledge
They Walked with Jesus
The Three Waves of Volunteers and the New Earth
A Very Special Friend
Aron Abrahamsen
Holiday in Heaven
James Ream Adams
Little Steps
Justine Alessi & M. E. McMillan
Rebirth of the Oracle
Kathryn Andries
Time: The Second Secret
Will Alexander
Call Me Jonah
Cat Baldwin
Divine Gifts of Healing
The Forgiveness Workshop
Penny Barron
The Oracle of UR
The Oracle of UR, Book 2
P.E. Berg & Amanda Hemmingsen
The Birthmark Scar
The Birthmark Scar, Book 2
Dan Bird
Finding Your Way in the Spiritual Age
Waking Up in the Spiritual Age
Julia Cannon
Soul Speak – The Language of Your Body
Jack Cauley
Journey for Life
Ronald Chapman
Seeing True
Jack Churchward
Lifting the Veil on the Lost Continent of Mu
The Stone Tablets of Mu

Carolyn Greer Daly
Opening to Fullness of Spirit
Patrick De Haan
The Alien Handbook
Paulinne Delcour-Min
Cosmic Crystals!
Divine Fire
Holly Ice
Spiritual Gold
Anthony DeNino
The Power of Giving and Gratitude
Joanne DiMaggio
Edgar Cayce and the Unfulfilled Destiny of Thomas Jefferson Reborn
Paul Fisher
Like a River to the Sea
Anita Holmes
Twidders
Aaron Hoopes
Reconnecting to the Earth
Edin Huskovic
God is a Woman
Patricia Irvine
In Light and In Shade
Kevin Killen
Ghosts and Me
Susan Linville
Blessings from Agnes
Donna Lynn
From Fear to Love
Curt Melliger
Heaven Here on Earth
Where the Weeds Grow
Henry Michaelson
And Jesus Said – A Conversation
Andy Myers
Not Your Average Angel Book
Holly Nadler
The Hobo Diaries
Guy Needler
The Anne Dialogues
Avoiding Karma
Beyond the Origin
Beyond the Source – Book 1, Book 2
The Curators
The History of God
The OM
The Origin Speaks
Psycho Spiritual Healing
Kelly Nicholson
Ethel Marie

For more information about any of the above titles, soon to be released titles, or other items in our catalog, write, phone or visit our website:
PO Box 754, Huntsville, AR 72740|479-738-2348/800-935-0045|www.ozarkmt.com

Other Books by Ozark Mountain Publishing, Inc.

James Nussbaumer
And Then I Knew My Abundance
Each of You
Living Your Dram, Not Someone Else's
The Master of Everything
Mastering Your Own Spiritual Freedom
Sherry O'Brian
Peaks and Valley's
Gabrielle Orr
Akashic Records: One True Love
Let Miracles Happen
Nick Osborne
A Ronin's Tale
Nikki Pattillo
Children of the Stars
A Golden Compass
Victoria Pendragon
Being In A Body
Sleep Magic
The Sleeping Phoenix
Alexander Quinn
Starseeds What's It All About
Debra Rayburn
Let's Get Natural with Herbs
Charmian Redwood
A New Earth Rising
Coming Home to Lemuria
David Rousseau
Beyond Our World, Book 1
Beyond Our World, Book 2
Richard Rowe
Exploring the Divine Library
Imagining the Unimaginable
Garnet Schulhauser
Dance of Eternal Rapture
Dance of Heavenly Bliss
Dancing Forever with Spirit
Dancing on a Stamp
Dancing with Angels in Heaven
Annie Stillwater Gray
The Dawn Book
Education of a Guardian Angel
Joys of a Guardian Angel
Work of a Guardian Angel

Manuella Stoerzer
Headless Chicken
Blair Styra
Don't Change the Channel
Who Catharted
Natalie Sudman
Application of Impossible Things
L.R. Sumpter
Judy's Story
The Old is New
We Are the Creators
Artur Tradevosyan
Croton
Croton II
Jim Thomas
Tales from the Trance
Jolene and Jason Tierney
A Quest of Transcendence
Paul Travers
Dancing with the Mountains
Nicholas Vesey
Living the Life-Force
Dennis Wheatley/ Maria Wheatley
The Essential Dowsing Guide
Maria Wheatley
Druidic Soul Star Astrology
Sherry Wilde
The Forgotten Promise
Lyn Willmott
A Small Book of Comfort
Beyond all Boundaries Book 1
Beyond all Boundaries Book 2
Beyond all Boundaries Book 3
D. Arthur Wilson
You Selfish Bastard
Stuart Wilson & Joanna Prentis
Atlantis and the New Consciousness
Beyond Limitations
The Essenes -Children of the Light
The Magdalene Version
Power of the Magdalene
Sally Wolf
Life of a Military Psychologist

For more information about any of the above titles, soon to be released titles, or other items in our catalog, write, phone or visit our website:
PO Box 754, Huntsville, AR 72740|479-738-2348/800-935-0045|www.ozarkmt.com